국어사 연구의 주변탐색

1937년, 전라북도 익산시 출생. 성장, 滿洲國 牧丹江省 寧安縣 鹿道村.

학력, 1963년 서울대학교 문리과대학 국어국문학과 졸업. 1985년 동대학원 문학박사.

전문은 국어와 일본어의 음운사 및 어휘사.

경력, 성심여자대학(현 가톨릭대학교) 교수. 東京大學 文學部 外國人硏究員. 東京言語硏究所 硏究員. 국민대학교 문과대학 교수. 한국일본학회 회장. 국어심의회 위원(언어순화분과 위원장). 국민대학교 문과대학 학장. 국립국어연구원 원장. 국어학회 회장. 國際日本文化硏究센터 客員敎授. 국민대학교 대학원장. 延邊大學校 朝鮮-韓國學學院 講義派遣敎授.

현재, 국민대학교 명예교수. 사단법인 한국어문회 이사. 재단법인 일석학술재단 이사.

저서, 『日本語의 構造』, 『前期近代國語 音韻論 硏究』, 『韓國語と日本語のあいだ』, 『근대국어 연구』, 『어휘사와 어원연구』, 『국어와 일본어의 사이』 외에 한·일양국어의 계통 및 관계사 분야와 국어음운사, 국어어휘사 분야의 공저와 논문 다수.

수상, 동숭학술연구상. 홍조근정훈장. 일석국어학상. 옥관문화훈장.

국어사 연구의 주변탐색

초판 인쇄	2024년 6월 10일
초판 발행	2024년 6월 21일
지은이	송 민
펴낸이	박찬익
편집	이기남
책임편집	권효진
펴낸곳	㈜박이정
주소	경기도 하남시 조정대로 45 미사센텀비즈 F827호
전화	031-792-1195
팩스	02-928-4683
홈페이지	www.pijbook.com
이메일	pijbook@naver.com
등록	2014년 8월 22일 제2020-000029호
ISBN	979-11-5848-945-8 (93710)
책값	30,000원

국어사 연구의 주변탐색

송 민 지음

논고집을 상재(上梓)하면서

일찍이 19세기 후반, 서양에서 비롯된 역사·비교언어학은 인구어의 계통연구로 이어지면서 그 연구성과는 한 동안 학계를 풍성하게 장식하였다. 그 여파가 동양으로 확산된 것은 일본에서였다. 남들보다 한 발 앞서 서양에 눈을 뜨게 된 일본학자들은 자국어의 계통에 관심을 보이기 시작했는데, 여기서 비롯된 것이 국어와 일본어의 비교연구였다. 이에 저자는 공부를 시작하면서부터 계통론에 적지 않은 관심을 가지게 되었다.

저자가 대학의 문으로 들어선 1950년대 전후의 국어학계는 사적(史的) 연구의 전성시대였다. 이숭녕(李崇寧) 선생님을 처음 만나 그러한 학계의 흐름을 배우는 동안 우연히도 국어와 일본어의 비교연구를 접하게 되었다. 그 과정에서 특히 비교연구의 기본원리인 음운대응(音韻對應) 규칙은 매력덩어리가 아닐 수 없었다. 자연히 사적음운론(史的音韻論)에 관심을 쏟게 되었다. 그러나 실질적 연구는 험난한 길이었다. 일본 현지에 직접 가서야 그 점을 뼈저리게 깨달았다. 언어 간의 역사적 비교연구를 순조롭게 수행하기 위해서는 고대언어 자료와 방언자료, 거기에 동계언어와 같은 실효성이 분명한 자료에 의존해야 한다. 그러나 국어는 고대자료와 동계언어를 주변에 거느리지 못하고 있는 언어여서 이를 일본어와 비교하는 작업은 무수한 난관을 넘어야 하는 과정이었다.

저자는 세 차례에 걸친 1년씩의 일본 현지연구를 통하여 한 가지 사실을 새로 발견하였다. 근대일본어 시대에 태어난 한자어 중에는 서양문화에 대한 번역형 신조어가 엄청나게 많다는 점이었다. 그런데 바로 그렇게 태어난 신생한자어의 어형이나 의미가 구한말에서 식민지시대에 걸쳐 그때그때의 국어에 적지 않은 영향을 끼쳤다는 사실도 알게 되었다. 그러다 보니 이번에는 그러한 신생한자어에 나도 모르게 흥미를 느끼게 되면서 국어어휘사의 연구과제로도 충분한 가치가 있으리라고 여기게 되었다.

국어와 일본어의 경우, 막연하고도 불확실하나마 계통적 관계를 보이는 것 같기도 하지만, 다른 한편으로는 선사시대를 비롯하여 고대에서 현대에 이르기까지 눈에 보이지 않는 상호 간의 접촉과 간섭을 거듭했던 것으로 추정된다. 그러한 사실을 역사적으로 밝혀보고 싶어진 저자는 오랫동안 국어와 일본어 사이를 넘나들며 그나름의 노력을 기울여 온 바 있다. 이 논고집에는 그러한 노력의 일단이 그런대로 반영되어 있다고 믿는다.

공부라고 하긴 했지만 스스로 생각할 때 그 성과는 그리 신통하지 못하여 세상에 내놓을 만한 것이 못된다고 여겨왔다. 그래서 그동안에는 뒤를 돌아볼 여유도 없이 그때그때 발표하기에만 급급했을 뿐 자신의 연구성과를 논고집으로 정리할 생각도 해본 적이 없다. 사실, 옛 선현들은 살아있는 동안 문집을 스스로 엮은 사람이 거의 없다고 해도 과언이 아니다. 당연한 일이다. 누구나가 자신의 머리에서 나온 고핵(考覈)의 조각들을 문집에 모아 천하에 내보이기는 멋쩍기도 하거니와 무엇보다도 두려울 수밖에 없었을 것이다. 그럼에도 불구하고 저자는 결국 염치를 무릅쓰고 여기에 만용을 부리게 되었다. 평생에 걸쳐 한 눈 팔지 않고 국어의 주변을 맴돌며 공부한 결과를 뒤늦게나마 정리해 보기로 한 것이다.

그 발단은 같은 대학에서 함께 봉직한 김주필(金周弼) 교수에게서 비롯되었다. 정년을 맞아 학교를 떠난 후 김 교수가 말을 꺼냈다. 후진들이 저자의 논고를 읽어보고 싶어도 여기저기에 흩어져 있어 일일이 찾아내자면 번거로움이 이만저만이 아닐 것이니 그들의 편의를 위해서라도 연구성과를 저서로 한데 묶어놓아야 한다는 의견이었다. 말이 좋아서 남의 연구성과를 찾아 읽는다고 하지만 그 말을 믿기에는 세상이 너무 급변하고 있다. 학술상의 이론과 연구자의 취향이 하루가 다르게 새롭게 바뀌고 있는데 구태여 지난 시절의 연구성과를 찾을 연구자가 있을 것 같지 않기 때문이었다.

거기다가 지난 시절의 모든 연구성과는 원고지에 손으로 쓰여진 후 활판인쇄를 거쳐 세상에 나왔다. 그러나 지금은 전산기에 입력되는 절차를 통해야 세상에 나올 수 있다. 과거의 연구성과는 입력절차 없이 저서가 되어 나올 수 없는 것이다. 이 절차부터가 손쉬운 일이 아니어서 출판은 엄두를 내기도 어려웠다. 그러나 김주필 교수는 까다롭고 번거로운 입력작업을 마무리할 수 있도록 온갖 번거로운 수고를 마다하지 않았다. 자신의 연구실과 인연이 닿는 대학원생들의 협력을 얻어 입력작업을 마치도록 힘써 준 것이다. 그게 바로 2013년이었다.

입력파일을 넘겨받고 보니 출판을 위한 교정을 시작하지 않을 수 없었다. 그러나 해결해야 할 문제가 한 둘이 아니었다. 우선 당초의 연구성과 중에는 발표시기가 반세기를 넘어선 것도 있었다. 오랜 기간에 걸쳐 있다 보니 논고 하나하나의 체제(體裁)나 형식 등도 그때그때 제 각각이어서 통일되어 있지 않았다. 무엇보다도 문제는 한자혼용이었는데 요즈음은 한글전용이 대세인지라 이에 대한 해결책이 그리 쉽지 않았다. 왜냐하면 저자의 논고에 나타나는 인용문의 원문에 한자가 섞여 있거나 연구과제 자체가 한자어일 경우, 그 한자를 그대로 살려 쓸 수밖에 없기 때문이다. 또한, 본문의 한자만은 한글표기로 바꾸고 싶었으나 입력자에 따라 생각이 다른 바람에 통일을 기하지 못하고 논고에 따라 여전히 들쑥날쑥한 모습을 드러내고 있다. 서양어나 한문으로 쓰여진 원문을 인용할 경우, 과거에는 외국어를 번역 없이 그대로 제시하고 넘어갔으나 오늘날의 관점으로는 문제가 될 수도 있다. 주석 또는 참고문헌의 제시방식도 일정한 기준을 따르지 못한 채 남아있어 아쉽게 느껴진다.

각 논고의 체재(體裁)는 그렇다 치더라도 또 하나의 커다란 문제는 발표당시의 본문에 나타나는 비문(非文)이나 오탈자(誤脫字), 저자의 무지에서 비롯된 오류(誤謬), 잘못된 판단이나 해석이 아닐 수 없다. 비문이나 오탈자는 발견되는 족족 적절한 수정을 가하는 선에서 해결이 되었으나, 저자가 저지른 오류는 어떻게 대처해야 할지 판단이 쉽지 않았다. 발표당시의 모습을 그대로 남겨두는 것이 연구자의 양심적 도리라는 말을 들은 적이 있긴 하지만, 무조건 그렇게 밀어붙이기도 어렵기 때문이었다. 이에 그때그때 저자의 판단에 따라 잘못된 점에 대해서는 어느 정도 손을 대기도 했지만, 비록 잘못일지라도 저자가 책임을 진다는 뜻에서 당초대로 남겨둔 경우도 없지 않다. 요컨대 발표당시의 원문에 수정이 가해져 당초와는 달라진 경우도 있지만 잘못인 줄 알면서도 그대로 놓아둔 경우도 있다는 뜻이다. 대체로 발표시기가 오래된 논고일수록 수정이 많이 이루어졌다고 보면 좋을 것이다. 학술용어, 국제음성부호(IPA)와 같은 전사기호, 그밖의 부가기호, 심지어 띄어쓰기에 이르기까지 논고마다 다른 점도 문제가 아닐 수 없다. 가령 저자는 논고에 따라 '한국어'와 '국어'라는 용어를 번갈아 쓴 바 있다. '일본어'라는 용어와의 대비를 위해서는 '한국어'가 적절하다고 생각되었으나 관용이라는 측면에서 본다면 '국어'가 자연스러웠기 때문이다. 이와 같은 혼용이 이 논고집에 그대로 남아있다는 점도 아쉬움이라면 아쉬움일 것이다.

또 하나의 커다란 문제점이라면 이른바 자기표절이라고 할 수 있다. 적어도 과거에는 특별히 문제가 되지 않았는데 비교적 근래에 불거진 이 기준에서 자유로울 수 있는 연구자는 아마도 별로 없으리라 생각된다. 왜냐하면 공부란 스스로의 온축(蘊蓄)을 발판으로 삼아 그 위에 새로운 연구내용을 쌓아 올리는 과정이다. 새로운 결론을 이끌어내자면 어쩔 수 없이 자신이 과거에 얻은 연구성과를 이용해야 할 때가 많아진다. 이를 무조건 표절이라고 한다면 이 세상 어느 누구도 연구 때마다 완전무결하고도 독창적인 성과를 내놓기는 불가능할 것이다. 연구성과를 모아놓은 이 논고집에도 어쩔 수 없는 중복이 여기저기에서 드러난다. 연구자로서는 결코 떳떳한 일이 아니겠지만 이미 저질러진 지난 시절의 과오라 더 이상 어쩔 수 없음을 고백하면서 하해와 같은 관용(寬容)을 구할 수 밖에 없다.

여기까지 작업이 진행되는 동안 주변의 많은 도움을 받은 바 있다. 우선 입력작업에 힘을 보태준 당시의 대학원생들로는 국민대학교 박사과정의 김성기, 박순란, 윤희선, 이민아, 홍성지 재학생, 그리고 석사과정의 박주언, 이재림 재학생 등이 있다. 저자의 논고에는 한자에 나타나는 각종 벽자(僻字)와 서양제어, 까다롭고도 특수한 전사기호와 부가기호에 이르기까지 전산기의 글자판만으로는 찾아볼 수 없는 기호가 많아 입력에 어려움이 많았을 것이다. 특히 박순란 재학생의 경우 입력작업을 총괄하는 역할까지 맡아 남다른 노고가 컸을 뿐 아니라, 박사학위를 받은 후에도 2016-2017년에 걸쳐 저자의 개인연구실을 출입하면서까지 파일원고의 교정작업을 계속 돕는 노력을 아끼지 않았다. 나아가 그녀는 그 후에도 국제음성부호(IPA)와 같은 까다로운 입력작업을 도맡아 일감을 집에까지 들고 가는 성의를 마다하지 않았다. 그 고마움을 기억하면서 여기에 기록으로 남겨두고 싶다.

　일부의 자료 입력작업과 교정작업에는 저자의 아내 윤수영과 딸내미 송나리도 그때그때 동원되어 적지 않은 힘을 보탰다. 식구들까지 이모저모로 고생을 시켰다는 점에서 미안한 마음을 금하기 어렵다. 그럼에도 불구하고 이 논고집에 어떤 과오나 결함이 남아있다면 이는 모두가 저자의 무지와 불성실에서 비롯된 책임이 아닐 수 없다.

　끝으로 이번 논고집 출판에 즈음하여 박이정의 박찬익 사장님과 한국외대 일본연구소의 손경호 박사, 그리고 권효진 편집장을 위시한 편집부의 관계자 한 분 한 분에게도 각자의 노고와 열정을 되새기면서 감사의 인사를 전하지 않을 수 없다.

2024년 4월 10일, 저자 적음

논고집 4. "국어사 연구의 주변탐색"에 대하여

국어사 연구에 임하다 보면 그 주변에서는 歷史나 文化와 관련되는 과제로서 흥미로운 경우가 여기저기서 드러난다. 이러한 부수적 문제점들 가운데에는 研究史나 文化史的 관점에서 검토되어야 할 경우도 많다는 뜻이다. 국어사 또한 엄연한 역사이기 때문에 연구자로서는 그러한 역사적 측면에 흥미와 관심을 가질 수밖에 없다.

실제로 국어사 연구주변에서 생기는 부수적 과제 가운데 연구사적 검토나 문화사적 검토가 필요할 때가 많다. 그동안 저자가 관심을 기울인 바 있는 언어 간의 接觸과 干涉과정에는 抵抗이라는 과정이 있으며, 그 단계를 거치고 나서야 借用으로 이어진다. 따라서 언어 간의 차용을 논하자면 당연히 人的, 社會史的, 文化史的 검토가 요구되기도 한다. 그러한 의미에서 이 책에는 일반적인 연구사 이외에도 언어접촉 과정에서 드러나는 문화사적 관련성에 관한 저자의 특별한 궁금증과 그에 대한 응답이 함께 정리되어 있다.

이 책은 크게 두 부문으로 구분되어 있다. 제1부 '국어학 측면에서'와 제2부 '일본어학 측면에서'가 그것이다. 이와 같은 구분은 어디까지나 편의에 따른 구분일 뿐 거기에 엄밀한 뜻이 있는 것은 아니다. 말하자면 그동안 간행된 바 있는 저자의 논고집에 포함되지 못했던 小考들을 이번 책에 집어넣다 보니 위와 같은 임의적인 구분으로 정리된 셈이다.

제1부에는 국어사 주변에 생기는 단편적 흥미꺼리에 대한 저자의 생각이 실려 있다. 국어에 적용시켜본 言語年代學的 計定'은 1950년대 초반에 새로 태어난 역사언어학의 한 이론으로서 한 동안 언어사학자들의 주목을 끈 바도 있었기 때문에 그 방법론으로 국어의 변화를 시험 삼아 점검해 본 것이다. 그러나 언어연대학은 그 이론자체의 내면에 잠재하고 있었던 생태적 한계성 때문에 얼마 후에는 연구자들의 관심 밖으로 밀려난 듯하다.

서울대학교의 一蓑文庫에는 간행시기 미상의 『佛說觀無量壽經』 1권이 전한다. 이 책에는 『月印釋譜』 권8의 일부내용이 그대로 복각되어 있다. 그러나 당시까지 연구자들이 이용할 수 있었던 『月印釋譜』 권8은 초간본이 아니라 후대의 복각판 내지 청사진판의 영인본(1957, 國故叢刊五 『月印釋譜』 卷七/卷八, 연세대학교 동방학연구소) 뿐이었다. 이에 저자는 이들 두 자료에 반영된 표기상의 異同을 통하여 부분적이나마 초간본의 흔적을 되살릴 수 있을 것으로 보았다. 그러한 기대가 담긴 작업이 一蓑本 『佛說觀無量壽經』에 대한 점검이다.

雨森芳洲의 『全一道人』(1729)에 반영된 韓語觀은 국어음운사를 보완하기 위한 접근이었다. 江戶시대 對馬島主의 藩士였던 雨森芳州는 드물게 보는 조선어 전문가로서 그가 남긴 조선어 학습서의 일종인 『全一道人』에는 당시의 발음현실에 대한 정보가 나타나 있어 근대국어 음운 사 연구에 도움이 되는 자료로 평가된다.

조선조 말, 일본을 돌아본 바 있는 朝鮮修信使 일행은 현지에서 새로 태어난 飜譯語, 文明語 로서의 漢字語를 직접 보고 들을 수 있었다. 그들의 기록에는 그러한 한자어가 많이 담겨 있다. 明治초기 朝鮮修信使의 신문명어휘 접촉은 그 실상을 찾아 정리한 것이다.

19세기 天主教 자료에 대한 국어학적 고찰과 프랑스 선교사들의 한국어 연구는 비록 포교 라는 목적에서 비롯된 연구성과에 속하지만 그들이 남긴 필사본 교리해설서나 출판으로 이 어진 辭典과 文法書 등은 국어사 연구의 자료로 중시되고 있다. 한편 외국인 학자들의 訓民正 音 연구는 그동안 서양학자와 일본학자들이 보여준 訓民正音에 대한 분석과 해석들을 뒤져본 결과로서 국어학사 측면에서 의미가 있다고 생각된다. 또한 국어사 관련 연구의 주제별 점검 에는 계통론과, 전통·구조음운론, 한자음에 대한 간략한 연구사와 더불어 韓國精神文化硏究 院의 '방언조사 질문지'에 대한 검토 의견이 모아져 있다.

한편 開化期를 거치면서 쇄국이 풀리고 문호가 세계에 널리 개방되자 자국어와 자국문자 에 대한 국내외의 인식도 크게 달라졌다. 이에 近代移行期 동아시아의 자국어 인식은 국어에 대한 자각이 움튼 계기와 과정을 문화사적 관점에서 살펴 본 것이다.

저자는 일본에 머무르는 동안 일본인들에게 잠시 국어를 가르쳐본 경험이 있다. 그때의 학습방법을 반성해 본 것이 일본어권에서의 한국어 교수 대비책이다. 나아가 한국인의 數字 意識과 民俗風習은 한 잡지사의 청탁에 따라 서둘러 집필한 통속적, 상식적 논의로서 數字와 민속의 관계에 대하여 잠시 생각해본 결과라고 할 수 있다.

제2부에는 일본어사와 일본어 문법연구 과정에서 드러나는 이런저런 과제에 관심을 가져 본 논고들이 모아져 있다. 상대일본어의 모음체계, 문법론의 흐름, 일본어 동사의 활용규칙, 한국한자음을 통해 본 萬葉假名 'o'단 모음의 음성자질, 『龍飛御天歌』에 인용된 '伊路波', 『方 言集釋』의 일본어 'ha'行音 轉寫法을 통하여 추정해본 『倭語類解』의 간행시기 등이 그러한 성과에 속한다. 이들은 각기 음운사, 문법론, 활용규칙, 萬葉假名의 음성자질 등에 대한 검토 결과이며, 특히 『龍飛御天歌』에 소개된 '以路波'는 일본어 문자사에 관련된 管見에 속한다.

조선 시대를 통하여 일본에 파견된 바 있는 朝鮮通信使 일행은 현지에서 일본어 주변과 접촉하면서 저들의 언어 현실에 대한 새로운 인식을 키운 바 있다. 그러나 조선왕조의 지식인 들은 일본인들의 언어 현실을 직접 경험하면서도 그 실상이나 그들의 현실을 부정적으로 평가하기 일쑤였는데 이는 당시 조선지식인들의 폐쇄적, 퇴영적 한문중심의 사고방식에서 비롯된 것이었다. 그 때문에 일본어와 접촉하면서도 그 실상을 거울삼아 자국어의 현실에 대한 자각이나 반성을 불러일으키는지는 못하고 말았다.

한편 개화기의 朝鮮修信使 일행은 西洋化의 물결에 따라 급격하게 변화하고 있는 일본의 현실을 현장에서 직접 경험하는 동시에 저들의 서양식 機械文明化, 軍事文化化를 지겹도록 목격하기도 하였다. 明治초기 朝鮮修信使의 일본견문은 그들이 직접 경험한 新文明과 新文化에 대한 인식과 평가를 문화사적 관점에서 정리해 본 결과라고 할 수 있다.

요컨대 이번 책에는 언어사 연구의 주변을 떠도는 사소한 과제에 대한 저자의 인식과 이해가 두루 반영되어 있는 셈이다. 이로써 저자의 논고는 거의 모두 한자리에 정리되었다. 그러다 보니 이제 저자도 어느덧 일본사람들이 말하는 米壽를 바로 눈앞에 두게 되었다. 그러한 처지 속에서 그동안 까다롭고 힘든 교정 작업을 탈 없이 끝마쳤는데도 가슴 속에는 오히려 홀가분함 대신 알 수 없는 허탈감으로 채워진 느낌이다. 어쩌면 요즈음 떠도는 말로 '현타'[현실자각 타임, 욕구충족 이후에 밀려오는 무념무상의 시간] 심리일지도 모르겠으나, 살아오면서 차곡차곡 쌓이고 쌓인 지난날의 회한 때문이 아닐까 짐작된다.

이번 교정에는 일본어학 전공인 이수연 선생의 도움을 크게 받을 수 있었다. 저자와는 우연한 학연으로 이어진 사이인데도 원고교정 단계에 귀한 시간과 꼼꼼한 솜씨를 아낌없이 보태주었으니 그 고마움을 말로 다 표현하기 어렵다. 또한 딸내미인 송나리는 이번에도 마무리 단계의 교정에 많은 힘과 정성을 쏟아주었다. 번번이 거듭된 조력 덕분에 논고집이 세상을 보게 되었으니 그지없이 고맙다. 그밖에도 이 논고집을 위해서 음으로 양으로 힘과 용기를 더해 준 모든 분들께 다시 한번 머리 숙여 마음의 인사를 전하고 싶다.

2024년 5월 10일 저자 적음

제1부 국어학 측면에서

제2부　일본어학 측면에서

上代日本語의 모음체계

14

제1부

국어학 측면에서

國語의 言語年代學的 計定
― Control Case를 중심으로 ―

1. 서 언

　쇠네(Schöne, M.)에 의하면 "말은 살아있는 존재"(le mot, un être vivant)라는 표현을 가장 먼저 쓴 사람은 위고(Hugo, V.)였다고 한다(Schöne1951). 이 개념을 言語學에 도입함으로써 언어는 시간과 공간에 구애되지 않고 끊임없이 변한다는 사실이 분명해졌다. 19세기 이래 比較言語學의 기반이 확고하게 세워진 배경에는 이 'être vivant'이라는 개념이 있었던 것이다. 이에 따라 우리는 서로 다른 오늘날의 언어들이 태고의 어느 시기엔가는 동일한 共通祖語에서 분리된 후 오랜 기간에 걸쳐 독자적인 變化를 거친 결과임을 이해할 수 있게 되었다. 자연히 그동안의 비교언어학은 각 언어 간의 親族性을 규명하는 데 중요한 역할을 해왔다.

　다만 言語變化의 速度는 언어에 따라, 시대에 따라 緩急이 있으며 어떤 한 언어의 모든 측면이 반드시 동일한 속도로 변하는 것도 아니라는 사실이다. 가령 언어의 가장 핵심적인 層位인 音韻이나 文法構造를 비롯하여, 일상적으로 자주 사용되는 기본적인 單語는 변화에 대한 저항이 일반적으로 매우 강해서 좀처럼 借用되거나 消滅되는 일이 드물다. 이처럼 언어 변화의 속도는 예측이 어려울 뿐 아니라, 그 방향 또한 복잡다단하여 연구자들은 이를 측정해 보려고 생각해 본 적이 없었다고 할 수 있다.

　지난 50년대로 접어들면서 미주 원주민(American Indian) 관련분야 연구자였던 스와데쉬(Swadesh, M.)는 우리의 일상생활과 밀접한 관계를 가지는 基礎語彙(basic vocabulary)를 통하여 그 변화의 속도를 측정해 본 결과, 뜻밖에도 그 수치가 언어나 시대의 다름에도 불구하고 상대적으로 일정하다는 사실을 발견하였다. 이 사실을 기반으로 하여 태어난 것이 바로 言語年代學(glottochronology) 또는 어휘통계학(lexicostatistics)이라고 불리는 새로운 이론이다. 이 이론은 많은 비판을 받기도 했지만 그동안 印歐諸語에 적용되어 의미있는 신빙성을 보여줌으로써 그 기반이 굳어졌고 일본에서도 服部四郎, 大野晋 등이 알타이제어와 일본어에 이 방법론을 적용하여 다각적인 검토를 행한 바 있다. 그러나 우리나라에서는 아직 이 방법론의 효용성이 검증된 적이 별로 없는 듯하다.

2. 言語年代學과 시험목록

언어연대학은 우선 기초어휘와 시험목록(test list)에서 시작된다. 곧 우리의 일상생활과 밀접한 관계가 있다고 생각되는 기초어휘를 선정한 뒤, 일정한 기간을 지나는 동안 그들 사이에 나타나는 變化의 比率을 산출한다. 현재, 언어연대학은 200항목(200-item), 100항목(100-item), 보충적 200항목(supplementary 200-item)과 같은 여러 시험목록을 구비하고 있는데, 이들은 많은 검토와 수정을 거친 결과로서, 100항목의 시험목록은 진단항목(diagnostic item)으로서 예비적 단계에서 쓰이며, 본격적인 작업에서는 200항목의 시험목록이 사용된다. 문제는 기초어휘의 선정인데 그것은 언어연대학에서 가장 중요한 핵심이 되기 때문이다.

어떠한 文化環境을 가진 社會라 할지라도 인간사회라면 반드시 필요한 기초단어가 존재한다. 가령, '손, 발, 눈, 귀, 입, 아버지, 어머니, 보다, 듣다, 하나, 둘, 크다, 작다' 등과 같은 단어는 어떠한 언어에서도 필수불가결한 것이다. 바로 이러한 단어들이 기초어휘에 속한다. 스와데쉬가 최초로 사용한 215 단어의 시험목록은 그후 리스(Lees1953) 등의 검토를 통하여 수정되었지만, 초창기적 성격을 면치 못하는 것으로 완벽한 타당성을 지닌 것이라고 보기는 어렵다. 왜냐하면 그들은 주로 인구제어를 토대로 삼아 작성되었기 때문에 다른 文化圈의 언어에 적용될 때에는 어떤 항목을 삭제하거나 적절한 항목으로 대치 또는 보완할 필요가 생길 수도 있기 때문이다. 그 항목에 있어서도 服部四郎는 될수록 많은 항목을 설정해야 한다는 의견을 피력하고 있다(服部四郎1959).

이렇게 이루어진 시험목록은 두 방면에서 언어연대학 計定으로 이어진다. 통제케이스(control case)와 응용케이스(application case)가 그것이다. 한마디로 말해서 통제케이스란 한 언어내부의 시간적 변화율이며, 그것을 친족관계가 있다고 생각되는 두 언어에 적용하여 공통조어에서 분리된 연대를 산출해 내기 위한 것이 응용케이스라고 할 수 있다. 따라서 언어연대학은 응용케이스에 와서야 비로소 의미있는 성과를 거둘 수 있으며, 그 결과는 考古學, 人類學, 文化史 등의 계통적 분류에 믿음직한 근거를 보강해 줄 수 있을 것이다. 그뿐만이 아니다. 比較方法만으로는 생각하지 못했던 언어의 분리연대를 비교적 구체적으로 산출할 수 있게 됨으로써 언어 간의 親疎與否를 가늠할 수 있게 된 것은 어디까지나 언어연대학의 공로라고 하지 않을 수 없다. 이에 본고는 우선 통제케이스에 대하여 잠시 검토하고자 한다.

통제케이스란 고대영어와 현대영어처럼 동일한 언어의 두 시기 사이에 어떠한 변화나 차이가 나타나는 지를 검토하는 단계라고 할 수 있다. 지금부터 1000년 전의 고대영어에 나타나는 시험목록의 의미들이 어떤 단어로 표현되는지를 조사하고, 그 의미들이 현대영어에서는 어떤 단어로 표현되는지를 조사한다. 그렇게 조사된 결과에 따라 두 시기의 단어를 대조해 보면 1000년 전의 단어들이 상당히 다양한 음운변화를 겪었음에도 불구하고 대체로는 원래의 형태가 비교적 잘 보존되어 있음을 발견하게 될 것이다. 그러나 개중에는 전혀 다른 단어로 대치(replacement)되어 있음도 알게 된다. 여기서 특히 주의할 점은 두 시기의 대조는 순수한 의미론적 관점에서 이루어져야 하며, 약간의 음운변화는 무시한다는 점이다.

이제 1000년 전의 고대영어와 현대영어에서 같은 의미를 가진 단어를 대조해 보면 다음과 같은 결과가 나온다(비고의 ○표는 보존, ×표는 대치를 나타낸다).

고대영어	현대영어	비고
(e)all[ál]	*all*	○
and[ónd]	*and*	○
déor[dóᴚ]	*animal*	×
æsc[æsk]	*ashes*	○
æt[ǽt]	*at*	○
bæc[bǽk]	*back*	○

여기서 볼 때 고대영어 *déor*는 현대영어 deer와 같은 형태로 남아있으나 그 의미가 고대에는 '동물'이었지만 현대에는 '사슴'으로 변했기 때문에 고대영어 *déor*에는 마땅히 현대영어 *animal*(동물)이 대응된다는 것이다.

이러한 대조작업을 통하여 우리는 1000년 간의 기초어휘에 대한 보존율(retention rate)을 얻을 수 있다. 지금까지 연구자들은 적어도 1000년 이상의 역사를 가진 여러 언어에 대하여 조사한 결과 1000년 동안의 보존율이 거의 일치한다는 사실을 발견한 것이다. 곧, 리스(Lees, R. B.)는 신구 두 시대의 기록을 가진 여러 언어에 대한 보존율을 215항목의 시험목록으로 계산해 본 결과 다음과 같은 수치를 얻었다는 것이다(I은 보존된 단어의 百分率. II는 1000년 단위의 年數, III은 1000년을 기준으로 환산한 保存率).

언어	I (%)	II(年)	III(%)
英語	76.6	1.0	76.6
스페인語	65,5	1.8	79.4
佛語	62.5	1.85	77.6
獨逸語	84.2	1.1	85.4
코프트語	53,0	2.20	76.0
希臘語(아테네方言)	69.0	2.07	83.6
希臘語(키프로스方言)	67.8	2.07	82.9
中國語	79.6	1.0	79.5

스웨덴語	85.0	1.02	85.4
이탈리아語	68.6	2.15	83.9
포르투갈語	62.9	2.15	80.6
루마니아語	56.0	2.15	76.4
카탈루니아語	60.6	2.15	79.3

이러한 작업의 결론으로서 1000년을 기준으로 한 기초어휘의 보존율은 0.8048± 0.0716, 다시 말하자면 대략 81%라는 평균치를 얻게 된 것이다. 이 말은 모든 언어가 1000년이 지나면 81%는 그대로 남으나 19% 정도의 기초어휘는 대치를 일으킬 가능성이 있다는 뜻이다.

일본어에 대해서는 服部四郎가 1953년 거금 1200년 전의 上古日本語인 奈良朝의 언어를 현대의 京都方言, 東京方言과 대조한 결과 그 공통율이 각기 0.7471(京都)과 0.7701(東京)이었으며, 통제케이스의 보존율 산출공식인 "t=log C/log r"에 대입한 결과 그 보존율은 각기 0.7843(京都)과 0.8044(東京)라는 결론을 얻었다고 한다.

服部四郎는 계속하여 이 방법을 應用케이스에까지 적용하여 國語(朝鮮語), 만주語, 몽고語, 타타르語, 아이누語, 길야크語, 중국어, 티베트어, 타이어, 安南語, 캄보디아어, 말레이어, 타갈로그어, 高砂諸語, 모투語, 中央카로린語, 사모아語, 보구우語 등과 비교하면서 일본어의 기원을 규명하려고 노력하였다(服部四郎1959). 하여튼 이 방법론은 최근까지 많은 언어에 대한 조사를 통하여 검토가 진행되었으나 문제가 될 만한 예외는 나타나지 않은 것으로 보인다.

통제케이스의 보존율은 조금 전에 보인대로 "t=log C/log r"와 같은 공식으로 산출된다. 여기서 t는 한 언어의 두 시기 사이의 年數를 千年比로 환산한 수치를 나타내며, C는 시험목록 상의 공통형태 分數를 표시하며, r은 보존율이다.

이제 우리는 위에서 본 통제케이스를 국어에 적용해 보기로 한다. 본고에서 사용할 통제케이스의 시험목록은 100항목인데 참고로 그 세목을 들어보면 다음과 같다.

001 I	002 thou	003 we	004 this	005 that
006 who	007 what	008 not	009 all	010 many
011 one	012 two	013 big	014 long	015 small
016 woman	017 man	018 person	019 fish	020 bird
021 dog	022 louse	023 tree	024 seed	025 leaf
026 root	027 bark	028 skin	029 flesh	030 blood
031 bone	032 grease	033 egg	034 horn	035 tail
036 feather	037 hair	038 head	039 ear	040 eye
041 nose	042 mouth	043 tooth	044 tongue	045 claw
046 foot	047 knee	048 hand	049 belly	050 neck

051 breasts	052 heart	053 liver	054 drink	055 neck
056 bite	057 see	058 hear	059 know	060 sleep
061 die	062 kill	063 swim	064 fly	065 walk
066 come	067 lie	068 sit	069 stand	070 give
071 say	072 sun	073 moom	074 star	075 water
076 rain	077 stone	078 sand	079 earth	080 cloud
081 smoke	082 fire	083 ash	084 burn	085 path
086 mountain	087 red	088 green	089 yellow	090 white
091 black	092 night	093 hot	094 cold	095 full
096 new	097 good	098 round	099 dry	100 name

여기에 문제가 있다면 우리 국어에는 통제케이스를 적용시킬만한 역사적 조건을 운명적으로 갖추지 못하고 있다는 점이다. 우리는 15세기 이전 시기, 즉 訓民正音 창제 이전 시기의 언어자료를 갖추지 못하고 있기 때문이다. 따라서 본고는 15세기의 국어자료를 토대로 삼아 지금까지 500년 간의 보존율을 산출, 그것을 다시 1000년 간의 보존율로 환산해 보는 수밖에 없다. 이러한 국어자료 자체의 한계성에 언어연대학 자체의 한계성까지 더해진다면 거기서 나오는 결론 또한 믿음직스럽다고 할 수 없겠으나 그러한 문제점은 아무래도 후일을 기다릴 수밖에 없을 것이다.

3. 국어의 통제케이스 보존율

200항목 시험목록과 응용케이스 시험항목 가운데에는 실질적인 의미에서 국어로는 대조가 어려운 전치사가 포함되어 있어 본고는 부득이 100항목 시험목록을 택한다 할지라도 거기에는 또다른 난점이 있을 수밖에 없다. 우선 문제가 되는 점은 譯語의 의미기준 선정이다. 가령 52 heart의 경우, 국어의 '마음'이나 '심장' 중 어느 쪽에 가까운가 하는 건 그때그때의 의미론이나 통사론적 조건에 따라서만 적절한 결론을 얻을 수밖에 없다. 服部四郞의 의견에 의하면 이러한 경우에는 양쪽을 모두 대조시켜 보존율을 보는 것이 좋다고 하였다. 그러나 그러한 경우가 한둘이 아닌 이상, 무조건 그렇게 처리하기는 곤란하다. 뿐만 아니라 양쪽이 모두 보존되었거나 대치되었다면 문제가 되지 않으나 그 중 한쪽은 보존되고 한쪽은 대치되었을 경우라면 어떻게 할 것인지 적절한 답이 없다. 결국 국어의미론이 믿을만한 답을 내주지 못하는 지금으로서는 난중지난사가 아닐 수 없다.

영어	15세기 국어	현대국어
52 heart	(1) ᄆᆞᅀᆞᆷ (2) 렴통	(1) 마음 (2) 심장 (3) 염통

이때의 각 어사가 나타내는 의미장은 당연히 서로 다르다. 오늘날 heart에 대한 보통명사의 의미로서는 '심장'이 더 많이 쓰이고 있는데 교과서에는 '염통'으로 나타난다. 물론 '심장'과 '염통'의 의미가 완전히 일치하는 것은 아니지만 추상명사로서의 변화가 'ᄆᆞᅀᆞᆷ〉마음'이나 '렴통〉염통'처럼 형태상으로 보존되었다고 보아야 할지 아니면 '렴통〉심장'으로 대치되었다고 보아야 할지 얼른 답이 나오지 않는다.

또한 '61 die 죽다/62 kill 죽이다'의 경우, 영어는 분명히 자동사와 타동사가 서로 다른 형태소로 나타나지만 국어는 하나의 어근과 그에 대한 동근파생어여서 국어단어로는 하나로 간주될 수밖에 없다. 나아가 '45 claw (손, 발)톱/19 fish 물고기'처럼 영어에 대한 국어가 복합어로 대응되는 경우가 있는가 하면, '93 hot 덥다, 뜨겁다'처럼 그 의미가 확연히 구분되는 두 가지로 대응되는 경우도 있다. 이와 같은 난점에 대해서는 조금 뒤에 다시 언급할 기회가 있을 것이므로 여기서는 우선 譯語上의 의미기준을 다음과 같이 정해두기로 한다.

(1) 가장 일반적이며 보편적인 역어의미를 택한다.
(2) 현대 서울지역의 표준어를 택한다.
(3) 가능한 한 한자어를 배제하고 고유어를 택한다.
(4) 시험목록상의 품사를 고려한다.

이러한 기준 하에 우선 역어선정을 마치면 그 다음에는 각 목록에 15세기 어형을 찾아 대조작업으로 들어가는데 여기서도 역시 난점과 마주할 수 있다. 이때의 난점은 역어선정보다 더욱 복잡해질 수 있기 때문에 다음과 같은 기준을 정하기로 한다.

(1) 1440-1600년까지의 언어자료여야 할 것.
(2) 품사는 가능한 한 현대국어와 같아야 할 것.
(3) 원형을 찾을 수 없고 활용형만으로 나타나는 술어는 원형으로 복원할 것.
(4) 의미론적 대응을 찾기에 힘쓸 것.
(5) 동의어가 많은 경우에는 15세기 문헌에서 비교적 빈도수가 많은 쪽을 택할 것.

여기에는 약간의 해명이 필요하다. 첫째, 한자와 고유어가 대립될 때에는 고유어 쪽을 선택한다. 기초어휘에 관한 한 한자어의 경우, 후대로 접어든 후 동의어 간에 투쟁이 전개되었겠지만 그 기원을 따지자면 대개는 고유어로 소급되기 때문이다. 둘째, 추상명사와 보통명사가 대립되는 경우에는 보통명사를 택한다. 이 역시 그 기원적인 측면으로 볼 때 보통명사쪽이 먼저 발생하고 추상명사는 후대에 발달되었으리라는 원리에 근거를 둔 것이다.

시험목록	현대국어	15세기 국어
10 many	많다	하다
16 woman	여자	겨집
17 man	남자	남진
52 heart	심장	렴통
63 swim	헤엄치다	믈줌다/헤욤
71 say	말하다	ᄀᆞᆯ오다
81 smoke	연기	내
86 mountain	산	뫼

여기서도 약간의 설명이 필요할 것이다. 현대국어의 '많다'에 대해서는 15세기 국어에 '만ᄒᆞ다'가 있으나 빈도수에서는 '하다'를 따르지 못한다. '여자'는 15세기에도 있었으나 '겨집'이 훨씬 일반적이었다. 현대국어의 '계집'은 비칭이어서 woman에 대응되기는 어렵다. '남자'는 15세기에 'ᄉᆞ나희'와 '남진'으로 나타나는데 '남진'이 많은 것으로 보아 이쪽이 일반적이었던 같다. 그런데 '남자'와 '남진'은 비슷하게 보이지만 현대국어는 한자어이기 때문에 대치라고 해석된다. 전술한 바도 있으나 현대국어의 '마음'과 '심장'은 위에 제시된 기준에 따라 보통명사인 '심장'을 선택하고 보니 자연히 15세기의 '렴통'을 대응시킬 수밖에 없다. '헤엄치다'와 '므ᄌᆞ미ᄒᆞ다'의 의미 간에는 상당한 복잡성이 내포되어 있다. 우선 문헌에는 다음과 같은 용례가 나타난다.

○ 믈줌다 水淹了(四聲通解 하84b)
　 므ᄌᆞ밋 미 潣, 므ᄌᆞ미 영 泳(訓蒙字會 중2a)
○ 헤욤 츄 泅, 헤욤 유 游(訓蒙字會 중2a)
　 헤영 游(才物譜 1 地譜)

『四聲通解』(1517)와 『訓蒙字會』(1527)의 경우, 어느 것도 15세기의 자료는 아니지만 여기에는 '믈줌다(므ᄌᆞ미)'와 '헤욤'이 동시에 나타난다. 그 의미가 명확하게 구별되지는 않지만 한자의 의미로 보자면 崔世珍은 '淹'에 '믈줌다', '潣'와 '泳'에 '므ᄌᆞ미', '泅'와 '游'에 '헤욤'이라는 풀이를 붙이고 있어 아무리 보아도 그 의미구별이 명확하지 않다. 현대국어의 감각으로 보자면 '泳'이 '헤엄치다'에 가까운 듯하나 단정하기는 어려워 더 이상 논의하지 않고 현대국어의 '헤엄치다'에 '믈즘다'와 '헤욤'을 함께 대응시켜 두기로 한다. 다만 이때의 현대국어 '헤엄치다'는 중세국어 '믈즘다'의 대치형으로 간주될 것이다.

또 한 가지 문제는 훈민정음의 반포연도다. 그 반포를 세종25년(1443) 12월(30일)로 본다면 양력으로는 1444년 1월이 되므로 올해[1963년]까지 519년이 되는 반면, 그동안의 통설이긴 하지만 세종28년(1446) 8월(29일)로 본다면 올해까지 517년이 된다. 요컨대 519년이건 517년이건 간에 뒷자리의 19년이나 17년을 무시해 버린다면 그 결과는 500년으로 간편하게 정리된다.

결국 100개의 시험목록 중 지난 500년 동안 다른 단어로 대치된 항목이 8항목이었다고 본다면 그 수치는 92/100이 보존된 셈이다. 이를 공식에 대입하여 1000년 간의 보존율로 환산해 보면 다음과 같은 결과를 얻는다.

$$t = \log C / \log r$$
$$\log r = \log 0.92 / 0.5$$
$$\therefore r = 0.8463$$

곧 국어의 보존율은 84.63%라는 답으로 나타나는 셈이다. 이 결과를 인구제어의 보존율로 비교해 볼 때 국어 또한 그 최소치 76.0%(코프트어)와 최대치 85.4%(독일어, 스웨덴어) 사이에 포함된다는 사실을 확인할 수 있다. 이 결과는 일단 스와데쉬의 이론과 어긋나지 않음을 보여준다. 이에 그동안의 여러 가지 제약이 내포된 자료와 방법론에 대한 재검토와 개선은 물론, 考古學, 人類學, 原始宗教學, 民俗學과 같은 인접분야와 함께 손을 잡고 시험목록을 좀 더 검토하고 수정해 나간다면 보다 나은 결론을 기대할 수 있을 것으로 생각된다. 뿐만 아니라 앞으로는 國語學 전반에 걸친 적극적인 연구가 절실하게 요청되며 그 성과를 알타이제어에 적용한다면 종래 막연했던 여러 문제가 해결될 수 있으리라고 믿어진다.

4. 다시 한번 시험목록에 대하여

여기서 우리는 시험목록과 국어의 빈도수에 대하여 좀더 생각해 보고자 한다. 1948년 스와데쉬는 "문화적 의미에 있어서 비교적 중성적인 단어(혹은 형태소)의 表"라는 기준 아래 거기에 알맞은 항목을 선정했는데, 1950년에는 기초어휘라는 술어를 써서 "모든 인류집단(혹은 어떤 일정한 시대에 세계의 어떤 일정한 지역에 사는 여러 집단)에 공통되는 개념이나 경험과 관련된 표현"이라는 기준으로 고치고 거기에 해당되는 항목을 선정하였다.

그러나 실제로는 그 기준에 적합한 단어가 얼마나 타당성을 보이느냐에 대해서는 확답이 쉽게 나오지 않는다. 服部四郎는 "공통되는 개념이나 경험과 관련된 표현"이라는 정의를 "공통되는 사물을 표현하는 단어"로 고쳐야 한다고 주장하고 있다. 이는 알타이제어와 같은 膠着語로 볼 때 더욱 절실한 의견이라고 생각된다. 다시 말해서 印歐文化圈에서 선정된 시험목록이 그와는 문화와 構造가 전혀 다른 언어에도 적용될 수 있느냐 하는 의문이 앞서기 때문이다. 가령 몽고인들에게는 sea와 같은 단어의 경우 기초단어로서는 결코 적절하지 못하며, ice나 snow와 같은 단어의 경우 열대문화권에서는 특수한 지리적 환경과 기후로 인하여 결코 "인류집단의 공통된 개념이나 경험"이 될 수 없다는 뜻이다.

시점을 잠시 바꾸어 우리는 여기서 시험목록과 국어의 빈도수에 대하여 잠시 검토해 보기로 한다. 기초어휘 100항목의 경우, 현대국어의 빈도수로는 다음과 같은 결과로 나타난다(文教部1956에 의거한다).

빈도순번	어휘수	비율(%)
1~100	14	14
101~1000	56	56
1000~2000	17	17
2000 이상	13	13

여기서 보면 100항목 시험목록과 우리 국어의 빈도수가 일치하는 사례는 겨우 14%에 불과하고 빈도수 101~1000 사이에 드는 단어가 56%를 차지하고 있다. 거기다 빈도수 1000을 넘는 단어도 30%나 되는 셈이다. 더구나 빈도수 2000을 넘어서는 단어는 다음과 같다.

시험목록	국어	빈도순번
05 that	이(것)	2859
22 louse	이(虱)	3258
27 bark	짖다	4946
28 skin	가죽	2215
34 horn	뿔	4821
36 feather	깃	8442
45 claw	손톱, 발톱	5272, 5016
52 heart	심장, 염통	3514. 2725

53 liver	간(肝)	3211
63 swim	헤엄치다	4252
83 ash	재(灰)	2279
89 yellow	노랗다	3019
95 full	가득하다	3658

이들 시험목록에 대응되는 국어의 경우 그 빈도가 크게 떨어지기 때문에 이들을 과연 기초 어휘에 넣어야 할지 말아야 할지 의문이 아닐 수 없다. 또한 빈도수가 비록 높다 할지라도 한자어에 속하거나 복합어 또는 파생어에 속하는 단어도 다시 생각해 보아야 할 문제가 아닐 까 한다.

시험목록	국어	빈도순번
16 woman	女子	206(한자어)
17 man	男子	594(한자어)
19 fish	물고기	1900(복합어)
45 claw	손톱, 발톱	5616, 5272(복합어)
52 heart	心臟	3514(한자어)
53 liver	肝	3211(한자어)
62 kill	죽이다	462(파생어)
86 mountain	山	167(한자어)

결국 문화권이 다르다면 기초어휘의 기준도 달라져야 한다는 결론에 이르게 되는데 이는 현 단계의 시험목록이 아직은 완벽하지 못함을 단적으로 말해주고 있는 셈이다. 그렇다면 "우리가 국어를 기준으로 삼은 시험목록을 독자적으로 작성한다면 좋지 않겠는가" 라는 발상 이 떠오를 수 있다. 그러나 그러한 발상은 오히려 더 큰 난관을 불러오게 될 것이다.

가령 국어의 빈도수가 많은 것부터 100항목을 우선 선정해 놓고 본다면 거기에는 우선 '-에, -는, -이'와 같은 助詞가 포함되기 때문에 문제가 된다. 뿐만 아니라 관형사, 불완전명 사, 접미사, 보조형용사, 보조동사, 부사 등처럼 "인류집단에 공통되는 개념이나 경험에 관계 되는 어휘"는 별로 없어 무의미한 결과에 머물게 될 우려마저도 없지 않을 것이다.

여기서 잠시 文敎部(1956)에 관하여 한마디 남겨둘 필요를 느낀다. 이 조사방법은 독일의 쾨딩(Köding, F. W.), 미국의 돈다이크(Thorndike, E. L.), 일본의 국립국어연구소가 택한 방법을 따른 조사로서 그 대상물의 부문별 비율은 다음과 같다고 한다.

100%=초·중등 교과서	50% = 國語, 家事, 社會生活	30%
	= 科學, 實業類	20%
=일반간행물	50% = 文學, 藝術類	30%
	= 新聞, 雜誌, 放送原稿, 國會議事錄	20%

그 대상물의 간행연대는 모두 1947년 전후의 것으로 거기서 얻은 총어휘수 56,486 항목은 빈도순별로 나열되었다. 그러나 어휘빈도수란 원칙적으로 국어(시장, 극장, 오락처, 술자리, 각종 접대실)를 몰래 녹음하여 조사함이 이상적이지만 본 조사는 文語만을 대상으로 했다는 점에서 불완전한 성과에 머물렀다고 보지 않을 수 없다.

결과적으로 문교부가 조사한 빈도수는 기초어휘 선정에 보조적인 자료로서는 사용할 수가 있을 것이다. 그리고 스와데쉬의 시험목록 역시 아직은 모든 언어에 적합하지 못하다는 점이 국어에서 밝혀지기도 하였다. 따라서 시험목록은 문화권이 서로 다른 여러 언어를 통하여 끊임없이 검토, 수정되어야 할 필요가 있을 것이다. 우리의 생활과 생활경험으로는 louse, bark, horn, feather, claw, liver, swim과 같은 단어를 기초어휘에 포함시키기는 어렵기 때문이다. 이러한 문제점을 극복하고 나서야 비로서 언어연대학은 모든 문화권에 적합한 이론이 될 수 있을 것이다.

5. 결 어

지금까지 검토한 결과에 의하면 언어연대학적 이론은 고고학적 결론과 현저한 일치를 보여주고 있어 자못 믿음직스러운데도 불구하고 이에 대한 懷疑도 많다. "특별한 문화환경 하에서 변천해 온 언어에도 적용될 수 있을까? 언어연대학으로 언어의 친근관계, 친족관계를 증명할 수 있을까? 기초어휘 선정기준은 얼마나 타당한가?" 등이 여전한 의문이라고 할 수 있다. 그러나 기초어휘의 선정이나 그 한계성의 극복 등과 같은 난관만 해결된다면 그 결과는 기대할만한 것이며 그 난관극복 또한 전혀 불가능한 것이 아니므로 그 앞날은 기다려 볼만한 것이다.

우리의 욕심으로는 이 이론이 좀더 바람직한 방향으로 다듬어지고 알타이어학에도 응용케 이스와 같은 새로운 방법이 도입되기를 기대한다. 비교방법이 지닌 한계성을 언어연대학으로 보완하고 언어연대학의 한계성을 비교방법으로 보강한다면 기록을 고루 갖춘 印歐諸語와는 달리 기록이 없기 때문에 난항을 거듭하고 있는 알타이어학에도 생명의 등대가 마련될 수 있기를 고대한다.

참고문헌

文敎部(1956), 『우리말 말수 잦기 調査』.

宋　敏(1962. 12.), 國語에 適用시켜 본 言語年代學의 結果, 서울大 文理大 洛山語學會 『言語硏究』2: 70-86.

服部四郎(1959), 『日本語の系統』, 岩波書店, 東京.

李基文(1960.5.21.), 言語年代學에 대하여, 「高大新報」 제241호.

Gleason, H. A.(1955), *Workbook on Descriptive Linguistics*, New York.

Gudschinsky, Sarah C.(1956), The ABCs of Lexicostatics(Glottochronology), *Word* 12. : 175-210.

Hocket, Charles. E.(1958), *A Course in Modern Linguistics*[chap. 61, Glottochronology], New York.

Hymes, Dell H.(1960), Lexicostatics So Far, *Current Anthology*, Vol.1 No.1. ; 3-44.

Lees, Robert B.(1953), The Basis of Glottochronology, *Language* 29. : 113-127.

McQuown, Norman A.(1960), American Indian and General Linguisrtics, *American Anthropologist*, Vol. 62 No. 2. : 318-326, New York.

Schöne, Mauris.(1951), *Vie et mort des mots, Que Sais-Je* 270, Paris.

出處 〈청구대학 국어국문학회(1963.11.23.), 『국어국문학 논문집』(전국대학생 국어국문학 연구발표대회): 66-75.〉

一簽本 『佛說觀無量壽經』에 대하여

1. 서 언

그동안 국어사 연구자들이 손쉽게 이용할 수 있었던 『月印釋譜』 권七/권八은 影印本(延世大學校 東方學研究所 國故叢刊五, 1957) 뿐이었는데, 이는 初刊本이 아니라 초간본의 復刻板인 重刊本 가운데 하나에서 유래한 後刷本을 模寫한 청사진본이었다. 그러므로 그 가치가 初刊本으로 전하는 권九, 권十, 권十七, 권十八 등에는 미치지 못하나 그런대로 원간본의 내용과 그 흔적을 전해 주는 자료로서 귀중하다 하지 않을 수 없었다. 그러나 국어자료의 입장에서 보면 사정이 좀 달라진다. 왜냐하면 그 속에는 字劃의 訛脫이 허다하게 드러나 있어 원간 당시의 정확한 국어자료를 보고 싶어하는 연구자들은 이를 아쉬워하지 않을 수 없었기 때문이다. 이에 본고는 『月印釋譜』 권七/권八을 접할 때마다 느껴지는 문제점 가운데에서도 특히 권八의 경우, 그 일부라도 補訂할 수 있는 자료가 없을까 하는 생각에서 출발한 것이다.

2. 『月印釋譜』 권八과 一簽本 『佛說觀無量壽經』의 관계

영인본 『月印釋譜』 권七/권八은 그 해제[開題]에서 閔泳珪 교수가 밝힌 바와 같이 『月印釋譜』 권八의 경우, 佛陀가 韋提希夫人(摩竭陀國의 王太子 阿闍世의 母后)에게 說한 十六觀法(日想觀, 水想觀, 地想觀, 樹想觀, 池想觀, 樓想觀, 花座想觀, 像想觀, 色身想觀, 觀音想觀, 大勢至想觀, 普法知觀, 雜想觀, 上品上生觀, 中品中生觀, 下品下生觀)인 佛說觀無量壽經을 주축으로 삼고 있으며, 거기에 漢譯本 『佛說觀無量壽經』 卷下에서 鈔出된 法藏比丘 四十八大願緣과 鴛鴦夫人 極樂往生緣이 덧붙어 있다. 물론 영인본 『月印釋譜』 권八의 『佛說觀無量壽經』 앞에는 그에 관련된 月印千江之曲 其二百十二에서 其二百十九까지의 八曲이 놓여 있고 鴛鴦夫人 極樂往生緣 앞에는 月印千江之曲 其二百二十에서 其二百五十까지 三十一曲이 자리하고 있다.

그런데 서울大學校의 一簽文庫 중에는 이 『月印釋譜』 권八의 중간본을 그대로 복각한 것으로 보이는 후대의 목판본 『佛說觀無量壽經』 1책이 전하고 있다. 이 책은 이미 南廣祐 교수의 『古語辭典』 引用圖書解題에 『月印釋譜』 권八과 내용의 일부가 유사하다고 소개되어 있거니와 書名이 가르쳐 주고 있는 바와 같이 『佛說觀無量壽經』이므로 상술한 『月印釋譜』 권八의 내용과 완전히 일치하는 것은 아니나 佛說觀無量壽經의 내용에 대응되는 月印千江之曲 八曲과 『釋譜詳節』의 본문은 『月印釋譜』 권八을 그대로 옮겨 놓은 것이 확실한 듯하다. 이 사실은 該書 제49엽 前面에서 본문이 끝난 후 그에 잇대어진 "諺解在釋譜中 隨觀注於本文之下 見之勿疑"라는 添記가 단적으로 알려주고 있다.

一簀本 『佛說觀無量壽經』(이하 일사본 『觀經』으로 약칭함)이 언제 어디서 剞劂되었는지에 대해서는 저간의 사정을 알기 어려우나 책머리에는 洪熙元年(明 仁宗 원년, 朝鮮 世宗 7년, 1425) 正月初一日附의 御製觀無量壽經序 2葉이 붙어 있다. 이는 물론 漢譯本 간행시의 서문일 것이므로 본서의 刊行年代와는 아무 관계가 없다. 다만 이 서문을 일별하건대 佛道의 慈悲之念 平等之施는 西土에서 中國에 들어 온 후 千有餘歲 동안 中國사람들이 그 說을 崇信하고 그 敎를 遵奉하게 하였으며 『佛說觀無量壽經』이 有益於世한 所以를 밝힌 후 다음과 같이 계속되고 있다.

"我皇考太宗體天弘道高明廣運聖武神功純仁至孝文皇帝 皇妣仁孝慈懿誠明莊獻配天齋聖文皇后 皆以上聖之資 居至尊之位 深仁大德 涵育萬邦 下至飛潛動植之類 莫不熙熙自遂於泰和之世 然二聖未嘗以是自足 所以心佛之心 廣佛之敎 嘉惠天下者至矣 若觀無量壽佛經 皇考昔欲表章之 未就 而六御上實宸遊在天 哀慕無極 用敢追成皇考聖志 命工刊行此經 而廣施之 盖欲使天下後世 至于無窮之人 皆知歸誠佛道 有過者 圖改以自新 好善者 益勉而自進 皆遊如來之境 樂如來之福 且以上資皇考皇妣 在天之福於無窮焉 謹序諸其簡端云"

이 내용은 崇儒排佛을 표방한 朝鮮王朝의 國是와 정면으로 배치되는 佛敎의 功德을 앞세우고 있어 당시의 국정과 현실 사이에 복잡한 사정이 얽혀있었을 것으로 짐작되지만 여기서는 그 문제에 얽매일 필요가 없을 듯하다.

어찌되었건 위와 같은 서문이 끝나고 나면 본문 제1엽 前面 첫 행에 '佛說觀無量壽經'이란 書名이 다시 나오고 제2행엔 '宋元嘉中 畺良耶舍譯'이라는 기록에 이어 제3행부터 漢譯經文이 시작된다. 그리하여 佛說觀無量壽經의 成立緣起인 序分이 끝나는 제5엽 前面 제5행부터 '月印千江之曲第八 釋譜詳節第八'이란 題下에 月印千江之曲이 章次 표시없이 계속된다. 이렇게 하여 月印千江之曲이 끝나면 初觀인 日想觀의 漢文經文이 나오고 그에 대한 언해가 베풀어진 후 다시 第二觀에서 第十六觀까지의 經文과 諺解가 번갈아 가며 나타난다.

그런데 一簑本에는 漢譯本의 序分과 結分이 漢譯經文으로만 나타날 뿐 諺解가 베풀어지지는 않았다. 또한 일사본 『觀經』은 제49엽 前面 중앙에서 본문이 끝나고 곧 이어 十六觀 하나하나에 대한 偈 2엽이 첨부되어 있어 총53엽 1책으로 끝이 난다. 크기는 세로 28.6cm×가로 19.6cm에 四周單邊이며, 半葉匡廓 20.8cm×16cm에 有界 10행으로 1행에 17자가 포함되어 있으며, 版心은 上下花紋魚尾이나 不一하고 版心書名은 '관경'으로 되어 있다.

3. 두 자료의 表記異同

일사본 『觀經』의 언해부분은 『月印釋譜』 권八을 그대로 옮긴 것이지만 양자는 많은 差異를 보이고 있다. 그 이유는 물론 두 책의 刊行時期가 서로 달라 각 시대에 이루어진 國語의 變化가 반영된 결과이기도 하겠고, 複刻時에 범해진 訛誤도 있겠지만, 그보다 더 중요한 원인은 일사본 『觀經』의 간행자가 취한 태도에서 생겨난 차이라고도 볼 수 있다.

그러한 태도는 첫째로 漢字音 표기에서 드러난다. 실제로 일사본 『觀經』 간행시에는 초간본 『月印釋譜』 권八에 사용되었던 東國正韻式 한자음이 이미 현실에서 사용되기 어려웠을 것이므로 이에 대한 처리가 가장 난처한 문제였을 것이다. 따라서 剞劂의 便益이나 당시의 한자음으로 볼 때 『月印釋譜』 권八의 東國正韻式 한자음을 따르기가 무척 어려울 수밖에 없었을 것이다. 결국 그들은 諺解部分에 한자를 거의 사용하지 않고 『月印釋譜』 권八에 쓰인 동국정운식 한자음을 모두 현실음으로 바꾸어 놓았다. 그 결과 두 책의 한자음 표기는 전혀 다른 것이 되고 말았다. 이처럼 일사본 『觀經』은 한자음에서 많은 혼란을 보여주고 있는 셈이다.

류리(瑠璃)(『月釋』八 8r) ～ 뉴리(『觀經』 8r)
풍류(風流)(『月釋』八 8r) ～ 풍뉴(『觀經』 8r)
아란(阿難)(『月釋』八 9v) ～ 아난(『觀經』 11r)
두로(頭腦)(『月釋』八 12r) ～ 두노(『觀經』 11v)
십방(十方)(『月釋』八 23r) ～ 시방(『觀經』 17v)
위쇼(圍繞)(『月釋』八 39v) ～ 위요(『觀經』 36r)
보뎨(菩提)(『月釋』八 47v) ～ 보리(『觀經』 48r)

다만 '슈독(有毒)(『觀經』 11v), 자션(自然)(『觀經』 11v), 셔의쥬(如意珠)(『觀經』 13r), 무싱싱(無生忍)(『觀經』 23v)' 등처럼 나타나는 半齒音 'ㅿ'은 『月印釋譜』 권八의 漢字音에서 영향을 받은 것들임이

분명하다 할 수 있을 것이다.

둘째로 일사본『觀經』은『月印釋譜』권八에 나타나는 細注를 거의 무시하면서 짤막하고 요긴한 세주만 약간씩 옮겨놓고 있다.

이상의 두 가지만으로도 커다란 차이가 생겨났지만 여기에 또다시 시대적 차이에서 생긴 는 變化가 추가되었을 것이다. 그 중에서 가장 특징적인 것이 傍點이다.『月印釋譜』권八에 나타나는 傍點을 흉내 내기는 하였으나 그 본질은 전혀 인식하지 못하였기 때문인지 上聲에 二點을 찍은 것은 하나도 없다. 결국 傍點은 전적으로 엉터리여서 이 책이 간행될 당시에는 傍點을 도저히 살릴 수 없었던 것으로 보인다.

거기다가 表記法上의 여러 가지 차이도 눈에 뜨인다. 다음과 같은 표기에 그 특징이 나타난다.

1) 脣輕音 'ㅸ'. 이 音은 완전히 소멸된 상태를 나타낸다.

ᄉᆞᆯ오ᄃᆡ(『觀經』 6v), 일ᄏᆞᆮᄌᆞᄋᆞ라(『觀經』 47r)

그러나『月印釋譜』권八의 원문표기를 나름대로 충실히 따르려다가 오히려 'ㅸ'을 'ㅂ'과 'ㅇ'으로 분리하여 인식한 듯한 표기도 많다. 그것은 '더러븐'이란 縱書로 볼 때 'ㅂ'을 '러'의 받침으로 오인하기 쉬웠기 때문이었을 것이다. 그리하여 '더럽은(『觀經』 11v), 보ᄉᆞᆸᄋᆞ려뇨(『觀經』 16v), 디혜ᄅᆞᆸ인(『觀經』 43v)'과 같은 표기례가 나타나는가 하면, '보ᄃᆞ라바(『觀經』 13r), 보ᄉᆞ바사(『觀經』 22v)'라는 표기도 보이며 심지어는 '보ᄉᆞᆸᄉᆞᆫ(『觀經』 23v)'과 같은 엉터리 표기도 나타난다. 참조: 올바른 표기는 '보ᄉᆞᄫᆞᆫ(月釋八 33r)'임.

2) 半齒音 'ㅿ'. 原刊本을 따르려고 애쓴 흔적이 보인다.

ᄉᆞᅀᅵ(『觀經』 11v), 지ᅀᅩᆯ디니(『觀經』 27r)

그러나 이러한 표기는 당시의 언어현실이 아니어서 'ᄉᆞ이(『觀經』 34v), 지어(『觀經』 43r), ᄆᆞᄋᆞᆷ(『觀經』 7r), 후에아(『觀經』 38v), 처엄(『觀經』 38v)'과 같은 표기가 자연스럽게 드러나 있다.

3) 비강음으로서의 'ㆁ'은 한결같이 후음으로서의 'ㅇ'으로 표기되었다.

당다이(『月釋』八 47r) ~ 당다이(『觀經』 34r)
ᄒᆞ노이다(『月釋』八 5r) ~ ᄒᆞ노이다(『觀經』 6v)

비강음 'ㆁ'과 후음 'ㅇ'의 구별을 인식하지 못하게 됨에 따라 '밍ᄀ니(『觀經』 26r), 히디논양이(『觀經』 7r)'처럼 나타나기도 한다.

4) 사잇소리 'ㆆ, ㄱ, ㅅ' 등은 거의 표기되지 않았다.

龍王ㄱ頭腦(『月釋』八 11v) ~ 용왕두노(『觀經』 11v)
붊디니(『月釋』八 9v)   ~ 볼디니(『觀經』 11r)
하놄픙류(『月釋』八 14v)   ~ 하늘픙뉴(『觀經』 14r)

다만 'ㅅ'은 어쩌다 '싱숫죄(『觀經』 9v)'처럼 쓰이기도 하였으나 된소리를 나타내는 'ㅆ, ㄸ, ㅉ'는 한 번도 쓰이지 않았다.

니를쏘리(『月釋』八 24r) ~ 니를소리(『觀經』 21r)
볼띠니(『月釋』八 38r)   ~ 볼디니(『觀經』 28v)
想홀쩌긘(『月釋』八 21r) ~ 샹홀저긘(『觀經』 19v)

5) 'ㆅ, ㅽ' 등은 'ㅎ, ㅅ'로 표기되었다.

接引은 자바혈씨라(『月釋』八 36r) ~ 자바혈시라(『觀經』 26v)
혼쁴(『月釋』八 51r)   ~ 혼ᄽᅴ(『觀經』 36v)

6) 主格 'ㅣ'는 표기가 통일이 되어 있지 않고 다음과 같이 나타난다.

諸佛淨土ㅣ(『月釋』八 5v) ~ 졔불졍토이(『觀經』 6v)
童子ㅣ(『月釋』八 11r)   ~ 동지(『觀經』 11v)
百寶色鳥ㅣ(『月釋』八 14r) ~ 븩보싁됴ㅣ(『觀經』 13v)

그러나 일반적인 표기는 두 번째 方式으로 나타난다.

7) 'ㄴ'→'ㄹ' 표기.

ᄒᆞ야늘(『月釋』八 5v)   ~ ᄒᆞ야를(『觀經』 6v)
ᄒᆞᄂᆞᆯ(『月釋』八 11r)   ~ ᄒᆞ롤(『觀經』 11v)
누는(『月釋』八 22r)   ~ 누를(『觀經』 20r)

소늘(『月釋』八 51r)　　　~ 소를(『觀經』 36v)

ᄒᆞ리어늘(『月釋』八 74v) ~ ᄒᆞ리어를(『觀經』 46v)

빗날씨라(『月釋』八 10v) ~ 빗랄시라(『觀經』 11r)

8) 語末子音의 二重表記

열버늘(『月釋』八 75r) ~ 열번늘(『觀經』 47r)

사ᄅᆞᆷ ᄆᆞᆫ(『月釋』八 9r)　 ~ 사ᄅᆞᆷ ᄆᆞᆫ(『觀經』 9v)

제지븨(『月釋』八 71r) ~ 제집븨(『觀經』 44r)

곳니피(『月釋』八 18r) ~ 곧닙피(『觀經』 17r)

9) 語末音 'ㅅ, ㄷ'의 표기혼란

곳니피(『月釋』八 18r)　　　　~ 곧닙피(『觀經』 17r)

ᄀᆞᆮ고(『月釋』八 19r)　　　　~ ᄀᆞᆺ고(『觀經』 17v)

四千가짓(『月釋』八 19v)　　　~ ᄉᆞ쳔가진(『觀經』 17v)

미좃ᄌᆞ바(『月釋』八 71r)　　　~ 미졷ᄌᆞ바(『觀經』 44r)

못가은듸(『月釋』八 71r)　　　~ 몯가온듸(『觀經』 44r)

몯ᄒᆞ리며(『月釋』八 7r)　　　　~ 못ᄒᆞ리며(『觀經』 8r)

지픠둣ᄒᆞ야(『月釋』八 40v)　　~ 지픠둗ᄒᆞ야(『觀經』 29v)

　이상과 같은 表記法의 혼란은 16세기 후반 이후의 국어에 나타나기 시작한 변화였기 때문에 그러한 흐름 속에서 『月印釋譜』 권八의 原文을 그대로 따라 옮기기는 사실상 불가능하였을 것이다.

　그런데 본서에는 극소수이긴 하지만 간과할 수 없는 음운변화가 반영되어 있다. 먼저 'ᄋᆞ' 음의 변화가 그것이다.

양ᄌᆞ(『月釋』八 22r)　　　　~ 양자(『觀經』 20r)

廣長相ᄋᆞᆯ(『月釋』八 76v)　~ 광댱샹을(『觀經』 48r)

冰ᄋᆞᆫ(『月釋』 46v)　　　　~ 빙은(『觀經』 8r)

ᄀᆞ조ᄆᆞᆯ(『月釋』八 47v)　　~ ᄀᆞ조믈(『觀經』 34v)

菩提心ᄋᆞᆯ(『月釋』八 76r)　~ 보뎨심을(『觀經』 47v)

　여기에 보인 실례들은 적어도 비어두음절의 'ᄋᆞ'가 '아' 또는 '으'로 변화했음을 보여 주는

데 다른 表記에서는 허다한 오류를 범하고 있으면서도 제1음절의 '으'는 여일하게 잘 보존되어 있음이 주목된다. 이것은 이 책의 刊行年代가 적어도 17세기 중엽 이후 18세기 초엽 이전임을 시사하는 것으로 보이기 때문이다. 앞으로 좀더 면밀하게 검토해 볼 만한 과제라고 생각된다.

이밖에 'ᄂᆞ라ᄃᆞᆯ녀(『月釋』八 52v)'에 대한 'ᄂᆞ라ᄃᆞᆫ녀(『觀經』 37r)', '맛나(『月釋』八 74v)에 대한 '만나(『觀經』46v)'가 나타나나 이와 같은 同化現象은 이미 初刊本 『杜詩諺解』(1481)에도 부지기수로 드러나므로 별다른 문제는 없다고 생각한다. 다만 '별 훈(臂)(『月釋』八 35v)'이 '폴 훈(『觀經』26r)'처럼 有氣音化를 보이고 있어 주목할만 실례의 하나가 될 것이다. '니를어나(『月釋』八 47v)'가 '니르어나(『觀經』 34v)', '가아(『月釋』八 47v), 나아(『月釋』八 8r)'가 '가(『觀經』 34v), 나(『觀經』8v)'로 나타남도 흥미거리이며, '알피왯거든(『月釋』八 75v)'이 '알피왓거든(『觀經』 47r)'으로 변한 것은 中世國語의 過去時制 形成法이 이미 소멸되었음을 보여주는 것이다. 또한 '보아(『月釋』八 8v)'가 '보와(『觀經』 9v)'로 표기된 사례나 '品'이 '품'으로 나타나는 것도 암시적인 사례라고 생각된다.

4. 두 자료의 표기대조

지금까지 『月印釋譜』 권八을 밑바대로 하여 일사본 『觀經』을 『月印釋譜』 권八과 대비하면서 國語資料로서의 성격과 윤곽을 더듬어 보았다. 그 결과 일사본 『觀經』 속에 나타나는 『月印釋譜』 卷八은 現存 複寫本과는 表記法上 크게 차이가 있음을 알게 되었으며 原刊本을 충실히 옮기려고한 노력에도 불구하고 시대차로 인하여 더욱 많은 訛誤를 범하고 있다는 사실이 밝혀졌다. 그러나 本稿가 이러한 실망적인 결과를 예측하면서도 그대로 끌고 온 데에는 적어도 또 다른 하나의 이유가 있다. 그것은 서두에서 암시를 던져 둔 바와 같이 우리의 기대는 현존하는 『月印釋譜』 권八이 일사본 『觀經』에 因緣이 되어 단 얼마간이라도 考訂될 수 있는 길이 있지 않을까 하는 데 있었다. 이러한 우리의 소망은 미흡한대로 긍정적이라고 생각된다.

우선 月印千江之曲부터 考訂해 보면 其二百十二의 下句는 "韋提希願ᄒ ᅀ□□□방애니거지이다"로 中間 몇 字의 脫落을 나타내고 있는데, 일사본 『觀經』에 의하면 "위뎨희원ᄒ ᄉ바셔 방애니거지이다"로 되어 있어 그 탈락부분이 본래 'ᄉ바西셩方'이었음을 알 수 있다. 다음 其二百十三 下句에 '쇠'의 마지막 字形이 不完全한데 일사본 『觀經』에는 'ᄉᆞ이예'라고 똑똑히 나와 있다.

月印千江之曲에 보이는 내용은 이상과 같거니와 우리는 다시 詳節部에 해당하는 본문에서도 다음과 같은 차이를 찾을 수 있다.

『月印釋譜』 권八	『佛說觀無量壽經』
想올 흷단대(6r)	샹올 홀단대(7r)
옮기디(6r)	옮기디(7r)
여듧므해(7r)	여듧모해(8r)
ㄱ초보믈(7r)	ㄱ초보믈(8v)
씨우희(7v)	싸우희(8v)
어둘보는디니(8v)	어둘보논디니(9v)
生死ㅅ罪?(9r)	싱스죄룰(9v)
ㅎ농마리니(11r)	ㅎ논마리니(11v)
니ᄂ니(11v)	나ᄂ니(11v)
길왜(12r)	길왜(12r)
듨미틔(13v)	돌미틔(13v)
곳시리예(13v)	곳서리예(13v)
어들보논디니(15r)	어둘보논디니(14v)
惡業을더리(15v)	악업을더러(14v)
이밀(16r)	이말(16v)
부톄(17v)	부톄(17r)
구름(20r)	구룸(17v)
ᄂᆺ보디시(20v)	ᄂᆺ보ᄃ시(17v)
보ᅀᆞ뷩라(22r)	보ᅀᆞ 수라(20r)
	cf. '수'는 'ᄋᆞ'의 誤
想앳 져긔(23r)	샹일저긔(20v)
을흔녁(26v)	올흔녁(22v)
블띠니(33v)	볼디니(25v)
뎡바갓쎼(34v)	뎡바깃쪄(25v)
밋ᄂ ㄴ(36v)	밋ᄂ니(27r)
즉사릿罪(37v)	죽사릿죄(27r)
十方나라(38r)	십방나라(28v)
菩薩ㅎ닐찌권(40r)	보살ㅎ닐저권(29v)
보ᅀᆞ블디니(44v)	보ᅀᆞ올디니(31v)
알머(46r)	알며(32v)
이대이라(50r)	이대아라(36r)
功德으르(53r)	곤덕으로(38r)
ㅎ쇠리니(58r)	ㅎ시리니(42r)
못가은디(71r)	몬가온디(44r)
ᄆᆞ슈믈(71v)	ᄆᆞ슈믈(44r)

기시라(72r)	거시라(45r)
젼ᄌ로(75r)	젼ᄎ로(47r)
기나이(75v)	가나아(47r)

이상은 영인본『月印釋譜』권八에서 발견되는 분명한 誤謬를 일사본『觀經』에 의거해서 보정할 수 있다고 생각되는 사례를 모은 것이다. 비록 그것이 一點一畫의 訛誤였을지라도 典據에 의해서 확인할 수 있을 때 믿음직스러운 校正을 행할 수 있으므로 우리는 이 정도의 성과일망정 경시해서는 안 될 것이다. 왜냐하면 영인본과 對校해 볼 수 있는 다른 典據가 없는 지금 原刊本을 옮겨 複刻한 일사본『觀經』1권은 유일한 異本 역할을 할 수 있기 때문이다. 하물며『月印釋譜』권八을 안고 있는 兩書가 모두 불완전하기는 하나 둘 다 原刊本에서 系한 것이고 보면 이 두 異本은 相補關係를 가지고 있다. 따라서 영인본을 일사본『觀經』이 補正해 준 것처럼 이번에는 그 역으로 일사본『觀經』을 영인본으로 補正할 수 있어 그나름의 자료활용에 도움이 될 수도 있다.

그러나 일사본『觀經』의 表記法에는 영인본과는 달리 후대의 특징이 너무나 많이 노출되어 있으므로 여기서는 전체적인 차이를 일람하는 의미에서 兩書의 異同을 찾아 보기로 한다. 이 對校에 月印千江之曲은 포함시키지 않을 것이며 영인본의 語末表記 'ㅭ'이 일사본『觀經』에 'ㄹ'로만 나타나는 것은 일일이 摘記하지 않기로 한다.

『月印釋譜』(卷八)		『觀無量壽佛經』	
葉行		葉行	
5r 3	슬ᄫᅩ디	6v 1	슬오디
4	ᄒᆞ노이다	2	ᄒᆞ노이다
5v 1	諸佛淨土ㅣ	4	졔불졍토이
1	그어긔	5	그어긔
2	韋提希夫人이	5	위뎨희
4	나가지이다	6	나가지이다
4	ᄒᆞ야ᄂᆞᆯ	6	ᄒᆞ야ᄅᆞᆯ
6	ᄆᆞ슬믈	7r 4	ᄆᆞ으믈
7	(細注)ᄆᆞ슈매스쳐 머글씨라	5	(細注)믈ᄋᆞ매 스쳐머글시라
6r 1	想ᄋᆞᆯ홇딘댄	6	샹ᄋᆞᆯ홀딘대
3	西ㅅ녁	7	셧녁
5	오ᄋᆞᆯ와옮기디	8	으ᄋᆞᆯ와옮기디
6	히디논야이	9	히디논양이

6v 4	(細注)冰은	8r 5	(細注)빙은
4	비취논	6	비취는
7r 2	여릅므해	9	여듧모해
7	ᄀ초보밀	8v 2	ᄀ초보릴
7	몯ᄒ리며	2	못ᄒ리며
7v 1	씨우희	2	싸우희
6	千萬이	6	쳔민이
8r 4	나아	9	나
4	풍륫가슬	9	풍늦가슬
5	無我ㅅ소리	10	무앗소리
7	이想일쩌긔	9r10	이샹일저긔
8v 1	가장	10	가장
2	밥머긂뎔	9v 2	밥머글뎔
5	어둘보는디니	3	어둘보논디니
7	보아	5	보와
9r 2	부텻마랄	7	부몃마랄
6	사ᄅ 믄	9	사름 믄
7	生死ㅅ罪를	9	싱슷죄를
9v 5	봃디니	11r3	볼디니
10v1	ᄑ를씨라	9	ᄑ를시라
7	믈ᇰㅅ쇠	11v1	믈ㅅ쇠
11r2	(細注)빗날씨라	2	(細注)빗랄시라
2	ᄒᆞᇃ童子ㅣ	2	ᄒᆞᄅ동지
6	ᄒᆞ놈마리니	7	ᄒᆞ논마리니
11v1	(細注)如意珠ㅣ라	7	여의쥐라
1	(細注)더러븐	8	더럽은
2	(細注)龍王ㄱ頭腦ㅅ소배	9	룡왕頭두노소배
2	(細注)나ᄂᆞ니	9	나ᄂᆞ니
4	摩尼ㅅ光	12r3	마닛광
12r2	고븐	6	고은
4	너븨와길왜	7	너븨와길왜
6	하ᄂᆞᆯ瓔珞	8	ᄒᆞ날영낙
6	고븐	9	고은
7	金ㅅ비치오	10	금비치오
12v1	소사나듸	10	소사나되
13r2	홅디니	12v5	홀디니
5	이쇼듸	13r8	ᄾᅵ쇼듸
6	보ᄃ라봐	9	보ᄃ라바

21r6	흟디니	19v6	홀디니
21v1	ᄆᆞ슶소배	8	ᄆᆞ숨소배
2	이럴씨	8	이럴시
3	想홀쩌귄	9	샹홀쪄귄
22r1	그럴씨	20r2	그럴시
2	보ᅀᆞᄫᅡ	2	보ᅀᆞᆸᄉᆞ라
2	ᄒᆞᅀᆞᇦ	3	ᄒᆞᅀᆞᆸ을
3	양ᄌᆞ	3	양자
3	누늘	4	누를
22v7	지ᅀᅩ디	20v1	지ᅀᆞ디
23r4	觀世音菩薩像	4	관셰음샹
6	大勢至菩薩像	5	대셔지샹
7	이想잃뎌긔	6	이샹일뎌긔
23v6	이想잃뎌긔	10	이샹일뎌긔
7	鳧雁鴛鴦	10	부안과원앙
24r1	니를쏘리	21r1	니를소리
2	당다이	1	당다이
26r4	보ᅀᆞ바ᅀᅡ	22v2	보ᅀᆞ바ᅀᅡ
26v1	을ᄒᆞᆫ녁	5	올ᄒᆞᆫ녁
3	바ᄅᆞᆳ믈	6	바를믈
27v1	光明	23r3	광명
28r1	보ᅀᆞᆸ	7	보ᅀᆞᆸ은
2	보ᅀᆞ븐디니	8	보ᅀᆞᆸ은디니
6	보ᅀᆞᄫᆞᆯ씨	23v1	보ᅀᆞ을시
32r5	諸佛ㅅ알ᄑᆡ	4	졔불알ᄑᆡ
6	이럴씨	4	이럴시
32v1	보ᅀᆞᇦ디니	6	보ᅀᆞᆸ올디니
4	보ᅀᆞ호디	8	보ᅀᆞᆸ오디
5	보ᅀᆞ븡면	8	보ᅀᆞᆸᄋᆞ면
33r1	보ᅀᆞᆸ	10	보ᅀᆞ순
2	보ᅀᆞ븐디니	24v1	보ᅀᆞᆸ은디니
2	보ᅀᆞᆸ	1	보ᅀᆞᆸ은
6	(細注)다볼씨라	4	(細注)다볼시라
33v4	블ᄠᅵ니	25v5	볼디니
7	(細注)髻ᄂᆞᆫ ᄯᅩᆫ머리니	7	(細注)곙ᄂᆞᆫ ᄯᅩᆫ머리니
34r1	(細注)뎡바갓쪠노ᄑᆞ샤ᄯᅩᆫ머리ᄀᆞ티실씨	7	(細注)뎡바깃쪄노ᄑᆞ샤머리ᄀᆞ티실시
34v4	밓ᄀᆞ니	26r3	밓ᄀᆞ니
35r1	薩薩ㅅ느춘	5	보살느춘

47v3	ᄀ조믈	34v6	ᄀ조믈
4	니를어나	7	니르어나
4	가아나리니	7	가나리니
5	낤時節	7	날시졀
49r2	미졷ᄌᄫ	7	미졷ᄌ바
2	ᄉ이예	7	ᄉ이예
3	나아	8	나
49v1	셤기ᅀᄫ	35r2	셤기ᅀ바
50r5	이대이라	36r5	이대아라
50v5	圍繞ᄒᅀᄫ	10	위요ᄒᅀ바
51r5	알씨	36v2	알시
3	ᄒᆞᄢᅴ소늘	3	ᄒᆞᄭᅴ소를
7	ᄒᅀᄫ	5	ᄒᅀᄋ
7	일념ᄊ이	6	일념ᄉ이
51v6	ᄒᆞᄢᅴ	10	ᄒᆞᄭᅴ
52r6	ᄒᅀᄫ리니	37r5	ᄒᅀᆸᄋ리니
52v2	즉자히	7	즉자히
2	ᄂᆞ라ᄃᆞ녀	7	ᄂᆞ라ᄃᆞ녀
3	셤기ᅀᄫ	8	셤기ᅀ바
53r4	功德으로	38r5	공덕으로
53v2	지ᅀᅥ와	8	지어와
3	ᄒᆞᄢᅴ소늘	9	ᄒᆞᄭᅴ소를
54r2	좃ᄌᄫ	38v3	졷ᄌ바
6	보ᅀᄫᆮᅴ	5	보ᅀ오디
6	後에ᅀᅡ	6	후에아
54v6	보ᅀᆸᄫᅧ	7	보ᅀᆸᄋ며
2	듣ᄌᄫ	8	듣ᄌ바
5	(細注) 처ᅀᅥᆷ	10	처엄
55v4	圍繞ᄒᅀᄫ	39v8	위요ᄒᅀ바
56r4	ᄉ이	40r3	ᄉ이
6	곳플時節	5	곳플시졀
58r1	ᄒᆞ시리니	42r9	ᄒ시리니
69v4	지ᅀᅥ	43r9	지어
6	지ᅀᅥ	10	지어
70r4	智慧ᄅᆞ빈	43v4	디혜ᄅᆞ인
5	合掌叉手하ᅣ	5	합쟝차슈혀
7	일큰ᄌᄫᆞ면	5	일큰즙ᄋ면
70v2	덜리라	7	덜리니

3	化觀世音과化大勢至	8	화관셰음대셰지
71r2	제지비	44r2	제집비
4	미좃ᄌ바	3	미졷ᄌ바
5	못가은듸	4	몯가온듸
71v3	ᄆᆞ슈밀	8	ᄆᆞ슈믈
72r6	(細注) 기시라	45r6	(細注)거시라
7	더러븐말쏨	6	더러븐말슴
72v4	흔ᄢᅴ	9	흔ᄭᅴ
73r5	간다ᄫᆞᆫ	45v4	간답은
6	하ᄂᆞᆰ고졀	4	하롤고졀
74v4	ᄒᆞ리어늘	46v9	ᄒᆞ리어를
5	맛나	10	만나
75r2	念佛홇겨를	47r3	념불홀겨를
4	일쿧ᄌᄫᆞ라	4	일쿧ᄌᆞ오라
6	열버늘	6	열번늘
7	견ᄌᆞ로	7	견ᄎᆞ로
75v3	알ᄑᆡ왯거든	9	알픠왓거든
5	世界예기나이	10	세계예가나아
6	ᄎᆞ거사	10	ᄎᆞ거아
76r4	菩提心ᄋᆞᆯ	47v3	보뎨심을
76v3	廣長相ᄋᆞᆯ	48r2	광댱샹을

5. 결 어

　지금까지 살펴본 결과를 요약하면 다음과 같은 몇 가지 사실이 드러난다. 첫째는 일사본 『佛說觀無量壽經』의 간행시기다. 일사본 『觀經』에 반영된 표기상의 두드러진 특징으로서는 먼저 방점표기의 극심한 혼란과 함께 순경음 'ㅸ'과 반치음 'ㅿ'의 소멸을 비롯하여, 어말자음 ㅅ과 ㄷ의 표기혼란이 있다. 그와 더불어 특히 비어두음절의 'ᆞ'가 '아' 또는 '으'로 변화했음을 보여 준다. 특히 일사본 『觀經』의 경우, 다른 表記에서는 허다한 오류를 범하고 있으면서도 제1음절의 'ᆞ'는 여일하게 잘 보존되어 있음이 주목된다. 이에 제1음절의 모음 'ᆞ'는 18세기 초엽부터 소멸이 시작되었다는 사실과 더불어 위와 같이 나타나는 갖가지 표기혼란과 몇 가지 음운변화를 통하여 판단할 때 일사본 『佛說觀無量壽經』은 대략 17세기 중엽이후 18세기 초엽 이전까지에 걸친 어느 시기에 간행되었으리라고 추정된다.

　둘째는 일사본 『觀經』과 청사진판인 영인본 『月印釋譜』 권八과의 대교를 통하여 초간본

『月印釋譜』 권八의 모습을 어느 정도 추정해 볼 수 있다는 점이다. 이상의 두 가지 점만으로도 일사본 『佛說觀無量壽經』은 국어사 연구에 얼마간이나마 도움이 되는 자료라고 생각된다.

出處 〈聖心女大 國語國文學科(1968. 12.), 『聖心語文論集』 2 : 2-13.〉

[著者 追記] 이 논문이 발표된 지 얼마 후에 『月印釋譜』 권七, 권八의 初刊本 두 卷이 새로 발견되었다. 그러자 弘文閣에서는 이를 영인본으로 꾸며 세상에 펴낸 바 있다. 따라서 지금은 영인본(解題 千惠鳳, 1977)을 통하여 누구나 손쉽게 初刊本의 모습을 접할 수 있다. 더구나 千惠鳳 교수의 해제 끝부분에는 初刊本의 표기와 기존의 복각본 및 청사진본에 나타나는 표기상의 誤刻이 세밀하게 대조되어 있어 본고에서 시도한 양본의 대교를 거의 대부분 대신할 수 있게 되었다. 국어사 연구를 위하여 다행한 일이다.

雨森芳洲의 韓語觀

1. 서 언

倭文字로 전사된 18세기 초엽의 國語資料에 『全一道人』(1729)이 있다. 이 문헌은 對馬島의 藩士 雨森芳洲(1668-1755)가 倭人을 위하여 편찬한 일종의 國語學習 교본인데, 저자 자신의 붓으로 이루어진 필사본으로 전해 오고 있다. 序와 凡例를 갖춘 총 63葉의 單卷本인데, 그 형식은 國語 문장을 적당한 단락으로 잘라 倭文字 片假名으로 완전히 전사한 후, 군데군데에 國語文字에 의한 添記를 베풀고, 그 단락에 대한 倭文을 곁들여 놓은 것이다. 그 내용은 明代의 劇作家 迅廷訥의 『勸懲故事』 권一과 권二의 처음 일부분을 번역한 것이다.[1]

저자인 雨森芳洲가 文教職務를 관장하는 藩士로서 對馬島에 초빙되어 온 것은 1693년이었다. 1703년에는 朝鮮에 건너와 3년간 국어를 배웠으며,[2] 1711년과 1719년에는 두 차례나 朝鮮通信使 일행을 안내하며 江戶를 왕복하였다.[3] 그는 儒學者로서 詩文에 능했을 뿐 아니라, 특히 漢語와 國語를 자유롭게 구사할 만큼 어학에도 長했다.[4]

---

1) 이 자료에 대한 書誌的 조사는 安田章(1964)에 상세히 나타난다. 『全一道人』에 대한 최초의 연구서이기도 한 安田章(1964)에는 書誌, 原典究明, 轉寫法에 대한 상세한 검토가 포함되어 있으며, 그 뒤에는 국어로 복원된 譯文과 함께, 필사본 원문이 붙어 있다. 본고에서는 이 影印本을 텍스트로 이용한다.

2) 安田章(1964:18)에는 그 근거로서 雨森芳洲 자신의 다음과 같은 기록이 인용되어 있다. 이를 필자의 拙譯으로 여기에 옮겨 둔다.
  36歲 때 朝鮮말 공부를 위하여 他地에 건너 갔노라(『交隣提醒』).
  나는 '가라'(韓國) 땅에 가서 三年 동안 힘들여 대체로 답답하지 않을 만큼 배웠노라(『たはれぐさ』).

3) 특히 1719년의 通信使行 중에는 製述官 申維翰이 있었는데, 그는 江戶를 왕복하는 노정에서 雨森芳洲와 개인적으로 많은 토론을 가졌다. 申維翰의 『海遊錄』(민족문화추진회, 『국역해행총재』 I(1974) 所收)에는 그에 대한 상세한 기록이 보인다.

4) 申維翰의 『海遊錄』에는 雨森芳洲가 통역 없이 國語를 알아 듣거나(『국역해행총재』I:409, 1719년 6월 30일자), 倭語를 직접 國語로 통역한 일이 있었음(『국역해행총재』I:425, 1719년 7월 19일자)을 알리는 기록이 남아 있다.

2. 韓語學習의 단계

『全一道人』의 國語史的 가치에 대해서는 安田章(1964)가 주로 轉寫法을 검토하는 과정에서 일찍이 지적한 바 있다. 그후 필자는 'ㅇ'音의 非音韻化와 ㄷ의 口蓋音化 등을 검토하면서 이 자료를 이용한 바 있다(宋敏1974, 1975, 1982, 1985). 이에 본고는 지금까지와는 다른 측면에서 이 자료를 다시 한번 검토해 보려는 것인데, 그것이 곧 『全一道人』에 반영되어 있는 雨森芳洲의 韓語觀이다.[5]

雨森芳洲는 그 나름대로 韓語觀을 가지고 있었다. 그것이 반드시 國語에만 국한된 것은 아니어서 오히려 言語觀이나 외국어 학습관에 가깝지만, 『全一道人』의 序와 凡例 여기저기에는 그의 태도가 잘 나타나 있다.

序에 의하면 그는 國語學習을 4단계로 나누어 생각하고 있다.

> 우리[對馬] 州人 무릇 公事에 從事하고 있는 者, 그 누가 韓語에 마음이 없으리오? 그러나 그 書도 없고, 그 敎도 없으니 다만 望洋의 한숨을 지을 뿐. 여기에 四部의 書를 골라 처음에 韻略諺文을 읽고 字訓을 알고, 다음에 酬酢雅言을 읽고 短語를 알고, 다음에 全一道人을 읽고 그 마음을 기르고, 그 다음에 韝履衣椀을 읽고 그 用을 達하게 하노라. 간절히 바라건대 그 敎에 차례가 있고서야 그 材를 이룸이 가까우리라고만 해 두노라.[6]

雨森芳洲는 國語를 학습함에 있어 字訓을 익히는 단계, 短語를 익히는 단계, 마음을 醇化시키는 단계, 實用段階와 같은 순서를 제시하고 있다. 그는 그 단계에 맞추어 四部의 교재를 編述했는데 그것이 각기 『韻略諺文』, 『酬酢雅言』, 『全一道人』, 『韝履衣椀』이라고 밝히고 있다. 오늘날 『全一道人』을 제외한 나머지 三部는 전하지 않는다고 한다.

『全一道人』은 第三段階의 학습서인 만큼, 그 내용도 윤리적인 고사로 이루어져 있다. 安田章(1964)의 고증에 의하여 그 藍本은 明代 迁廷訥의 『勸懲故事』임이 밝혀진 바 있다. 동서 권一 孝部 二十六條와 권二 弟部 八條까지를 國語와 倭語로 각기 번역한 후, 國語部分을 倭文字로 전사해 놓은 것이 곧 『全一道人』이다. '全一道人'이란 迁廷訥의 別號였다고 한다(安田章 1964:12).

요컨대 國語學習에 단계설정의 필요성을 인식했다함은 당연한 일이겠지만, 실용에 앞서

---

5) '韓語'란 雨森芳洲 스스로가 그렇게 부른 것이다.

6) 편의상 본고에서는 原文을 필자의 拙譯으로 대신한다. 原文에는 句讀點이 없으나 이해를 돕기 위하여 필자가 적당히 끼워 넣는다. 原文의 뜻을 보존하기 위하여 가능한 한 直譯하였으나, 의미가 잘 통하지 않을 염려가 있을 때에는 최소한의 意譯으로 대신하거나, 괄호를 써서 보충하기로 한다.

마음을 먼저 醇化시켜야 한다고 생각한 점이 雨森芳洲의 독특한 韓語學習觀이었다고 할 수 있다.

3. 發話現實과 文字表記의 차이

雨森芳洲는 國語의 發話現實과 文字表記 사이의 괴리를 충분히 인식하고 있었다. 『全一道人』의 凡例 第二條에[7] 그 증거가 나타난다.

韓語 가운데 諺文으로 쓰는 것과 말로 하는 것이 다를 때가 많으니라. 大槩[8] 그 例를 나중에 적겠노라. 이로써 類推할 수 있을지니라. 日本말에도 假名으로는 馬者(mumaha)라 적지만 말로는 umaha라 하고, 假名으로는 瓜(uri)라 적지만 말로는 uri라 하나니 그것과 같은 이유가 됨을 알지니라.

그는 '諺文으로 쓰는 것'과 '말로 하는 것'의 차이를 구체적인 실례로 제시하고 있다. 그 내용은 꽤 잡다하지만, 類型別로 분류해서 정리해 보면 다음과 같다.

1) ㄴ의 舌側音化

한림(翰林)	harurimu[9]
만리(萬里)	maruri
신령(神靈)	siruriyogu
순류(順流)	siyururiyu
난리(亂離)	naruri
닌리(隣里)	niruri

---

7) 凡例는 모두 四項目인데 각 항목이 다같이 一로 提示되어 있다. 편의상 첫 항목부터 순번을 매겨 이용한다.

8) 安田章(1964)의 譯文에서는 이를 '大葉'으로 읽고 있으나, 두 번째 글자에 대한 原文은 분명히 '槩'의 草書體이다. 뿐만 아니라 '大葉'으로는 뜻이 잘 통하지 않지만, '大槩'로 읽으면 의미가 잘 통하므로 여기서는 '大槩'로 고쳐 둔다.

9) 倭文字 표기를 音聲記號로 轉字(transliteration)하여 인용하기로 한다. 雨森芳洲는 國語의 發話現實을 좀더 정밀하게 轉寫하기 위하여 몇 가지 補助記號를 동원하고 있다. 그 첫째가 弧線(⌢ 또는 ⌒)이다. 이는 원칙적으로 單一音節임을 나타내는데, 본고에서는 이를 下線(＿＿)으로 대신한다. 그 둘째가 三點(‴)이다. 이것은 다음과 같은 音節에 해당하는 倭文字에만 쓰였는데, 이들을 본고에서는 오른 쪽처럼 轉字한다.

ha‴	hi‴	hu‴	he‴	ho‴	→	pa	pi	pu	pe	po
sa‴				so‴	→					tso
			te‴		→					tse

운미관(運米官)   ʻurumiguwan

이들은 形態素나 單語境界를 사이에 두고 ㄴ이 ㄹ의 앞이나 뒤에 배분될 때 舌側音化하는 同化現象을 나타내는 실례들이다. 雨森芳洲는 '한림 → 할림, 만리 → 말리'와 같은 漢字語만을 예시하였으나, 이 현상은 국어에도 일찍부터 존재하고 있었다. 예컨대『小學諺解』(陶山書院本, 1587)에는 '솔나게 메왓고'〈肉袒〉(六 77b)와 '솔라게 메왓고'(六 80a)가 공존하고 있다. 따라서 雨森芳洲는 ㄴ의 舌側音化를 표면형으로 전사함으로써 표기와 發話現實間의 차이를 부각시키고 있다.

마지막 실례인 '운미관 → 울미관'은 예외적인 것이다. ㅁ 앞에서 ㄴ이 舌側音化하고 있음을 보이기 때문이다. 現代國語 문법에서는 이 경우 '운미관 → 움미관'이 일반적이다. 그러나 '운미관 → 울미관'도 전혀 불가능하지는 않다. 실제로『杜詩諺解』(重刊本, 1632)에 '눈물'이 '눐므를'(六 2b)로 나타나고 있다.[10]

2) ㄹ의 脫落

몰쇼(馬牛)   mosiyo
활살(弓箭)   hasaru
블도(不道)   puto
블지(不知)   putsi
알피(前)   ʻaqpi

이들은 形態素나 單語境界를 사이에 두고 舌端子音 앞에 배분되는 ㄹ이 탈락을 입는 경우이다. 이 현상은 '알+ᄂ+니 → 아ᄂ니, 알+디 → 아디'와 같은 共時的 규칙으로도 나타났으나, 그가 예시한 것들은 通時的 변화에 속하는 것들이다.『小學諺解』의 '화살'(三 19a)과 같은 실례로 그 사실을 확인할 수 있다. 마지막 실례인 '앒〉앞'은 形態素 내부의 脣子音 앞에서 ㄹ이 탈락을 겪은 경우이다. 語幹末子音群 간략화의 일종인 이 변화는 이미『小學諺解』의 '아프로 옷기슬 둥긔고'(五 70b)와 같은 실례로 보아 16세기 말엽으로 소급하는 것이다. 이

---

10) ㅁ 앞에서 ㄴ → ㅁ과 같은 同化規則 대신 ㄴ → ㄹ과 같은 舌側音化가 나타날 수 있었던 이유는 國語形態素의 일반적 構造와 무관하지 않았으리라고 생각된다. 즉 國語 形態素의 내부에는 '굴며긔, 말미(由), 불무(冶), 할미' 또는 '곪-(藏), 곪-(膿), 굶-, 닮-(染), 덞-(染), 옮-, 숢-'처럼 ㄺ ㄻ子音群이 자연스럽게 나타나나, ㄴㅁ子音群은 거의 나타나지 않기 때문이다. 17세기에 일어난 '언머〉얼마'도 ㄴㅁ 子音群이 再構造化를 통하여 ㄻ子音群으로 합류된 것이다. 이렇게 볼 때 ㅁ 앞에 나타나는 ㄴ의 舌側音化는 音韻現象이라기보다 類推的 變化라고 보는 것이 보다 적절할지도 모른다.

변화는 17세기 초엽의 『諺解胎産集要』(1608)와 『東國新續三綱行實圖』(1617) 등에서도 확인되고 있으므로(田光鉉1967:74), 雨森芳洲는 18세기 초엽의 일반적 표기였던 '앒'이 發話現實과 차이가 있음을 올바르게 인식한 것이다.

3) ㅇ의 脫落

숑양(松陽)	siyoyagu
죵용히(從容)	tsiyoyogi
흉악(兇惡)	hiyunaku
셕양(夕陽)	seyagu

雨森芳洲는 '숑양, 죵용'의 發話現實이 각기 '쇼양, 죠용'이었음을 증언하고 있다. 中央方言을 기준으로 할 때 '숑양'에 대한 '쇼양'은 共時的 교체, '죵용'에 대한 '죠용'은 通時的 변화에 속한다. 『捷解新語』(1676)의 '죠용히 말슴ᄒ니'(二 4a)는 '죵용〉죠용'의 변화가 이미 17세기에 이루어졌음을 보여 준다.

이와 같은 유형의 현상에 대해서는 口蓋性 上昇二重母音 앞에 배분되는 軟口蓋 鼻音의 口蓋音化로 해석되기도 하였으나(許雄1965:490-491), 史的으로는 母音이나 圓脣性 上昇二重母音, 또는 ㅎ이나 ㄱ에 선행하는 ㅇ뿐 아니라 ㄱ이 탈락되는 수도 있어서, 이들 모두가 口蓋音化만으로는 해석되지 않는다. 실제로 '명함 → 며함, 향암 → 하얌'과 같은 共時的 교체, '셕웅황(石雄黃)〉셕우황, 형울〉허울, 목욕〉모욕, 뉵월〉뉴월'과 같은 通時的 변화가 中世國語나 前期 近代國語 문헌에 나타나는데(劉昌惇1964:51-52), 이들을 口蓋音化만으로 해석하기는 어렵기 때문이다.

이 현상은 漢字形態素의 결합11)으로 생겨나는 부자연스러운 음절을 막기 위한 形態規則(morphological rule)으로 이해된다. 이 현상과 관계되는 실례들은 일단 形態素境界 사이에 Vŋ+(y,w)V와 같은 구조를 보이고 있다. 이 때의 形態素 경계는 자연스러운 發話行爲의 音節境界인 V-ŋ(y,w)V와 일치되지 않는다. 즉 '죵용, 향암'을 形態素 경계로 보면 čyoŋ+yoŋ, hyaŋ+am이 되지만 音節境界로 보면 čyo-ŋyoŋ, hya-ŋam이 되고 만다. ŋyoŋ이건 ŋam이건간에 ㅇ을 頭子音으로 하는 音節은 國語의 일반적 音節構造上 약간 부자연스럽다. 形態素 경계와 音節境界의 불일치, 그로 인하여 야기되는 音節構造上의 부자연성은 čyoŋ+ yoŋ →

---

11) '형울'만은 語源이 확실하지 않을 뿐 아니라, '형울〉허울'(劉昌惇1964:51)도 직접적 변화인지 아닌지 분명하지 않다. 의미상으로 '형울'과 '허울'은 약간 다르기 때문이다.

　蛻 형울예, 蛭 형울공(『訓蒙字會』〈叡山本, 1527〉下 5a)

　즐겨 잔 먹움기로뻐 노푼 허울을 삼고(『小學諺解』五18a)

čyŏ+yoŋ, hyaŋ+am → hyã+am과 같은 鼻母音化로 극복될 수 있다. 따라서 이론상으로는 ㆁ이 탈락한 것이라기보다 先行母音을 먼저 鼻母音化시켰으리라고 해석된다. 이 鼻母音化는 國語文字로 표기될 방도가 없기 때문에 ㆁ의 탈락처럼 나타나다가 鼻母音이 점차 약화된 단어에서는 通時的 변화로 굳어지고, 그렇지 않은 단어는 共時的 교체에 머물렀으리라고 생각된다.

한편, '명함, 셕웅황, 싱강'처럼 形態素 경계 사이에서 ㆁ이 ㅎ이나 ㄱ 앞에 배분될 때에는 有聲音 환경에 있는 ㅎ이나 ㄱ이 먼저 탈락을 입어 '명암, 셕웅왕, 싱앙'이 된 다음, 이들이 다시 위와 같은 鼻母音化의 절차를 거쳤을 것이다. '목욕, 뉴월'과 같은 形態素 경계 앞의 ㄱ은 形態素 경계를 뛰어 넘으면서까지 '곡, 궐'과 같은 부자연스러운 音節構造를 갖게 되는 대신, k〉g〉ɦ와 같은 漸進的 약화를 거쳐 탈락하기에 이르렀을 것이다. 雨森芳洲가 예시하고 있는 '셕양 → 셔양'도 이러한 절차로 설명될 수 있다. 다만 '흉악 → 휴낙'만은 특이한 교체를 보이는데, 이 때에는 hu-ŋak의 ŋak이 nak과 같은 자연스러운 音節로 再構造化된 것이다. 여기에는 母音衝突 방지라는 요인도 잠재하고 있겠지만, 『全一道人』 본문에는 <u>hiyu-gu'aku</u>(73)으로도 나타나고 있어 huŋ+ak → hunak이 必須的인 것은 아니었음을 알 수 있다.

4) ㅎ의 脫落과 融合

  a. 안해(妻)   ʹanaʹi
   심히(甚)   simi
   감히(敢)   kami
   엄연히(儼然)   womeni
   완연히(宛然)   waneni
   죵용히(從容)   <u>tiyoyogi</u>
   나만히(壽)   namani
   끈허졋습늬(絶)   kunotseqsumuno'i
  b. 급히(急)   kutuhi
   국히(極)   kukuhi
   絶끈코置놋코抱안코. '고'라고 써서는 나쁘니라.

우선 (4)a는 有聲音 사이에서 ㅎ이 탈락되는 현상을, (4)b는 ㅎ이 앞뒤의 無聲破裂音과 융합(coalescence)을 일으켜 有氣音化하는 현상을 각기 지적한 것이다. 다만 '급히, 극히'의 形態素 경계에 나타나는 有氣音化를 倭文字 전사로는 제대로 옮길 수 없었으나, 그 마지막에 '絶

끈코, 置 놋코' 등을 덧붙이고 나서, 이를 '고'라고 써서는 나쁘다고 밝히고 있는 점으로 볼 때, 이들 音韻現象에 대한 雨森芳洲의 인식은 분명했음을 알 수 있다. 그런데 원문의 '국히, 안코'는 각기 '극히, 안쏘'에 대한 착오이다. 國語의 ㅡ와 ㅜ, 有氣化音과 喉頭化音의 대립을 倭人이 구별하여 쓰기는 어려울 수밖에 없는데, 실제로 雨森芳洲의 국어표기에는 그러한 착오가 상당히 포함되어 있다.

5) 無聲子音의 鼻音化

공착미(公作米)	koguzagumi
끈허졋슴늬(絶)	kunotseqsumuno'i
ᄒᆞ옵늬	hawomuno'i
죽엇논지라(死)	tsukoɴɴontsira
죽엿논지라(殺)	tsukiyoɴɴontsira
ᄒᆞ엿노라	hayaɴɴora

이 실례들은 鼻音 앞에 배분되는 無聲子音이 同器官性(homorganic) 鼻音으로 동화되는 현상을 나타내고 있다. 雨森芳洲는 이러한 同化現象에서 오는 표기와 發話現實間의 차이를 막연하게나마 인식하고 있었음이 분명하다. '공작미'의 '작'을 '착'으로 잘못 표기하기는 했으나, 그에 대한 전사인 koguzagumi는 '공장미'와 같은 發話現實을 나타내고 있다. '공'이나 '장'의 말음이 g로 전사되어 있는 것은 당시의 倭語 g가 鼻音性 on-glide를 동반한 [˜g] 또는 [ⁿg]였기 때문이다. 실제로 雨森芳洲는 국어의 音節末音 ㅇ을 g로, ㄴ을 n으로 전사하고 있다. '끈허졋슴늬, ᄒᆞ옵늬'의 ㅂ도 ㄴ앞에서 ㅁ으로 同化되고 있음을 보여주고 있다. 그 나머지는 ㅅ이 ㄴ앞에서 ㄴ으로 同化되고 있음을 보여준다.[12]

6) 기타

a.	년됴(年條)	nemudziyo
b.	ᄒᆞᆫ가지(一同)	hanigatsi
	홀ᄂᆞᆫ(一日)	haruroɴ
	ᄒᆞ엿노라	hayaɴɴora

---

[12] 음운론적 절차상으로는 ㅅ이 자음 앞에서 먼저 ㄷ으로 중화되었다가 여기서 다시 鼻音化를 겪는 것으로 해석하는 것이 일반적이다.

여기에 제시된 실례들은『全一道人』이 보여주는 發話現實中에서도 國語音韻史的 비중이 가장 큰 것이다. (6)a는 口蓋性 上昇二重母音 앞에 배분되는 ㄷ의 發話現實, (6)b는 語彙形態素의 第一音節에 나타나는 'ㅇ'의 發話現實을 단적으로 보여 주기 때문이다. 다시 말하면 '년됴'의 '됴'에 대한 轉寫表記 dziyo는 ㄷ의 口蓋音化, 'ㅎ가지, 홀눈, ㅎ엿노라'의 第一音節에 대한 轉寫表記 ha는 'ㅇ'의 非音韻化(dephonologization)를 반영하고 있다. 이 두가지 音韻變化는『全一道人』본문에 더욱 분명하게 반영되어 있다(宋敏1974, 1982).

이상이『全一道人』凡例 第二條에 예시된 發話現實의 거의 전부이다. 이들이 유별되어 제시된 것은 아니지만, 이로서『全一道人』의 전사에는 당시 國語의 發話現實이 거의 그대로 반영되어 있음을 알 수 있다. 雨森芳洲는 이처럼 표기와 發話現實間의 차이를 충분히 인식하고 있었다.

4. 韓語學習의 方法

雨森芳洲의 韓語學習의 방법은 發話現實 爲先主義였다. 雨森芳洲가『全一道人』에서 國語를 倭文字로 전사한 것도 그 때문이었다. 이 사실은 凡例 第一條에 분명하게 밝혀져 있다.

> 이 冊이 日本假名으로 朝鮮말을 적고, 肯緊한 곳에 諺文을 (곁들여) 적음은 諺文에 얽매어 말에 익숙하지 않은 者, 말하기 어렵고, 말에만 힘을 써 諺文을 모르는 者, 그 말을 그르치는 통에 딱하도다. 그 때문에 假名으로 적은 것을 보고 말을 알고, 諺文으로 곁들여 적은 것을 보고, 말의 근본을 알게 하려 함이니라.

發話現實을 먼저 알고 諺文冊을 읽어야 한다는 雨森芳洲의 韓語學習觀은 凡例 第二條에도 다음과 같이 나타난다.

> 少年들이 諺文을 대충 알고 諺文冊을 읽다가 말에 틀리는 일이 많으니라. 諺文冊을 읽음이 나쁘다는 것이 아니니라. 開合, 淸濁, 音便을 알지 못하고 함부로 읽는 것이 나쁘다는 것이니라.

開合, 淸濁, 音便이란 倭語의 발음이나 音韻規則을 뜻한다. 雨森芳洲는 이러한 發音規則을 모르고 함부로 冊을 읽어서는 안 된다고 생각했던 것이다. 여기에 雨森芳洲의 發話現實 爲先主義가 잘 나타나 있다. 그렇다고 雨森芳洲가 發話現實에 대한 학습만으로 韓語學習이 끝난다고 본 것은 아니다. 앞에 인용된 凡例 第一條에 그의 태도가 이미 나타나 있다. 發話現實을 먼저 배우되, 表記規範까지를 습득해야 한다는 것이 그의 韓語學習觀이었던 것이다. "假名으로 적은 것을 보고 말을 알고, 諺文으로 곁들여 적은 것을 보고 말의 根本을 알게 하려 함이니라"가 그러한 태도로 풀이된다.

雨森芳洲의 韓語學習觀은 여기서 그치는 것이 아니다. 진정한 韓語學習方法은 土語話者 (native speaker)에게 직접 배우는 데 있다고 보고 있는 것이다.

> 진정한 正法을 말하자면 聰明한 사람을 뽑아 七, 八歲부터 彼國에 건너 보내어 처음부터 諺文으로 말을 배우게 하는 길밖에 없느니라(第一條).

> 다 해서 170字의 諺文[13])을 우리나라 사람에게 배우기 시작하는 것은 좋지 않으니라. 시골 사람이 서울말을, 같은 시골 사람으로서 서울말을 잘 배웠다고 하는 사람에게 배우는 것과 같으니라. 아무리 잘 말할 수 있다 하더라도 서울 사람과 차이가 있을 것이니라(第二條).

雨森芳洲는 이처럼 韓語를 韓人에게 직접 배워야 한다고 되풀이 하고 있다. 그는 이 사실을 中央語 학습으로 비유하고 있다. 즉 中央語를 方言話者에게 배우는 것이 무리인 것처럼, 韓語를 倭人에게 배우는 것은 무리가 따를 수밖에 없음을 지적하고 있는 것이다. 그것도 가능하면 어린 나이에 직접 朝鮮으로 건너가 韓語를 배워야 한다는 것이다. 이것은 幼時 爲先主義와 現地 爲先主義라고 불릴만한 태도가 아닌가 한다.

雨森芳洲의 韓語學習 방법에는 또 하나의 태도가 엿보인다. 그것은 語彙學習方法에 대한 것이다. 『全一道人』의 凡例 第三條에는 韓語表記에 漢字풀이만을 곁들인 8개의 文章이 제시되어 있는데, 그의 표현을 따르자면 이것은 '疑似한 말'을 모아 적은 것이다.

7) a. 가치나모가지우히이셔가지을그버여보니가지고가려ᄒᆞᆫ가〈鵲在樹枝上俯窺茄子欲持而去之耶〉
   b. 게를궤여담엇거놀괴이셔먹음어가니괴이ᄒᆞ다〈盛蟹於櫃有猫啣而去之可謂怪異〉

---

13) 倭人들이 韓語文字를 배우기 위한 音節表의 字數를 뜻하겠지만, 그것이 어째서 170자인지는 『客館璀粲集』(1720)에서 그 근거를 찾을 수 있다. 1719년 通信使行時 姜栢(耕牧子)이 木下實聞(蘭臯)에게 써서 주었다는 諺文은 子音 ㄱ, ㄴ, ㄷ, ㄹ, ㅁ, ㅅ, ㆁ 7자와 '가갸' 줄에서 '하햐' 줄까지의 음절 154자, 그리고 圓脣性 上昇二重母音 音節 '과, 귀, 와, 워, 솨, 숴, 화, 훠' 8자로 이루어져 있다. 이를 합하면 169자가 된다. 그런데 이상하게도 子音中에는 ㅂ이 포함되어 있지 않다. 써 줄 때부터 ㅂ이 빠져 있었는지, 출판과정에서 누락되었는지에 대해서는 알 길이 없으나, 여기에 ㅂ을 보충한다면 모두 170자가 된다. 그러므로 당시의 倭人들이 韓語文字 學習時에 기본으로 삼은 것은 '가갸'~'하햐'까지의 음절 뿐 아니라, 거기에 받침용 子音 8자와 圓脣性 上昇二重母音 音節 8자를 더한 170자였음을 알 수 있다. 다만 『客館璀粲集』의 '가갸' 音節表의 마지막은 '차, 파, 타, 카, 하' 순으로 되어 있다.

c. 멀리돈니는사룸이몰을몰됴흔몰째싯고믄득메멘사룸을믜우히셔만나서로도토
와믜이처더니훈밥먹을스이논호여이예플어가니라〈遠行之人駄藻於拳好之馬忽
逢荷槌之人於山上相爭而痛捶之一頓飯時乃解去〉

d. 픽천군관이비룰투고가다가비룰먹고비일파호눈병을어드니라〈佩牌軍漢乘船
食梨而得腹痛之病〉

e. 돌구경호눈쏠이두리우히바자니다리가굿브지아니랴〈翫月之女橋上彷徨無脚倦乎〉

f. 쏨으로그리워쏨업게호니다만쏨날뿐아녀두려권대담이셩홀가호노라〈以苫周
遮使無罅隙不獨汗出恐有痰盛〉

g. 칼을둘러굴을버혀두로들러도라와시니술로술을먹으면엇지쾌호리오〈揮刀芟
蘆周廻而還匙以飲酒安得快乎〉

h. 블의예블이두던의풀과골를쎄와다술와시니블히가오히려이시니엇지사라나지
아닐가근심호리요〈不意火燎於原草菅盡燒有根猶在何患不生〉

몇몇 군데에 表記錯誤가 보이지만,[14) 각 문장에 나타나는 最小對立語 또는 거기에 가까운
類似語 區別表記는 近代國語의 그것과 대체로 일치한다. 이를 추출해 보면 (7)a의 '가치'(鵲),
'가지'(枝), '가지'(茄子), '가지-'(持), b의 '게'(蟹), '궤'(櫃), '괴'(猫), '괴이'(怪異), c의 '몰'(藻), '몰'
(馬), '메'(槌), '메-'(荷), '미'(山), '미이'(痛), d의 '픽'(牌), '비'(船), '비'(梨), '비'(腹), e의 '돌'(月),
'쏠'(女), '두리'(橋), '다리'(脚), f의 '쏨'(苫), '쏨'(隙), '쏨'(汗), '담'(痰), g의 '칼'(刀), '굴'(蘆), '술'(匙),
'술'(酒), h의 '블의'(不意), '블'(火), '풀'(草), '블히'(根) 그리고 '술와'(燒), '사라'(生) 등이 된다. 雨森
芳洲는 이들 하나하나를 구별하여 말하고 쓸 수 있을 때, 韓語를 올바로 아는 것이라고 말하
고 있다.

> 이상 數條의 疑似한 말을 모아 적었느니라. 이와같은 類는 無數할 것이니라. 하
> 나하나 區別하여 말하고 쓸 수 있을 때 올바른 諺文을 알고 韓語를 할 줄 아는 사
> 람이라고 할 수 있느니라. 그러나 區別하여 쓰기까지는 工夫의 힘을 가지고 이룰
> 수 있지만, 區別하여 말하는 것은 이루기 어려우니라.

雨森芳洲는 最小對立語나 거기에 가까운 類似語 그리고 同音異議語를 학습하는 방법의 하
나로 위와 같은 문장을 만들어 놓은 것이다. 그는 이러한 문장을 통하여 類似語를 보다 능률

---

14) 가령 (7)a의 '그버'는 '구버', b의 '궤여'는 '궤예', c의 '도토와'는 '드토와', '처더니'는 '치더니' 또는 '쳤더
니', f의 '두리권대'는 '두리건대' 또는 '두려컨대', h의 '쎄와'는 '틔와'의 잘못된 표기일 것이다. c의 '미'와
h의 '블히'도 각기 '뫼, 불휘'의 잘못이다. 실제로 '미'는 본문에 '뫼흐로, 뫼희'(95)로 나타난다. 그러나
'블히'는 본문에도 '블히'(56)로 나타난다. 非語頭音節이긴 하지만 본문에 '두어되'(二三升)가 '두어딕'(35),
'사회'(婚)가 '사히'(38)처럼 잘못 표기된 예도 있다. 한편 d의 '비일파'는 본래 '비알파'였다가 蟲蝕을 입은
흔적이 보인다. c의 '몰됴흔'도 어떤 잘못일텐데 그것이 무엇인지는 짐작되지 않는다.

적으로 학습할 수 있다고 본 듯하다. 이러한 방법은 오늘날에도 外國語 학습에 자주 응용되는 방법으로서 가히 類似語區別 爲先主義라고 할만한 태도가 아닐 수 없다. 이처럼 雨森芳洲는 완전한 韓語學習을 위하여 여러 가지 방법을 구체적으로 제시하고 있는 것이다.

5. 言語音 差異의 發生原因

雨森芳洲는 한 言語의 方言音聲 차이나 國家間의 言語音聲 차이가 山川風氣의 차이 때문에 생겨난다고 보고 있다. 『全一道人』의 凡例 第三條에는 우선 中央語를 邊土人이 배우기 어려운 이유를 山川風氣가 다르기 때문이라고 하고 있다.

> 예를 들면 橋와 筋, 雲과 蛛, 花와 鼻, 笠과 瘡15) 등을 서울 사람들은 각기 區別
> 하여 말할 수 있지만, 邊土人은 배워도 이루지 못함은 山川風氣가 다르기 때문이니
> 라, 하물며 異邦의 말이리오.

그가 韓語를 土語話者인 韓人에게 배워야 한다고 생각한 것도 결국은 같은 태도로 해석될 수 있다. 山川風氣가 다르면 言語音에 차이가 생기므로 中央語를 地方出身者에게 배워 완전을 기할 수 없는 것이다. 韓語를 倭人에게 배워 완전을 기할 수 없는 이유를 山川風氣의 차이로 본 것이다. 雨森芳洲의 이와같은 태도는 1719년 朝鮮通信使行의 製述官이었던 申維翰과의 토론에서도 확인된다. 申維翰은 『海遊錄』의 附錄인 '聞見雜錄'에 다음과 같이 적고 있다.

> 일찍이 우삼동으로 더불어 音譯의 같고 다름을 말하여 보았는데 우삼동이 말하
> 기를 "중국의 발음은 탁음이 많고, 조선의 발음은 청한 것이 많고, 일본의 발음은
> 純淸이요, 탁음이 없습니다. 그것은 음성이라 하는 것은 각각 風氣에서 나오는 것
> 인데, 조선은 중국과 거리가 가깝고, 일본은 또 조선 사람에게서 배운 것이므로,
> 내가 일찍이 말하되 조선은 중국의 음을 그대로 배워서 잘못된 것이요. 일본은 또
> 귀국의 음을 배워서 잘못된 것이라 하였습니다" 하므로 내가 말하기를 "그 말이
> 진실로 옳습니다" 하였다(『국역해행총재』 II:64-65).

雨森芳洲는 漢字音이 朝鮮과 倭에서 달라진 것도 결국은 風氣의 차이로 설명하고 있는데 申維翰도 여기에 동조하고 있었음을 알 수 있다.

---

15) 이들은 각기 hasi(橋, 筋), kumo(雲, 蛛), hana(花, 鼻), kasa(笠, 瘡)에 해당하는 단어들이지만 倭語에서는
그 의미에 따라 액센트가 다를 뿐 아니라, 方言에 따라서도 액센트가 다르다.

6. 中·韓·倭語 學習의 難易度

雨森芳洲는 동일한 言語表現의 길이가 言語에 따라 다른 점에 대해서도 그 나름의 생각을 가지고 있었다. 그는 말의 길이가 中國과의 거리에 비례한다고 보고 있었는데 申維翰도 여기에 동조하고 있었던 것이다. 申維翰과의 문답에 다음과 같은 내용이 전하고 있다.

> 우삼동이 또 말하기를 "方音의 길고 짧은 것도 또한 구별이 있으니 중국사람은 문자를 가지고 말을 하기 때문에, 사람을 대하여 問安을 하는데, 다만 서너말이면 족한데, 조선말로 번역을 하면 그 길이가 배나 되고, 일본은 또 길이가 3배나 되고, 西洋·南蠻 사람들은 그 말의 길이가 일본에 비하여 또 3배나 되니, 이것으로써 중국과 거리가 멀수록 말이 더욱 길어진다는 것을 알겠습니다" 하였다.
> 내가 말하기를 "과연 그렇습니다. 일본의 국경에 들어 온 이후로 매양 보면 사람들이 나에게 자신의 所懷를 말하고자 할 때에 먼저 통역에게 말하여 그로 하여금 번역하여 전달하게 하는데, 그 말을 들을 적에는 매우 지루하여 千百의 곡절이나 있을 것 같다가, 통역이 우리말로 번역하여 전하는 것을 들으면 두세 가지 일을 부탁하는 데에 지나지 않았습니다" 하였다(『국역해행총재』 II:65).

中國과 멀어질수록 길이가 길어진다는 雨森芳洲의 言語觀은 말의 길이가 길어질수록 배우기가 어렵다는 생각으로 연결된다. 申維翰과 雨森芳洲의 대화에는 다음과 같은 내용이 보이는 것이다.

> 내가 우삼동에게 말하기를 "내가 일본말을 배운다면 몇 달이면 될까요?" 하였더니 우삼동이 말하기를 "중국말은 두어 달이면 되겠고, 조선말은 1년이면 되겠고, 일본말은 비록 총명이 남보다 뛰어난 자라도 3년이 아니면 능하지 못할 것입니다" 하였다(『국역해행총재』 II:67).

雨森芳洲는 결국 자신의 母語인 倭語가 가장 배우기 어렵고, 그 다음이 韓語라고 본 것이다. 그리고 中國語는 오히려 韓語나 倭語보다 배우기 쉬운 것으로 대답하고 있다. 그가 이렇게 생각하게 된 것은 言語表現의 길이 때문이었던 것으로 풀이된다. 즉 雨森芳洲는 外國語 學習의 難易度에 대한 기준을 표현의 길이에 둔 것이라고 할 수 있다. 표현의 길이가 긴 言語일수록 배우기가 어렵다고 생각한 雨森芳洲의 言語學習觀은, 과학적인 태도는 아니지만, 소박한 古典的 言語學習觀의 하나로서 흥미를 갖게 해 준다.

7. 결 어

지금까지 『全一道人』의 凡例를 중심으로 雨森芳洲의 韓語觀 내지 外國語 學習觀을 살펴보았다. 그 내용을 요약해 보면 다음과 같다.

雨森芳洲는 먼저 韓語의 학습이 四段階로 이루어져야 한다고 보았다. 그것은 처음에 字訓, 다음에 短語, 그리고 마음을 醇化시킨 다음 실용에 들어가야 한다는 단계적 순서였다.

雨森芳洲는 한어의 表記規範과 發話現實을 충분히 인식하고 있었다. 그 때문에 韓語를 학습하려면 먼저 發話現實을 알아야 한다고 보았다. 그의 韓語學習方法은 곧 發話現實 爲先主義였다. 뿐만 아니라 韓語學習은 土語話者인 韓人에게 직접 받는 것이 좋다고 하였다. 이를 본고에서는 土語話者 爲先主義라고 불러 두었다. 雨森芳洲는 또한 韓語學習을 어릴 때부터 현지에 가서 해야한다고 생각하였다. 이러한 그의 태도는 幼時 爲先主義, 現地 爲先主義라고 볼 수 있다. 語彙學習 방법으로서는 最小對立語나 同音異議語를 한 문장으로 엮어, 그 구별을 익히는 것이 능률적이라고 생각하였다. 이러한 태도를 본고에서는 類似語區別 爲先主義라고 불러 두었다.

雨森芳洲는 또한 한 言語音의 方言的 차이나 國家間의 言語音 차이가 山川風氣에서 나온다고 보았다. 나아가 동일한 言語表現에 대한 各國語는 中國으로부터 거리가 멀어질수록 그 표현의 길이가 길어진다고 보았다. 그리고 그는 外國語學習의 難易度에 대한 기준을 言語表現의 길이에 두고 있다. 표현이 길수록 배우기가 어렵다는 것이다. 결과적으로 雨森芳洲의 태도에 의하면 倭語가 가장 배우기 어렵고, 그 다음이 韓語가 되며, 中國語는 오히려 배우기가 쉽다는 뜻이 된다.

결국 그의 言語觀 내지 韓語學習觀 중에는 합리적인 것도 있으나, 비합리적인 것도 함께 섞여 있음을 알 수 있다.

참고문헌

宋　敏(1974), 母音 ‘·’의 非音韻化 時期, 聖心女大 『論文集』 5.

_____(1975), 十八世紀前期 韓國語의 母音體系, 聖心女大 『論文集』 6.

_____(1982), 近代韓國語의 發話現實 數三. 聖心女大 國語國文學科 『聖心語文論集』 6.

_____(1985), 近代國語 音韻論의 諸問題, 國民大 『語文學論叢』 4.

劉昌惇(1964), 『李朝國語史 研究』, 宣明文化社.

田光鉉(1967), 十七世紀國語의 研究, 서울대 대학원 『國語研究』 19.

許　雄(1965), 『國語音韻學』(改稿新版), 正音社.

安田章(1964), 『全一道人の研究』, 京都大學 文學部.

_____(1980), 『朝鮮資料と中世國語』, 東京 笠聞書院.

出處 〈語文研究會(1985. 11.), 『羨烏堂金炯基先生八耋紀念 國語學論叢』(創學社): 217-231.〉

朝鮮修信使의 신문명어휘 접촉

1. 머리말

순조11년(1811) 金履喬를 正使, 李勉求를 副使로 내세운 通信使 일행이 江戶幕府의 제11대 장군 德川家齊의 襲職을 명목으로 뒤늦게 對馬島를 다녀온 이후부터 조선조정과 日本간의 정식외교는 오랫동안 단절 속에 묻혀 있었다. 고종5년(1868) 이른바 明治維新으로 왕정을 되찾은 일본정부는 對馬島主를 통하여 국서를 조선조정에 전달하고자 했으나 東萊府의 倭學訓導 安東畯은 그 내용이 종래의 것과 다르다는 이유를 내세워 수리를 거부하고 말았다. 그후 일본정부는 對韓外交에 직접 나서서 여러번 修好를 요구한 바 있으나 조선조정은 그때마다 이를 외면해 왔다.

고종12년(1875) 日本은 마침내 군함 雲揚號를 江華島 부근에 보내어 조선군과 충돌을 일으키게 하였다. 이른바 雲揚號사건이었다. 다음해인 고종13년(1876) 이 사건을 문제 삼아 朝鮮에 건너온 일본의 전권대신 黑田淸隆은 결국 조약의 체결을 요구해 왔다. 그리하여 그해 2월 2일 江華島에서 이루어진 타결책이 朝日修好通常條約(江華島約 또는 丙子條約)이었다. 이는 조선조정이 외국과 맺게 된 최초의 조약이었다.

이렇게 되자 조선조정에서는 조약에 뒤따르는 여러 가지 세부사항을 일본정부와 협의하지 않을 수 없게 되었다. 이러한 임무를 띠고 일본에 건너가게 된 인물이 金綺秀였다. 당시 그에게는 修信使라는 직함이 주어졌다.

金綺秀는 金履喬가 對馬島에 다녀온지 65년만에 일본의 東京에까지 다녀온 조선왕조의 관리였다. 그런데 金綺秀가 경험한 일본은 이미 과거의 通信使들이 보고 돌아온 일본이 아니었다. 일본은 서구문물을 받아 들여 새로운 모습으로 달라지고 있었다. 자연히 金綺秀는 서구의 문물을 간접적으로나마 일본에서 접촉하게 되었다.

한번 길이 트이매 다음 길이 이어질 수밖에 없었다. 고종17년(1880)에는 金弘集이 修信使가 되어 일본에 다녀왔다. 그는 일본과의 통상을 서둘러 개화정책을 펴야한다고 건의하였다. 그러나 조선조정에서는 일본의 실정을 좀더 알아볼 필요를 느꼈다. 이러한 임무를 띠고 일본에 파견된 조선왕조의 시찰단 일행이 이른바 고종18년(1881)의 紳士遊覽團이었다. 곧 朴定陽, 嚴世永, 姜文馨, 趙秉稷, 閔鍾默, 趙準永, 沈相學, 魚允中, 洪英植, 李元會, 金鏞元, 李鑛永 등 12사람이 여기에 뽑혀 일본에 다녀왔다.

고종19년(1882)에는 壬午軍亂이 일어났다. 이로 인하여 조선조정은 일본의 요구에 따라 濟物浦條約을 맺게 되었고, 그 뒷수습을 위하여 修信使 朴泳孝가 일본에 파견되었다.

고종21년(1884)에는 甲申政變이 일어났다. 그 뒷처리를 위하여 또다시 특명전권대신(후에 欽差大臣으로 바뀜) 徐相雨, 副大臣 穆麟德, 從事官 朴戴陽 등이 일본으로 건너갔다.

이렇게 연달아 일본 땅을 밟은 조선왕조의 지식인들은 날로 달라져 가는 일본의 문명을 피부로 접하며 수 많은 文化·文明관련 新造語를 귀에 담고 돌아왔다. 그들이 남긴 기록에서 그 사실을 확인할 수 있다. 그들이 듣고 온 新造漢字語들은 그후 국어에 그대로 수용되어 현재까지 자연스럽게 쓰이고 있는 경우가 많다. 따라서 그러한 新造語 수용의 초기적 과정을 보여주는 修信使들의 기록류는 비록 한문문장으로 되어 있어 완전한 국어자료라고 볼 수는 없으나, 그나름으로 語彙層位의 자료로서는 별다른 결함을 보이지 않는다. 이에 본고에서는 修信使들의 기록류에 나타나는 新造文明語彙를 얼마간 정리함으로써 일본에서 조어된 이들 漢字語가 국어에 수용되는 초기적 과정의 일단을 살피게 될 것이다.

2. 대상자료

일본에 다녀온 바 있는 修信使, 紳士遊覽團, 欽差大臣 등이 남긴 기록류에는 여러 가지가 있으나 본고에서는 다음과 같은 자료를 대상자료로 삼을 것이다

金綺秀, 『日東記游』(1876), 민족문화추진회(1977), 『국역해행총재』 X.
李鑛永, 『日槎集略』(1881), 민족문화추진회(1977), 『국역해행총재』 XI.
朴泳孝, 『使和記略』(1882), 민족문화추진회(1977), 『국역해행총재』 XI.
朴戴陽, 『東槎漫錄』(1884-5), 민족문화추진회(1977), 『국역해행총재』 XI.

『국역해행총재』의 X과 XI의 권말에 실려 있는 이들 자료중 『日東記游』와 『使和記略』은 활판본이며, 『日槎集略』과 『東槎漫錄』은 필사본이다. 각자료에 표시된 年紀는 해당 자료의 기록자가 일본에 갔다 온 해를 나타낼 뿐, 그 자료의 성립연대를 나타내는 것은 아니다. 그리고 이들 자료는 모두가 한문으로 기록된 것들이다.

한편 金綺秀와 朴泳孝의 직함은 修信使였으나 李鑛永은 紳士遊覽團의 일원, 朴戴陽은 종사

관이었다. 본고에서는 이들을 일괄해서 지칭할 때 편의상 朝鮮修信使 또는 修信使라고 부르도록 한다.

3. 『日東記游』와 新文明語彙

金綺秀는 일본에 다녀오는 동안 여러 가지 새로운 경험을 한 바 있다. 그는 새로운 문물에 대하여 꽤 상세한 기록을 남기고 있는데, 그 가운데에는 일본에서 만들어진 新造漢字語가 많다. 먼저 중요한 단어 몇 가지를 정리해 보면 다음과 같다.

1) 日本式 新生漢字語

① 蒸氣船

이 말은 본래 '火輪船'이었으나 日本語와의 접촉과정에서 '蒸氣船' 또는 '汽船'으로 바뀌었다. 이 '蒸氣船'이란 단어가 『日東記游』에 나타난다.

> 바다 옆으로 도랑을 뚫고 바닷물을 끌어들였는데 넓이는 큰 배 10여척을 용납할만하고 길이는 천여 보나 됨직하다. 이곳은 水戰을 연습하는 장소다. 그중에는 한 척은 火輪인데 이른바 저들의 蒸氣船이라는 것이다.
> 傍海 穿渠引海入 廣可容巨艦十數 長可千餘弓 此是操演水戰之地也 中一船火輪 卽彼所謂蒸氣船也(『日東記游』卷二 玩常)

『日東記游』에는 '火輪船, 火輪之船, 輪船'과 같은 용례가 여기저기에 나타날 뿐이다. 그러므로 金綺秀는 일본현지에서 처음으로 '蒸氣船'이란 말을 듣게 된듯하다. "彼所謂蒸氣船"이란 표현에서 그 사정을 알 수 있다.

'火輪船'이란 단어는 19세기 중엽 근대중국어에서 비롯된 것이다.[1] 근대중국어에는 그밖에도 '火輪舟, 火船, 輪船, 火烟船, 水氣船'과 같은 용례가 나타나지만, 그 주류는 '火輪船'이었다(廣田榮太郎1969:92-93).

근세일본어에도 '火輪船, 火船'이 쓰인 바 있으나 그 大宗은 역시 일본에서 신조된 '蒸氣船'과 같은 '汽船'계 어형이었다. 幕末의 문헌에 '蒸氣船(蒸汽船, 蒸氣船), 川(河)蒸氣船, 蒸氣舟, 蒸氣,

---

1) 淸나라 魏源의 『海國圖志』卷二에는 '火輪舟'가 때때로 '火輪船'으로 나타난다(王力1958:523). 『海國圖志』는 全100卷으로 이루어져 있는데, 前60卷은 道光22(1842)년, 後40卷은 咸豊2(1852)년에 이루어졌다고 한다.

川(河)蒸氣, 小蒸舟, 汽船(氣船, 小氣船)'과 같은 용례가 이미 널리 사용되고 있으며, 명치초기에는 이들이 어느 정도 정리되어 '蒸氣船(蒸汽船), 蒸船, 蒸氣, 汽船(氣船, 滊船)'으로 나타나고 있다(廣田 榮太郎1969:93-97).

결국 『日東記游』에 나타나는 '蒸氣船'이란 단어는 金綺秀가 일본에 가서 비로소 알게 된 신조어라고 볼 수 있다. 그는 또한 '火輪船' 대신 '汽艦'이란 단어를 쓰기도 하였다.

> 우리 일행이 처음 東萊府에 이르니 저들의 汽艦이 벌써 와서 정박하고 있었다.
> 我行始到萊府 而彼之汽艦已來泊(『日東記游』 卷三 規條)

이렇게 하여 알게 된 '蒸氣船'이란 단어는 그후 '滊船'을 거쳐 '汽船'이라는 표기로 국어에 정착되는데 朝鮮修信使의 기록으로 그 과정을 더듬어 볼 수 있다.

> 그가 또 말하기를 "火輪船을 구입해 가겠다고 하셨습니까. 반드시 國勢와 物議 를 생각해 본 뒤에 滊船을 써야 할 것입니다". 내가 말하기를 "진실로 그렇습니다" 하였다.
> 彼又曰火輪船將欲購去云耶 必揣國勢物議然後可用滊船也 我曰誠然矣(『日槎集略』 卷人 問答錄 訪外務省卿井上馨問答)
> 초열흘, 비가 약간 내리다. 卯刻[오전 6시]에 花房公使가 汽船을 타고 와서 만나게 되었다.
> 初十日 微雨 卯刻 花房公使 乘汽船來會(『使和記略』 壬年 八月)

이들 기록으로 보건대, 李鑢永은 1881년 井上馨에게서 '滊船'이란 단어를 들은 바 있으며, 朴泳孝는 처음부터 '汽船'이란 표기를 택했음이 밝혀진다. 이렇게 하여 '火輪船'이란 단어는 일본식 新造文明語인 '蒸氣船'을 거쳐 '滊船' 또는 '汽船'으로 대체되는 곡절을 겪은 것이다.

② 汽車

이 말 역시 본래 '火輪車'[2]였으나 일본어와의 접촉과정을 통하여 점차 '汽車'로 정착되기에 이르렀다. 金綺秀 자신은 이 단어를 분명히 '火輪車'라고 쓰고 있으나, 일본측에서 보내오는 문서를 통하여 '汽車'라는 단어도 접하고 있다.

> 제8조 배가 橫濱항에 닿으면 상륙하여 汽車를 타고 달려 동경으로 갈 것이다.

---

2) '火輪車'의 讀音은 '화륜거'였던 것으로 보인다. 李鳳雲·境益太郎(1895), 『單語連語日話朝雋』(京城, 漢城新報 社)에 "火輪車 화륜거 기샤"(21a)라는 項目으로 나타난다.

第八條 船由橫濱港上陸 汽車一鶩前往東京(『日東記游』卷三 規條 舘倭書)

　귀하께서는 그동안의 시간을 헛되이 보내지 마시고 汽車로 잠시 大坂府에 가셔서….

望貴下不徒過其時間 汽車一瞥到大坂府(『日東記游』卷四 文事 往復文移)

　앞의 것은 金綺秀가 東萊에서 釜山駐在日本公舘長代理 山之城佑長으로부터 전달받은 公翰(明治9년 丙子5월 14일자) 끝에 붙어 있는 여행안내문의 한 항목이며, 나중 것은 일본에 머무르는 동안 外務卿 寺島宗則이 보내온 公翰(明治9년 丙子6월 17일자)에 대한 漢譯文의 일절[3]이다. 그러므로 金綺秀는 일본인의 公翰을 통하여 '汽車'라는 단어와 접촉했음을 알 수 있다.

　'火輪車'라는 명칭은 본래 19세기 중엽 근대중국어에서 비롯된 것이다.[4] 근대중국어에는 그밖에도 '火車'라는 용례가 나타나기도 한다(廣田榮太郞1969:75).

　이에 대하여 幕末의 일본문헌에는 '火輪車'보다 '蒸汽車, 蒸氣車(蒸車)'가 주로 쓰이다가 그 어형이 점차 '滊車, 汽車'로 移行해 왔다고 한다(廣田榮太郞1969:76-90). 그러므로 金綺秀가 『日東記游』에 남긴 '汽車'는 일본식 新造文明語인 셈이다.

　③ 新聞紙

　金綺秀가 일본에서 경험한 新文明語 가운데에는 '新聞紙'라는 말도 있었다. 그는 여기에 대하여 꽤 상세한 해설을 베풀고 있다.

　　이른바 新聞紙는 날마다 글자를 쌓아 본을 떠서 찍어내니 이것이 없는 곳은 없다. 公私의 聞見과 길거리의 이야기도 입에 침이 마르기 전에 사방으로 빨리 전해지니, 이것을 만드는 사람은 사업으로 삼으며, 이것에 오르는 사람은 영예와 치욕으로 여긴다. 또한 반드시 글자도 깨알처럼 작아서 정교함이 비할 데가 없다.
　　所謂新聞紙 日築字榻印 無處無之 公私聞見 街巷談說 口津未乾 飛傳四方 爲之者 看作 事業 當之者 視以榮辱 亦必字如荏細 精工無比(『日東記游』卷三 俗尙)

　일본에서 日刊新聞이 간행되기 시작한 것은 1870년 12월 8일이었다. 「橫濱每日新聞」의 간행이 그 처음이었다. 그런데 新聞에 대한 일반호칭은 한동안 '新聞紙'라고 지칭했던 것이다(槌田滿文1983:32). 金綺秀가 일본에서 경험하게 된 단어가 바로 이 '新聞紙'였음을 알 수 있다.

　그후 李鑛永은 일본인의 書翰을 통하여 '新聞'이란 오늘날과 같은 어형을 접하게 된다.

---

3) 해당부분의 日本語 원문은 "其間同港ヨリ汽車ニ付シ阪府ニ到リ"로 되어 있어 漢譯文과 약간의 차이를 보이고 있으나 원문에 나타나는 '汽車'란 단어를 漢譯文에서도 그대로 수용하고 있음이 주목된다.
4) 王力(1958:524)에는 『海國圖志』 卷八十三에 나타나는 '火輪車'의 용례가 제시되어 있다.

우리나라[日本을 뜻함] 여론이라고 하는 것은 항상 朝廷의 의논을 움직이지만, 조정 의논은 능히 여론을 누르지 못합니다. 지금 新聞이나 演說에서 시끄럽게 民權과 自由를 부르짖는 것은 모두 野에 있는 紳士들입니다.

我國之輿論者 常動廟議 廟議不能壓輿論 今也于新聞于演說 喋喋唱民權自由之說者 皆在野之紳士也(卷人『日槎集略』散錄 中田武雄書)

이렇게 하여 일본식 新造文明語라고 할 수 있는 '新聞紙'나 '新聞'[5])을 朝鮮修信使들은 다같이 경험하고 돌아온 것이다.

④ 人力車

사람을 태운 채 사람이 끄는 이 二輪車는 1869년 和泉要助, 高山幸助, 鈴木德之郞 등 세 사람의 협력으로 만들어졌는데, 이듬해인 1870년에는 官許를 얻어 제조가 시작되었다(槌田滿文1979:130-131, 樺島忠末[외]1984:167-168). 1874-5년경에는 거의 완전한 車體가 갖추어졌고, 바퀴 또한 나무에서 鐵로, 鐵에서 다시 고무로 개량되면서 香港, 上海를 위시한 동남아 방면으로 수출되기 시작하자 人力車는 일본의 심볼처럼 유명해졌다.

바로 그 무렵 金綺秀는 일본에서 인력거를 직접 타 볼 수 있었다. 그는 당시의 人力車에 대하여 다음과 같은 기록을 남기고 있다.

[延遼]館 앞에는 한없이 많은 인력거가 있었다. 인력거는 두 바퀴인데 수레바퀴 사이에 자리를 만들어 한 사람을 앉힌다. 혹은 두 사람을 앉히게 되면 어깨가 서로 닿는다. 가리개는 뒤가 높고 양옆이 낮다. 앞에는 이것이 없다. 가리개 뒤에는 주름진 물건이 있어서 비가 오거나 볕이 날 때에는 펴서 덮으면 곧 지붕이 있는 수레가 된다. 수레바퀴는 나무막대 둘로 버티어 앞으로 향하게 하였는데 格子로 멍에를 만들었다. 이 격자 안에서 한 사람이 가슴으로 밀고 달리니 빠르기가 나는 듯하였다. 수행원들도 모두 이것을 타고 있었다.

舘前有無數人力車 車兩輪 輪間設座 坐一人或兩人 坐則肩相挨也 障後高 兩傍隨而低 前無障 障後有物褰疊 雨或暘 佈而蓋之 居然有屋之車架 輪拄兩木 向前而衡以格 格之內一人 承以胷而走 疾如飛 從行之皆坐此(『日東記游』卷一 留舘)

人力車의 구조와 그 달리는 모습이 그림처럼 떠오를 만큼 세세히 관찰하고 있다. 그와 함께

---

5) '新聞'이란 단어 자체는 이미 中國 宋代의 官報였던 『朝報』에서 쓰인 바 있다고 한다(槌田滿文1983:30). 그러나 朝鮮修信使가 경험하고 돌아온 '新聞紙' 또는 '新聞'이란 단어는 현대적 의미를 담고 있는 것으로서, 이러한 용법은 日本語에서 다듬어진 것이다.

人力車라는 단어가 朝鮮修信使의 기록을 통하여 국내에 알려졌음을 확인할 수 있다.

⑤ 寫眞

明治初期에는 일본에서도 寫眞術이 신기한 존재로 여겨지고 있었다. 그 때문에 처음에는 寫眞을 '寫眞繪'라고 불렀으나 점차 '寫眞'으로 축약되기에 이르렀다(槌田滿文1983:32). 金綺秀는 어느날 기념촬영을 요청받지만 재삼 거절하여도 말을 듣지 않고 寫眞機를 설치하므로 이를 관찰할 수 있었다.

> 어느날 舘伴이 와보고 寫眞을 찍으려 하기에 재삼 거절하여도 말을 듣지 않았다. 문득 보니 멀리 네모난 거울 하나를 설치하고 그 거울을 나무로 받쳤는데 마치 우리나라의 뜰에 있는 닭의 횃대와도 같았다. 그리고 나무 네 개가 높다랗게 있는데 그 위에 거울을 설치해 놓았다. 거울은 네모로 된 櫃였으며 궤의 겉쪽은 밝은 거울이었다. 위를 보로 덮었는데 뒤에는 구멍이 있는 것 같았으며 물건으로 가려져 있었다. 조금 뒤에 가린 것을 걷어치우고 손으로 궤속을 더듬으니 또 하나의 거울이 번쩍 빛났다. 조금 있다가 거울을 가져와서 내게 보이는데 내 얼굴이 그 속에 있었다. 거울 겉쪽은 물이 줄줄 흐를 듯하지만 櫃의 바깥쪽 거울은 그냥 그대로였다.
>
> 一日舘伴官來見 要寫余眞像 再三却之 不余聽也 忽見遠遠置一方鏡 鏡架以木 類我國鷄塒之置于庭者 四木柱軒然也 上設鏡 鏡方櫃 櫃面明鏡 上覆以布草 後似有穴 障以物 少頃去障 手探櫃中 又有一鏡走去 己而以鏡來示之 奄然有我在其中 鏡面水汪汪欲滴 而櫃面之鏡 因自在也(『日東記游』 卷一 留舘)

金綺秀는 '寫眞'이란 단어를 직접 쓰지는 않았으나 "寫余眞像"처럼 풀어서 쓰고 있다. 그러나 그는 분명히 寫眞이란 단어를 경험하고 있다. 外務卿 寺島宗則이 禮曹判書 金尙鉉에게 보낸 回書契(明治9년 6월 17일자)의 禮單物目에 "寫眞帖 二册"(卷四 文事 回書契)이 나타나기 때문이다.

⑥ 電線, 電信

金綺秀는 工部省을 방문하고 電信施設을 돌아보았는데, 그때의 모습을 다음과 같이 기록하고 있다.

> 이른바 電線이라는 것은 자세히 살펴보아도 이루 다 형용할 수가 없다. 전에 어떤 사람의 말을 들으니 "電線은 만리나 되는 장거리에 電信을 보내는데 저쪽과 이쪽은 다만 盤 한 개에만 의지한다. 盤 가운데에는 針이 있고 사방 둘레에는 글자가

있는데 針이 돌면서 글자를 가리키므로 그 가리키는 데 따라 기록하여 드디어 한 폭의 글이 되니 元, 亨, 利, 貞을 가리켜서 元, 亨, 利, 貞을 아는 것과 같다. 이쪽에서 이 針이 돌아갈 때 저쪽에서도 이 針이 돌아간다"는 것이다.

所謂電線者 諦視之 亦不可狀 曾聞人說 電線之萬里電信 彼此只憑一盤 盤中有針 四圍有字 針旋指字隨指隨錄 遂爲一幅書 如指元指亨指利貞 以知元亨利貞之類也 此邊此針旋時 彼邊此時針亦旋也(『日東記游』卷二 玩常)

電信線의 끝이 집안에 들어가 있는 것이 마치 우리나라 설령줄[舌鈴索]이 집안에 들어가 있는 것과 같다. 평상에 늘어뜨려 놓고 평상 위에는 기계를 설치하였는데 기계 옆에는 櫃와 같은 기구가 있고 그 속에는 電氣가 있다. 손으로 그 기계를 두드리니 전기가 궤에서 발생하여 번쩍번쩍 빛이 나면서 바로 선을 타고 올라간다. 옆에는 또 기구 한 개가 있는데 우리나라 목수의 먹통과 비슷하다. 통속에 막대가 있어 이것이 돌고 있는데 옆에는 또 종이 두루마리가 있어 한쪽 끝이 똑바로 막대 위로 올라가서 이것을 둘러싸면 종이 위에 글자가 나타난다. 옆의 종이를 또 펼치니 역시 글자가 나타나는데 이는 이쪽에서 저쪽으로 통보하기 위한 글이었다.

電信之線 其端入于屋中 如我國舌鈴索之入屋者 下垂于床 床上設機 機傍有器如櫃 櫃中有電 手敲其機 電生于櫃 櫃櫃爍爍 直上于線 傍又一器 如我國攻木者墨繩之筒 筒中有杠 杠轉而傍 又有片紙圓堆者 一端直上于杠而圍之 紙上有字 傍又布紙 紙有字 爲此報彼之書也(卷二 玩常)

日本에서 電信事業이 시작된 것은 1869년이었다. 처음에는 英語의 telegraph를 그대로 音寫한 teregarafu[テレガラフ]라는 어형과 함께 傳信機와 같은 명칭으로 통용되었으나 점차 '電信機, 電信'과 같은 어형으로 정착되기에 이르렀다(槌田滿文 1983:21-23, 惣鄕正明[외] 1986: 394-395). 金綺秀는 그러한 현실 속에서 電線, 電信과 같은 日本式 新造文明語를 經驗하게 된 것이다.

⑦ 西洋式 時間指稱法

金綺秀가 일본에 갔을 때 일본에서는 이미 陽曆이 시행되고 있었다. 이에 따라 하루의 時間指稱法도 서양식인 24時間 구분법을 쓰고 있었다. 金綺秀는 일본인의 公翰을 통하여 이 새로운 서양식 時間指稱法을 경험하게 된다.

우리쪽 六月 一日 午前 十一時 赤坂황궁으로 왕림해 주실 것을 이에 적어 알립니다.
我六月一日午前十一時 須昇赤坂皇宮 爲之告示(『日東記游』卷四 文事 往復文移)

이것은 外務卿 寺島宗則이 金綺秀에게 전한 公翰(明治9년 5월 31일자)의 一節이다. 일본어 원문6)에 나타나는 "午前十一時"라는 時間指稱法이 漢譯文에도 그대로 쓰이고 있다. 子, 丑, 寅, 卯와 같은 地支式 시간표시와는 전혀 다른 이 새로운 방식을 金綺秀는 일본에서 경험할 수 있었던 것이다.

이밖에도 『日東記游』에는 金綺秀가 일본에서 처음으로 듣게 된 新式漢字語가 많이 나타난다. 그 가운데에는 일본식 新造文明語도 있으나 전통적 단어에 意味改新이 가해진 것도 있다. 이들을 출현순서에 따라 정리해 보면 다음과 같다.7)

卷一 : 辦理大臣(事會) 博物院 海軍省 水礵砲(이상 陰晴) 地方官 外務省 會社 鐵路關 陸軍省 敎場 兵學寮 工部省 工學寮 師範學校 元老院(이상 歇宿) 機關 機輪 甲板 艦長 子午盤(이상 乘船) 浮木標 燈明臺 造弊局 鐵路 造船局 船長(이상 停泊) 馬車 雙馬車 琉璃窓(이상 留舘).

卷二 : 鐵道 器械 文部省 議事堂 議官 議長 議事 會議(이상 玩賞) 法制長官 握手 中將 開拓長官 書記生 軍醫 司法卿 官內大輔 內務少輔 法制官 大審院判事 大佐 祕書官 書記官(이상 結識) 地球 事務之官 文學寮 自立 外交(이상 問答)

卷三 : 公舘 十字之牌(이상 宮室) 敎育之院 萬國公法 紙幣 專權大臣 專權公使(이상 政法) 監督員 火藥 斷髮 自由 巡警 醫療 醫官 健康 警察官(이상 規條) 學問(學術) 片錦譜8) 石炭油(이상 物産)

卷四 : 領事舘 公使舘 公使 貨幣 獨立(이상 文事 往復文移) 地毬(文事 唱酬詩)

이상에 보인 漢字語의 어형과 의미는 그후의 國語語彙 體系에 직접적으로나 간접적으로 적지 않은 영향을 끼친 바 있다.

2) 獨自的 新漢字語彙

『日東記游』에는 일본식 新造文明語가 아닌 新造漢字語도 많이 나타난다. 新式文物을 나타내는 데 이용된 이들 어휘를 편의상 독자적 新式漢字語라고 불러 둔다. 『日東記游』에는 다음과 같은 용례가 보인다.

烟筒之旁 又有風袋 有時而鳴 如深山牛夜 聞鬼嘯聲(卷一 停泊)

---

6) 해당부분은 "來ル我六月一日午前十一時赤坂皇居ヘ御參內可被成候此段得御意候"로 되어 있다.
7) 용례는 최초로 나타나는 것만을 한번씩 제시하기로 한다.
8) 이 단어에는 "凡各樣錦緞 片割粧帖 謂之片錦譜"라는 주석이 붙어 있다. 각종 織造物의 看色을 모아 놓은 책임을 알 수 있다.

船尾置大砲 傍設影表 形如仰霄俯壑(卷一 停泊)

始一堂豁然 舖花文氍毹 中置大圓卓(卷一 留舘)

亦曲曲掛燈 夜點火 無提燈之勞(卷一 留舘)

衣冠皆洋製云……而鬆寬有褡 褡隙輒可藏置物 故所以烟其吹燈筆硏刀鑷時計子午
盤等 隨手而取 如探裏中也(卷一 行禮)

靴用黑漆皮(卷一 行禮)

橫濱至新橋 乘火輪車 少歇驛樓(卷二 玩賞)

各人面前 各有各人名紙(卷二 燕飮)

有所謂氷汁者 磨氷作屑 鷄子黃和雪糖而爲之云 一勺入口 冷徹齒根 是何法也(卷二 燕飮)

大鰕 去皮鬚脚 入油煎之9) 肉盡泡也 蘸醬食之(卷二 燕飮)

初詣外務省……余先致名帖(卷二 問答)

街路之上 五間十間 往往立 一燈桿 上施琉璃燈 無縫無褡 天然造成 中有盞有心 心自竪
而無油 昏黑上燈之時 人一動括機括所在未知何處 燈火自起 迄于天明 人又動括 燈火自滅云(卷三 城郭)

家置時鍾 人珮時計 □公私宴會及私相尋訪 必先期報時 無或相違(卷三 俗尙)

筆黑 一遵唐制 非其舊也 近又多用四人筆 劃紙作字 不蘸黑而終日用之 不知其何法
製造也(卷三 物產)

鏡 舊有烏匣鏡者 今不可見 坐鏡懸鏡 皆從四法(卷三 物產)

織造 一依四法 如所謂四洋布者(卷三 物產)

大道上往往井字板扉 階地而盖之 似是隱溝去穢之所也(卷四 還朝)

이상에 나타나는 新式漢字語들은 오늘날 그 명맥을 대부분 잃고 말았으나, 新式文物에 접하면서 그나름으로 新式語彙를 사용해 보려는 독자적 노력이 적지 않았다는 사실만은 부인하기 어려움을 알 수 있다.

4. 『日槎集略』과 新文明語彙

紳士遊覽團의 일원으로 日本에 다녀온바 있는 李鑛永의 실제 임무는 海關[稅關]에 대한 제반 조사였다. 그러므로 그의 임무만으로 보면 그가 일본에서 경험한 세계가 특수분야에 국한되어 있을 것으로 짐작된다. 그러나 실제로는 그렇지 않다. 그는 海關에 대해서도 조사를 게을

---

9) 명사적 용법은 아니지만 오늘날의 튀김 곧 '덴뿌라'를 나타낸 것이다. 이 단어는 그후 '煎油魚'라는 어형으로 쓰이기도 하였다. 李鳳雲·境益太郎(1895), 『單語連語日話朝雋』(京城, 漢城新報社)에 "油煎魚 젼유어 덴프라"(17b)라는 실례가 보인다.

리하지 않았지만, 그밖에도 다양한 견문을 가지고 돌아왔던 것이다. 실제로『日槎集略』에는 그의 여러 가지 경험이 다양하게 반영되어 있다.

金綺秀는 주로 新文明을 나타내는 단어들을 많이 경험하고 돌아왔지만, 李鑢永은 거기에 다시 新文化를 나타내는 단어들을 많이 경험하고 돌아왔다. 李鑢永은 당시 일본의 高位官吏, 知識人, 外交官 등과의 면담을 통하여 적지 않은 新式文化語, 추상적 개념을 나타내는 學術語 와 飜譯語 등을 듣고 돌아온 것이다.

1) 日本式 新漢字語彙

① 開化

明治維新(1868)이 이루어지면서 일본은 문자 그대로 본격적인 開化時代를 맞게 되었다. 이 러한 새 시대를 대변하는 말로서 文明開化[10]란 飜譯語가 생겨나자 이 말은 一大流行을 불러 일으키게 되었다(槌田滿文1983:26). 일본에 발을 들여놓은 李鑢永도 '開化'란 말을 자주 들었으 나 그 뜻이 석연치 않았던 듯하다.

> 내가 말했다. "귀국 땅에 들어서면서부터 開化라는 두 글자를 들었습니다. 開化 라는 말은 무슨 뜻인가요". 그가 말했다. "開化라는 것은 서양 사람들의 말이며 또 일본 書生들의 말이기도 합니다. 禮義를 깨뜨리고 옛 풍속을 무너뜨려서 오늘의 洋風에 따르는 것을 得策으로 삼는 것입니다. 예의를 지키고 옛 풍속을 귀하게 여 기는 자를 時俗에 통하지 못한다고 해서 배척하니 이것이 바로 서양 사람들이 이 웃 나라를 파멸로 몰아넣는 음모인데도 조정의 大官들은 한 사람도 깨달아 아는 자가 없습니다".
> 我曰自入貴境 始聞開化二字 第開化之說何意也 彼曰開化者 西人之說也 又日本書生之 說也 破禮義毀古風以隨今之洋風爲得計者也 守禮義貴古風者 謂不通時俗而退之 此是 洋人破隣國之陰計 而官家大吏無一人悟知者也(卷人 問答錄 橫濱港大講理事署譯員日人林又六 來訪問答)

李鑢永은 '開化'의 뜻을 橫濱駐在 清國理事署의 통역관이었던 일본인 林又六에게 물었다. 그러나 林은 '開化'에 상당히 비판적인 인물이었다. 위의 대답에서 그의 뜻을 찾을 수 있다. '開化'란 예의와 古風을 헐어버리고 洋風을 따르자는 것인데, 이는 隣國을 망가뜨리려는 洋人 의 계략임에도 이를 헤아리고 있는 고관이 한 사람도 없다는 것이었다. 이러한 해명을 듣게

---

10) 이 단어의 성립과정에 대해서는 鈴木修次(1981a:38-53) 참조.

된 李鑛永도 '開化'에 대해서는 심히 慨然한 일이라고 말하고 있다.

② 噸, 碼, 野兒都, 叮咂, 嗙

李鑛永은 처음 듣는 語彙에 대해서는 그 뜻을 자주 묻고 있다. 關稅局長 蜂須賀茂韶를 만나서 그 뜻을 물어 본 말이 앞의 네 가지 數名[單位名]이었고, 그후 귀국길에 神戶에 들렀을 때 海關書記官 奧井淸風에게 물어 본 말이 마지막 數名이었다. 이들은 각기 ton, metre, yard, dozen, pound에 해당하는 音寫形이었으므로(宋敏1985:45), 아무리 李鑛永이라 할지라도 西洋語彙를 漢文實力만으로는 이해 할 수 없었던 것이다.

③ 鑛山

李鑛永에게는 '鑛山' 또한 이해되지 않는 단어였던 것으로 보인다. 다음과 같은 문답에서 그 사실을 짐작할 수 있다.

> 그가 말하기를 "귀국에 鑛山이 몇 곳이나 있습니까" 하기에 내가 말하기를 "우리나라는 鑛山의 법을 힘쓰지 않기 때문에 어느 곳에 있는지 모르겠습니다" 라고 하였다.
> 彼曰貴國鑛山在幾處乎 我曰弊邦不事鑛山之法 故未知在於何地也(卷人 問答錄 工部省官員 有速故與諸公偕往問答)

④ 日曜日, 土曜日

일본에 '日曜日'이라는 개념이 알려진 것은 蘭學時代부터였다. 네델란드語의 zondag가 일본인에게도 일찍부터 알려져 sontaku[ソンタク] 또는 dontaku[ドンタク]로 쓰였기 때문이다. 그러나 '日曜日'이란 명칭이 정착된 것은 明治초기에 들어서서이며,11) 그 명칭도 英語의 sunday에 대한 飜譯語였다고 한다. 그리하여 官立學校가 日曜日 休日制를 채택한 것은 1874년 3월이었고, 太政官 布達로 "日曜日 休, 土曜日 半休"가 된 것은 1876년 4월이었다(槌田滿文 1983:20). 따라서 '日曜日'이란 단어는 이 무렵부터 일반에 널리 사용되었으리라고 풀이된다. 李鑛永은 바로 그러한 시기에 '日曜日'이란 단어를 일본에서 경험하게 되었을 것이다.

> 이날은 일본인이 말하는 日曜日[曆書에 있는 房日, 虛日, 昴日, 星日]이다. 公務를 보지

---

11) 비교적 이른 시기의 용례는 19세기 중엽으로 거슬러 올라간다. 1857년의 海軍傳習 日課表에 "日曜日休"라는 용례로 나타남을 보아 당시 海軍에서는 이미 西洋式 一週間 단위의 훈련이 행해지고 있었음을 알 수 있다고 한다(杉本つとむ1983a:131).

않는 것이 관례라기에 세관에 가지 않았다[曜日 전날은 半曜日이라 하여 午時에 퇴근한다고 한다]

是日即日人所謂日曜日^{曆書中房}_{虛昴星是日} 而不視公務是例也云 故不往稅關^{曜日前日謂之半曜}_{日而午時退公云}(卷地 日記 辛巳六月初一日)

　　다른 날 각하가 왕림하시되 일본사람들이 말하는 日曜나 土曜 양일은 오후 3시 이후면 비교적 조용해서 터놓고 이야기 할 수 있습니다.

他日閣下枉顧 請以日人所謂日曜土曜兩日 午後三點鍾以後 較爲從容 可暢談也(卷人 問答錄 與五衛將訪大淸欽差大臣日本公使何如璋問答)

現代國語에 曜日名稱이 정착된 과정은 아직 확실하게 밝혀진 바 없으나, 적어도 李鑢永의 경험에 의한 '日曜日, 土曜日'과 같은 단어는 曜日名稱의 수용에 대한 이른 시기의 실례가 될 것이다.

⑤ 大統領

이 말은 英語의 president에 대한 飜譯語로서 일본에서는 幕末時代부터 사용되었다(惣鄕正明1986:349). 李鑢永은 이 말을 新聞에서 처음 본 듯하다.

　　新聞紙에 미국 大統領[곧 국왕을 가리키는 말이다]이 총격을 받아 해를 입었다고 한다.

新聞紙見米國大統領^{即國王}_{之稱} 被銃見害云(卷地 日記 辛巳 六月初十日)

大統領을 '國王之稱'이라고 해설하고 있음을 보아 李鑢永은 그 개념을 정확히 이해하지 못하고 있었음이 분명하다.

⑥ 割, 分

이 漢字들은 日本語에서 百分率을 나타내는 데 이용되는 것들이다. 李鑢永은 그 용법을 전혀 이해하지 못했던 것 같다.

　　내가 말하기를 "稅法에 혹 三割 五分이라고 했는데 이것은 무엇입니까" 했더니 그가 말했다. "백분의 35에 해당하는 가치입니다."

我曰稅法或云三割五分者何也 彼曰値百抽三十五者(卷人 問答錄 與副關長葦原淸風問答)

⑦ '零'字

李鑄永은 아라비아 數字를 日本에서 처음으로 경험한 듯하다. 그러나 1에서 9까지는 쉽게 이해되었으나 0이란 數字의 개념이 잘 이해되지 않았던 모양이다.12)

내가 물었다. "淸國조약서 중에……零자와 計자는 또한 무슨 뜻입니까." 그가 대답했다. "……零이라는 것은 새 稅目에 기재되어 있는 바, 이는 0과 같은 것으로서 數의 빈자리[虛位]를 가리키는 것입니다."
我曰淸國約書中……零字計字亦何謂也　彼曰……零者　所載新定稅目餘○同一　而指示數之虛位物也(卷人 問答錄 與關稅局長蜂須賀茂韶問答海關事務)

⑧ 圖書舘

이 단어 또한 李鑄永에게는 생소했던 모양이다. 그는 그 뜻을 다음과 같이 묻고 있다.

내가 물었다 "孔子의 祠堂 문밖에 圖書館이란 간판이 있는데 이는 무슨 뜻입니까."
我曰孔廟門外　有圖書舘揭板　是何意也(卷人 問答錄 橫濱港大淸理事署譯員日人林又六來訪問答)

이밖에도 『日槎集略』에는 李鑄永이 일본에서 경험한 것으로 생각되는 新式 文明文化語가 많이 나타난다. 이들 중 國語語彙史的 견지에서 중요하다고 생각되는 단어를 그 출현순서에 따라 한번씩만 例示해 보면 다음과 같다.13)

卷天 聞見錄：砲術 測量 蒸氣機關 地毯 中學 小學 公立 私立 懲役 歲入 證券 印紙 營業 豫算表 公債 襦袢
卷地 日記 4月：陸軍 工兵 中尉 艦長 警部(이상 8日) 人力車(11日) 海關[亦稱稅關] 稅務 造船所 工作局 師範學校 畵學 醫學 數學 化學 理學 教師 生徒 公苑 長明燈 縣會 會議 判事 議員 議長 副議長 祝辭[未詳何文何辭] 海軍中將 軍艦(이상 12日) 社長 燈臺(이상 14日) 領事 鐵道局 待合所 鐵路 乘車 下車 電氣線 電線 停車所 造紙局 造紙所 機械 紡績所(이상 17日) 監獄署 裁判所 未決 已決 博物會 療病院 醫長 教授 學徒 郵便局(이상 18日) 造幣局 操鍊場 步兵 陸軍步兵中佐(이상 19日) 砲兵工廠(20日) 博覽會 會社 頭取 副幹事(이상 21日) 關長 地稅 酒稅 商社(이상 26日) 大洋[卽太平洋](27日) 公園 商會(이상 28日)
日記 5月：元老院 大書記官(이상 1日) 圖書舘 院長 博物觀(이상 3日) 外務省 關稅局長

---

12) 『日槎集略』 卷人 散錄 끝부분에 '泰西人數字'라고 하여 아라비아 數字 1에서 9까지가 예시되어 있다. 그러나 거기에 0은 나타나지 않는다.
13) 용례는 편의상 聞見錄과 日記 및 問答錄의 것을 주 대상으로 하였다. 이 부분에 실제 용례가 집중되어 있기 때문이다.

公使(이상 4日) 稅則 條約(이상 5日) 支店 稅關長(이상 8日) 農務局 育種場(이상 12日) 工部省 電信中央局 工作機械 乾葡萄(이상 13日) 教育博物館 館長 馬車 軍樂隊 騎兵(이상 14日) 文學(16日) 觀兵式(19日) 大尉 審査官 水雷砲(이상 20日) 商業(23日) 文書課 收稅課 鑑定課(이상 24日) 檢查課 監視課(이상 25日) 目錄課 統計課 飜譯課(이상 26日) 會計 簿記(이상 27日) 輸入(28日)

日記 6月 : 郵便(1日) 輸出(2日) 改品課 官舍(이상 10日) 瓦斯局14)(13日) 六穴銃(14日) 見習15)(17日) 國立銀行局 知事(이상 19日)

日記 7月 : 寫眞局 寫眞(이상 3日) 內務省 文部省 司法省 郵便(이상 4日) 教鍊(5日) 居留地界(15日) 縣廳(22日)

卷人 問答錄 : 稅金 科稅之法 官用品 商品 原價 巡查 徵稅(이상 往神戶海關) 貿易 元價 統計 時價 定價 貨物(이상 訪外務省) 法律顧問 (訪關稅局長) 黨論 自主自權 氣船 國會(이상 訪外務省卿) 營繕(工部省) 近代 編修官 文學(이상 訪駿河臺) 西洋(訪大淸欽差大臣) 泰西(訪外務省) 稅目 西曆 稅法 從價稅, 定額稅 月給 免狀 納稅證書 免稅(이상 與關稅局長) 合衆國 紙幣(이상 與副關長) 孺子16) 買上品(이상 往橫濱港海關) 工業 俸給(이상 以書問答) 新聞(訪橫濱港大淸理事) 新聞紙 石油 言論 器械(이상 橫濱港大淸理事署) 外交 自主之權 商業(이상 訪大淸理事) 財政 委員 官吏(이상 橫濱港海關文書課員) 物價 商法(이상 往關稅局) 通關(訪朝鮮公使) 電報 鐵路 入口稅 出口稅 農業(이상 訪大淸欽差大臣) 取諦17) 學術 經濟 東洋(이상 訪中村正直) 理事官(訪宮本少一) 追徵 罰金(이상 往神戶與海關長) 倉庫課 庶務課 年報册 心得書18)(이상 往神戶海關與書記官) 病舍 屠牛場 臨時措處 警察所(이상 往兵庫縣廳)

卷人 書札錄 : 午前第十時(近藤眞鋤) 午後一時(品川彌二郎) 午後三時(副島種臣) 午後正四時半點鍾(葦原淸風)

散錄 : 特命全權公使 總領事 辦理公使 代理公使(이상 東京在留各國公使) 輜重兵 士官學校 硝子製造所 議事堂 病院 講習所 養育院 小學校 銀行(이상 各官衙所管) 技術 文藝 國旗 寒帶之境 六法[憲法民法刑法治罪法訴訟法商法] 文明 政黨 租稅 思想 輿論 民權 自由 在野之紳士(이상 中田武雄書)

李鑢永은 짧은 기간이었음에도 불구하고 대략 이상과 같은 語彙를 일본에서 직접 경험한 셈이다. 그 量이나 質로 보아 결코 간과할 수 없는 항목들이 많다. 이들의 대부분이 직접

---

14) '瓦斯'는 英語의 gas를 音寫한 단어로서 漢字語는 아니다. 李鑢永도 이 단어에는 "此局卽煤氣設機所也"라는 설명을 덧붙이고 나서 여기에 다시 "煤氣卽石炭燒火烟"이란 細註를 베풀고 있다.
15) 이 단어는 日本語에서 訓讀되는 것이므로 漢字語가 아니다.
16) 이 단어에는 "織物似羽緞云"이라는 細註가 베풀어져 있다.
17) 이 단어는 日本語에서 訓讀되는 것이므로 漢字語에 속하지는 않는다. 李鑢永은 이 단어에 "管理也"라는 細註를 달아 놓고 있어 그에게 이 단어가 생소했음을 알려 주고 있다.
18) '心得書'는 訓讀되는 단어여서 漢字語가 아니다.

또는 간접으로 그 후의 國語語彙 體系에 영향을 끼쳤기 때문이다.

2) 獨自的 新漢字語彙

『日槎集略』에는 위에서 살펴본 일본식 新文明語에도 독자적 漢字語가 약간 나타난다. 이들을 그 출현순차별로 간략히 정리해 두기로 한다.

    卷天 聞見錄 : 煉石 麥末餅[19]
    卷地 日記 3月 : 換標(25日) 名帖(28日) 名啣(29日)
        日記 4月 : 影帖[20] 時表 羅針機(이상 8日) 鑿山通路[21](17日)
        日記 6月 : 煤氣[22](13日)
    卷人 散錄 : 考標 鐵道價 食價 車價 馬車價

독자적 新式漢字語가 얼마 되지 않는 이유는 그만큼 그 필요성이 없어졌기 때문이었을 것이다. 다시 말해서 일본식 漢字語로 대부분이 표현될 수 있었기 때문이었던 것으로 이해된다.[23]

5. 『使和記略』과 新文明語彙

李鑪永이 日本에 다녀온 것은 1881년이었다. 바로 그 이듬해인 1882년 이번에는 朴泳孝一行이 日本으로 건너갔다. 그러나 그가 남긴 『使和記略』에는 특별히 이렇다 할 新文明語가 나타나지는 않는다. 우선 『使和記略』에 나타나는 日本式 新文明語를 그 出現順序대로 모아 보면 다음과 같다.

    8月 : 西洋料理(9日) 汽船(10日) 人力車 國旗 海軍少將(이상 12日) 宴會(14日) 寫眞舘(21
        日) 汽車(23日) 砲兵工廠(25日) 造幣局 馬車 鐵道場(이상 26日) 寫眞局(27日)
    9月 : 出場局 停車場(이상 2日) 卒業生 學位記 授與式 式場(이상 7日) 司法卿 參事院議
        長 農商務卿 陸軍卿 文部卿 工務卿 內閣顧問 元老院議長 宮內卿 警視總監 東

---

19) 오늘날의 '빵'에 대한 新式造語로 생각된다.
20) 오늘날의 뜻으로는 '寫眞帖'에 해당한다.
21) 오늘날의 뜻으로는 '터널'에 해당한다.
22) 이 단어에 대해서는 註14) 참조.
23) 특수한 경우로서 日本語를 그대로 표기해 둔 예도 있다. "セメント製造所" "新燧社 スリツケギ製造所"(이상 卷人 散錄 各官衙所管)가 그것이다. 전자는 cement라는 외래어여서 어쩔 수 없었겠지만, 후자는 오늘날의 성냥에 해당하는 말인데 李鑪永은 그 뜻을 몰라 그대로 옮겨 놓았을 가능성이 크다.

京府知事 大藏卿 海軍卿 造船所 免狀 依賴書(이상 9日) 全權公使 代理公使 臨時
代理公使 工部卿(이상 10日) 陸軍大尉 證書(이상 11日) 學校長 敎導團長 日曜日
第七時(이상 12日) 步兵中尉 晩餐(이상 13日) 西曆 午後六時(이상 14日) 大學校(17
日) 旅行 鑛山局(이상 19日) 競馬場 夜會(이상 20日) 貿易(21日) 圖書舘 女子師範學
校 博物舘 動物園 觀兵語學校 陸軍士官學校 英語學校 製皮所(이상 22日) 練兵
場 馬車(이상 23日) 工部大學校 電信局 電機器械廠(이상 27日) 印刷局(30日)

10月 : 洋樂(3日) 造紙局 水輪織布所(이상 6日) 瓦斯燈會(8日) 海軍少尉 機關士(이상 13日)
巡査(15日) 砲兵機械廠(19日) 能樂24)(22日)

11月 : 電報(1日) 郵便船(2日) 私立學校 次長 總務局長(이상 3日) 造幤所(6日) 陽曆(9日) 西
曆 銀行滙票(13日) 菓子 卷煙草 紙幣 航海術(이상 17日) 艦長(20日)

新文明語로서의 用例는 제법 많은 편이나 이렇다 할 새로운 單語는 별로 없는 셈이다. 다만
『使和記略』에서 뚜렷하게 달라진 점이 있다면 이전까지의 地支式 時間表示方式이 西洋式 24
時法으로 바뀌었다는 사실이다. 또한 이때부터 獨自的 新式漢字語의 사용이 거의 없어졌다는
점도 하나의 특징이 될 수 있을 것이다.

6. 『東槎漫錄』과 新文明語彙

이 資料는 分量面에서도 앞의 세 가지 資料와는 比較가 되지 않을 만큼 적고 그 內容 또한
간략하여 이렇다 할 새로운 單語는 더욱 보여주지 않는다. 그 대부분이 이미 이전의 資料에
나타난 바 있는 것들이지만 참고삼아 그 윤곽을 대략 더듬어 보면 다음과 같다.

1884年
11月 : 公使(8日)
12月 : 領事館 理事官(이상 22日) 商會(24日) 電信 銀行借款(이상 26日) 稅關 雙馬車 太平
洋(이상 28日) 人力車 停車亭 車標 火筒 機關 鐵道 造幣局 機器廠(이상 29日) 郵
遞局(30日)
1885年
1月 : 汽車(1日) 馬車 洋服(이상 6日) 新聞紙(10日) 博物舘 開化(이상 12日) 電信局 煤氣局
(이상 14日) 休憩所(15日) 大學校(18日) 圖書舘 師範學校 男學校 女學校 小學校
中學校 運動 贊美聲[洋樂名](이상 19日) 郵便局(20日) 大學校 鑛學 化學 醫學 懸迷

---

24) 일본의 전통적 예술의 일종. 朴泳孝는 여기에 "日本古調也"라는 해설을 달고 있다.

鏡 醫院(이상 21日) 印刷局 紙幣 錢標 兌換 電氣(이상 27日)

2月：燈臺局 石油 學術 學問(이상 3日) 地震學(4日) 鐵道 汽車(이상 9日) 寫眞器機(10日)

銀行(14日)

東槎記俗：法律 議員 裁判 懲役 終身懲役 軍艦 商船 海軍 陸軍 卒業狀 印紙 巡査

東槎漫詠：西曆

대략 이상에 나타난 바와 같이 『東槎漫錄』에 보이는 新文明語의 대부분은 그 이전의 修信使들이 이미 경험한 바 있는 것들이었다.

7. 결 어

朝鮮王朝末의 修信使들은 日本에 다녀오면서 많은 日本式 新文明語를 경험하게 되었다. 자연히 그들은 甲午更張(1894) 10여 년 전의 國語에 그러한 新文明語를 적지 않게 소개하는 결과를 낳았다. 그들이 날라온 새로운 단어들은 그 후 국어에 거의 그대로 수용되거나 기존의 어휘를 개신시키는 데 큰 힘을 발휘하였다.

朝鮮修信使들이 경험하고 돌아온 新文明語는 그 절대다수가 한자어였다. 그 때문에 그 단어들은 비교적 어렵지 않게 국어의 語彙體系 속에 자리를 잡을 수 있었다. 이들 단어들은 일본에서 주로 西洋文物에 대한 飜譯語로 생겨난 것들이었다. 그 중에는 中國文獻에 나타나는 전통적 漢字語에 새로운 서구적 의미나 개념을 불어 넣은 것도 많았다.

日本의 明治초기는 이러한 新文明語가 왕성하게 만들어진 시기였다. 그 때문에 朝鮮修信使들은 그때그때의 어형과 접촉할 수 있었다. 金綺秀의 『日東記遊』(1876), 李鑄永의 『日槎集略』(1881), 朴泳孝의 『使和記略』(1882), 朴戴陽의 『東槎漫錄』(1884-5)에 나타나는 語彙의 일부 語形이나 表記가 조금씩 다르게 나타나는 이유가 거기에 있다.

朝鮮修信使의 기록은 일본식 新文明語가 國語에 受容되는 과정을 그 나름대로 보여주고 있다. 가령 '火輪船 → 蒸氣船 → 滊船 → 汽船, 火輪車 → 汽車, 新聞紙 → 新聞, 博物院·博物會 → 博物舘, 子午盤 → 羅針機, 燈明臺 → 燈臺, 器械 → 機械, 地毯 → 地球, 石炭油 → 石油, 海關 → 稅關, 療病院 → 病院, 操鍊場 → 練兵場'과 같은 語形改新도 修信使들의 기록에서 확인되는 경우가 많다. 그밖에도 예상을 넘어서는 많은 단어들이 修信使들의 기록에 나타나는 것이다.

日本式 新文明語와 접촉을 시작하기 이전의 國語에는 그때그때 독자적 漢字語가 만들어져 쓰인 경우도 많았다. 金綺秀의 『日東記遊』에는 그러한 실례가 많이 나타난다. 그러나 日本語와 접촉을 시작하면서 그러한 시도는 크게 위축되어 간 것으로 보인다. 朝鮮修信使의 기록을

놓고 볼 때 그러한 경향이 뚜렷하게 나타난다. 시간이 흐를수록 독자적 新漢字語는 감소되고 있기 때문이다. 결국 國語는 日本語와의 접촉을 통하여 손쉽게 新文明語를 받아들일 수 있었기 때문에 독자적 新漢字語의 창안시도를 포기하고 말았다고 볼 수 있다. 그 때문에 날이 갈수록 일본식 新文明語가 대량으로 國語에 수용될 수 있었던 것이다. 그 시발점이 다름 아닌 朝鮮王朝末 修信使들의 日本語 接觸이었다고 할 수 있다.

참고문헌

宋　敏(1985), 朝鮮通信使의 日本語 接觸, 國民大『語文學論叢』5.

朝倉治彦·安藤菊二·樋口秀雄·丸山信(1970),『事物起源辭典(衣食住編)』, 東京堂出版.
樺島忠夫·飛田良文·米川明彦(1984),『明治大正新語俗語辭典』, 東京堂出版.
齋藤毅(1977),『明治のことば』, 講談社.
佐藤喜代治(1971),『國語語彙의 歷史的研究』, 明治書院.
佐藤亨(1983),『近世語彙의 研究』, 桜楓社.
＿＿＿＿＿＿(1986),『幕末·明治初期語彙의 研究』, 桜楓社.
進藤咲子(1981),『明治時代語의 研究』, 明治書院.
杉本つとむ(1982),『ことばの文化史』, 桜楓社.
＿＿＿＿＿＿(1983a),『日本飜譯語史의 研究』, 八坂書店.
＿＿＿＿＿＿(1983b)『語源의 文化誌』, 開拓社.
鈴木修次(1981a),『文明のことば』, 廣島 文化評論出版.
＿＿＿＿＿＿(1981b),『日本漢語と中國』〈中公新書 626〉, 中央公論社.
惣郷正明·飛田良文(1986),『明治のことば辭典』, 東京堂出版.
槌田滿文(1979),『明治大正風俗語典』〈角川選書 107〉, 角川書店.
＿＿＿＿＿＿(1983),『明治大正의 新語·流行語』〈角川選書 63〉, 角川書店.
廣田榮太郎(1969),『近代譯語考』, 東京堂出版.
森岡健二(1969),『近代語의 成立 明治期語彙編』, 明治書院.
柳父章(1982),『飜譯語成立事情』〈岩波新書(黃版) 189〉, 岩波書店.

王　力(1958),『漢語史稿』(修訂本), 北京 科學出版

出處〈原題=日本修信使의 新文明語彙 接觸, 國民大 語文學研究所(1988. 2.),『語文學論叢』 7: 51-65.〉

19세기 天主敎 자료의 국어학적 고찰

1. 자료의 개괄

韓國語로 쓰여진 天主敎關係 문헌의 출현시기는 적어도 18세기 말엽으로 거슬러 올라간다. 이 사실은 1788년 8월 正言 李景溟의 上奏가운데 "서울서부터 먼 시골에 이르기까지 天主敎書를 諺文으로 써서 신명처럼 받든다"(柳洪烈1962:105)는 구절로 잘 밝혀진다. 그러나 天主敎에 대한 조정의 박해가 집요하게 계속됨에 따라 天主敎側의 각종문헌은 그 명맥을 후대에 전하기가 어려웠다. 그럼에도 불구하고 오늘날 각처에 흩어져 전하는 天主敎關係 韓國語文獻은 적지 않은 분량에 이르고 있다. 그 윤곽을 정리해 보면 대략 다음과 같다.

1) 19세기 중엽의 것들로 추정되는 古寫本類

『텬쥬십계』(1849), 『聖母聖經』(1850), 『셩교요리문답』, 『셩샹경』, 『從徒經』, 『宗徒經』(이상 李鶴根 神父 家傳本). 筆寫年代는 처음 두 책에만 밝혀져 있으나 同一家 傳本임을 고려할 때 나머지 책들도 19세기 50년대 전후에 필사된 것으로 보인다. 이 밖에도 筆寫年代를 알 수 없는 敎理書가 많이 전한다. 『聖經直解』, 『텬당직로』 등. 이들 韓國語 敎理書의 대부분은 적어도 19세기 중엽 이전에 성립되었을 것으로 추정된다. 中國에서 저술된 『天主實義』, 『七克』, 『盛世芻蕘』, 『聖年廣益』 등의 飜譯類도 필사본으로 전한다. 崔良業 神父(-1861)의 작품으로 알려진 '思鄕歌' 등의 天主歌詞도 사본으로 전한다. 韓國人의 손으로 창작된 이러한 歌詞는 이미 18세기 말엽부터 그 모습을 나타낸다. 李蘗(-1786)의 '天主恭敬歌', 丁若銓의 '十誡命歌' 등.

2) 19세기 60년대에 간행된 木版本類

『텬쥬셩교공과』 4권(1862-1864), 『셩교요리문답』 1권(1864), 『셩찰긔략』 1권(1864), 『령셰대의』 1권(1864), 『회죄직지』 1권(1864), 『셩교졀요』 1권(1864?) 『쥬교요지』 2권(1864), 『신명초힝』 2권(1864), 『텬당직로』 1권(1864), 『텬쥬셩교례규』 2권(1865), 『쥬년첨례광익』 전4권 중 제1권

(1865).

黃嗣永(-1801)의 帛書에 의하면『쥬교요지』는 丁若銓(-1816)의 저술이다. 따라서 이 책은 筆寫로 계승되다가 오랜만에 木版으로 간행된 것이다. 木版으로 간행된 敎理書中에는 이처럼 그 성립시기가 오래된 것도 많았으리라고 생각된다. 李象換(-1801), 周文謨 神父(-1801) 등이 우리말로 책을 짓거나 옮겼다는 기록이 남아 있기 때문이다. 한편 위에 든 木版本들은 주로 Daveluy 主敎(-1866) Berneux 主敎(-1866), 崔炯(-1866) 등의 노력으로 간행을 보게 된 것들이다.

3) 19세기 80년대 이후에 간행된 活字本類

天主敎에 대한 박해가 완화되면서 각종 敎理書와 語學書가 중간되거나 신간으로 나왔다. 이들은 처음에 日本의 橫濱과 長崎에서 活字로 간행되기 시작하였으나 1887년부터는 韓國에서 직접 인쇄되었다.

『텬쥬셩교공과』4권(1878, 1881, 1886, 1887, 1890, 1893, 1895…),『셩찰긔략』1권(1882, 1890), 『령셰대의』1권(1882, 1898),『신명초힝』2권(1882, 1886),『셩교감략』1권(1883),『텬당직로』, 1권(1884),『텬쥬셩교빅문답』1권(1884),『쥬교요지』2권(1885, 1887),『쥬년쳠례광익』4권 (1885),『셩교요리문답』1권(1887),『셩모셩월』1권(1891),『셩경직해』9권(1892). 이밖에 Ch. Dallet의 *Histoire de L'église de Corée*(1874), *Dictionnaire Coréenne-Française*(1880), *Grammaire Coréenne*(1881), *Parvum Vocabularium ad usum studiosae juventutis Coreanae* (1891)과 같은 語學資料도 있다.

이상과 같이 類別해 본 세 部類의 문헌들은 상호간의 공통점도 많이 가지고 있으며 時代的 배경에 따른 당시의 韓國語를 반영하고 있다. 그러나 대체적으로는 표기가 보수적이고 문어적이다. 뿐만 아니라, 오래된 筆寫本을 木版이나 活字로 간행하면서도 그 원형을 살리려고 노력하였기 때문에 후대의 刊行本이라고 하여 곧 후대의 言語現實이 제대로 반영된 경우는 드물었던 것으로 보인다. 이 점은 佛經의 諺解本 刊行事情과 통하는 점이라고 볼 수 있다.

4) 기타

그밖의 자료로서는 天主敎를 禁壓하기 위한 斥邪綸音이 있다.『諭中外大小民人等斥邪綸音』 (1839),『御製諭大小臣僚及中外民人等斥邪綸音』(1881).

2. 몇 가지 語學的 검토

여기서는 이들 자료가 보여주는 몇 가지 語學的 성격을 音聲, 音韻, 語彙 면에서 간략히 검토해 보기로 한다.

1) 音聲面에서

곧 表記法의 성격을 뜻한다. 전반적으로는 保守的 성격이 강하나 몇 가지 특징을 살펴보면 다음과 같다.

語幹意識이 크게 진전하였다. 따라서 曲用 또는 活用語尾를 택하는 語幹形態素는 語尾의 頭音에 관계없이 고정된 形態로 표기되었다. 다만 音節末子音은 ㄱ, ㄴ, ㄷ, ㄹ, ㅁ, ㅂ, ㅅ, ㅇ에 국한되었다. 이에 따라 語幹末子音 ㄷ이 母音語尾 앞에서도 ㅅ으로 표기되었다. 밋어, 엇어. 이러한 表記法은 19세기에 아주 일반적이었다. 音節末에는 또한 重子音 ㄺ, ㄻ, ㄼ이 사용되기도 하였다.

새로운 表記法이 시도되기도 하였다. 古寫本類에서 ㅄ, ㅼ, ㅆ, ㅉ, ㅺ으로 표기되던 語頭聲門化音이 木版本類와 活字本類에서는 ㅃ, ㄸ, ㅆ, ㅉ, ㄲ로 완전히 통일되었다. 그러나 活字本類의 細註에는 ㅄ, ㅼ…이 사용되기도 하였다. 外來固有名詞 표기에 補助的 수단을 이용한 점은 특히 주목된다. 人名에는 쌍선(═), 地名에는 단선(─), 기타 특수한 경우에는 점선(……)을 해당 고유명사 右側에 添加하는 방식이 그것이었다. 그러나 '예수, 그리스도, 아멘, 미사'와 같은 외래 고유명사에는 그러한 표시를 하지 않았다. 漢字語 또는 外來固有名詞의 原音이 流音일 때 이를 ㄹ로 표기하였다. 'ᄙᅴ왕, 로마'. 語頭에 ㄹ을 가질 수 없는 제약이 音韻論的인 外來性으로 인하여 弱化된 사실을 말해 주는 실례가 될 것이다.

固有名詞 또는 外來語 표기가 점차 고정되어 가는 과정을 보여 준다. '바ㅗ르, 봐르, 바ᄂᆞᆯ르, 봘르, 봐루 → 봐로. 야ᄉᆈ버, 야쇱버, 약쇱, 야쇱 → 야고버. 버더르, 쌔더루, 버드루, 버더로 → 베드로'. ㅗ와 ㅏ, ㅑ, ㅣ와 같은 母音이 連續될 때에는 이를 결합시켜 표기하였다. '봐리노, 바리랴, 에오랴~ 엘랴, 앙브르ᄉᆈ', 이러한 방식은 司譯院 關係문헌의 漢字原音이나 外國語의 轉寫表記에 일찍부터 이용되어 왔다.

活字本類가 보여 주는 다음과 같은 文法機能 區別表記는 흥미로운 것이다.

主格 나ㅣ, 너ㅣ, 뎌ㅣ
屬格 내, 네, 뎨(졔)

第一音節의 표기는 강한 보수성을 보이고 있으나 曲用語尾가 異形態의 頭音에 따라 '는/은, 를/을'과 같이 표기된 예는 특징적이다. 이 경우 子音으로 시작되는 語尾는 'ㆍ'로 표기되면서 母音으로 시작되는 異形態는 ㅡ로 표기되었기 때문이다.

語中의 ㄹㄹ이 ㄹㄴ으로 표기되는 등('실노, 날노') 他文獻과 軌를 같이하는 경우도 많았으나 전체적으로는 후대로 내려옴에 따라 그 표기가 안정되는 경향을 보여 준다.

2) 音韻面에서

17세기 중엽 경에 그 기반을 확립한 近世韓國語의 子音體系는 19세기 말엽에 이르기까지 이렇다할 변화를 입지 않았던 것으로 보인다. 따라서 19세기의 子音體系를 반영해 주는 音聲資質上의 특질이나 音韻現象들은 모두가 그 이전부터 존재하던 것들이다. 다만 齒音 t, tʰ, t'의 口蓋音化를 유발하게 된 持續音 č, čʰ, č'(s, s' 포함)의 口蓋音化는 약간의 의미를 지닌다. 近世韓國語에 들어와 中央語의 持續音이 口蓋性 자질을 갖게 되자 그에 後行하는 單母音은 表記上 口蓋性 二重母音과 혼란을 일으키게 되었다. 19세기 중엽의 天主敎關係 古寫本 자료들은 다음과 같은 혼란표기를 보여준다. '죽어~쥭어, 처음~쳐음, 속~쇽, 보살~보샬', 이러한 혼란은 곧 持續音의 口蓋性 자질이 體系化되었음을 보여주는 현상으로 해석된다.

韓國語의 母音體系는 近世韓國語 기간중에 여러 가지 중요한 변화를 입은 바 있다. 'ㆍ'의 非音韻化, 二重母音의 單母音化로 인한 前部母音의 생성 등이 그 두드러진 예가 된다. 天主敎關係 자료들은 二重母音 ㅔ, ㅐ가 單母音化되었음을 보여준다. 古寫本에서 '여수, 여루사룸, 여릭미아, 버더로'로 표기되던 固有名詞가 木版本부터는 '예수, 예루사름, 예레미아, 베드로'로 나타나는 사실이 우선 e의 존재를 지지해 준다. '뵈 → 베, 벼록 → 베록, 져비 → 졔비'와 같은 音韻變化도 e의 존재를 전제로 하는 것이다. 한편, '달핑이, 집힝이, 씨림'과 같은 움라우트는 ɛ의 존재를 확인해 준다. 圓脣性 前部母音에 대해서는 분명한 증거가 없으나 David란 인명을 '다위'로 표기하고 있음을 볼 때 '위'는 二重母音이었던 것으로 보인다. 또 하나의 二重母音 ㅢ의 존재는 미묘한 문제점을 안고 있다. '여릭미아, 씨틔리다'와 같은 예가 보여주는 ㅢ의 音韻論的 해석이 용이하지 않기 때문이다. '씨틔리다'의 ㅢ는 ㅡ가 움라우트화 한 것이다. 그렇다고 하더라도 이를 單母音으로 보기는 어렵다. '여릭미아'와 같은 固有名詞의 표기가 이를 말해 주고 있다. 한편 第2音節 이하의 ㅓ, ㅗ는 각기 ㅡ, ㅜ와 혼란되는 일이 많았다. '버더로~버드루'. 이는 ㅓ, ㅗ의 高位化에 기인하는 현상으로 보인다.

3) 語彙面에서

　宗教(天主教)關係 용어의 새로운 등장과 外來語의 유입을 들 수 있다. 이미 『斥邪綸音』(1839)에 '텬쥬, 여수, 교우, 셩모, 교황, 녕셰, 견진'과 같은 天主教關係 용어가 보이며, 古寫本에 '쌔더릭(pater), 쌔라디스(Paradisus)'와 같은 外來語가 나타난다. 『羅韓小字典』(1891)에도 '발사마향(balsamum), 미사(missa), 아멘(amen), 삽바도(sabbatum), 바스과(pascha), 오리와실과(oliva), 루지쑤리(lucifer)' 등이 보인다.

　이 밖에도 語彙面이나 文法側面에서 밝혀져야 할 語學的 문제점이 많으므로, 저들 天主教關係 자료야말로 영성한 19세기의 韓國語資料를 보완해 주리라는 사실만은 확실하다 할 것이다.

참고문헌

柳洪烈(1962), 『한국천주교회사』, 가톨릭출판사.

出處〈국어국문학회(1976. 10.), 『國語國文學』72·73: 291-295. 제19회 전국 국어국문학 연구발표대회 요지.〉

프랑스 宣敎師의 한국어 연구과정

1. 서 언

오늘날의 일반적 절차를 기준으로 할 때, 어떤 外國語에 대한 연구의 제1보는 해당 言語의 학습으로부터 시작된다. 이때에 가장 빠르고 효과적인 방법은 말할 필요도 없이 입과 귀를 통하여 土語話者(native speaker)에게 해당 言語를 직접 배우는 일이다. 그와 같은 여건에 놓여 있지 않을 때, 해당 言語에 접근할 수 있는 길은 辭典이나 文法書와 같은 言語學習用 매개체를 활용하는 방법뿐이다.

파리 外邦傳敎會 소속 프랑스 宣敎師들의 韓國語 학습은 이와는 전혀 다른 방법으로 이루어졌다. 그들은 韓國語에 대한 辭典이나 文法書가 전혀 마련되지 않은 상태에서 韓國語 학습을 시작하지 않을 수 없었기 때문이다. 이러한 의미에서 프랑스 宣敎師들의 韓國語 연구는 그 시작부터 독특한 여건 속에서 이루어졌다고 할 수 있다. 그럼에도 불구하고 프랑스 宣敎師들은 각종 敎理書를 韓國語로 번역하는 한편, 『韓佛字典』(1880), 『韓語文典』(1881)과 같은 놀랄 만한 업적을 세상에 남겼다. 이러한 업적들이 하루 아침에 이루어질 수 없는 것임은 두말할 필요도 없을 것이다. 그러나 이들 업적이 이루어진 모든 事前과정을 실증적으로 밝힐 수 있는 직접적 자료는 지금 별로 남아있지 않다.

이에 필자는 19세기 프랑스 宣敎師들의 韓國語 연구가 다음과 같은 3단계의 과정을 거치면서도, 각과정 각항목이 서로 유기적 連繫를 이루며 진행된 것으로 해석해 보려고 한다.

제1단계 韓國語의 학습
제2단계 敎理書 飜譯과 辭典編纂
제3단계 文法書 편찬

여기에 나타나는 각항목 자체에 대해서는 지금까지 종합적으로나 개별적으로 훌륭한 연구가 많이 이루어졌다. 우선 崔奭祐(1961)에는 宣敎師들의 韓國語 연구에 대한 공헌이 敎會史的 관점에서 정리된 바 있고, 文獻史學的 검토는 柳洪烈(1962a, 1962b)에서 세밀하게 이루어졌다.

韓國語學史的 관점에서의 구체적 검토는 高永根(1976b)에서 행해졌고, 金完鎭(1984)에는 파리 外邦傳敎會 소속 神父들이 남긴 書簡文調査를 통하여 그들 자신의 韓國語 학습에 대한 귀중한 증언들이 처음으로 모아진 바 있다. 그밖에도 刊行本『韓佛字典』과 『韓語文典』에 대한 書誌 및 本文研究가 적지 않게 공표되었다.

　　이와 같은 노력에도 불구하고 프랑스 宣敎師들의 韓國語 研究過程이 하나의 통일적 歷史記述에는 이르지 못하고 있다. 위에 제시된 3단계의 각과정은 실상 순차적, 繼起的인 것이라기보다 거의 同時的, 平行的 성격을 보인다. 그만큼 宣敎師 개개인의 韓國語 학습이나 敎理書 번역과 같은 노력 하나하나는 字典, 文典編纂과 유리되어 있지 않았다. 그리고 그 모든 노력이 후일의『韓佛字典』『韓語文典』 간행에 연결되어 있다는 사실이야말로 韓國語學史的인 의의가 크다고 할 수 있는 것이다. 따라서 현재로서는 宣敎師들의 韓國語 연구과정을 뒷받침하는 개별적 기록이나 자료를 서로 연결시켜 해석함으로써, 하나의 통일적 歷史記述을 유도해 내는 노력이 필요하다.

　　이에 본고는 이미 공표된 선학들의 업적을 기반삼아 프랑스 宣敎師들의 韓國語 연구과정을 하나의 통일된 역사로 파악하면서, 특히 제2단계의 한 항목인 辭典編纂, 그 중에서도『韓佛字典』이 이루어지기까지 어떤 事前 노력이 행해졌는지를 현존 筆寫本 字典類 몇 가지를 통하여 간접적으로 살펴보려는 것이다.[1]

2. 韓國語 研究過程

1) 韓國語의 학습

　　朝鮮敎區에 임명된 19세기 중엽까지의 프랑스 宣敎師들 대부분은 입국기회를 엿보기 위하여 일단 中國이나 滿洲 땅을 밟았다. 그곳에 머무는 동안 그들은 우선 中國語를 학습하였다. 金完鎭(1984)에 그 사실이 일목요연하게 정리되어 있다. 그 내용을 잠시 拜借하면 1836년에 입국한 모방(Maubant)과 1837년에 입국한 샤스탕(Chastan)은 다같이 4년간, 1837년에 입국한

---

1) 본고는 韓國敎會史研究所와 韓國敎會史研究會가 함께 주최한 제63회 교회사간담회 겸 한·불수교 100 주년 기념 월례 간담회〈8〉(1986. 8. 23. 토요일 오후 2시, 한글회관 강당)에서 필자가 '프랑스 宣敎師의 韓國語 研究'라는 제목으로 발표한 내용을 정리한 것이다. 발표 당시의 내용에는『韓佛字典』에 나타나는 韓國語의 音長表記 검토가 포함되어 있었으나, 이를 본고에서 다루자면 지면의 한도를 크게 넘어설 염려가 있기에, 부득이 이에 대한 논의는 다음 기회를 기다리기로 한다.
　　본고를 준비하는 동안 귀중한 자료의 조사와 열람 기회를 허락해 준 韓國敎會史研究所 崔奭祐 所長 神父님과 여러가지 편의를 제공해 준 안홍균씨에게 사의를 표해두는 바이다.

앵베르(Imbert)는 17년간, 1845년에 입국한 페레올(Fereol)은 6년간, 역시 1845년에 입국한 다블뤼(Daveluy)는 1년간, 1852년에 입국한 매스트르(Maistre)는 10년간, 1854년에 입국하면서 사망한 장수(Jansou)는 3년간, 1856년에 입국한 베르뇌(Berneux)는 12년간 中國語를 공부한 것으로 되어 있다.2)

그들이 습득한 中國語 지식은 적어도 19세기 50년대까지는 朝鮮에 입국하고 나서도 절대적으로 유용하였다.3) 당시 朝鮮 지식인들의 文字生活은 漢文을 통해서 이루어지고 있었을 뿐 아니라, 많은 教理書가 이미 中國語로 번역되어 있었기 때문이다.

프랑스 宣教師들의 韓國語 학습은 결국 朝鮮에 입국하고 나서부터야 본격적으로 이루어질 수 있었다. 그러나 이 경우에도 1850년경까지는 그들이 이용할만한 적당한 辭典이나 文法書는 거의 없었다. 거기다가 몰래 입국한 그들은 현지에서조차 자유롭게 韓國語를 직접 접할 수 있는 처지에 놓여 있지 않았다. 信者의 집에 숨어서 기거할 수밖에 없었던 그들이 조심스럽게 선택할 수 있었던 방법은 먼저 입국한 神父들의 著作物을 이용하거나, 기거를 함께 하는 집안 아이들의 도움을 받는 것이었다. 1856년 직접적인 朝鮮 입국에 최초로 성공한 프티니콜라(Petitnicolas)가 그러한 절차를 거친 표본이었다.4)

프티니콜라와 같은 해에 입국한 푸르티에(Pourthie)도 비슷한 절차를 밟았다. 1860년대에 들어서면서부터는 朝鮮에 직접 입국하는 神父들이 늘어났지만, 이들은 다블뤼와 푸르티에가 마련한 저작들을 韓國語學習에 이용할 수 있었던 것으로 보인다. 1861년에 입국한 리델(Ridel)과 칼래(Calais), 1863년에 입국한 오매트르(Aumaitre)가 그러한 경우였다. 그러나 中國이나 滿洲를 거쳐 中國語를 먼저 배우고 朝鮮에 입국하게 되는 경우가 여전히 많았다. 1857년에 입국한 페롱(Féron), 1861년에 입국한 랑드르(Landre)와 조안노(Joanno), 1865년에 입국한 위앵(Huin), 볼리외(Beaulieue), 도리(Dorie), 브레테니에르(Bretehniers)가 모두 1, 2년간 中國語를 배운 후 입국한 神父들이었다(金完鎭1984:141-2).

이처럼 1866년 丙寅迫害가 일어날 때까지는 거의 모든 神父들이 별다른 韓國語 학습없이

---

2) 가령 그들은 韓國語를 학습하는 데에도 우선 中·漢對譯 辭書類를 이용할 수 있었다. 현재 韓國教會史硏究所에 간직되어 있는 『譯語類解』(上下 2册, 1690) 및 『譯語類解補』(1册, 1775)에서 그러한 증거가 발견된다. 이 3책의 각 단어에는 佛語 또는 라틴語 註記가 많이 베풀어져 있어, 이 册들이 中國語를 아는 프랑스 神父들의 韓國語 학습용으로 이용되었음을 말해 주기 때문이다. 이 사실이 처음 지적된 것은 李崇寧(1965: 210-211)에서였으나, 그 당시에는 韓國教會史硏究所에 『譯語類解補』만 전하는 것으로 조사되었다. 현재의 조사에 의하면 『譯語類解』 2册도 함께 간직되어 있음이 확인된다.

3) 이상은 1856년까지 朝鮮에 입국한 神父들의 경우지만, 그후에 입국한 神父들도 1870년 리델이 滿洲에 朝鮮 神學校를 개설하기 전까지는 대부분 똑같은 절차를 거친 바 있다. 다만 朝鮮에 직접 입국한 神父들은 예외에 속한다(金完鎭1984:140-3).

4) 그는 忠淸道의 큰 마을 내태에서 1845년에 이미 입국한 다블뤼의 저작들과 집안 아이들을 통하여 韓國語 공부를 하였다(金完鎭1984:141).

朝鮮에 입국하지 않을 수 없었던 것으로 보인다.[5] 그러나 1870년 이후부터는 사정이 달라진다. 리델이 滿洲에 朝鮮神學校를 개설함으로써 이때부터는 그곳에서 中國語와 함께 韓國語도 배울 수 있었기 때문이다. 朝鮮에 입국하지는 않았지만 마르티노(Martineau), 리샤르 (Richard)가 그러한 경우였고, 1876년에 입국한 블랑(Blanc), 1880년에 입국한 두세(Doucet), 로베르 (Robert), 뮈텔(Mutel), 리우빌(Liouville), 일차 朝鮮에 입국했다가 추방되어 1883년에 재차 입국한 도게트(Deguette), 1885년에 입국한 코스트(Coste)가 모두 그러하였다(金完鎭1984:142-3).

이처럼 프랑스 宣敎師들의 韓國語 학습은 19세기 60년대까지는 朝鮮 입국후에 이루어졌고, 70년대부터는 滿洲에서도 이루어졌다.

2) 敎理書 飜譯과 辭典編纂

① 敎理書의 飜譯過程

지금으로서는 天主敎 敎理書 하나하나가 韓國語로 번역된 시기나 과정을 실증적으로 밝히기는 어렵다. 그러나 그 시기가 최소한 18세기 말엽으로 거슬러 올라갈 가능성은 높다고 할 수 있다. 1788년(正祖12) 正言 李景溟의 啓에는 "諺文天主敎書를 神明처럼 받든다"는 내용이 나오며(柳洪烈1962a:105), 1794년에 입국했다가 1801년 辛酉迫害로 梟首된 바 있는 中國人 神父 周文謨는 우리말로 책을 짓거나 옮겼다고도 하며(柳洪烈1962:116), 역시 辛酉迫害時에 獄死한 丁若鍾은 최초의 諺文敎理書인 『主敎要旨』를 저술했다는 사실이 黃嗣永의 帛書(1801)에 의하여 알려져 있기 때문이다. 이 중에서 『主敎要旨』 2冊만은 1864년 木版으로 간행된 바 있어 그 實在가 확인되지만, 그밖에는 증거물이 남아 있지 않다. 뿐만 아니라 이들 諺文敎理書들은 프랑스 神父들과는 직접적인 관계가 없었을 것이다.

諺文敎理書들은 19세기 30년대에도 분명히 유포되고 있었다. 모방은 1837년 서울 발신의 한 書簡文에서 韓國語로 번역된 『省察記略』을 두 달 동안 공부했다고 밝히고 있으며,[6] 1838년에 옥사한 이호영의 편지에도 우리말로 번역된 聖書가 있다는 말이 보이기 때문이다.[7] 이 때의 諺文敎理書가 모두 外邦傳敎會 神父들의 飜譯은 아니었겠지만, 그중에는 그들의 飜譯도 있었을 가능성이 있다. 가령 엥베르의 飜譯으로 알려진 『聖敎功課』 같은 것이 그 경우에

---

5) 그러나 몇몇 경우에는 韓國語를 배우고 입국한 사실이 확인되기도 한다. 메스트르의 書簡(1842. 4. 10, 上海發信), 랑드르의 書簡(1859. 5. 25, 上海發信)에서 각기 그러한 언급을 찾을 수 있다(金完鎭1984:144, 146). 書簡에 의하면 메스트르는 金大建 神父와 힘을 모아 字母와 일종의 文法, 그리고 가장 흔히 쓰이는 單語集까지를 만들었음이 밝혀진다. 한편 랑드르의 書簡에는 韓國語 학습에 관한 언급이 없으나 韓國語 선생이 漢字를 가르칠 수 있다고 말했다는 文句가 나오는 것으로 보아 그 역시 韓國語를 학습했음이 드러난다.

6) 파리 外郭傳敎會의 神學校 敎授들에게 보낸 편지(金完鎭1984:144).

7) 福者 이호영 베드로는 1835년에 체포되었다(柳洪烈1962a:320).

속한다.8) 이에 따라 프랑스 宣敎師들의 敎理書 飜譯이 19세기 30년대 후반으로 거슬러 올라간다고 볼 수 있다. 그들이 본격적으로 朝鮮에 입국하기 시작한 것이 그 시기였기 때문이다.

다블뤼가 입국한 19세기 40년대 후반부터는 敎理書의 번역 또는 전래 諺文聖書에 대한 修正作業이 더욱 활발하게 이루어졌을 것으로 추정된다. 다블뤼의 저술활동은 잘 알려져 있기 때문이다(柳洪烈1862a:536). 19세기 50년대에 이르면 베르뇌가 입국함으로써 번역된 敎理書는 출판에 붙여진 경우도 많아졌다. 베르뇌가 崔炯의 도움을 받아 출판한 諺文敎理書는 『天主聖敎功課』4책(1862-4), 『聖敎要理問答』1책(1862-4), 『省察記略』1책(1864), 『領洗大意』1책(1864), 『悔罪直指』1책(1864), 『神命初行』2책(1864), 『天堂直路』1책(1864), 『主敎要旨』2책(1864), 『聖敎切要』1책(1862-5간), 『周年瞻禮廣益』1책(1865), 『天主聖敎禮規』2책(1865), 『敎會曆』2枚(1864 및 1866) 등으로 조사된 바 있다(山口正之1938:685-92). 이로써 筆寫本으로만 유포되던 敎理書들이 正本化되기에 이르렀다.

諺文敎理書에 대한 출판은 丙寅迫害가 일어남에 따라 冊版과 印刷本이 모두 押收燒却됨으로써9) 일시 중단되기도 했으나, 敎理書 飜譯整理 작업은 그 후에도 계속되었다. 리델이 1871년 上海에서 崔智爀 등에게 『韓佛字典』, 『敎理問答』 등을 편찬케 하는 등 信者들과 더불어 敎理書를 飜譯했다는 사실(柳洪烈1962a:770, 774)도 그 일환이었다고 할 수 있다. 敎理書의 출판은 日本 橫濱에 있던 印刷所가 19세기 80년대에 서울로 옮겨져 貞洞에 聖書活版所가 생기면서(柳洪烈1962a:816, 879) 자유 속에서 다시 활발해졌다. 이를 통하여 丙寅迫害 직전까지 木版으로 간행된 바 있는 敎理書가 이번에는 活版으로 간행되기에 이르렀고, 이전에 간행된 적이 없었던 『성교감략』1책(1883), 『텬쥬성교빅문답』1책(1884), 『성모성월』1책(1891), 『성경직히』9책(1892) 등이 새로 출판되기도 하였다(宋敏1976:292).

프랑스 宣敎師들의 敎理書 번역은 이처럼 오랜 기간에 걸쳐 지속적으로 이어져 왔다. 위에 제시된 敎理書 이외에도 筆寫本으로 오늘까지 전해 오는 것이 많은데, 이 중에는 1866년 丙寅迫害 이전으로 소급되는 것도 적지 않을 것으로 생각되고 있다. 그러한 것 중에는 『天主實義』,10) 『七克』, 『聖年廣益』, 『監世靈甊』 등의 諺文本이 포함된다(山口正之1967:153-4). 앞에서 지적된 바와 같이 1837년 모방의 書簡에 『省察記略』이 나타나는 점으로 보아 1860대에 간행된 바 있는 諺文敎理書의 성립은 19세기 중엽보다 훨씬 이전으로 소급될 가능성이 많다(金完鎭

---

8) 『聖敎功課』는 전4권으로 1862-4년에 간행된 바 있으나, 그 전신은 1837년으로 소급되며, 앵베르 主敎가 中國書를 기초로 하여 번역한 것인데, 사본으로 전래되어 오던 것을 베르뇌 主敎가 修正發刊한 것으로 알려져 있다(山口正之1938:686, 崔奭祐1968:64-5).

9) 베르뇌, 崔炯에게서 압수한 聖敎冊 목판은 법정 뜰에서 불태워졌고, 8도에 명하여 시골서 팔고 있는 책을 모아 감영 뜰에서 불태우게 했다(Dallet1874 II:562, 柳洪烈1962a:611, 664).

10) 그 諺文古寫本 하나가 1972년 한국교회사연구소에서 중국어 원문과 함께 영인된 바 있다. 李元淳 교수의 해제가 곁들여져 있다.

1984:150). 이러한 教理書들은 1845년에 입국한 다블뤼, 1856년에 입국한 베르뇌 등에 의하여 修正 또는 飜譯되었을 것으로 생각된다. 물론 이들의 작업은 韓國人의 도움을 받았을 것이다. 1846년 金大建 神父가 체포되었을 때『諺錄天主教要語』를 가지고 있었다는 사실(柳洪烈1962a: 472), 崔良業 神父가 西洋말로 된 教理冊을 우리말로 飜譯하여 베르뇌로 하여금 출판케 했다는 사실(柳洪烈1962a:560-1,572), 禹世英, 黃錫斗, 李身逵, 曹演承·洛承 兄弟도 教理冊 飜譯을 도왔다는 사실(柳洪烈1962a:645, 653, 744, 756) 등이 알려져 있기 때문이다.

② 辭典의 編纂過程

프랑스 宣教師들의 교리서 번역은 1845년 다블뤼의 조선입국과 더불어 辭典編纂 작업으로 발전되었다. 1856년 프티니콜라와 푸르티에가 입국함에 따라 사전 편찬 작업은 더욱 활발하게 추진되었다. 이들의 사전편찬은 한국어 학습과 교리서 번역에도 큰 도움이 되었을 것이다. 따라서 프랑스 선교사들의 사전편찬은 자신들을 위해서나 후임자들을 위해서도 중요한 작업이 아닐 수 없었다. 다만 그들의 사전편찬이 처음부터 韓·佛 對譯의 방식으로 시작된 것은 아니었다. 가령 다블뤼는『中韓佛辭典』을 먼저 만들기 시작했던 것이다(Dallet1874 II:542). 그는 또한 1851년에『羅韓辭典』을 완성했던 것으로 보인다.[11] 다블뤼가『中韓佛辭典』의 형식으로 사전편찬을 시작한 것은 조선 입국 전에 중국어를 먼저 배웠을 뿐 아니라(김완진 1984:148), 사전의 모델로 이용하기 쉬운『譯語類解』와『譯語類解補』가 주변에 있었기 때문이었을 것이다(이숭녕1965:210-1).

한편 기록에 의하면 푸르티에는『羅韓中辭典』을 편찬했다고 하나(Dallet1874 II:542), 그 내용이 어떤 것이었는지는 밝혀지지 않았다.[12] 프티니콜라는 푸르티에와 같은 해에 입국하여 충청도 제천의 배론(舟論)신학교에서 5년간 푸르티에의 사전편찬을 돕는 한편(Dallet1874 II:542), 스스로『羅韓辭典』을 편찬하기도 하였다. 프티니콜라의『羅韓辭典』은 1864년경에 완성된 것으로 보인다. 그 자신의 서간문으로 그러한 사실이 분명하게 밝혀진다. 1861년 10월

---

11) 羅韓對譯辭典의 하나로 후일에 출판된 바 있는 *Parvum Vocabulalium ad usum studiosae juventutis Coreanae* (1891, Hong Kong)이 있는데, 이 사전의 稿本으로 생각되는 *Dictionarium Latino-Coreanum*이란 題名을 보이는 筆寫本이 戰前 명동성당에 간직되어 있었다고 한다. 권말에 1851년 12월 14일 脫稿했다는 내용이 밝혀져 있는 책으로서 표지 아랫 쪽에는 이 책이 다블뤼 주교의 손으로 필사된 것이라는 내용이 1867년 4월 19일자 페롱의 追記로 밝혀져 있었다 한다(小倉進平1964:32-3).

12) 중국어를 배우지 않고 조선에 직접 들어온 것으로 보이는 푸르티에가 사전에 중국어 대역을 베풀 수 있었을까 하는 점은 납득이 되지 않는다. 따라서 그가 편찬했다는『羅韓中辭典』은 다블뤼의『羅韓辭典』아니면 프티니콜라의『羅韓辭典』중 어느 것을 잘못 지칭했을 가능성도 있다. 푸르티에는 프티니콜라와 같은 해인 1856년에 입국했을 뿐 아니라, 두 사람은 배론신학교에도 5년 간 함께 있었으므로, 푸르티에의『羅韓中辭典』이란 프티니콜라의『羅韓辭典』을 잘못 지칭했을 가능성이 더 많으나 속단은 삼가야 할 것이다.

에는 매일 사전 일을 얼마간씩 한다고 했으며,13) 1864년 11월에는 자신의 하는 일이 『羅韓辭典』으로 거의 압축되어 있으며, 놀랍게도 3만 수천 단어를 가진 사전의 저자가 되었다고 했을 뿐 아니라,14) 같은 해 11월의 또다른 편지에서는 자신의 『羅韓辭典』에 대하여 3만 단어가 넘고, 한국어 단어는 족히 10만이 된다고 한 점15) 등으로 미루어 볼 때, 1864년 11월에는 『羅韓辭典』이 완성되어 있었음을 알 수 있다.16) 이러한 자신의 언급은 프티니콜라가 3만 이상의 라틴어와 10만에 가까운 한국어를 담은 『羅韓辭典』을 지었다(Dallet1874 I:Lxxix)는 기록과 정확히 일치한다. 결국 프랑스 선교사들의 사전편찬은 다블뤼의 『中韓佛辭典』과 『羅韓辭典』, 푸르티에의 『羅韓中辭典』, 프티니콜라의 『羅韓辭典』이란 결실로 나타났으나, 다블뤼의 『中韓佛辭典』, 푸르티에의 『羅韓中辭典』은 그 내용을 짐작할 길이 없다. 한편 프티니콜라의 『羅韓辭典』은 다블뤼의 『羅韓辭典』보다 그 내용이 훨씬 풍부했던 것으로 보인다.17)

이상은 기록으로 남아 있는 사전편찬과정이었으나, 기록에는 없는 대신 실증물이 남아 있어 프랑스 선교사들의 사전편찬과정을 또다른 측면에서 대변해 주는 경우도 있다. 절두산 천주교기념관에 간직되어 있는 필사본 『韓佛辭典』이 그것이다. 총325면으로 되어 있는 이 책의 속 표지에 의하면 책명은 *Dictionnaire Francais-Coréen*이며, 저자는 조선 선교사 페롱(par Féron, Missionnaire de Corée)으로 되어 있다. 이 책의 저자가 과연 페롱인지는 확인할 길이 없으나,18) 속 표지 아랫 쪽에 Tchakou(Mandchourie), E. Richard, 1869라는 기록이 있을 뿐 아니라, 권말에 다시 Juni le 26 Mars 1869, E. Richard라는 기록과 함께 서명이 곁들여져 있는 점을 미루어, 이 책은 조선에 입국하지 못한 리샤르가 1869년 岔溝에서 模寫해 낸 것으로 보인다.19) 권말에는 9592 mots라는 표시가 베풀어져 있어, 이 책의 수록어휘

---

13) 내태에서 형에게 보내진 편지(김완진1984:146).

14) 서울에서 리샤르에게 보내진 편지(김완진1984:146).

15) 서울에서 형에게 보내진 편지(김완진1984:146).

16) 다만 프티니콜라가 1865년 10월 서울에서 구용(Gouyon)에게 보낸 편지에는 두 사전에 몰두하고 있다는 말이 나타나는데(김완진1984:147), 이 때의 두 사전이 어느 것을 지칭하는지는 알 길이 없다.

17) 주11)에 지적된 바 있는 다블뤼 書寫本 『羅韓辭典』은 Hong Kong에서 1891년에 간행된 *Parvum Vocabularium*과 거의 동일하였다 한다(小倉進平1964:33). 그런데 *Parvum Vocabularium*은 四六版型보다 조금 작은 총301면의 소책자이다. 이로써 미루어 보건대 프티니콜라의 『羅韓辭典』이 다블뤼의 그것보다 더 풍부한 내용을 가지고 있었으리라고 생각된다.

18) 최양업 신부가 서울에서 리보아(Libois)에게 보낸 편지(1857년 9월 15일)에 의하면 다블뤼 주교는 조선교회사에 우리 순교자들을 최대한으로 수록하는 데 온 정력을 쏟고 있고, 푸르티에 신부가 이 일을 맡은 우두머리이며, 페롱 신부가 언어에 대한 것을 전담하고 있다는 내용이 보인다(김완진1984:145). 그러나 페롱이 언어에 대한 것을 전담하고 있었다는 사실에 이 『韓佛辭典』이 연계되어 있었는지는 알 길이 없다. 한편 이 『韓佛辭典』이 페롱의 직접 저술이라고는 보기 어렵다는 것이 최석우 신부의 의견이었다.

19) 이 필사본은 그 후 뮈텔(Mutel) 주교에 의하여 수집된 바 있다. 그러나 1903년에는 이 책이 장호원의 부이용(Bouillon) 신부 손에 있었다. 모사를 위하여 빌려 갔던 사실이 부이용의 편지로 확인된다. 뮈텔에게 보내진 이 편지에는 오래 전부터 이 사전을 가지고 있었다는 점, 9월 이전에는 복사를 끝내고 서울로 돌려보내겠다

수가 9592 단어임을 알려 준다. 좀더 면밀한 내용 검토와 고증이 뒤따라야 하겠지만, 이 『佛韓辭典』이 적어도 19세기 60년대에 프랑스 선교사에 의하여 저술된 것이라는 점은 부인하기 어려울 것이다. 이 사전은 프랑스 선교사들의 저술행적에 또 하나의 새로운 측면이 있었음을 알리고 있다는 점에서 역사적으로 중요한 의미를 내포하고 있다. 다블뤼, 푸르티에, 프티니콜라의 여러 사전과 함께 이 필사본 『佛韓辭典』 또한 『韓佛辭典』(1880)의 간접적 토대가 되었을 것으로 생각되기 때문이다.[20]

③『韓佛辭典』의 성립기반

프랑스 선교사들의 사전편찬과정에 다블뤼의 『中韓佛辭典』과 『羅韓辭典』, 푸르티에의 『羅韓中辭典』, 프티니콜라의 『羅韓辭典』 등이 포함되어야 함은 당연한 일이지만, 거기에 새로 추가되어야 할 사전으로서 페롱의 저술로 전해지는 리샤르 필사본 『佛韓辭典』이 하나 더 있는 셈이다. 이 사전들은 모두 19세기의 50~60년대에 걸쳐 만들어졌을 뿐 아니라, 그 저자들도 서로 협력관계를 맺고 있었다. 이러한 의미에서 이 사전들은 각기 배타적인 관계를 갖는다기보다 상호 보완적인 성격을 띠고 있다고 할 수 있다. 그러므로 프랑스 선교사들은 이러한 사전편찬작업을 통하여 한국어를 보다 철저히 이해할 수 있었으리라고 생각된다. 후일의 간행본 『韓佛辭典』은 그들의 이러한 한국어 이해를 토대로 하여 성립된 것이다. 다시 말하면 프랑스 선교사들의 각종 사전은 직접 또는 간접으로 간행본 『韓佛辭典』의 기반이 되었다고 할 수 있다.

간행본 『韓佛辭典』이 처음부터 지금과 같은 모습을 갖추고 있었을 리가 없었으리라는 점은 누구나 쉽게 짐작할 수 있는 일이다. 극심한 종교적 박해 속에서 처음부터 완벽을 기한다는 것은 무리일 수밖에 없었을 것이기 때문이다. 그렇다면 『韓佛辭典』의 처음 모습은 소략할 수밖에 없었을 것이다. 실제로 『韓佛辭典』의 초기적 모습을 보여주는 필사본 1책이 한국교회

는 점등이 밝혀져 있다. 이 편지는 현재 뮈텔 문서 1903-73(장호원, 1903. 6. 15.)으로 정리되어 있는데, 최석우 신부의 호의로 원문과 한국어 번역문 원고를 함께 열람할 수 있었다.

20) 필사본 『佛韓辭典』에는 이본 2종이 더 남아 있다. 그 하나는 한국교회사연구소 소장본이다. 속 표지 없이 바로 본문이 시작되고 있으나, 권말에는 9592 mots라는 어휘수 표시가 나타나 있어 절두산본을 모본으로 하여 모사된 책임을 알 수 있다. 권말에는 또한 Ernst Denid(?)의 서명이 보이며, E. Richard, 2,7,33이라는 표시도 나타나는데, 이는 절두산본 즉 리샤르 필사본을 모본으로 하여 1933년에 모사했다는 뜻으로 풀이된다. 다만 이 사본에는 절두산본에 없는 어휘가 많이 추가되어 있다.

또 하나의 이본으로서 대구에서 발견되었다는 필사본이 있다. 원본을 직접 조사하지는 못했으나 마라발 (Maraval, 1866~1890) 신부의 친필 서명이 들어 있다고 하므로, 최소한 1890년 이전으로 소급되는 필사본일 가능성도 있다. 한국교회사연구소에 그 전자복사본이 간직되어 있는데, 마지막 면 끝에 1945. 3. 2. 성응제라는 追記가 보인다. 내용은 절두산본과 거의 일치한다. 따라서 이 책은 절두산본을 충실하게 모사한 것으로 보인다.

사연구소에 지금 남아 있다.

*Dictionnaire Coréen-Francais*라는 제명으로 되어 있는 이 필사본 본문 제1면 상단에는 8. Dec. 1877이란 日附가 연필로 쓰여져 있고, 마지막 면 끝에는 1878. 8 Avril이라고 적혀 있다.21) 장차표시가 베풀어져 있지 않은 이 필사본『韓佛辭典』22)의 권두에는 동사 'ᄒᆞ다'의 세부활용(Conjugaison detaillee du Verbe ᄒᆞ다)이 제시되어 있다. 35장반에 이르는 이 방대한 활용목록은 그 후『韓語文典』의 한 부분으로 이용되었다. 'ᄒᆞ다'의 활용목록에 이어 본문이 시작된다. 표제어의 배열은 아 야 ᄋᆞ 어 여 으 이 오 요 우 유 ᄒ ᄀ(ㄲ) ᄏ ᄆ ㄴ/ㄹ ᄋ ㅂ(ㅃ) ㅍ ㄹ ㅅ(ㅆ) ㄷ(ㄸ) ㅌ ㅈ(ㅉ) ㅊ 순으로 되어 있는데, ᄋ과 ㄹ 부에는 문자에 대한 설명만 있을 뿐 실제 단어는 나타나지 않는다. 표제어의 배열은 일단 모음과 자음순으로 되어 있으나, 모음, 자음별 배열은 다시 서양의 알파벳순을 기반으로 한 것이다. 이리한 표제어 배열 방식은 간행본『韓佛辭典』과 일치된다. 표제어는 모두 한국어 문자로 표기되어 있으며, 간행본에 곁들여진 바 있는 불어철자식 발음표기와 음장표기는 나타나지 않는다. 한자어에는 한자표기가 덧붙여져 있으나 전부가 그런 것은 아니다. 표제어는 붓으로 쓰여져 있고, 불어대역은 잉크로 쓰여져 있다. 동사의 경우에는 '웃다 우셔 우슨'처럼 기본형 이외에 두 개의 활용형이 병기되어 있는데, 이 방식은 간행본『韓佛辭典』에도 그대로 채용되었다. 이렇게 볼 때 필사본『韓佛辭典』의 골격은 거의 그대로 간행본에 옮겨졌음을 알 수 있다.

이 필사본『韓佛辭典』이 언제 완성되었는지는 알 길이 없으나, 적어도 追記에 나타나는 1878년 이전이라는 점만은 분명한 사실이 아닐 수 없다. 따라서 이 필사본은 간행본『韓佛辭典』의 전신이라고 할만한 것이다. 간행본『韓佛辭典』은 결국 간접적으로는 다블뤼, 푸르티에, 프티니콜라, 페롱의 여러 사전들, 직접적으로는 필사본『韓佛辭典』과 같은 기존의 저작들을 기반으로 하여 비로소 완성될 수 있었던 것이다. 이렇게 하여 성립된『韓佛辭典』이 간행을 보게 될 때까지는 다시 리델, 코스트 그리고 최지혁 등의 헌신적 노력을 필요로 하였던 것이다.23)

3) 문법서의 편찬

프랑스 선교사들의 문법서 편찬에 대해서는 알아볼 길이 더욱 막막하다. 1842년 메스트르

---

21) 이 필사본은 이숭녕(1965)에서 그 내용이 처음으로 간략히 검토된 바 있다. 그러나 이 필사본에 9992語란 수록어휘표시가 있는 것처럼 소개된 것은 어떤 착오였던 것으로 보인다. 이응호(1983:주16)에도 이 착오가 그대로 인용되어 있으나, 이 필사본『韓佛辭典』에는 그러한 표시가 나타나지 않는다. 이 착오는 절두산본『佛韓辭典』마지막 면의 9592 mots란 표시 때문에 생긴 듯하다.

22) 이러한 책명이 나타나지는 않으나 편의상 그렇게 부르기로 한다.

23) 『韓佛辭典』,『韓語文典』의 최종적 편찬과정과 출판경위에 대해서는 상세히 밝혀진 바 있으므로(유홍렬 1962a:883, 1962b:352-6), 여기서는 이를 되풀이하지 않기로 한다.

는 상해에서 김대건의 도움으로 자모와 일종의 문법을 만들었다는 증언이 남아 있으나,[24] 그 내용은 알 길이 없다. 뿐만 아니라 이 때의 문법이 후일의 문법서 편찬에 이용되거나 간행본 『韓語文典』[25]의 기반이 되었다고는 생각되지 않는다.

간행본 『韓佛辭典』과 마찬가지로 『韓語文典』도 하루 아침에 성립된 것이라고 보기는 어려울 수밖에 없다. 그러나 그 성립기반에 대해서는 구체적으로 기록에 남아 있는 바가 별로 없다. 유일한 기반으로 추정되는 근거로서는 배론신학교에서 푸르티에가 『羅韓中辭典』과 함께 완성했다는 한 권의 문법서(Dallet1874 II:542)가 있을 뿐이다. 다만 간행본 『韓語文典』의 초기적 모습은 달레의 『조선교회사』 조선어(La Langue corréenne) 부분으로 어느 정도 그 윤곽을 짐작할 수도 있다. 달레의 '조선어'편과 간행본 『韓語文典』은 그 구성상, 용어상, 품사체계상 다소의 차이가 없지는 않으나, 그 내용은 거의 일치된다고 한다(고영근1976b/1983:250).

간행본 『韓語文典』의 부분적 기반을 알려주는 자료로서는 바로 앞에서 검토된 바 있는 필사본 『韓佛字典』의 머릿 부분이 추가될 수 있다. 동사 'ᄒᆞ다'의 활용을 철저히 모아 놓은 이 부분은 간행본 『韓語文典』 속에 거의 모두 수용된 바 있는 것이다.

간행본 『韓佛字典』이 그러했듯이 간행본 『韓語文典』 또한 리델 혼자의 힘으로 저술되었다기보다는 선임자들의 크고 작은 노력이 눈에 보이지 않는 기반이 되어 완성될 수 있었던 것이다.

3. 결 어

프랑스 선교사들의 한국어 연구는 3단계의 과정으로 정리될 수 있다.

제1단계는 한국어 학습과정이었다. 그들은 이 첫 단계에서부터 어려운 절차를 밟아야 했다. 중국에 이르러 조선입국의 기회를 기다리는 동안 그들은 중국어를 먼저 배우게 되었다. 19세기 30년대에 입국한 모방, 샤스탕, 앵베르, 40년대에 입국한 페레올, 다블뤼 50년대에 입국한 메스트르, 장수, 베르뇌, 페롱, 60년대에 입국한 랑드르, 위앵, 볼리외, 도리, 브레테니에르 등이 모두 그러하였다. 따라서 이들은 조선 입국 후에야 한국어를 본격적으로 학습할 수가 있었다.

한편 조선에 직접 입국함으로써 중국어를 거치지 않은 선교사들도 몇 사람 있었다. 19세기 50년대에 입국한 프티니콜라, 푸르티에, 60년대에 입국한 리델, 칼레, 오매트르 등이 그러한 경우에 속했다. 이들은 주로 다블뤼와 같은 선임자들의 저작물을 통하여 한국어를 학습할

---

24) 리보아에게 보낸 편지(김완진1984:144).
25) 이 책의 원명은 *Grammaire Coréenne*이나 편의상 이렇게 부르기도 한다.

수 있었다. 19세기 70년대부터는 만주에 조선신학교가 생김에 따라 선교사들은 조선 입국전 그곳에서 중국어와 함께 한국어를 미리 학습할 수 있게 되었다. 70년대에 입국한 블랑, 80년 대에 입국한 두세, 로베르, 뮈텔, 리우빌, 드게트, 코스트 등이 그러한 절차를 밟은 선교사들 이었다.

제2단계는 교리서의 번역과 사전편찬과정이었다.

언문교리서의 출판은 정약종의 『主敎要旨』로 보아 적어도 18세기 말엽으로 소급되지만, 프랑스 선교사의 손으로 번역이 이루어지기 시작한 것은 19세기 30년대부터였다. 40년대 다블뤼의 입국은 이 사업에 더욱 활기를 불어넣어 주었고, 50년대 말부터 베르뇌가 교리서 출판을 시작함으로써 필사본으로 유포되던 교리서들이 正本化될 수 있었다. 1862년에서 65 년 사이에 간행된 언문교리서로는 『天主聖敎功課』, 『聖敎要理問答』, 『省察記略』, 『領洗大意』, 『悔罪直指』, 『神命初行』, 『天堂直路』, 『主敎要旨』, 『聖敎切要』, 『周年瞻禮廣益』, 『天主聖敎禮 規』와 같은 것들이 있다.

교리서의 번역과 함께 사전편찬작업도 활발하게 전개되었다. 다블뤼는 『中韓佛辭典』과 『羅 韓辭典』, 푸르티에는 『羅韓中辭典』, 프티니콜라는 『羅韓辭典』을 편찬했다는 사실이 기록으로 전한다. 또한 페롱의 저술이라고 되어 있는 『佛韓辭典』 1책도 리샤르의 필사본으로 전하고 있다. 이 밖에 필사본 『韓佛辭典』 1책이 오늘까지 남아 있기도 하다. 이 모든 사전들은 직접 또는 간접으로 간행본 『韓佛辭典』(1880. 橫濱)의 기반이 되었을 것이다.

제3단계는 문법서의 편찬과정이었다.

일찍이 푸르티에는 배론신학교에 있으면서 한 권의 문법서를 완성하였다고 전한다. 달레 의 『조선교회사』 조선어편 내용도 문법기술적 성격을 보여 준다. 필사본 『韓佛辭典』의 앞 부분에는 동사 'ᄒᆞ다'의 방대한 활용목록이 정리되어 있다. 이러한 문법연구 노력들은 후일 간행본 『韓語文典』(1881. 橫濱)의 기반이 되었을 것이다.

이상과 같은 3단계의 한국어 연구과정은 각과정, 각항목이 종적, 순차적, 계기적인 관계 속에서 이루어졌다기보다 실제로는 거의 횡적, 동시적, 평행적 관계 속에서 이루어졌다. 뿐 만 아니라 각과정의 항목 하나하나는 각기 배타적 성격을 지닌 것이 아니라, 서로 보완적 연계를 이루고 있었다. 이러한 의미에서 프랑스 선교사들의 모든 한국어 연구는 하나의 통일 된 역사를 이루고 있다고 할 수 있다, 그 때문에 그들은 극심한 박해 속에서도 간행본 『韓佛辭 典』, 『韓語文典』과 같은 놀랄만한 결실을 세상에 남길 수 있었던 것이다.

참고문헌

고영근(1976a). 서양인의 한국어문법 연구, 『우촌강복수박사 회갑기념논문집 한국어문논총』, 고영근(1983)에 재록.

_____(1976b). 19세기 중엽의 불란서 선교사들의 한국어 연구에 대하여, 『김형규교수 정년퇴임기념논문집』, 고영근(1983) 재록.

_____(1983). 『국어문법의 연구—그 어제와 오늘—』, 탑출판사.

김완진(1984). 한불자전 및 한어문전의 성립에 공헌한 인물들에 대한 조사연구, 『목천유창균박사 환갑기념논문집』.

송 민(1976). 19세기 천주교자료의 국어학적 고찰(제19회 전국국어국문학 연구발표대회 요지), 『국어국문학』 72·73.

유홍렬(1962a). 『한국천주교회사』, 가톨릭출판사.

_____(1962b). 『고종치하 서학수난의 연구』, 을유문화사.

이숭녕(1965). 천주교 신부의 한국어 연구에 대하여, 『아세아연구』 8-2.

이응호(1983). 『한불ᄌ뎐』에 대하여, 『한글』 179.

최석우(Andreas Choi)(1961), L'église catholique au service de la langue-coréenne au cours du XIX siècle, *Nouvelle Revue de Science Missionnaire* XVII *Jahrgang*, Seminar Schoneck : Beckenried, Schweiz.

_____(1968). 『병인박해자료 연구』, 한국천주교회사연구소.

小倉進平(1964), 『增訂補註朝鮮語學史』, 東京 刀江書院.

山口正之(1938). 朝鮮天主教印行書誌, 『稻葉博士還曆 朝鮮史論叢』 所收, 京城.

_____(1967). 『朝鮮西教史』, 東京 雄山閣.

Dallet, Ch.(1874). *Histoire de l'église de Corée*, Librairie Victor Palmé, Paris.

出處 〈韓國教會史研究所(1987. 10.), 『教會史研究』 5: 133-148.〉

외국학자의 訓民正音 연구

1. 서 언

넓은 의미로 볼 때 외국학자들에 의한 訓民正音 연구는 이미 19세기 중엽 무렵부터 시작되었다고 할 수 있다. 선교사나 외교관이 주축을 이루고는 있었지만 많은 외국인들이 일찍부터 국어에 대한 일반적, 초보적 관찰이나 문법연구의 서론으로서 訓民正音에 대한 문자론적 분석을 시도한 바가 적지 않았기 때문이다. 그러나 대부분의 연구는 『訓民正音』[1]의 解例本과는 직접적인 관련이 없이 이루어진 것이었으며, 잘해야 例義부분에 국한된 것들이었다.

따라서 진정한 의미의 訓民正音 연구는 국내외를 막론하고 『訓民正音』 解例本이 발견되어 그 구체적 내용이 세상에 알려진 1940년 이후에야 비로소 가능해졌다고 볼 수 있다. 이에 본고에서는 외국인들의 訓民正音 연구에 대한 검토 대상을 1940년 이후로 한정시켜 두려고 한다. 訓民正音 연구에 해례부분이 빠진다면 그 의의가 크게 떨어질 수밖에 없기 때문이다. 자연히 광복이전에 이미 訓民正音의 例義부분만을 대상으로 삼은 바 있는 小倉進平의 연구는 본고의 검토대상에서 잠시 제외시켜 두기로 한다.

한마디로 외국학자들의 訓民正音 연구라 할지라도 그 접근 방법이나 내용은 다양할 수밖에 없다. 우선 연구자들의 국적은 크게 서양인과 일본인으로 구분된다. 따라서 그들의 연구는 당연히 서양어나 일본어로 발표되었다. 본고에서는 외국인의 연구만을 정리대상으로 삼는다는 뜻에서 한국인 학자가 국내외에서 외국어로 발표한 바 있는 연구업적은 제외하기로 한다.

연구의 성격이나 내용 또한 몇 가지로 나눌 수 있다. 그 내용으로 볼 때 먼저 들 수 있는 것이 문자론적인 분석일 것이다. 대체로 구분할 때 齋藤辰雄(1949b), Hope(1957), Eckardt(1962), Phil(1965), 中村完(1968), 菅野裕臣(1977, 1993) 등이 여기에 속한다. 다음으로 꼽을 수 있는 것이 음운론적인 접근이라고 할 수 있다. 河野六郎(1964), Hayata(1975), Sampson(1985) 등이 여기에 들어간다. 그밖에 생각할 수 있는 것이 종합적인 연구라고 할 수 있는데,

---

1) 본고에서는 편의상 訓民正音과 『訓民正音』을 구별해서 쓰기로 한다. 전자로는 단순히 문자자체를 나타내며, 후자로는 例義나 解例가 포함된 책이름을 나타낸다.

Ledyard(1965), Sampson(1985) 등이 그 대표적인 표본에 속할 것이다. 마지막으로 구분되는 것이 문화사적 배경을 위주로 한 포괄적인 연구인데, 여기에는 齋藤辰雄(1949a), 中村完(1968) 등이 꼽힐 수 있다.

본고에서는 대략 이상과 같은 연구결과를 검토의 대상으로 삼되, 그 내용이 『訓民正音』의 例義나 解例本과 직접 또는 간접적으로 연결되는 부분을 중점적으로 정리하게 될 것이다.

2. 河野六郎의 연구

과거의 연구업적에 대한 분석검토 방법에는 두 가지가 있을 수 있다. 그 하나는 연구의 성격이나 내용에 따른 검토일 수 있다. 위에서 잠시 구분해 본 바 있지만 이 때에는 해당연구 업적의 내용이 검토의 기준이 될 수밖에 없으므로 그 발표연대에 얽매일 필요가 없다. 실제로 짧은 기간에 걸치는 연구업적을 검토대상으로 삼을 때에는 이 방법이 무난하다고 볼 수 있다.

다른 하나는 해당연구업적의 발표연대에 따른 검토일 수 있다. 과거의 업적에 대한 검토나 평가는 어차피 學史的 성격을 띨 수밖에 없기 때문이다. 따라서 본고에서는 이 방법에 따라 지금까지 공표된 바 있는 외국인의 訓民正音 연구에 대하여 정리해 보기로 한다. 앞에서 이미 밝힌 대로 그 대상은 물론 『訓民正音』의 例義나 解例本을 연구의 직접대상으로 삼은 업적에 국한된다.

필자의 관견에 따르면 『訓民正音』의 解例本이 발견된 후 누구보다도 먼저 그 내용을 분석 대상으로 삼아 검토 소개한 바 있는 외국인의 업적은 河野六郎(1947)이 아닐까 한다. 그는 여기서 『訓民正音』이라고 불리는 책에는 두 가지가 있는데, 그 하나는 『王朝實錄』 世宗 28년 9월조에 실려 있는 것이라고 밝히고, 거기에는 鄭麟趾의 序가 붙어 있다고 하였다. 이에 대한 朝鮮語版에는 4가지의 異本이 있는데, 『月印釋譜』 권1(희방사판)의 卷頭에 들어있는 판본, 朴勝 彬씨 소장판본, 일본 궁내성 소장의 사본, 金澤庄三郎 박사 소장의 사본이 그것이라고 하였 다. 그는 계속하여 새로 나온 『訓民正音』은 본문과 정인지의 序 이외에도 제자해, 초성해, 중성해, 종성해, 합자해 및 용자례, 곧 5解 1例를 갖추고 있다고 지적하면서, 제자해의 기사 를 근거로 하여 諺文의 제정근거를 살피고 있는데 그 내용은 대략 다음과 같이 정리될 수 있다.

조선의 문자요소는 알파베트식 표음문자이나 그 구체적 단위는 요소문자의 결합으로 이루 어지는 음절자이다. 그 음절을 자음+모음+자음으로 보고 頭子音을 초성, 母音을 중성, 末子 音을 종성이라고 부른다. 초성에 이용하는 요소는 17자인데 그 중 ㄱ(牙音), ㄴ(舌音), ㅁ(脣音),

ㅅ(齒音), ㅇ(喉音)을 기본으로 삼는다. 이들은 중국음운학의 5음에 해당하며, 그 모양은 발음기관 및 조음을 상징하는 것이다. 『訓民正音』의 설명을 잘 읽어보면, 각 자음의 조음에 대하여 매우 잘 관찰했음을 알 수 있다. 이 기본자에 '聲出稍厲'에 따른 加劃으로 ㅋ ㄷ ㅌ ㅂ ㅍ ㅈ ㅊ ㆆ ㅎ 9자가 생겼으며, ㆁ ㄹ ㅿ은 또 다른 의미의 가획변형으로 만들어진 것이다.

중국음운학의 분류에 따라 이들 초성을 개괄적으로 살핀다면 全淸音은 무기무성음, 次淸音은 유기무성음이다. 全濁音은 일단 유성음의 범주에 속했다고 생각되지만, 당시의 조선학자가 어떤 종류의 음을 생각하고 있었는지는 불분명하다. 그런데 기본자는 가장 '厲'하지 않은 음, 곧 5음의 각음 가운데 가장 약한 음을 기준으로 택한 것이다. 舌 脣 喉 3음의 경우, 不淸不濁인 泥母, 明母, 喩母를 택했으나, 치음의 경우에는 그 자리에 해당하는 불청불탁음(日母는 반치음으로서 정통의 치음에 들지 않음)이 없기 때문에 전탁음 중 마찰음 ㅅ을 택하였다. 牙음의 경우 疑母를 기본으로 삼지 않은 이유는 그 발음이 喩母(ㅇ)에 가까울 뿐 아니라, 중국의 운서 특히 『古今韻會擧要』 및 『洪武正韻』에 疑母와 喩母의 혼용례가 보이는데다가, 조선어 및 조선 한자음에는 사실상 ㆁ이 頭子音으로 나타나지 않는다는 점 때문에 이를 기본자로 삼지 않고 ㄱ(見母)를 기본자로 택한 것이다. 이렇게 牙 舌 脣 齒 喉 5음의 기본자가 만들어진 후, 이를 기초로 하여 전청음, 차청음과 같은 차례로 획을 더해 갔으며, 반설 반치의 ㄹ ㅿ은 각기 설음의 기본자인 ㄴ 및 치음의 기본자인 ㅅ에 또 다른 의미의 가획으로, 疑母는 특수한 처지에서 후음의 기본자인 ㅇ에 1획을 더하여 ㆁ이 만들어졌다. 이로써 초성 17자가 만들어진 것이다.

그런데 당시의 자음은 17자만이 아니었다. 본래의 조선어 음운은 중국어와 일치하지 않으므로 그 분류 또한 중국어와는 그 뜻을 달리한다. 다만 조선의 학자들은 문자제작을 계기로 하여 처음으로 음성에 대한 반성을 시도한 것이어서, 거기에 중국음운학의 분류를 금과옥조로 삼았다는 사실은 조금도 이상할 바 없는 것이다.

전청음의 병서로 표시되는 전탁음은 濃音[2]일 것이다. 다만 후음의 경우 차청음 ㅎ의 병서는 전탁(匣母)을 나타낸다. 이 ㆅ은 성문폐쇄를 동반하는 ch(독일어 ich의 ch)였으리라고 상상된다. 한편 초성자의 결합으로서 단독의 음운을 나타내는 것들로는 連書가 있다.

자음자의 경우에는 중국에 그 규범이 있었으나, 모음자에 이르러서는 중국에서도 그 추출 방법이 완성되어 있지 않았다. 먼저 기초가 되는 3문자 · ㅡ ㅣ는 天地人 三才의 상징에 그 기반을 두고 있다. ·은 후세에 、로 쓰였으나 처음에는 작고 검은 원(小黑圓)이었다. '天圓地

---

2) 小倉進平 이래 일본학자들은 국어의 된소리, 곧 후두화음에 대한 술어로써 濃音이라는 지칭을 써왔다. 실제로 小倉進平(1923), 『國語及朝鮮語 發音槪說』(京城, 近澤印刷所出版部)에는 국어의 '된시옷'에 대한 지칭으로서 支音 또는 濃音이라는 술어가 나타난다. 이 술어를 河野도 그대로 이어 받은 것으로 보인다.

方'은 중국인의 우주관인데, 이와 같은 상징의 배경에는 역시 음성에 대한 분석이 있었을 것으로 보이며, 이들 3모음에 대한 기술은 당시로서는 지극히 간요를 얻은 것으로 생각된다.

우선 ·가 舌縮, ㅡ가 舌小縮, ㅣ가 舌不縮이라 함은 각 모음의 조음 시 혓몸의 상태를 나타낸 것이며, ·가 聲深, ㅡ가 聲不深不淺, ㅣ가 聲淺이라 함은 그 조음위치 곧 후설, 중설, 전설을 뜻하는 것이다. 이 기술에 의하여 ·는 그 자신이 이전에 이미 내린 바 있는 추정(『朝鮮方言學試考』, 1945), 곧 영어 come의 o와 같은 음이라는 추정을 뒷받침해 준다고 하였다.

이들 기본 3자의 결합으로 ㅗ ㅏ ㅜ ㅓ(편의상 '·'를 짤막한 '선분'으로 대신함)가 나오는데, 그 결합이란 天地人의 교섭에서 유래하는 것이며, 음성기술면으로는 ㅗ와 ㅏ가 동류, ㅜ와 ㅓ가 동류이다. ㅗ와 ㅜ의 口蹙은 원순모음이며, ㅏ와 ㅓ의 口張은 원순성이 없는 모음으로 오늘날의 상황과 마찬가지이다. 이들 4자에 다시 하나의 작은 원을 더하면 ㅛ ㅑ ㅠ ㅕ가 된다. 이처럼 모음의 제정에는 天地人의 상징으로 표시되는 기본 3모음을 중심으로 하여 ㅗ ㅏ ㅜ ㅓ가 만들어졌고 또 다시 ㅛ ㅑ ㅠ ㅕ가 고안되었다.

그렇다면 이 모음체계는 무엇에 기반을 둔 것일까? 이 의문은 새로 발견된 자료로도 풀리지 않는다. 다만 여기서 주의할 점은 · ㅡ ㅣ를 기초로 하여 만들어진 ㅗ ㅏ ㅜ ㅓ를 합성모음처럼 생각했다는 사실이다. 또한 모음조화에 나타나는 음양 2계열을 자형에 명백히 나타낸 점도 언문제정에 참여한 여러 학자의 면밀한 음성연구 결과라고 하지 않을 수 없다.

이어서 그는 종성 ㄷ과 ㅅ의 구별표기 및 종성해에 대하여 간단히 언급한 후 다음과 같은 결론을 제시하고 있다.

이 문자는 상당히 앞선 음성지식을 기초로 하여 당시의 조선어 음성을 깊이 관찰 반성한 결과로서 타문자를 억지로 끌어온 것이 아니므로 언어학적으로는 매우 흥미로운 대상이 된다. 특히 최근에 유행하고 있는 소위 음운론(Phonologie)의 견지에서 판단할 때, 갑작스럽고도 이론적으로 창안되었다는 점에서 언문만큼 음운론적으로 흥미를 유발하는 문자도 없을 것이다.

이상과 같은 河野의 연구에서 무엇보다도 주목되는 점은 『訓民正音』의 모음기술에 대한 음운론적 해석이라고 할 수 있다. 특히 舌에 의한 縮, 小縮, 不縮을 혓몸의 조음상태로 해석하는 한편, 聲에 의한 深, 不深不淺, 淺을 조음위치로 파악하여 · ㅡ ㅣ를 각기 현대음성학의 개념인 후설, 중설, 전설로 추정했다는 사실은 주목되는 점이 아닐 수 없다. 다만 深, 淺의 개념을 조음위치로만 파악한 데에는 여러 가지 이견이 있을 수 있을 것이다.

3. 齋藤辰雄, Eckardt, 河野六郎의 연구

『訓民正音』의 例義만을 대상으로 삼아 그 내용을 간결하게 분석하면서 음가추정을 곁들인 연구로는 齋藤辰雄(1949b)가 있다. 그는 『訓民正音』의 異本을 소개하면서 全瑩弼씨본에 대해서도 언급하고 있어 解例本의 존재만은 알고 있었던 것으로 보이나, 이를 실제로 이용하지는 않은 듯하다.3) 무엇보다도 그는 표기법에 대한 규정으로서 '終聲復用初聲, 連書, 竝書, · ㅡ ㅗㅜㅛㅠ 附書初聲之下, ㅣㅏㅓㅑㅕ 附書於右, 凡字必合而成音, 그리고 聲調'와 같은 7가지 원칙을 제시하고 있으나, 이들은 모두 例義에만 나타나는 내용 그대로이기 때문이다. 그가 解例本을 이용하지 않았다는 증거로는 그의 연구 어디에도 解例本의 내용이 전혀 인용되지 않았다는 점을 들 수 있으며, 그의 또 다른 업적인 齋藤辰雄(1949a)에서도 똑같은 사실이 확인된다. 그뿐 아니라 齋藤辰雄(1949a)는 訓民正音과 관계되는 문화사적 검토 위주로 되어있어 例義나 解例本의 내용검토와는 직접적인 관련이 없으므로 여기서는 더 이상 깊이 논의하지 않기로 한다.

訓民正音에 나타나는 문자를 몽골의 파스파문자와 대조시켜 그 유사점을 지적하면서 한국문자의 기원을 파스파문자에 연결시킨 논의로는 Hope(1957)이 알려져 있다. 그러나 필자는 이 논문을 직접 이용하지는 못했으므로 여기에 그 내용을 상세히 논의할 수는 없으나 Ledyard(1965)에는 그 내용에 대한 소개와 비판이 나타나므로, 나중에 다시 한 번 그 내용의 일부를 살펴볼 수 있는 기회가 있을 것이다.

한국문자의 기원에 대하여 누구보다도 가장 독특한 견해를 피력한 업적으로는 Eckardt(1962)를 들 수 있는데, 여기서는 그 3판(1973)에 나타나는 내용을 중심으로 하여 잠시 살펴 나갈까 한다. 이 업적의 제1부는 문자론으로 이루어져 있는데 그 내용은 대략 다음과 같다.

세계에서 유일무이한 한국문자는 가장 단순한 기하학적 기호로 이루어져 있다. 즉 하나의 점 · (과거의 짧은 ă), 단순한 선 ㅣ(i), ㅡ(u)4), 점과 선의 결합인 ㅏ·(a), ·ㅣ(ŏ), ㅗ(o), ㅜ(u)와 같은 단순한 기호가 그것이다. 또한 角은 ㄱ(k)이 되며, 그 逆은 ㄴ(n), ㄷ(t), 四角은 ㅁ(m), ㅂ(p)이 되며, ㅅ(s), ㅈ(č, tsch) 또한 단순한 기호로 이루어진다. 圓으로 이루어진 ㅇ은 二重性을 가지는

---

3) 이러한 사실은 齋藤辰雄(1949a:98)에서도 확인된다. 그는 여기서 "最近に到って......全北の全瑩弼氏方から 發見された古文書"를 들고 있는데, 이는 분명히 解例本을 뜻하기 때문이다. 다만 解例本에 대한 그의 인식에는 부정확한 점이 많았던 것으로 보인다. 인용문에 나타나는 '全北'은 '慶北'의 잘못이며, '瑩'이라는 글자도 '鎣'의 잘못이기 때문이다. 이를 바로 잡아 인용문을 '경북의 전형필씨 댁에서 발견된 고문서'라고 보더라도 齋藤辰雄(1949a)는 사실을 명확히 파악하지 못했다고 할 수 있다. 이 점 또한 그가 解例本을 직접 보지 못했다는 증거가 될 수도 있을 것이다.

4) 원문에는 ㅡ가 u로 전사되어 있으나 다른 자리(예를 들자면 S.6이나 21 등)에는 ü로 나타나기 때문에 이를 제대로 바로잡아 둔다. 실제로 u는 ㅜ에 대한 전사기호로 쓰인 바 있다.

데, 그 첫째는 母音운반체(Volkaltträger)5)이며, 그 둘째는 음절말음 ŋ(ng)이다. 결국 이와 같은 점, 선, 정방형 그리고 원은 한국문자를 조립해내는 요소들이다. 다만 단독문자는 중국문자의 방식에 따라 음절로 통합된다.

그는 계속하여 한국문자의 기원에 대한 Von der Gabelentz(*Sitzungsberichte der Preussischen Akademic der Wissenschaft*, Berlin, 1892)의 주장을 상세히 소개 비판하고 있다. Gabelentz의 주장은 한국문자가 인도문자의 일부를 차용했다는 것이었다. 구체적으로 예를 들자면 ㄱㄷㅈㅂㅁ은 인도문자를 연상시키거나 비교되며, ㄴ은 아쇼카문자(Ašoka-Schrift), ㅅ은 제이르나르 비문(Sĕirnar-Inschrift)과 닮았다는 것 등이다. 그러나 ㆁ과 ㅎ은 유사한 문자가 발견되지 않는다. 결국 Gabelentz는 한국문자가 인도문자를 그대로 模寫한 것은 아니지만, 많건 적건 간에 그것을 변형시켜 놓은 것이라고 하였다. 여기에 대하여 Eckardt는 정확한 비교점을 찾아냈어야 한다고 비판하면서 한국문자가 싼스크리트 문자를 받아들였다는 사실은 성립하기 어렵다고 보았다. 그 근거로 Eckardt는 한국문자와 싼스크리트 문자인 Devãnagari- Alphabet 간에는 공통점이 거의 없다는 사실을 들고 있다.

그의 태도는 한국문자의 구조분석에서 구체적으로 드러난다. 그 내용을 정리해 보면 대략 다음과 같다.

한국문자는 모음의 경우 가장 단순하면서도 일반적인 문자기호, 즉 점과 선 그리고 그들의 다양한 결합으로 이루어져 있으며, 자음 또한 가장 단순한 기호인 원, 각, 정방형으로 이루어져 있다. 그뿐 아니라 한국문자는 세종의 주협력자였던 정인지가 강조한 바와 같이 논리적, 우주론적(Kosmologisch), 음성학적 관점에서 이루어졌다. 여기에는 다음과 같은 중국철학의 3가지 기본원리가 깔려있다.

첫째로는 방위(Himmelsrichtungen)에 따른 기준이 있다.

다음 그림에 나타나는 바와 같은 북-남과 동-서는 각기 수직선과 수평선으로 십자형(Kreuz)이 생기게 한다.

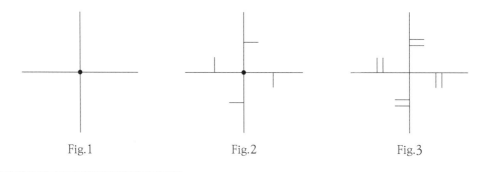

Fig.1   Fig.2   Fig.3

---

5) 이때의 모음운반체란 ㅇ이 모음으로 시작되는 음절 앞에 쓰이기 때문에 붙여진 명칭으로 해석된다.

우선 Fig.1에서는 십자형의 교차점에서 불분명에 가까우면서도 짧은 ·가 나온다(오늘날에는 쓰이지 않고 있다). 수직선 ㅣ는 순수한 모음 i 가 되며, 수직선 ㅡ는 비원순 후부설음 ŭ가 된다. Fig.2에서는 수직선과 수평선에 따라 중앙의 교차점이 이동함으로써 ㅏ ㅓ ㅗ ㅜ가 생겨나며[6], 왼쪽과 위쪽의 두 음성에서 ㅘ가, 오른쪽과 아래쪽의 두 음성에서 ㅝ가 생겨난다. 그리고 Fig.3에서는 선의 옆쪽, 아래쪽, 또는 위쪽에 있는 점을 중복시켜 구개성 모음 ㅑ ㅕ ㅛ ㅠ를 얻는다.

둘째로는 음양(Yin und Yang)의 원리가 있다. 양자강의 양지쪽인 北岸과 음지쪽인 南岸은 물결의 선에 따라 양분되는 원을 이루는데, 그것이 곧 음과 양의 원리라고 할 수 있다. Fig.4에 보이는 바와 같이 이 원은 對極的(polar)인 통일체를 나타낸다. 太極圖(Tai-ki-tu)의 도형적 기호인 이 원은 母音운반체인 ㅇ[7]과 같은 착상을 불러일으킨다. 이 ㅇ과 모음 하나씩이 결합되면 각기 '이 으 어 오 우' 내지 '야 여 요 유'가 된다.

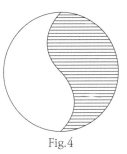

Fig.4

셋째로는 天地人 三才(Das Trigram: Himmel-Erde-Mensch)가 있다.

단일선인 ㅡ는 수평선 곧 완전무결성(Vollkommenheit)인 하늘을 뜻하며, 三重線은 三才 곧 天地人을 뜻한다. 이 셋이 화합하면 우주와 세계와 인간의 완전한 조화를 얻게 된다. 이러한 원리는 한국문자의 형성에 분명한 영향을 끼쳤을 것이다. 이처럼 三重線 ☰에는 한국문자 제정의 기준이 되었으리라고 여겨지는 철학적 사고가 내포되어 있다. 실제로 三才 곧 三重線에 의한 자음의 구조와 형식에서는 다음과 같은 3계열이 확인된다.

1) ㄴ ㄱ ㅁ ㅅ ㅇ
2) ㄷ ㅋ ㅂ ㅈ (ㆆ)
3) ㅌ ㄹ ㅍ ㅊ ㅎ

한편 1446년에 최초로 공표된 訓民正音을 통하여 Fig.5와 같은 도형을 얻을 수 있는데, 이로써 삼재에 따른 三重圓에서 모음이 생겨났음을 알 수 있다. 가장 안쪽에 있는 원은 母音운반체인 ㅇ와 일치되며, 가운데 원은 비강반모음 ㆁ에 해당한다. 바깥쪽 원은 다만 그 모습을 보일 뿐이다. 여기에 점이 중복되면 ㆋ ㅘ처럼 이용될 수 있으나, 그 실용성은 매우 적었다.

---

6) 그는 처음에 이 모음들을 각기 ㅣ·, ·ㅣ, ㅡ·, ·ㅡ로 표기한 바 있으나 여기에서는 ㅏ ㅓ ㅗ ㅜ로 표기하고 있다. 소흑점이 짧은 선으로 바뀐 것이다.

7) 원문에는 이 문자가 ㆁ으로 표기되어 있다. 그 다음에도 같은 방식으로 표기되어 있으나, 그것은 ㅇ에 대한 오기임에 틀림없다. 여기에 그 잘못을 바로 잡아 둔다.

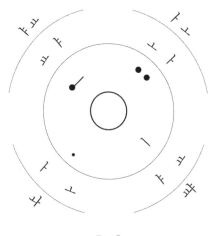

Fig.5

Fig.5에 대해서는 그 이상의 구체적인 설명이 보이지 않으나 모음자 하나하나의 기반을 앞에서는 방위로 해석했다가 여기에서는 또다시 三才로 풀이하고 있어 그 태도를 명확히 파악할 수 없는 점이 아쉬움으로 남는다. 또한 모음자 ㅡ가 하늘을 뜻한다고 본 점이나 ㄹ이 ㄱ ㅋ과 같은 부류에 속한다고 본 점도 문제가 아닐 수 없다.

한편 자음의 구성은 음성학적 유래, 곧 발성기관의 기능이나 입과 혀의 위치를 따르고 있어 놀랄 만큼 재기에 넘치는 발상이라고 지적하면서 그러한 자음으로 ㄱ ㄴ ㄷ ㄹ ㅁ ㅂ ㅅ ㅇ8) ㆁ을 들고 있다.

끝으로 그는 세계의 어떤 문자도 자음의 형식에 동아시아의 철학적 기초개념과 발성기능을 조화시키려는 시도는 없었다면서 한글은 세계에서 가장 독창적일 뿐 아니라, 문화민족의 모든 문자 가운데 유일하고도 논리적이며 순수하게 관념적으로 구성된 문자라고 보았다.9)

이처럼 Eckardt는 한국문자의 성립기반을 독자적으로 해석한 바 있으나 대부분의 해석이 추리에 가까울 뿐 아니라, 일관성이 없는 추리를 과도하게 전개하고 있어 하나의 문제점을 남긴 셈이다.

한편 우리는 『訓民正音』의 解例本에 대해 지극히 간결한 음운론적 해석을 河野六郞(1964)의 총론 '朝鮮語音韻史 槪要'에서 또 다시 찾아 볼 수 있다. 여기서 그는 ㆆ ㅇ ㅸ ㅿ 등에 대한 음가를 추정하는 한편, ㅣ ㅡ ㅏ ㅗ에 대해서는 현대어와 거의 같았던 것으로 보았다. ㅓ에 대해서는 현재의 남부방언과 같은 [ə]로 추정되나 『訓民正音』의 제자해에 'ㅓ與ㅡ同而口張'으로 되어 있어 약간 열린 모음이었으리라고 보았다. 그리고 ·는 [ʌ]에 비정된다고 하였다.

---

8) 이 또한 원문에는 ㆁ으로 표기되어 있으나 이는 ㅇ의 잘못임이 분명하므로 여기서는 그 잘못을 바로 잡는다.

9) 이상과 같은 내용 중 점, 선, 원, 정방형 등에 의한 문자구성 이론은 일찍이 그의 *Koreanische Konversations-Grammatik mit Lesestücken und Gesprächen*(1923)과 함께 간행된 바 있는 별책 안내편(*Schlüssel zur Koreanischen Konversations = Grammatik*)의 서론(Einführung in die Koreanischen Schrift)에 나타나는 내용과 대동소이하다. 따라서 그는 자신의 초창기 주장을 더욱 구체화하면서 여기에 중국철학의 개념을 새로 보강한 것이다. 한편 문헌목록에 의하면 그는 따로 한국문자의 기원에 대한 독립적인 논문을 발표하고 있다. Der Ursprung der Koreanischen Schrift, *Mitteilungen der Deutschen Gesellschaft für Natur und Volkerkunde Ostasiens* XXII(1982). 그러나 필자는 이 자료를 보지 못했기 때문에 그 내용을 직접 검토할 수는 없었다.

4. Ledyard의 연구

『訓民正音』에 대한 가장 상세하고도 종합적인 분석 검토는 Ledyard(1965)에서 이루어졌다고 할 수 있다. 박사학위 논문으로서 타자본이긴 하지만 이 논문은 본문만 370면, 여기에 주석과 참고문헌을 합하면 총 470여면에 이르기 때문이다.

모두 6장으로 구성되어 있는데 그 내용은 1 訓民正音 이전의 표기, 2 문자발명의 문화적 배경, 3 문자의 반포, 4 訓民正音(부록으로 『訓民正音』 전문에 대한 영어번역이 붙어 있음), 5 한국문자의 초기 역사, 6 한국문자의 기원에 대한 신해석으로 되어 있다. 이 중에서도 제4장과 제6장은 각기 『訓民正音』의 解例本과 문자의 기원에 대한 집중적 연구이므로 본고에서는 이 부분을 중심으로 그 핵심을 더듬어 보기로 한다.

먼저 그는 제4장에서 『訓民正音』의 언어학적 배경으로 중국운학을 들고 있다. 그는 이를 다시 ①일반개념으로서의 聲과 音, ②자음부류로서의 五音 내지 七音(牙, 舌頭/上, 脣重/輕, 齒頭/正, 喉, 半舌, 半齒), ③조음방식으로서의 淸과 濁(全淸, 次淸, 全濁, 不淸不濁), ④모음이론, 그리고 ⑤음절이론으로 나누어 그 전모를 깊이 있게 분석하고 있다. 그런데 ①에서 ③까지에는 주로 중국운학에 대한 상세한 해석이 베풀어져 있으나, ④와 ⑤에는 『訓民正音』의 모음분석에 나타나는 독자성이 강조되어 있다. 이에 따라 여기서는 그 내용을 먼저 확인해 보기로 하겠다.

중국인들은 음절을 頭音(initial)과 末尾音(final)의 결합으로 분석하였다. 頭音은 곧 자음이었으나, 末尾音에는 반모음, 핵모음(head vowel), 자음 혹은 모음으로 이루어진 末尾요소(terminal element), 그리고 聲調와 같은 두서너 가지 요소가 포함되었다. 그러나 중국인들은 이를 더 이상 분석하지 않았다(다만 성조만은 구분하였다).

그런데 한국인들은 이와 같은 분석을 따르지 않았다. 그들은 頭音체계를 수용함에 있어 그 분류에는 頭子音만이 아니라 모든 자음이 포괄되어야 한다는 방향으로 수정을 가한 것이다. 이것은 그들이 중국식 末尾音으로부터 末子音을 다시 분리해 냈다는 뜻이 된다. 그렇게 함으로써 그들은 동시에 모음요소를 분리해 내게 되었다. 이것이 중국식 이론과 크게 차이가 나는 점이었다. 모음요소를 일단 분리해 낸 후 그들은 거기에 대하여 분석하고 정의하였다. 이 단계에서 그들은 알파베트식 사고의 영역으로 들어간 것이다. 중국에는 없었던 한 단위를 분리해 냄으로써 그들은 이를 처리하기 위한 독자적인 방법론과 술어를 만들지 않을 수 없었다. 이처럼 한국인들은 모음요소를 음절의 나머지 부분으로부터 분리해 냄으로써 음절구분을 두 부분에서 세 부분으로 바꾸었다.

그는 이어서 『訓民正音』의 철학적 배경, 자음, 모음, 문자형식, 성조 그리고 표기법의 원리에 대하여 분석하고 있다. 순서에 따라 그 내용을 살펴보면 다음과 같다.

문자나 음운론적 연구를 통하여 세종에게 협력한 학자들은 자신들을 서구적인 의미에서의 언어학자나 음운론 학자로 여기지 않았을 것이다. 그들은 그렇게 좁다란 분야의 연구에는 익숙하지 않았다. 그들은 언어음성이나 표기체계를 훨씬 일반적인 자연현상과 인간사(human affairs)의 배경이나 정황 속에서 생각하였다. 이와 같은 광범한 연구는 朱熹(1130-1200)가 정통철학으로 확립시켜 놓은 儒學에서 비롯되었다. 이 철학은 조선왕조의 正敎(orthodoxy)와 같은 자리를 차지하고 있었다. 따라서 세종의 문자위원회(alphabet commission)가 解例本에서 이 학파의 이론에 크게 의지했다는 사실은 그다지 놀라운 일이 아니다. 그런데 訓民正音 창제에 대한 현대 한국인들의 태도는 그러한 철학적 배경을 도외시하거나 한쪽으로 제껴두는 경향을 보인다. 그리하여 解例本의 내용에 대해서는 순수하게 음성학적 논의에만 관심을 기울이거나 문자자체에만 관심을 기울인다. 그러나 자신의 의견으로는 철학적 윤곽이 흥미를 끌 뿐 아니라 더 중요하다. 그것은 한국학자들의 사고방식을 반영하고 있을 뿐 아니라 그들 스스로가 거기에 중요성을 부여했기 때문이다.

중국철학의 모든 논의는 연결과 관계(connections and relations)를 하나의 순환적 총체(cyclic whole) 속에서 강조하기 때문에 분석과 증명보다는 조화와 상관성(syncretism and correlation)에 기울어져 있다. 사물이나 개념이 그 기원이나 원인을 강조하는 線條的 질서(linear order)에서 논의되기보다는 그들 상호간의 작용과 관계를 보여주는 상보적 대립으로 본 것이다.

그러한 경향을 가장 잘 드러내 주는 사실 하나가 사물과 현상을 五行, 五色, 五方, 五季, 五星과 같은 5단위의 묶음으로 정리한다는 점이다. 각 묶음의 한 구성원은 다른 묶음과 서로 연결된다. 예를 들어 木은 東과 綠색에 연결되어 있다. 이러한 묶음 작업은 宋學에 이르러 매우 흥미로운 철학적 결론으로 굳어졌다. 이와 같은 五重의 상호관계는 解例本 집필자의 마음 속에도 매우 잘 나타나 있다. 그러나 그것은 새로운 것이 아니었다. 중국학자 鄭樵 (1104-1162)가 그의 음성분류표에서 이미 五音(喉 牙 舌 齒 脣)을 음악의 오음(각기 라 솔 미 레 도)에 연결시켜 놓았기 때문이다. 모음에 대해서도 한국인들은 天地人 三才, 陰陽과 같은 개념과 그 결합관계를 이용하였다.

Ledyard는 이러한 중국철학의 역사적 배경을 상세히 논의하면서 太極圖說, 理氣說, 陰陽說 등과 解例本의 관계를 규명하려고 하였다. 그리고 나서 그는 자음에 대한 解例本의 해석을 통하여 그 하나하나의 음가를 규명하고 있다. 그 결과를 정리해 보면 다음과 같다.

	전청	차청	전탁	불청불탁	전청	전탁
아	ㄱk	ㅋk'	ㄲkk(ˀk)	ㆁng		
설	ㄷt	ㅌt'	ㄸtt(ˀt)	ㄴn		
순 重 輕	ㅂp ㅸph(ø/β)	ㅍp'	ㅃpp(ˀp)	ㅁm		
치	ㅈc(ts)	ㅊc'(ts')	ㅉcc(ˀts)		ㅅs	ㅆss(ˀs)
후	ㆆ ·	ㅎx	ㆅxx(ˀx)	ㅇh(ɦ/null)		
반설				ㄹl(~r,n)		
반치				△z		

그는 한국어의 자음체계가 구조상 『切韻指掌圖』의 중국어 체계와 일치한다고 보았다. 또한 양자를 비교해 보면 한국어의 자음이 중국어의 頭子音 즉 字母(character mother)에 얼마나 이론적인 빚을 지고 있는지 알 수 있다고 하였다. 그는 중국어의 36字母와 한국어의 23자음에 대한 대조표를 제시하면서 한국어에서는 舌, 脣, 齒에 대한 중국어식 두 부류가 하나로 통합되었으며, 全濁은 문자 상 중복표기 방식으로 되어 있어 앞에 보인 분류표에서 全濁 6자와 순경음 ㅸ을 제외한다면 『訓民正音』의 개별 문자 수는 17자가 된다고 하였다.

계속하여 그는 모음에 대해서 다음과 같이 해석하고 있다. 만약 중국철학이 頭子音에 대해서와 같은 관심을 모음에서도 보였더라면 한국인들은 이 부분에서도 중국을 뒤따랐을 것이다. 그러나 불행스럽게도 중국에는 뒤따를 만한 이론이 개발되어 있지 않았다. 그 때문에 한국인들은 그들 자신의 모음에 대한 분석을 중국이론 없이 강행하지 않을 수 없었다. 그러나 작업과정에서 그들의 재능은 주목을 받을만 했으며, 그들이 수립한 체계는 그 개념이나 설계로도 놀랄만한 것이었다. 자음의 경우와는 달리 그들은 아무런 인공적 문자도 만들지 않았으며, 애매한 표기를 허용하지도 않았다.

그리하여 闔闢, 蹙張, 縮과 같은 음성학적 기준으로 모음을 규정하였다. 이렇게 규정된 15세기의 모음은 다음과 같은 그림으로 나타낼 수 있다.

이 그림에서 화살표는 解例本이 쓰여졌을 때 이미 시작되었거나 적어도 그때 막 시작된 추이의 방향을 나타낸다. 그는 이 체계에 대해서 金完鎭 교수에게 빚을 지고 있다고 밝히고 있다. 한편

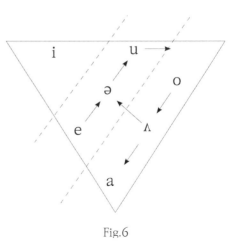

Fig.6

으로 그는 세종과 그 협력자들이 반모음을 하나의 부류로 인정하지 않았기 때문에, 이중모음은 문자 상 모음의 결합형식으로 나타날 뿐이라고 밝혔다.

문자형식에 대해서는 다음과 같이 해석하고 있다. 한국문자가 보여주는 가장 특이하고 흥미로운 모습 중의 하나는 문자의 형식과 기능 사이에 엄격한 대응이 있다는 점이다. 자음자의 형식과 모음자의 형식은 서로 유형을 달리하지만, 각 부류 내에서까지 문자형식은 중요한 상호관련성을 보인다. 자음의 경우 하위부류의 문자형식 간에 상호 관련이 있으며, 모음의 경우 후설과 중설부류가 엄격하고도 체계적으로 구분되어 있다. 이 세상의 어떤 문자도 그렇게 아름답고 재치 있으며 합리적인 것은 없다.

이어서 그는 기본자음자의 상형성, 가획과 변형 그리고 三才에 따른 기본모음자의 설정과 그 결합에 의한 문자에 대하여 설명한 후, 모음자는 모음조화를 나타낼 수 있도록 만들어졌다고 하였다.

성조에 대해서는 다음과 같이 해석하고 있다. 解例本의 성조명칭은 중국어의 그것과 같으나, 解例本과 그 이후의 몇 가지 문헌은 한국어의 성조가 중국어의 성조와는 관계가 없다고 분명히 밝히고 있다. 입성이 실질적으로는 존재하지 않는다는 解例本의 설명방식으로도 그 사실을 알 수가 있다. 다만 解例本은 성조의 가치에 대하여 인상적, 형식적 문구만을 베풀고 있다.

그는 한국어의 성조체계가 엄밀한 의미로는 성조라기보다 핏치(pitch) 체계라고 보았다. 그 때문에 한국인들이 그들의 체계와 중국어의 성조체계 사이에서 혼란을 일으켰으리라는 사실은 당연하다고 보고 있다. 그는 중세국어에 高와 低 두 개의 음소적 핏치가 있었다고 해석하고 있다. 그리고 이들 두 핏치의 결합은 표기상 上聲 즉 低-高로 나타난다고 지적하였다.

『訓民正音』에 대한 그의 마지막 검토는 표기법의 원리분석으로 채워져 있다. 그는 여기에 대하여 다음과 같이 논의하고 있다. 세종과 그 협력자들이 수립한 표기상의 원칙으로 가장 중요한 것은 문자가 음절방식으로 표기되어야 한다는 점이었다. 그 때문에 문자 유형 상으로는 진정한 알파베트였으나 그 표기는 음절방식을 따르게 되었다. 모든 음절이 동일차원의 덩어리(equidimensional blocks)로 표기되어야 한다는 발상은 중국어의 표기관습에서 나온 것이다. 실제로 중국문화권 내에서 과거에 고안된 모든 문자, 즉 거란, 여진, 서하(탕구), 월남(표의문자), 그리고 일본(음절문자 체계)이 모두 동일차원의 모습을 나타낸다. 이어서 그는 한 음절 내에서의 문자 배열, 곧 초 중 종성의 결합방식과 종성 표기법 및 '以影補來'와 같은 원칙에 대해서도 언급하고 있다.

이 논문의 마지막 부분인 제6장은 한국문자의 기원에 대한 새로운 해석으로 메워져 있다. 그는 여기서 ㄱ ㄷ ㄹ ㅈ ㅅ ㅁ ㅂ ㅎ ㄴ ㅇ과 같은 문자가 파스파-티베트 문자와 일치한다는

Hope(1957)의 주장을 소개하고 나서 한국문자 전체에 대한 모델을 찾지 않고 기본적인 문자
만을 고려의 대상을 삼은 것이라고 비판한 후 자신의 견해를 다음과 같이 제시하고 있다.

	Chinese "mother"	ḥpʻhags-pa	Korean	
1	見	ꡂ	ㄱ	
2	端	ꡊ	ㄷ	
3	來	ꡙ ꡗ	ㄹ	
4	穿/精	ꡑ	ㅈ	?
5	心	ꡛ	ㅅ	
6	明	ꡏ	ㅁ	??
7	幫	ꡌ ꡗ	ㅂ	

Fig.7

그의 견해에 의하면 ㄱ과 ㄷ처럼 몇 가지 경우의 일치는 분명하다는 것이다. 여기에 ㄹ
ㅈ ㅅ ㅁ ㅂ도 몽골의 파스파 문자에 대응한다면서 위와 같은 대조표를 내놓고 있다.

그는 訓民正音의 문자 몇 개를 파스파 문자에 연결시킬 수 있는 근거로서 정인지의 서문에
나타나는 '倣古篆'을 들고 있다. 그는 元시대에 파스파 문자가 널리 篆體와 관계를 맺고 있었
을 뿐 아니라. 실제로 그것이 '蒙古篆字'로 불렸다는 근거를 제시하면서 '倣古篆'에 나타나는
'古篆'을 '(蒙)古篆(字)'로 해석하였다. 이렇게 하여 그는 한국문자가 5내지 7자에 대한 아이디
어를 파스파 문자에서 얻어 왔다고 보았다.

5. Phil, 中村完, Hayata, Sampson, 菅野裕臣의 연구

『訓民正音』 解例本의 내용을 부분적으로나마 소박하게 소개한 것으로는 Phil(1965)을 들
수 있다. 그는 여기서 만약 한국인들이 일본문자와 같은 방법으로 문자를 만들려고 했다면
1300에 달하는 음절적 표음문자(보조기호를 쓴다 하더라도 최소한 500 가량)를 만들었어야 할 것이
라고 보았다. 그는 이어서 한국인들은 인도로부터 중국을 거쳐 들어온 음운이론을 자국어의
문자화에 적용했다면서 訓民正音이라는 문자는 국가적 규모의 성공적인 기도로서 세계문자
의 역사상 그 유례를 찾아볼 수 없다고 하였다. 그리고 나서 자음자의 상형성을 중점적으로
설명하였다.

中村完(1968)은 訓民正音이라는 문자를 하나의 정제된 체계로서, 그리고 넓게는 문화체계의 일부로 파악해 본 논문이다. 여기서는 그의 문자에 대한 분석을 잠시 정리해 보기로 한다.

訓民正音의 字素는 점과 선으로 이루어져 있는데, 선은 다시 직선과 곡선, 그리고 곡선은 또다시 山(ㅅ)과 열쇠(ㄱ) 그리고 원(ㅇ)으로 구분된다. 곡선부류는 음운론적으로 자음에 해당하며, 비곡선 부류는 모음에 해당한다. 곧 모음자의 기본으로서는 점과 縱·橫의 직선, 이렇게 세 가지가 있으며, 자음자의 기본으로서는 곡선인 산, 열쇠, 원 이렇게 세 가지가 있는 셈이다. 이들 점과 선을 조합시킴으로써 새로 8자를 얻게 되어 도합 11자가 생긴다. 또한 곡선 셋을 변형 전환시키면 새로 14자를 얻게 되어 도합 17자가 생긴다. 음운론적으로는 모음 11자, 자음 17자, 도합 28자의 음소문자를 얻는 것이다. 그 내용은 다음과 같다.

点			·	ㅏ ㅓ ㅑ ㅕ ㅗ ㅜ ㅛ ㅠ	V
線	直	縱	ㅣ		
		橫	ㅡ		
	曲	ヤマ	ㅅ	ㅈ ㅊ △	C
		カギ	ㄱ	ㅋ ㄴ ㄷ ㅌ ㄹ ㅁ ㅂ ㅍ	
		マル	ㅇ	ㆆ ㅎ ㆁ	

자음자가 결합되면 새로운 복합단위가 만들어지는데 여기에는 횡적병서와 종적연서 두 가지가 있다. 모음자끼리 결합되는 경우를 합용이라고 하는데 거기에는 同出과 相隨 두 가지가 있다. 그 내용은 아래쪽에 제시되어 있는 Fig.8과 같다.

모음자와 자음자가 결합되고 거기에 聲點이 붙으면 하나의 글자가 만들어진다. 이상과 같은 결합에서 특징적인 사실은 모음자에는 반드시 자음자가 선행된다는 점이다. 그 결합방식은 한자의 구조 또는 획순에 나타나는 偏, 冠 등과 잘 부합된다. 가령 1음절의 글자를 예로 들자면 그 구성요소로 초 중 종성의 셋이 갖추어져야만 이를 한자식 기본형으로 생각했던 것 같다.

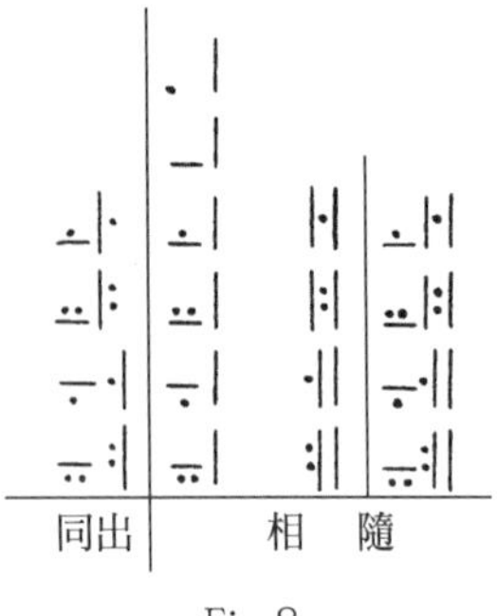

Fig.8

글자와 글자는 독립적으로 거의 같은 크기이며, 동일한 간격(실은 무간격)에 따라 세로로 배열되며 行은 왼쪽으로 옮겨간다. 이는 한자의 배열방식과 완전히 동일한 것이다.

그는 이상과 같은 訓民正音 문자체계의 구조를 종합할 때 크게 두 가지 특색을 지적할 수 있다고 하였다. 그 하나는 字素분석에서 최소의 구성단위인 모음과 자음을 추출한 점, 그 둘은 문자의 결합에 자음을 선행시키며, 그 표현형식은 모두가 한자를 따르고 있다는 점이라고 하였다. 그런데 그는 이중에서 제1의 특징은 비중국적이며, 제2의 특징은 중국적인 것이라고 해석하였다.

외국인으로서『訓民正音』의 解例本을 근거로 삼아 그 모음체계에 대한 가장 분명한 음운론적 해석을 시도한 논문이 Hayata(1975)라고 할 수 있다. 그는 중세 국어의 모음조화를 해석하기 위한 전제로서『訓民正音』의 모음체계를 다음과 같이 이해하려고 하였다.

그는 해례본의 모음기술에 나타나는 聲深이 어떤 청각적 느낌을 나타낸 것으로 非高位後部母音(non-high back vowel)을 상기시켜 주며, 聲淺은 高位前部母音(high front vowel)을 상기시켜 준다면서, 일단 그 체계를 그림과 같은 斜線資質體系(diagonal feature system)로 해석할 수도 있다고 하였다. 그는 이 체계가 중세 국어의 모음체계를 꽤 잘 기술한 것처럼 보인다고 말하면서, 해부학적 관점에서 이 체계는 합리적이며 모음조화를 어려움 없이 설명해 주는 듯하다고 보았다. 모음조화는 음운론적으로 단일자질인 '深'으로 설명되기 때문이다.

Fig. 9

그런데도 그는 이 체계가 일반 음성학의 골격과는 비교될 수 없다고 하였다. 결국 그는 위와 같은 사선자질체계가 일반음성학적 측면에서 유효하지 않기 때문에, 이를 대신할 수 있는 중세국어의 기저표시로 다음과 같은 일반모음체계를 제안하고 있다.

	non-back unround	back unround	back round
high mid low	ㅣ ㅓ	ㅡ ·	ㅜ ㅗ
		ㅏ	

이 체계에서 여성부류 'ㅓ ㅡ ㅜ'는 [αhigh, αback], 남성부류 'ㅏ · ㅗ'는 [-high, +back], 중성 'ㅣ'는 [+high, -back]으로 특징지워진다. 그는 이 체계로 모음조화를 포함한 여러 가지 음운현상이 설명될 수 있다고 보았다. 그에 따르면 중세국어 비어두음절의 · 〉 ㅡ 나 · 〉 ㅏ와 같은 사적 변화도 위와 같은 체계로 쉽게 설명될 수 있다는 것이다. 다시 말하자면 · 〉 ㅡ는 [-high] 자질이 [+high]로, · 〉 ㅏ는 [-low] 자질이 [+low]로 변한 것이라는 해석이 된다.

그러나 이러한 해석에는 문제점도 뒤따른다. 그 첫째는 ·의 사적 변화가 동일한 모음체계의 기반 위에서 이루어졌다면, 어찌하여 비어두음절과 어두음절의 ·가 서로 다른 변화를 겪었을까 하는 점이다. 이 의문은 ·에 나타난 두 가지 변화가 시대를 달리하는 것이며, 그 기반이 된 모음체계도 서로 달랐다는 해석으로 쉽게 풀릴 수 있다. 실제로 '훍〉흙'은 어두음절인데도 ·〉__와 같은 변화를 겪었으며, '사룸〉사람'은 비어두음절인데도 ·〉ㅏ와 같은 변화를 겪은 바 있는데, 그 이유는 해당 단어의 ·가 변화를 일으킨 시기의 모음체계로 자연스럽게 설명될 수 있기 때문이다. 그 둘째는 ·의 소멸에 따라 그 자리에 체계상의 빈 칸이 생겼는데, 어찌하여 ㅏ 아닌 ㅓ가 그 자리로 옮아갔는지를 음운사적으로 쉽게 설명할 수 없다는 점이다. 이 의문 또한 후대의 모음체계 추이로 해결의 실마리가 잡힌다. 그러나 여기서는 이 문제에 대하여 더 이상 깊이 들어가지 않기로 한다.

訓民正音의 문자론적 성격과 그 주변문제에 대한 간결한 논의로는 菅野裕臣(1977)가 있다. 여기에는 訓民正音의 체계와 기원에 대한 중요한 논의도 포함되어 있어 참고가 된다.

한편 Sampson(1985)에는 세계의 대표적 문자체계에 대한 상세한 분석이 나타나는데, 그 제7장은 한글을 다룬 것이다. 이는 기본적으로 현대국어의 음운체계와 음운현상 및 표기법 등에 대한 종합적인 분석이어서 訓民正音을 직접 검토대상으로 삼은 것은 아니지만, 한두 군데에 訓民正音의 제자원리에 대한 해석이 나타난다.

그는 먼저 현대국어의 ㅇ은 두 가지 음가, 곧 음절초에서는 李基文 교수가 주장한 바 있는 유성후두 지속음 /ɦ/, 음절말에서는 연구개 비강음 /ŋ/으로 나타나는데, 이들은 상보적 분포를 보인다고 하였다. 그런데 『訓民正音』解例本에는 ㅇ을 토대로 한 4개의 문자가 나타나는데, 이들은 각기 음절두음인 零(zero), 성문폐쇄음, /h/, /ŋ/에 대응된다. 15세기의 중국음으로는 각기 /i/(夷), /ʔi/(醫), /hi/(希), /ŋi/(疑)의 頭子音에 대응되는 것이다. 이들 음성이 한국한자음에 나타날 때 /h/를 제외한 세 음성간의 대립은 소멸되었음에도 불구하고 세종은 그들에 대한 구별표기를 원하였다. 그리하여 이들 4개의 중국어 頭子音은 각기 ㅇ(ø), ㆆ(ʔ), ㅎ(h), ㆁ(ŋ)으로 표기되었다. 세종에게는 ㅇ:ㆆ:ㅎ과 같은 비례가 ㅁ:ㅂ:ㅍ과 비슷하다고 생각된 듯하다. 그 때문에 이들 문자는 어떤 음성학적 논리, 말하자면 ㅇ의 무수평선(no horizontal), ㆆ의 1 수평선, ㅎ의 2 수평선10)은 각기 발음상의 무장해(no interruption), 순간적 장해(momental interruption), 지속적 장해(prolonged interruption)를 나타냈다. 한편 ㆁ에 나타나는 수직줄기는 특이한 요소인데, 이것은 ㆁ이 조음방식 상 다른 어떤 자음과도 유사하지 않은 것으로 간주되었음을 뜻한다.

---

10) 그는 ㅎ의 첫 번째 획을 수직선으로 보지 않고 수평선으로 본 것이다. 실제로 그가 제시한 그림(p.127)에는 ㅎ의 꼭대기 획이 수평선으로 그려져 있다. 그러나 그 최초의 모습은 수평선이 아니라 짧은 수직선이었다는 사실을 그는 모르고 있었던 것 같다.

한편 세종은 상대적인 개모음과 폐모음의 부류를 중국철학의 술어인 陰陽에 결부시켜 각기 여성과 남성을 나타내도록 했으며, 이를 다시 신비스러운 三才, 곧 天地人과 결부시켰다. 음운론적으로 중립인 모음 ㅣ는 사람과 결부되어 陽인 天과 陰인 地 사이에 존재한다. 모음기호를 만드는 데 사용된 점(·)은 둥근 하늘, 수평선(ㅡ)은 평평한 땅, 수직선(ㅣ)은 직립한 사람을 나타내고 있다. 세종은 다시 직선의 위쪽이나 바깥쪽(오른쪽)에 점을 가진 기호는 양으로, 아래쪽이나 안쪽(왼쪽)에 점을 가진 기호는 음으로 분류된다고 생각하였다. 이것은 양성 ·ㅗㅏ, 음성 ㅡㅜㅓ, 중성 ㅣ처럼 모음조화 규칙에 요구되는 모음의 짝을 나타냈다. 그리하여 Sampson은 양과 음에 대한 논의가 영국 언어학계에서 일반적으로 이용되는 음성학적 스타일과는 매우 다르지만, 한국어 모음 간에 나타나는 음운론적 상관성을 파악하는 데에는 아주 깔끔하게 이바지한다고 보았다.

끝으로 菅野裕臣(1993)에 대하여 한두 마디 언급해 둘 필요를 느낀다. 訓民正音과 다른 문자 체계를 문자론적 측면에서 대조 분석한 이 논의는 그동안에 이루어진 어떤 문자론보다 흥미로운 결론을 보여주기 때문이다. 그는 여기서 訓民正音의 특징으로 각 문자가 비독립성을 보인다는 점, 그러한 비독립적 문자가 합해져 음절문자가 만들어진다는 점을 들면서 이와 같은 특징을 보이는 실례를 알지 못한다고 밝히고 있다.

이밖에도 문헌목록에는 訓民正音과 관련이 있을 법한 논의가 더러 보이나 자료를 입수하지 못하여 본고에서 더 이상 논의할 수 없음을 아쉽게 여긴다.

6. 결 어

지금까지 『訓民正音』에 대한 외국학자의 연구를 살펴 본 셈이다. 이를 통하여 알게 된 사실은 외국학자들의 연구가 생각보다는 다양할 뿐 아니라 그 내용 또한 상당한 깊이를 보인다는 점일 것이다. 그뿐 아니라 『訓民正音』에 대한 외국학자들의 관심이 꾸준히 이어지는 가운데 최근에는 서양학자들의 관심도 점차 늘어나는 추세를 보이고 있다.

그런데도 아직까지는 외국인들의 연구가 그다지 많은 편은 아니다. 거기다가 외국학자들은 주로 문자의 기원이나 제자원리에 흥미를 느끼고 있는 듯하다. 그러나 우리는 앞으로 많은 외국학자들이 『訓民正音』에 대하여 좀 더 폭넓게 그리고 깊이 있게 인식해 주기를 기대한다.11)

---

11) 본고는 문화체육부가 주최하고 국어학회가 주관한 '93 국제학술회의(주제 : 외국학자가 본 훈민정음과 북한의 훈민정음 연구, 1993년 10월 23일, 국립중앙박물관 강당)에서 필자가 '외국에서의 훈민정음 연구'라는

참고문헌

Eckardt, A.(1962), *Grammatik der Koreanischen Sprache(Studienausgabe)*, 3. revidierte Auflage (1973), Heidelberg: Julius Groos Verlag.

Hayata, Teruhiro.(1975), A Note on Vowel Harmony in Middle Korean, 『言語研究』 68.

Hope, E. R.(1957), Letter Shapes in Korean Önmun and Mongol ḥp'ags-pa Alphabet, *Oriens* 10.

菅野裕臣(1977), ハングル〈その構造と成立〉, 月刊 『言語』(大修館書店) 6-10.

_____(1993), '訓民正音'과 다른 문자체계의 비교, 『安秉禧先生回甲紀念論叢 國語史資料와 國語學의 研究』(文學과 知性社) 소수.

河野六郎(1947), 新發見の訓民正音について, 『東洋學報』 31-2. 『河野六郎著作集 1 朝鮮語學論文集』 (1979, 平凡社)에 재록됨.

_____(1964), 朝鮮漢字音研究 1, 『朝鮮學報』 31. 후에 『朝鮮漢字音研究』(1968, 天理時報社)라는 단 행본으로 종합되었다가 『河野六郎著作集 2 中國音韻學論文集』(1979, 平凡社)에 재록됨.

Ledyard, G. R.(1965), *The Korean Language Reform of* 1446 : *The Origin, Background and Early History of the Korean Alphabet,* Ph. D. Dissertation, University of California, Berkeley.

中村完(1968), 訓民正音における文化の構造と意識について, 『朝鮮學報』 47.

Phil, M. R., Jr.(1965), The Alphabet of East Asia, *Korea Journal* 5-3, Korean National Commission for UNESCO.

齋藤辰雄(1949a), 朝鮮文字と近代文化史, 『天理大學學報』 1-1.

_____(1949b), 訓民正音の構造と變遷—正音文字から한글字母に至る變遷について—, 『天理大學學 報』 1-2·3.

Sampson, G.(1985), *Writing System: A Linguistic Introduction,* London : Hutchinson Publishing Group.

이현희(1990), 訓民正音, 『主題別 國語學 研究史, 國語研究 어디까지 왔나』(서울大學校 大學院 國語研究 會編, 東亞出版社) 소수.

出處 〈國民大(1995. 2.), 『語文學論叢』 14: 27-44.〉
　　　〈논총간행위원회(1997. 9.), 『한실이상보박사 고희기념논총』(민속원): 1106-1123(再錄).〉

제목으로 발표한 내용을 수정 보완한 것이다.

국어사 관련 연구의 주제별 점검

1. 系統論

1) 대상과 범위

韓國語에 대한 系統論的 논의 내지 比較研究는 19세기 후반 이래 대체로 알타이諸語와 日本語 주변을 꾸준히 맴돌아 왔다. 그런데 韓國語와 알타이諸語의 비교는 그동안 크게 정밀화되어 왔으나, 韓國語와 日本語의 비교는 극히 단편적인 면을 제외한다면 이렇다 할 진전을 보이지 않고 있다. 그것은 본래 고립된 두 言語만의 비교가 빠져들기 쉬운 주관적 恣意性에 그 이유가 있는 것으로 지적되고 있다.

더구나 韓國語와 日本語의 비교는 그 성격상 韓國語의 系統에 대한 적극적, 직접적 탐색방법이라기보다는 소극적, 간접적 탐색방법에 지나지 않는다. 실제로 韓國語와 日本語의 비교는 지금까지 日本語의 계통탐색과정에서 하나의 유력한 가능성으로서 자주 거론된 바 있다. 말하자면 韓國語와 日本語의 비교는 韓國語系統論의 본류를 형성한다기보다는 지류에 머물 수밖에 없는 성격을 스스로 내면에 지니고 있다고 할 수 있다. 그러므로 여기서는 韓國語와 日本語만의 비교를 검토대상에서 제외하기로 한다.

韓國語의 비교연구·계통론사는 크게 두 시기로 구분해 보는 것이 편리하다. 20세기의 20년대 이전과 이후의 구분법이 그것이다. 여기서는 편의상 이 두 시기를 각기 초기적 연구와 후기적 연구로 구분해 부른다.

초기적 연구가 구체화된 것은 19세기 후반에 들어서의 일이었다. 이 시기에 韓國語의 비교대상에 오른 言語는 우랄諸語, 알타이諸語 그리고 日本語 등이었다. 그러나 이 시기의 比較研究나 韓國語系統論에서 실질적으로 유효한 성과를 찾아보기는 매우 힘들게 되어 있었다. 그것은 우선 이 시기의 알타이諸語學이나 韓國語學이 比較研究를 행할만한 언어학적 제반여건을 미처 갖추지 못한 때였기 때문이다. 더구나 韓國語의 기원에 관심을 먼저 갖기 시작한 것은 서양학자들이었는데, 그들의 관심은 대개 日本語의 기원탐색에서 비롯된 것이었으므로

韓國語가 처음부터 비교연구의 주체를 이룬 경우는 오히려 드물었다고 할 수 있다.

韓國語 계통론이 후기적 연구로 접어들게 된 것은 1920년대부터였다. 그때까지 우랄·알타이語族이라는 막연한 명칭으로 통용되던 가설이 우랄語族과 알타이語族으로 양분되면서, 알타이諸語學의 개념이 분명해졌고, Polivanov, Ramstedt에 의한 韓國語와 알타이諸語의 비교연구가 韓國語系統論에 새 바람을 불어 넣어 주었다. 이에 지금까지의 韓國語系統論史를 초기와 후기로 나누어 그 개략을 더듬어 보기로 한다.

그러나 여기에 부언해 둘 일이 있다. 그것은 系統論 그 자체가 본시 비교연구와는 불가분의 관계에 있다는 점이다. 그럼에도 불구하고 실제 論著에 따라서는 계통론이나 비교 중, 어느 한 쪽에만 주의를 기울이고 다른 한 쪽에 대해서는 소홀히 넘긴 경우도 있다. 계통론을 전개하면서도 그 이론을 뒷받침 할만한 비교가 따르지 않은 경우가 있는가 하면, 비교를 펴 놓고 나서도 그들 상호간의 계통적 관계에 대해서는 구체적인 언급 한마디 없이 넘어 간 경우도 있다는 뜻이다. 그런데 본고의 제일차적인 목표는 系統論史에 있으므로 구체적 계통해명이 없는 比較研究는 가능한 한 검토의 대상에서 제쳐 두기로 한다. 비교는 대개 語彙로 이루어지는데 지금까지의 韓國語와 알타이諸語의 語彙比較에 대해서는 李基文(1977)에 용의주도하게 비판, 정리되어 있으므로 될 수 있는 한 중복을 피하기 위해서이다.

2) 초기적 연구

韓國語가 日本語 또는 滿洲語, 蒙古語와 유사함을 논하면서, 소박하게나마 처음으로 비교를 시도한 것은 Rosny(1864)였다. 그는 韓國語와 日本語 간에는 유사한 것이 적어 두 言語 間의 親族問題에 어떤 관계를 내세우기는 어려우나, 文法形態 간에는 뚜렷한 관계가 있다고 말하고, 몇 개의 後置詞 또는 接尾辭와 動詞語尾를 비교한 후, 韓國語와 日本語는 Tartar語라는 대어족의 분파라고 본 것이다. 비교에 동원된 言語가 滿洲語, 위글語, 蒙古語, 티베트語, 土耳其語 등인 점으로 미루어 그의 Tartar語라는 대어족의 개념은 대략 우랄·알타이語族이라는 개념과 같았던 것으로 보인다.

韓國語系統論은 이 때부터 점차 우랄·알타이語族說로 기울어 갔지만, 세계의 모든 언어가 한 언어에서 분화되었다는 言語一元說에 韓國語를 포함시키려는 시도가 출현하기도 하였다. Edkins(1887)는 그 구체적인 시도였다. 日本語, 韓國語, 蒙古語, 滿洲語 상호간의 親族關係는 물론 語根의 비교로 볼 때, 이들은 中國語와도 친족관계에 있다고 본 것이다. 그의 태도는 점차 확대되어, 나중에는 韓國語의 어원을 印歐語나 미국의 인디언諸語에서까지 찾으려고 노력하였다. 韓國語에 대응되는 滿洲語, 蒙古語, 日本語가 없을 때는, 이를 北美의 인디언語에서 찾을 수 있다는 것이었지만, 그의 世界諸語一元論은 기독교적인 신념에서 출발한 것이었으므로, 言語學的인 관점과는 거리가 있는 것이었다.

서양학자들의 활발한 比較硏究는 日本學者들을 자극하게 되었다. 그 첫 번째 결실로 나타난 것이 白鳥庫吉(1897)이었다. 그는 『日本書紀』에 나타나는 韓國語의 어원을 해명하기 위하여 日本語, 韓國語, 滿洲語, 蒙古語, 土耳其語는 물론, 回鶻語, 韃靼語, 차카타이語, 야쿠트語, 키르기스語, 契丹語, 핀랜드語, 오스차크語, 사모예드語 등으로부터 유사한 어형을 최대한 동원하였다. 그러므로 그 방법은 언어학적 비교연구와는 거리가 있지만, 韓國語의 어원을 우랄·알타이諸語에 연결시켜 보려는 그의 태도만은 역력히 엿볼 수 있게 해준다. 그의 韓國語에 대한 비교연구는 그 후에도 꾸준히 계속되었는데, 白鳥庫吉(1905-6)에 이르러서는 韓國語가 우랄·알타이語係에 속한다는 태도를 정식주장으로 굳혀 놓았다. 그리하여 白鳥庫吉(1914)에서는 "우리가 현재의 지식을 가지고는 아직 日本語가 Ural-Altai語系에 속하는지 아닌지를 단언할 수 없지만, 朝鮮語가 이 어족에 들어가야 한다는 데에는 거의 또한 의심이 있을 수 없을 것 같다"면서 韓國語와 우랄·알타이諸語의 비교를 좀더 적극적으로 시도한 바 있다. 595항목으로 분류정리된 韓國語 語彙들을 퉁구스諸語, 蒙古諸語, 土耳其諸語, 사모예드諸語, 피노·우그리아諸語 및 그들의 하위방언들과 비교해 놓은 이 연구는 音韻이나 意味의 대응에 관한 세부적인 서술을 거의 보여주지 않을 뿐 아니라, 제시된 韓國語 자료 또한 近代語가 아니면 Gale의 『韓英辭典』(1897) 정도여서, 韓國語史로 볼 때 미심스러운 점을 많이 안고 있다. 그러므로 그의 연구는 유사한 어형을 수집하여 단순하게 대조시켜 놓은 결과에 그치고 있어, 엄밀한 의미의 언어학적 비교가 될 수 없는 아쉬움을 남겨 주었다.

韓國語系統論에 관계되는 초기적 比較硏究로는 이밖에도 많은 목록을 제시할 수 있으나, 그들 대부분이 단편적인 논의에 그쳤거나 검토대상에 오를만한 가치를 지니지 못한 것들이다. 다만 이 시기의 연구들이 꾸준히 보여 준 공통성이 있다면, 그것은 韓國語의 기원을 우랄·알타이諸語에서 찾으려는 태도였을 것이다. 거의 유일한 예외로서 韓國語를 인도의 드라비드 方言에 연결시켜 보려는 일련의 연구가 19세기 말에서 20세기 초에 걸쳐 Hulbert(1905)에 의하여 이루어진 바 있으나, 이에 대해서는 더 이상 다루지 않기로 한다.

3) 후기적 연구

20세기를 넘어서면서 알타이諸語에 대한 조사가 진척되고 연구가 심화됨에 따라, 그 때까지 막연하게 통용되어 온 우랄·알타이語族이란 개념은 우랄語族과 알타이語族이란 개념으로 독립되기에 이르렀다. 이에 따라 韓國語系統論도 알타이語族 쪽으로 기울게 되었고, 比較方法

또한 정밀해지기 시작하였다. 그러한 첫 번째 시도를 Polivanov(1927)에서 찾아 볼 수 있다. 이 논문은 본래 러시아語로 쓰여졌지만 英譯된 바도 있어 읽기에는 편리해졌으나, 아직 英譯本을 얻지 못했으므로 여기서는 아쉬운 대로 村山七郎의 日本語譯本으로 그 내용을 알아보기로 한다. Polivanov(1927)은 韓國語와 알타이諸語의 친족관계를 단정적으로 확신한 것이라기보다는 言語構造의 일반적 특징에 대한 상호간의 유사성을 조심스럽게 지적하는 데 그친 것이지만, 그 방법이나 내용에 있어서는 그 때까지의 어떤 比較硏究에서도 찾아 볼 수 없었던 새로운 면을 보여 주고 있다. 그는 우선 어휘비교에 거의 관심을 보이지 않는 반면, 音聲體系의 구성과 形態論的 구조에 먼저 주의를 기울이고 있다. 그에 의하면 音韻法則에 의한 語彙比較와는 독립적으로, 音韻法則을 확립하기 전에 계통론상의 어떤 결론을 내리는 데 도움이 되고, 금후의 탐구방향을 제시할 수 있는 것이 현상의 비교라는 것이다. 그리하여 그가 예시한 韓國語와 알타이諸語 간의 유사한 현상, 즉 言語構造의 일반특징이란 다음과 같다.

첫째, 알타이諸語도 韓國語도 形態論은 전적으로 接尾辭的 성격을 갖는다.

둘째, 악센트의 일정한 장소와 呼氣的 성질.

셋째, 語彙形態素의 전형적인 양적 구성이 대체로 유사하다. 그러나 韓國語는 이 점에서 진보적인 쪽—土耳其諸語 쪽—에 서 있다. 따라서 單純語幹은 매우 짧아 보통 하나의 閉鎖音節 CVC이다. 이는 蒙古語의 二音節語에 대응한다. 예를 들면 土 *taːš(石)//츄바쉬語 čol, čul//蒙 čilaɣun(오로촌語 ʒolo)//韓 tol(主格 tor-i).

넷째, 알타이語族의 모든 그룹의 특징을 이루고 있는 母音調和는 現代韓國語에 결여되어 있으나, 그 흔적으로 보이는 것이 오늘날까지 보존되어 온 과거형에 있어서의 a(ㅏ)/ʌ(ㅓ)의 交替이다.

다섯째, 音聲(母音, 子音) 체계의 구성에 있어서의 공통특징의 유사. 현재, 韓國語에는 9 또는 10 母音音素가 구별되지만 옛 母音體系는 i *e a *ʌ o ɯ u 7개의 음소로 復元되는데, 그보다 오래된 시대에 대해서는 이 7母音體系에 다시 *e(ㅓ), *ʌ(·)의 두 가지 변화를 더하지 않으면 안 된다. 이렇게 할 때 그 체계는 母音調和的 母音體系의 전형적 구성에 가까워질 것이다. 子音의 분야에서도 알타이語的 음성의 유사물이 보인다.

比較硏究 탐색방법으로서는 이상에서 지적한 것으로 충분하다고 본 그는 끝으로 語源材料에 입각한 比較音韻對應의 확립을 꾀하게 되는데 이 논문에서는 韓國語의 ㄹ을 비교대상으로 거론하고 있다. 韓國語의 l/r은 이론적으로 4가지 대응이 될 것이다.

① 土 š // 츄바쉬, 蒙, 滿 l // 韓 l/r
② 土 z // 츄바쉬, 蒙, 滿 r // 韓 l/r
③ 蒙, 滿, 土 l // 韓 l/r
④ 土 r // 蒙, 其他 r // 韓 l/r

이들 항목별로 그는 몇 개씩의 比較例를 제시하였지만, 韓國語는 거의가 현대어형이어서 그대로 받아들이기가 어려우나, 암시에 넘치는 점도 많이 포함되어 있다. 실제로 여기에 제시된 비교예가 오늘날까지 비판을 견뎌낸 것도 있다. 가령 土 *taːš(야쿠트語 taːs, 투르크멘語 daːš//北우즈베크語 taːš. 모음이 짧은 것으로는 카자프語 tas//이란語의 영향을 입은 우즈베크語 tɔš 등)//츄바쉬語 čul//蒙 čilaɣun//오로촌語 ǯolo//韓 tol(주격 tor-i)(石). 蒙 naran(太陽)//韓 nal-(nar-)(日) 등등.

韓國語의 기원을 알타이諸語에서 찾으려는 노력은 Ramstedt(1928)로 이어진다. 그는 固有韓國語의 音聲體系, 動詞接尾辭, 名詞曲用의 格, 원시적 어휘의 어원 등을 산만하나마 比較文法的으로 해석하면서, 그것들이 거의 다 알타이諸語와 유사함을 밝히고 있다. 音聲論은 기본적으로 內的再構가 주축을 이루고 있으나, 가끔 알타이諸語와도 비교를 꾀하면서, 韓國語의 母音體系가 본래는 後舌과 前舌의 대립을 갖는 7母音體系였을 것으로 추정하였고, 子音中에서는 有氣化音과 非有氣化音 두 계열이 고대의 破裂音이었다고 추정하고, 語頭에 나타나는 硬音은 두 子音 사이의 모음이 소멸된 후 동화를 입은 결과였을 것으로 보았다. 이러한 音聲論에 적극적인 비교는 나타나지 않으나, 內的再構에서 얻어진 결과는 韓國語와 알타이諸語의 비교에 매우 유용한 것들임을 알 수 있다.

그는 또한 보편적으로 쓰이는 韓國語의 動詞接尾辭를 분석기술하면서, 그때그때 알타이諸語와 비교하고 있다. 가령 현재-완료를 뜻하는 修飾形接尾辭 -l에 대해서는 퉁구스諸方言과 土耳其語, 蒙古語에 비슷한 分詞와 動名詞가 알려져 있으며, 미래-현재를 뜻하는 修飾形接尾辭 -르에 대해서는 알타이諸語에서 모두 발견된다는 것이다. 또한 動名詞形接尾辭 -ㅁ에 대해서는 비슷한 성격의 -m이 土耳其語學者와 蒙古語學者에게 잘 알려져 있으며, 조동사 '이-'와 그 派生인 '이시-'는 각기 *wi-, *wisi-(*βi-, *βisi-)로 재구되는 것인데 그 근거로 퉁구스語 bi, bisi(to be)와 日本語 iru(*wiru)(to be)를 비교하는 등 內的再構와 비교를 적절히 활용하였다.

이 논문의 끝에서 그는 원시적 사물이나 관념을 나타내는 어휘 몇 개를 알타이諸語와 비교하고 있다. arä, arē(아래)의 al=土 al-(under). *uh에서 재구되는 *ög, *üg=퉁구스語 ug-(over). agari(아가리)=土 aɣyz(입) 등등. 그는 이러한 어원탐구가 韓國語를 대동아세아어 그룹의 한 오래된 분파로 고정시켜 주겠지만, 그 그룹으로부터 蒙古語, 土耳其語는 일찍 분리된 반면 퉁구스語가 韓國語 가까이에 남아 있었다고 보았다.

Ramstedt가 韓國語의 계통에 대한 구체적인 의견을 표명한 것은 Ramstedt(1928)에 이르러서였지만, Remstedt(1924)에 이미 한 두 단어의 韓國語를 알타이諸語에 비교하고 있는 사실로 미루어 볼 때, 그는 韓國語를 배우기 전에 벌써 韓國語의 기원이 알타이諸語에 있으리라고 예견했던 것으로 보인다. 실제로 그는 Ramstedt(1939 서문)에서 자신이 韓國語를 배우게 된 동기에 대하여 韓國語의 指示代名詞 '이, 여', '뎌, 져'가 蒙古諸語와 퉁구스諸語에 분명히 대응된다는 사실을 알게 되면서부터였다고 밝히고 있기 때문이다. 이러한 그의 직관은 Ramstedt(1928)에 비로소 구체적으로 표명되었다고 볼 수 있다. 그 후의 여러 논저에서 Ramstedt는 韓國語와 알타이諸語의 비교를 꾸준히 발전시켜 나갔다. 가령 Ramstedt(1933)에는 그다지 많이 나타나지 않으나 Ramstedt(1937)에는 적지 않은 비교가 등장한다. Ramstedt(1939/1951)에 이르면, 韓國語의 계통에 대한 그의 태도는 그 윤곽이 거의 정리되었던 것으로 보인다. 그는 여기서 韓國語를 알타이語族의 일원으로 인정하고, 그 위치는 한편으로 퉁구스語에, 다른 한편으로 土耳其語에 가까우며, 蒙古語와는 대각선 관계로서 비교적 멀지만 이들 네 언어는 계통상 똑같은 지위를 갖는다고 보았다.

이밖에도 Ramstedt(1939)(1949)(1952)(1957) 등은 韓國語에 대한 Ramstedt의 주장을 대변해 주는 比較研究의 집대성으로서 중요하다. Ramstedt에 의해서 수립된 韓國語의 알타이語族說에 대해서는 비판이나 회의도 없지 않으나, 그 근본자체가 언어학적으로 완전히 부정될 수 있을 만큼 강력한 도전을 받지는 않고 있다. 그리하여 그 후의 韓國語系統論이나 比較研究는 주로 Ramstedt의 알타이語族說을 계승하면서, 이를 比較補完하거나 확대발전시키는 방향으로 전개되어 왔다. 그렇다고 하여 Ramstedt 이후의 韓國語系統論이나 比較研究가 단일한 방향으로 전개된 것만은 아니다. 세부적으로는 다양한 모습을 띠고 있었는데, 이하에 그 흐름만을 대략 훑어보기로 한다.

우선 생각할 수 있는 흐름이 오랜 전통을 지닌 우랄·알타이語族 系統說이다. 小倉進平(1934)(1935)은 그러한 태도를 반영하고 있는 대표적 논저이다. 그러나 小倉進平 이후로는 그러한 태도가 거의 사라졌다. 다음으로 생각할 수 있는 흐름은 알타이語族 系統說이다. 다만 근본은 알타이語族 系統說로 통하면서도, 그 내용이나 방법 그리고 比較對象에는 차이가 있는 경우도 많다. 먼저 Ramstedt의 알타이諸語 분화이론에 대한 수정이론이 있다. 현재의 추세로 볼 때, 韓國語는 土耳其·蒙古·滿洲·퉁구스諸語가 분화되기 이전에 共通祖語에서 독립적으로 분리되었다는 견해가 일반적이다. 이 견해는 Poppe(1960)에 나타난 것인데, Street는 그에 대한 서평(*Language* 38, 1962)에서, 알타이 共通祖語 이전 단계에 북아세아조어(Proto-North-Asiatic)를 가설적으로 설정한 후, 韓國語는 거기서 직접 분리되었다고 보았다. 그러나 韓國語의 祖語 자리에는 의문부호가 찍혀 있어 어디까지나 가설임을 알려준다. 이에 대하여

李基文(1977)은 Poppe(1960)의 윤곽을 계승하되, 韓國語부분을 보완하여, 夫餘·韓共通語를 설정한 후, 거기서 原始夫餘語-高句麗語와 原始韓語-新羅語가 분화된 것으로 보았다.

韓國語의 系統的 분화에 관한 논저는 대략 이상과 같다. 그밖에는 여러 가지 내용과 방식의 比較研究가 있다. 金芳漢(1966)은 系統·比較研究의 방법론을 제시한 것이며 金芳漢(1968)은 알타이諸語의 數詞비교를 통하여, 數詞자체의 비교보다 各言語의 數詞자체에 대한 內的再構가 더 중요한 작업이 되어야 한다고 보았다. 알타이諸語 전반과 韓國語의 比較研究로는 Poppe (1950)(1960), Haguenauer(1956), 李基文(1959)(1972)(1975), 崔鶴根(1964) 등이 있는데 Poppe (1960)은 알타이諸語의 比較音韻論을 체계화한 것이지만 韓國語는 드물게밖에 보이지 않으며 李基文(1975)는 韓國語의 動名詞形成接尾辭 -*m, -*n, -*r을 알타이諸語와 比較해 보이고 있다. 韓國語에 대한 직접적인 比較研究는 아니지만, Miller(1971)에도 韓國語가 日本語와 함께 알타이諸語에 비교되고 있다.

韓國語를 알타이諸語의 개별어와 비교한 경우도 많다. 李基文(1958), 崔鶴根(1958), 金東昭 (1972), 朴恩用(1974)는 滿洲語 또는 퉁구스語와 비교한 것이며, 김선기(1963), 林敬淳(1968)은 蒙古語, 日本語와 함께 비교하면서 韓國語와의 관계를 추구한 것이다. 그리고 姜吉云 (1975)(1979) 등은 古代韓國語의 기원을 土耳其語에서 찾고 있다.

韓國語의 語源探索 과정에서 최근에는 특이한 과제가 제기되기도 하였다. 그것은 첫째, 韓國語의 南部方言에는 알타이語系가 아닌 南方語系 어휘가 있을 것이라는 점이고 둘째, 알타이諸語로 그 어원이 해명되지 않는 韓國語 어휘 중에는 길야크語와 비교되는 것이 있을 수 있다는 점이다. 첫 번째 문제가 제기된 것은 실상 꽤 오래된 일이다. 그 한 예가 大野晋(1957) 이다. 그는 日本語의 人體語가 몇 개를 제외하고는 韓國語와 잘 대응되는데 "顔, 目, 手, 臍"를 의미하는 단어들이 南方系統과 일치한다고 말하면서, 그 이유는 南部朝鮮이나 九州에 南方係 민족이 先住했던 결과라고 추리하였다. 村山七郞(1974)에 의하면, 井泉久之助는 1952년에 이미 "西南日本으로부터 아마도 朝鮮南部에 걸쳐 南島係의 言語가 행해지고 있었던 것으로 생각된다"고 한 적도 있다고 한다. 그러나 이러한 추리를 뒷받침하기 위한 근거로서 韓國語의 어원을 南島語에서 찾아 제시한 학자는 없었다. 그런데 村山七郞(1974)에는 그러한 실례가 조심스럽게 제시되어 있다. 아직 생각이 정리되어 있지는 않다고 전제한 그는 그 冊의 후기에서 韓國語 '바고니, 짝(對), 좁-(狹), 젖(乳房, 乳液), 재(嶺), 자루-(足), 기(食事를 뜻하는 말이라고 하였는데 그렇다면 '삐' 혹은 '삐니'여야 한다), 대(竹), 비(船), 누(誰)' 등의 어원을 南島語에 비교하고 있다. 그의 말대로 이러한 比較資料가 南部韓國에서 南島係 言語로 행해졌음을 뒷받침하는 데 도움이 될 수 있을지는 아직 판단하기 어려울 것이다.

두 번째 문제는 金芳漢(1976)에서 제기된 것이다. 그는 韓國語의 非알타이語的 요소로서 생각할 수 있는 것이 漢語 이외에 古아시아語와 南方語라 말하고 Krejnovič의 "길야크-퉁구스-滿洲語 비교"(1955)라는 논문에서 길야크語와 비교된 韓國語 單語 8개, 文法接尾辭 1개를 인용검토한 후, 자신의 비교예로서 韓國語 nalu(津), namul(鉛, 高句麗語), kai(犬), korai(鯨), čip(家), əl(泉, 高句麗語)을 추가하였다. 그는 이 비교를 통하여 韓國語에 길야크語의 요소가 존재한다는 사실이 확인되지만, 길야크語가 단순히 借用語로서 존재하는지 또는 韓國語 형성에 어떤 영향을 미쳤는지에 대해서는 아직 아무런 결론을 내릴 수 없다고 하였다.

4) 결어

지금까지 韓國語의 系統·比較硏究를 정리한 셈이다. 우리는 그동안의 연구가 결코 적지 않았음에도 불구하고, 韓國語 系統論은 아직껏 Ramstedt의 개인적 성과를 멀리 떨쳐 버리지 못했음을 느낀다. 그 이유로서는 여러 가지를 생각할 수 있겠지만, 아직도 우리에게는 言語學的 比較方法이라는 초보적 단계에 문제가 남아 있음을 상기하지 않을 수 없다. 일부의 학자들을 제외하고는 比較方法과는 거리가 먼 比較硏究에 안주하는 경우가 실제로 많기 때문이다. 韓國語 系統論이 앞으로 전진을 위해서는 言語事實 자체에 대한 比較硏究, 比較方法에 충실한 比較硏究만이라도 하루 속히 확립되어야 할 것이다.

出處〈原題=國語國文學硏究史: 系統, 閔丙秀·李秉根[외10인](宇石, 1985. 9.): 11-26.〉

2. 전통·구조 음운론

傳統音韻論과 構造音韻論의 차이라면 단적으로 音素의 개념, 對立이나 體系 또는 構造의 개념, 共時性과 通時性의 개념 등에 대한 객관적 인식 여부에 달려 있다고 할 수 있다. 이러한 의미에서 개화기 이후 1945년까지를 전통음운론 시대, 그 이후 현재까지를 구조음운론 시대라고 일단 구분해 볼 수 있다. 앞으로의 논의는 이 구분 밑에서 이루어질 것이다.

그러나 이것은 어디까지나 연구사 기술의 편의에 따른 구분일 뿐, 실제의 연구업적 하나하나가 그러한 시대적 기준에 맞아 떨어지는 것은 아니다. 오늘날에도 전통적 방법에 따른 연구가 없지 않기 때문이다. 특히 1960년대 이후 生成音韻論이 대두되면서부터는 여러 가지 이론이나 방법이 혼합적으로 동원되는 경우가 제법 생겨났다. 따라서 위와 같은 구분은 어디까지나 자의적인 것이다.

앞으로 펼쳐질 논의의 대상은 주로 音聲층위보다는 音韻층위에서 이루어진 분석이나 기술이 될 것이다. 특히 1945년 이전의 전통음운론에는 개별음성에 대한 조음적 관찰이나 그 음가, 단일형태소 내부에서 일어나는 異音化현상 등이 흔히 다루어지고 있지만, 이러한 음성 층위의 관찰이나 분석은 논의의 대상에서 제외될 것이다. 자연히 논의의 초점은 현대국어의 合成語나 派生語 형성과 같은 형태소 결합시의 形態규칙, 曲用이나 活用시의 音韻현상 등에 대한 공시적 기술에 주로 맞추어질 것이다.

1) 개화기 – 1945년

현대국어의 음운에 대한 초창기적 관심은 開化期 이후 외국인 선교사들에 의한 계몽적 국어학습겸용 文法書에서 비롯되었다. 그 흐름은 곧 내국인에게도 파급되어 20세기의 10년 대 전후부터는 국내에서도 문법서가 간행되기 시작하였고, 그 서두에는 흔히 국어음운에 대한 소박한 관찰이 산발적으로 나타났다. 그러나 이 무렵까지의 관찰은 한결같이 個別音聲에 대한 지극히 단편적인 언급에 머물렀을 뿐 아니라, 그나마 문자와 음성의 차이, 공시적 현상과 통시적 현상의 구별에 대한 인식마저 불투명한 경우가 보통이었다.

산만한 대로 형태소 결합시의 音韻交替현상에 대한 어느 정도의 공시적 기술이 시작된 것은 周時經(1914)부터였다. 그 주요내용은 '홋소리와닷소리의거듭하는일'과 '홀소리와닷소리의잇는일' 그리고 '말의익음소리'1)로 이루어져 있는데, 두 번째 항목부터는 교체현상에 대한 기술이 나타난다. 그 방식은 하나하나의 음소가 환경에 따라 어떻게 실현되는지를 밝힌 것이다. 가령 '삼개→상개, 손가락→송가락'2)처럼 ㅁ이나 ㄴ이 ㄱ위에서 다같이 ㅇ으로 바뀐다는 식이다. 더러는 'ㅅㄷㅈㅊㅌ가 ㄴㄹㅁㅇ의우에서는 ㄴ로박구이나니라'처럼 기술되어 있어, 현대음운론의 自然部類(natural class)와 같은 개념이 어느 정도 이용되기도 하였다. 한편 '말의익음소리'에는 子音同化 현상, 脫落현상, 縮約현상, 용언의 變則활용, 어말자음의 中和현상과 같은 다양한 교체현상이 나타나지만, 頭音법칙이나 어두음 ㄷ의 口蓋音化 현상과 같은 통시적 변화도 섞여 있다.

주시경의 음운론은 일찍부터 문법연구의 일부로서 단편적으로 그 윤곽이 잡혀오다가,3) 여기에 이르러 독립된 모습으로 발전된 것이다. 다만 그의 음운론에는 문자와 음성, 隨意的 異音규칙과 음운규칙, 공시적 현상과 통시적 현상, 중앙어와 지역어에 대한 구분이 명확하게

---

1) 세로쓰기로 되어 있는 필사본 원문에는 띄어쓰기가 나타나지 않는 대신 독특한 방식의 구두점이 베풀어져 있으나 이 글에서 원문을 인용할 때에는 구두점을 생략하기로 한다.
2) 여기에 나타나는 →표는 원문에 나타나는 방식이 아니지만 이 글에서는 편의상 교체나 변화를 이렇게 표시해 둔다.
3) 그의 「대한국어문법」(1906), 「國語文典音學」(1908), 「國文硏究」(1909), 「國語文法」(1910), 「朝鮮語文法」(1911, 재간:1913) 등의 서두에는 주시경(1914)와 비슷하거나 같은 내용이 산발적으로 나타난다.

나타나 있지 않을 뿐 아니라,4) 체계적 기술방식이 반영되지도 않았다. 그러나 문자론과 통시론이 상당히 배제되어 있다는 점만으로도 周時經(1914)는 국어음운론의 선구적 업적으로 평가된다. 또한 그의 기술방법에는 이렇다 할 서양이론이 반영되어 있지 않아 독자성이 강한 것으로 평가된다. 그의 가르침은 후일 金枓奉(1916, 1924), 최현배(1929, 1937) 등에 직접 또는 간접으로 적지 않은 영향을 끼쳤다.

小倉進平(1923)은 그 제목에 나타나 있는 바대로 국어와 일본어에 대한 음성학개설이다. 그 대부분은 調音音聲學的 기술로 이루어져 있으나, 제3편 '음의 결합'의 마지막 항목인 제5장 '음의 동화'에는 국어에 나타나는 동화현상이 얼마쯤 정리되어 있다. 그 내용은 '모음의 동화, 자음의 동화, 동화의 종류'로 이루어져 있는데, 동화의 종류는 다시 '順行동화, 逆行동화, 相互동화, 全部동화(完全동화), 一部동화'로 구분되어 있다. 동화현상에 대한 이러한 구분방식이나 개념은 서구이론에 의한 것으로 이해될 수 있다. 전체적으로는 공시적 기술로 이루어져 있으나, 모음조화 논의에 아래 · 가 포함되어 있을 뿐 아니라, 어두음 ㄷ, ㅌ의 구개음화가 다루어지는 등 통시론적 현상이 완전히 배제된 것은 아니었다. 또한 형태소 결합시에 나타나는 자음동화현상이 상당히 분석적으로 기술되어 있으나, 그 실례의 거의 대부분이 한자어로 되어 있어 흠이라면 흠이 될 수 있다.

순수한 의미의 공시적 기술은 아니지만 나름대로 체계가 잡힌 업적으로는 최현배(1929)가 있다. 서문에 나타나 있는 바와 같이 이 업적은 다분히 주시경의 가르침을 좀더 체계적으로 심화시킨 것이다.5) 그러나 실제로는 그 내용의 대부분이 조음음성학적 기술로 채워져 있어 전체적으로 볼 때 음운론적 기술은 그 비중이 비교적 약한 편이다. 음운현상에 대한 분석은 셋재가름 '이은소리(連音)'의 다섯재조각인 '소리의 닮아짐(음의 변화)'과 여섯재조각인 '익음소리(習慣音)'에 집중적으로 나타난다. '소리의 닮아짐'은 다시 '소리의 닮음(음의 동화), 소리의 줄임(음의 축약), 그리고 닿소리의들어나는힘(자음의 발음력)'으로 구분되어 있다.

'소리의닮음'에는 모음동화로서의 '홀소리고룸(모음조화)' 이외에 자음동화로서의 '닿소리의이어바꿈(자음의 連變)'과 같은 공시적 기술도 나타나지만,6) 여기에는 동시에 '샤 쟈 챠'의 단모음화, '입웅소리되기' 곧 어두음 ㄷㅌ의 구개음화와 같은 통시적 변화까지 포함되어 있다. 이러한 태도는 주시경(1914)와 거의 다를 바가 없다. 다만 '닿소리의이어바꿈'에는 ㄴㄹㅁㅇ

---

4) 가령 문자와 음성의 구별이 명확하지 못한 근거로는 ㅐ와 ㅔ를 각기 ㅏ와 ㅣ, ㅓ와 ㅣ로 분석하고 있는 태도를 들 수 있다. 그 기준에 따라 그는 ㅐ와 ㅔ를 ㅑ ㅕ ㅛ ㅠ 등과 함께 '거듭홀소리'에 포함시키고 있다. 하기야 그는 · (아래 ·)까지도 '거듭홀소리'로 해석한 바 있다.

5) 그러한 경향은 조음음성학적 기술쪽보다는 음운현상에 대한 기술쪽에서 더욱 두드러지게 나타난다.

6) 모음조화를 공시적 음운현상이라고 보기는 어려우나 최현배(1929)는 공시적 측면의 기술만을 시도하고 있다.

위에서 ㄱㅋ이 ㅇ으로, ㅂㅍ이 ㅁ으로, ㄷㅅㅈㅊㅌ이 ㄴ으로 동화되는 현상 즉, 비강자음화를 위시한 9가지 동화현상이 일목요연한 '보기틀(一覽表)'로 정리되어 있어 주시경(1914)의 산만한 기술을 극복하고 있다.

'소리의줄임'에는 '뜨어돌고 → 떠돌고, 오았다 → 왔다, 그러할 리가 → 그럴 리가'와 같은 활용상의 탈락이나 축약현상이 다루어져 있으나, 용언의 변칙활용에 대한 기술은 포함되어 있지 않다. '닿소리의들어나는힘'에는 ㄷㅅㅈㅌㅊ과 ㄱㅋ 및 ㅂㅍ이 각기 음절말위치에서 중화되는 현상이 기술되어 있다. 이 부분의 기술은 특히 주시경(1914)의 '닷소리에첫과긋이다름'과 거의 비슷함을 보여준다.

'익음소리'란 주시경(1914)의 '말의익음소리'와 같은 개념으로, 형태소 내부 또는 그 결합시에 나타나는 갖가지 개별적 변이를 지칭한 것이다. 여기에는 '밭~폴, 힘~심'과 같은 방언적 변이, '먼저~몬저, 울지~우지'와 같은 통시적, 수의적 변이, '수개 → 수캐, 암닭 → 암탉, 조밥 → 조팝'과 같은 통시적 변이7)가 포함되어 있다.

전체적으로 볼 때 최현배(1929)에는 통시적 현상에 대한 배려가 오히려 심화되어 있을 뿐아니라, '훈민정음, 없어진 소리'와 같은 음운사적 내용까지 포함되어 있어, 어느 정도 체계적으로 정비된 내용임에도 불구하고 본질적으로는 그 업적이 주시경(1914)를 크게 넘어섰다고 보기가 어려울 것이다.

음운론적 기술에 음소의 개념이 인식되기 시작한 것은 1930년대에 들어서면서부터였다. 그 일단으로 朴勝彬(1931, 1935)에는 독자적이나마 음소의 개념에 가까운 표준음의 존재가 역설된 바 있으나, 그 자신이 이를 형태음소론적 기술로 체계화하지는 못하고 말았다.

최현배(1937)에 이르러서는 사정이 사뭇 달라졌다. 그 첫째매인 '소리갈(음성학)'은 전체적인 체계도 체계려니와, 통시적 현상이나 음운사적 사실을 적극적으로 배제하고 있다는 점에서 최현배(1929)와는 상당한 차이를 드러내기에 이른 것이다. 그 때문에 최현배(1937)은 전체적으로는 문법론임에도 불구하고, 그 일부인 '소리갈'은 전통음운론적 기술로서도 한동안 독보적 위치를 지켜왔다. 특히 그 공적은 용언의 변칙활용에 대한 체계화에 있다고 할 수 있다. 그 둘째매인 '씨갈(詞論)'에는 '벗어난 움직씨(변격동사)'와 '벗어난 어떻씨(변격형용사)'가 각기 10 가지와 8가지의 유형으로 기술되어 있다.8) 이러한 변칙용언의 체계적 기술은 후일 국어문법

---

7) 이 경우의 →표만은 원문 그대로를 따른 것이다. 이 표시가 정확히 무엇을 뜻하는지 분명하지 않으나, 최현배는 이때의 ㅋㅌㅍ을 각기 ㄱㄷㅂ에 ㅎ을 더한 것으로 풀이하고 있어 공시적 변이로 파악한 듯하다. 일찍이 주시경(1914)도 똑같은 실례를 통하여 첫소리 ㄱㄷㅂ이 더러 ㅋㅌㅍ으로 바뀐다고 기술한 바 있는데, 최현배는 이때의 유기음을 다시 한번 분석한 것이다. 어느쪽이나 '수개'와 '수캐'의 관계를 공시적 현상으로 파악한 듯하다.

8) '벗어난움직씨'는 ㄹ변격, ㅅ변격, 으변격, ㄷ변격, ㅂ변격, 여변격, 러변격, 거라변격, 너라변격, 르변격의 10가지로, '벗어난 어떻씨'는 ㄹ변격, ㅅ변격, ㅎ변격, 으변격, ㅂ변격, 여변격, 러변격, 르변격의 8가지로

기술에는 물론이려니와 형태음운론적 기술에도 적지 않은 영향을 끼친 바 있다.

모음 ㅣ의 역행동화를 다룬 鄭寅承(1937)에는 음운현상의 제약에 대한 소박한 기술이 나타난다. 그는 ㅣ모음 역행동화를 조건에 따라 3가지 부류로 구분하였다. 첫째는 '파이다(被掘) → 패이다 → 패다'처럼 피동화음과 동화음 사이에 아무런 자음도 개입되어 있지 않은 경우, 둘째는 '아기 → 애기, 엉덩이 → 엉뎅이, 어미 → 에미, 아비 → 애비, 덮이다 → 뎊이다'처럼 피동화음과 동화음 사이에 비설단자음 ㄱㅋㅇㅎㅁㅂㅍ이 개입되어 있는 경우, 셋째는 피동화음과 동화음 사이에 설단자음 ㅅㅈㅊㄴㄷㅌㄹ이 개입되어 있는 경우가 된다. 이중 세 번째 부류에서는 원칙적으로 ㅣ모음 역행동화가 일어나지 않는다. '모시다 → 뫼시다, 가지고가다 → 개지고가다, 다니다 → 대니다, 마디 → 매디, 다리(脚) → 대리'처럼 역행동화가 일어나는 경우도 없지 않으나, 그 수가 적을 뿐 아니라 지역적으로도 극히 좁은 범위에 국한되어 있는 반면, '가시, 가지, 까치, 언니, 어디, 버티다, 우리(我等)'처럼 대부분의 경우에는 역행동화가 일어나지 않기 때문이다. 그는 결국 설단음 부류에 대하여 ㅣ모음 역행동화를 방지하는 자음으로 해석한 것이다. 비록 완전한 것은 아니었다 할지라도 음운현상에 나타나는 제약의 인식 그 자체는 의의깊은 일이었다고 할 수 있다.

음운론적 기술과는 얼마쯤 거리가 있으나, 이 무렵에는 또한 實驗音聲學을 기반으로 하여 일부 음운현상의 원인을 해명하려 한 독특한 업적이 있는데 李克魯(1947)이 바로 그것이다.[9] 여기에는 비강음화, 음운탈락 등에 대한 원인해명이 나타난다. 음운현상에 대한 이러한 접근은 어떤 현상의 자연성(naturalness)을 이해할 수 있다는 점에 그 가치가 있을 수 있다.

2) 1945 – 현재

해방과 더불어 국어음운론 연구도 새로운 전기를 맞았다. 그러한 기운을 타고 일찍이 나타난 것이 金亨奎(1946)이었다. 공시적 기술이라고는 볼 수 없으나, 거기에는 자음동화에 대한 분류 및 동화작용의 원인이 제시되어 있다.

한국전쟁(1950)의 발발로 국내학계가 잠시 위축되어 있는 동안 李崇寧(1954)와 같은 경우는 음운론 연구에도 좋은 안내서가 될 수 있었다. 비록 개설서라고는 할지라도 그 제 3편 '국어의 발음'에는 각종의 음운현상이 정리되어 있어 음운론에 대한 새로운 인식을 불러일으킬 만하였다.

그러는 동안 외국에서는 미국식 記述言語學(descriptive linguistics)의 방법에 입각한 국어음소

구분되었다.

9) 이 저서가 간행된 것은 1947년이지만 연구가 실질적으로 이루어진 것은 해방 훨씬 이전부터였다. 이 책의 '머리말'로 그 사정을 알 수 있다. 이 때문에 이 업적을 해방 이전에 포함시켜 두기로 한다.

분석이 공표된 바 있는데, Martin(1951)이나 Umeda(1957)는 그 두드러진 공시적 기술에 속한다. 여기서 한걸음 더 나아가 Martin(1954)는 형태음소론적 방법으로 국어의 변칙용언을 기술하여 교체(alternation)라는 개념을 확립시켰다. 이러한 자극은 곧 국내학계에도 파급되었다. 이른바 構造主義 音韻論이었다.

구조주의 음운론의 1차적 관심은 음소분석과 그 체계구축이었다. 이러한 방법을 한발 앞서 도입하여 국어의 음소분석에 이용한 경우가 許雄(1957)이었으나, 거기에는 독자성 또한 강하게 내포되어 있었다. 음소분석은 그 기준을 어디까지나 음성현실에 두어야 한다는 견해가 바로 그것이었다. 허웅(1958)에도 똑같은 독자성이 반영되어 있다.10) 따라서 이때까지는 아직 구조주의적 방법론의 도입이 초보적 단계에 머물렀다고 볼 수 있다.

본격적이고도 정통적인 미국식 방법론에 입각한 음소분석이 실제로 공표되기 시작한 것은 1960년대에 들어서면서부터였다. 그 대표적인 결과가 김석득(1960), 金敏洙(1962) 등에 의한 음소분석 시도였고, 또 다른 결과가 이강로(1961), 김석득(1962) 등에 의한 형태음운론적 분석 시도였다.

이때부터 한동안은 미국식 구조주의 방법론에 의한 공시적 기술이 널리 떠돌았으며 F. de Saussure나 프라그학파의 구조주의도 거기에 뒤늦게나마 합세하였다. 그 대표적인 업적으로서 허웅(1958)의 대폭적 개정판인 허웅(1965)을 들 수 있는데, 여기에는 특히 프라그학파의 음소분석 원리인 對立, 中和와 原音素, 相關과 相關束, 機能負擔量 등등이 모두 나타나고 있다.

이 저서는 사실상 구조주의에 입각한 음운론적 기술로서의 마지막 단계를 장식했다고 볼 수 있다. 그 내용 전체가 공시적 기술로 이루어져 있는 것은 물론 아니다. 허웅(1958)이 그랬듯이 이 저서의 후반에는 통시적 기술과 음운사가 포함되어 있지만 여기에도 구조주의적 방법론이 현저하게 가미되어 있다. 이 저서의 전반부는 공시적 기술로 이루어져 있다.

우선 Ⅰ '말소리의 일반적 성격'은 조음음성학에 대한 기본적 서술로 시작되는데, 그에 잇대어 음소의 정의를 내세우고 있다. 여기에는 B. de Courtnay, N. van Wijk, E. Sapir, 아리사카(有坂秀世), D. Jones, N. S. Trubetzkoy, J. Vachek, W. F. Twadell, L. Bloomfield, A. Martinet 등에 이르기까지의 음소에 대한 정의와 함께 그 하나하나에 대한 비판까지 나타난다. 이러한 사실은 이 저서의 이론적 배경이 정통적 구조주의 음운론에 있었음을 단적으로 알려준다. 실제로 그 다음 부분인 음소체계에 대한 기술과, 다시 그 뒤에 나타나는 Ⅱ '현대국어의 음운학'은 공시적 분석으로서 아무런 손색도 없을 만큼 면밀하게 기술되어 있다. 다만

---

10) 이 저서에는 공시적 기술과 음운사가 함께 들어 있다. 따라서 이 저서는 순수한 의미의 공시적 기술이 아니다. 그러나 이 저서에는 음운론적 기술에 대한 저자의 태도가 잘 나타나 있다.

그 마지막 항목은 음소의 변이를11) 다룬 것인데 이 부분에만은 전통음운론적 기술과 형태음운론적 기술이 함께 반영되어 있다. 가령 음소의 변이에 속하는 귀착, 동화, 축약, 생략(탈락), 첨가, 이화(異化) 등에 대한 기술에는 전통적 기술태도가 반영되어 있으며, 용언의 변칙활용에 대한 기술에는 형태음소론적 기술태도가 많이 반영되어 있다. 사실 허웅(1965)은 국어의 음소와 그 체계, 나아가 형태음소에 대한 공시적 기술의 결정판이라는 점에 그 의의가 적지 않으나, 그 범위가 주로 합성어나 파생어에 나타나는 음운현상을 기술하는 데 그쳐, 용언의 변칙활용과 같은 형태음소론적 기술에까지는 이르지 못하고 말았다. 이 점이 허웅(1965)의 한계라면 한계일 수 있다. 그러나 이 저서에는 저자의 독자적 태도도 짙게 반영되어 있다. 서구의 이론이라면 맹목적으로 추종하기 일쑤인 세태를 감안할 때 저자의 그와 같은 비판적 태도는 음미해 둘 만한 가치가 충분하다.

구조주의의 흐름은 오래가지 못하였다. 1960년대 후반부터 이미 확산되기 시작한 생성음운론의 영향 때문이었다. 생성음운론의 확산은 전통적 음운론이나 구조주의 음운론에 커다란 파문을 안겨 주었다. 그리하여 1970년대에 들어서면서부터는 그러한 파문이 현실로 떠올랐다. 순수한 의미의 전통적 기술태도나 구조주의적 기술태도는 표면에서 그 자취를 거의 감추게 되었다. 반면에 순수하게 생성음운론적 기술을 따르지 않는 한 여러 가지 이론적 배경이 적절하게 조화된 음운론적 기술이 일반화하였다. 이러한 흐름 속에서 국어음운론은 재래의 음소분석이나 음소체계구축보다는 자연어(natural language)에 나타나는 力動的 음운현상의 기술에 그 관심이 기울어졌다. 음운론과 형태론, 나아가서는 통사론과 같은 구분이나, 공시론과 통시론의 구분도 사실상 허물어졌다. 또한 어떤 음운현상에 대한 표면적이며 기계적인 기술보다는 내면적이며 유기적인 '解釋'이 더욱 중시되기에 이르렀다. 여기서는 이러한 흐름 속에서 이루어진 그동안의 음운론적 연구에 대하여 선별적으로만 간략히 짚어두기로 한다.12)

우선 구조주의의 방법론을 이어받아 현대국어의 모음체계를 기술한 李炫馥(1971)에는 서울말의 새로운 정의와 그에 대한 모음체계의 수립이 포함되어 있다. 30+의 모음체계 곧 30대 이상인 사람들의 모음체계와 30-의 모음체계 곧 30대 이하인 사람들의 모음체계가 다르게 수립되어 있는데, 30+의 모음체계는 '閉, 半閉, 半開, 開'의 4서열 30-의 모음체계는 '高,

---

11) 그는 변이라는 술어 대신 '변동'이라는 술어를 쓰고 있다. 공시적 교체나 변이를 뜻하는 말이다. 그대신 통시적 교체나 변이에 대해서는 '변화'라는 술어를 쓰고 있다.

12) 순수한 의미의 구조주의적 기술은 거의 없으므로 여기서는 뚜렷하게 생성음운론적 방법을 표면에 드러내지 않았거나 드러내고 있더라도 독자적 태도가 뚜렷한 업적들을 논의의 대상으로 삼는다. 또한 철저한 의미의 공시적 기술도 흔하지 않으므로 통시적 기술이 약간 혼합되어 있더라도 그 자료가 현대국어를 다루고 있는 경우 그 또한 논의의 대상으로 삼는다.

中, 低'의 3서열 체계로 분석되어 있어 특징적이다. 같은 음소체계 수립시도라도 김차균(1974, 1986)은 그 이론적 배경이나 방법이 그 자신의 특유한 독자성으로 이루어져 있다.

그러나 음소체계 수립에 대한 관심보다는 갖가지 음운현상에 대한 관심이 점차 뚜렷해졌다. 그리하여 음운현상에 나타나는 형태론적, 통사론적 제약에 관심을 나타낸 결과가 金完鎭(1970, 1972), 李秉根(1975, 1976, 1979, 1981) 등으로 나타났다. 이들은 음운현상에 나타나는 제약을 정밀하게 분석하여, 그 또한 하나의 엄연한 규칙임을 밝히는 데 공헌하였을 뿐 아니라, 음운론과 형태론 내지 통사론이 서로 밀접하게 관련되어 있음을 보여주었다.

자음동화에 나타나는 제약과 그 방향에 대하여 논의한 이병근(1977)은 기본적으로 생성음운론적 방법에 입각한 것이었으나, 그 내면에는 독자적 태도가 포함되어 있어 주목된다. 이밖에도 변칙용언에 대한 새로운 해석으로 김차균(1971), 최명옥(1988) 등을 들 수 있으며, 파생어 형성에 나타나는 음운현상에 대한 논의에 이병근(1976), 宋喆儀(1977) 등이 있다. 또한 사이소리에 의한 경음화를 논의의 대상에 올린 김계곤(1972), 李康勳(1976, 1982, 1984), 임홍빈(1981) 등과 같은 업적도 주목되는 것들이다.

하여튼 1970년대 이후부터는 구조주의에 입각한 공시적 기술을 찾아보기가 어렵게 되었다. 허웅(1965)의 개정판인 허웅(1985)에는 그 윤곽이 어느 정도 보존되어 있으나, 그나마 음소 변이의 기술에 규칙체계를 새로 도입하고 있다. 이러한 흐름은 음운론적 기술을 더욱 정밀하게 만들었을 뿐 아니라, 객관적 해석을 더욱 필요하게 만들었다는 긍정적 측면도 가지고 있으나, 까딱하면 독자적 이론의 부재나 잡다한 이론의 혼란에 빠질 수 있다는 부정적인 측면도 함께 지니고 있다. 앞으로는 다양한 이론도 중요하지만 언젠가는 국어 음운론을 통한 독자성과 일반성이 다같이 모색되어야 할 것이다.

出處 〈原題＝音韻論: 傳統構造音韻論, 高永根외(一潮閣, 1992. 6.), 『國語學研究百年史[Ⅰ]』: 40-49.〉

3. 漢字音

1) 삼국시대의 고유명사나 향찰과 같은 고대국어자료, 『鷄林類事』나 『朝鮮館譯語』와 같은 훈민정음 창제 이전의 중세국어자료는 그 모두가 한자표기로 이루어져 있다. 訓民正音 창제도 기본적으로는 中國韻學을 기반으로 삼고 있다. 한편 일찍이 국어에 수용된 바 있는 한자음은 오랜 세월을 거치는 동안 필연적으로 적지 않은 변화를 겪게 되었다. 국어사 자료의 이러한 역사적 배경 때문에 한자음에 대한 연구는 그동안 여러 가지 측면에서 꾸준히 지속되어

왔다.

한자음에 대한 관심이 싹튼 것은 개화기 얼마 후부터였으나, 그 대부분은 고문헌에 나타나는 고유명사를 역사지리학적 방법으로 해석하는 데 머물렀다. 따라서 몇몇 성과를 제외하고는 언어학적 방법에 입각한 한자음 연구가 제 가닥을 잡기 시작한 것은 광복 후, 그것도 1960년대에 접어들면서부터였다. 여기서는 주로 60년대 이후의 한자음 연구를 대상으로 그 대체적인 흐름을 살피기로 한다.

2) 한자음 연구는 무엇보다도 고대국어를 대상으로 이루어졌다. 兪昌均(1960a, 1960b, 1961)에서는 고대지명 한자음에 대한 분석을 통하여 고대국어의 모음체계, 자음체계가 논의되었고, 朴炳采(1971c)에서는 다시 음운체계 전반에 대한 재구가 시도되었다.

고대국어의 음운체계에 대한 정밀하고도 종합적인 재구시도에는 朴炳采(1971e)가 있다. 이 저서는 고대국어의 음운체계 수립에 『訓蒙字會』의 전통적 현실한자음과 함께 중국운학의 성과를 폭넓게 이용하고 있다. 여기에 대해서는 뒤에 다시 논의할 것이다.

한편, 兪昌均(1975a, 1975b, 1976, 1980b, 1981)에서는 삼국시대의 音借字와 訓借字에 대한 분석이 시도되었고, 橋本萬太郎(1973b), 兪昌均·橋本萬太郎(1973)에서는 향찰용한자에 나타나는 중국의 上古音性이 지적되었다. 그리고 兪昌均(1980c, 1983)에는 고대국어한자음에 대한 자신의 여러 가지 논의가 저서로 모아져 있다.

朴炳采(1987b)는 한국한자음과 중국한자음에 다시 월남한자음을 비교한 것인데, 이를 확대 종합한 것이 朴炳采(1990)이다. 고대국어 한자음 연구에서 빼놓기 어려운 관심사 중의 하나가 전통적 현실한자음의 모태론이었다. 이 과제에 대해서는 일찍이 칼그렌(B.Karlgren), 마스뻬로(H.Maspero)의 단편적 지적이 있었으나, 有坂秀世(1936)에서는 宋代開封音說, 河野六郎(1964-67)에서는 唐代長安音說, 朴炳采(1971b, 1971d, 1987a)에서는 隋·唐 초의 切韻音계설이 각기 좀더 구체적으로 제시되었다. 어느 경우나 국어한자음의 모태가 중국의 중고음에 있었음을 알려주는 결과라고 할 수 있다.

그러나 국어에 한자가 수용되기 시작한 것은 적어도 중국의 중고음 시대보다는 훨씬 이전이었을 것으로 추정되고 있다. 그렇다면 국어한자음의 어느 부분에는 중국의 상고음이 반영되어 있음직하다. 마침 1950년대에 접어들면서부터는 칼그렌(B.Karlgren)에 의한 상고음 재구 시도가 구체적으로 나타나기 시작하였고, 여러 학자들의 연구가 그 뒤를 이었다. 이에 따라 국어한자음을 중국의 상고음으로 해석해 보려는 시도도 조금씩 모습을 드러내기 시작하였다. 金完鎭(1970), 兪昌均·橋本萬太郎((1973)은 각기 차용어와 향찰표기를 통하여 그러한 상고음성을 찾아본 것이다. 특히 兪昌均(1980a)는 고구려한자음의 기층이 漢代音, 兪昌均(1981)은 백제한자음의 기층이 魏晉대 이전에 있다고 본 것이다. 또한 姜信沆(1987b)에서도 국어한자음과 중국상고음의 대응관계가 논의된 바 있다.

3) 한자음 연구의 또다른 성과는 『鷄林類事』, 『朝鮮館譯語』와 같은 중국측 자료의 해독과정을 통하여 이루어지기도 하였다.

『鷄林類事』의 한자음에 대해서는 文璇奎(1961), 金喆憲(1961), 李基文(1968a)와 같은 기초적 검토가 있으며, 종합적 저서로는 陳泰夏(1974)가 있다. 그후 姜信沆(1975a, 1975b, 1977, 1978a)에서는 중국한자음에 대한 적극적 검토가 행해졌으며, 그 결과를 종합한 것이 姜信沆(1980a)와 같은 저서로 나타났다.

또한 『朝鮮館譯語』의 한자음에 대해서는 文璇奎(1962a, 1962b), 李基文(1968b)와 같은 기초적 작업에 이어 文璇奎(1972)와 같은 저서가 있으며, 姜信沆(1971, 1972a)에 이은 姜信沆(1974a)와 같은 저서도 있다.

4) 『東國正韻』과 『洪武正韻譯訓』은 훈민정음 창제와 밀접한 관계를 가진 운서였다. 그 때문에 이들 운서에 대해서는 많은 연구가 행해졌다.

『東國正韻』의 초성에 대한 논의로는 金喆憲(1958), 중성에 대한 논의로는 金喆憲(1959)가 발표되면서, 李東林(1964, 1965, 1968), 兪昌均(1965a, 1966a, 1967b)와 같은 일련의 적극적인 연구가 뒤를 이어 나타났다. 60년대 당시에는 『東國正韻』이 卷一과 卷六밖에 알려져 있지 않았다. 따라서 결권인 나머지 四卷에 대한 복원이 당시로서는 최대의 관심사였다. 결권에 대한 복원은 두 사람에 의하여 거의 동시에 이루어졌다. 兪昌均(1967a, 1969a) 두 책과 李東林(1970) 두 책이 바로 그것이다. 이들은 각기 복원편과 연구편으로 이루어져 있으며, 그동안 자신들의 연구를 체계적으로 종합한 것이다.

『東國正韻』식 성조와 한자음을 문헌에서 조사하여 정리한 성과로는 南廣祐(1964, 1966a)가 있다. 『東國正韻』식 한자음에 관한 논의로는 그밖에도 김선기(1972a), 鄭寅承·成元慶(1973), 權在善(1985) 등 적지 않게 나타난 바 있다.

『洪武正韻譯訓』의 한자음에 대해서는 李崇寧(1959a, b)가 나타난 이후, 鄭然粲(1972)와 같은 저서도 나타났으며, 다시 朴炳采(1974, 1975, 1982, 1983a)와 같은 다각적 검토를 거쳐 朴炳采(1983b)와 같은 저서로 종합되면서, 결본에 대한 복원이 시도되기도 하였다. 부분적인 문제논의로는 姜信沆(1985), 朴成勳(1987)과 같은 성과가 있으며, 金完鎭(1966)에서는 『續添洪武正韻』이라는 새로운 자료가 소개 검토되기도 하였다.

『東國正韻』이나 『洪武正韻譯訓』은 어느 것이나 국어의 전통적 현실한자음과 거리가 멀다.

따라서 이들 두 운서의 한자음에 대한 연구는 국어한자음 연구와 직접적인 관련이 없다고 볼 수 있다.

5) 한자음 연구의 핵심적인 대상은 아무래도 15세기말엽 이후의 국어문헌에 풍부하게 남아있는 전통적 현실한자음일 수밖에 없다. 실제로 그동안의 한자음 연구는 15세기말엽 이후의 현실적 한자음을 통하여 많은 성과를 거두어 왔다.

그 대표적인 성과로는 河野六郎(1964-67), 南廣祐(1969), 朴炳采(1971e), 南廣祐(1984)(II) 등을 꼽을 수 있다. 河野六郎(1964-67)은 국어문헌에 나타나는 현실한자음을 唐代 長安음자료인 慧琳의 『一切經音義』 반절로 체계화하여 국어한자음의 성격을 분석한 노작이다. 河野는 이 노작을 통하여 국어의 전통적 현실한자음이 唐代의 장안음에 거의 일치하는 것으로 보았다. 이에 대하여 朴炳采(1971e)는 河野와 같은 방법으로 현실한자음을 분석해 본 결과 그 기층은 오히려 수·당 초의 절운음계에 거의 일치하고 있으며, 그보다 더 古層도 곳곳에 깔려있다고 보았다. 한편 南廣祐(1969)는 壬辰亂 전의 현실한자음을 철저하게 조사 분석한 것이며, 南廣祐(1984)(II)는 그동안의 성과를 정리한 저서이다.

이밖에 15세기 이후의 현실한자음에 대한 논의도 여러 가지가 있다. 文璇奎(1969a)에서는 조선시대의 한자음 변화가 논의되었으며, 安秉禧(1971)이나 姜信沆(1976)은 15세기의 현실한자음에 대하여 논의한 것이다. 李勳鍾·成元慶(1975)에는 한자훈음의 변천이 다루어져 있으며, 朴炳采(1978)에서는 16·7세기의 한자음이 논의되었다. 15세기의 현실한자음에 대한 논의는 80년대에 들어와서도 꾸준히 나타났다. 李潤東(1985, 1987a, 1987b)와 같은 일련의 연구에, 李潤東(1988)과 같은 저서도 그러한 성과에 속한다.

현실한자음에 대한 관심은 현대한자음에까지 확대되기 이르렀다. 그리하여 兪昌均(1968a)는 현대국어의 한자음을 정음과 속음으로 구분하여 그 성격을 분석하였고, 吳鐘甲(1975)는 개화기의 옥편 『新字典』(崔南善, 1915)의 한자음을 분석대상으로 삼은 것이다.

현실한자음의 성조나 그 변화도 관심의 대상에 오른 과제의 하나였다. 문헌에 나타나는 현실한자음의 성조를 끈질기게 조사 분석한 노작에는 南廣祐(1967-71)이 있는데, 그 결과를 다시 종합적으로 정리한 것이 南廣祐(1984)(II)라고 할 수 있다. 이밖에도 김영만(1967), 朴炳采(1971a)에는 조선조 초기 내지 전기의 성조에 대한 논의가 나타나며, 김영만(1988)은 중국어사 성이 국어에서 어떻게 운소화했는지를 논의한 것이다. 한편 鄭然粲(1970)에서는 세종대의 한자사성표기법이 논의되었고, 徐在克(1969)에서는 성조에 대한 재구가 시도되었다. 한자음 연구 중에는 중국자음을 통하여 국어음소의 성격을 구명한 것도 있으며, 한·중 한자음에 대한 비교도 있다. 姜信沆(1980a, 1983)은 전자에 속하며, 成元慶(1969), 李敦柱(1975b, 1976) 등은 후자에 속하는 논의들이다. 이와는 대조적으로 한자음 연구 중에는 국어한자음을 통하여 중국한자음의 성격을 구명해 본 것도 있다. 文璇奎(1964, 1965, 1966, 1967, 1969a), 橋本萬太郎(1973a), 李敦柱(1975a), 兪昌均(1980a) 등이 여기에 속하는 것들이다.

훈민정음의 체계를 문학적 배경에서 조명해 본 연구도 적지 않은데, 그 중에서도 비교적 최근의 것으로는 姜鎬天(1986), 李敦柱(1988) 등이 꼽힐 수 있다.

6) 그동안 이루어진 한자음 연구 중에는 개별문헌에 나타나는 중국한자음이나 국어한자음을 대상으로 삼은 것도 많다.

그 중에서도 비교적 관심을 많이 모은 문헌은 『四聲通攷』와 『四聲通解』라는 운서였다. 『四聲通攷』는 현존하지 않는 운서여서, 관심의 초점은 그 재구방법에 모아졌다. 여기에는 두 가지 방식이 나타났다. 그 하나는 『洪武正韻譯訓』과 『四聲通解』의 비교에 의한 방식이고, 다른 하나는 『蒙古韻略』을 통한 방식이었다. 李東林(1969)는 전자의 길을 따른 시도였고, 兪昌均(1973a), 특히 兪昌均(1974a)와 같은 저서는 후자의 길을 택한 결과였다.

『四聲通解』에 대한 연구에는 姜信沆(1966, 1972b, 1973a, 1973b)와 같은 일련의 노작이 있는데, 이들은 다시 姜信沆(1973c)와 같은 저서로 종합되었다. 이들 논저는 『四聲通解』의 음계, 聲類, 韻類에 대한 정밀한 분석으로 이루어져 있다. 한편 兪昌均(1974b)에서는 『四聲通解』의 한자음에 대한 본질구명이 시도되고 있다.

개별문헌의 한자음으로 특별한 관심을 모은 것은 『訓蒙字會』였다. 여기에 대한 기초적 논의에는 方鍾鉉(1954)가 있으며, 음훈에 대한 조사정리로는 南廣祐(1966)이 있다. 이때까지만 해도 『訓蒙字會』 초간본은 세상에 알려진 바가 없었다. 그러다가 초간본으로 추정되는 이본이 일본에서 나타났다. 이른바 叡山本이다. 이를 토대로 『訓蒙字會』에 대한 전면적 재검토가 행해졌다. 그 결과가 李基文(1971a)이다. 여기에는 물론 한자음에 대한 검토도 포함되어 있다. 한편 朴炳采(1972a)에는 『訓蒙字會』 이본간에 나타나는 한자음의 차이, 朴炳采(1972b)에는 성조의 차이가 다루어진 바 있다.

그밖에 중세국어문헌으로 논의의 대상에 오른 것에는 『飜譯老乞大』와 『飜譯朴通事』가 있다. 姜信沆(1974b), 鄭光(1974)가 두 문헌의 음계를 분석하고 있다.

근대국어문헌으로 한자음 연구의 대상이 된 것에는 다음과 같은 운서와 일반 문헌이 있다. 먼저 운서에 관한 것으로서 姜信沆(1967)은 『韻解訓民正音』을 다루었고, 權宅龍(1987)은 그 성모체계를 다루고 있다. 姜信沆(1969)는 『華東正音通譯韻考』를 대상으로 한 것이며, 李敦柱(1977)은 그 속음자를 분석한 것이다. 『三韻聲彙』와 『奎章全韻』에 대해서는 姜信沆(1970a)에서 논의된 바 있다.

한편 일반문헌에 관한 것으로서 兪昌均(1967c)는『朴通事諺解』의 중국음에 대하여 분석하고 있으며, 姜信沆(1978b)는『老乞大諺解』와『朴通事諺解』에 나타나는 한자음의 음계에 대하여 논의하고 있다. 또한 姜信沆(1978c)는『朴通事新釋諺解』의 한자음 음계를 분석하였으며, 蔡瑛純(1986)은 그 성조를 다루고 있다. 끝으로 姜信沆(1981)은『華音啓蒙諺解』에 나타나는 한자음의 음계에 대하여 논의한 것이다.

7) 이상으로 그동안에 이룩된 한자음 연구의 개략을 나름대로의 방식에 따라 훑어보았다. 다만 본고는 국어사 연구에 직접 간접으로 관련이 있다고 생각되는 논저만을 논의의 대상으로 삼았다. 이러한 기준은 어디까지나 자의적 판단에 의한 것이므로, 관점에 따라서는 얼마든지 다른 각도의 연구사 기술이 가능하리라는 점을 부언해 둔다.

出處〈서울大 大學院 國語研究會編(1990. 12.),『國語研究 어디까지 왔나』(東亞出版社): 146-156.〉

4.「韓國方言調査質問紙」의 音韻篇에 대하여

1) 全國 各地域의 方言體系에 대한 共時的 記述은 方言學 그 자체나 言語史 研究에는 물론 기타의 여러 가지 분야에도 응용될 수 있는 기초적 작업이 아닐 수 없다. 그럼에도 불구하고 郡 또는 面 단위 정도로 세분되어야 할 전국의 각 地域語를 일관성 있는 기준 즉 等質的인 言語資料와 통일된 방법론 밑에서 기술한다는 일은 개별학자의 힘에만 의지하기가 어려운 작업이다. 그러한 작업을 위해서는 세심하고 충분한 사전준비, 일관성 있는 현지조사, 그리고 조사결과에 대한 정리분석 및 기술과 같은 복잡한 과정을 거쳐야 하므로 엄청난 시간과 재정이 소요되기 때문이다. 결국 그러한 작업수행에 한 가지 빠른 길이 있다면 그것은 공동의 힘일 수밖에 없는데, 그 힘을 韓國精神文化研究院이 부담하게 된 것이다. 該研究院 語文學研究室의 全國方言調査研究팀은 이번에 그 기초적 준비작업의 하나로서「韓國方言調査質問紙」(1980.6.30. 發行: 이하 [質問紙]라고 부른다)를 완성하여 세상에 내놓게 되었다. 그 내용은 크게 나누어 語彙, 文法, 音韻으로 구성되어 있으나 여기서는 音韻篇([質問紙] 第五篇 後半 pp.455-495)에 대해서만 소감을 적어 보기로 한다.

2) [質問紙] 音韻篇은 모두 12가지 내용으로 대분되는 조사항목을 담고 있는데, 각 항목의 하위에는 필요에 따라 세분된 소항목을 다시 마련해 두고 있다. 우선 12가지 내용으로 분류된 항목 하나하나를 순서에 따라 검토하고자 한다.

① 單母音

하위항목 單母音圖와 單母音體系로 되어 있다. 單母音圖에서는 우선 單母音 하나하나의 音聲的 실현을 파악하여 母音圖를 작성하게 되어 있으며, 單母音體系에서는 다시 最小對立의 짝을 통하여 單母音의 목록을 확인할 수 있게 하고 있다. 單母音圖는 現代韓國語로서 최대의 母音體系인 4系列 3段階 10母音을 기준으로 삼도록 되어 있고, 각 母音을 위해서는 單音節의 自立形態素가 하나씩 제시되어 있다. 선택된 形態素들은 母音에 대한 청각적 효과가 분명할 뿐 아니라, 同化 또는 수의적 變異에서 오는 혼란을 최대한으로 막을 수 있는 것들이 되도록 배려한 듯하다. 그와 동시에 각 形態素들은 거의가 母音의 系列에 의한 最小對立의 짝으로 선택되어 있어, 청각적 효과만으로 音聲을 파악할 때 생길 수도 있는 주관적 판단을 배제할 수 있게 되어 있다. 티 : 테(輪) : 태(胎), 쥐(鼠) : 쇠(金), 털(毛) : 달(月), 꿀(蜜) : 꼴(形). 前部圓脣系列의 '쥐'와 '쇠' 그리고 後部非圓脣系列의 '달'만이 最小對立의 짝을 이탈하고 있다. 여기에 대해서는 원칙적으로 異議가 있을 수 없다. 다만 이왕에 거기까지 갔다면 前部圓脣系列과 後部非圓脣系列도 각기 '쉬(蠅卵) : 쇠, 틀 : 털: 탈(假面)'과 같이 완전한 最小對立의 짝으로 이루어졌더라면 하는 욕심이 생긴다(cf. 音長上의 方言差). 最小對立의 짝이란 이른바 分類的 音韻論의 발견 절차로서 구식 構造主義의 유물이긴 하지만, 範例的 音韻目錄 작성에는 아직도 간편한 수단의 하나로 이용될 수 있기 때문이다.

또 한 가지 유념해 두고 싶은 것은 제시된 形態素가 실제조사에서 전혀 다른 어형으로 나타날 수 있다는 점이다. 그러한 경우로서 '티'에 대한 '검부라기/검부랑, 먼지/몬지/문지' 또는 '틀'에 대한 '미싱, 자봉침/재봉침'등을 생각할 수 있다. 이 때를 위해서 예비적 形態素를 준비해 두는 것도 해롭지는 않을 것이다.

單母音體系에서는 方言에 따라 흔히 中和를 일으키고 있는 'ㅔ : ㅐ, ㅡ : ㅓ, ㅣ : ㅟ, ㅔ : ㅚ'와 같은 對立의 유무를 最小對立의 짝으로 확인하도록 하고 있다. 이 절차는 單母音의 音韻目錄 재확인에 큰 보탬이 될 것이다.

② 二重母音

二重母音 'ㅕ, ㅖ, ㅑ, ㅠ, ㅛ, ㅞ, ㅙ, ㅝ, ㅘ, ㅢ'를 내부에 함유하고 있는 自立形態素 2개씩을 통하여 각 二重母音의 존재 여부를 확인하도록 되어 있다. 선택된 2개의 形態素 중 먼저 것은 語頭, 나중 것은 子音 뒤에 나타나는 二重母音을 기대하고 있다. 나중 形態素의 경우, 二重母音이 第一音節에 함유되어 있기도 하고 第二音節에 함유되어 있기도 하여 音節上의 출현위치는 고려하지 않은 듯하다. 한편 二重母音의 파악은 여기에 그치지 않고 몇가지 보충

항목을 더 가지고 있는데, '왜국(倭國) : 외국(外國), 왜(何) : 오이(瓜), 의자(倚子) : 이자(利子)'와 같은 짝은 '왜 : 외, 왜 : 오이, 의 : 이'의 對立을 확인하려는 것이겠지만, '영감(令藍) : 열(十), 열쇠 : 열-지(-어라)'의 짝은 基本目錄에 없는 또하나의 二重母音 yi의 존재여부를 알아보기 위한 것이다.

　　二重母音을 위해서 선택된 單語 중에는 약간 부자연스러운 것이 있는 듯하다. 被調査者의 교양과 학력에 좌우되겠지만 '예의, 원망, 의논, 계획'과 같은 漢字語는 평범한 일상어가 아닐 듯하다. '예전/옛날, 원수, 의사/의자, 계산/곗돈'과 같은 것들을 생각해 볼 일이다. 子音 뒤에 나타나는 'ㅢ'를 알아보기 위한 '무늬'도 기대를 만족시킬 수 있을지 의심스러운 예지만 制約이 심한 'ㅢ'의 配分 때문에 달리 적당한 대안이 떠오르지는 않는다.

③ 音長·聲調

　　下位項目이 長母音圖, 長母音體系, 聲調體系, 體言聲調의 變動, 用言의 音長·聲調의 變動, 使動·被動의 音長·聲調로 구분되어 있다. 長母音圖는 單母音圖와 같은 방식으로 長母音의 유무를 개별적으로 파악하여 母音圖를 작성하게 하는 것이다. 單母音圖에서와 같이 4系列 3段階 10母音 하나하나에 音長이 기대되는 單音節 自立形態素를 각기 하나씩 배당하고 있다. 長母音體系에서는 長母音圖에서 예비적으로 파악된 목록을 最小對立의 짝으로 확인할 수 있게 되어 있다. 'ㅣ, ㅟ, ㅚ, ㅐ, ㅏ, ㅓ, ㅜ, ㅗ'에 대해서는 長短의 對立을, 'ㅔ, ㅡ'에 대해서는 각기 'ㅚ, ㅢ'와의 對立與否를 확인하게 하는 것인데 선정된 形態素는 모두 적절한 것들이다. 다만 單母音體系에서와 마찬가지로 제시된 形態素가 하나 또는 많아야 둘이어서 약간 미흡한 느낌이 드나 長母音의 목록파악에는 지장이 없을 것이다. 聲調體系 역시 單母音體系나 長母音體系와 마찬가지로 最小對立의 짝에 의해서 聲調的 대립을 발견할 수 있게 한 것이다. 여기서는 특히 三段體系에 유의할 것을 당부하고 있다.

　　[質問紙] 音韻篇의 이곳까지는 單母音과 長母音 그리고 聲調에 대한 範例的 音韻體系를 우선 最小對立의 짝으로 확인해 보게 하는 부분이다. 따라서 形態素의 내부구조만을 대상으로 하는 音韻對立의 정적 구조분석은 여기서 일단 끝나도록 되어 있다. 여기에 한 가지 빠진 것이 있다면 그것은 子音體系인데, 다룰 만한 音韻論的 가치가 없는 것으로 판단된 듯하다.

　　[質問紙] 音韻篇은 여기서부터 形態音韻論的 분석으로 넘어간다. 따라서 音韻篇의 거의 대부분이 이른바 統合的 音韻現象을 다루도록 되어 있다. 形態素와 形態素가 曲用, 活用, 派生, 複合 등에 의하여 결합될 때, 그 경계 앞뒤에서 일어나는 動的 音韻現象들은 範例的 音韻體系의 목록을 간접적으로 뒷받침해 줄 뿐 아니라, 그 音韻現象을 지배하는 音韻論的, 非音韻論的

制約을 부각시켜 준다는 점에서 音韻論的 기술의 정밀화에 크게 공헌하고 있다. 그러나 그것이 韓國語의 音韻論的 記述에 활용되기 시작한 것은 비교적 근래의 일이다. 더구나 方言記述에 統合的 音韻現象을 충분히 활용하고 있는 것은 아직도 일부 학자에 지나지 않는다. [質問紙] 音韻篇이 주로 形態音韻論的 분석에 관심을 보이고 있다는 사실은 韓國의 方言學界에 던져진 하나의 적극적 도전이 될 것이다.

되풀이 되는 셈이지만 音長·聲調의 나머지 하위항목부터는 形態音韻論的 분석을 시도하고 있다. 體言의 聲調變動에서는 文法形態素와의 결합시에 나타나는 聲調上의 변동을 一音節語, 二音節語, 三音節語, 四音節語로 나누어 파악하도록 하고 있다. 用言의 音長·聲調變動도 體言의 聲調變動과 같은 방식으로 파악시키고 있다. 使動·被動의 音長·聲調에서는 2가지 기능을 공유하고 있는 '-히-, -리-, -기-'와 같은 文法接尾辭가 用言의 語幹과 결합될 때 音長이나 聲調가 어떻게 나타나는가를 파악하도록 하고 있다.

④ 抑揚

하나의 句가 여러 가지 의미로 쓰일 때 抑揚이 어떻게 달라지는가를 알아보게 하고 있다. 실례로는 "어디를 가니?"란 句 하나가 제시되어 있다. 너무 간략한 감이 없지 않으나 抑揚이란 感情要素와 같은 言語外的 원인에 의해서도 좌우가 되므로 이를 객관적으로 일반화하기는 어려울 것이다.

⑤ 子音脫落

이른바 2개의 子音으로 끝나는 語幹形態素가 文法形態素와 결합할 때 환경에 따라 어떻게 달라지는가를 파악하게 하고 있다. 體言의 경우로는 '값, 삯'이 文法形態素 '-이, -도, -하고, -만'과 결합될 때를 예시하고 있으며 보충항목에 '까닭'을 하나 더 추가하고 있다. 요컨대 'ㅄ, ㄳ'와 같이 無聲子音만으로 이루어지는 二重받침에 역점을 두고 있는 듯하다. 그러나 ㄹ을 함유하는 二重받침에는 '까닭'의 ㄺ 말고도 '돐'의 ㄲ, '여덟'의 ㄼ이 또 있다. 이를 의식하고 있다는 증거로서 보충항목인 '까닭' 밑에 ※를 붙이고 나서 '두둑, 지붕, 돐, 닭, 여덟, 기슭, 돌, 흙'을 덧붙이고 있는 사실을 지적할 수 있다. 이왕에 ㄺ을 보충항목으로나마 다루고 있다면, ㄲ, ㄼ에 대해서도 균등한 관심이 베풀어졌으면 하는 느낌이다.

用言의 경우로는 '젊-, 밝-, 밟-, 핥-, 없-'이 '-어/아, -지, -더라, -(는)다'와 결합될 때를 예시하고 있는데 體言의 경우처럼 보충항목은 마련되어 있지 않다. 다만 欄外에 ※를 달고 '앉-, 얹-, 삶-, 옮-, 굶-, 얇-, 읊-, 훑-'를 추가해 놓았는데 이것은 참고항목인 것으로 보인다. 요컨대 여기서도 'ㄲ, ㄺ, ㄼ, ㄾ, ㅄ'에만 비중이 놓여져 있고 'ㅈ, ㄿ, ㅀ, ㄶ' 등에는 그다지 관심이 베풀어지지 않았다. 方言差가 적다는 점이 고려된 듯하며 필요하다면 語彙篇에서 조사한 자료를 이용할 수도 있게 되어 있다.

⑥ 不規則 活用

여기서는 ㅂ不規則, ㄷ不規則, ㄹ不規則, ㅅ不規則, ㅎ不規則, 르不規則, 하不規則을 대상으로 하고 있다. 이들과 관련된 語幹形態素가 '-고, -으니까, -아/어(서), -오/소'와 결합될 때의 形態音韻論的 交替를 파악하게 하는 것이다. 活用時에 語幹交體를 보이는 用言은 그밖에도 더 있다. '푸다~퍼, 쓰다~써, 푸르다~푸르러' 등. 이들은 그 범위가 제한되어 있어 일반성이 적기 때문이었는지 대상에서 배제되었다. 보충항목에는 '빨-(濯), 걸-(縣), 걷-(步)'과 '알-(知), 앓-(患), 먹-(食)'을 각각 묶어 추가하고 있는데 이것은 方言特有의 形態音韻論的 교체를 확인할 수 있게 하는 것이다.

⑦ 子音縮約

形態素의 결합시에 그 경계에서 'ㅂ, ㄷ, ㄱ, ㅈ'과 같은 無聲音이 바로 앞이나 뒤에 놓이는 ㅎ과 충돌을 일으킬 때 나타나는 이른바 激音化 현상을 파악하기 위한 것이다. 항목을 구체적으로 적출해 보면 '놓게, 좋더라'와 같은 活用, '굽혀라, 먹히다'와 같은 派生, '깨끗하군요, 못했읍니다'와 같은 複合, '너의 집 떡 했니?'의 '떡 했니'와 '지금 밥 하고 있다'의 '밥 하고'와 같은 句에서 생겨나는 激音化를 뜻한다. 激音化라면 흔히 語頭에 나타나는 것만을 생각해왔다. 이러한 태도는 音韻史的 관심에서 결과한 것으로 보인다. 그러나 共時的으로는 語頭에 나타나는 激音化를 일반화시켜 줄 만한 音韻論的 조건이 발견되지 않고 있다. 形態論的 조건으로 記述에 성공한 예도 없는 듯하다. 결국 語頭에 나타나는 激音化는 散發的 音韻現象으로 처리될 수밖에 없는데, 條件이 불분명한 形態素 내부의 音韻現象을 音韻論的으로 記述한다 해도 그것은 무의미한 나열에 지나지 않게 된다. 이에 比하여 形態素 境界에 나타나는 激音化 現像은 그 조건을 共時的으로 일반화시킬 수 있으므로 音韻論的 記述이 가능하다. [質問紙] 音韻篇이 語頭에 나타나는 激音化를 제외시킨 이유가 거기에 있을 것이다.

다만 이 子音縮約을 위한 조사항목에도 약간 부적당한 것이 있다. '急히, 速히'가 그러한 예로서 지적될 수 있을 듯하다. 二重母音 항목에서도 잠깐 지적한 바 있는 일이지만 '急히'나 '速히'와 같은 漢字語를 일상적인 方言形에서 기대하기는 어려운 일이 아닌가 한다. 전혀 다른 語形이 많이 존재하기 때문이다. 한가지만 더 추가한다면 '놓지, 앉히다'에서 예상되는 바와 같은 ㅈ의 激音化例가 조사항목에 누락되어 있다는 점이다.

⑧ 硬音化

방금 지나 온 子音縮約의 경우처럼 形態素境界에서 생겨나는 硬音化現象만을 대상으로 하고 있다. 이 音韻現象이 나타나는 환경은 子音縮的과 대조적으로 ㅎ을 제외한 모든 子音 뒤에 놓이는 無聲音 'ㅂ, ㄷ, ㄱ, ㅈ, ㅅ'에 나타나지만 有聲子音 뒤에서는 안 나타나기도 한다. 구체적인 항목을 보면 '밥도, 채소밭보다'와 같은 曲用, '먹지, 먹겠다'와 같은 活用, '할 수 있다'의 '할 수'와 같은 句라고 할 수 있다. 이 硬音化 현상에 대해서도 종래의 관심은 語頭에만 집중되었다. 그 배경이나 모순점에 대해서는 子音縮約 항목에서 짚고 넘어 왔으므로 되풀이 하지 않는다.

⑨ 非音節化

活用語幹과 文法形態素의 경계에서 母音衝突이 발생할 때 두 母音이 縮約되어 二重 또는 單母音化 하는 音韻現象을 대상으로 하고 있다. 이 경우의 活用語幹末母音으로는 'ㅣ, ㅜ, ㅗ'가 제시되어 있는데 이들이 文法形態素 '-지, -어(서), -었다'와 결합될 때 각기 어떻게 되는지를 확인하게 되어 있다. 'ㅣ'의 경우로는 '(반지)끼-, (안개)끼-, (꽃)피-, (팔)삐-, (짐)지-, (공)치-, (살)찌-', 'ㅜ'의 경우로는 '(꿈)꾸-, (돈)꾸-, (장기)두-, (쪽)쑤-, (선물)주-, (춤)추-', 'ㅗ'의 경우로는 '(비)오-, (선)보-, (활)쏘-, (엿)고-'가 主調査項目에 나와 있다. 각 항목에는 다시 보충항목이 마련되어 있는데 여기에는 주로 語幹이 二音節로 되어 있거나 不規則으로 活用하는 것들이 모아져 있다. 또한 ※를 붙인 밑에는 주로 二音節 語幹으로 이루어진 用言을 참고항목으로 마련해 두고 있어, 비교적 충분한 조사가 가능하도록 배려한 듯한 느낌을 주는데, 그것은 이 音韻現象이 꽤 큰 方言差를 가지고 있는 동시에 形態素에 따라 다르게 실현될 수 있다는 점을 염두에 두었기 때문인 것으로 보인다.

⑩ 母音調和

用言이 活用할 때 나타나는 母音調和만을 대상으로 하고 있어 形態素 내부에 母音調和가 남아 있는 것으로 유명한 象徵語는 대상에서 배제되었다. 조사항목으로는 形態素의 末音節母音이 'ㅣ, ㅟ, ㅔ, ㅖ, ㅚ, ㅐ, ㅡ, ㅏ, ㅓ'로 되어 있는 用言의 語幹이 제시되어 있어, 여기에 '-아/어'계통의 文法形態素를 결합시켜 보면 그 결과를 알 수 있게 하였다. 末音節母音이 'ㅗ, ㅜ'인 用言의 語幹에 대해서는 非音節化 조사결과를 그대로 이용할 수 있게 되어 있으므로 여기서는 제외되었다. 조사를 위한 語幹形態素는 각기 다음과 같다.

ㅣ : (눈을) 비비-, (줄을) 당기-, (발을) 다치-, (문을) 두드리-, (오랫동안) 기다리-, (집이) 있-, (손으로) 집-. ㅟ : (말이) 뛰-, (밥이) 쉬-, (얼굴을) 할퀴-, (일이) 쉽-. ㅔ : (혹을) 떼-, (어깨에) 메-. ㅞ : (실을) 꿰. ㅚ : (말을) 되-, (나물이) 쇠-, (얼굴이) 앳되-. ㅐ : (유리를) 깨-, (잠을) 깨-, (물이) 새-, (바늘로) 꿰매-, (손을) 포개-, (침을) 뱉-, (열매를) 맺-. ㅡ : (불을) 끄-, (일을) 거들-, (사람이) 게으르-, (나물을) 다듬-, (술을) 담그-, (문을) 잠그-. ㅓ : (일어) 서-, (불을) 켜-, (가슴을) 펴-, (냇물을) 건너-, (양심이) 부끄럽-. ㅏ : (알을) 까-, (손을) 잡-, (담을) 쌓-, (발을) 밟-, (경치가) 아름답-. 비교적 유효한 조사가 되도록 애썼으나 약간의 의문점도 없지 않은 것으로 보인다. 우선, 語幹末母音이 기대와는 달리 실현될 때 어떻게 할 것인가 하는 점이다. '할퀴-, 떼-, 메-, 꿰-, 앳되-, 펴-, 밟-'과 같은 形態素에서 그러한 가능성이 발견된다. 다음에는 語幹末音이 'ㅔ, ㅐ, ㅏ, ㅓ'와 같은 母音만으로 되어 있기 때문에 '-아/어'계통의 文法形態素가 결합되더라도 표면에 나타나지 않을 때 어떻게 할 것인가 하는 점이다. '떼-, 메-, 꿰-, 깨-, 새-, 꿰매-, 포개-, 서-, 켜-, 펴-, 건너-, 까-'와 같은 形態素가 그러한 가능성을 지니고 있다. 물론 이러한 문제가 생긴다고 해서 그에 대한 해석의 길 자체가 막히는 것은 아니지만, 가능하다면 좀더 유효한 방향을 모색해 보는 것이 바람직하지 않을까 생각된다.

⑪ 움라우트

後部母音의 前部母音化라고 일반화시킬 수 있는 움라우트 현상은 韓國語의 경우, 形態素 내부와 形態素 결합에 다같이 나타난다. 그러나 여기서는 形態素 결합에 의한 움라우트에 관심의 대부분을 집중시키고 있다. [質問紙] 音韻篇 속을 맥맥히 흐르고 있는 形態音韻論的 분석태도와 합치되는 사실이 아닐 수 없다. 조사항목은 크게 體言, 用言, 그리고 '-기'에 의한 動詞派生名詞 이렇게 3부분으로 구분되어 있다.

體言과 文法形態素의 결합에 의한 움라우트 조사를 위해서는 'ㅣ'가 함유된 接尾辭를 體言에 연결시켜 보도록 하고 있다. 조사를 위하여 선정된 體言은 末音節의 母音別로 정리되어 있는데 그 내용은 다음과 같다.

ㅡ : 금, 흠, 틈(틈틈이), 이름. ㅓ : 떡 , 성(姓), 시루떡, 섬(石), 풀섬, 섬(島), (넉넉히). ㅏ : 장(醬), 방(房), 안방, (방방이), (짝짝이), 밥, 쌀밥, 짬, (짬짬이), 왕(王), 광(光, 화투), 오광(五光), (왕왕이). ㅜ : 중(僧), 국, 떡국, (축축히), 숲, 숨, 동풍(東風), (뚱뚱이). ㅗ : 속, 복(福), 의복(衣服), (똑똑히), 곰(熊), 몸, 온몸, (곰곰히), 콩, 용(龍), 교통(交通).

괄호 속에 들어 있는 '틈틈이, 방방이'등은 疊語에 派生接尾辭 '-이, -히'가 결합된 것으로 그 자체가 움라우트를 유발할 수 있는 환경을 지니고 있다는 점에서 單獨名詞와는 부류가 다름을 뜻하는 것으로 보인다. 다만 韓國語의 경우, 形態素 결합에 의한 움라우트의 성패는 특히 被同化主와 同化主 사이의 子音에 의하여 결정된다는 사실이 알려져 있다. 흔히 'ㄷ, ㅈ, ㅊ, ㅅ, ㄴ, ㄹ'등은 움라우트를 방해하는 子音, 'ㅂ, ㅍ, ㅁ, ㄱ, ㅇ'등은 그렇지 않은 子音으로 알려져 있는데 조사항목 선정에는 이 사실이 그대로 반영되어 있어 주목된다.

用言의 語幹과 文法形態素의 결합에 의한 움라우트 현상은 使動, 被動의 接尾辭를 이용하게 되어 있다. 선정된 조사항목은 母音別로 다음과 같이 되어 있다.

ㅡ : (풀을) 뜯기다, (사) 들이다. ㅓ : 접히다, 벗기다, 꺾이다. ㅏ : 잡히다, 맡기다, 깎이다. ㅜ : 굽히다, 굶기다, 묻히다. ㅗ : 속이다, 녹이다, 뽑히다, 볶이다.

이와 같은 母音別 主調査項目 밑에는 보충항목이 각기 마련되어 있는데, 거기에서는 이례적으로 語幹內部의 움라우트에도 관심을 보이고 있다.

ㅡ : (그림을) 그린다, (걸음이) 느리다, (날씨가) 흐리다. ㅓ : (손이) 저리다, (부모를) 섬긴다. ㅏ : (옷을) 다린다, (친구를) 사귄다. ㅜ : (고집을 피워) 우긴다, (물로) 죽인다. ㅗ : (사람을) 노려 (보지 마라).

이 항목의 마지막에서는 接尾辭 '-기'에 의한 動詞派生名詞의 움라우트를 알아 보게 하고 있다. '-기'에 의한 派生名詞는 韓國語의 움라우트 현상에 대하여 특이한 가치를 지닌 것으로 인식되었기 때문인 듯하다.

⑫ 外來語

여기서는 '年, 曜'와 같은 漢字音이 第二音節 이하에서, '禮, 料, 流, 女'와 같은 漢字音이 第一音節과 第二音節에서 각기 어떻게 실현되는가를 파악하는 한편, 현대적 외래어의 語頭에 나타나는 r, b, g가 어떻게 실현되는지를 조사하게 되어 있다. 이미 韓國語化한 漢字나 現代外來語의 복잡한 音聲實現에 비하여 너무 간략한 느낌이 없지 않으나, '리어카, 라디오'등의 語頭 實現을 方言으로 확인해 본다는 것은 音韻論的 外來性의 현실적 파악으로서 의미있는 일이 될 것이다.

3) 方言音韻에 대한 調査計劃은 연구의 목표나 方向에 따라 그 내용이 다르게 구성될 수 있겠으나, 기본적으로는 對象方言의 音韻論的 본질을 體系的으로 이끌어 낼 수 있는 것이어야 한다. [質問紙] 音韻篇은 그러한 대원칙을 잘 살리고 있어 우선 안심이 된다. 最小對立의 짝에 의한 音韻目錄 작성과 形態素 결합시의 音韻現象 파악을 적절히 조화시킨 조사내용은 한 方言의 共時的 記述에 크게 기여할 수 있을 것으로 생각되기 때문이다.

全國的인 方言差를 중시했기 때문인지 中央語와 大同小異하다고 판단했기 때문인지, 子音體系는 조사대상에서 아예 제외되었다. 그러나 한 方言의 共時的 記述에 子音體系가 누락된다는 것은 어색한 일이다. 더구나 [質問紙] 音韻篇이 母音에 편중되어 있고 보면, 子音 한두 가지의 音韻現象이라도 존중되는 것이 조화를 꾀할 수 있는 길이기 때문이다. 그러한 의미에서 다음과 같은 몇 가지 音韻現象을 기억해 두고 싶다. 形態素 내부의 音韻現象이 전면적으로 배제됨에 따라 語頭位置의 硬音化 또는 ㄱ, ㅎ의 口蓋音化 등도 조사대상에 포함되지 않았으나 파악해 둘 가치가 전무한 존재는 아닐 것이다. 적어도 地域的 分布調査에는 공헌할 것이기 때문이다. 體言의 語末子音 'ㅍ, ㅌ, ㅋ, ㅈ, ㅊ'이 母音으로 시작되는 文法形態素 앞에서 어떻게 실현되는지도 파악해 볼 가치가 없지는 않을 것이다. [質問紙] 音韻篇으로도 體言의 語末子音을 조사할 수 있게 되어 있는 것으로 알지만, 이를 구태여 音韻篇에 끌어들이고 싶은 것은 共時的 音韻 記述에 가능한 한 균형을 부여했으면 하는 마음에서이다.

[質問紙]에 대한 '誠實한 批判'이라기보다 수박겉핥기式 잡담에 그치게 되었음을 머리숙여 사과한다.

出處 〈韓國精神文化研究院(1981. 4.), 『方言』 5: 179-189.〉

참고문헌

1. '系統論' 관련
姜吉云(1975), 三韓語·新羅語는 土耳其語族에 屬한다. 『국어국문학』 68.
_____(1976), 韓國語와 土耳其語의 名詞形成接尾辭의 比較, 충남대 『論文集』 Ⅲ-2.
_____(1977), 百濟語系統論(Ⅰ), 『百濟研究』 8.
_____(1978), 百濟語系統論(Ⅱ), 『百濟研究』 9.
_____(1979), 韓國語의 形成과 系統—韓民族의 起源—, 『국어국문학』 79·80.
_____(1980a), 數詞의 發達(Ⅰ), 충남대 『논문집』 Ⅶ-1.
_____(1980b), 數詞의 發達(Ⅱ), 『南廣祐博士華甲記念論叢』.
金東昭(1972), 國語와 滿洲語의 基礎語彙比較研究, 『常山李在秀博士還曆紀念論文集』.
金芳漢(1966), 國語系統研究에 있어서의 몇 가지 問題點, 『震檀學報』 29·30.
_____(1968), 國語의 系統研究에 關하여, 『東亞文化』 8.
_____(1976), 韓國語系統研究의 問題點, 『언어학』 1.
김선기(1963), 한·일·몽 단어비교—계통론의 긴돌—, 『한글』 142.

金完鎭(1965), 原始國語 母音論에 관계된 數三의 問題,『震檀學報』28.

朴炳采(1974), 韓國語의 起源에 대한 考察, 世界平和敎授아카데미『아카데미論叢』2.

朴恩用(1974),『韓國語와 滿洲語와의 比較硏究』, 嶺南大 學位論文.

李基文(1958), A Comparative Study of Manch and Korean, *Ural-Altaische Jahrbücher* 30.1-2.

_____(1959), On the Breaking of *i in Korean,『亞細亞硏究』Ⅱ-2.

_____(1967), 韓國語形成史, 高麗大『韓國文化史大系』Ⅴ.

_____(1968), 高句麗의 言語와 그 特徵,『白山學報』4.

_____(1972),『國語史概說』(改訂版), 民衆書館.

_____(1975), 韓國語와 알타이諸語의 比較硏究, 學術院『光復30周年紀念綜合學術會論文集』.

_____(1977), 韓國語와 알타이諸語의 語彙比較에 대한 基礎的 硏究,『東亞文化』14.

李崇寧(1954),『國語學概說』(上), 進文社.

_____(1956), 接尾辭 -k(g), -ŋ에 대하여—特히 古代土耳其語와의 比較에서—, 서울대『論文集』4.

林敬淳(1968), 基礎語彙統計學上으로 본 韓·日·蒙語間의 親近性, 光州敎大『論文集』3.

崔鶴根(1958), 퉁구스어군과 국어의 위치,『한글』123.

_____(1964), 國語數詞와 Altai語族 數詞와의 어느 共通點에 대하여,『陶南趙潤濟博士回甲紀念論文集』.

_____(1980),『알타이語學論攷』, 玄文社.

大野晋(1957),『日本語の起源』(岩波新書289), 岩波書店.

小倉進平(1934),『朝鮮語と日本語』(國語科學講座 Ⅳ 國語學), 明治書院.

_____(1935),『朝鮮語の系統』(岩波講座 東洋思想 東洋言語의 系統), 岩波書店.

白鳥庫吉(1897), 日本書紀に見えたる韓語の解釋,『史學雜誌』八-4, 6, 7.

_____(1905-6), 韓語城邑の呼稱たる忽(kol)の原義に就いて,『史學雜誌』十六-11, 十七-1, 2, 3.

_____(1914-6), 朝鮮語とUral-Altai語との比較硏究,『東洋學報』四-2, 3. 五-1, 2, 3. 六-2, 3.

村山七郎(1974),『日本語の語源』, 弘文堂.

Edkins, J.(1887), Connection of Japanese with the Adjacent Continental Languages, *Transactions of the Asiatic Society of Japan*, Vol.ⅩⅤ.

_____(1895), Relationship of the Tartar Language, *Korean Repository*, Vol.Ⅱ.

_____(1896a), Korean Affinities, *Korean Repository*, Vol.Ⅲ.

_____(1896b), Etymology of Korean Numerals, *Korean Repository*, Vol.Ⅲ.

Haguenauer, Ch.(1956), *Origines de la civilization japonaise—Introduction à l'étude de la préhistoire du Japon*(1-ère Partie), Paris.

Hulbert, H. B.(1905), *A Comparative Grammar of the Korean and the Dravidian Dialects of India.* Seoul.

Miller, R. A.(1971), *Japanese and the Other Altaic Languages.* Chicago and London.

Polivanov, E. D.(1968), 朝鮮語と「アルタイ」諸語との親緣關係の問題について, 村山七郎(역)(1976),『日本語硏究』所收, 弘文堂.

Poppe, N.(195), Review of Ramstedt(1949), *Harvard Journal of Asiatic Studies* 13.3-4.

_____(1960), *Vergleichende Grammatik der altaischen Sprachen,* Teil Ⅰ : *Vergleichende Lautlehre,* Wiesbaden.

_____(1965), *Introduction to Altaic Linguistics,* Wiesbaden.

Rosney, L. de(1864), Aperçu de la langue Coréenne, *Journal Asiatique* Ⅴ-3.

Ramstedt, G. J.(1924), A Comparison of the Altaic Languages with Japanese, *Transactions of the Asiatic Society of Japan,* 2nd series Ⅰ. Bearbeited und herausgegeben von Pentti Aalto(1951), Aufsätze und Vorträge von G. J. Ramstedt, *Journal de la Société Finno-ougrienne*[=*JSFOu.*] 55 재록.

_____・金田一京助(譯)(1926), 朝鮮及び日本語の二單語に就いて, 『民族』 第1卷 第6號. [원문]Two Words of Korean-Japanese, Bearbeited und herausgegeben von Pentti Aalto(1951), Aufsätze und Vorträge von G. J. Ramstedt, *JSFOu.* 55 재록.

_____(1928), Remarks on the Korean Language, *Mémoires de la Société Finno-ougrienne* [=*MSFOu.*] 58.

_____(1933), The Nominal Postpositions in Korean, *MSFOu.* 67.

_____(1937), Koreanisch *kęs* ′Ding, Stück′, *JSFOu.* 48.

_____(1939/1951), Über die Stellung des Koreanischen, *JSFOu.* 55.

_____(1939), A Korean Grammar, *MSFOu.* 82.

_____(1949), Studies in Korean Etymology, *MSFOu.* 95.

_____(1952), *Einführung in die Altaische Sprachwissenschaft* Ⅱ *Formenlehre,* Bearbeited und herausgegeben von Penti Aalto, *MSFOu.* 104-2.

_____(1953), Studies in Korean Etymology Ⅱ, Edited by Pentti Aalto, *MSFOu.* 95-2.

_____(1957), *Einführung in die Altaische Sprachwissenschaft* Ⅰ *Lautlehre,* Bearbeited und herausgegeben von Pentti Aalto, *MSFOu* 104-1.

2. '傳統・構造音韻論' 관련

김계곤(1972), 사이이웃으로 표기된 합성임자씨의 실제의 소리현상, 인천교육대 『論文集』 6.

金枓奉(1916), 『조선말본』, 京城 新文館.

_____(1924), 『깁더조선말본』, 京城 匯東書館.

金敏洙(1962), 國語의 音素와 그 排列, 고려대 문리대 문학부 『文理論集』 6().

김석득(1960), 음운분석론—기술언어학에서 본 음운설립을 중심으로—, 『한글』 126.

_____(1962), 형태음소론 소고, 『國語學』 1.

金完鎭(1970), 音韻現象과 形態論的 制約, 『學術院論文集(人文・社會科學篇)』 10.

_____(1972), 音韻論的 懸案의 形態論的 克服을 爲하여, 서울대 문리대 『東亞文化』 11.

김차균(1971), 변칙용언의 연구, 『한글』 147.

_____(1974), 국어의 자음체계, 『한글』 153.

_____(1986), 현대국어의 음소체계와 변이음 기술, 한국현대언어학회 『언어연구』 3.

金亨奎(1946), 子音同化 研究, 『한글』 97.

朴勝彬(1931), 『朝鮮語學講義要旨』, 京城 普成專門學校.

_____(1935), 『朝鮮語學』, 京城 朝鮮語研究會.

宋喆儀(1977), 派生語形成과 音韻現象, 서울대 대학원 국어연구회 『국어연구』 38.

이강로(1961), 國語 形態音韻의 變動에 對하여, 『한글』 128.

李康勳(1976), 國語의 複合語 및 漢字語內部에서 일어나는 硬音化 現象, 서울여대 『논문집』 5.

_____(1982), 國語의 (複合)名詞에서의 硬音化 現象, 『언어』 7-2.

_____(1984), 國語의 (複合)名詞에서의 硬音化 現象(Ⅱ), 『언어』 9-1.

李克魯(1947), 『實驗圖解 朝鮮語 音聲學』, 서울 雅文閣.

李秉根(1975), 音韻規則과 非音韻論的 制約, 『國語學』 3.

_____(1976), 派生語形成과 i 逆行同化規則들, 『震檀學報』 42.

_____(1977), 子音同化의 制約과 方向, 『李崇寧先生古稀紀念國語學論叢』.

_____(1979), 『音韻現象에 있어서의 制約』, 서울 塔出版社.

_____(1981), 유음탈락의 음운론과 형태론, 『한글』 173·174(합병호).

李崇寧(1954), 『國語學槪說』(上), 進文社.

李炫馥(1971), 서울말의 모음체계, 『語學研究』 7-2.

임홍빈(1981), 사이시옷 問題의 解決을 위하여, 『國語學』 10.

鄭寅承(1937), 'ㅣ'의 逆行同化 問題 : 그 原理와 處理方法, 『한글』 5-1.

周時經(1906), 『國文講義』. 李基文(편)(1976), 『周時經全集(下)』(아세아문화사) 所收.

_____(1908), 『國語文典音學』(朝鮮語文典音學). 李基文(편)(1976), 『周時經全集(下)』(아세아문화사) 所收.

_____(1910), 『국어문법』. 李基文(편)(1976), 『周時經全集(下)』(아세아문화사) 所收.

_____(1911), 재판(1913), 『소리갈』.

_____(1914), 『말의 소리』. 新文館(影印), 歷代韓國文法大系 1-13.

최명옥(1988), 國語 UMLAUT의 研究史的 檢討—共時性과 通時性의 問題를 中心으로—, 『震檀學報』 65.

최현배(1929), 『우리말본 첫째매』, 京城 延禧專門學校 出版部.

_____(1937), 『우리말본』, 京城 正音社.

許 雄(1957), 國語의 音韻, 『一石李熙昇先生頌壽記念論叢』.

_____(1958), 『國語音韻論』, 서울 正音社.

_____(1965), 『國語音韻學』(改稿新版), 서울 正音社.

_____(1985), 『국어음운학—우리말 소리의 오늘 어제—』, 서울 샘문화사.

Martin, S. E.(1954), *Korean Morphophonemics*, Baltimore: Linguistic Society of America.

小倉進平(1923), 『國語及朝鮮語 發音概說』, 京城 近澤印刷所 出版部.

Umeda Hiroyuki(1957). Phonemic System of Modern Korean, 『言語研究』 32, 日本言語學會.

3. '漢字音' 관련

姜信沆(1966), 四聲通解卷頭의 字母表에 對하여, 『가람李秉岐博士頌壽論文集』.

_____(1967), 『韻解訓民正音 研究』, 韓國研究院.

_____(1969), 韓國韻書에 관한 基礎的인 研究―華東正音通釋韻考를 中心으로 하여―, 成均館大 『論文集』 14.

_____(1970a), 韓國韻書에 관한 基礎的인 研究―三韻聲彙와 奎章全韻을 中心으로―, 『成大文學』 15·16.

_____(1970b), 韓國의 禮部韻略, 『국어국문학』 49·50.

_____(1971), 朝鮮館譯語新譯, 成均館大 大東文化研究院 『大東文化研究』 8.

_____(1972a), 朝鮮館譯語의 寫音에 대하여, 서울大 語學研究所 『語學研究』 8-1.

_____(1972b), 四聲通解의 音系研究 序說, 『震檀學報』 34.

_____(1973a), 四聲通解의 聲類, 成均館大 『論文集』 17.

_____(1973b), 四聲通解의 韻類, 檀國大 東洋學研究所 『東洋學』 3.

_____(1973c), 『四聲通解 研究』, 新雅社.

_____(1974a), 『朝鮮館譯語 研究』, 光文社.

_____(1974b), 飜譯 老乞大·朴通事의 音系, 『震檀學報』 38.

_____(1975a), 鷄林類事와 宋代音資料, 『東洋學』 5.

_____(1975b), 鷄林類事 「高麗方言」 語譯, 『大東文化研究』 10.

_____(1976), 15세기 文獻의 現實漢字音에 대하여, 成均館大 『第1回 東洋學學術會議論文集』.

_____(1977), 鷄林類事 「高麗方言」의 聲母와 中世韓國語의 子音, 『李崇寧先生古稀紀念國語國文學論叢』.

_____(1978a), 鷄林類事 「高麗方言」의 字母音과 15세기 中世國語의 中聲 및 終聲, 『大東文化研究』 12.

_____(1978b), 老乞大·朴通事諺解內子音의 音系, 延世大 國學研究院 『東方學志』 18.

_____(1978c), 朴通事新釋諺解內子音의 音系, 『學術院 論文集(人文·社會科學篇)』 17.

_____(1978d), 中國字音과의 對音으로 본 國語母音體系, 國語學會 『國語學』 7.

_____(1980a), 『鷄林類事 「高麗方言」 研究』, 成均館大 出版部.

_____(1980b), 朝鮮時代資料로 본 近代漢字音韻史概觀, 成均館大 『論文集』 28.

_____(1981), 華音啓蒙諺解內子音의 音系, 『東方學志』 23·24.

_____(1983), 齒音과 한글 表記, 『國語學』 12.

_____(1985), 洪武正韻譯訓 「歌韻」의 한글 表音에 대하여, 『羨烏堂金炯基先生八耋紀念國語學論叢』.

_____(1987a), 韓國漢字音內舌音系字音의 變化에 대하여, 『東方學志』 54·55·56.

_____(1987b), 韓國漢字音과 漢語上古音과의 對應可能性에 관하여, 『東洋學』 17.

_____(1989), 한국한자음의 어제와 오늘, 국어연구소 『국어생활』 17.

姜鎬天(1986), 訓民正音制定의 音韻學的 背景―中國·蒙古韻學을 中心으로―, 淸州大 『語文論叢』 5.

權在善(1973), 古代國語의 漢字韻尾音에 대한 考察, 한국어문학회 『語文學』 29.

_____(1974), 梗橵考, 『嶺南語文學』 1.

_____(1985), 世宗의 御製東國正韻과 申叔舟 등의 半切, 大邱大 『人文科學研究』 3.

權宅龍(1987), 訓民正音韻解 聲母考, 『于亭朴恩用博士回甲紀念論叢 韓國語學과 알타이語學』.

김선기(1972a), 동국정운의 ㅂ, ㄸ, ㄲ의 음가, 한글학회 『한글』 150.

_____(1972b), 향가음독자 연구―방법론의 하나―, 明知大 『明代論集』 5.

金永基(1962), 中國語方言과 東洋漢字音의 比較研究―韓國과 南中國의 音韻을 中心으로―, 成均館大 『論文集』 7.

김영만(1967), 이조전기의 한자음의 운율(1), 『한글』 139/(2), 140.

_____(1988), 中國語 四聲의 國語韻素(超分節音素)化에 대한 研究(Ⅰ), 『嶺南語文學』 15.

金完鎭(1966), 續添洪武正韻에 對하여, 『震檀學報』 31.

_____(1970), 이른 時期에 있어서의 韓中言語接觸의 一斑에 대하여, 『言語研究』 6-1.

金喆憲(1958), 東國正韻 初聲攷, 『국어국문학』 19.

_____(1959), 東國正韻 韻母攷, 『국어국문학』 21.

_____(1962), 鷄林類事 研究―30餘語彙를 中國語音韻論的 角度에서 解讀함―, 『국어국문학』 25.

南廣祐(1964), 東國正韻式 漢字音聲調의 研究, 中央大 『論文集』 9.

_____(1966a), 『東國正韻式 漢字音 研究』, 韓國研究院.

_____(1966b), 訓蒙字會의 音·訓研究, 『가람李秉岐博士頌壽論文集』.

_____(1967-71), 韓國에서의 漢字音聲調 變遷研究, 『국어국문학』 34·35/『李崇寧博士頌壽紀念論叢』/ 嶺南大 『東洋文化』 6·7/『杏丁李商憲先生回甲紀念論文集』/中央大 文科大 『文耕』 26/『文耕』 27/ 『現代國語國字의 諸問題』(一潮閣)/『金亨奎博士頌壽紀念論叢』.

_____(1969), 『朝鮮(李朝)漢字音 研究』―壬亂前 現實漢字音을 중심으로―, 東亞出版社.

_____(1984), 『韓國語의 發音研究』(Ⅰ)(Ⅱ), 一潮閣.

都守熙(1977), 『百濟語 研究』, 亞細亞文化社.

文璇奎(1961), 鷄林類事 片攷 ―特히 「-l(ㄹ)」 表記法及音韻에 對하여―, 『국어국문학』 23.

_____(1962a), 朝鮮館譯語上의 中國音韻體系 小考, 『歷史學報』 17·18.

_____(1962b), 朝鮮館譯語 攷論―編成時期 表記法及音韻에 對하여―, 高麗大 亞細亞問題研究所 『亞細亞研究』 5-2.

_____(1964), 濁聲音變化攷, 『學術院論文集(人文·社會科學篇)』 4.

_____(1965), 廣韻에 依한 脣音字聲母變化攷, 『국어국문학』 30.

_____(1966), 舌音系字音變化攷論, 『가람李秉岐博士頌壽論文集』.

_____(1967), 字音의 次清攷, 『大東文化研究』 4.

_____(1969a), 齒音의 〈土·食〉系 聲母論, 『국어국문학』 42·43.

_____(1969b), 李朝初以來의 漢字音韻變化에 對한 考察, 全北大 『論文集』 11.

_____(1971a), /-t/入聲音의 /-l/音化攷 ―高麗以前의 漢字音에 對한 一考―, 漢陽大 『論文集』 6.

_____(1971b), /-m/·/-p/音系의 韻母論, 『藏菴池憲英先生華甲紀念論叢』.

_____(1972), 『朝鮮館譯語』 研究, 景仁文化社.

_____(1973), /yə/韻母字音의 現實, 『국어국문학』 62·63.

朴炳采(1966a), 鄕歌表記의 源流的 考察, 『국어국문학』 32.

_____(1966b), 古代國語의 漢字音研究(聲類篇), 『亞細亞研究』 22.

_____(1971a), 朝鮮朝初期 國語漢字音의 聲調攷, 『亞細亞研究』 41.

_____(1971b), 國語漢字音의 母胎論攷, 『白山學報』 10.

_____(1971c), 古代國語 音韻體系의 再構試論―國語漢字音의 分析을 중심으로―, 高麗大 民族文化研究所 『民族文化研究』 5.

_____(1971d), 國語漢字音의 開封音 母胎說에 對한 揷疑, 『金亨奎博士頌壽紀念論叢』.

_____(1971e), 『古代國語의 研究(音韻篇)』, 高麗大 出版部.

_____(1972a), 訓蒙字會의 異本間 異音攷, 『亞細亞研究』 45.

_____(1972b), 訓蒙字會의 異本間 異聲調攷, 『국어국문학』 55·56·57.

_____(1974), 原本洪武正韻譯訓의 缺本復原에 관한 研究, 『亞細亞研究』 51.

_____(1975), 洪武正韻譯訓의 俗音攷, 高麗大 文科大 『人文論集』 20.

_____(1978), 16, 7世紀의 漢字音에 대하여, 『국어국문학』 78.

_____(1979), 고대국어의 자음음소체계에 대하여, 延世大 『말』 4.

_____(1982), 洪武正韻譯訓의 古韻注記에 대하여, 『語文論集』 23.

_____(1983a), 洪武正韻譯訓의 發音註釋에 대하여, 『秋江黃希榮博士頌壽紀念論叢』.

_____(1983b), 『洪武正韻譯訓의 新研究』, 高麗大 出版部.

_____(1984), 『音韻闡微』의 그 反切에 대하여, 『牧泉兪昌均博士華甲紀念論文集』,

_____(1987a), 국어한자음의 모태와 변천, 국어연구소 『국어생활』 8.

_____(1987b), 고대국어의 모음음소체계에 대하여—SK.와 SV.의 비교를 중심으로—, 『民族文化研究』 20/『한글』 195.

_____(1990), 『古代國語의 音韻比較研究』, 高麗大 出版部.

朴成勳(1987), 洪武正韻譯訓의 通用韻目중 表記上의 誤謬와 그 類型, 『東洋學』 17.

朴恩用(1970), 中國語가 國語에 미친 影響 —音韻篇—, 曉星女大 『研究論文集』 6·7.

朴泰權(1964), 入聲終聲攷, 釜山大 『論文集』 5.

方鐘鉉(1954), 訓蒙字會攷, 『東方學志』 1.

徐在克(1969), 漢字語聲調의 再構試圖, 啓明大 『語文論集』 1.

成元慶(1969), 『十五世紀韓國字音與中國聲韻之關係』, 재판(1976), 槿域書齋.

_____(1971), 東國正韻과 洪武正韻譯訓音 의 比較研究, 建國大 『學術誌』 12.

_____(1974), 漢字에서의 韓·中初聲異變考 —但牙音(見·溪·群母)에 있어서—, 『學術誌』 17.

宋河振(1985), 三國史記의 地名表記와 古代國語의 音韻, 『韓國方言學』 3.

辛容泰(1982), 韓國漢字音의 母胎に関する考察, 國際大 『人文科學研究』 1.

安秉禧(1971), 十五世紀의 漢字音 한글표기에 대하여, 『金亨奎博士頌壽紀念論叢』.

吳鍾甲(1974), 語末去聲化의 法則, 『嶺南語文學』 1.

_____(1975), 新字典의 漢字音 研究, 『嶺南語文學』 2.

_____(1976), 崔世珍의 韻會音體系, 『嶺南語文學』 3.

兪昌均(1959), 東國正韻에 나타난 母音의 特色, 靑丘大 『論文集』 2.

_____(1960a), 古代地名表記의 母音體系, 韓國語文學會 『語文學』 6.

_____(1960b), 古代地名表記의 聲母體系, 靑丘大 『論文集』 3.

_____(1961), 古代地名表記用字의 韻尾에 對하여 —主로 三國史記地理志의 地名例를 中心으로—, 靑丘大 『論文集』 4.

_____(1963), 訓民正音中聲體系構成의 根據, 『語文學』 10.

_____(1965a), 東國正韻研究(Ⅰ), 『語文學』 12.

_____(1965b), 中聲體系構成을 再論함, 『국어국문학』 30.

_____(1965c), 中聲字 ㅛ/ㅠ의 性格과 開合에 對한 是非, 大邱大 『東洋文化』 4.

_____(1966a), 東國正韻研究(Ⅱ), 『語文學』 14.

_____(1966b), 東國正韻序攷, 『亞細亞研究』 22.

_____(1967a), 『東國正韻研究(復元篇)』, 螢雪出版社.

_____(1967b), 東國正韻式 漢字音의 基層에 對한 試論, 『震檀學報』 31.

_____(1967c), 朴通事諺解의 中國音에 對한 考察, 嶺南大 『論文集』 1.

_____(1968a), 現代韓國漢字音의 性格과 體系, 明知大 『論文集』 1.

_____(1968b), 古今韻會擧要의 反切과 東國正韻의 比較, 嶺南大 『東洋文化』 8.

_____(1969a), 『東國正韻研究(研究篇)』, 螢雪出版社.

_____(1969b), 四聲通解에 反映된 蒙古韻略, 『金載元博士回甲紀念論文集』,

_____(1969c), 韓國古代漢字音의 研究 —借字의 方法과 그 傾向—, 『東洋文化』 9.

_____(1970), 韓國古代漢字音의 研究(Ⅰ), 『東洋文化』 10.

_____(1971a), 韓國古代漢字音의 研究(Ⅱ), 『語文學』 24.

_____(1971b), 鄕歌의 「支」字表記에 對하여, 『藏菴池憲英先生華甲紀念論叢』.

_____(1972a), 鄕歌의 「知」에 對하여, 『常山李在秀博士還曆紀念論叢』.

_____(1972b), 世宗朝漢音系韻書의 成立過程에 對하여, 嶺南大 『文理人學報』 1.

_____(1973a), 四聲通攷再構의 實際的 問題, 『語文學』 28.

_____(1973b), 鄕歌 「只」字表記에 對하여, 淸溪金思燁博士頌壽紀念論叢.

_____·橋本萬太郎(1973), 鄕歌表記用字의 上古性的 側面 —特히 「尸」의 音價와 그 淵源에 對하여—, 嶺南大 『新羅伽耶文化研究』 6.

_____(1974a), 『四聲通攷와 蒙古韻略의 研究』, 螢雪出版社.

_____(1974b), 四聲通解音의 本質에 對하여, 『霞城李瑄根博士古稀紀念論叢』.

_____(1975a), 高句麗人名表記用字의 檢討, 檀國大 東洋學研究所 『東洋學』 5.

_____(1975b), 百濟人名表記에 나타난 用字法의 檢討, 『語文學』 33.

_____(1976), 高句麗地名表記用字에 대한 檢討, 『又村姜馥樹博士回甲紀念論文集』.

_____(1980a), 中國上古音 *b-의 再構에 대한 試論, 『蘭汀南廣祐博士華甲紀念論文集』.

_____(1980b), 借用文字의 表記에 대한 考察, 『國語學』 9.

_____(1980c), 『韓國古代漢字音의 研究(Ⅰ)』, 啓明大 出版部.

_____(1981), 百濟漢字音의 韻尾字音에 대한 考察, 忠北大 『開新語文研究』 1.

_____(1983), 『韓國古代漢字音의 研究(Ⅱ)』, 啓明大 出版部.

_____(1984), 三韓國名表記가 보여주는 母音調和의 傾向, 『于雲朴炳采博士還曆紀念論叢』.

李基文(1968a), 鷄林類事의 再檢討, 서울大 문리大 『東亞文化』 8.

_____(1968b), 朝鮮館譯語의 綜合的 檢討, 서울大 『論文集』(人文·社會科學篇) 14.

_____(1971a), 『訓蒙字會 研究』, 서울大 韓國文化研究所.

_____(1971b), 「州」의 古俗音에 대하여, 『藏菴池憲英先生華甲紀念論叢』.

李敦柱(1975a), 脣輕音 뮝終聲漢字音攷—中國漢字音과의 比較試論—, 全南大 『論文集』 4.

_____(1975b), 漢中兩國의 漢字音比較試論—「效·流」攝字를 中心으로—, 全北大 語學研究所 『어학』 2.

_____(1976), 漢中兩國의 漢字音比較研究—/k·t·p/入聲字를 中心으로—, 全南大 人文社會科學研究所 『龍鳳論叢』 5.

_____(1977), 「華東正音通譯韻考」의 俗音字에 대하여, 『李崇寧先生古稀紀念國語國文學論叢』.

_____(1988), 訓民正音의 中國韻學的 背景, 신상순(외), 『훈민정음의 이해』, 한신문화사.

李東林(1964), 東國正韻의 研究(Ⅰ) —특히 91韻 23字母와 訓民正音 11母音의 策定에 關하여 —, 東國大 『論文集』 1.

_____(1965), 東國正韻의 研究(Ⅱ) ―그 等韻圖作成을 中心으로―, 『국어국문학』 30.

_____(1968), 東國正韻의 研究(Ⅲ) ―再構方法과 結論―, 東國大 『論文集』 3・4.

_____(1969), 洪武正韻譯訓과 四聲通解의 比較 ―四聲通攷의 再構―, 東國大 『論文集』 5.

_____(1970), 東國大學校 國語國文學研究室 『東國正韻 研究 研究篇/再構篇』(2冊).

李崇寧(1959a), 洪武正韻譯訓에 關하여, 『국어국문학』 20.

_____(1959b), 洪武正韻譯訓의 研究, 『震檀學報』 20.

李潤東(1985), 15世紀國語漢字音에 關한 考察, 『素堂千時權博士華甲紀念國語學論叢』.

_____(1987a), 李朝中期 漢字音聲母에 關한 研究 ―牙音・喉音系에 대하여―, 『于亭朴恩用博士回甲紀念論叢 韓國語學과 알타이語學』.

_____(1987b), 李朝中期 脣音聲母에 關한 研究, 국어교육연구회 『국어교육연구』 19.

_____(1988), 『中期韓國漢字音의 研究(聲母篇)』, 牛骨塔.

李忠九(1983), 韓國漢字의 形音義 研究, 『東方學志』 36・37.

李勳鍾・成元慶(1975), 漢字訓音의 變遷研究, 建國大 『學術誌』 19.

鄭　光(1974), 飜譯老乞大・朴通事의 中國語音 表記研究―四聲通解歌韻內諸字의 中聲表記를 中心으로―, 『국어국문학』 64.

鄭然粲(1970), 世宗代의 漢字四聲表記法, 『국어국문학』 49・50.

_____(1971), 開合과 闢闔에 對하여, 『金亨奎博士頌壽紀念論叢』.

_____(1972), 『洪武正韻譯訓의 研究』, 一潮閣.

鄭寅承・成元慶(1973), 東國正韻 研究, 建國大 『學術誌』 15.

정재호(1958), 「歪」의 音에 대한 고찰, 『한글』 123.

陳泰夏(1974), 『鷄林類事 研究』, 塔出版社(1975).

蔡瑛純(1986), 「朴通事新釋諺解」의 漢語聲調研究, 仁荷大 『論文集』 11.

한태동(1985), 東國正韻 研究, 『延世論叢(人文篇)』 21.

許　雄(1953), 申叔舟의 中國語入聲 處理에 對하여, 『국어국문학』 5.

有坂秀世(1936), 漢字の朝鮮音について, 『方言』 6-4・5.

河野六郎(1939), 朝鮮漢字音の一特質, 『言語研究』 3.

_____(1940), 「東國正韻」及び「洪武正韻譯訓」に就いて, 『東洋學報』 27-4.

_____(1959), 再び「東國正韻」に就いて, 『朝鮮學報』 14.

_____(1964-67), 朝鮮漢字音の研究Ⅰ-Ⅷ, 『朝鮮學報』 31, 32, 33, 34/41, 42, 43, 44.

_____(1978), 朝鮮漢字音と日本吳音, 『末松保和博士古稀紀念 古代東アジア史論集(上)』.

中村完(1961), 「朴通事上」の漢字の表音について, 『朝鮮學報』 14.

橋本萬太郎(1973a), 朝鮮漢字音과 中古中國語高口蓋韻尾, 서울大 語學研究所 『語學研究』 9-1.

_____(1973b), Archaism in the Hyang-Tshal Transcription, The Sound Values of the Character and their Origin, 東京外大 アジア・アフリカ言語文化研究所 『アジア・アフリカ言語文化研究』 6.

_____(1975), 梗榻諸韻の朝鮮漢字音, 東京ア・ア研 『アジア・アフリカの計數研究』 1.

近代移行期 동아시아의 자국어 인식

1. 서 언

　韓國·中國·日本과 같은 극동 3국은 역사적으로나 문화적으로 漢字文化圈이라는 공통분모로 묶일 수 있다. 이에 본고는 이들 3국을 동아시아의 범위로 잡는다. 실제로 한국과 일본은 최소한 1천 5백년 이상의 기간에 걸쳐 中國文化의 영향을 받은 끝에 각자의 언어체계 내에 中國語 기원의 어휘를 대량으로 수용하기에 이르렀다. 여기서 그치지 않는다. 동아시아 3국은 다시 近代化 과정에서도 西洋文化를 받아들이면서 漢字의 造語力을 십분 활용하여 자신들의 語彙體系에 대폭적인 개신과 보완을 효율적으로 달성한 바 있다. 그만큼 이들 3국의 근대화 과정에는 한자의 위력이 크게 반영되었다.

　그러나, 이들 3국의 근대 이행기는 국가별로 각기 달라 하나의 기준으로는 묶이지 않는다. 이에, 본고는 우선 한국의 근대이행기를 대상으로 삼아 自國語와 自國文字에 대한 인식이나 자각이 어떠한 모습으로 전개되었는지를 정리할 것이다.

　필자는 한국의 근대이행기를 朝鮮王朝의 말기인 1894년(高宗31)부터 1910년(純宗4)까지로 상정할 수 있다고 본다. 왕조의 개방정책이 본궤도에 오른 甲午更張에서 王朝의 종말에 이르기까지의 기간이 곧 한국의 근대이행기에 해당하는 것이다. 한국은 그 시기를 통하여 대대적인 변혁을 겪은 바 있다. 그야말로 정치, 사회, 문화 전반에 걸치는 미증유의 혁신이었다.

　鎖國이 사라지면서 일본을 비롯한 서양제국과의 通商條約이 연달아 체결되는 과정에서 문호개방이 본격화하였고, 특히 日本과의 접촉이 깊어짐과 동시에 서양화의 물결도 날로 확산되었다. 정치제도의 혁신에 따라 행정조직이 근본적으로 달라졌고 太陽曆이 새로 채택되었으며, 전통적으로 써왔던 중국연호를 버리고 독자적인 年號를 내세우기에 이르렀다. 일본을 비롯한 서양 여러 나라와 외교적 접촉을 거치는 동안 '國文'이나 '國字'라는 단어도 자주 등장하게 되었다. 通商條約의 한 항목에 國文이나 國字라는 단어가 쓰였기 때문인데 이러한 분위기를 통하여 당시의 조정관원이나 지식인들의 머리 속에는 自國語 내지 自國文字에 대한 자각이 은연중에 조금씩 싹 텄으며 自國語文에 대한 새로운 인식이 부지불식간에 촉발되었으리라고 추측된다.

　다만, 조선왕조의 근대이행기는 이보다 좀더 이전으로 소급된다고 볼 수도 있다. 그럴 경우, 그 시점은 日本과의 修好條規가 처음으로 이루어진 1876년(高宗13)까지 거슬러 올라간다. 그때부터 甲午更張에 이르는 동안에는 왕년의 朝鮮通信使를 대신하게 된 朝鮮修信使 일행이 연달아 새로운 시대로 접어든 일본을 방문, 이전과는 전혀 다른 변혁을 겪고 있는 현실을 체험하고 돌아왔다. 그 여파에 따라 조선조정의 문호개방 속도도 더욱 빨라졌다. 조정의 책임 있는 관리나 지식인들에게 자국어와 자국문자에 대한 자각이나 인식이 새로워지기 시작한 시기도 바로 그때였다고 추정된다. 그렇다고 치더라도, 이 시기는 어디까지나 開化의 초창기 였을 뿐이어서 이를 근대이행기에 포함시키기는 어렵다. 결국, 1876년부터 1894년까지는 근대이행기의 예비기간으로 간주될 만하다.

　이에 따라 본고는 한국의 근대이행기를 일단 조선왕조의 말기인 1894년에서 1910년까지 로 보고 그 시기에 나타난 자국어, 자국문자에 대한 자각을 살펴보기로 하되, 그보다 조금 앞선 예비시기(1876-1894)의 초기적, 前兆的 흔적을 먼저 더듬어 본 후, 그 후속역사로서의 추이가 어떠한 모습으로 전개되었는지를 검토하기로 한다.

　근대이행기에 대한 검토는 크게 세 가지 관점에서 이루어질 것이다. 곧, 첫째는 朝廷次元 의 자각, 둘째는 民間次元의 자각, 그리고 셋째는 敎科書에 반영된 자각을 대상으로 삼고자 한다.

2. 예비시기에 나타난 '國文'의 의미

　1) 일본군함 雲揚號의 江華島 침범(1875)에 따라 朝鮮朝廷과 日本 사이에는 修好條規, 이른 바 江華島條約(1876, 고종13)이 체결되었다. 陰2월 3일(陽2월 27일)자의 條規는 '漢文'과 '日本文' 각1책씩으로 작성되었는데, 그 第3款에는 양국 간에 왕래하는 공문서에 쓸 수 있는 言語가 규정되어 있다.

　"嗣後兩國往來公文, 日本用其國文, 自今十年間, 別具譯漢文一本, 朝鮮用眞文."(이후 양국 간에 오가는 公文은, 日本은 '國文'을 쓰되 지금부터 10년 동안은 '漢文' 飜譯本 한 벌을 별도로 구비한다. 朝鮮은 '眞文'을 쓴다).1) 이때의 '國文'이란 그 나라의 '文字'(글자)라기보다 '言語'(말)의 뜻으로 해석된다. 마찬

---

1)『조선왕조실록』은 국사편찬위원회의 인터넷판[http://sillok.history.go.kr/main/main/jsp]을 이용한다. 띄어쓰기와 구두점도 이를 따르되 필요에 따라서는 약간씩 고쳐 쓸 것이다[가령, 마침표인 ' 。'는 ' . '식으 로]. 한편, 인터넷판에서는 일자별 검색이 가능하기 때문에 인용문의 출처[冊, 卷, 張, 面]는 일일이 밝히지 않는다. 또한, 국문번역문은 필자가 적절히 조절하여 사용한다. 한편, 직접인용의 경우, 원문에 없는 문장부

가지로, '眞文'은 '漢字'라기보다 '漢文'이라는 뜻이다. 이때만 하더라도 한·일 양국 간의 공식문서에서 朝鮮의 '言語'는 사용될 수 없었음을 보여준다. 조선은 오직 漢文만 쓸 수 있었을 뿐이다.

그 후 陰7월 6일(陽8월 24일)에는 朝日修好條規 附錄과 日本人民在朝鮮國諸港口貿易規則이 체결되었다. 그런데 그 貿易規則 제1칙의 마지막에는 "此報單及呈明諸書之類, 悉用日本國文, 無副譯漢文."(이 報單[세관신고서류_필자]과 여러 제출문서는 모두 일본국문으로 쓰고 漢譯副本은 첨부하지 않는다)는 내용이 붙어있다. 여기에는 아예 일본국문만 보일 뿐 조선국문은 말할 것도 없거니와 漢譯本도 구비하지 않는다고 되어 있다. 이러한 현실은 1883년(고종20) 陰6월 22일에 체결된 朝日通商章程에도 그대로 적용되었다. 곧, 제2관의 마지막에는 "各報單及各文件, 均用日本國文, 不副譯文."(각 報單과 각 文件은 모두 일본국문으로 쓰고 번역문을 붙이지 않는다)처럼 규정된 것이다.

2) 요컨대, 이러한 외교무대를 통하여 조선조정의 관리들은 自國語가 공식적으로는 통용되기 어렵다는 현실의 벽을 경험하면서 느낀 바가 없지 않았을 것이다. 이러한 관례는 그 후까지 오랫동안 유지되어 서방제국과의 수호조약 체결에도 그대로 적용되었다. 實錄을 통하여 그 전거를 찾을 수 있다.

1883년(고종20) 陰10월 27일의 朝·英[영국]修好條約에는 다음과 같이 나타난다. "第12款 1. 兩國議立此約, 原係[漢, 英]兩國文字, 均經詳細校對, 詞意相同. 嗣後, 倘有文辭分岐之處, 應歸英文講解, 以免彼此辯論之端. 2. 凡由英國官員, 照會朝鮮官員文件, 暫可譯成漢文, 與英文配達."(1항. 두 나라 사이에 논의, 체결된 이 조약문은 원래 한문과 영어 두 나라 文字로 상세히 대비해서 글 뜻이 서로 같게 한 것이다. 이후 글 내용에서 차이가 나는 곳이 있다면 응당 英語로 해석함으로써 쌍방간의 시비를 면하게 한다. 2항. 영국관원이 조선관원에게 보내는 문건은 잠정적으로 漢文번역을 영문과 함께 붙인다).

같은 날 이루어진 朝·德[독일]修好條約도 마찬가지다. "第12款 1. 兩國議立此約, 原係[德, 漢, 英]三國文字, 均經詳細校對, 詞意相同. 嗣後, 倘有文辭分岐之處, 應歸英文講解, 以免彼此辨論之端. 2. 凡由德國官員, 照會朝鮮官員文件, 暫可譯成漢文, 與德文配送."(1항. 두 나라 사이에 논의, 체결된 이 조약문은 원래 독일어, 한문, 영어 세 나라 文字로 상세히 대비해서 글 뜻이 서로 같게 한 것이다. 이후 글 내용에서 차이 나는 곳이 있다면 응당 英語로 해석함으로써 쌍방간의 시비를 면하게 한다. 2항. 독일관원이 조선관원에게 보내는 문건은 잠정적으로 漢文번역과 독일어를 함께 붙인다).

여기에 쓰인 '文字'라는 표현은 언어라는 뜻을 나타내며, 의미상으로는 일본과의 조약문에 쓰인 '國文'과 같은 뜻으로 해석된다. 따라서 이 시기의 '國文'이나 '文字'라는 단어는 처음 한 동안 '言語'와 '文字'라는 양면적인 의미로 두루 사용되었다고 해석된다. 또한, 조약문의

___

호나 문구와 같은 최소한의 添削이나 보완이 있을 것이다. 당시의 원문만으로는 의미파악이 충분하게 이루어질 수 없을 때가 생기기 때문이다. 그러나 이를 일일이 밝히지는 않는다.

해석에 차이가 생길 때에는 주로 영어해석을 기준으로 하며 조선관원에게 보내는 문서는 조약 상대국의 언어와 한문번역본을 함께 쓴다는 것이다. 이처럼 한문은 서방제국과 조선간의 외교문서에서 관례적으로 중요한 역할을 맡아 온 것이다. 한문의 이러한 역할은 그 후에도 오랫동안 변함이 없었다.

1884년(고종21) 陰閏5월 4일의 朝·義[이탈리아]條約에도 거의 똑같은 내용이 담겨 있다. 조약문은 원래 세 나라 문자[이탈리아어, 한문, 영어]로 작성하고 차이가 나는 곳이 있으면 영어해석을 기준으로 하며, 이탈리아 관원이 조선관원에게 보내는 문건은 잠정적으로 한문번역과 이탈리아어를 함께 붙인다고 되어있다.

3) 같은 해 陰閏5월 15일에는 朝·俄[러시아]條約이 성립되었다. 조약문은 한문과 러시아어로 작성, 차이가 날 때에는 러시아어로 해석, 러시아국 관원이 조선관원에게 보내는 문건은 잠정적으로 漢文번역과 러시아어를 함께 붙인다고 되어있다.

그런데 여기에 약간의 변화가 나타났다. 1888년(고종25) 陰7월 13일에는 朝·俄陸路通商章程이 체결되었는데 그 제5관 7항에는 다음과 문구가 나타나기 때문이다. "俄國商民在慶興一處關口所呈字, 據明章等文, 準用俄國文語, 或旁註朝鮮文字話語."(慶興 한 곳에 있는 러시아 상인이 세관에 제출하는 증명문건들은 러시아 文語로 쓰며, 혹 곁에 朝鮮文字話語로 주석을 단다). 이때의 '俄國文語'란 '러시아의 문자와 언어'를 뜻하며 '朝鮮文字話語' 또한 당연히 '조선의 문자와 언어'라는 뜻으로 풀이된다. 특히 '話語'라는 표현은 분명히 문자와는 구별되는 '말(구어)' 내지 '언어'를 나타낸 것으로 풀이된다.

이전까지 쓰였던 '國文'이나 '文字'라는 표현이 '文語'나 '文字話語'라는 표현으로 달라졌다 함은 외교문서에서도 '문자'와 '언어'의 개념을 조금씩이나마 구별하게 되었다는 뜻일 것이다. 또한 이 경우에는 특히 러시아 관원들이 처음으로 조선어 사용의 필요성을 인정한 셈이다. 이는 당사국 쌍방이 서로 상대방의 언어를 주변여건에 따라 인정하기 시작했다는 뜻이기도 하다. 어쩌면 咸鏡北道 慶興과 같은 국경 인접지역의 현실적인 필요성 때문이었겠지만 '朝鮮文字와 言語'를 쓸 수 있다는 규정이 나오기에 이르렀다는 사실은 주목할 만하다. 이는 조선의 관리들이 외교무대를 통하여 자국어와 자국문자에 대한 자각을 조금씩이나마 분명히 가지기 시작했다는 증거일 수도 있기 때문이다.

그렇다고 하더라도 조약문이나 외교문서에 '朝鮮文字'나 '朝鮮國文'의 사용에 관한 조목이 나타나지 않는 관례는 그 후에도 오랫동안 달라지지 않았다. 가령, 근대이행기에 들어선 이후인 1901년(고종38) 陽3월 23일의 韓·比[벨기에]修好通商條約의 조약문은 한문과 프랑스어를 쓰되 차이가 생길 때에는 프랑스어로 해석하기로 하였다. 또한, 벨기에국 관원이 한국관원에게 보내는 모든 문건은 잠정적으로 한문번역과 프랑스문을 함께 붙인다는 규정도 이전과 마찬가지다. 다만, 여기에는 약간 특이한 조항이 나타난다. 제8관 2항의 "凡有須比國民人, 前往韓國學習或敎誨語言文字, 格致律例技藝者, 均得保護相助, 以昭兩國敦篤友誼."(벨기에국 사람으로서 한국에 와서 語言文字를 학습하거나 가르치며 법률 조문과 技藝를 연구하는 자가 있을 경우 모두 보호하고 도와줌으로써 양국의 우의를 두텁게 한다)에 나타나는 '韓國學習或敎誨語言文字'라는 부분이다. 이때의 '語言文字'라는 문구는 일찍이 朝・俄陸路通商章程(1888)에 쓰인 바 있는 '文字話語'라는 표현과 나란히 주목되는 문구라 할 수 있다. 여기에 나타나는 '語言'이나 '話語'는 분명히 '문자'를 뜻한다기보다 '言語'라는 의미로 쓰였기 때문이다. 비록 한정적인 경우에 불과할망정 이 사례 또한 조선의 '文字'와 '言語'(話語/語言)가 외교적으로 조금씩 인정되기 시작했음을 보여준다고 할 수 있다.[2]

요컨대, 朝・俄[러시아]陸路通商章程의 '朝鮮文字話語'(조선문자와 언어)에 나타나는 '話語'와 더불어 韓・比[벨기에]修好通商條約에 나타나는 '語言文字'의 '語言'은 특히 주목되는 용어가 아닐 수 없다. 이들은 분명히 '文字'와 대립되는 '言語'를 뜻하고 있다고 해석되기 때문이다. 나아가, 외교문서에 관례적으로 쓰인 바 있는 '國文'이나 '文字'라는 표현이 '話語'나 '語言'으로 발전하는 과정은 조선조정의 관원들에게 自國語와 自國文字에 대한 자각을 크게 불러일으켜 주는 계기가 되었으리라고 풀이된다.

3. 國文, 國字에 대한 인식과 자각의 추이

1) 朝廷次元의 자각

근대이행기(1894-1910)에 들어서면서 조선조정 내부에서는 自國語와 自國文字에 대한 자각이 민간차원보다 한발 앞서 나타나기 시작하였다. 王朝實錄을 통하여 그 자취를 추적할 수 있다. 그 출발점은 특히 국가적인 개혁, 곧 甲午更張이 시작된 1894년(고종31) 여름부터였다. 당시의 추이를 찾아보면 다음과 같다(날짜는 모두 음력을 나타낸다).

> 6월 28일. 軍國機務處의 啓에 나타나는 學部衙門의 編輯局 업무. "掌國文綴字, 各國文繙繹及敎課書編輯等事."('國文綴字', '各國文' 번역과 교과서 편집 등의 일을 맡아

---

2) 다만, 그 이듬해인 1902년(고종39) 陽7월 15日에 체결된 韓・丹[덴마크]修好通商條約은 이전과 조금도 다름이 없는 모습을 보여준다. 곧, 조약문은 한문과 프랑스어를 쓰며, 차이가 생길 때에는 프랑스어로 해석한다. 덴마크국 관원들이 한국 관원에게 보내는 모든 문건은 잠정적으로 한문번역과 프랑스어를 함께 보낸다.

본다).

7월 8일. 軍國機務處의 議案 가운데 한 조목. "凡國內外公私文字, 遇有外國國名, 地
名, 人名之當用歐文者, 俱以國文繙繹施行事."(국내외의 공적, 사적 '文字'에 외
국의 국명, 지명, 인명이 구라파 문자로 적혀 있으면 모두 국문으로 번역해서 시행한다).

7월 12일. 軍國機務處의 銓考局 條例 議案에 규정된 普通試驗 과목. "國文, 漢文,
寫字, 算術, 內國政, 外國事情, 內情外事, 俱發策."('國文, 漢文, 글자쓰기, 算
術, 국내정사, 외국사정, 국내사정, 외무관계로 한다).

8월 28일. 軍國機務處의 議案 가운데 한 조목. "本國軍卒, 未有教養, 但知體操, 擔銃
之爲職分, 而不知衛國護民之爲何事. 紀律以之未嚴, 心膽以之未固, 由軍務
衙門, 以國文編纂軍卒教科書, 每日限時間教授事."(본국 군졸들은 教養이 없어
체조와 총을 메는 것이 직분인 줄만 알고 나라를 지키고 백성을 보호한다는 것이 무슨
일인지를 알지 못한다. 기율이 이 때문에 엄하지 못하고 담력이 이 때문에 굳세지 못하
니, 軍務衙門에서 軍卒教科書를 '國文'으로 편찬하여 날마다 시간을 정하여 가르친다).

우선, 6월 8일의 '國文綴字'에 나타나는 '國文'은 분명히 '國語'의 뜻으로 이해된다. 또한,
그 뒤의 '各國文'에 나타나는 '國文' 또한 해당국의 '國語'나 '言語'로 해석된다. 7월 8일에
나타나는 '文字'도 실상은 '文字'라기보다 '言語'라는 뜻으로 해석되며, 7월 12일의 시험과목
'國文'은 분명히 '國語'를 뜻한다. 8월 28일의 '國文' 또한 당연히 '國語'를 뜻한다.

결국, 실록에 드러나는 '國文'이나 '文字'는 어느 경우나 단순한 '文字'라기보다 '언어'나
'국어'를 뜻하고 있다. 이처럼 정부차원의 기록에 '國文' 또는 '文字'라는 단어가 자주 쓰이게
되었다는 사실은 自國의 言語와 文字에 대한 자각이 점차 표면에까지 확실히 드러나기 시작
했음을 보여준다.

3.1.1. 국어에 대한 조선조정의 자각은 자연스럽게 공문서의 개혁으로 이어졌다. 1894년
11월 21일, 勅令(제1호에서 제8호까지)과 함께 公文式이 공포된 것이다. 그 제14조는 다음과 같다.

"法律, 勅令, 總以國文爲本, 漢文附譯, 或混用國漢文."(법률, 칙령은 모두 '國文'을 기본으로
하고 漢文으로 번역을 붙이거나 혹은 國漢文混用으로 한다).

訓民正音이 창제된 이후에도 국가의 모든 공식문서는 한결같이 한문으로 작성되어 왔다.
그것이 드디어 국문을 기본으로 하고, 한문번역을 붙이거나 국한문혼용으로 바뀌게 된 것이
다.3)

---

3) 국한문혼용의 경우, 이보다 한 발 앞서 실록에 이미 나타난 적도 있다. 공문식이 공포되기 한 달 전쯤인

이듬해인 1895년(고종32)부터는 實錄에 국한문혼용이 자주 나타나게 된다. 예컨대, 3월 10일, 內務衙門에서 각 道에 내린 訓示는 "我國의 固有훈 獨立基礎룰 立ᄒ며 百度革新훈 銳氣가 人民과 更始ᄒ야 文明域에 進코저 ᄒ야 本大臣鹵愚不才룰 不顧ᄒ고 百弊룰 芟除ᄒ야 士民의 安寧幸福을 期ᄒ야 玆에 條列訓示ᄒ니 其各遵守勿違홈을 望ᄒ노라"로 되어있다. 그뿐 아니라, 그 제10조에는 "人民을 몬저 本國史, 本國文을 敎훌 事"라고 규정되기도 하였다. 인민에게 우리의 국사와 국문을 가르치라는 내용이다. 그 밖에도 국한문혼용 문서는 실록에서 어렵지 않게 찾아볼 수 있다.

　3월 25일. 法官養成所規程. "第一條, 法官養成所ᄂᆞᆫ['ᄂ'의 잘못—필자] 速成홈을 期ᄒ고 生徒룰 汎募ᄒ야 規定ᄒᄂᆞᆫ[ᄂ] 學課룰 敎授ᄒ고 卒業後에 司法官으로 採用홈이 可훈 資格을 養成ᄒᄂᆞᆫ[ᄂ] 處로 홈.……". 또한 入試科目에는 漢文作文과 더불어 '國文作文'과 '朝鮮歷史 及 地誌大要'가 포함되어 있다.

　5월 8일. 公文式. "第一章 第九條, ……法律命令은 다 國文으로써 本을 삼고 漢譯을 附ᄒ며 或 國漢文을 混用홈.……附則 第十六條, 本令은 開國五百四年五月八日로붓터 施行홈".

　그러는 가운데 9월 9일에는 그때까지 써왔던 曆法을 고쳐 陽曆을 채택한다는 詔令이 나왔는데 그 또한 국한문혼용으로 다음과 같다. "三統[曆法의 하나]의 互用홈이 時를 因ᄒ야 宜를 制홈이니 正朔을 改ᄒ야 太陽曆을 用호디 開國五百四年十一月十七日로써 五百五年一月一日을 삼으라".

　9월 28일. 學部告示 第四號. "敎育은 開化의 本이라. 愛國의 心과 富强의 術이 皆 學文으로붓터 生ᄒ나니 惟國의 文明은 學校의 盛衰에 係지라. 今에 二十三府에 學校룰 아즉 다 設始치 못ᄒ엿거니와 爲先 京城內에 小學校룰……設立ᄒ야 兒童을 敎育ᄒᄂᆞ디……學徒룰 八歲 以上으로 十五歲ᄭᅵ지 增集ᄒ야 其科程은 五倫行實로붓터 小學과 本國歷史와 地誌와 國文과 算術其他外國歷史와 地誌等時宜에 適用훈 書冊을 一切 敎授ᄒ야 虛文을 祛ᄒ고 實用을 尙ᄒ야 敎育을 務盡케 ᄒ노니……".

　3.1.2. 한편, 11월 15일에는 年號를 제정한다는 詔令이 나온다. 이 또한 "詔曰 正朔을 旣改ᄒ야 太陽曆을 用홀지라. 開國五百五年으로 始ᄒ야 年號를 建호디 一世一元으로 制定ᄒ야 萬

　　10월 23일, 高宗은 咸和堂에서 日本公使 이노우에 가오루(井上馨)를 접견하였는데 이때 일본공사가 革新案 20개 조목을 제출하였다. 그 내용이 국한문혼용으로 실록에 올라있는 것이다. 다만, 이노우에 가오루(井上馨)의 혁신안이 제출당초 일본어였는지 조선어였는지는 알 길이 없다. 그러나, 당시의 상황으로 판단할 때 일본어 원문을 조선어로 번역하여 실록에 올렸을 가능성이 크다.

世子孫이 恪守케 ᄒ라"와 같은 국한문혼용이다. 이보다 앞선 9월 9일의 詔令으로 양력을 채택한다고 하였기 때문에 이번에는 年號까지 새로 쓰기로 한 것이다. 이로써 음력은 1895년(고종 32, 개국 504) 11월 16일로 끝나고 이튿날인 11월 17일은 양력으로 1896년(고종33, 개국 505) 1월 1일이 된다. 그 후의 주목되는 국한문혼용체의 몇몇 사례를 실록에서 찾아보면 다음과 같다(이때부터의 날짜는 양력을 나타낸다).

1900년(고종37) 4월 17일 재가, 반포된 勅令 제13호(勳章 條例), 제14호(文官服裝 規則), 제15호 (文官 大禮服 製式). 1907년(고종44) 6월 14일 議政府를 內閣으로 개칭한다는 詔令. 1908년(純宗元 年) 3월 20일 布達 제176호로 반포된 掌禮院樂師長 以下 服制.4)

이러한 흐름 속에서, 1905년(고종42) 7월 19일, 醫學校長 池錫永은 國文을 정리하고 편리한 방도를 정하여 가르쳐야 한다는 내용의 상소를 올리게 된다. 이른바 '新訂國文'의 제안이었다. 이에 대한 批答은 "所陳誠爲敎育齊民之要. 疏辭, 令學部商確施行."(진술한 말은 참으로 백성을 교육하는 요점이다. 상소 내용을 학부에 명하여 자세히 의논하여 시행하도록 하겠다)는 것이었다. 7월 19일에는 議政府 參政大臣 沈相薰, 學部大臣 閔泳喆이 "新訂國文 實施件"을 奏請하여 재가를 받았다. 이 날짜의 실록에는 그 내용이 실려 있는데 이 글 또한 국한문혼용으로 되어있다.5)

그 내용은 모두 6개 항목(五音象形辨, 初中終三聲辨, 合字解, 高低辨, 疊音刪正辨, 重聲釐正辨)으로 되어 있으나 그중에서도 새롭다고 할 만한 내용은 후반의 3개 항목이다. 그는 高低辨에서 한자음에는 고저가 있기 때문에 이를 표기할 경우 上聲과 去聲에는 오른쪽에 1점을 가하고(우리 俗音에는 上聲과 去聲이 따로 차등이 없다_本文細注) 平聲과 入聲에는 점을 가하지 않는다. 이렇게 함으로써 同音異義를 구별할 수 있다는 뜻이다. 곧, 높은 音인 動(움즉일동), 禦(막을어)[둘 다 본래는 上聲_ 필재]에는 1점을 가하되, 낮은 音인 同(한가지동), 魚(고기어)[둘 다 본래는 平聲_필재]에는 점을 가하지 않는다. 한편, 발음이 길고 짧은 구별이 있을 때도 있는데 그 경우에도 曳音[끄는 소리, 곧 長音_ 필재]에 1점을 가한다. 곧, 簾(발렴), 列(벌릴렬)의 '발'이나 '별릴'의 '별'은 장음이므로 1점을 가하고 足(발족), 捐(버릴연)의 '발'이나 '버릴'의 '버'는 짧은 음이므로 점을 가하지 않는다는 것이다.

疊音刪正辨은 'ㄱㄴㄷㄹ……'와 같은 아래 '·' 음절을 '가나다라……'처럼 고쳐 적는다는 내용이며, 重聲釐正辨은 '짜따싸쨔'와 같은 ㅅ합용병서를 폐지하고 '까따빠짜'로 고쳐 적는다는 것이다.6)

---

4) 여기에는 또 하나의 문서가 첨부되어 있는데 韓國의 施政改善 經費를 위하여 일본정부와 대한제국정부가 맺은 一時貸付金에 관한 계약내용이다. 이에 대한 증거로서 韓日 兩國文 계약서 각 2건을 작성하여 양국정부의 대표자가 記名捺印하였다고 하는데 한국은 度支部大臣 高永喜, 일본은 統監 이토 히로부미(伊藤博文)로 되어있다. 이때의 계약서에는 분명히 양국어가 나란히 사용되었다.

5) 그 全文은 곧바로 『官報』 제3200호(1905光武9년 7월 25일)에 실린 바 있다.

이처럼 자국어에 대한 자각이 점차 활발해짐에 따라 조정에서는 드디어 국문연구소를 설립하기로 결정하였다. 1907년(고종44) 7월 8일 내각총리대신 李完用은 학부대신 李載琨의 請議에 따라 國文硏究所를 설치하기로 했다는 奏請을 올려 裁可를 받은 것이다. 자국어에 대한 자각이 최고조에 이르렀음을 나타내는 증거가 아닐 수 없다.[7] 그러나, 국어에 대한 자각도 머지않아 시련을 맞을 수밖에 없었다. 순종이 일본천황에게 한국의 통치권을 양도함에 따라 조선조정이 종말을 고했기 때문이다.

3.1.3. 국한문혼용으로 작성된 정부차원의 마지막 공식문서는 순종실록(1910, 隆熙4년 8월 29일)에 실려있는 황제의 '勅諭'라고 할 수 있다. 참고삼아 그 전문을 옮겨보면 다음과 같다.

皇帝若曰 "朕이 否德으로 艱大호 業을 承ᄒ야 臨御以後로 今日에 至ᄒ도록 維新政令에 關ᄒ야 亟圖ᄒ고 備試ᄒ야 用力이 未嘗不至로ᄃᆡ 由來로 積弱이 成痼ᄒ고 疲弊가 極處에 到ᄒ야 時日間에 挽回홀 施措無望ᄒ니 中夜憂慮에 善後홀 策이 茫然호지라. 此를 任ᄒ야 支離益甚ᄒ면 終局에 收拾을 不得ᄒ기에 自底홀진 則無寧히 大任을 人에게 托ᄒ야 完全홀 方法과 革新홀 功效를 奏케홈만 不如호 故로, 朕이 於是에 瞿然히 內省ᄒ고 廓然히 自斷ᄒ야 玆에 韓國의 統治權을 從前으로 親信依仰ᄒ든 隣國大日本皇帝陛下게 讓與ᄒ야 外으로 東洋의 平和를 鞏固케ᄒ고 內으로 八域民生을 保全케ᄒ노니, 惟爾大小臣民은 國勢와 時宜를 深察ᄒ야 勿爲煩擾ᄒ고 各安其業ᄒ야 日本帝國文明新政을 服從ᄒ야 幸福을 共受ᄒ라. 朕의 今日此擧ᄂᆞᆫ 爾有衆을 忘홈이아니라 爾有衆을 救活ᄒ쟈ᄒᄂᆞᆫ 至意에 亶出홈이니 爾臣民等은 朕의 此意를 克體ᄒ라."[8]

여기서 주목되는 점은 원문 가운데의 '外으로……內으로'라는 표기라고 할 수 있다. 漢字와 助詞의 관계로 판단할 때 이때의 '外'와 '內'는 둘 다 한자음으로 읽지 않고 각기 '밖'과 '안'으로 읽었음을 보여준다. 지극히 한정적이기는 하나 특정 漢字에 훈독을 이용한 셈이다.[9]

---

[6] '新訂國文'의 내용은 池錫永이 거의 10여년 전부터 가다듬어 온 신념의 結晶으로 생각된다. 그는 일찍이 발표한 바 있는 '국문론'(『大韓獨立協會會報』 1호, 1896建陽元年.12.30.)을 통하여 국어의 동음한자나 동음이의어를 방점사용으로 구별할 수 있다고 주장한 바 있기 때문이다. 다만, '新訂國文'의 高低辨에 제시된 한자음이나 단어의 실례는 최초의 '국문론'과는 많이 다르다. 한편, 池錫永은 그 후에도 '大韓國文說'(『大韓自强月報』 11, 13호, 1907光武11.5.25., 7.25.)과 같은 주장을 통하여 자신의 '新訂國文'을 계속 보완하려는 노력을 보인 바 있다.

[7] 1907년(고종 44) 7월 8일 그 설치가 결정된 國文硏究所의 활동은 1909년(순종 3) 12월 28일까지 계속되었다. 그 설치과정과 성과 등에 대해서는 李基文(1970)에 상세하게 정리되어 있다.

[8] 1990년 7월 30일자 『韓國日報』(제12904호)는 이 勅諭의 원본이 발견되었다는 사실을 보도한 바 있는데, 사진으로 제시된 원본에는 띄어쓰기나 단락구분, 구두점이 일체 나타나지 않는다.

[9] 그러한 방식은 이미 1906년 李能和가 그 도입을 제안한 적이 있으며, 1907년-1909년 사이에 출판된

국한문혼용은 그 후 순종실록부록10)에도 가끔 나타난다. 우선 1910년(순종3) 8월 29일, 곧 국권을 잃은 당일에 나온 日本天皇의 詔書와 勅令(제318호부터 제334호까지), 그리고 데라우치 마사타케(寺內正毅) 統監의 諭告도 국한문혼용체로 실려있다.11) 그보다 며칠 뒤인 9월 2일, 각 관청의 공문서에는 일본어를 쓰라는 지시가 떨어진다. 前 宮內府 各 官廳 長官에게 전달된 공문서 취급안의 마지막 조목인 6항에 "府外 各 官廳에 對호 公文은 總히 日本文을 用홀 事. 但 府內에 照會往復文書는 從前과 如히 國漢文을 用홈이 無妨홈"처럼 규정된 내용이 그것이다.

결국, 각 관청의 공문서에는 일본어가 채택되면서 국한문혼용은 더 이상 허용되지 않기에 이르렀다. 국한문혼용은 내부문서에만 한정적으로 허용되었기 때문에 그만큼 비공식적인 문서로 격하된 것이다. 그 뒤에 더러 나타나는 국한문혼용체로는 1910년(순종3) 10월 14일 '前 侍從李喬永, 金璜鎭, 朴善斌, 男爵 尹用求 등에게 내린 諭示', 12월 30일 皇室令 第34號로 공포된 '李王職官制', 1911년(순종4) 2월 1일에 공포, 시행된 '李王職 事務分掌 規程' 등이 있다.

3.1.4. 지금까지 살펴본 결과, 근대이행기의 자국어, 자국문자에 대한 정부차원의 자각은 공식문서에 국한문혼용의 채택이라는 역사적 혁신을 가져왔다. "法律, 勅令은 모두 國文을 기본으로 하고 漢文으로 번역을 붙이거나 혹은 國漢文混用으로 한다"는 것으로 당초에는 이 규정이 法律과 勅令에 한하여 '국문을 기본으로 하고 한문이나 국한문혼용을 한다'는 것이었으나 실제로는 국한문혼용만이 현실에 반영되었다. 어찌되었건, 이러한 과정을 통하여 '國文'이라는 개념이 널리 확산되었으며 그 뜻은 막연하나마 언어로서의 '국어'와 글자로서의 '문자'를 동시에 나타내는 경우가 많았다. 이러한 혁신은 당시의 현실적 환경을 감안할 때 역사적으로 괄목할 만한 사실이 아닐 수 없다. 세종대왕이 훈민정음을 창제한지 실로 450여 년 만에 이루어진 혁신이기 때문이다.

근대이행기의 자각이 또 하나의 커다란 성과로 이어졌다면 그것은 국문연구소(1907-1909)의 설치일 것이다. 그 활동기간은 불과 2년 반에도 미치지 못하는 단명으로 끝났으나 그 역사적 의의는 대단하다 할 수 있다. 그러한 성과의 배경에는 폭풍처럼 불어 닥친 시대적 여건과 사회적 요구, 그와 더불어 확산된 자국어와 자국문자에 대한 내면적 자각이 크게 작용하였으리라고 해석된다.

일부 교과서에 비슷한 방식의 도입이 실제로 시도된 적도 있다. 이에 대해서는 차후에 구체적으로 논의할 것이다.

10) 1910년 8월 29일부터의 순종실록은 부록이라는 이름으로 불리고 있다. 부록은 1928년(순종 21) 7월 6일로 끝난다. 순종은 1926년(순종 19) 4월 25일에 타계, 6월 10일에 因山이 행해졌으므로 타계 이후 2년 정도 실록이 지속된 셈이다.

11) 각주8)에 나와있는 대로 순종황제의 勅諭와 함께 발견되었다는 통감의 諭告 사진판을 보면 長文으로 이루어진 원문은 분명히 일본어로 작성되어 있다. 실록은 이를 국한문혼용체로 번역하여 실은 셈이다.

그러나, 한문의 권위와 세력은 그 기간에도 좀처럼 약해지지 않았다. 실록은 여전히 한문으로 기록되었으며 특히 권위와 품위를 나타내기 위한 문서에는 어김없이 한문이 사용되었다.[12]

2) 民間次元의 자각

3.2.1. 자국어, 자국문자에 대한 정부차원의 자각에 자극을 받은 결과 약간 뒤늦게 시작되기는 하였지만 민간차원에서도 자국어, 자국문자에 대한 논의가 활발하게 표면화하였다. 여기에는 본격적인 문법연구를 비롯하여 번역서, 외국어 특히 일본어 학습을 위한 대역교재 등이 모두 포함될 수 있으나 이 자리에서는 그다지 진문적인 연구에 속하지 않거나 단편적이고도 짤막한 논설의 일부를 논의의 대상으로 삼는다. 본격적이거나 전문적인 연구성과는 다른 논문에서 다루어질 것으로 생각되기 때문이다.

단편적이나마 자국어, 자국문자에 대한 자각이 나타나는 소론으로 주목되는 것들을 연대순으로 모아보면 다음과 같다.[13]

(01). '논셜'(『독립신문』1권 1호, 1896 建陽元.4.7.). *國文전용, 띄어쓰기.
(02). '잡보'(『독립신문』1권 26호, 1896 建陽元.6.4.). *國文전용, 띄어쓰기.
(03). 지석영, '국문론'(『大韓獨立協會會報』1호, 1896 建陽元.12.30.). *國文전용, 띄어쓰기.
(04). 쥬샹호(周時經)[14], '국문론'[제1차분](『독립신문』2권 47호, 48호, 1897 建陽2.4.22., 24.). *國文전용, 띄어쓰기.
(05). 申海永, '漢文字와國文字의損益如何'(『大韓朝鮮獨立協會會報』15, 16호, 1897 光武1.6. 30., 7.15.). *國漢혼용, 붙여쓰기.
(06). '社說'(『皇城新聞』創刊辭, 1898 光武2.9.5.). *國漢혼용, 띄어쓰기.
(07). 쥬샹호(周時經), '국문론'[제2차분](『독립신문』2권 114, 115호, 1897 光武1.9.25., 28.).

---

12) 그러한 현실을 상징적으로 나타내고 있는 사례가 순종실록 부록 17권에 나타난다. 1926년(순종 19년) 6월 11일자(因山이 행해진 다음 날)에 실려 있는 순종황제의 誌文[前弘文館 學士 李載崑 製], 哀冊文[前奎章閣 提學 閔泳徽 製], 誌文[前判敦寧院 事 尹用求 撰], 行狀[前弘文館 學士 尹德榮 製]과 같은 글들이 그것이다. 이들 한문체는 그야말로 당당하고 도도한 문장의 흐름을 보여준다.
13) 河東鎬(편)(1985), 『國文論集成』에는 1896년부터 1910년, 그러니까 본고의 근대 이행기에 해당하는 시기의 소론 37편이 수집되어 있으나 그 중에는 거론할만한 내용이 아닌 경우도 있어 이들을 제외하고 나니 모두 29편이 남았다. 일련번호는 편의상 필자가 매긴 것이다.
14) 이때의 필자명 '쥬샹호'(한자명으로는 周相鎬)는 당시 '周時經'이 쓰던 이름이다. 이 점에 대해서는 李基文(1976)(上)의 권말 '해설' 참조. 여기에 따르자면, 전후 2차에 걸쳐 『독립신문』에 발표된 쥬샹호(04, 07)는 지금까지 알려진 周時經의 글로는 최초로 공간된 것이라고 하며, 그는 당시 培材學堂 학생으로 독립신문사의 '會計兼校補員'으로 일하고 있었다고 한다. 이에 따라 본고도 쥬샹호(04, 07)에 대해서는 쥬샹호(周時經)로 표시하고 논의를 전개하기로 한다.

*國文전용, 띄어쓰기.

(08). 論說 '國文漢文論'(『皇城新聞』 1권 20호, 1898 光武2.9.28.). *國漢혼용, 띄어쓰기.

(09). '國文源流'(『皇城新聞』 2권 96, 97호 別報, 1899 光武3.5.2., 3.). *國漢혼용, 띄어쓰기.

(10). '타국 글 아니라'(『독립신문』 4권 112호, 1899 光武3.5.20.). *國文전용, 띄어쓰기.

(11). ㄱ. 李能和, '國文一定法意見書'(『皇城新聞』 2615, 2616호, 1906 光武10.6. 1., 2.).
　　*漢文, 붙여쓰기.

　　ㄴ. 『大韓自强會月報』 제6호, 1906 光武10.7.31.(11-2)에 재록.
　　다만 *漢文懸吐, 붙여쓰기.

(12). 쥬시경, '국어와 국문의 필요'(『西友』 2호, 1907 光武11.1.1.).
　　*國文전용(다만 어쩌다 괄호 안에 한자표기), 띄어쓰기.

(13). 姜　荃, '國文便利及漢文弊害의說'(『太極學報』 6/7호, 1907 光武11.1.24.).
　　*國漢혼용, 붙여쓰기.

(14). 朴大緒, '國語維持論'(『夜雷』 1호, 1907 光武11.2.5.).
　　*國漢혼용, 붙여쓰기(다만 어쩌다 쉼표[,] 사용).

(15). 韓興教, '國文과漢文의關係'(『大韓留學生會報』 1호, 1907 光武.11.3.3.).
　　*國漢혼용, 붙여쓰기(다만 어쩌다 쉼표[,]사용).

(16). 周時經, '必尙自國文言'(『皇城新聞』 2442-2447호, 1907 光武11.4.1.-6.).
　　*國漢혼용, 띄어쓰기

(17). 미심ᄌ, '국문론'(『京鄕新聞』 30, 31호, 1907 光武11.5.10., 17.).
　　*國文전용(어쩌다 괄호 안에 한자표기), 띄어쓰기.

(18). 국문신보 발간 '社사說셜'(『大韓每日申報』 1호, 1907 光武11.5.23.).
　　*國文전용, 띄어쓰기.

(19). 張膺震, '教授와教科에對ᄒ야'(『太極學報』 13, 14호, 1907 隆熙元.9.24., 10.24.).
　　*國漢혼용, 붙여쓰기.

(20). 呂圭亨, '論漢文國文'(『大同學會月報』 1호, 1908 隆熙2.2.25.). *漢文, 붙여쓰기.

(21). 李寶鏡, '國文과漢文의過渡時代'(『太極學報』 21호, 1908 隆熙2.5.24.).
　　*國漢혼용, 붙여쓰기(가끔 가다 쉼표[,] 사용).

(22). 鄭　喬, '漢文과國文의辨別'(『大同學會月報』 4호, 1908 隆熙2.5.25.). *漢文, 붙여쓰기.

(23). 李種一, '論國文'(『大韓協會會報』 2호, 1908 隆熙2.5.25.). *漢文懸吐, 붙여쓰기.

(24). 李承喬, '國漢文論'(『西北學會月報』 1호, 1908 隆熙2.2.1.). *漢文懸吐, 붙여쓰기.

(25). 兪吉濬, '小學教育에 對ᄒᄂ 意見'(『皇城新聞』 2799호, 1908 隆熙2.6.10.).
　　*國漢혼용, 띄어쓰기.

(26). 李　沂, '一斧劈破'(『湖南學報』 1, 2, 3호, 1908 隆熙2.6.25., 7.25., 8.25.).
　　*漢文懸吐, 붙여쓰기.

(27). 申采浩, '文法을宜統一'(『畿湖興學報』 5호, 1908 隆熙2.12.25.).

　　　*國漢혼용, 붙여쓰기.

(28). 周時經, '한 나라 말'(『普中親睦會報』 1호, 1910 隆熙4.6.1.).

　　　*國文전용, 붙여쓰기(다만 거의 모든 단어 사이에 쉼표[,] 사용).

(29). 李光洙, '今日我 漢用文에 對ㅎ야'(『皇城新聞』 3430-3432호, 1910 隆熙4.7. 24., 26.,

　　　27.). *國漢혼용, 띄어쓰기.

　민간차원의 자각은『독립신문』이나『皇城新聞』과 같은 언론을 비롯하여 각종 학술, 사회단체의 학보, 회보, 월보와 같은 간행물을 통하여 세상에 드러났다. 본격적인 연구에 속하지는 않으나 이들과 같은 소론이 주목되는 이유는 거기에 각자의 실질적인 주장, 의견, 제안, 새로운 발상 등이 다채롭게 담겨있기 때문이다. 앞에서 본 정부차원의 자각이 國文, 國字를 새로 공식문서에 도입하는 길을 열었다면 민간차원의 이들 소론은 한자학습의 어려움을 성토하는 한편, 배우기도 쓰기도 쉬운 國文, 國字를 이전과는 달리 좀더 폭넓게 이해해야 한다는 주장과 함께 그 效用性을 살릴 수 있는 방안을 제시하고 있다. 이에 본고는 이들 소론에 반영된 문자이용 방식으로서의 문체와 띄어쓰기와 같은 표기방식을 먼저 검토하고, 주목되는 주장의 몇 가지를 드러냄으로써 근대 이행기의 자국어에 대한 민간차원의 자각이 어떠했는지를 정리하기로 한다.

　3.2.2. 우선, 이들 소론이 보여주는 文體는 네 가지로 구분된다. 國文전용, 國漢文혼용, 漢文현토, 純漢文이 바로 그것이다. 가장 참신한 문체로는 국문전용(01, 02, 03, 04, 07, 10, 12, 17, 18, 28)을 들 수 있으나 이는 주로『독립신문』에 집중되어 있으며, 필자를 기준으로 보자면 지석영, 쥬샹호(周時經, 쥬시경의 소론에 채택된 바 있다. 이와는 대조적으로 가장 많이 쓰인 문체는 오히려 국한문혼용(05, 06, 08, 09, 13, 14, 15, 16, 19, 21, 25, 27, 29)이다. 그밖의 몇몇 소론은 한문현토(11ㄴ, 23, 24, 26)를 택했으며, 심지어 순한문(11ㄱ, 20, 22)으로 작성된 소론도 있다. 결국, 이 시기의 문체로는 국문전용과 국한문혼용이 양대 세력을 이룬 셈이다. 소수파인 한문현토나 순한문에 대해서는 거론할만한 의미가 따로 없을 듯하여 본고에서는 논외로 돌리고자 한다.

　국문전용의 맨 앞자리에는『독립신문』이 있었다. 이 신문은 아예 국문전용에 띄어쓰기까지를 채택함으로써 國文, 國字에 대한 새로운 자각의 선구적 역할을 자처하고 나섰다. 창간호인 제1권 제1호는 (01)'논셜'에서 그 취지를 다음과 같이 밝히고 있다.

　"우리 신문이 한문은 아니 쓰고 국문토로만 쓰는 거슨 샹하귀쳔이 다 보게 홈이라".

『독립신문』이 '국문'과 '토'로만 쓰는 것은 상하귀천이 모두 볼 수 있게 하기 위함이라는 것이다. 또한 조선 국문은 한문보다 배우기가 쉬우니 좋은 글이요, 조선글인지라 조선인민들이 알기 때문에 한문대신 국문으로 써야 상하귀천이 모두 알아보기 쉽다는 것이다. 이러한 출발은 당시의 시대적, 사회적 여건으로 볼 때 무척 새롭고도 과감한 자세였을 뿐만 아니라 정부차원의 정책보다 한 단계 앞선 시도였고 도전이 아닐 수 없었다.

『독립신문』은 가끔 無記名 논설이나 記名의 소론을 실어 國文에 대한 관심을 드러내기도 하였다. 그 일례로, (02)'잡보'에서는 학부대신 신기선[申箕善_필자]이 조선 글을 쓰는 것은 사람을 짐승으로 만드는 것과 같다는 상소를 했다면서 다음과 같이 비판하였다.

> "국문이란 거슨 죠션 글이요……한문보다 빅비가 낫고 편리 흔즉 내 나라에 죠흔게 잇스면 그 거슬 쓰는 거시 올치 이 쓰는 일은 사룸을 즘승 문드는 것과 굿다고 흐엿으니" 이는 "션왕의 딕졉도 아니요 죠션 사룸을 위흐는 것도 아니라".15)

池錫永은 일찍이 (03)'국문론'을 통하여 자신의 의견을 피력한 바 있다. "나라에……국문이 잇스되 힘 흐기를 젼일 흐지 못흐면 그나라 인민도 그나라 국문을 귀즁 흐줄을 모르니 엇지 나라에 관계가 젹다 흐리오. 우리 나라 사룸은 말을 흐되 분명이 긔록홀슈 업고 국문이 잇스되 젼일흐게 힘 흐지 못 흐야 귀즁 흐줄을 모르니 가히 탄식 흐리로다."

여기서 그는 세종이 정해 둔 평성, 상성, 거성과 같은 성조표기 방식을 소개하며 "이법은 진긔 국문에 뎨일 요긴흔 거시로다. 이법이 널리 힘 흐면 비단 어음을 긔록 흐기 분명 흐야 인민이 새로히 귀즁 흐게 넉일뿐 아니라 대셩인끠셔 옵셔 글즈 문드신 본의를 다시 붉히어셔 독립흐는 나라에 확실흔 긔초가 되리로다"고 주장하였다. 이러한 발상은 그 후 『新訂國文』(1907)으로 발전하였는데 여기에 대해서는 앞의 3.1.2.에서 이미 논의한 바 있다.

일찍이 쥬샹호(周時經)는 (04)'국문론'[제1차분]에서 '한토 글자'[漢字를 뜻함_필자]를 배우는 것은 청년시절을 낭비하는 것이므로 일신을 보존할 직업을 얻기도 어렵다. 그러므로 국문을 배워 각색 사업상의 공부를 하게 한다면 십여 년 동안에 쓸만한 직업 한 가지는 잘 졸업할 것이라고 하였다. 국문이 그만큼 중요하다는 주장을 펼친 것이다. 한참 후에 발표된 (07)쥬샹호(周時經)는 (04)의 속편이다.

『독립신문』은 (10)'타국 글 아니다'를 통하여 정부에 대해서도 서슴없는 비판을 가하였다. "근일에 드른즉 대한 졍부에셔 년쟝 법률 교졍 흐는듸 작항 쟝졍 규칙에 온젼히 한문으로

---

15) 비판은 "태양역[太陽曆-필자]을 쓰지 말고 쳥국 졍삭[正朔, 곧 冊曆-필자]을 도로 밧들자 흐엿스니 쳥국 황뎨를 그러케 셤기고 스푼 뜻시 잇스면 쳥국으로 가셔 쳥국 신하되는 거시 맛당흐고 죠션 대군쥬 폐하의 신하 될 묘리는 업슬듯 흐더라"처럼 신랄하게 계속된다.

쓰라"고 하였다니, "지금 대한 정부에 당국ᄒ신 졔공은……엇지 구습을 바리지 못ᄒ고 졈졈 뒤로 물너가는 일을 행 ᄒ리가 잇스리요". 대한 국문으로는 "못믄들 말이 업고 못 번력홀 글이 업스니 과연 쉽고도 긔묘ᄒᆫ 글"인데 "대한 정부에셔 엇지 쉽고 편ᄒᆫ 국문은 쓰지 안코 어렵고 ᄭᆡ다론 한문을 슝샹 ᄒ고져 ᄒ눈지" 우리는 믿지 않는다고 하였다.

쥬시경은 또한 (12)'국어와 국문의 필요'를 통하여 "ᄌ금이후로 우리 국어와 국문을 업수히 녁이지 말고 힘써 그 법[법?_필재]과 리치를 궁구ᄒ며 ᄌ뎐과 문법과 독본을 잘 만달어 더 죠코 더 편리ᄒᆫ 말과 글이 되게 홀ᄲᆞᆫ아니라 우리 원 나라 사롭이 다 국어와 국문을 우리나라 근본의 쥬쟝글노 슝샹ᄒ고 사랑ᄒ여 쓰기를ᄇ라노라" 하였다.

周時經은 또한 (16)'必尙自國文言'에서 이제부터는 국문을 천시하는 陋習을 없애고……字典, 文典, 讀本을 著成하여 더욱 精利한 文言이 되게 하자고 하였다. 나아가 그는 다시 (28)'한 나라 말'에서 "말은 사람과 사람의 뜻을 통하는것이라……글은 말을 담는 그릇이니……글은 또한 말을 닦는 긔계니 긔계를 닦은 뒤에야 말이 잘 닦아지나니라" 하였다. 말을 잘 닦기 위해서는 먼저 글을 닦자는 것이었다.

周時經의 소론들은 비록 짤막할망정 국어와 국문을 아끼고 가꾸자는 주장을 분명히 내세우고 있다. 그는 국문전용을 꾀했을 뿐 아니라 말과 글자, 곧 언어와 문자를 분명히 구별함으로써 당시로서는 드물게 문자가 아닌 언어에도 관심을 나타낸 선각자였다. 또한 그는 일찍부터 자기 나름의 띄어쓰기와 단락구분을 썼는가 하면, (28)'한 나라 말'에서처럼 띄어쓰기 대신 쉼표[﹐]로 단어의 경계를 표시하기도 하였다.

『大韓每日申報』는 (18)'社사說셜'에서 한문만 배우는 것은 '노예의 학문'이라고 경고하였다. 국문을 배우지 않고 한문만 배우면 말과 글이 한결같이 못하여 국민의 보통 지식을 개발하는 길이 심히 좁고, 청춘부터 백수가 되도록 제 집안의 경제도 하기 어렵다. 한국의 문학가는 청국의 역사와 지리는 물 흐르는 듯이 외우고 손바닥 같이 밝히 보면서 제 나라의 산천구역과 세대사적과 풍토물산은 저마다 캄캄하니 이는 소위 노예의 학문이라는 것이다.

李寶鏡은 (21)'國文과漢文의過渡時代'에서 "國民의 精粹되는 國語를 發達홀 거슨 不待多言이로되 此를 有形ᄒ게 發表ᄒᆞᆫ 國文을 維持發達홈도 亦是國民의 義務가 아닌가" 하면서 '(1) 漢文 전용, (2)國文漢文 병용, (3)國文 전용' 가운데 어느 쪽을 택할 것인가를 물은 후, (1)은 애국정신의 근원이 국사와 국어에 있기 때문에 불가하며, (2)는 한문을 배우지 않으면 안 되는 폐단이 있기 때문에 불가하므로 불가불 (3)을 채용해야 한다고 하였다. 李寶鏡의 이 소론은 국한문혼용으로 작성되었음에도 불구하고 그 주장은 국문전용이었다. 국한문혼용을 따른 필자들은 거개가 국한문혼용론자라는 점에서 李寶鏡은 예외적인 존재에 속한다 할만하다.

李種一은 (23)'論國文'에서 "今我韓人士ㅣ 輒曰非漢文則國將亡矣오 人道蔑矣오……指泰西

及日本之文曰 非文也ㅎ니 是何謬見之甚也오."(지금 우리나라 인사가 문득 이르기를 漢文이 아니면 곧 나라가 장차 망하며 人道가 없어지리라 하고……泰西와 일본글을 가리켜 글이 아니라 하니 이 얼마나 잘못이 심각한 관점인가) 라고 하면서, "我國文則……可居世界國文中第一地位也오……可使國文으로 敎之以 孝悌忠信則能 不孝不悌아……"(우리 국문은 곧……가히 세계의 국문 가운데 제일의 지위에 있으니……국문을 사용하여 효제충신을 가르친다면 곧 불효불제가 있겠는가)……이런 식으로 정치 법률, 농공 상업을 가르치고, 정치건 외교건 천문지리에 이르기까지 허다한 학문을 가르치지 못할 것이 없으며, 만약 가르치기만 한다면 각자가 배워 실천함이 적더라도 한문으로 배운 자에게 양보함이 없을 것이니 우리 2천만으로 하여금 남녀노유를 불문하고 배우도록 해야 한다고 하였다.

李種一의 경우, 국문전용을 적극적으로 내세우지는 않았지만 한자의 문제점을 지적하는 동시에 國文, 國字의 장점을 높게 평가했기 때문에 결과적으로는 국문전용을 지지한 바나 다름이 없을 것이다.

3.2.3. 이상과 같은 국문전용의 흐름에도 불구하고 당시의 대세는 국한문혼용 쪽으로 기울어져 있었는데 그 선봉에는 『皇城新聞』이 있었다. 『독립신문』보다 2년 반쯤 뒤에 창간된 『皇城新聞』은 (06)창간사로 내세운 사설을 통하여 스스로의 방향이나 목표와 같은 명분을 다음과 같이 밝히고 있다.

> 大皇帝陛下끠셔 甲午中興之會룰 適際ㅎ야……自主獨立ㅎ시는 基礎룰 確定ㅎ시고 一新更張ㅎ시는 政令公을 頒布ㅎ실시 特히 箕聖의 遺傳ㅎ신 文字와 先王의 創造ㅎ신 文字로 並行코져 ㅎ샤 公私文牒을 國漢文으로 混用ㅎ라신 勅敎룰 下ㅎ시니…… 本社에셔도 新聞을 擴張ㅎ는듸 몬져 國漢文을 交用ㅎ는 거슨 專혀 大皇帝陛下의 聖 勅을 式遵ㅎ는 本意오 其次는 古文과 今文을 幷傳코져 홈이오 其次는 僉君子의 供 覽ㅎ시는듸 便易홈을 收홈이로라.

곧, 첫째는 公私文牒을 國漢文으로 혼용하라 하신 황제의 칙명을 받들자는 뜻이고, 둘째는 '고문'[古文, 곧 漢字_필재]과 '금문'[今文, 곧 國文 내지 國字_필재]을 나란히 실천하자는 것이며, 셋째는 여러 군자들이 보기에 편하고 쉽게 하자는 것이라 하였다. 결국, 『皇城新聞』이 두 번째 명분으로 내세운 국한문혼용은 한자와 국문을 함께 이어받아 후세에 전하고자 한다는 뜻이었다.

국한문혼용은 조정에서 먼저 시작된 문체이므로 거기에 따로 명분이 필요할 리 없다. 그런데도 『皇城新聞』처럼 한자를 완전히 배제하지 못하고 국문과 혼용할 수밖에 없었던 것은 한자가 통용된지 2천년인데 어찌 一朝에 그것을 없앨 수 있겠는가와 같은 사유에서 비롯된 것이다.16) 사실, 대부분의 필자들은 사유를 일일이 밝히지 않은 채 국한문혼용을 채택한 바 있다. 행동이 곧 명분을 말해주는 셈이다. 여기서 국한문혼용이나 한자의 필요성을 앞세운 견해를 잠시 훑어보기로 한다.

『皇城新聞』은 (09)'國文源流'에서 "我大皇帝陛下끠옵셔……國文으로 漢文17)을 互用ᄒ야 公車文字를 行ᄒ시니 國音이 於是乎 一ᄒ엿고, 國文이 於是乎 興ᄒ오며, 國民의 學이 於是乎 簡易함을 基ᄒ엿더라"고 밝힌 바 있다. 국한문혼용을 직접 주장하지는 않았으나 국문과 한문의 互用으로 國音이 통일되고, 국문이 흥하게 되리라는 것이다.

姜荃은 (13)'國文便利及漢文弊害의說'에서 國文의 편리함과 한문의 폐해를 지적한 후, "1. 政府의 制誥, 勅語와 같은 絲綸, 庭僚大臣의 奏御, 疏章에 국한문을 삽입할 것, 2. 學部는 전국 각 학교의 敎科書籍을 國漢文으로 개정할 것, 3. 제반 사회의 각종 簿書와 유행소설, 잡지라도 다 국한문을 혼용케 할 것"을 주장하였다.

韓興敎는 (15)'國文과漢文의關係'에서 우리 국문은 원래 일반인민의 순수한 어음으로 조직되어 個別字의 의미가 없으므로 한문과 병용하여야 비로소 해석이 분명하니, 오직 時宜에 합한 자는 국한문을 조화병용하는 一法이 있을 뿐이라고 하였다.

呂圭亨은 (20)'論漢文國文'에서 "文卽道也 道卽文也"라는 생각을 밝힌 후 "今世俗之言曰 廢漢文純用國文, 然後始可以立國也. 愚迷如此, 不容多辯……"(지금 世俗의 말에 이르기를 한문을 폐하고 국문을 純用한 연후에야 처음으로 가히 나라를 세울 것이라 한다. 우매하기가 이와 같으니 많은 말이 필요하지 않다)라고 하면서 "今之欲廢漢文者, 欲廢孔子之道者也. 人而有心與耳目口鼻而, 欲廢孔子之道, 則與廢父子君臣之倫同焉. 卽謂之亂臣逆子可也"(지금 한문을 폐하고 싶어 하는 자는 孔子의 道를 폐하고 싶어 하는 것이다. 사람이 마음과 이목구비를 가지고 있으면서 공자의 도를 폐하고자 함은 곧 부자군신의 윤리를 폐하는 것과 같다. 곧 이를 일러 亂臣逆子라 할만하다)라고 하였다.

鄭喬는 (22)'漢文과國文의辨別'에서 근래 漢文을 全廢하자는 설이 있으나……국문표기만으로는 '張'과 '蔣'이라는 성씨가 다같이 '장'이 되고, '舟'와 '梨'가 함께 '배'가 되며, '家'와 '藁'가 똑같이 '집'18)이 되어 그 뜻이 구별되지 않는다고 지적하였다. 그는 여기서 위와 같은 국문표기의 문제점을 해결하기 위해서는 한자가 필요하다고 본 것이다.

---

16) 실제로 申采浩는 (27)'文法을宜統一'에서 "國文을 順用코자ᄒ나 但 屢百年習慣ᄒ던 漢文을 一朝에 全棄홈이 時義와 時勢에 均是不合ᄒ지라" 하여 一朝에 한자를 전폐할 수 없는 이유로 시대적, 사회적 여건을 들고 있다.

17) 이때의 '漢文'이란 '漢字'를 뜻한다. 이하에 나타나는 당시의 소론 가운데에도 '漢文'이라는 단어가 자주 등장하지만 그 대부분은 문맥상 '漢字'를 뜻하고 있다. 본고는 이러한 뜻으로 쓰인 '漢文'이라도 원문표기 그대로 살려 쓸 것이다.

18) '家'와 '藁'가 다같이 '집'으로 표기된다는 점은 당시의 표기관행을 따랐기 때문인데, 현대국어의 맞춤법으로는 두 단어가 각기 '집'과 '짚'이 되기 때문에 구별에 문제가 되는 일은 없다. 다만, 발음으로는 '집'과 '짚'이 동음어로 실현된다.

李承喬는 (24)'國漢文論'을 통하여 "初等小學은 以國文으로 專爲課程ᄒ고 其次에 可用漢文字學"하되(초등소학은 국문을 전적으로 課하고 그 다음에 漢文字學을 쓰도록 하되), "以天地父母東西南北春夏秋冬江山草木等 易曉易解之字學으로 爲課ᄒ고 其次에 或以國文專用ᄒ며 或以國漢文幷用ᄒ디……奇僻語異常之文字ᄂ 一切廢閣ᄒ고 惟以實地實名으로 簡率取用ᄒ면 國文程度가 自爾發達ᄒ리니"(천지, 부모, 동서남북, 춘하추동, 강산, 초목 등 쉽게 깨치고 이해할 수 있는 글자공부로 課하고, 그 다음에는 혹 국문으로 전용하거나 국한문으로 병용하되……奇語나 이상한 문자는 일체 없애고, 오직 實地實名을 簡率하게 선택하여 쓴다면 국문의 처지가 저절로 발달할 것이라)하였다.

李沂는 (26)'一斧劈破'에서 舊學問의 폐단으로 '事大主義, 漢文習慣, 門戶區別'의 세 가지를 들면서 특히 漢語漢文은 배우기도 어렵지만 '虛文無實之學'에 불과하여 '一身之私計'는 될지라도 '補國家利生民'하여 '天下之公益'은 되지 못한다. 이에 따라 한문습관의 폐단은 國文으로 깨뜨릴 수 있다. 世宗大王은 그 폐단을 알았기 때문에 國文(즉 訓民正音)을 만들었으나……지금까지 4백년 동안 오로지 閭巷婦女가 小說을 읽는 이외에는 별로 쓰임이 없었으니 애석하다. 甲午更張 이후부터 '國漢文雜作'이 이미 官府에 행해지고 장차 學界에 시행될 터인데 모르는 자가 여전히 訾毁하니 그 또한 심각한 일이다. 그의 주장은 결국 조정의 '國漢文雜作'[국한문혼용_필자]을 지지하고 있는 것이다.

申采浩는 (27)'文法을宜統一'에서 "國漢字交用의 議가 起ᄒ야 十餘年來 新聞雜誌에 此道를 遵用홈이 己['已'의 잘못_필자]久ᄒ나……文法의 離奇홈이 名狀키 難ᄒ니……, 故로 今日에 文法統一이 卽亦 一大急務라" 하였다. 申采浩는 여기서 문법을 통일해야 한다고 주장했으나 그가 말하는 문법이란 한문을 우리말로 옮기는 방법을 뜻한 것으로 보인다. 다시 말하면 그의 주장은 한문을 읽을 때 漢文文勢건 國文文勢건 어느 한쪽으로 통일해야 한다는 것이었다. 요컨대, 신채호는 따로 국문전용을 앞세우지는 않았지만 기본적으로는 국한문혼용 쪽에 서 있었던 것으로 추측된다.

마지막으로, 李光洙는 (29)'今日我韓用文에 對ᄒ야'에서 국한문혼용에 찬성하였으나 한 가지 조건을 달았다. 오늘의 우리 한국은 신지식 輸入에 급급한 때라, 순국문만으로는 신지식의 수입에 장애가 되기 때문에 국한문병용이 좋다. 그러나 지금의 국한문병용은 순한문에 현토만 나타낸 것이다. 이에 앞으로는 고유명사나 한문에서 나온 명사, 형용사, 동사 등 국문으로는 쓰지 못할 것만 한문으로 쓰고 그밖에는 모두 국문으로 쓰자는 것이다. 가능한 한 국문을 많이 쓰자는 점에서 다른 사람들이 주장한 국한문혼용과는 상당한 차이가 있는 셈이다. 곧, 한자를 줄임으로써 국한문혼용을 전향적으로, 합리적으로 개선해 나가자는 주장이었다.

3.2.4. 지금까지 살펴본 바와 같이, 국한문혼용을 택한 필자들은 각자가 그 나름의 명분을

가지고 있었으나 그 논리는 각양각색이었다. 그런데 개중에는 국한문혼용 방식을 주장하면서 거기에 독특한 방식을 추가하자는 제안도 있었다. 여기서 잠시 그러한 제안이나 주장을 짚어보고자 한다.

李能和는 (11)'國文一定法意見書'[19]을 통하여 "韓日兩國이 借用漢文호고 又各有國文호니 卽韓之諺文과 日之假名이라……因以漢文之交作이면 便利無比라"하여 원칙적으로는 '漢文之交作'[國漢文混用_필재]을 주장하였다. 다만, 일본은 漢字의 오른쪽에 假名을 附書하여 비록 婦女兒童이라도 해득하기가 쉬운데 "我國文國語之組成이 幸與日文日語로 大體相似而但國漢文混用之法이 止於語尾호야 遂使俗者로 仍然不能讀書호니"라 하여 우리 국문국어의 구성이 다행히 일문일어와 대체로 비슷한데도 국한문혼용의 법은 語尾에 그치고 있어 俗人, 곧 일반인들로 하여금 독서를 할 수 없도록 만든다. 이에 일본어처럼 假名을 附書하는 방법을 씀으로써[20] 言文一致가 되도록 한다면 지식인도 속인도 모두가 읽을 수 있지 않겠는가. 결국, 그가 내세운 의견은 '漢字側附書諺文'(한자 곁에 언문을 덧붙여 적기)라는 것이었다. 그의 '附書'가 音讀만을 뜻하는 것인지, 훈독까지로 확대하자는 것인지는 분명하지 않다. 음독만일 수도 있고 훈독까지를 뜻할 수도 있기 때문이다.[21]

그는 국문을 일정하게 하는 방법으로 "1. 博學多聞한 인사를 초빙, 『고토바노 이즈미(言泉)』[22] (日文字典之最良者)을 모방하여 國文字典 1部를 輯述할 것, 2. 小學 敎科書의 漢字 옆에 諺文을 附書할 것, 3. 國誨規範 1책을 輯述하여 소학교의 國語一科에 添入할 것"과 같은 세 가지 방안을 결론으로 제시하였다.

주목되는 사실은 兪吉濬 또한 (25)'小學敎育에 對호는 意見'에서 李能和와 일맥상통하는 방식을 제안하였다는 점이다. 곧, "小學校科의 書籍은 國漢字롤 交用호야 訓讀호는 法"을 취하면 좋으리라는 주장이었다. 이때의 '訓讀호는 法'이란 음독과 훈독을 함께 쓰자는 것으로 李能和와 附書와는 차이가 있었다. 실제로 1907년부터 1909년 사이에는 한자나 한자어에

---

19) 이 글은 『大韓自强會月報』(제6호, 1906光武10.7.31.)에 재록된 바 있는데 이번에는 그 문체가 漢文懸吐로 되어있다. 이에 본고는 후자를 대상자료로 삼는다. 다만, 전자와 후자 사이에는 몇몇 漢字에 차이가 나타난다. 그 경우에는 양자를 대조하여 적절한 쪽으로 수정하여 쓸 것이다.

20) 명치시대의 일본어는 한자의 오른쪽에 발음이나 의미를 빠짐없이 달았기 때문에 누구나 쉽게 읽을 수 있었다.

21) 그 발상은 일본어에서 얻었다고 볼 수 있는데 그것이 일본어와 같은 방식이라면 이는 생각보다 복잡하다. 일본어의 '후리가나'(振り仮名[huri-gana])란 음독과 훈독을 광범하게 활용하기 때문이다.

22) '고토바노 이즈미'(ことばのいずみ)[kotoba-no izumi]는 1898-1899년 大倉書店에서 간행된 오치아이 나오부미(落合直文)(1861-1903)(편)의 일본어사전(和裝 5冊, 洋裝 1冊)이다. 약13만 단어를 50音順으로 배열하였다. 李能和는 이 사전을 '日文字典之最良者'(일본자전 중 가장 좋은 자)로 본 듯하다. 그 후 아들인 落合直幸 등이 약7만 단어를 증보, 개정하여 『ことばの泉 補遺』(1책)로 간행하였다. 그 후엔 芳賀矢一 (1867-1927)이 다시 증보, 개정하여 1921-1929년 『言泉』이라는 이름으로 간행하였다. 이때는 관례상 [gensen]('げんせん')이라고 읽는다.

국문발음을 병기하거나 국문표기에 한자를 병기하기도 하고, 어떤 경우에는 의미를 병기한 교과서가 몇 점 출판되기도 하였다. 그중에는 兪吉濬이 펴낸 교과서도 포함되어 있다. 여기에 대해서는 조금 뒤에 구체적으로 검토할 것이다.

3.2.5. 신문이나 잡지의 경우, 교과서가 아니기 때문에 띄어쓰기 여부가 그다지 중요한 의미를 지니지는 않겠으나, 이들 소론에 더러는 띄어쓰기가 나타난다. 국문전용에는 일제히 띄어쓰기가 채택되었으나 국한문혼용에는 붙여쓰기와 띄어쓰기가 자유롭게 선택되었다. 의미를 쉽게 파악하는 데에는 띄어쓰기가 효율적이기 때문이었을 것이다. 그러나, 주시경은 (27)'한 나라 말'에서 독특하게도 띄어 쓸 자리를 일일이 쉼표[、]와 같은 표지로 대신하였다. "말은、사람과、사람의、뜻을、통하는것이라"는 식이었다. 당연히 이때의 기호는 쉼표라기보다 단어경계 표지 정도처럼 쓰인 셈이다.

위의 소론 중에는 어쩌다 쉼표를 사용한 경우도 있는데 朴大緖의 (14)'國語維持論'과 李寶鏡의 (21)'國文과漢文의過渡時代', 그리고 李光洙의 (29)'今日我 韓用文에 對ㅎ야'가 그것이다. 반면, 마침표는 이번 소론 가운데 어디에도 보이지 않는다. 또한, 소박하나마 단락구분이 되어있는 소론도 제법 나타난다. 쉼표나 단락구분의 경우, 지극히 초보적인 수준에 머물러 있어 이는 당시의 교과서와 대조적인 모습이다.

국한문혼용의 소론에는 붙여쓰기와 띄어쓰기가 함께 나타나며, 한문현토와 순한문은 모두 붙여쓰기로 되어있다.23) 국문전용을 택한 소론 가운데에는 고유명사의 오른쪽에 구별표지로서 傍線을 쓴 경우도 더러 있다. 『독립신문』은 인명에 단선[|], 지명에 쌍선[‖]을 썼으나, 『京鄉新聞』은 (17)'社사說셜'로 판단할 때 인명에는 쌍선[‖], 지명에는 단선[|]을 썼다. 국문전용의 경우, 의미파악의 효율성이라는 측면에서 볼 때 띄어쓰기 방식이나 고유명사 표지와 같은 시각적 수단이 필요하다고 판단되었기 때문이었을 것이다.

한 가지 흥미로운 점은 왕조시대의 유풍인 擡頭法이 엄격하리만큼 잘 지켜졌다는 사실이다. 당시까지는 여전히 왕조시대였기 때문에 당연한 일이었겠지만 시대적으로는 이미 국가적인 문호개방이 광범하게 이루어졌음에도 왕실이나 왕권에 대한 권위만은 불가침의 존재로 인식되었음을 보여준다.

3.2.6. 이번에는 개인 나름의 개성있는 주장이나 발상을 한 가지만 추가하기로 한다. 근대 이행기의 자국어에 대한 자각 중에는 추상적인 이론에 그치지 않고 실질적이거나 구체적인

---

23) 다만, 문체나 띄어쓰기와 같은 경우, 해당기관의 방침을 따랐을 가능성이 있기 때문에 필자의 소신이나 뜻과는 상관이 없었을지도 모른다.

실례중심의 논의도 있었기 때문이다. 그러한 논의로 쥬샹호(周時經)의 (04)'국문론'이 있다. 그는 남보다 한발 앞서 국문에 대한 실례중심의 단상을 발표하였다. 근대이행기가 막 시작된 시점이어서 그의 단상은 주목을 끌만하다. 그는 일단 말과 글자를 구별하고 있다.

"사롬들 샤는 짜뎡이 우희 다셧 큰 부쥬 안에 잇는 나라들이 졔 각금 본토 말들이 잇고 제 각금 본국 글ᄌ들이 잇서셔"와 같은 기술 속에 그러한 생각이 담겨 있다. '말'과 '글ᄌ'란 곧 '언어'와 '문자'를 뜻하기 때문이다. 당시로서는 언어와 문자를 혼동하는 경우가 흔했기 위와 같은 그의 논의는 주목을 받을만하다고 생각된다.

그는 같은 해에 발표한 (07)'국문론'에서 문법에 대한 소박한 주장을 피력하였다. 지금 조선 안에 학업의 직임을 맡은 이는 "죠션 말노 문법 칙을 졍밀 ᄒ게 몬드어[러_필재]셔 남녀 간에 글을 볼 쌔에도 그 글의 뜻을 분명히 알아 보고 글을 지을 쌔에도 법식에 맛고 남이 알아 보기에 쉽고 문리와 경계가 붉게 짓도록 골ᄋ쳐야" 한다는 것이다.

나아가, 국문으로 옥편을 만들어야 한다고도 했는데 이때의 옥편은 사전에 해당한다. 그는 글자의 발음을 분명하게 나타내기 위하여 "음이 놉흔 글ᄌ에는 뎜 ᄒ나를 치고 음이 나즌 글ᄌ에는 뎜을 치지 말고 뎜이 업는 것으로 표를 삼아" 옥편을 꾸며야 한다고 주장하였다. 그 실례로서, 약을 가는 '연'['碾'을 뜻함_필재]의 음은 높고 아이들이 날리는 '연'['鳶'을 뜻함_필재]의 음은 낮으나 '점치는 법'을 쓴다면 이들은 각기 '연·'과 '연'처럼 구별되어 의미파악에 도움이 된다는 것이었다.[24]

3) 敎科書에 반영된 자각

3.3.1. 정부차원이건 민간차원이건 자국어나 자국문자에 대한 자각은 그 시대의 교과서에 가장 잘 반영된다고 볼 수 있다. 실제로 근대이행기의 교과서 또한 그러한 실상을 보여준다. 이러한 의미에서 당시에 출판된 교과서로 국어 교재류와 수신·윤리 교재류를 얼마쯤 정리해 보면 다음과 같다.[25]

〈국어교과서 류〉
(01). 『國民小學讀本』, 學部(편), 1895. *國漢文혼용, 붙여쓰기, 단락구분.

---

24) 이와 비슷한 주장은 일찍이 池錫永의 (03)'국문론'에서 먼저 제기되었다. 여기서 시작된 '점치는 법'은 후에 '新正國文'(조정에 제출되기는 1905년 7월 19일, 『官報』에 실리기는 7월 25일)에도 포함되었다. 그런데 쥬샹호(周時經)는 지석영의 (03)'국문론'을 보았다고 본문에서 분명히 밝히고 있다. 그럼에도 불구하고, 쥬샹호(周時經)는 지석영이 예시한 단어를 따르지 않고 전혀 다른 단어로 논의를 전개하였다.
25) 여기서는 韓國學文獻硏究所(1977), 『韓國開化期敎科書叢書』에 수집된 교재를 대상으로 하였다. 다만, 19. 『셔례수지』만은 '叢書'에 포함되지 않은 책으로 필자가 추가하였다.

(02). 『小學讀本』, 學部(편), 1895. *國漢文혼용, 붙여쓰기, 단락구분.

(03). 『新訂尋常小學』(권1-3), 學部(편), 1896. *國漢文혼용, 붙여쓰기, 단락구분, 구두점([.][｡]).

(04). 『初等小學』(권1-8), 大韓民國教育會(편), 1906 光武10. *國漢文혼용, 붙여쓰기, 단락구분, 구두점([、][｡])

(05). 『高等小學讀本』(권1-2), 徽文義塾(편), 1906 光武10-1907光武11. *國漢文혼용, 붙여쓰기.

(06). 『國語讀本』(권1-8), 學部(편), 1907 光武11-1908 隆熙2. *國漢文혼용, 붙여쓰기, 구두점([｡]).

(07). 『幼年必讀』(권1-4, 2책) 玄　采(편), 1907 光武11. 國漢文혼용, 붙여쓰기, 단락구분, 구두점([、]).

(08). 『幼年必讀釋義』(권1-4), 玄　采(편), 1907 光武11. *國漢文혼용, 붙여쓰기, 단락구분, 구두점([、]).

(09). 『初等女學讀本』, 李源兢(편)/邊瑩中(校), 1908 隆熙2. *漢文현토/번역(국문전용), 붙여쓰기, 단락구분, 국문에는 구두점([、]).

(10). 『最新初等小學』(권1-4), 鄭寅琥(편), 1908 隆熙2. *國漢文혼용, 붙여쓰기, 단락구분, 구두점([、]).

(11). 『初等小學』, 普成館(편), 출판여도 미상. *國文전용(본문은 국문표기).

(12). 『蒙學必讀』, 崔在學(편), 출한연도 미상. *國文전용, 띄어쓰기, 단락구분.

(13). 『勞動夜學讀本』(권1), 兪吉濬(저), 1908 隆熙2. *國漢文혼용, 붙여쓰기, 단락구분.

(14). 『녀ㆍ독본』(上-下), 張志淵(편), 1908 隆熙2. *國文전용, 띄어쓰기.

(15). 『婦幼獨習』(上-下), 姜華錫(저), 1908 隆熙2. *상권은 國文전용, 하권은 國漢文혼용(간단한 한문구를 우리말로 풀이한 책). 상권은 띄어쓰기, 하권은 붙여쓰기.

(16). 『樵牧必知』(上-下), 鄭崙秀(저), 1909 隆熙3. *본문은 國漢文혼용, 띄어쓰기.

(17). 『新纂初等小學』(권1-6), 玄　采(저), 1909 隆熙3. *國漢文혼용, 붙여쓰기, 구두점([｡]).

〈수신, 윤리 교과서, 기타〉

(18). 『夙惠記略』, 學部(편), (출판연도 미상). *國漢文혼용, 붙여쓰기. *1895년 學部(편)으로 간행된 국어교과서 『國民小學讀本』나 『小學讀本』과 체재나 활자가 똑같은 점으로 미루어 그와 비슷한 시기에 출판된 것으로 보인다.

(19). 『셔례슈지』, 편즙국(편), 1902 光武6. *國文전용, 붙여쓰기, 단락구분, 구두점([、]).

(20). 『中等修身教科書』(권1-4), 徽文義塾(편), 1906 光武10. *國漢文혼용, 붙여쓰기,

단락구분.

(21). 『倫理學教科書』(권1-4), 申海永(편), 1906 光武10-1908 隆熙2. *國漢文혼용, 붙여쓰기, 단락구분.

(22). 『普通學校 學徒用 修身書』(권1-3), 學部(편), 1907 光武11-1908 隆熙2. *國漢文혼용, 붙여쓰기, 단락구분, 구두점([。]).

(23). 『初等倫理學教科書』, 安鍾和(역), 1907 隆熙元. *國漢文혼용, 붙여쓰기, 단락구분, 구두점([、][。]).

(24). 『高等小學修身書』, 徽文義塾(편), 1907 隆熙元. *國漢文혼용, 붙여쓰기, 단락구분.

(25). 『初等修身』, 朴晶東(저), 1909 隆熙3. *國漢文혼용, 붙여쓰기, 단락구분.

(26). 『녀ᄌ소학슈신셔』, 盧炳喜(저), 1909 隆熙3. *國文전용, 붙여쓰기, 구두점([、]).

3.3.2. 이들의 문체를 보면 우선 국문전용(09번역부분, 11, 12, 14, 15상권, 19, 26)이 얼마쯤 나타나기도 했지만 대세를 차지하고 있는 쪽은 역시 국한문혼용(01-08, 10, 13, 15하권, 16, 17, 18, 19-25)이었다. 이와 같은 결과는 방금 위에서 살핀 바 있는 국문론과 비슷한 경향을 나타내고 있는 셈이다. 한편, 같은 국한문혼용이라도 한자사용은 학년이 높아질수록 늘어나는 경향을 보인다.

교과서인데도 띄어쓰기(11, 12, 15상권, 16)는 매우 드물게 보일 뿐이다. 국문전용에 띄어쓰기가 되어있는 경우(11, 12, 14)는 당연하다 하겠거니와, 국문전용인데도 띄어쓰기가 되어있지 않은 경우(09번역부분, 19, 26)가 있는가 하면, 국한문혼용인데도 띄어쓰기가 되어있는 경우(16)도 있다.

대부분의 교과서에는 엉성하나마 단락구분이 채택되어 있으며(01, 02, 03, 04, 07, 08, 09, 10, 12, 13, 19-25), 특히 학부에서 편찬된 교과서에는 초창기부터 단락구분이 나타난다.

구두점과 비슷한 경우로 많은 교과서에 쉼표[、]나 마침표[。]와 같은 부호가 나타난다. 그러나, 둘 다 사용된 경우(03, 04, 23)보다는 어느 한쪽만 사용된 경우가 훨씬 많다. 어찌되었건, 바로 위에서 살핀 바대로 구두점은 같은 시기의 국문론 관련 소론들보다 훨씬 많이 사용된 것이다. 교과서라는 점을 감안할 때 당연한 방향으로 생각되나 정확하다거나 규칙적인 모습은 보이지는 않는다.

한편, 유일한 사례로서 (26)『녀ᄌ소학슈신셔』의 고유명사에는 단선[|] 표지가 나타난다. 인명에만 쓰인 이 표지는 조판상의 어려움 때문이었는지 불완전하게 그어진 사례가 보이는가 하면 교과서 전체에 걸쳐 일관되게 나타나는 것도 아니다. 이 점에 관한 한 개화기의 교과서는 같은 시기의 국문론보다 한걸음 뒤진 모습을 보인다. 또한, 맞춤법이 없었던 시기인지라 통일된 표기는 나타나지 않는다.

3.3.3. 이 시기의 교과서에 나타나는 표기방식으로 가장 특징적이 것이 있다면 그것은 어떤 단어의 음이나 훈을 해당단어의 오른쪽에 한자나 국문으로 덧붙여 적는 경우였다고 할 수 있다. 여기에 대해서는 李能和의 제안대로 '附書'라고 할 수도 있겠으나 본고에서는 이를 듣기에 좀더 익숙한 '旁記'로 부르고자 한다.

다음과 같은 교과서에 그러한 방식이 나타난다. 당시에는 교과서의 형식이 세로쓰기였기 때문에 병기는 해당단어의 오른쪽에 나타나는데 본고는 가로쓰기인지라 이를 위쪽에 덧붙이기로 한다.

(07). 玄采, 『幼年必讀』(1907 光武11년 5월 5일 발행).

우리大韓나라ᄂᆞᆫ清國과俄羅斯와日本과、갓갑고長은三千六百里오廣은

千餘里도、되고……(5면)

(11). 普成館, 『初等小學』(출판연도 미상).

나비 노루(3)…ᄀᆡᄂᆞᆫ 쓸에서 짓고(36) 늙은이ᄂᆞᆫ 칙을 보오(37) 단풍 빗은

찬란 ᄒᆞ고(38)

(13). 兪吉濬, 『勞動夜學讀本』(1908 隆熙2년 7월 13일 발행).

나라의民되야ᄂᆞᆫ最大義務가二가지라 하나ᄂᆞᆫ曰대賦稅를納ᄂᆞᆫ義務이니……(5면)

(14). 張志淵, 『녀ᄌᆞ독본』(上-下), (1908 隆熙2년 4월 5일 발행).

고려 말년에 길야은션싱지가 벼슬을 ᄇᆞ리고 금오산에 도라가 졀의를 직히더

니……(101면)

(16). 鄭喬秀, 『樵牧必知』(上-下), (1909 隆熙3년 6월 20일 발행).

일신의 리히를 싱각지 말고 국가의 공익을 도모ᄒᆞ야 일호라도 국민의

ᄌᆞ격을……(上6면)

(26). 盧炳喜, 『녀ᄌᆞ소학슈신셔』, (1909 隆熙3년 2월 발행)

녀ᄌᆞ의、힘쓸것은、방젹과、침션이니、각식실、ᄆᆞᆫ다ᄂᆞᆫ것과、의복말으기와、

……(5면)

이들 교과서에 쓰인 旁記방식은 國文전용에 쓰인 국문표기 단어에 해당한자를 병기한 경우 (11, 14, 16, 26)와 국한문혼용의 본문에 나타나는 한자표기 단어에 음독이나 훈독을 병기한 경우(07, 13)로 구분된다. 다만, (11)普成館, 『初等小學』의 경우, 고유어에도 그 뜻을 나타내는

漢字가 병기되어 있어 다른 교재와는 약간 다른 모습을 보인다. 그렇다고 이를 (13)兪吉濬의 『勞動夜學讀本』과 같은 훈독방식이라고 볼 수는 없다. 아무튼 전자의 경우는 모두 국문으로 표기된 단어에 한자를 병기하여 그 뜻을 쉽게 알 수 있도록 한 것이다. 말하자면 국문전용의 한계점인 의미의 不透明性을 극복하기 위하여 漢字竝記라는 수단을 이용한 셈이다. 한편, (16)鄭崙秀, 『樵牧必知』만은 국문과 한자가 같은 크기의 활자로 병기되어 있어 어느 쪽이 본문인지 구분이 애매하다.

어떤 의미에서는 한자를 병기하는 방식이건 국문을 병기하는 방식이건 근본적으로는 동일한 수단이라고 할 수 있다. 다만, 兪吉濬의 『勞動夜學讀本』만은 음독뿐만 아니라 훈독까지를 이용하고 있다는 점에서 독특한 사례로 간주된다. 이로써 유길준이 1908년 '小學教育에 對ᄒᆞᄂᆞᆫ 意見'에서 주장한 '訓讀ᄒᆞᄂᆞᆫ 法'은 음독과 훈독을 함께 뜻했음을 알 수 있다. 이 점에서 유길준의 훈독법은 玄采의 『幼年必讀』과도 분명하게 구별된다. 『幼年必讀』은 음독만 이용했을 뿐 훈독은 쓰지 않았기 때문에 兪吉濬의 『勞動夜學讀本』에 나타나는 병기방식과는 근본적으로 다른 셈이다.

국한문혼용에 이러한 병기방식을 도입하자는 주장은 앞에서 본대로 1906년 이미 李能和가 한발 앞서 주장한 바 있다. 2년 후 兪吉濬 또한 그러한 주장을 내놓았다. 그러나 1907년에 나온 玄采의 『幼年必讀』이 李能和의 주장을 따른 것인지 어떤지는 알 수 없는 일이다. 어쩌면 아무런 관련이 없을 가능성이 더 클지도 모른다.

유길준은 '小學教育에 對ᄒᆞᄂᆞᆫ 意見'(1908년 6월 10일)에서 주장한 훈독법을 한 달 후에 간행된 자신의 저서 『勞動夜學讀本』(7월 13일)에 실제로 적용하였다. 한자어에 대한 병기를 훈독에까지 이용하였다는 점에서 兪吉濬의 『勞動夜學讀本』은 근대 이행기의 역사적 사례로는 거의 유일한 존재라 할 만하다. 兪吉濬의 병기방식 자체는 당시의 일본어 표기방식에서 端緒를 얻었을 것이다. 따라서 그의 병기방식, 특히 훈독방식은 일본어와 같은 방식이라는 인상 때문이었는지 더 이상 확산되거나 계승되지 않은 채 자취를 감추고 말았다.

4. 결 어―자국어에 대한 인식과 자각

한국의 경우, 자국어에 대한 자각이나 인식은 예비시기(1876-1894)와 근대이행기(1894-1910) 두 시기를 통하여 찾아볼 수 있다. 우선, 예비시기에는 '國文'이나 '文字' 또는 '文字話語'나 '語言文字'와 같은 표현을 통하여 관원들의 머릿속에 자국어에 대한 자각이 싹텄으리라고 추측된다.

근대이행기에 들어서서는 자국어에 대한 인식이나 자각이 더욱 깊어졌다. 公文書에 國文을 기본으로 쓰도록 하면서(1894) 자국어에 대한 자각은 최고조에 이르렀다. 그러나 현실에 주로 쓰인 문체는 國漢文혼용이었다. 자각에서 나온 또 하나의 성과로는 국문연구소(1907-1909) 설치가 있다.

이 시기에 싹튼 자각은 또 다른 차원에도 나타난다. 첫째는 新聞이나 雜誌의 國文관련 소론이요, 둘째는 당시의 教科書다. 여기에는 국문전용과 국한문혼용의 두 가지 문체가 나타나지만, 그 비중은 국한문혼용이 더 큰 편이었다. 이들의 자각은 엉성하게나마 띄어쓰기, 단락구분, 구두점의 사용 등으로 나타났으나 거기에 정확성이나 규칙성은 보이지 않는다.

특히, 이 시기 교과서의 문체 가운데 가장 특징적인 것으로는 어떤 단어에 국문이나 한자를 並記하는 방식이 있다. 그중 兪吉濬의 『勞動夜學讀本』(1908)은 음독과 훈독을 함께 보여준다는 점에서 역사적으로 거의 유일한 존재일 것이다.

참고자료

高宗實錄(1863년, 고종 즉위년 음12월 8일-1907년, 고종 44년 양7월 19일).
純宗實錄(1907년, 순종 즉위년 양7월 19일-1910년, 순종 3년 양8월 29일).
純宗實錄附錄(1910년, 순종 3년 양8월 29일-1928년, 순종 21년 양7월 6일).
金敏洙・河東鎬・高永根(공편)(1977-1986), 『歷代韓國文法大系』(제1부 43책, 제2부 44책, 제3부 14책, 총색인 1책), 塔出版社.
李基文(편)(1976), 『周時經全集』(上, 下), 亞細亞文化社.
河東鎬(편)(1985), 『國文論集成』(歷代韓國文法大系, 제3부 제3책), 塔出版社.
韓國學文獻研究所(편)(1977), 『韓國開化期敎科書叢書』(1-8 國語, 9-10 修身・倫理), 亞細亞文化社.

참고문헌

金敏洙(1986), "1세기 반에 걸친 韓國文法研究史"(金敏洙・河東鎬・高永根 共編, 歷代韓國文法大系 別冊 『歷代韓國文法大系 總索引』所收), 塔出版社.
宋　敏(2000), 『明治初期における朝鮮修信使の日本見聞』(日文研 第121回フォーラム, 1999. 9. 7.),

京都: 國際日本文化研究センター.

_____(2005), 開化期의 新生漢字語 研究―『獨習日語正則』에 반영된 國語單語를 중심으로―, 片茂鎭·韓世眞·金眞瓊(공편), 『獨習日語正則』(解題·索引·研究·原文), 불이문화사.

李光麟(1974), 『韓國開化史 研究』(개정판), 일조각.

李基文(1970), 『開化期의 國文研究』, 一潮閣.

出處 〈인하대학교 한국학연구소(2013. 6.), 原題=근대이행기 동아시아의 자국어와 자국문자, 『한국학연구』 30: 7-47.〉

〈인하대학교 한국학연구소(편)(소명출판, 2015. 1.), 동아시아한국학연구총서 20, 『근대이행기 동아시아의 자국어 인식과 자국어학의 성립』: 15-57(再錄).〉 인하대학교 한국학연구소(2012년 국제학술대회 기조발표 논문)

日本語圈에서의 韓國語 教授 대비책

1. 머리말

한일 양국간의 문화교류를 위한 가교로서의 韓國文化院이 동경 히가시이께부꾸로(東池袋)의 새로운 명소 썬샤인 빌딩 5층에서 그 문을 연 것은 1979년 5월 10일이었다. 초대 문화원장으로 부임한 姜範錫 참사관은 같은 건물에 자리하고 있었던 東京文化센터의 협조를 얻어 한국어 강좌를 개설하기 위한 준비를 다진 끝에, 그해 9월 25일 드디어 3개월 과정의 제1기 강좌를 열기에 이르렀다.

당시 동경의 여기저기에서는 이미 한국어 강좌가 널리 행해지고 있었다. 여러 대학의 정규 과정에 한국어 강좌가 들어 있었을 뿐 아니라 유수한 사설 학원이나 문화센터에서도 한국어 강좌가 열리고 있었다. 따라서 韓國文化院 한국어 강좌가 특별히 새삼스러운 것은 아니었다. 그러나 이 강좌는 주일 한국대사관 산하의 한국문화원에서 처음으로 주관하는 것이었다. 말하자면 한국정부가 주관하는 문화사업의 일환이라는 점에 그 강좌의 의의가 있었다.

필자는 마침 1979년 8월 2일부터 1980년 8월 1일까지 1년 동안 동경에 머무르게 되어 있었다. 國際交流基金(The Japan Foundation)의 연구비(Fellowship)로 일본어 음운사에 대한 연구를 하기 위해서였다. 동경에 도착한지 얼마 되지도 않은 어느 날 뜻밖에도 姜範錫 참사관의 연락을 받았다. 한국어 강좌를 개설하게 되었으니 몇몇 클라스의 강좌를 맡아 달라는 것이었다. 주일한국대사관의 문화사업인만큼 적어도 한국어문학을 전공한 학자들로 강사진을 구성하여 권위와 공신력을 높이고 싶다는 간곡한 포부를 필자는 기꺼이 받아들이기로 하였다. 그리하여 필자는 韓國文化院의 한국어 강좌 제1기(1979. 9~12), 제2기(1980. 1~3), 제3기(1980. 4~6)과정의 일부를 연속해서 담당하게 되었다.

그때까지 필자에게는 외국인에 대한 한국어 교수의 경험이 거의 없었다. 미국인과 중국인에 대한 개인교수를 잠깐씩 해본 적은 있으나 장기적이고 종합적인 것이 아니었으므로 이렇다 할 경험이라고 할 수는 없었다. 韓國文化院의 한국어 강좌를 맡게 되면서 필자는 시간마다 많은 것을 느끼며 깨닫게 되었다. 그것은 특히 일본어권이라는 특정지역의 성인들에게 한국어를 가르친다는 일이 생각보다는 쉽지 않다는 것이었다. 일본어권에서의 한국어 교수에는 거기에 알맞는 세심한 사전대비책이 요구된다는 사실을 필자는 나름대로 절실히 경험하게 된 것이다.

이러한 경험을 바탕으로 하여 필자는 일본어권에서의 한국어 교수에 수반되는 특징적인 문제점의 일부를 되새기면서 그때그때의 상황에 따른 필자 나름대로의 대비책을 비언어학적 측면과 언어학적 측면으로 구분정리해서 여기에 보고하기로 한다. 이를 위해서는 우선 1979년 당시 韓國文化院의 한국어 강좌 제1기 과정의 윤곽과 수강생의 성향 및 학습 목표를 알아 둘 필요가 있을 것이다.

2. 강좌의 윤곽과 수강생의 성향 및 학습목표

당시 한국어 강좌 제1기 과정의 윤곽과 수강생의 성향 및 학습목표는 다음과 같았다.

1) 클라스 편성

클라스는 개개인의 능력에 따라 초급, 중급, 고급으로 편성되었다. 초급은 다시 100분 단위 주2회 수강 클라스와 주1회 수강 클라스로 나뉘었다. 클라스의 선택은 개개인의 자유의사에 따라 이루어졌다. 중급과 고급은 다같이 100분 단위 주1회 수강 클라스로 짜여졌다. 모든 클라스의 1과정은 3개월간이었다. 제1기 과정에서 초급을 마치면 제2기 과정에서는 능력에 따라 중급으로 올라갈 수 있게 되어 있었다. 매클라스의 정원은 24명이었다. LL의 수용능력이 24석이었기 때문이다.

제1기 과정의 수강생은 초급, 중급을 모두 합쳐 총 84명이었다. 고급 클라스는 희망자가 적어 중급과 통합되었다. 클라스 수는 초급 주2회 클라스가 둘, 주1회 클라스가 하나, 그리고 중급, 고급 클라스가 하나, 모두 합쳐 4클라스였다. 초급 주2회 클라스는 吳英元(당시 上智大學 코뮤니티 칼레지 강사) 교수와 李辰燮(당시 慶應義塾大學 外國語學校 강사) 교수가 각기 한 클라스씩을 담당하였고, 초급 주1회 클라스와 중급 클라스를 필자(당시 聖心女子大學 교수)가 담당하였다.

교재는 서울대학교 어학연구소편 『한국어』 1, 2(1979. 9. 10. 개정판, 명지출판사)와 그 본문 녹음 테이프1)로 정해졌다.

---

1) 다만 녹음테이프는 교재와 미세한 차이를 보였다. 녹음테이프가 만들어진 후 교재에 수정이 가해졌기 때문이었을 것이다.

2) 수강생의 성향

제1기 과정의 수강생 84명은 일본인 62명(74%), 한국인[2] 22명(26%)으로 이루어졌다. 이를 성별로 구분해 보면 남성이 49명(58%), 여성이 35명(42%)이었다. 이들을 다시 연령별로 나누어 보면 20대가 30명(36%)으로 가장 많았고, 30대가 22명(26%), 40대가 17명(20%), 50대 이상과 10대가 각기 6명씩(각 7%)이었으며 나머지 3명(4%)은 불명이었다. 한편 이들 수강생을 직업별로 보면 봉급생활자가 40명(48%), 학생이 15명(19%), 자영업과 자유업이 각기 7명씩(각 8%), 주부가 5명(6%), 가사종사자가 2명(2%), 기타가 1명(1%)이었고 나머지 7명(8%)은 불명이었다.[3]

이상과 같은 통계숫자는 한국어 강좌 수강생의 성향이 외적으로나 내적으로 매우 다양했음을 분명하게 나타내고 있다. 이들 수강생의 직업을 좀 더 세분해보면 같은 직종이 거의 한 사람도 없을 만큼 가지각색이었다. 의사가 있는가 하면 사장이나 중역도 있었고, 요리연구가, 연극배우가 있는가 하면 대신문사 기획위원, 고급기능사도 있었다.

연령과 직업이 다양한 만큼 그들의 수강동기 또한 가지가지였다. '모국어이기 때문'이라는 동기 이외에도 '취미로', '여행을 하기 위하여', '일을 위하여', '연구를 위하여'와 같은 동기도 있었고, '한국의 친구와 이야기하고 싶어서', '한국에 흥미가 있어서', '회화를 예쁘게 하고 싶어서', '제2외국어로서 마스터하고 싶어서'와 같은 동기도 있었다.[4]

3) 학습목표

초급: ① 문자(모음·자음) 및 음절구조의 이해

② 연음현상(음운규칙)의 기초적 이해

③ 개인생활 주변의 일상회화 습득

④ 구상적 개념을 나타내는 단어를 중심으로 약 500어 습득

⑤ 기본적 굴절접미사(곡용 및 활용)의 이해

⑥ 단문구조의 이해(기본문형 및 경어법)

⑦ 간단한 문장을 고쳐 쓰는 연습

---

2) 이 경우의 한국인이란 재일교포를 뜻한다. 그중에는 이미 일본국적을 취득한 사람도 있었다.

3) 이상의 통계는 『韓國文化院 友のニュス』第4號(1979.11.10.) p.4에 의거하였다.

4) 이러한 동기는 吳英元 교수의 초급 클라스 수강생 24명에 대한 조사에서 밝혀진 것이다. 『韓國文化院 友の ニュス』第3號(1979.10.10.) p.2.

중급: ① 음운규칙의 종합적 이해

② 사회생활 주변의 일상회화 습득

③ 추상적 개념을 나타내는 단어를 중심으로 약 500어(연 1000어) 습득

④ 굴절접미사 및 파생접사(접두사 및 접미사)의 종합적 이해

⑤ 단문구조의 이해

⑥ 질문응답식 이해

상급: ① 각종문체의 이해

② 한국고유의 문화에 관한 단어를 중심으로 약 500어(연 1500어) 습득

③ 문법규칙의 종합적 이해

④ 복문구조의 이해

⑤ 기본한자의 독법 습득(약 500자)

⑥ 간단한 작문능력 습득

이상과 같은 학습목표5)는 초급 주2회 클라스로부터 시작할 경우에는 1년 반, 주1회 클라스로부터 시작할 경우에는 자기학습에 노력한다면 2년에 걸쳐 달성되도록 짜여진 것이었다.

3. 비언어학적 측면의 대비책

위와 같이 다양한 수강생의 성향을 알게 된 필자는 우선적으로 수강생 개개인에 대한 비언어학적 측면의 대비책을 강구해야겠다고 느꼈다. 그리하여 과정의 초기에는 수강생 개개인의 연령이나 직업, 그리고 그들의 수강동기나 개성까지도 가능한 한 빨리 파악해 두려고 애썼다. 다행히 수강생의 수는 최대일 경우가 24명이어서 개개인에 대한 파악은 그리 어렵지 않았다. 시간을 마치면 수강생들과 함께 다방에 내려가 차를 마시면서 담화를 나누기도 하였는데 그 자리에서는 개개인의 교육적 배경, 가족 관계, 가정의 분위기, 취미까지도 자연스럽게 밝혀지게 되었다.

물론 개개인에 대한 성향파악이 일본어권에서의 한국어 교수시에만 요구되는 특징적인 사항은 아니다. 그것은 무릇 모든 교육현장에서 요구되는 지극히 일반적인 사항이기 때문이다. 그럼에도 불구하고 여기에 이러한 대비책의 필요성을 내세우는 데에는 필자 나름의 이유

---

5) 이 내용은 당시 한국어 강좌의 안내 팜플렛에 나와 있는 그대로를 옮겨 놓은 것이다. 따라서 여기에 나타나는 학습목표 하나하나가 모두 필자의 견해와 부합되는 것은 아니다.

가 있다. 당시만 하더라도 한국에 대한 일본인의 이해심에는 한계가 있었다. 적어도 필자는 그렇게 느끼고 있었다. 그들의 정치, 경제, 사회, 문화, 학술 등에 대한 의식구조나 가치관은 한국인과 다른 점이 많고, 그들의 역사적, 종교적 여건이나 배경 또한 한국과는 차이가 많기 때문이었다. 물론 수강생의 대부분은 한국과 한국인을 이해하고 있거나 적어도 이해하려는 태도를 지니고 있었다. 그렇기 때문에 그들 개개인에 대한 성향파악은 그들의 인간적 내면성을 자극함으로써 기계적 훈련처럼 느껴지기 쉬운 학습 분위기를 부드럽고 따뜻하게 유지시키는 데에 도움이 되었다고 믿는다.

韓國文化院의 한국어 강좌는 일종의 성인교육이어서 학교의 정규적인 학습과정과는 그 양상이 다를 수밖에 없었다. 꼬박꼬박 시간에 나와야 할 의무도 없고, 강좌 담당자를 교육적인 의미의 선생으로 생각할 필요도 없었다. 수강생은 모두가 자기 일에 분주한 성인들이었다. 거기다가 필자의 담당 시간은 주간 클라스였다. 그럼에도 불구하고 거의 대부분의 수강생은 꾸준하고 충실하게 학습시간에 참여하였다. 시간이 끝나면 차를 마시자는 요청이 잦아지고 나중에는 거의 매주처럼 과외담소를 즐기게 되었다.

어찌 되었든 간에 필자의 클라스에 참여했던 수강생의 상당수가 제3기 과정까지 한국어 학습을 계속했고, 필자의 귀국에 앞서 열린 클라스별 환송연에서 수강생들은 오랜만에 사은회를 가져 본다고 스스럼없이 털어놓기도 하였다.

이와 같은 경험을 통하여 필자는 일본어권에서의 한국어 교수에 무엇보다도 먼저 요구되는 대비책이 수강생 개개인에 대한 세심한 성향 파악이라고 믿게 되었다. 이러한 비언어학적 측면의 대비책은 어쩌면 다음에 검토하게 될 언어학적 측면의 대비책보다 더 중요한 의미를 지닌다고 할 수 있다.

4. 언어학적 측면의 대비책

얼핏 생각하면 한국어와 일본어는 형태론적, 통사론적 구성, 특히 어순에 공통점이 많고, 한자의 조어법과 그 의미에도 같은 점이 많기 때문에 일본인에게 한국어를 가르치는 일은 매우 쉬울 것으로 생각될 수도 있다. 그러나 실제로 경험해 보면 그러한 선입관이 속단이라는 사실을 쉽게 깨달을 수 있다.

실상 한국어와 일본어는 음운체계와 음절 내지 형태소 구조에 상당한 차이를 보이고 있다. 조사 내지 특수조사와 동사어간에 연결되는 여러 가지 접미사의 체계와 의미에도 엄밀한 면에서는 차이점이 많으며, 형태소 결합에 나타나는 형태규칙이나 음운규칙에 이르러서는 더욱 다양한 성격의 차이를 보인다. 더구나 한국어학과 일본어학에서 이용되고 있는 문법술어나 그 개념에는 근본적인 차이도 적지 않게 나타난다. 한국어 문법론에서는 서양제어에 대한 일반문법론적 술어가 많이 이용되고 있지만 일본어 문법론에서는 일본 특유의 전통적 술어가 상당히 많이 이용되고 있기 때문이다. 이러한 처지를 감안할 때 일본어권에서의 한국어 교수에는 서양제어권에서의 그것과는 다른 여러 가지 측면의 세심하고도 철저한 언어학적 대비책이 요구되는 것이다.

본고에서는 이를 일반론적 측면, 음운론적 측면, 형태·통사론적 측면 그리고 의미론적 측면으로 구분하여 검토하기로 한다.

1) 일반론적 측면

흔히들 일본인들은 외국어에 약하다고 생각하기가 쉽다. 실제로 많은 일본인들이 그렇게 말하고 있다. 그러나 그러한 생각은 속단에 지나지 않는다. 우선 그들은 외국어학에 대한 오랜 전통과 확고한 기반을 가지고 있다.6) 그들이 외국문화를 끊임없이 수용하고 서양문화를 남보다 먼저 소화할 수 있었던 배경에는 외국어 학습의 확고한 전통이 있었던 것이다. 이러한 전통은 오늘날에도 거의 그대로 유지되고 있다. 뿐만 아니라 일본인들은 중등교육과 고등교육을 거치는 동안 누구나가 외국어 한 둘쯤을 학습하도록 되어 있다. 이렇게 볼 때 일본인들이 외국어에 약하다는 생각은 피상적인 말버릇에 지나지 않는 것임을 알 수 있다.

그렇다고 해서 일본인들이 외국어에 모두 강하다는 뜻은 결코 아니다. 일본인들의 외국어에 대한 능력은 실상 말하기보다 읽기에서 크게 발휘되어 왔다고 할 수 있다. 말하자면 그들 대부분은 외국어로 된 책을 읽을 수는 있으나 그 말을 하지는 못하는 것이다. 일본어권에서의 한국어교수에는 이러한 그들의 현실에 대한 대비책이 특별히 요구된다. 여기에는 물론 그들의 수강동기도 함께 배려되어야 한다. 책을 읽기 위한 학습인지, 말을 하기 위한 학습인지를 담당자가 분명히 파악해야 한다는 뜻이다.

韓國文化院 한국어 수강자의 경우 그 절대다수는 말하기를 원하고 있었다. 오늘날의 외국어 교육이 바로 말하기에 힘을 기울이고 있지만, 한국과 일본의 인적, 문화적 교류가 날로 빈번해지고 있는 현실을 감안할 때 그들의 욕구는 당연한 것일 수밖에 없다. 그렇다고 외국어

---

6) 외국어 학습에 대한 그들의 오랜 전통은 고대에 이미 그 싹이 트였다. 漢字·漢文 및 산스크리트어의 학습 전통이 그것이었다. 16세기 말엽부터 일본인들은 천주교 신앙을 통하여 포르투갈을 위시한 서양문화와 접촉을 시작한 이래, 네델란드, 러시아, 영·미국, 독일, 프랑스 등과도 활발한 접촉을 가지게 된다. 그때마다 일본인들은 외국어 연구의 전통을 다질 수 있었다. 그중에서도 이른바 란가꾸(蘭學)는 네델란드어학 연구를 통한 과학문화 수용의 대표적 사례였다.

학습이 말하기 일변도로 일관되어야 한다는 태도에 대해서 필자는 단연코 반대 주장을 내세운다. 외국어 학습의 궁극적인 목표는 책을 읽을 수 있는 능력에 놓여야 한다는 것이 필자의 지론이기 때문이다. 이러한 견해는 한국과 일본의 역사적, 문화적 관계에서 판단할 때 당연한 것으로 느껴진다. 과거 일본 식민지 시대에 교육을 받은 많은 한국인들이 일본말을 유창하게 구사했지만 그들이 일본말을 통하여 수용할 수 있었던 일본문화는 통속적 영역을 벗어나지 못하는 것이었다. 따라서 한국말을 유창하게 구사할 수 있는 일본인이 아무리 많아지더라도 그들을 통하여 진정한 한국문화가 일본인에게 충분히 이해되리라는 예상은 위태로운 것이다.

결국 한국측에서 생각해 보면 우리는 일본인들이 한국말을 잘하기보다는 책을 잘 읽어 달라고 주문하고 싶은 것이다. 한국어 강좌 담당자에게는 이러한 태도가 필요하다고 필자는 믿는다. 적어도 일본어권에서의 한국어 강좌 담당자들은 이러한 일반론적 대비책을 사전에 충분히 강구해 두어야 할 것이다.

2) 음운론적 측면

누구에게나 잘 알려져 있는 사실이지만 일본어권의 한국어 학습자들에게 가장 먼저 닥쳐오는 난관은 한국어의 실제 발음이 아닐 수 없다. 음운체계 자체도 일본어에 비하여 복잡한 것이 사실이지만, 음절과 형태소 구조에 이르러서는 더욱 복잡한 성격을 띠고 있기 때문이다. 거기에 형태소 결합으로 나타나는 각종 형태규칙 내지 음운규칙과 이음규칙 또한 만만치 않다. 이렇게 복잡한 발음규칙을 규범적 표기법만으로 얼른 이해한다는 것은 결코 용이한 일이 아니다. 그만큼 강좌 담당자는 음운론적 측면의 충분한 대비책을 강구해 두어야 할 것이다.

음운론적 측면의 대비책에도 두 가지 사항이 고려되어야 한다. 그 첫째는 무엇에 대하여 중점적으로 설명할 것인지 그 항목을 설정하는 일이고, 그 둘째는 그것들을 어떻게 설명할 것인지 그 방법을 강구해 두는 일이다.

일본어권의 한국어 강좌 담당자가 중점적으로 설명해야 할 음운론적 측면의 항목은 일본어에 나타나지 않는 사실이나 현상이라고 생각된다. 따라서 그 항목은 한국어와 일본어의 대조적 관찰로 쉽게 추출될 수 있다. 가령 모음체계로 볼 때 일본어에는 한국어의 '애, 외, 위, 어, 으'에 해당되는 단모음이 없다. 그리고 자음체계로 볼 때 일본어에는 폐쇄성 평음에 대립되는 후두화음과 유기화음이 존재하지 않으며, 파찰음 ㅈ에 해당되는 자음도 없다. 따라서 이러한 음소들에 대해서는 음성학적으로 충분히 설명해 줄 필요가 있다.

음절 또는 형태소 구조의 차이에서 나오는 어려운 발음에 대해서도 충분한 설명과 연습이 필요하다. 가령 일본인들은 한국어의 '감, 간, 강'에 나타나는 형태소 말자음 ㅁ, ㄴ, ㅇ의 구별에 몹시 어려움을 느낀다. 일본어에서는 형태소말 위치에 배분되는 m, n, ŋ이 사적으로 이미 중화를 일으켰기 때문이다. 그러나 음절말 위치에서는 sam-boN(三本), san-daN(三段), saŋ-ko(三箇)처럼 구별되고 있으므로, 이 사실을 원용한다면 한국어 '감, 간, 강'의 차이를 인식시킬 수 있다.

이러한 항목을 일일이 열거하자면 한이 없을 수밖에 없다. 따라서 좀 더 상세한 사항에 대해서는 이미 공표된 바 있는 다른 논저로 미루어 둔다.[7]

다음에 문제가 되는 것은 정해진 항목에 대한 설명방법이다. 여기에는 체계와 보편성 그리고 대조라는 원리가 요구된다. 가령 '어'라는 모음을 설명 할 때 그 자체의 음성자질만으로는 아무래도 부족하다. 따라서 모음체계 속의 위치를 설명한다거나 '오'와 '어'의 대립적 차이로 그 성격을 이해시킬 필요가 있다. 또한 많은 경우에는 자연어에 흔히 나타나는 보편성을 토대로 삼는 방법이 효율적이라고 할 수 있다. 가령 '굳이 → 구지'와 같은 구개음화 현상에 대해서는 조음적 필연성에 의한 보편성으로 알기 쉽게 해명해 나갈 수 있다.

이처럼 음운론적 측면에서 설명이 요구되는 항목설정과 그에 대한 설명방법에 대해서는 세심한 대비책이 요망된다. 일본어권에서의 한국어 교수에 특별히 그러한 대비책이 요망되는 것은 음운론적으로 한국어가 일본어에 비하여 상대적으로 복잡한 체계와 구조를 지니고 있기 때문이다.

3) 형태·통사론적 측면

한국어의 형태음운론적 구조는 일본어에 비하여 지극히 다양하고 복잡한 양상을 보이고 있지만 형태소 결합방식 그 자체는 일본어와 크게 다를 바 없다. 굴절법이나 파생법이 접사, 그 대부분은 접미사로 이루어지고 있으며, 합성법 또는 복합법 역시 본질적으로는 일본어와 동일한 방식을 택하고 있다. 통사론적 구조에 이르면 더욱 큰 유사성을 보인다. 그 때문에 일본어권의 한국어 학습자에게 형태·통사론적 측면에서의 난관은 비교적 적은 셈이다. 그렇다고 난점이 전혀 없는 것은 아니다. 그것은 한국어학과 일본어학에서 사용되는 문법술어의 상당부분이 서로 다르다는 점이다.

가령 한국어학에서는 모든 활용접미사를 우선 연결어미와 종결어미로 구분하는 것이 보통이다. 그러나 일본어학에서는 그러한 구분방식이 거의 쓰이지 않는다. 주로 학교문법에 이용

---

7) 좀 더 구체적인 항목들은 다음과 같은 논저에 잘 정리되어 있다.

小倉進平(1923),「國語及朝鮮語發音概說」(京城, 近澤印刷所出版部)

高永根(1970), 韓日語의 比較分析: 音韻體系를 中心으로(「言語教育」, Ⅱ-1, 서울大學校 語學研究所)

되는 방식이긴 하지만 연결어미에 해당되는 접미사를 처음부터 未然形, 連用形, 連體形 등으로 분류하며, 종결어미에 해당되는 접미사를 終止形, 命令形 등으로 분류하고 있다. 그런데 일본어권의 한국어 학습자들은 예외 없이 일본어의 문법술어에 익숙해져 있다. 따라서 이들에게는 동사 앞에 나타나는 어형의 경우 連用形, 명사 앞에 나타나는 어형의 경우 連體形과 같은 문법술어에 의한 설명이 쉽게 이해될 수밖에 없다. 따라서 일본인에 의한 한국어 교본에는 전통적으로 그러한 문법술어가 적지 않게 나타난다.

문제는 한국어 문법을 한국인이 일본인에게 설명할 때에 생겨난다. 일본어 문법에 익숙하지 않은 한 일본어학적 문법술어로 한국어 문법을 설명할 수는 없기 때문이다. 그렇다고 일본어학적 문법술어를 완전히 도외시할 수도 없다. 이해를 돕기 위해서는 일본어학적 문법술어가 효과적이기 때문이다. 여기서 필자는 일본어권의 한국어 교수 담당자가 한국인일 경우 그들에게 한 가지 제의해 두고 싶다. 그것은 한국어 교수를 위한 대비책으로 일본어 문법에 대한 어느 정도의 지식을 갖추어 두는 것이 좋으리라는 권고이다. 이것이 필자 나름의 경험을 통해 얻어진 결론이라고 할 수 있다.

다만 한국어 문법에 대한 설명은 어디까지나 한국어학적 문법술어로 이루어지는 것이 좋다. 그러므로 일본어학적 문법술어는 부득이하거나 문법이해에 도움이 되리라고 판단될 때에만 부수적으로 이용되는 데에 그쳐야 할 것이다.

4) 의미론적 측면

필자의 경험에 의하면 한국어의 의미에 대한 설명 역시 어휘론적으로나 통사론적으로 결코 쉽지 않다는 것이었다. 어휘의미론적으로는 추상적 개념을 나타내거나 한국의 고유문화에 관한 의미 설명에 상당히 어려움을 느낀 것이다. 열심히 설명하다보면 점점 자신이 없어지는 경우도 많았다. 음성상징으로 이루어진 어형들에 대한 의미차이도 단순한 설명만으로는 시원한 해결이 어려움을 깨달을 때가 많았다.

통사의미론적으로는 일본어에서 그 유례를 찾아 볼 수 없는 각종 접미사의 의미기능을 쉽게 이해시킬 길이 막막하였다. 가령 복수접미사 '-들'은 다음과 같이 다양하게 쓰일 수 있다.

이제들 그만 자거라.
이제 그만들 자거라.
이제 그만 자거라들.

이때의 '-들'에 대한 의미는 그런대로 설명될 수 있다 하더라도, 그와 같은 배분이 가능한 이유까지를 설명하기는 어려울 수밖에 없다. 따라서 이 '-들'을 예로 삼아 바꿔쓰기 연습이라도 해보려면 그때마다 맞았다거나 틀렸다는 판정을 내려 주어야 하는 번거로움이 따른다.

통사론적 구성을 지배하는 의미의 선택제약도 알기 쉽게 설명하기는 매우 어려운 현상이다. 가령 '찬 물 한 그릇'은 맞는 표현인데 '추운 물 한 그릇'은 왜 틀린 표현인지, '탁구를 친다'는 맞는데 '탁구를 때린다'는 왜 틀린 표현인지, 이를 개별적으로 설명하자니 한이 없을 지경이었다.

필자는 이러한 항목 하나하나에 대한 충분한 연구와 대비책 없이는 외국인에 대한 한국어 학습을 감당해 내기가 어려움을 절실히 느낀 바 있다.

5. 맺음말

지금까지 필자는 東京의 韓國文化院에서 주관하는 한국어 강좌담당 경험을 되새기면서 일본어권에서의 한국어 교수시에 제기되는 문제점의 일부와 그 대비책을 정리해 보았다. 필자는 이를 비언어학적 대비책과 언어학적 대비책으로 구분해서 논의하였다.

비언어학적 대비책으로는 우선 수강자 개개인에 대한 충분한 성향파악이 필요함을 느꼈다. 일본은 역사적으로나 문화적으로 한국과는 특별한 관계를 맺어 온 지역이다. 그러므로 그들에 대한 세심한 배려 없이는 한국어 교수의 효과를 거두기가 무척 어렵다고 할 수밖에 없다.

언어학적 대비책으로는 다시 일반론적 측면, 음운론적 측면, 형태·통사론적 측면, 의미론적 측면이 고루고루 배려되어야 할 필요성을 깨달았다. 일반론적 측면에서는 특히 말하기 일변도의 교수태도가 바람직하지 못하다는 뜻을 밝혔다. 외국어 학습의 궁극적인 목표는 책을 읽을 수 있어야 하기 때문이다. 음운론적 측면에서는 무엇을 어떻게 가르쳐야 할지에 대하여 논의하였다. 중점을 두어야 할 항목은 일본어에 나타나지 않는 사실이나 현상이어야 하고, 설명방법은 체계성과 보편성에 그 기반을 두어야 한다고 보았다. 형태·통사론적 측면에서는 문법술어에 관심을 기울여야 할 필요성을 내세웠다. 한국어 문법에 대한 설명은 어디까지나 일본어학적 문법술어보다는 한국어학적 문법술어로 이루어져야 한다는 점을 지적하였다. 의미론적 측면에서는 어휘론적, 통사론적 의미가 설명만으로 쉽게 밝혀지지 않음을 돌아보면서, 일본어에 나타나지 않는 접미사나 통사론적 구성을 지배하는 의미의 선택제약 한 항목 한 항목에 대해서 충분한 대비책이 있어야 하리라는 의견을 제시하였다.

요컨대 모국어 화자라고 해서 누구나 외국인에게 모국어를 잘 가르칠 수 있는 것은 아니다. 여러 가지 측면으로부터의 사전대비책이 마련되지 않은 상태로 외국인에게 모국어를 가르친다는 것은 어떤 의미로는 불안하기까지 할 수도 있다. 필자가 짧은 경험에서 얻은 절실한 느낌도 다름 아닌 바로 그 점이었다.

出處 〈二重言語學會(1988. 9.), 『二重言語學會誌』 4: 21-34.〉

한국인의 數字意識과 民俗風習

각 민족은 특정 數字에 대한 감각이나 의식에 전통적으로 좋다거나 나쁘다고 생각하는 풍습을 가지고 있다. 나쁘게 말하면 그것은 미신에 불과하나 넓은 의미로 보면 그야 말로 민속신앙이나 생활을 받쳐주는 지혜요 전통문화의 基層일 수도 있다. 당연히 한국에도 특정 숫자에 관한 뿌리 깊은 감각이나 의식과 그것이 또한 變容과 風化의 과정을 거쳐 새롭게 변화한 가지가지의 풍습이 있다. 그중에는 이미 흔적도 없이 사라진 것이 많으나 아직까지 명맥을 유지하고 있는 것도 적지 않다. 여기서는 특정의 숫자의식과 직접 관련이 있는 話題 한 가지와 특정의 숫자의식이 토대가 되어 변용을 계속해 온 전통풍습의 素材 두 가지를 들어 한국인의 숫자의식이 어떠한 것이며 거기서 어떤 풍습이 태어났는지에 대하여 잠시 살펴보기로 한다.

1. 四라는 숫자를 기피하는 의식

初中學校 시절 자신의 출석번호에 四라는 숫자가 들어가면 친구들한테 번번이 놀림을 당한 경험이 있다. "죽을 死자가 들어있다"는 것이었다. 당시는 친구들의 놀림이나 헐뜯기가 마음에 걸렸으나 어른이 되면서 조금씩 그 뜻을 이해할 수 있게 되었다.

언제부터인지 한국인들은 일본인처럼 四라는 숫자를 기피하는 습관을 가지고 있다. 四의 발음이 死와 같이 들리기 때문에 어쩐지 기분이 좋지 않다는 것이 한국인의 의식이다. 그러한 의식은 어느 결에 생활의 구석구석까지 스며 들어 곳곳에서 그 실례를 찾아볼 수 있다.

우선 오래된 고층 빌딩 가운데는 四층이라는 표시가 아예 없는 경우가 있다. 특히 병원이나 여관, 나아가서는 집단주택 등이 바로 그렇다. 그러한 건물의 경우, 엘리베이터의 四층 버튼에는 F라는 표시가 나타난다. 영어의 Fourth, 곧 四층이라는 頭文字일 것이다. 거기다가 객실의 번호도 四라는 문자를 쓰지 않는다. 一호실, 二호실, 三호실, 그 다음은 五호실과 같은 방식이다. 요컨대 四호실이 보이지 않는 것이다. 다만 최근에 새로 지어진 빌딩에는 四층이나 四호실이라는 표시가 버젓이 나타나 四에 대한 그전의 의식이 점차 엷어져 가는 경향이 없지 않으나 앞으로도 절대로 변하지 않으리라고 생각되는 습관이 한 가지 있다. 祝儀金이다. 그것이 현금이라면 一만원, 二만원, 三만원, 그 다음으로 五만원은 있으나 四만원을 있을 수 없다. 선물도 마찬가지다. 예를 들어 그것이 사과라면 4개, 14개, 24개, 나아가 40개라는 단위는 물론 있을 수 없다. 다만 자신이 먹을 것이라면 四단위로 살 수도 있다.

통상, 人名이나 회사명 또는 빌딩의 명칭에도 四라는 문자는 들어가지 않는다. 더구나 한국인의 作名방식에는 꽤 복잡한 제약이 있는데 그 구체적 사례의 일부에 대해서는 조금 뒤에 언급하겠다. 그런데 四를 싫어하는 의식이 언제 시작되었으며 왜 생겨났는지는 확실하지 않으나 어쩌면 朝鮮시대에는 그것이 없었던 것으로 보인다. 그것을 뒷받침하는 증거 하나가 여기에 있다.

朝鮮朝廷은 일찍부터 日本에 通信使를 보내왔다. 이른바 朝鮮通信使가 그것이다. 당초의 주된 목적은 조선반도의 남해안을 끊임없이 침해하는 倭寇를 막는 방책의 일환으로 일본정부에 협력을 구하기 위해서였으나, 德川幕府 시대에 들어와서는 점차 將軍職의 承繼를 축하하는 뜻이 짙어졌다. 그러나 壬辰왜란, 丁酉재란 이후 한 때는 일본에 끌려간 민간인의 송환이 최대의 현안이 되기도 하였다.

1636-7년의 朝鮮通信使도 그러한 임무를 띠고 있었다. 당시의 副使는 金世濂(1593-1646)이었는데 그는 에도[江戶] 往來 때의 見聞錄으로서 일기형식의 저술인 『海槎錄』을 남겼다. 그 가운데 1636년 9월 8일[음력]의 기록에는 다음과 같은 재미있는 증언이 나타난다.

일본왕복용으로 특별히 제작된 帆船을 타기 위하여 釜山에 도착한 通信使 일행은 에도왕복의 안내역으로 기다리고 있던 對馬島 奉行 平成春과 만나 그에게 國書의 謄本과 別幅草本을 넘겨주었다. 별폭이란 將軍이나 老中들에게 보내는 공식적 선물의 목록이다. 그것을 사전에 넘겨두는 것은 먼저 국서의 내용과 별폭의 적절성을 검토한 후 문제점이 있으면 협의해서 해결하기 위한 절차였다. 조선측의 倭譯 洪喜男의 讀譯을 들으면서 내용을 검토한 平成春은 당시 조선측의 接慰官이었던 울산부사 吳遾에게 의견을 개진하였다. 그 가운데는 다음과 같은 지적이 보인다. 四라는 문자와 관계되는 문제점이다. 원문은 한문문장이지만 알기 쉽게 풀어서 소개한다.

平成春이 말했다. "지금의 별폭 초본을 보니…(중략)…筆墨은 단 四十에 불과하다. 그 수도 그렇지만 원망스러운 것은 四十의 四라는 글자다. 이 글자는 死와 발음이 똑같기 때문에 우리나라에서는 크게 기피하는 바이다. 만약 우리 윗분의 주변에서 조선이 우리나라를 능멸하여 贈禮가 이처럼 얄팍할 뿐 아니라 우리가 기피하는 四라는 글자를 쓴 것은 곧 거기에 어떤 의도가 있다는 논의가 일어난다면 실로 이를 어찌할 작정인가"

조선측에서 준비한 붓과 먹이 각기 四十이었다는 점이 문제가 된 것이다. 문제점은 두

가지다. 하나는 그 수량이 적다. 또 하나는 四의 발음이 死와 통한다. 이렇다면 將軍의 주변에서 문제가 생길 수도 있다. 조선조정이 일본을 모욕할 생각에서 의도적으로 四十이라는 단위를 택했다고 의문을 제기한다면 어찌할 것이냐는 문제제기였다.

이를 보면 당시의 조선인에게는 四를 싫어하는 의식이 없었음을 알 수 있다. 그것이 있었다면 四十이라는 단위를 택했을 리가 없다. 상식적으로 자신들이 좋아하지 않는 숫자를 외교상의 선물 단위로 사용했다고는 생각할 수 없기 때문이다. 또한 당시의 조선조정은 四라는 숫자를 싫어하는 일본인의 의식도 알지 못했음이 분명하다. 알고 있었다면 일부러 상대방이 싫어하는 숫자를 썼을 리가 없다. 만에 하나, 그것을 의도적으로 썼다면 平成春의 말처럼 곧바로 외교문제가 될 가능성도 있다. 그 점을 각오하면서 썼다고는 아무래도 보기 어렵다. 당시의 선물목록에는 虎皮를 비롯한 조선인삼, 華筵 등 여러 가지 물품이 筆墨과 함께 나타나지만 이상하게도 필묵 단위만이 四十으로 되어 있었다. 그것은 아마도 우연이었을 것이다. 이렇게 볼 때 당시의 조선인에게 四라는 숫자를 기피하는 풍습이 없었다고 밖에 생각되지 않는다.

어찌 되었건 吳䎙은 平成春의 말을 들은 후 그 뜻을 조정에 보고했다. 禮曹에서는 그 대책을 당시의 인조대왕에게 진언했던 바 그 내용은 예조에서 보내온 9월 25일자 移文에 나타난다. 즉 "筆墨 四十이라는 數는 저들이 싫어하는 바라고 하니 각기 十을 더하여 五十으로 하더라도 많다고는 할 수 없습니다." 곧 예조에서는 四十에 十을 더하여 五十으로 했으면 하는데 어떠하겠습니까 하고 대왕의 의견을 물은 것이다. 그후의 조치에 대해서는 실록에 나타나지 않기 때문에 분명하지는 않으나 아마도 필묵의 수를 四十에서 五十으로 늘려 보내도록 했으리라고 생각된다. 이러한 경험에서 조선조정은 그후 통신사의 별폭에 四라는 단위를 피하게 된 듯하다. 실제로 그 다음 통신사가 일본을 찾은 것은 1655년인데 그 때의 별폭에는 四라는 숫자가 일체 나타나지 않는다.

1655-6년에 從事官으로서 통신사에 참여했던 南龍翼(1628-1692)도 四라는 숫자에 대하여 똑같은 경험을 한다. 그것은 그의 견문록인『扶桑錄』1656년 1월 3일[음력]자 일기에 하나의 삽화로 나타난다. 이 역시 한문이지만 읽기 쉽도록 풀어서 인용한다. 통신사 일행이 赤間關(지금의 下關)에 체재하고 있을 때였다. 어느날 對馬島主 平義成이 자신의 아들과 함께 紹栢(僧)을 데리고 통신사의 숙소를 찾아온다. 남용익의 일기에서 그 사실을 찾아보면 다음과 같다.

義成이 온 것은 오로지 술을 마시기 위함이었는데 전에 그가 술을 너무 마셔 욕을 보았기 때문에 술상을 차려 내놓고 물을 탄 秋露(당시 조선소주의 일종) 석 잔만 권하고 나서 그만두려 하자 義成은 紹栢을 돌아보면서 말했다. "四라는 수는 곧 (우리가) 기피하는 것이니 다섯 잔을 마시고 싶습니다." 이에 다시 두 잔을 더 마신 후 자리를 끝냈다. 그는 구태여 다시 더 요구하지 않았다.

이 삽화에도 四라는 숫자를 피하려는 일본인의 정서가 나타난다. 석 잔을 마시고 나서 좀더 마시고 싶지만 그 다음은 넉 잔째가 된다. 그러나 四는 일본인이 기피하는 숫자이므로 다섯 잔으로 하고 싶다. 핑계로는 아주 그럴 듯하다. 아마도 이러한 경험을 통하여 당시의 조선인들은 四에 대한 일본인의 의식을 처음으로 경험했을 것이다. 그러나 四를 싫어하는 한국인의 의식은 조선시대의 통신사들에 의한 경험과는 직접적인 관련이 없고 20세기 전반의 식민지 시대에 일본인과 접촉하면서 새롭게 알게 된 것으로 보인다. 하여튼 四라는 숫자를 기피하는 한국인의 의식은 외래풍습인 듯하다.

2. 四柱에 얽매인 이름과 결혼

숫자 그 자체에 대한 직접적인 의식과는 약간 다르지만 한국에는 특정의 숫자의식이 변용한 결과 독특한 생활문화의 일부가 되어버린 여러가지 풍습이 있다. 지금부터는 잠시 그러한 이야기를 해보기로 한다. 그 하나는 생년월일에 나타나는 숫자해석이 변용을 거듭하여 사람의 이름이나 결혼문제까지 지배하게 되기에 이른 전통적 의식의 이야기이고, 다른 하나는 달력에 나오는 특정의 숫자에 대한 의식이 변용을 되풀이 하다가 점차 독특한 생활풍습으로 굳어진 전통문화의 이야기라고 할 수 있다.

한국인의 귀에 익은 상투어의 한 가지 예로서 四柱八字라는 것이 있다. 四柱+八字와 같은 구조를 보이는 복합어다. 먼저 복합어의 앞쪽은 四柱, 곧 '네 개의 기둥'이란 어떤 사람이 태어난 年月日時를 각기 하나의 기둥에 비유하여 '年이라는 기둥, 月이라는 기둥, 日이라는 기둥, 時라는 기둥'처럼 부른 것으로 그것을 합치면 네 기둥이 된다. 이 네 기둥을 한마디로 나타내자면 四柱가 된다. 한 채의 건물을 지탱하는 최소한의 조건은 일단 네 기둥이므로 인간한 사람을 한 채의 집에, 그 생년월일시를 四柱에 비유한 셈이다. 이 사주가 곧 한 사람 한 사람의 命運과 吉凶을 지배한다고 보는 것이다.

복합어의 뒤쪽은 八字인데 이는 앞쪽의 四柱를 中國의 天干과 地支로 나타냈을 때 그 문자의 합계를 뜻한다. 가령 1911년 8월 25일 오후 6시에 태어난 사람이라면 辛亥(년), 丙申(월), 丁卯(일), 己酉(시)에 해당하는데 거기에 나타나는 문자의 수는 8문자가 되므로 八字라고 부르는 것이다. 결국 四柱와 八字는 同義語로서 표현은 다르지만 실제의 의미내용은 완전히 똑같은 것이다. 다른 점이 있다면 四柱가 숫자개념에 대한 의식인 반면, 八字는 그것을 문자화한 결과이다. 그런데 四柱는 언제나 干支방식으로 표현된다. 그러한 뜻에서 四柱는 개념이며 八字는 그것을 표현하는 수단이라고도 할 수 있다. 어느 쪽이건 숫자와는 깊은 관련을 가진 의식인 셈이다.

요컨대 이 四柱 또는 八字에는 한 사람 한 사람의 운명이 따라다닌다고 일러진다. 예로부터 최근에 이르기까지 한국인 가운데에는 자신의 四柱를 중시한 나머지 거기에 얽매인 사람이 많다. 그렇기 때문에 많은 사람들은 자신의 四柱에 따라다니는 운명을 알고 싶어 한다. 그것을 푸는 열쇠가 중국에서 들어온 陰陽說과 五行論이다. 세간에서는 보통 하나의 명칭처럼 陰陽五行說이라고 부르고 있으나 陰陽說과 五行論은 그만큼 깊은 관계가 있기 때문이다.

天干에는 甲乙丙丁戊己庚申壬癸가 있어 이를 十干이라고 부르며 地支에는 子丑寅卯辰巳午未辛酉戌亥가 있어 이를 十二支라고 부른다. 그 하나하나에는 각기 陰陽, 五行, 方位, 季節, 動物 등의 기준에 따른 구체적 의미가 있다. 예를 들면 天干의 甲일 경우, 음양으로는 陽, 오행으로는 木, 방위로는 東, 계절로는 春을 나타낸다. 그에 대하여 乙의 경우, 음양으로는 陰을 뜻하지만 나머지 기준으로는 甲과 똑같다. 한편 地支의 子일 경우, 음양으로는 陽, 오행으로는 水, 方位로는 北, 계절로는 冬, 동물로서는 쥐를 나타내는 반면 丑일 경우, 음양으로는 陰, 오행으로는 土, 방위로는 中, 季節로는 바로 앞의 子와 같은 冬, 동물로서는 소를 나타낸다. 결국 나머지 하나하나에도 각기 거기에 해당하는 기준의미가 있다.

陰陽五行說에서는 한 사람의 四柱에 따라다니는 運勢를 命理라고 부르는데, 陰陽師는 앞에 보인 바와 같은 기준의미에 따라 사주의 구조를 분석, 이를 다시 종합하여 그 사람의 선천적 숙명이나 길흉화복을 판단한다. 이를 推命이라고 한다. 다시 말해서 陰陽師는 한 사람 한 사람의 命理를 통하여 그 운명을 풀어낸다. 이러한 四柱推命은 일본에도 있으나 사주의 해석에 있어 가장 중요한 것은 음양오행의 균형과 조화라고 할 수 있다. 모든 기준의미가 빠짐없이 배합되어 균형이 잡힌 구성이라면 좋으나 만약 기준의미가 한쪽으로 기울어 전체의 균형과 조화가 잡히지 않은 경우 그 사람의 명리는 나쁘다고 보는 것이다.

陰陽師는 그러한 해석을 통하여 사람들의 성격이나 적성처럼 인생에 관련이 있는 사항을 비롯하여 부모나 형제, 부부나 자녀와 같은 對人에 관련이 있는 사항, 나아가서는 官運이나 財運이나 學運과 같은 운수에 관련되는 사항을 보면서 나쁜 곳이 있는 사람에게는 곧 避凶就吉을 위하여 적절한 수단을 쓰도록 권유한다. 이것이 이른바 開運法이다. 실은 여기서부터 한국특유의 이야기가 된다.

사주 그 자체는 태어나면서부터 정해져 있어 인간의 힘으로 그것을 바꾸기는 불가능하다. 결국 開運法에서는 그밖의 수단을 원용하여 凶禍를 吉福으로 바꿀 수 있다고 보는 것이다. 그러한 수단은 상당한 수에 이르며 그 내용도 복잡하지만 흔해빠진 수단을 몇 가지 들어본다면 될 수 있는 한 좋은 이름, 좋은 方位나 위치, 좋은 日時를 선택하기, 결혼상대와 어울리는 宮合을 존중하기 등이 있다.

한국의 풍습에서는 새로 태어나는 아기의 이름을 붙일 때 남자에 한하여 家門마다 내려오는 일정한 규칙을 지킨다. 보통, 한국인의 이름은 세 개의 한자로 구성되는데 최초의 문자하나는 가문을 나타내는 姓氏, 나머지 문자 둘이 개인의 이름이다. 드물게는 성씨가 두 글자, 이름이 한 문자로 이루어지는 경우도 있다.

그런데 이름이 두 가지 문자로 이루어진다고 하더라도 실질적으로는 그 중 하나의 문자는 개인적인 것이 아니라 한 가문의 동일한 系列, 다시 말하면 형제관계를 나타내는 공통문자에 해당한다. 실례를 보면서 설명한다면 내 아버지의 이름은 慶燮, 큰아버지는 柱燮, 작은아버지는 贊燮이었는데 어느 쪽이나 두 번째 문자가 '燮'으로 되어 있다. 한편 아버지와 같은 계열로 방계의 형제관계에 있는 사람들의 이름은 奉燮, 完燮, 春燮처럼 두 번째 위치에는 반드시 '燮'이라는 문자가 나타난다. 여기에 보이는 '燮'이라는 공통문자는 '돌림자' 또는 '行列字'라고 하여 그것이 직계이거나 방계이거나 한 家門의 형제관계를 나타내는 증거가 된다. 이로써 개인의 이름은 '燮'이라는 돌림자를 제외한다면 그 앞에 나타나는 문자 하나가 되는 셈인데 그것이 실질적으로 개인의 이름이 되는 것이다.

이번에는 내 형제들의 이름을 보면 在德, 在準으로 되어 있고, 큰아버지나 숙부관계의 자녀 곧 같은 계열이지만 방계의 형제관계에 있는 사람들의 이름은 在洪, 在雲, 在金처럼 되어 있다. 여기에는 '在'라는 돌림자가 이름의 첫 번째 위치에 나타난다. 아버지의 형제들 이름에는 돌림자가 두 번째 위치에 나타났으므로 이로써 아버지 세대와 내 세대의 구별이 되는 셈이다. 당연한 일이지만 내 아들의 세대는 '鎭'이라는 돌림자가 다시 두 번째 위치로 내려가 '石鎭, 明鎭, 凡鎭'과 같은 이름으로 되어 있다.

그런데 아버지 세대의 돌림자 '燮'에는 '火'라는 글자가 포함되어 있으며 내 세대의 돌림자 '在'에는 '土'가 포함되어 있다. 나아가 아들 세대의 돌림자 '鎭'에는 '金'이라는 문자가 포함되어 있다. 이것이 이른바 五行論을 반영하고 있는 돌림자라고 할 수 있다. 다시 말해서 우리 가문에서는 火土金水木의 五行을 반영하고 있는 돌림자로 각기 '燮, 在, 鎭, 泰, 相'과 같은 한자를 골라 쓰고 있다. 아버지 세대가 '燮', 내 세대가 '在'이므로 아들 세대는 '鎭', 손자 세대는 '泰'가 되며 曾孫 세대는 '相'이 될 것이다. 이렇게 그 다음 세대는 최초의 돌림자 '燮'으로 되돌아가 두 번째의 순환으로 들어가는 것이다. 결국 세대의 서열에 따라 돌림자가 바뀐다. 또 한 가지 돌림자가 아버지 세대의 이름에 두 번째 위치에 들어갔지만 내 세대의 이름에는 첫 번째 위치에 들어갔으며 내 자식 세대의 이름에는 다시 두 번째 위치로 되돌아 갔다. 이에 돌림자는 五代가 한 사이클을 이루어 순환을 거듭하는 한편 그것이 이름자에 나타나는 위치는 세대에 따라 달라진다. 이처럼 이름자에는 한 가문의 서열과 계열이 숨겨져 있는 것이다.

한자는 그 변[旁]이나 머리[冠], 또는 그 字體 안에 火土金水木과 같은 요소를 안고 있는 경우가 아주 많다. 따라서 五行이 반영되어 있는 돌림자용 한자범위는 상당히 넓다. 그렇게 선택되는 돌림자는 가문별로 다를 수 있다. 한편 같은 가문일지라도 돌림자는 혈연관계가 가까우면 가까울수록 같은 한자가 선택되고 멀면 멀수록 다른 한자가 선택될 수 있다. 이에 따라 자연히 동명이인이 생길 가능성은 적어지는 것이다.

그런데 내 이름자에는 돌림자인 '在'가 보이지 않는다. 그러나 본래의 이름은 '在敏'이었다. 내 경우, 이름자 가운데 '在'라는 돌림자가 들어가 있으면 四柱가 흔들릴 염려가 있다는 이야기를 누군가가 했던 모양이다. 그 때문에 내 할아버지는 아버지에게 내 이름자에서 돌림자인 '在'를 빼버리도록 권유했다는 것이다. 이것이 지금과 같은 한 글자 이름이 된 경위인 셈이다.

이처럼 한국인의 이름에는 대개 음양설과 오행론의 가르침이 복잡하게 반영되어 있다. 거기에는 또한 태어나면서 정해진 사주의 결점을 보완하기 위한 여러 가지 수단이 더해져 있다. 그만큼 한국인에게는 좋은 이름이 중요하다. 사주에 따라다니는 禍를 물리치거나 액땜에 도움이 될 뿐 아니라 바람직한 운명의 방향으로 이끌어 주는 이름이 아니라면 좋은 이름이라고 할 수 없는 것이다.

한편 한국인 가운데에는 이사할 곳을 정할 때 가능하면 좋다는 방위를 원하며 결혼식이나 개업식, 나아가서는 택시영업을 시작할 때에도 될 수 있는 한 좋다는 일시를 선택하는 사람이 지금도 결코 적지 않다. 심지어는 택시영업의 경우 대개는 좋다는 일시에 맞추어 목욕재개하고 일종의 액땜으로 고사를 올리기도 한다. 집을 짓거나 묘지를 만들 때에도 반드시 좋은 방위와 일시를 선택한다. 그런데 사주의 어떤 항목은 고정적인 것도 있으나 그 중에는 기간에 따라 유동적인 것도 있다. 10년마다 유동적인 것을 大運, 1년마다 유동적인 것을 歲運이라고 하는데 거기에 해당하는 날에는 이사나 결혼식이 폭발적으로 많아진다.

젊은 남녀가 결혼할 때 아직도 사주가 장애를 일으키기도 한다. 두 사람의 사주가 서로 잘 맞지 않으면 양친의 반대에 부딪히는 것이다. 맞선을 볼 경우라면 사전에 음양사나 점쟁이에게 두 사람의 사주가 잘 맞는지 그렇지 않은지, 곧 궁합이 좋은지 나쁜지를 보아 주도록 부탁한다. 음양사는 두 사람의 사주를 놓고 궁합이 어떤지를 판단한다. 두 사람의 궁합이 잘 맞으면 좋은 궁합, 잘 맞지 않으면 나쁜 궁합이라고 한다. 만약 궁합이 좋지 않아 맞선을 그만둔다면 문제가 생기지 않는다. 맞선을 본 후라도 궁합이 바람직하지 않아 혼담을 그만둔다면 그 또한 문제가 되지 않는다. 그러나 자신들의 궁합이 좋지 않음을 모르고 사랑에 빠져 버린 젊은 남녀들에게는 큰일이 아닐 수 없다.

그와 같은 경우, 양친의 권고를 순순히 받아들여 이를 악물고 헤어진다면 문제는 되지 않는다. 그러나 그러기는 결코 쉽지 않다. 그렇다고 두 사람이 마음대로 집을 벗어나기도 어렵다. 양친의 경제사정이나 집안에 따라 다르겠지만 한국의 젊은이들은 결혼 때 양친에게 서 상당한 재정적 보조를 받는 것이 보통이다. 그러나 집에서 달아날 때에는 당연히 한 푼도 받지 못한다. 그것을 각오한다면 모르겠지만 그렇지 않을 때에는 곤경에 처할 수밖에 없다. 따라서 좋은 궁합은 지금도 무난한 결혼조건의 하나가 될 수 있다.

요컨대 한국인은 四나 八에서 나오는 四柱나 八字라는 말에 친근감과 미움을 동시에 느끼 면서 살아가고 있다. 한국어에 사주 또는 팔자와 같은 말이 들어가는 관용표현이 많은 이유도 거기에 있다.

3. 重陽節에 보이는 전통풍습

한국에는 一에서 九까지에 이르는 기본수사 가운데 똑같은 홀수가 겹치는 날을 重陽이라고 하여 옛날부터 명절로 중히 여겨왔다. 음력으로 1월 1일 원단, 3월 3일 上巳, 5월 5일 단오, 7월 7일 칠석, 9월 9일 중양이 그것들이다. 그 중에서도 9월 9일은 다른 중양과 혼동을 피하 기 위하여 重九로 불리는 수도 있다. 일본에서는 人日이라고 하여 음력 1월 7일이 특별한 의미를 갖는 듯하나 한국에는 그것이 없다. 그런데 홀수는 음양설에서 양으로 간주되는데 그 가운데도 똑같은 홀수가 겹치면 어느 경우라도 양기가 겹친다는 뜻에서 중양절이 되므로 특별히 경사스러운 것이다.

그러한 의미는 물론 중국에서 전해진 것이겠지만 한국에서는 그후 세월의 흐름과 더불어 독자적 변용과 풍화를 보이면서 민속풍습 가운데 뿌리 깊게 녹아들었다. 공적으로는 한국도 1896년부터 양력을 사용하고 있지만 예로부터의 전통적 습속에는 지금도 여전히 음력을 적용한다. 뿌리 깊은 민속풍습의 전통은 그렇게 쉽사리 없어지지 않는 모양이다.

중양은 1년에 다섯 차례 있는데 역사적으로는 그때마다 그나름의 풍습이 있었지만 지금은 그날에 따라 상당한 차이를 보인다. 한국에서는 그 중 元旦과 端午와 重九(重陽)가 전통적인 풍습을 보이므로 여기서는 주로 그 셋을 중심으로 전통적 풍습을 살펴보기로 한다.

먼저 한국인에게 첫 번째 중양에 해당하는 음력 1월 1일은 8월 15일 추석과 더불어 2대 명절의 하나에 든다. 양쪽 모두 국가지정의 축일인데 그것도 그날 전후 3일 동안이 휴일이다. 그러므로 1월 1일 전후 며칠 동안은 전국의 기차역, 버스터미널, 공항, 항만은 고향을 찾는 인파로 대혼잡이 되기 일쑤이며 도로는 자동차로 넘친다. 실로 이 음력 원단이야말로 신년이 며 명절이므로 설날로도 舊正으로도 불리고 있다. 구정이란 음력 설날이라는 뜻이다.

이날 아침 일찍 각 가정에서는 넓은 거실에 제단용 큰 床을 마련하여 조상의 혼령을 모시기 위한 제사를 바친다. 이를 茶禮라고 한다. 그것이 끝나면 가족이 모여 함께 식사를 한다. 식사가 끝나면 손아래 사람들은 손위 어른들 한 사람 한 사람에게 무릎을 꿇고 이마가 바닥에 닿도록 공손하게 큰 절을 올린다. 여성들은 양손을 포개어 이마에 대고 천천히 무릎을 굽히며 앉아서 공손하고도 깊은 절을 올린다. 이때의 절을 歲拜라고 부른다. 이때 손위 어른들은 손아래 사람들에게 축하의 인사 한 마디씩을 전한다. 보통은 "소원을 꼭 이루기를"이라거나 상대 개개인의 당면관심사에 대하여 구체적으로 격려하기도 한다. 가령 "공부를 잘 하도록"이라거나 "대학에 꼭 합격하기를"이라거나 "건강을 되찾기를"과 같은 말인데 이를 德談이라고 한다. 그와 동시에 세배선물을 건넨다. 보통은 현금이므로 이를 세뱃돈이라고 한다. 그러므로 어린 아이들은 목을 길게 늘여 이 시간을 기다린다.

그후 남자들은 마을 어른들을 차례로 찾아다니며 세배를 올린다. 각 가정에서는 가족끼리, 마을 공터에서는 어른들이 모여 윷놀이를 즐긴다. 이는 일종의 민속게임에 속한다. 마을 한쪽에서는 풍장놀이, 풍물놀이라고도 불리는 農樂놀이가 벌어진다. 장구와 꽹과리와 징을 일제히 두들기면서 마을을 도는데 그 소리는 이웃 마을까지도 멀리 울려 퍼진다. 이 민속농악은 저녁까지 이어져 설날의 분위기를 한껏 돋군다. 그러나 이러한 풍취도 지금은 거의 찾아볼 수 없게 되었다. 도시화, 산업화의 물결이 시골까지 퍼진 결과에서다.

세 번째 중양인 5월 5일은 단오절, 중오절, 천중절, 단양절로도 불리며 지금도 몇 가지 풍습이 이어지고 있다. 이 날은 일년 중 양기가 가장 왕성하다고 알려져 중요한 명절로 여겨져 왔다. 무더운 여름을 앞에 두고 있는 초여름의 계절, 모내기를 끝내고 풍년을 기원하는 祈豊祭의 계절이기도 한 이날의 유래는 잘 알려진 바와 같이 중국에서 시작되었다. 楚國의 懷王 때 간신들의 모략에 빠진 屈原이 汨羅水에 몸을 던져 자살하는데 그날이 바로 5월 5일이었던 것이다. 그 혼령을 달래는 제사가 오래 전 한국에 전해져 단오절이 되었다고 한다. 그러나 그와 같은 유래를 알고 있는 사람은 거의 없다. 그 대신 가지가지의 민속풍습과 행사가 지금까지도 가장 많이 이루어지는 날이 단오절이다. 창포물로 머리감기, 익모초나 쑥뜯기, 벽에 부적 붙이기, 대추나무 시집보내기, 단오절 비녀장식, 조선그네놀이, 널뛰기, 조선씨름, 활쏘기 등등이 그러한 민속풍습이다.

마을의 부녀자들은 먹을 것을 장만하여 창포가 우거진 연못 둘레나 개천가로 나가 물마중이라는 놀이를 즐긴다. 아침 일찍 창포잎에 붙은 이슬을 모아 화장수로 삼거나 창포잎을 넣고 끓인 물로 머리를 감는 풍습도 있었다. 창포뿌리를 잘라 비녀 대신 머리에 꽂는 일도 하나의 즐거움이었다. 그 양쪽 끝에 붉은 물을 들이거나 비녀에 '壽'나 '福'이라는 문자를 써넣고 행복을 빌기도 하였다.

이날 午時(오전 11시에서 13시까지)는 양기가 가장 왕성하다고 여겨져 농가에서는 그 시간을 기하여 익모초나 쑥을 될 수 있는 한 많이 꺾었다. 익모초의 쓴맛은 여름 동안 식욕을 높여주는 약으로 쓰였으며 쑥은 떡의 자료로 쓸모가 많았다. 쑥을 창포 끓인 물에 넣으면 액땜에 도움이 된다는 말도 있었다. 농가에서는 약용으로 쑥을 뜯거나 그것을 횃불모양으로 만들어 두었다가 들판에서 일할 때 들고 나가 불을 붙여 적당한 곳에 놓아두면 담배 피울 때 불씨가 되기도 하였고, 그 연기나 냄새는 독충을 물리쳐 주기도 하였다.

대추나무 시집보내기도 재미있는 습속의 하나다. 단오절 전후는 대추가 열리기 시작하는 계절이기도 하다. 거기서 대추나무의 가지 사이에 적당한 돌을 끼워 넣고 대추의 풍년을 비는 것이다. 대추나무를 돌에게 시집보낸다는 뜻에서 시집보내기라고 불리지만 대추나무와 돌의 성행위에 풍작기원을 결부시켰다는 점에 농민다운 원시적 착상이 빛나고 있다고 하지 않을 수 없다.

단오절의 볼만한 구경거리는 무엇보다도 그네놀이와 조선씨름이다. 그 옛날 외출이 아주 어려웠던 젊은 부녀들도 이날만은 버젓이 閨門을 벗어나 그네놀이에 참가, 자유를 만끽할 수 있었다. 그네놀이가 젊은 여성을 위한 것이었다면 씨름은 젊은 남성을 위한 전통행사였다. 두 행사 모두 지금은 도시단위에서 전국단위의 시합까지 생겼다. 어느 쪽이나 신체단련을 통하여 더위를 견딜 수 있는 힘붙이기에 도움이 되지만 본래는 공동 액땜과 풍작을 동시에 비는 종교적 행사에서 시작되었다고 한다. 오늘날 강원도 강릉에서 매년 열리는 단오제는 그러한 공동체 의식에서 태어난 집단적 축전의 하나로 유명하다.

다섯 번째의 重陽에 해당하는 9월 9일은 重九라고도 불리는데 중국에서는 漢代 이래 賞菊, 登高, 詩酒를 즐긴 날이었다. 唐宋代에는 관리의 휴일로 추석(음력 8월 15일)보다도 성대한 명절이었다고 한다. 한국의 신라시대에는 慶州 雁鴨池의 臨海殿과 月上樓에 군신이 모여 詩歌를 즐겼고 고려시대에는 중구의 향연이 국가적으로 벌어졌다가 조선시대의 세종대왕 때 重三(음력 3월 3일)과 이 重九가 명절로 공인되어 있었다고 한다. 확실히 이 중구절 전후는 색색으로 예쁜 단풍이 나타나 登高와 賞菊에는 다시 없는 계절이었으나 농민들에게는 오히려 가을 수확 때문에 바빠 이 시기를 즐길 틈이 없었다. 거기서 이날은 결국 궁정이나 관리와 같은 특수계급의 축일에 그쳤다고 할 수 있다. 현재 이 중구에 대한 명절의식이 거의 남아있지 않은 이유도 거기에 원인이 있었다고 생각된다.

대충 지금까지 보아온대로 한 민족에게 數字는 단순히 산술적인 단위가 아니었다. 특정의 數字에 대한 의식은 거기에만 머물지 않고 언제부턴가 생활 속으로 깊이 스며든 한편, 또다시 변용을 거듭하면서 전통습속과 문화를 낳았다. 그렇지만 그와 같은 습속은 단순한 놀이가 아니고 신앙의식, 공동체 의식, 생산의식 등과 긴밀하게 결부된 합리적 생활의 초석이었던 것이다.

出處 〈[日本]勉誠出版(2000. 8.), 韓國人の數字意識と民俗風習, 月刊『アジア遊學』No. 19, 特集 '數のシンボリ
    ズム'): 10-21.〉

제2부

일본어학 측면에서

上代日本語의 모음체계

1. 上代日本語의 배경

　　上代日本語라면 일반적으로 7세기 초두에서 8세기 말인 延曆13年(794) 桓武天皇이 平安京으로 천도하기 이전까지를 포괄하는 시기, 즉 奈良時代에 大和·奈良地方에서 사용된 中央語를 뜻한다. 그러나 上代日本語라고 하더라도 문헌자료의 성격이 전시기에 걸쳐 일률적인 것은 아니다. 따라서 이를 다시 3단계의 시기로 세분해 볼 수 있다. 金石文 등에 남아있는 고유명사 등이 자료의 주축을 이루고 있는 전기(소위 推古朝時代)와『古事記』(721),『日本書紀』(720),『萬葉集』등으로 메꾸어질 수 있는 中期, 그리고『萬葉集』중 시기적으로 가장 후대 인물인 大伴家持(?718~785) 이후의 和歌나 正倉院文書 등으로 대표될 수 있는 後期가 그것이다. 이 중에서 문헌자료를 통하여 日本語를 체계적으로 구명할 수 있는 시기가 中期임은 더 말할 필요도 없다. 이에 上代日本語의 범위를 奈良時代의 中期 내지 後期로 국한시키는 수도 있다.

　　上代日本語의 문헌자료는 모두가 皇族을 위시한 高位관리나 승려, 그리고 그들 주위의 하급관리와 寫經生 및 舍人이나 史(ふびと[Fubito]/書記)와 같은 歸化人들의 손으로 이룩된 것들이다. 이에 따라 上代日本語는 지역적으로는 朝廷이 위치하고 있었던 大和·奈良地方, 계급적으로는 상류계급인 지식층의 언어를 반영하고 있다. 당시 일본의 정치, 경제, 문화의 중심지는 奈良地方이었으므로 奈良地方語는 中央語로서의 지위를 점유하고 있었을 뿐 아니라, 朝廷의 세력을 背景으로 하고 있었기 때문에 공통어로서의 성격을 지니고 있었다. 반면 近畿地方 以東의 東國일원에서 사용된 東國語는 中央語에 대립되는 方言的 성격을 띄고 있었다.

2. 萬葉假名의 성격

　　上代日本語의 문헌자료는 모두가 한자를 이용한 萬葉假名으로 표기되어있다. 萬葉假名은 크게 音假名과 訓假名으로 구분되는데 音假名일 경우, 그 한 자 한 자가 音節單位를 나타내고

있다. 따라서 萬葉假名에 의한 표기법의 기본단위는 音節이며 이를 類別하면 上代日本語에 나타나는 音節總數를 추출할 수 있게 된다. 『萬葉集』을 대상으로 하여 音節數를 類別한 결과는 모두가 87音節이었다. 이것은 평안시대에 성립된 五十音圖上에서 ヤ행의 イ와 ワ행의 ウ를 제외하고는[1] 濁音까지를 모두 합한 68音節보다 19音節이 더 많은 것이다. 그 이유는 イ段의 キ ヒ ミ와 ギ ビ, エ段의 ケ ヘ メ와 ゲ ベ, オ段의 コ ソ ト ノ ヨ ロ와 ゴ ゾ ド에 해당하는 音節이 각기 두 가지였기 때문인 것으로 밝혀졌다. 곧 이들 音節을 나타내는 萬葉假名은 두 가지로 구분되어 서로 혼용되는 일이 없었다. 이를 五十音圖式으로 정리해 보면 다음과 같다.

ア	イ	ウ	エ	オ
カ	キ1, キ2	ク	ケ1, ケ2	コ1, コ2
ガ	ギ1, ギ2	グ	ゲ1, ゲ2	ゴ1, ゴ2
サ	シ	ス	セ	ソ1, ソ2
ザ	ジ	ズ	ゼ	ゾ1, ゾ2
タ	チ	ツ	テ	ト1, ト2
ダ	ヂ	ヅ	デ	ド1, ド2
ナ	ニ	ヌ	ネ	ノ1, ノ2
ハ	ヒ1, ヒ2	フ	ヘ1, ヘ2	ホ
バ	ビ1, ビ2	ブ	ベ1, ベ2	ボ
マ	ミ1, ミ2	ム	メ1, メ2	モ
ヤ		ユ		ヨ1, ヨ2
ラ	リ	ル	レ	ロ1, ロ2
ワ	ヰ		ヱ	ヲ

    上代日本語 표기법이 보여주는 이러한 특수성에 처음으로 주의를 환기시켜준 학자는 本居宣長(1730-1801)이었다.[2] 그의 弟子 石塚龍麿(1764-1823)는 다시 『記·紀·萬葉集』의 假名用字를 정밀히 검토한 결과 이 사실을 재확인하게 되었다.[3] 그러나 그의 획기적 저서 『假名遣奧山路』

---

1) ア행의 エ와 ヤ행의 エ는 奈良時代를 거쳐 平安시대의 초기에 이르기까지 그 구별이 존재했으나 中期에 와서는 혼란을 보인다. 이 사실은 手習詞에 있어서 48문자를 구별하는 'あめつちの詞'가 47문자를 구별하는 '田居にの歌', 'いろは歌'로 변천해 온 역사에 의하여 밝혀진다. 그런데 上代日本語 자료로 흔히 이용되는 『和名抄』(931-938)는 벌써 그 구별을 망각하고 있다.
2) 그의 力著 『古事記傳』(1764-1798에 걸쳐 완성)의 總論中 『假字の事』항 참조.
3) 그는 'エ, キ, ケ, コ, ン, ト, ヌ, ヒ, ヘ, ミ, メ, ヨ, ロ'(『古事記』에서는 チ와 モ를 첨가)에 이르는 13개의 音節에 해당하는 假名이 二類로 나뉘어 단어에 따라 혼용되는 일이 없음을 밝히고 그 용례를 제시하

(1798년경 완성)는 오랫동안 그 진가를 인정받지 못한 채 묻혀 있었다. 20세기 들어와 橋本進吉(1882-1945)이 上代日本語 표기법의 특수성을 독자적으로 재발견함에 따라 石塚의 발견이 재인식되기에 이르렀다. 처음에는 上代日本語 표기법의 이러한 특수성이 假名遣의 문제로 생각되었기 때문에 이를 上代特殊假名遣이라고 불렀으나, 이것은 上代日本語의 音節構造가 平安時代이후와는 그 성격이 달랐음을 반영하는 것으로 이해되기에 이르렀다.

上代特殊假名遣은 약간의 출입을 보이지만 上代日本語의 문헌자료를 통하여 널리 인정되고 있다. 예를 들어 キ라는 音節을 나타내는 萬葉假名에는 '支, 吉, 岐, 伎, 棄, 枳, 企, 耆, 祇, 祁·寸, 杵, 來' 系統과 '歸, 貴, 紀, 畿, 奇, 騎, 綺, 寄, 記, 基, 機, 己, 既, 氣·城 木 樹 黃' 系統의 두 종류가 있는데4) 이렇게 類別되는 두 種類間에는 결코 혼동이 일어나지 않는다. 즉 'アキ(秋), キミ(君), キヌ(衣), キル(著)'와 같은 單語의 キ는 언제나 前者로만 표기되고 있는 반면, 'キ(木), ツキ(月), キリ(霧)'와 같은 單語의 キ는 언제나 後者로만 표기되어 있는 것이다. 이에 前者를 甲類, 後者를 乙類라고 하여 이를 구별하게 되었다. 앞에 보인 音節표에 따르면 キ1이 甲類, キ2가 乙類를 나타낸다. 이러한 甲乙類의 구별은 어휘에만 국한되는 것이 아니고 문법에도 적용된다. 곧 四段活用動詞의 連用形에 나타나는 イ段은 언제나 甲類로 표기되고, 上二段活用動詞의 未然形, 連用形에 나타나는 イ段은 언제나 乙類로만 표기된다. 또 四段活用動詞의 已然形과 下二段活用動詞의 未然形, 連用形에 나타나는 エ段은 언제나 乙類로만 표기되는 반면, 四段活用動詞의 命令形에 나타나는 エ段은 언제나 甲類로만 표기된다. 이에 따라 四段活用動詞인 カク(書)의 連用形 カキ의 キ는 甲類로 표기되는 반면, 上二段活用 動詞인 コフ(戀)의 未然形, 連用形 コヒ의 ヒ는 乙類로 표기되며, 四段活用 カク의 已然形 カケ의 ケ와 下二段活用 モトム(求)의 未然形, 連用形 モトメ의 メ는 乙類로 표기되는 반면, 四段活用 カク의 명령형 カケ의 ケ는 甲類로 표기되는 것이다. 물론 甲乙類의 대립이 없는 音節에는 이러한 표기상의 구별이 존재하지 않는다.5)

였다.

4) '寸, 杵, 來' 및 '城, 木, 樹, 黃'은 각기 訓假名에 속한다.

5) 上代日本語 動詞活用의 윤곽을 보이기 위하여 그 활용표를 예시해 둔다.

種類	語例	語幹	未然	連用	終止	連體	已然	命令
四段	書ク	カ	-カ	-キ甲	-ク	-ク	-ケ乙	-ケ甲
ラ段	有リ	ア	-ラ	-リ	-リ	-ル	-レ	-レ
ナ段	死ヌ	シ	-ナ	-ニ	-ヌ	-ヌル	-ヌレ	-ネ
下二段	求ム	モト	-メ乙	-メ乙	-ム	-ムル	-ムレ	-メ乙(ヨ乙)
上一段	見ル		ミ甲	ミ甲	ミ甲ル	ミ甲ル	ミ甲レ	ミ甲(ヨ乙)
上二段	戀フ	コ	-ヒ乙	-ヒ乙	-フ	-フル	-フレ	
カ變	來		コ乙	キ甲	ク	クル	クレ	コ乙
ラ變	爲		セ	シ	ス	スル	スレ	セ(ヨ乙)

甲乙類의 대립적 표기는 의미상으로도 대립된다. 예를 들어 'カミ'라는 形態素는 『萬葉集』
에 다음과 같은 音假名으로 나타난다.

　　髪의 뜻으로 : 蜷(ミナ)의 腸(ワタ)か黒き可美にいつの間か霜の零りけむ(萬804).
　　上의 뜻으로 : 可美つ毛野(萬3047).
　　神의 뜻으로 : 天地の可未を所(コ)ひつつ我待たむ(萬3682).

　　이로써 '髪'과 '上'의 뜻을 가진 단어는 同音異議語의 관계에 있지만 '神'을 뜻하는 カミ는
'上'을 뜻하는 カミ와는 별개의 단어였음을 알 수 있다. 왜냐하면 '美'는 甲類에 속하는 萬葉
假名이며 '未'는 乙類에 속하는 萬葉假名이기 때문이다. 곧 '可美'(髪, 上)와 '可美'(神)는 형태와
意味를 모두 달리하고 있는 셈이다. 과거에는 '上'과 '神'이라는 의미가 어원적으로 같은 어근
에서 분화되었다고 생각되었으나 上代特殊假名에 의한 甲乙類 구별표기는 이들이 기원적으
로 별개의 어근이었음을 보여준다.

　　결과적으로 上代日本語에 나타나는 총87개의 音節은 적어도 음성적인 대립을 가지고 있었
던 것으로 이해된다. 다만 五十音圖의 'イ,エ,オ'段에 나타나는 甲乙類의 대립은 音素結合上
의 제약을 가지고 있다. 그러한 構造的 空白(structural gap)은 후대로 올수록 그 숫자가 불어나
는 것으로 보아[6] 上代日本語 전후의 音節單位는 시대에 따라 그 숫자가 변화한 것임을 보여
주는데, 그러한 변화가 사실이었다면 上代日本語 이전 즉 古代日本語(史前日本語 또는 原始日本語)
단계에는 音節숫자가 더 많았을 것으로 추정된다. 실제로 『古事記』는 'モ'에 해당되는 音節에
甲乙類의 대립적인 표기를 보이고 있다. 뿐만 아니라 'オ,シ,ホ'에 해당되는 音節 역시 甲乙類
의 대립을 가지고 있었던 것으로 추정되기도 한다(馬淵1970: 86-90). 이처럼 上代日本語 이전으
로 거슬러 올라가면 音節數는 분명히 증가될 가능성을 보이는 데 대하여, 上代日本語 이후로
내려오면 音節數는 점차 감소된다. 『萬葉集』중에서도 시기적으로 후대에 속하는 歌謠나 『續
日本記』(794-797)의 宣命, 그리고 『佛足石歌』(761년 이후) 등은 'ソ,ト,ノ,ヨ,ロ'와 같은 音節에
서 甲乙類의 대립적 표기에 혼란을 보이다가 평안시기의 초기에 이르러서는 甲乙類의 대립적
표기가 거의 보이지 않게 된다. 최후까지 甲乙類의 대립적 표기를 유지한 音節은 コ와 ゴ였
다. 『皇太神官儀式帳』(804), 『古語拾遺』(807), 『琴歌譜』(平安初期 이전), 高山寺本 『觀彌勒上生兜率
天經贊』 卷下의 古點(평안초기 白點, 朱點), 四大寺本 『金光明最勝王經』의 古點(平安初期 白點) 그리고
泰昌年間(898-901)에 성립된 『新撰姓氏錄』과 『新撰字鏡』을 통하여 이를 확인할 수 있다(有坂
1957:131-144).

―――――――――――

　6) 즉 音節數로는 줄어드는 것으로 보아.

결국 上代日本語의 音素分析은 제1차적으로 上代特殊假名遣에 의한 音節數와 그 구조분석에서 출발한다. 실제로 지금까지의 上代日本語 音韻論 연구가 거둔 수많은 귀중한 업적들은 그러한 기반에서 유도된 것이다. 이에 본고는 그러한 방법론상의 경향과 문제점을 검토해 보려는 것이다.

3. 甲乙類 對立의 비논리성

上代特殊假名 표기에 의한 '可美'(髮,上)와 '可末'(神)가 분명히 서로 다른 形態素였다면 그 차이는 甲類의 '美'와 乙類의 '末'라는 음절상의 대립에서 연유하는 것이다. 그런데 '美'와 '末'가 음절상의 대립을 이룬다고 하더라도 '可美'와 '可末'가 최소의 짝(minimal pairs)을 이룬다는 단정은 불가능하다. 이러한 대립은 準最少의 짝(sub-minimal pairs)을 이룰 수도 있기 때문이다. 따라서 甲類의 '美'와 乙類의 '末'는 다시 음성 내지 音素層位의 단위로 분석되어야 한다. 그래야만 '美'와 '末'의 대립이 어디에 근원을 두고 있는지 알 수 있기 때문이다. 上代日本語의 音節構造는 (C)(S)V[7] 즉 CSV, CV, SV 혹은 V로 이루어져 있다. 그런데 '美'나 '末'의 경우 그들이 SV나 V와 같은 構造를 가지고 있었을 가능성은 희박해 보인다.[8] 그러므로 '美'나 '末'는 모두가 CSV 혹은 CV와 같은 構造를 가진 音節이었을 것이다. 그렇다면 '美'와 '末'의 대립은 다음과 같은 音節構造上의 차이에서 생겨날 가능성이 있다.

a. C_1V_1 C_2V_2
b. $C_1S_1V_1$ $C_2S_2V_2$
c. C_1V_1 $C_2S_2V_2$
d. $C_1S_1V_1$ C_2V_2

a와 b는 '美'와 '末'가 동일한 音節構造를 가졌을 경우이고 c와 d는 상이한 音節構造를 가졌을 경우가 된다. a의 경우 '美'와 '末' 대립을 갖기 위한 조건은 ①$C_1=C_2$, $V_1 \neq V_2$이거나 ②$C_2 \neq C_2$, $V_1=V_2$이거나 ③$C_1 \neq C_2$, $V_1 \neq V_2$일 때이다. 이중에서 ①과 ②는 최소의 짝을 이루는 경우이다. b의 경우 '美'와 '末'가 대립을 갖기 위한 조건은 ①$C_1=C_2$, $S_1=S_2$, $V_1 \neq V_2$이거나 ②$C_1=C_2$, $S_1 \neq S_2$, $V_1=V_2$이거나 ③$C_1 \neq C_2$, $S_1=S_2$, $V_1=V_2$이거나 ④$C_1=C_2$, $S_1 \neq S_2$, $V_1 \neq V_2$이거

---

7) C는 子音, S는 半母音 또는 轉移音, V는 母音을 나타낸다.
8) '美'나 '末'는 上古漢字音, 中古漢字音에 모두 m이란 頭子音을 가지고 나타나기 때문이다.

나 ⑤$C_1 \neq C_2$, $S_1 \neq S_2$, $V_1 = V_2$이거나 ⑥$C_1 \neq C_2$, $S_1 = S_2$, $V_1 \neq V_2$이거나 ⑦$C_1 \neq C_2$, $S_1 \neq S_2$, $V_1 \neq V_2$일 때이다. 이 중에서 ①과 ②와 ③은 최소의 짝을 이루는 경우이다. c와 d의 경우는 '美'와 '未'의 音節構造 자체가 상이하기 때문에 그들의 대립은 필연적인 것이다.9) 요컨대 '美'와 '未'의 대립이 子音의 차이에서 오는 것인지, 母音의 차이에서 오는 것인지, 아니면 轉移音이나 그 밖의 다른 요소의 차이에서 오는 것인지를 간단히 밝히기는 어렵다.

橋本進吉 이후 일본학자들은 '美'와 '未'의 대립이 a의 ①에서 연유하는 것으로 믿고 있다. 즉 '美'와 '未'는 母音의 차이로 대립된다는 것이다. '美'와 '未'의 대립이 母音의 차이에서 연유하는 것이라면 '可美'와 '可未'는 第二音節 母音의 대립으로 최소의 짝을 이루는 것이다. 이에 따르면 上代日本語의 母音數는 甲乙類의 대립을 가지지 않는 a, u와 甲類의 i, e, o, 및 乙類의 ï, ë, ö 이렇게 8개가 되는 셈이다. 이것이 사실이라면 다음과 같은 예들은 최소의 짝을 이룬다고 볼 수도 있다.

i : ï에 의한 최소의 짝

美(mi 水)(萬4094)
未(mï 身)(萬3757)

比(Fi 日)(萬3993)
肥(Fï 火)(記 景行)

吉利(kiri 錐)(古文書十五 天平寶字 6년)
奇利(kïri 霧)(萬3615)

美留(miru 海松)(萬892)
微流(mïru 廻)(記 神代)

於伎(oki 奧)(萬4106)
於記(okï 燼)(靈異記中 10話)

奈藝(nagi 凪)(萬3993)
奈宜(nagï 水葱)(萬3415)

麻比(maFi 幣)(萬4446)
麻肥(maFï 火)(記 應神)

都支(tuki 桃花鳥)(靈異記中 26話)
都奇(tukï 月)(萬4060)

---

9) 音節構造 자체가 상이하다고 하더라도 이 경우에는 轉移音 하나의 유무에서 생기는 대립이 된다. 따라서 여타의 子音이나 母音이 또 다를 경우 그들은 더욱 복잡한 대립을 갖게 된다.

e : ë에 의한 최소의 짝

家(ke 異)(萬4307)
氣(kë 食)(萬4360)

賣(me 女, 雌)(記 仁德)
米(më 目)(記 神武)

弊(Fe 邊)(萬4434)
倍(Fë 觗)(萬4254), 倍(Fë 瓫)(萬3927)

娑陛(saFe 鉏)(齊明紀 5년)
左倍(saFë 副)(萬781)

比賣(Fime 姬)(崇神紀 10년)
比米(Fimë 철새의 一種)(萬3239)

o : ö에 의한 최소의 짝

古(ko 子)(萬803)
許(kö 此)(萬4054)

蘇(so 麻)(萬3404)
曾(sö 其)(萬4125)

欲(yo 夜)(萬3598)
與(yö 代)(萬4441), 與(yö 四)(佛足石歌)

故布(koFu 戀)(萬3972)
許布(köFu 乞)(萬4122)

蘇理(sori 隆起, soru의 連用形)(記 神代)
曾利(söri 剃)(宣命 28詔)

斗岐(toki 到着)(記 應神)
等伎(töki 解)(萬4292)

刀敷(toFu 問)(萬3957)[10]
登布(töFu 誂)(記 允恭)

用流(yoru 夜)(萬807)

---

10) ト의 甲乙類 혼용은 『萬葉集』에 아주 많다. 『古事記』나 『日本書紀』에도 混用例가 보이나 그 범위는 トフ(問)
와 トル(取)에 국한되어 있다. 이를 용례별 빈도수로 정리해 보면 다음과 같다.

與流(yöru 依)(萬3483), 余留(yöru 依)(萬4106)

保刀(Foto 程)(萬3389)
富登(Föto 陰)(記 神代)

乎努(wono 小野)(萬4457)
乎乃(wöno 斧)(靈異記中 28話. 興福寺本)

之路(siro 白)(萬4155)
志呂(sirö 代)(崇神紀 10년)

　　이상의 形態素들이 진정한 의미에서 최소의 짝을 이루고 있는 실례들이라면 i와 ï, e와 ë, o와 ö는 모두가 音素의 자격을 가지고 있다고 말할 수 있다. 그러나 여기에는 조건이 따른다. 즉 甲乙類의 모든 音節構造가 CV여야 하고 甲乙類의 대립은 V, 즉 母音만의 차이에서 연유되는 것이라야 한다. 그러나 이러한 추리는 하나의 가능성일 뿐 보장된 결론이 될 수는 없다. 왜냐하면 甲乙類의 대립은 子音만의 차이에서도 연유할 수 있는 것이며, 극단적으로는 최소의 대립이 아닌 音節자체의 대립, 즉 子音과 母音의 동시적인 대립에서도 연유할 수 있기 때문이다. 뿐만 아니라 上代日本語의 音節構造로는 CSV도 가능했기 때문에 甲乙類의 대립은 轉移音만의 차이에서 연유할 수도 있다. 따라서 甲乙類의 音節構造를 CV로 고정시켜 V의 대립만을 인정하고 i와 ï, e와 ë, o와 ö를 모두 音素로 인정하기는 어렵다. 甲乙類의 대립이 母音만의 차이에서 연유한다는 추리는 논리적으로 허용될 수 없기 때문이다.

4. 音價推定과 母音體系의 관계

　　上代日本語의 甲乙類 音節대립이 母音에서 기인하는 것이라면 그 대립은 각 音節의 모음상호간에 청각적으로나 지각적으로 식별될 수 있는 최소한의 音聲差異가 존재했기 때문일 것이다. 그러므로 각 母音간의 音聲差異를 규명하는 작업은 대단히 중요한 일이다. 그러나 音韻論의 최종목표는 언어현실의 표층을 이루고 있는 音價의 추정에 있는 것이 아니라 언어현실의 심층에 자리하고 있는 音韻體系와 表裏關係의 조화를 밝히는 데 있다.

	toFu	töFu	toru	töru
記·紀	8	5	13	17
萬葉	5	6	8	45

결국 『記·紀』에서는 兩形이 竝行되다가 『萬葉集』에서는 乙類의 形態가 우세하게 나타난다. 따라서 トフ(問)는 toFu, töFu 兩形을 모두 가질 수 있으므로 töFu(誂)와 최소의 짝을 이룬다고 보기는 어려울 것이다.

그동안 上代日本語의 母音 音價推定에서 이룩된 성과는 양적으로나 질적으로 주목할 만하지만11) 그 성과의 대부분은 音聲層位(phonetic level)를 크게 벗어나지 못하고 있다. 물론 음운체계는 음성체계의 자질(feature)을 제1차적인 기반으로 삼고 있기 때문에 音價推定이란 작업 자체가 무가치한 것은 결코 아니지만, 音價推定이 아무리 정밀하게 이룩되었다고 하더라도 그것이 音素層位(phonetic level)와 조화되지 않는 한, 그 音價 자체는 무의미한 것이다.12)

音價推定이란 작업은 사료자체가 갖는 제약과 한계성 때문에 자의성에서 탈피하기가 어렵다. 이러한 사료의 결함을 보완해 주는 것이 音韻變化의 법칙이나 형태론적 交替(morphological alternation)와 같은 비음성적 기준(non-phonetic criteria)들이다. 여기에 이르면 이미 音價推定은 音聲層位를 넘어서 있는 것이다. 이처럼 音聲層位와 音素層位는 불가분의 관계를 맺고 있으며, 그러한 관계 속에서만 음운체계가 논의될 수 있는 것이다. 지금까지의 上代日本語 母音音價 추정에 커다란 의미를 부여할 수 없는 이유가 여기에 있다.

上代日本語에 8개의 母音이 음성상으로 존재하고 있었다고 할지라도 그것이 곧 母音音素의 숫자를 의미하는 것은 아니다. 音素란 개별적인 존재가 아니고 체계적이며 대립적인 존재이기 때문에 하나의 음성에 音素의 자격을 부여하기 위해서는 우선 개별적인 音聲資質이 밝혀져야 한다. 이점에 있어서 지금까지의 音價推定은 기대에 어긋나는 점을 많이 가지고 있다. 비교적 최근에 제시된 하나의 예를 들어 본다(馬淵1973:179-182).

ア. 歌韻 및 그를 포괄하는 음이 압도적으로 많고 ヤ에서는 麻韻 a 뿐이나 그것은 ヤ音을 나타내는 데에 歌韻字가 없기 때문이다. 일단 [â]로 정리한다.

イ. 甲乙類의 대립이 없는 'イ,シ,ジ,チ,ヂ,ニ,リ,ヰ'音에 있어서는 甲, 乙 어느 쪽에 속하는 음이라도 병존하고 있으므로 音價도 확실하게 정해지지 않기에 이들을 일단 [i]로 해 두어도 좋을 것이다. 甲乙의 구별이 있는 것에서는 甲은 i̯e에 상당하는 國語音으로서 [i]라고 생각한다. [i̯e]로서는 후술하는 エ甲 [i̯e]와 너무 가깝기 때문이다. 乙은 [i̯ə]로 해 둔다.

ウ. ウ의 音價는 t-, d-, n- 의 경우에만 [u]로 해 둔다. uo로서는 オ甲과 혼동을 일으키며 əu보다는 uo 쪽이 유력하므로 공통되는 [u]로 한 것이다. 그 밖의 경우는 [i̯u]로 해둔다.

エ. エ甲 [i̯e] 二重母音. エ乙 [ɛ](a와 i의 중간母音)

---

11) 이에 관한 윤곽은 大野晋1953:126-202, 有坂秀世1955:103-109, 馬淵和夫1970:103-109등 참조.
12) 예를 들어 有坂秀世(1955:103-109)의 母音音價推定은 정밀하고 풍부한 자료와 방법에 의해서 이룩된 것이지만 母音體系와는 거리가 멀기 때문에 완전한 것이라고 보기 어렵다.

オ. 音價로서는 甲은 [uo]. 乙은 [o]([w͡o], [ə]일 가능성도 있으나 결정되지 않은 채 일단 [o])
로 해 둔다.

　대부분의 音價推定은 이와 같은 윤곽을 크게 벗어나지 않는다. 물론 음성이란 환경에 따라
그 가치가 달라지기 때문에 음성자체의 가치를 파악한다는 일은 지난한 작업에 속한다. 그러
나 母音의 音價를 위에 예시한 것처럼 음성기호로 표시하는 데 그친다면 각 음성의 자질이나
자질 상호간의 관계를 알 도리가 없다. 이와 같은 音價推定이 母音體系에 아무런 도움을 주지
못할 것은 당연하다.
　또 한 가지 묵과할 수 없는 사실을 지적해 둘 필요가 있다. 上代日本語의 표기에 나타나는
甲乙類의 대립이 母音에서 연유한다는 전제 아래 추적된 母音音價 중에는 二重母音的인 것이
나타난다는 점이다. 이 사실은 上代日本語에 CSV와 같은 構造를 가진 音節이 존재했음을
암시해 준다. 가령 イ乙類의 音價가 앞에 예시한 대로 [iə], エ甲類의 音價가 [ie], o甲類의
音價가 [uo] 등이었다면 이들은 모두 on-glide 二重母音이 되는 셈이다. 이것이 사실이라면
上代日本語의 音節構造는 전면적으로 재검토되어야 한다. 즉 '可美'(髮, 上)와 '可末'(神)에 나타
나는 甲類 '美'와 乙類 '末'의 대립이 동일한 音節構造에서 생겨난다기보다 상이한 音節構造에
서 생겨날 가능성이 크기 때문이다. 다시 말해서 '美'와 '末'의 音節構造는 각기 C_1V_1, $C_2S_2V_2$
이거나 $C_1S_1V_1$, C_2V_2일 수도 있다는 뜻이다. 이렇게 보더라도 그 音節構造가 轉移音의 介入有
無로 상이해지기 때문에 轉移音 하나의 차이로 두 音節이 대립됨에 따라, '可美'와 '可末'는
여전히 의미상의 대립을 이루는 形態素들임에 틀림없다.13) 나아가 i와 ï, e와 ë, o와 ö의
대립, 즉 母音의 차이에 의한 甲乙類의 대립은 재검토를 받을 수밖에 없게 된다. i와 ï, e와
ë, o와 ö의 대립이 재검토를 받을 수밖에 없게 되면 上代日本語의 8母音體系說도 재검토를
받을 수밖에 없게 될 것이다.
　최근에 들어와 Lange(1973)는 『萬葉集』의 音假名에 이용된 漢字音의 再構를 통하여 8世紀
의 日本語에는 5개의 母音音素 i, e, a, o, u가 있었다는 결론을 얻은 바 있다(Lange1973:123).
그는 甲乙類의 대립을 인정하고 있으면서도 그 대립은 母音의 차이에서 연유한 것이 아니라
轉移音의 개입유무에서 연유한 것이라고 해석한 것이다.14) 이 점에 있어서 그의 견해는 지금

---

13) 音素의 기능을 적극적 기능(positive function)과 소극적 기능(negative function)으로 나누는 수가 있는데
　　轉移音의 유무가 의미의 차이를 가져 온다면 이때의 轉移音은 적극적 기능을 가진 音素가 될 것이다.
　　Vachek, J.(1935), Several Thoughts on Several Statements of the Phoneme Theory. *American Speech*
　　10:4. 249.
14) 이와 같은 해석은 음운체계의 기술에 요구되는 경제원칙에 근거를 두고 있는 것이다. 따라서 그 해석은
　　音韻論的으로 매우 타당한 것이다. 그는 'コ, ゴ, ソ, ノ'의 甲乙類 대립이 轉移音 w의 介入有無로서 해석되
　　는 이유를 다음과 같이 설명하고 있다.

까지의 일반적인 견해와 크게 다르다. 그는 8세기의 日本語音節數를 82개로 결론짓고 있다
(Lange1973:124).

1	˙a	15	˙i			33	˙u	46	˙e			65	˙o		
2	ka	17	ki*	16	kji	34	ku	48	ke	47	kje*	66	ko*	67	kwo
3	ga	19	gi*	18	gji	35	gu	49	ge	50	gje*	68	go*	69	gwo
4	sa	20	si			36	su	51	se			71	so*	70	swo
5	za	21	zi			37	zu	52	ze			72	zo		
6	ta	22	ti			38	tu	53	te			73	to		
7	da	23	di			39	du	54	de			74	do		
8	na	24	ni	25	pji	40	nu	55	ne			75	no*	76	nwo
9	pa	26	pi*	27	bji	41	pu	57	pe*	56	pje	77	po		
10	ba	28	bi*	29	mji	42	bu	59	be*	58	bje	78	bo		
11	ma	30	mi*			43	mu	61	me*	60	mje	79	mo		
12	ja					44	ju	62	je			80	jo		
13	la	31	li			45	lu	63	le			81	lo		
14	wa	32	wi					64	we			82	wo		

星標(*)가 붙어있는 것은 乙類를 표시한다.

그의 견해에서 또 한가지 새로운 것은 'ゾ, ト, ド, コ, モ'에 해당되는 音節의 甲乙類 대립
을 인정하지 않고 있는 점이다. 이 역시 종래의 견해와 크게 다른 점이다. 그의 결론은 漢字音의
정밀한 再構를 통하여 얻어낸 音聲層位의 정보에 音韻論的인 해석을 가한 것이어서 上代日本語
의 母音分析에 대한 또 하나의 가능성을 보여준 것이었지만 변별적 자질(distinctive feature)에
의한 母音相互間의 선택적(paradigmatic) 대립관계까지 밝혀졌더라면 하는 아쉬움을 남기고
있는 것도 부인 못할 사실이다.

If we make the labiality a feature of the consonant we will have to set up four additional
consonant phonemes, /k̫/,/g̫/,/s̫/ and /n̫/ to contrast with /k/, /g/, /s/ and /n/ before /o/. If
we assign to the vowel, we will have to set up a phoneme /o̫/ which contrasts with /o/ after
/k/, /g/, /s/, and /n/. The obvious solution is to symbolize the labiality as such by using /w/,
a phoneme already described as a 'labial glide.' This seems to be not only the most economical
means of dealing with the contrast between the syllables, but also the most efficient way of
indicating the nature of that contrast, that is, the presence or absence of a labial element.
Lange1973:121.

5. 母音體系의 구상

이제 敍上의 논의를 기반삼아 上代日本語의 母音體系에 대한 소견을 제시할 단계에 이르렀다. 우선 上代特殊假名遣에 따라 上代日本語에는 8개의 母音이 음성으로서 존재했던 것으로 보고 그들 하나하나에 대한 音聲資質을 재정리해 보기로 한다. 母音전사는 관례에 따라 i, ï, e, ë, o, ö, u, a로 표기한다.

ア段의 母音. 여기에서는 甲乙類의 대립이 없었으므로 그 音節構造는 일단 (C)V였다고 보아 큰 잘못이 없을 것이다. ア段의 音節主音은 琉球語를 포괄하는 現代日本語의 諸方言에 開口母音으로 나타나며(有坂1955:382) 漢字音의 再構를 통한 音價推定에서도 대체로 [a]라는 결론을 얻고 있다. ア段音節의 표기에 이용된 萬葉假名의 音假名은 韓國式漢字音15)에서도 대체로 音節主音위치에 'ㅏ'를 보인다.16) 따라서 ア段의 音節主音은 [a]였다고 보아 큰 문제가 생기지 않는다. 그렇다면 上代日本語의 a는 後部非圓脣低位母音이었던 것으로 생각된다.

ウ段의 母音. 여기에도 甲乙類의 대립이 없었음으로 그 音節構造는 (C)V였을 것으로 생각된다. 漢字音의 再構를 통하여 [u]로 추정되는 音節主音은 現代日本語의 간사이[關西] 方言의 ウ처럼 後舌的인 圓脣母音이었던 것으로 추정된다(有坂1955:385). 따라서 上代日本語의 ウ는 現代日本語의 ウ보다 圓脣性이 강했던 것으로 보인다. 그 이유는 다시 韓國式漢字音으로 설명될 수 있다. ウ段音節의 표기에 이용된 萬葉假名의 音假名은 韓國式漢字音에서 대부분 'ㅜ'로 나타나지만 頭子音이 t, d, n, m일 때에는 'ㅗ'로 나타나는 경향이 강하다.17) 韓國式漢字音의 'ㅗ'와 'ㅜ'가 ウ段에 수용될 수 있었다는 사실은 적어도 ウ段의 音節主音이 圓脣性을 띄고 있었다는 근거가 될 것이다. 이러한 근거를 감안할 때 上代日本語의 u는 後部圓脣高位母音이었던 것으로 생각된다.

オ段의 母音. 여기에는 甲乙類의 대립이 존재한다. 甲類의 母音을 o로, 乙類의 母音을 ö로 표기하는 것이 관례로 되어 있다. Lange는 'ㄱ, ㄲ, ㅅ, ㅆ, ㄴ'의 4音節에서만 甲乙類의 대립을 인정하고 있으나(Lange1973:120-122) 일반적으로는 'ㄱ, ㄲ, ㅅ, ㅌ, ㄷ, ㄴ, ㅋ, ㅁ'의 9音節에서 甲乙類의 대립이 인정되고 있다. 따라서 甲乙類의 대립은 兩脣音을 頭音으로 하는

---

15) 여기서 말하는 韓國式漢字音이란 중세한국어 문헌에 나타나는 非東國正韻式 漢字音(소위 俗音)을 뜻한다. 韓國式漢字音은 훈민정음 창제와 더불어 비로소 문헌에 정착되기 시작했지만 그 유래는 적어도 삼국시대로 소급된다.

16) 韓國式漢字音에 'ㅏ' 이외의 音節主音으로 나타나는 萬葉假名의 音假名은 전체를 통하여 '草(サ), 寧(ナ), 伐(バ), 移·益(ヤ)' 정도이다. 여기에서는 推古朝時代의 金石文이나 正倉院文書에 나타나는 萬葉假名을 포함시키지 않았다. 그들 중에는 후대의 萬葉假名과 성격을 달리하는 것들이 포함되어 있기 때문이다.

17) 韓國式漢字音에 'ㅗ'로 나타나는 音假名은 다음과 같다. 烏(ウ), 苦(く), 素(ス), 都·通·莵·途·屠·突·徒·覩·圖(ツ), 圖·弩·笯(ヅ), 奴·怒·努·農(ヌ), 布·甫·輔(フ), 步·矛(ブ), 牟·謨·夢(ム), 蘆·盧(ロ).

ホ、ボ、モ(『古事記』에서는 モ 역시 대립을 가지고 있었다)와 圓脣性 轉移音을 頭音으로 하는 ヲ에서만 甲乙類의 대립이 소멸된 것으로 생각된다. 甲類의 o는 漢字音의 再構를 통하여 [o]로 추정되고 있다(大野1953:202). 現代日本語의 諸方言으로 보아 여기에는 별다른 문제가 없을 것이다. 그러므로 馬淵和夫처럼 [uo]로 보는 견해(馬淵1973:182)에는 문제가 있다. o 자체가 이미 圓脣性을 띄고 있는 음성이므로 o를 [uo]라고 보는 태도는 一般音聲學的으로 부자연스럽기 때문이다. 뿐만 아니라 o의 音價가 [uo]였다면 이것은 두 개의 母音連結이거나 二重母音인 셈인데, 이러한 견해는 한국식 한자음으로 보아 용인되기 어렵다. 따라서 ㅓ段 甲類의 音節主音 o는 後部圓脣中立母音이었다고 보는 것이 온당할 것이다. 乙類 ö에는 여러 가지 견해가 있으나, 漢字音의 再構를 통하여 얻은 결론은 中舌圓脣母音 [ö](有板1955:390), 또는 [θ](大野1953:190) 쪽으로 기울고 있는 듯하다. 그러나 o가 圓脣母音이라면 ö는 적어도 非圓脣母音이어야 자연스럽다. 이점은 韓國式漢字音의 反射形에 잘 드러난다. 즉 ㅓ段 音節表記에 이용된 萬葉假名의 音假名은 韓國式漢字音에 다음과 같이 나타난다.[18]

ㅋ	甲	ㅋ	乙
古 고(訓下 1v)		己 긔(類下 4r)	
故 고(類下 17r)		許 허(類下 36r)	
高 고(類下 48v)		巨 거(類下 48r)	
庫 고(訓中 5v)		居 거(訓下 8v)	
祜 호(音韻表 p.227)		去 거(類下 19r)	
姑 고(訓上 16v)		虛 허(類下 49r)	
孤 고(訓下 14v)		긔 긔(類下 15v)	
枯 고(類下 50v)		擧 거(類下 20r)	
固 고(類下 59r)		苢 거(音韻表 p.230)	
顧 고(類上 25r)		據 거(類下 18v)	
		渠 거(訓中 3v)	
		金 금(訓中 15r)	
		今 금(訓下 1v)	
		近 근(訓下 15r)	
		乞 걸(訓下 10r)	
		興 흥(類下 45r)	

---

18) 자료는 『訓蒙字會』(叡算本, 初刊本), 『新增類合』(羅孫本, 1576), 光州版 『千字文』(1575)를 이용한다. 이들 자료에 나타나지 않는 漢字音은 河野六郎(1968), 『朝鮮漢字音の研究』(天理時報社)의 '資料音韻素'를 이용하여 보충한다.

ゴ	甲	ゴ	乙
	胡 호(類下 33v)		其 기(類上 19v)
	吳 오(音韻表 p.226)		期 긔(類下 13r)
	候 후(訓中 1r)		碁 긔(類上 24v)
	後 후(訓下 15r)		凝 응(類下 60v)
	虞 우(千字文 5r)		語 어(訓下 12v)
	吾 오(訓下 10v)		御 어(訓下 13v)
	誤 오(類下 27v)		馭 어(訓下 4v)
	悟 오(類下 4v)		
	娛 오(類下 13r)		
ソ	甲	ソ	乙
	嗽 수(訓中 16r)		思 ᄉ(類下 11r)
	蘇 소(訓上 8r)		曾 증(類下 52v)
	宗 종(訓上 17r)		所 소(訓中 4v)
	祖 조(訓上 16r)		僧 승(訓中 2r)
	素 소(訓上 14v)		增 증(類下 45v)
	泝 소(類下 38v)		則 측(類下 23v)
			贈 증(訓下 9v)
			諸 졔(類上 16v)
			層 층(類下 52v)
			賊 적(訓中 2v)
ゾ	甲	ゾ	乙
	俗 쇽(類下 20v)		絞 셔(類下 27v)
			存 존(類下 57v)
			序 셔(類上 18r)
			賊 적(訓中 2v)
			蹲 존(訓下 7v)
			茹 여(類下 40r)
			鋤 서(訓中 8r)
ト	甲	ト	乙
	刀 도(類上 28r)		止 지(類下 47v)
	斗 두(訓中 6v)		等 등(類下 17v)
	都 도(訓中 4v)		登 등(類下 5v)

	甲		乙
	土 토(類上 6r)		騰 등(訓下 5r)
	度 도(訓下 11v)		苔 틱(訓上 4v)
	覩 도(訓下 12r)		臺 딕(訓中 3r)
	妬 투(類下 26v)		藤 등(訓下 2v)
	杜 두(類下 15r)		滕 등(音韻表 p.166)
	圖 도(類下 41v)		鄧 등(音韻表 p.166)
	屠 도(訓下 5r)		德 덕(訓下 13v)
	塗 도(類下 58r)		得 득(類下 57v)
	徒 도(訓上 17v)		
	渡 도(類下 26r)		

ド	甲	ド	乙
	度 도(訓下 20r)		杼 뎌(訓中 9r)
	渡 도(類下 26r)		騰 등(訓下 5r)
	土 토(訓上 2r)		滕 등(音韻表 p.166)
	奴 노(訓上 17r)		藤 등(訓下 2v)
	怒 로(類下 3r)		特 특(類下 61v)
			耐 내(類下 11v)
			廼 내(音韻表 p.99)

ノ	甲	ノ	乙
	努 노(音韻表 p. 228)		乃 내(類上 16v)
	怒 로(訓下 3r)		能 능(訓下 13v)
	奴 노(訓上 17r)		廼 내(音韻表 p.99)
	弩 노(訓中 14r)		

ヨ	甲	ヨ	乙
	用 용(類上 9r)		已 이(音韻表 p.210)
	欲 욕(類下 4r)		余 여(類下 6v)
	容 용(訓上 13r)		與 여(類下 63r)
	庸 용(訓中 2v)		予 여(訓下 10v)
			餘 여(類下 58v)
			預 예(類下 38r)
			譽 예(類下 45r)

ロ	甲	ロ	乙
	漏 루(訓上 1v)		里 리(訓中 5r)
	魯 로(音韻表 p.228)		呂 려(千字文 2r)

婁 루(音韻表 p.217)	侶 려(訓中 2r)
路 로(類上 18v)	慮 려(類下 26v)
盧 로(音韻表 p.228)	廬 녀(類上 23v)
樓 루(類上 22v)	稜 릉(類下 51v)
露 로(類上 4r)	

이처럼 韓國式漢字音은 才段 甲類의 音節主音에 약간의 'ㅜ'를 제외하고는 대부분 'ㅗ'로 대응된다. 이에 대하여 才段乙類의 音節主音에는 대체적으로 'ㅡ, ㅓ'가 대응된다. 15세기 이후의 韓國式 漢字音으로 어떤 결론을 얻기는 어렵겠지만 이들이 구전되어 온 漢字音이라고 생각할 때 그 유래는 자못 오래 전으로 소급된다고 생각된다. 따라서 甲類의 o가 'ㅜ, ㅗ'에 대응되고 乙類의 ö가 'ㅡ, ㅓ'에 대응된다는 사실은 최소한 甲類 o가 圓脣母音, 乙類의 ö가 非圓脣母音이었음을 암시하는 것으로 보인다. ö는 후대에 o에 합류된 것으로 보아 o와 비슷한 開口度를 가졌던 母音이었을 것이며 그 音價는 [i]와 [ɜ]의 中間音 [ə]정도였다고 생각되므로 後部非圓脣中立母音이었던 것으로 추정된다.

イ段의 母音. 여기에도 甲乙類의 대립이 존재한다. 甲類의 母音을 i로 乙類의 母音을 ï로 표기하는 것이 관례로 되어있다. 甲乙類의 대립이 존재한다고는 하나 才段과는 달리 극히 제한된 환경에만 ï가 나타난다. 즉 乙類의 ï는 軟口蓋音을 頭音으로 하는 キ, ギ와 兩脣音을 頭音으로 하는 ヒ, ビ, ミ 5音節에만 나타난다. 이 환경은 工段의 경우와 평행한다. 우선 甲類의 i에 대해서는 별다른 문제가 없는 듯하다. 대부분의 학자들은 漢字音의 再構를 통하여 [i]로 결론하고 있다. 그렇다면 i는 前部非圓脣高位母音이었을 것이다. 乙類의 ï에 대해서는 일반적으로 二重母音을 상정한다. 橋本進吉은 ï가 韓國式漢字音으로 보아 [i]에 가까운 [ïi]였으리라고[19] 보았다(橋本1966:232). 上代日本語의 音節構造에는 off-glide 二重母音이 존재하지 않았으므로 ï가 [ïi]였다면 그것은 SV와 같은 構造에 부합되어야 한다. 그렇게 되기 위해서 [ïi]는 [ïi]와 같은 二重母音으로 해석되며 후대에 i에 합류된 점으로 보아 그 音節主音은 i였던 것으로 생각된다. 결국 イ段 乙類의 音節構造는 (C)SV로서 (C)ïi와 같이 해석될 수 있을 것이다.

工段의 母音. 才段, イ段처럼 甲乙類의 대립을 가지고 있다. 甲類의 母音을 e로, 乙類의

---

19) 이렇게 볼 수 있는 音節은 キ, ギ의 乙類 뿐이고 ヒ, ビ, ミ에 대해서는 韓國式漢字音에도 甲乙類간에 하등의 차이를 보이지 않는다. キ, ギ의 甲乙類대립은 韓國式漢字音에 다음과 같이 반영되어있다.

キ甲 기 (岐, 伎, 棄, 杞, 企, 耆, 祇), 길(吉), 지(支), 긔(祁)
キ乙 긔 (紀, 幾, 奇, 騎, 寄, 記, 基, 機, 己, 旣, 氣), 귀(歸, 貴)
ギ甲 기 (岐, 伎, 嗜), 의(疑, 儀, 嶬), 예(藝)
ギ乙 의 (疑, 宜, 義, 擬)

따라서 キ, ギ 甲乙類의 대립은 대체로 'ㅣ' 對 'ㅢ'의 경향을 보이는 셈이다.

母音을 ë로 표기한다. 乙類는 イ段 乙類와 마찬가지로 軟口蓋音을 頭音으로 하는 ケ, ゲ와 兩脣音을 頭音으로 하는 ヘ, ベ, メ 5音節에만 나타난다. 甲類의 e는 대체적으로 [e]였으리라는 견해가 지배적이다. 따라서 e는 前部非圓脣中位母音인 셈이다. 乙類의 ë에 대하여는 여러 가지 견해가 있으나 有坂秀世(1980-1952)는 [əe]라고 보았다(有坂1955:430). 이 역시 上代日本語의 音節構造上 SV즉 二重母音으로 해석될 수 있으며 [əe]의 ə는 일종의 轉移音이 될 것이다. 후대에 e와 합류된 점으로 보아 二重母音 [əe]의 音節主音은 e였던 것으로 보이며 工段 乙類의 音節構造는 (C)SV로서 (C)əe와 같이 해석된다.

이렇게 되면 工段 乙類의 母音은 イ段 乙類의 母音과 함께 二重母音이 되는데 [ïi]의 轉移音 [ï]와 [əe]의 轉移音 [ə]는 音節主音 [i]와 [e]로 인한 開口度의 차이일뿐 音韻論으로는 ヤ행의 頭音에 나타나는 /j/였다고 해석된다. 이렇게 해석하는 것이 音素의 기술상 가장 경제적일 것이다. 결국 イ段과 工段의 甲乙類대립은 轉移音으로 인한 것이며 音節主音에는 하등의 대립이 없었던 것으로 생각된다. 이 점에 있어서 音節主音에 대립을 보이는 オ段의 甲乙類는 イ段, 工段의 甲乙類와 그 본질을 달리하고 있다. 즉 イ段, 工段, オ段의 音節構造는 각기 다음과 같은 것이었다고 생각된다.

イ段	甲類	(C)i	※ C는 任意의 字音 또는 零
	乙類	Cji	C는 k, g, F, b, m 中 어느 하나
工段	甲類	(C)e	C는 任意의 字音 또는 零
	乙類	Cje	C는 k, g, F, b, m 中 어느 하나
オ段	甲類	(C)o	C는 任意의 字音 또는 零
	乙類	Cö	C는 F, b, m, w를 除外한 任意의 子音

뿐만 아니라 イ段, 工段의 乙類는 オ段의 乙類에 비하여 先行音인 頭子音의 環境에 극심한 제약을 받고 있기 때문에 기능부담량(functional load)도 적다. 이러한 여러 가지 제약은 イ段, 工段의 乙類母音을 單母音 音素로 해석할 수 없게 만든다. 이에 대하여 オ段의 乙類 母音 ö는 脣音性을 제외한 모든 子音 뒤에 나타날 수 있었을 뿐 아니라 コ, ゴ와 같은 音節을 통하여 平安시대까지 그 명맥이 유지되었던 것으로 보아 甲類의 母音 o에 분명히 대립될만한 기반을 가졌던 것으로 보인다. 이점에 있어서 韓國式漢字音은 暗示的이다. 이미 예시한 바와 같이 オ段의 甲乙類 대립은 韓國式漢字音에 뚜렷하게 반영되어 있지만 イ段, 工段의 甲乙類 대립은 그다지 뚜렷하게 반영되어 있지 않기 때문이다.

지금까지는 音聲位置에서 上代日本語에 나타나는 8개의 母音에 대하여 그 音聲資質을 정리한 셈이다. 이제부터는 形態音韻論的 현상을 검토함으로써 母音 하나 하나의 音聲資質을 체계화하고 그들 상호간의 대립을 찾아나서야 할 단계에 이르렀다. 上代日本語에는 소위 母音轉成이란 音韻論的 절차(phonological process)가 존재했는데, 이 현상은 母音으로 시작되는 形態素가 他形態素에 연결될 때 나타나는 것으로 先行形態素의 末音이 u, ö, a이고 後行 形態素의 頭音이 i일 경우와 先行 形態素의 말음이 i이고 後行 形態素의 頭音이 ö, a일 경우가 대표적이었다. 이 현상은 다음과 같이 정리된다(山口1971:11-13).

1. u+i →ï.　ワク+イラツコ(若郎子) → ワキラツコ
2. ö+i →ï.　オホ+イハ(大磐) → オヒハ、オホ+イシ(大石) → オヒシ
3. ö+i →ë.　トノ+イリ(殿入) → トネリ、ト+イフ(言) → テフ
4. a+i →ë.　タカ+イチ(高市) → タケチ、ナガ+イキ(長息) →　ナゲキ(歎)
5. i+ö →e.　ヒ+オキ(日置) → ヘキ、ヲチ+オモ(遠面) → ヲテモ
6. i+a →e.　サキ+アリ(咲有) → サケリ、ミ+アス(見)→ メス

이 현상에는 석연치 않은 점도 많다. 가령 용례가 적은 점, 甲乙類가 확실히 밝혀지지 않는 점들이 그것이다. 그러나 전체적으로는 後部母音 u, ö, a가 i의 영향으로 前部母音化하는 경향을 보여주는 것으로 이해된다. 이것이 사실이라면 u, ö, a는 우선 後部母音에 속할 것이며 ï, e, ë는 前部母音에 속할 것이다. 결국 u, ö, a와 ï, e, ë가 後部 대 前部라는 자질로 대립되어 있음을 보여주는 현상이 바로 위에 든 母音轉成일 것이다. 이 현상은 다시 有坂秀世의 母音交替 현상과 일맥상통하고 있어 많은 관심을 끌어왔다.

母音交替 現像이란 동일한 어근의 末母音에 ①u ~ ï, ②ö ~ ï, ③o ~ ï, ④a ~ ë와 같은 交替가 나타남을 뜻하는 것으로(有坂1957:67) 이 현상은 다음과 같이 재정리될 수 있다.

① 露出形 ï와 被覆形 u의 交替
　　ツキ(月)~ツクヨ(月夜), ミ(身)~ムカハリ(質), カミ(神)~カムカゼ(神風)
② 露出形 ï와 被覆形 ö 또는 o의 交替
　　キ(木)~コノハ(木葉), ヲチ(後方)~ヲトツヒ(一昨日), ヒ(火)~ホヘ(燎火)
③ 露出形 ë와 被覆形 a의 交替
　　サケ(酒)~サカツキ(盃), フネ(舟)~フナノリ(船乗), アメ(天)~アマクモ(天雲)

露出形의 末母音은 ï, ë 임에 대하여 被覆形의 末母音은 u, ö, o, a로 되어 있다. 이를 앞에 든 母音轉成 현상 즉 後部母音의 前部母音化 現像과 비교할 때 露出形과 被覆形은 근본적으로

前部母音 대 後部母音의 대립을 반영하고 있는 것으로 이해된다. 그런데 露出形은 派生된 형태이므로 그 말인인 ï, ë에 音素의 자격을 부여하기는 어렵다. 한편 母音轉成 현상과 母音交替 현상을 병렬시켜 보면 上代日本語 母音 상호간의 대립이 윤곽을 드러낸다.

母音轉成
① u+i → ï
② ö+i ↗
③ ö+i ↘
④ a+i → ë

母音交替
① u—ï
② ö/
③ o/
④ a—ë

이를 종합하면 우선 u, ö, o, a는 後部母音으로서 前部母音 ï, ë와 대립을 이룬다. 그러나 ï와 ë는 派生形態인 露出形에 나타날 뿐아니라 二重母音이었으므로 그 音節主音은 각기 i와 e로 되어 있어 결과적으로는 後部母音 u, ö, o, a가 前部母音 i, e와 대립관계를 갖는 것이 된다. 한편 母音轉成 현상에서 ö+i는 ï가 되기도 하고, ë가 되기도 한다. 이 사실은 ö의 상대적 開口度가 u와 a의 중간임을 보여준다. 따라서 u, ö, a는 각기 高位, 中位, 低位라는 자질에 의하여 대립된다. 남아있는 문제는 이제 o의 자격이다. 母音交替 현상에서 o는 ö와 함께 ï와 대립되고 있음을 알았다. 母音轉成 現像에서는 동일한 母音연결 ö+i 가 한편으로는 ï, 다른 한편으로는 ë로 바뀌고 있다. 이 두 가지 근거를 토대로 o는 ö와 함께 ï, ë 곧 u, a의 중간적인 開口度를 가진 母音이었음을 알 수 있으나 o와 ö의 대립관계는 여전히 밝혀지지 않는다. 결국 o와 ö의 대립관계는 音聲資質로 유추해 보는 수밖에 없다. 韓國式 漢字音으로 보건대 o와 ö는 圓脣 대 非圓脣자질의 대립이었던 것으로 추측된다.

지금까지의 추론을 한 데 묶으면 上代日本語의 母音體系는 다음과 같아진다.

	前部	後部	
	非圓脣	非圓脣	圓脣
高位	i		u
中位	e	ö	o
低位		a	

결국 上代日本語는 6개의 單母音音素 /i, e, ö, a, u, o/를 가지고 있었으며 이들은 前部(front)와 後部(back), 非圓脣(unround)과 圓脣(round), 高位(high)와 中位(mid)와 低位(low)와 같은 자질들의 대립 속에서 체계를 이루고 있었다.

上代日本語의 母音體系에서 ï와 ë가 제외되더라도 イ段과 エ段의 甲乙類는 음성상으로 분명한 차이를 가지고 있었을 것이다. 그러나 音韻論的으로는 乙類가 /ji/, /je/였을 것으로 해석된다. 이에 따라 上代日本語는 口蓋性 on-glide 二重母音 /ji, je, jö, ja, ju, jo/ 圓脣性 on-glide 二重母音 /wi, we, wa, wo/ 도합 10개의 二重母音을 가지고 있었다고 생각된다. 이 중에서 /ji/만은 그 자체가 단독으로 나타날 수 없고 キ, ギ, ヒ, ビ, ミ와 같은 音節에만 나타났다. kji, gji, Fji, bji, mji에서 j가 k, g, F, b, m와 분리될 수 없다면 口蓋化된 k, g, F, b, m를 새로운 音素로 추가하고 二重母音 ji를 버릴 수도 있겠으나, 경제성을 고려하여 二重母音 ji쪽을 택하기로 한 것이다. 이렇게 되면 音韻論的으로는 上代日本語에 78音節의 대립이 남게 된다. 總87音節 중에서 音韻論的 대립을 이루지 못하는 10개의 乙類音節 キ, ギ, ヒ, ビ, ミ, ケ, ゲ, ヘ, ベ, メ가 제외되는 대신 二重母音 ji가 새로 추가되기 때문이다.

6. 결 론

지금까지 音節構造와 母音音價의 정리 및 약간의 形態音素論的인 현상을 통하여 上代日本語의 母音體系를 구상해 본 셈이다. 그 결과 上代日本語에는 前部 : 後部, 非圓脣 : 圓脣, 高位 : 中位 : 低位란 辨別的 資質의 조합에 의하여 6개의 單母音音素 i, e, ö, a, u, o와 10개의 二重母音 ji, je, jö, ja, ju, jo, we, we wa, wo가 나타난다고 해석하게 된 것이다.

有坂秀世는 上代日本語의 音節결합 상태를 검토한 끝에 上代日本語에도 母音調和의 흔적이 있었음을 지적하였는데 그 내용은 a, u, o가 陽性, ö가 陰性, i가 中性으로 양성과 음성은 동일한 語根內에 공존하지 않는다는 것이었다(有坂1955:732-734, 1957:115-116). 그리고 ï, e, ë는 音韻變化에 의해서 새로 생겨난 母音이기 때문에 母音調和와는 무관한 것으로 보았다. 이러한 결론은 최근까지 여러 차례의 비판과 수정을 받아왔다. 본고에 제시된 上代日本語의 母音體系 역시 그의 결론에 부합되지 않는다. 그러나 본고의 체계가 완전하다는 뜻은 아니다. 앞으로 이 과제에 대한 새로운 접근방법, 예를 들어 韓國式漢字音과 萬葉假名의 정밀한 比較研究와 같은 작업이 절실히 필요함을 느끼고 있기 때문이다.

참고문헌

有坂秀世(1955), 『上代音韻攷』, 東京 三省堂.

_____(1957), 『國語音韻史の研究』(增補新版). 東京 三省堂.

泉井久之助(1967), 『言語の構造』, 東京 紀伊國屋書店.

今泉忠義(1939), 『國語發達史』, 東京 蒼明社.

_____(1967), 『國語史槪說』, 東京 白帝社.

大野晋(1953), 『上代假名遣の研究』, 東京 岩波書店.

_____(1961), 上代特殊假名遣入門, 『解釋と鑑賞』 26:3, pp.252~290.

龜井孝(編)(1963-1966), 『日本語の歴史』 全8卷. 東京 平凡社.

金田一京助(1941), 『國語の變遷』(ラジオ新書 71). 東京 日本放送出版協會.

國語學會(編)(1951), 『改訂 國語の歴史』, 東京 刀江書院.

佐藤喜代治(編)(1971-1972), 『國語史』 上, 下, 東京 櫻楓社.

佐伯梅友(1949), 『國語史要』, 東京 修文舘.

_____(1950), 『奈良時代の國語』, 東京 三省堂.

土井忠生(編)(1970), 『日本語の歴史』(改訂版), 東京 至文堂.

_____・森田武(1955), 『國語史要設』, 東京 修文舘.

中田祝夫(編)(1972), 講座國語史 2, 『音韻史・文字史』, 東京 大修舘書店.

永山勇(1968), 『國語史槪說』, 東京 風間書店.

橋本進吉(1942), 『古代國語の音韻に就いて』, 東京 明世堂.

_____(1949), 『文字及び假名遣の研究』 東京 岩波書店.

_____(1950), 『國語音韻の研究』, 東京 岩波書店.

_____(1966), 『國語音韻史』, 東京 岩波書店.

浜田敦(1946), 『古代日本語』, 東京 大八洲出版.

前田富祺(1970), 上代の音韻の考察, 『月刊文法』 3:1, pp.79-86.

松村明(1972), 『國語史槪說』, 東京 秀英出版.

馬淵和夫(1960), 日本語・音韻の歴史 上代, 『解釋と鑑賞』 25:10, pp.7-15.

_____(1969), 日本語の歴史 上代, 『解釋と鑑賞』 34:14, pp.10-27.

_____(1970), 『上代のことば』, 東京 至文堂.

_____(1971), 『國語音韻論』, 東京 笠間書店.

_____(1973), 萬葉集の音韻, 『萬葉集講座 第3卷 言語と表現』, 東京 有精堂

三木幸信(1942), 『日本語の歴史』, 東京 健文社.

三澤光博(1961), 『增補 國語史槪說』, 東京・京都 三和書房.

森山隆(1971), 『上代國語音韻の研究』, 東京 櫻楓社.

山口佳紀(1971), 古代日本語における母音脱落の現象について, 『國語學』 85, pp.1-17.

湯澤幸吉郎(1943), 『國語史槪說』, 東京 八木書店.

吉澤義則(1931), 『國語史槪說』, 東京 立命館大學出版部.

Lange, R.A.(1973), *The Phonology of Eighth-Century Japanese*. Sophia University. Tokyo.

出處 〈韓國日本學會(1975. 10.), 『日本學報』 3: 61-86.〉
    〈宋 敏(1977. 4), 『日本語의 構造』(關東出版社): 237-264(再錄).〉

한국한자음과 萬葉假名 'o'段 모음의 음성자질

1. 서 언

　　史的音韻論 연구는 일반적으로 문헌에 나타나는 書寫體系를 통해서 행해질 수밖에 없지만, 어느 時代의 서사체계를 아무리 정밀하게 분석했다고 하더라도, 그것이 구체적 音聲資質에 기반을 두고 있지 않는 한, 그 결론이 그대로 音韻論的인 것이라고 신뢰하기는 어려울 때가 있다. 그 때문에, 音聲情報 그 자체가 音韻層位의 체계를 전적으로 좌우한다고는 볼 수는 없지만, 어느 시대의 音韻體系를 논의할 때, 우선적으로 요구되는 자료가 있다면, 그것은 무엇보다도 믿음직스러운 음성층위의 정보가 아닐 수 없다.

　　史的音韻論에 유용한 자료라면 물론 發音式 綴字(pronunciation-spelling)로 이루어진 문헌이어야 한다. 외국문자에 의한 전사자료가 音韻論研究에 자주 동원되는 것도, 거기에는 音聲層位의 현실적 정보가 반영되어 있기 때문이다. 물론 전사자료 중에는 기계적인 綴字式 發音(spelling-pronunciation)으로 이루어진 문헌도 있다. 그러한 轉寫資料는 근본적으로 보수적인 문헌의 書寫體系와 하등 다를 바가 없기 때문에, 이를 잘못 이용했다가는 "不明한 것을 그보다 더 不明한 것으로"(obscurum per obscurius)(松本克己1975:86) 설명하려는 우를 범할 수도 있다. 그러나 轉寫資料는 그 성격상, 音聲의 聽覺的, 音響的, 知覺的 특질을 반영하고 있는 경우가 많기 때문에 音韻論的 분석에 흔히 원용되어 온 것이다.

　　소위 上代特殊假名遣이라고도 불리는 上代日本語[1]의 書寫體系, 곧 萬葉假名[2]은 漢字의 音

---

1) 日本語史의 時代區分에는 여러 가지가 있으나, 본고에서는 비교적 일반적으로 쓰이는 구분을 따르기로 한다. 그 내용을 잠시 살펴보면 다음과 같다.
　古代日本語(645년 이전): 飛鳥時代
　上代日本語(645년-794년): 飛鳥·奈良時代
　中古日本語(794년-1086년): 平安時代
　中世日本語(1086년-1603년): 院政·鎌倉·室町時代
　近代日本語(1603년-1868년): 江戸時代
　現代日本語(1868년 이후): 明治時代 이후
　이에 따라 본고에서 上代日本語라 함은 大化의 改新이 시작된 해로부터 桓武天皇이 平安京으로 천도하기 이전까지를 포괄하는 시대의 日本語를 지칭하게 된다. 대체로 飛鳥·奈良時代에 해당되며, 문화사적으로는

을 이용한 音假名과 漢字의 訓을 이용한 訓假名으로 크게 구분되는데, 그중에도 音假名 字는 그 기원이 發音式 철자에 가까운 성격을 지니고 있기 때문에 古代日本語의 音韻論 연구에 없어서는 안 될 자료로 중시되어 왔다. 音節을 기본단위로 삼고 있는 이들 音假名 漢字 하나하나를 切韻系 中古漢語[3] 再構音과 비교함으로써, 上代日本語의 音韻論的 再構는 괄목할 만한 성과를 거두어 온 것이다. 上代日本語에는 五十音圖上의 i, e, o段 各音節에 서로 대립되는 甲乙類 두 系列의 表記區別이 존재하고 있어, 兩者가 서로 혼용되지 않는다는 사실을 橋本進吉 교수가 밝힌 이래(橋本進吉1942 등), 그러한 구별이 音聲資質上의 차이에서 연유한 것임을 밝히게 된 것도 中古漢語 再構音을 원용할 수 있었기 때문이었다.

　音聲層位의 표면적 정보에 너무 휘말린 나머지, 上代日本語의 音韻論的 연구는 때때로 音價 推定의 테두리를 벗어나지 못하는 수도 있었으며, 그 때문에 上代日本語의 母音體系가 8母音 體系[4]라는 속단을 낳기도 하였다. 그러나 그러한 과오에 대해서는 그동안 몇몇 학자의 적절한 비판이 있었으며, 그 결과 특히 70년대에 들어와서는 대체로 5母音 體系說(Lange1973)과 6母音 體系說(松本克己1975 및 服部四郎1976)로 기울고 있는 듯하다. 다만 후자에 속하는 두 학자의 주장도 그 이론적 배경이나 결론은 서로 다르다.[5] 따라서 上代日本語의 母音體系에 대한 결론은 아직도 여러 가지라고 할 수 있다. 필자 또한 i, e段 甲乙類의 구별은 音節主音의 音韻

白鳳·天平時代가 된다(宋敏1977:11-17).
2) 萬葉假名의 내용이나 성격은 시대와 문헌에 따라 상당히 복잡하다. 그 명칭이 암시하고 있는 것처럼 통속적으로는 『萬葉集』의 日本語 書寫體系를 뜻하지만, 전문적으로는 奈良時代의 모든 자료에 나타나는 日本語 부분의 書寫體系를 포괄하는 것이 보통이다. 대표적인 자료를 정리해 보면 다음과 같다.
　推古期(592-628)의 遺文들, 金石文들, 『古事記』(712), 『日本書紀』(720), 『萬葉集』, 『常陸風土記』(718), 『播磨風土記』(716頃), 『出雲風土記(733), 肥前風土記』(732-740頃), 『豊後風土記』(732-740頃), 風土記의 逸文들, 佛足石歌(753 또는 761이후), 正倉院에서 발견된 2통의 假名文書(761)와 그 밖의 문서들, 『續日本紀』(794-797)와 거기에 수록된 宣命, 『延喜式』(927)에 수록된 祝詞, 『新譯華嚴經音義私記』(794?), 『歌經標式』(772) 등등. 다만 推古期 遺文의 音假名 중에는 후대의 문헌과 다른 용법으로 나타나는 것이 많다. 그 때문에 이들을 구별하여 다루는 수도 있다.
3) 中國語史의 時代區分은 다음을 따르기로 한다(牛島德次1967:33).
　太古漢語(前15세기-前10세기): 殷代·西周
　上古漢語(前7세기-後4세기): 東周·春秋戰國·秦漢·三國
　中古漢語(6世紀~10世紀): 六朝·隋·唐
　中世漢語(11世紀~16世紀): 宋·元·明
　近世漢語(17世紀~20-世紀): 淸·現代
4) 좀더 정확히 말하자면 8母音體系라는 명칭은 적합하지 않으며, 구태여 풀이하자면 8개의 모음이란 뜻이 될 것이다. 전통적인 일본어 音韻史 논저에 체계란 術語가 나타나는 일은 별로 없으며, 간혹 나타날지라도 그것이 構造主義的 개념으로 쓰이는 경우는 드물기 때문이다.
5) 두 학자의 音韻目錄을 비교해 보면 다음과 같다.
　松本說 : i e ï a u o(松本克己1975:149)
　服部說 : i e ö a u o(服部四郎1976:14)
　松本克己 교수는 i段 乙類의 母音만을 音韻으로 해석하고 있는 반면, 服部四郎 교수는 o段 乙類의 母音만을 音韻으로 해석하고 있다. 따라서 兩者는 근본적으로 다른 결론을 제기한 것이다.

論的 對立으로 해석되지 않으나, o段 甲乙類의 구별은 音節主音의 音韻論的 對立으로 해석된 다고 보고, 上代日本語는 6母音 體系로 이루어져 있다는 견해를 개진한 바 있다(宋敏1975). 실상 乙類의 i, e는 自立形態素의 頭位나 軟口蓋音(k, g) 또는 脣音(p, b, m) 이외의 자음 뒤에는 배분되는 일이 전혀 없다. 이처럼 선행음인 頭子音의 환경에 극심한 제약을 받고 있기 때문에 機能負擔量 또한 아주 적다. 中古漢語音이나 기타의 음성정보로 보더라도 乙類의 i, e는 二重母音으로 해석될 수 있다. 이에 반하여 乙類의 o는 自立形態素의 頭位, 또는 脣音(p, b, m)이나 脣音性 轉移音(w) 뒤에만 배분되는 일이 없을 뿐, 그 밖의 모든 子音 뒤에 배분될 수 있기 때문에 機能負擔量도 매우 크다. 더구나 甲類의 o段 音節表記에 이용된 音假名 한자의 中古漢語音은 대체로 後舌母音을 音節主音으로 하고 있으나, 乙類의 o段音節表記에 이용된 音假名 한자의 中古漢語音은 일반적으로 e類의 母音을 音節主音으로 하고 있다는 사실이 일찍부터 밝혀진 바 있다(有坂秀世1955:279-281). 대략 이상과 같은 音聲資質上의 특성과 기타의 形態論的 증거 등을 토대로 하여 母音體系의 일반적인 유형을 고려한다면, i, e段 甲乙類의 구별표기는 母音의 音韻論的 대립으로 이해되지 않는 대신, o段甲乙類의 구별표기만은 母音의 音韻論的 대립으로 이해되어6) 6母音體系를 내세우게 된 것이다.

결국 上代日本語의 모음체계는 o段甲乙類 구별표기의 音韻論的 해석 하나만으로 그 주장이 크게 달라진다. Lange 교수나 松本克己 교수는 o段甲乙類의 구별을 音韻論的 대립으로 인정하지 않는 데 대하여7) 服部四郎 교수는 이를 音韻論的 대립으로 인정하는 것이다. 필자가 o段甲乙類의 구별을 音韻論的 대립으로 해석한 것은 形態論的 근거나 體系的 조화에도 관심을 두었지만, 그보다 앞서 萬葉假名 o段甲乙類의 音假名漢字를 韓國漢字音8)에 비추어 본 결과, 그 甲乙類의 차이가 음성자질상 中古漢語音 이상으로 분명하게 드러나기 때문이었다.

---

6) 그 결론은 근본적으로 服部四郎(1976)과 같은 것이다. 다만 필자는 韓國漢字音이 中古漢語音 못지 않게 o段 甲乙類의 대립을 잘 보여주고 있다는 사실을 중시하였다.

7) 松本克己 교수는 o段 甲乙類의 구별표기가 外國文字에 의한 書寫體系의 초기적 단계를 반영한 결과일 뿐, 日本語의 音韻論的 對立을 나타내는 것은 아니라고 주장한다(松本克己1975:145-146). 그러나 萬葉假名의 직접적인 기반이 漢語라는 확증은 아직 없으므로, 萬葉假名이 中古漢語에 의한 書寫體系의 초기적 단계라고 단정하기는 어려울 것으로 생각된다.

8) 韓國漢字音은 訓民正音이 창제되고 나서도 한동안, 東國正韻式 人爲的 漢字音에 밀려 문헌에 나타나지 않다 가, 15세기 말엽에 이르러서야 비로소 출현되기 시작한다. 『千手千眼觀自在菩薩大悲心陀羅尼經』(1476), 『救急簡易方』(1489), 『六祖大師法寶壇經諺解』(1496) 및 『施食勸供(諺解)』(1496) 등이 그 선구적 문헌이라고 할 수 있는데, 16세기에 들어서면 많은 문헌이 東國正韻式 漢字音表記를 버리고 현실적 한자음 표기로 전환한 다. 여기서 말하는 韓國漢字音은 원칙적으로 15-16세기의 문헌에 韓國文字로 기록된 현실음을 뜻한다. 그러 나 이러한 현실음의 역사는 적어도 統一新羅 이전의 三國時代로 소급된다. 그 형성과정으로 짐작하건대, 韓國漢字音은 漢語의 시대적, 지역적 배경에 따라 동요를 거듭하다가 15세기 말부터 문헌에 정착되기에 이르렀을 것이다(河野六郎1968, 朴炳采1971). 따라서 본고의 漢字音이란 술어는 경우에 따라 15세기 이전 의 가상적 현실음을 막연히 지칭하는 것일 수도 있다.

다시 말하면 o段 甲乙類의 구별표기에 관한 한, 韓國漢字音 쪽이 오히려 中古漢語 再構音보다 더 유용한 근거를 제공한다고 볼 수 있는 것이다. 일본학자들이 일찍부터 萬葉音假名의 音價 推定 과정에서 단편적이긴 하지만, 韓國漢字音을 때때로 원용한 바가 없지 않으나(橋本進吉 1950, 有坂秀世1955 등), 그 중요성을 명확하게 인식하지는 못한 듯하다.

이에 필자는 o段 甲乙類의 音聲資質에 관한 한, 韓國漢字音에 대한 좀 더 구체적인 검토가 필요함을 느끼게 된 것이다.

2. o段音假名의 유동성과 甲乙類의 성격

萬葉假名에 이용된 漢字는 시대와 문헌에 따라 그 목록이 다를 뿐 아나라 동일한 漢字가 둘 또는 그 이상의 音節表記에 통용되는 등, 그 내용이나 성격이 결코 단순하다고는 보기 어렵다. o段音節表記에 이용된 音假名만을 대상으로 하더라도 문헌에 따라 다음과 같은 다양 성을 보여준다. 대상문헌은 편의상 『推古期遺文』, 『正倉院文書』, 『金石文』, 『古事記』, 『日本書級』, 『萬葉集』에 국한시킨다. 이들만으로도 모든 音假名이 망라될 수 있기 때문이다.

音假名		推	正	金	記	紀	萬	備考
ko甲	古	○	○	○	○	○	○	
	故		○	○	○	○	○	
	高		○	○	○			
	庫		○			○	○	
	祜		○				○	
	姑					○	○	
	孤					○	○	
	枯						○	
	固					○		
	顧					○		
ko乙	己	○	○				○	ko乙, ki乙 通用
	許	○	○		○	○	○	
	巨	○	○			○	○	
	居		○			○	○	ko乙, ke乙 通用
	去		○			○	○	

	虛					○	○	
	忌						○	
	擧					○		ko乙, ke乙 通用
	莒					○		
	據					○		
	渠					○		
	金						○	二音節表記用音假名
	今						○	〃
	近		○					〃
	乞						○	〃
	興		○			○	○	〃
go甲	胡		○	○	○	○	○	
	吳		○			○	○	
	侯		○				○	
	後		○				○	
	虞						○	go甲, gu 通用
	吾					○		
	誤					○		
	悟					○		
	娛					○		
go乙	其		○		○		○	
	期		○				○	
	碁				○		○	
	凝						○	
	語					○		
	御					○		
	馭					○		
so甲	嗽	○						
	蘇	○	○		○	○	○	
	宗	○	○	○	○		○	
	祖		○				○	
	素					○	○	so甲, su 通用
	泝					○		

so乙	思	○						so乙, si 通用
	曾		○		○	○	○	
	所		○			○	○	
	僧		○				○	
	增					○	○	
	則					○	○	
	贈					○		
	諸					○		
	層					○		
	賊					○		so乙, zo乙 通用
zo甲	俗					○		
zo乙	紋				○	○	○	
	存				○			
	序					○	○	
	賊						○	so乙, zo乙 通用
	鐏					○		
	茹					○		
	鋤					○		
to甲	刀	○	○	○	○	○	○	
	斗		○		○	○	○	
	都		○			○	○	to甲, tu 通用
	土		○		○	○	○	to甲, do甲 通用
	度					○	○	〃
	覩					○		to甲, tu 通用
	妬					○		
	杜					○		
	圖					○		to甲, tu, du 通用
	屠					○		to甲, tu 通用
	塗					○		
	徒					○		to甲, tu 通用
	渡					○		to甲, do甲 通用
to乙	止	○	○				○	
	等	○	○	○	○	○	○	

	字							備考
	登		○		○	○	○	
	騰					○	○	to乙, do乙 通用
	苔					○		
	台					○		
	縢					○		to乙, do乙 通用
	藤					○		〃
	鄧					○		
	德		○	○		○	○	二音節表記用音假名
	得		○			○	○	〃
do甲	度		○		○	○	○	to甲, do甲 通用
	渡		○			○	○	〃
	土		○			○	○	〃
	奴					○		do甲,no甲,nu甲 通用
	怒					○		〃
do乙	杼		○		○	○	○	
	騰				○	○	○	to乙, do乙 通用
	縢				○			〃
	藤					○		〃
	特					○		
	耐				○			
	迺				○			to乙, do乙 通用
no甲	努		○	○	○	○	○	no甲, nu 通用
	怒		○		○	○	○	do甲,no甲,nu 通用
	奴		○			○		〃
	弩					○	○	no甲, du 通用
no乙	乃	○	○		○		○	
	能		○	○	○	○	○	
	迺					○		no乙, do 通用
yo甲	用		○		○	○	○	
	欲						○	
	容						○	
	庸					○		
yo乙	已	○						yo乙, i 通用

	余	○	○		○	○	○	
	與	○	○		○	○	○	
	予		○		○	○	○	
	餘		○			○	○	
	預		○			○		
	譽					○	○	
ro甲	漏		○		○	○	○	ro甲, ru 通用
	魯		○			○		
	婁		○			○		ro甲, ru 通用
	路				○		○	
	盧				○	○		ro甲, ru 通用
	樓				○	○		〃
	露					○		
ro乙	里	○	○				○	ro乙, ri 通用
	呂		○	○	○	○	○	
	侶		○	○	○	○	○	
	慮					○		
	廬					○		
	稜					○		

萬葉音假名 漢字 하나하나는 원칙적으로 일본어의 음절단위표기에 이용되고 있으나, ko乙類의 '金, 今, 近, 乞, 興'이나 to乙類의 '德, 得'처럼 연속되어 있는 두 음절표기에 이용되는 수도 있다. 여기서 주목되는 것은 상당수의 音假名 漢字가 둘 또는 그 이상의 음절표기에 통용되고 있다는 사실이다. 그중에는 물론 통시적 변화에 기인하는 것도 포함되어 있어, 이들을 한꺼번에 공시적 개념인 통용으로 처리하기 어려우나, 어떠한 성격의 통용이건 거기에는 일정한 제약이 내재하고 있어 주목된다.

먼저 o段甲類의 일부 音假名은 같은 o段甲類 혹은 u段音節表記에만 통용된다.

(a) o段甲類끼리 통용되는　　　音假名
　　　to甲~do甲　　　　　　　　土度渡
(b) o段甲類와 u段에 통용되는 音假名[9]

---

9) 甲乙類의 구별을 가지지 않는 o段 음절에도 비슷한 유형의 통용이 나타난다.
　　po~pu(富), mo~mu(茂謀模), wo~u(烏).

go甲~gu	虞
so甲~su	素
to甲~du	都覩屠徒
no甲~du	弩
no甲~nu	努
ro甲~ru	樓漏盧婁

(c) 세 가지 음절에 통용되는 o段甲類의 音假名

to甲~tu~su	圖
do甲~no甲~nu	奴怒

이에 반하여 o段乙類의 일부 音假名은 같은 o段乙類 혹은 i, e段音節表記에만 통용된다.

(d) o段乙類끼리만 통용되는 音假名

so乙~zo乙	賊
to乙~do乙	騰滕藤
do乙~no乙	迺

(e) o段乙類와 i, e段에 통용되는 音假名[10]

ko乙~ki乙	己
so乙~si	思
yo乙~i	已
ro乙~ri	里
ko乙~ke乙	居擧

이처럼 o段甲乙類의 音假名이 통용될 수 있는 범위에는 일정한 한계가 있다. 그것이 모음을 기준으로 할 때 甲類의 경우는 u段이며, 乙類의 경우는 i, e段이다. 일반적으로 동일한 音假名이 甲類와 乙類를 넘나드는 경우는 거의 없으므로[11], u段에 통용될 수 있는 o段音假名

---

10) 註9에 예시한 유형과는 대조적으로 甲乙類의 구별이 없는 o段音假名에도 다음과 같은 통용이 나타난다.
po~pa(方法), po~pe乙~be乙(倍陪), mo~ma(望莽), mo~me(梅).
후에 밝혀지겠지만 이 경우의 통용은 통시적인 변화로 해석되어 註9의 유형과는 근본적으로 다른 것이다.
11) 따라서 o段 이외의 音假名이 통용될 때에도, 甲類는 甲類끼리, 乙類는 乙類끼리 넘나들 뿐이다.
ki甲~gi甲(伎祇), pi甲~bi甲(毗), bi甲~mi甲(彌寐弭)
ki甲~ke甲(祁), bi甲~be甲(婢)
pi乙~bi乙(肥)
『日本書紀』에는 '謎'가 be甲~be乙~me甲, '迷'가 me甲~me乙의 통용을 보이고 있어 위의 원칙에 예외가 된다.

은 甲類에 속하는 音假名의 일부분이다. 이상과 같은 o段音假名의 유동성은 물론 音假名 용법의 시대적 변천, 문헌별 차이, 기록자 개개인의 취향 등을 반영하고 있겠지만, 그 속에 내재하고 있는 일종의 제약은 音假名의 통용이 음성학적으로나 음운론적으로 검토해 볼만한 가치가 있는 것임을 암시한다.

여기서 위에 분류해 놓은 通用類型이 어느 정도의 공시성을 가지는가 하는 점이 문제된다. 우선 동일한 o段間의 통용인 (a)와 (d)는 공시적 통용임이 거의 분명하다. 다음 항에 보이는 바와 같이 동일한 문헌 내에서도 통용이 가능했기 때문이다.

'賊, 縢, 藤'은 같은 문헌 내에서 통용을 보이고 있지 않으나, 이것은 소위 문헌별 용법의 차이를 반영하는 것일 뿐, 통용의 공시성을 부정하는 것은 아니다. 그 밖의 音假名들은 모두 동일문헌 내에서 통용이 일어난다.

	(a)			(d)				
	土	度	渡	賊	騰	縢	藤	酒
	to甲/do甲	to甲/do甲	to甲/do甲	so乙/zo乙	to乙/do乙	to乙/do乙	to乙/do乙	do乙/no乙
推	○ ○	○	○					
正								
金	○	○				○	○	
記	○	○ ○	○ ○	○	○	○	○	○ ○
紀								
萬	○ ○	○ ○	○	○	○	○		

o段과 u段間의 통용인 (b)도 共時的 통용에 가까운 것으로 보인다.

	虞	素	都	覩	屠	徒
	go甲/gu	so甲/su	to甲/du	to甲/du	to甲/du	to甲/du
推			○			
正			○	○		
金			○			
記			○			
紀	○	○	○ ○	○	○	○
萬	○	○	○ ○			

	弩	努	樓	漏	盧	婁
	no甲/du	no甲/nu	ro甲/ru	ro甲/ru	ro甲/ru	ro甲/ru
推						
正		○ ○		○		

金			○	○							○	
記			○		○		○		○	○	○	○
紀	○	○	○	○	○	○	○	○	○			
萬	○		○	○			○					

같은 문헌 내에서 통용을 보이지 않는 예는 '虞'뿐이다. 그 밖의 音假名들은 모두 동일 문헌 내에서 통용을 보여준다.12) 따라서 o段甲類~u段의 통용도 공시적 성격을 보이는 것이다.

세 가지 음절에 통용되는 (c)는 공시적인 것이라고 간단히 처리하기가 어려우나, 대체적으로는 역시 共時的 통용으로 볼 수 있다.

	圖			奴			怒		
	to甲	tu	du	do甲	no甲	nu	do甲	no甲	nu
推					○				○
正					○	○		○	○
金									
記					○			○	
紀	○	○	○	○	○		○	○	○
萬					○			○	○

결국 (a), (b), (c), (d)에 들어 있는 音假名의 통용은 대체로 공시성을 지닌 것이라고 할 수 있다. 그러나 o段乙類와 i, e段에 함께 쓰인 (e)는 그 성격이 상당히 다르다.

	己	思	已	里	居	擧
	ko乙/ki乙	so乙/si	yo乙/i	ro乙/ri	ko乙/ke乙	ko乙/ke乙
推	○	○	○	○	○	○
正	○		○	○ ○	○	

12) 甲乙의 구별이 없는 o段音假名도 같은 성격을 보여준다.

	富	茂	謀	模	烏
	po/pu	mo/mu	mo/mu	mo/mu	wo/u
推	○				
正	○	○	○	○	○
金	○				
記	○				
紀	○	○	○	○	○
萬	○	○		○	○

'謀'만은 동일한 문헌에 통용이 나타나지 않으나 그 밖의 것들은 모두 동일한 문헌 내에서 통용된다.

金										
記										
紀		○		○			○	○	○	○
萬	○			○		○	○	○	○	

앞서 밝힌 바와 같이 o段乙類의 音假名은 u段에 통용되는 일이 결코 없으며, 오직 몇몇 音假名만이 표면상 i, e段에 통용된다. 이때에도 甲乙類의 구별을 가진 i, e段音節은 乙類로만 나타난다. 이러한 통용 내용을 문헌상으로 정리해 보면 바로 위와 같은 결과가 된다. 적어도 여기에 포용되는 통용이 공시적인 것이라고 보기는 어려울 것이다. 문헌에 나타나는 상대적 시기로 보아 이들은 분명히 통시적 관계를 지니고 있기 때문이다. i, e段에 통용되는 o段乙類 의 音假名은 『推古期遺文』에 빠짐없이 쓰인 것들이지만, 이때에는 '己, 思, 已, 里'가 o段乙類, '居, 擧'가 e段乙類를 나타냈다. 이들은 이른바 推古期의 특수용법을 보이는 것으로서, 萬葉音 假名의 초기적 단계를 보여주는 것들이다. 더구나 '己, 思, 已, 擧'는 동일한 문헌 내에서 통용 되는 일이 없었으며, '思, 已'가 각기 so乙類, yo乙類에 쓰이거나, '擧'가 ke乙類에 쓰인 것은 『推古期遺文』뿐이다. 이렇게 볼 때 '己, 思, 已, 里'는 처음에 o段乙類에만 쓰이다가 차츰 i段 (甲乙類의 구별이 있는 음절일 경우에는 i段乙類)에 쓰이게 되었으며, '居, 擧'는 처음에 e段乙類에만 쓰이다가 나중에 o段乙類에 쓰이게 되었음을 짐작할 수 있다. 그러므로 '己, 思, 已, 里'가 보여주는 ko乙類~i段(혹은 i段乙類), '居, 擧'가 보여주는 ko乙類~ke乙類와 같은 *流動性*은 실상 ko乙類→i段, ke乙類→ko乙類와 같은 통시적 변화를 뜻하는 것인데, 이것이 표면상 공시적 通用처럼 보인 것이다.13)

---

13) 註10에 예시한 바와 같이 甲乙類의 구별이 없는 o段音假名이 i, e, a段을 넘나드는 현상도 사실은 통시적 성격을 다분히 반영하고 있는 것이다.

	方		法		倍			陪			望			莽		梅	
	po	pa	popu	papu	po	peZ	beZ	po	peZ	beZ	mo	maga	magu	mo	ma	mo	meZ
推		○	○			○	○				○		○				
正																	
金				○													
記								○									
紀			○		○	○	○	○	○	○	○	○	○	○	○	○	○
萬	○	○				○	○	○					○				○

표면상으로는 이들이 공시적 통용처럼 보이지만, 여기에 나타나는 o段음절 po, mo의 音節主音은 본래 pa/peZ~beZ, ma/meZ에 포함되어 있는 비원순모음이 선행하는 순음 때문에 원순모음화한 것임을 쉽게 추측할 수 있다. '方, 法, 倍, 陪, 望, 莽, 梅'의 한국한자음이 모두 비원순모음을 音節主音으로 하고 있다는 사실도 po, mo의 音節主音 o가 비원순모음에서 이차적으로 발달한 것임을 뒷받침해 준다. 이로 미루어

결과적으로 o段音假名에 나타나는 流動性 중 (a), (b), (c), (d)는 공시적인 것이므로 통용이라고 할 수 있으나, (e)는 통시적인 것이므로 통용이라는 개념에서 제외되어야 한다. 다시 말하면 o段音假名의 일부가 보여주는 통용은 첫째 甲類와 甲類 및 乙類와 乙類의 통용, 둘째 甲類와 u段의 통용이 그 전부라고 할 수 있으며, 乙類와 i, e段의 통용은 공시적인 것이라고 보기 어려운 것이다. 그런데 o段音假名의 甲類와 甲類 및 乙類와 乙類의 통용은 子音에 관계되는 것이다. 따라서 o段音假名이 보여주는 통용으로서 母音과 관계되는 것은 甲類와 u段의 통용뿐이며, 乙類는 아무런 母音과도 통용되는 일이 없었다고 할 수 있다.

이와 같은 사실은 o段甲類의 母音이 音聲資質 상 u와는 혼동을 일으킬 수도 있는 청각적 특질을 가지고 있었지만, o段乙類의 母音은 그렇지 않았음을 암시한다. 이렇게 볼 때 o段甲類에 나타나는 母音의 음성자질로 가장 유력한 것은 이론상 원순성일 수밖에 없다. 이에 대하여 o段乙類에 나타나는 母音은 甲類에 나타나는 母音과의 관계로 볼 때 원순성을 결여하고 있다고 보는 것이 합리적이므로, o段음절의 甲乙類 구별은 결국 母音의 원순성 유무에 그 기반을 두고 있다고 볼 수 있다.14)

다만, o段甲類와 u段에 통용되는 音假名은 흔히 일컬어지는 것보다 그 수가 적다. 그것도 대개는 齒莖音(t, d, n)이나 流音(r)을 頭子音으로 하는 音假名들이다. 그렇기 때문에 no甲類에 속하는 音假名처럼 모두가 다른 音節表記에 통용되는 경우도 있다. 이와 같은 범위에 나타나는 통용을 제외한다면, o段甲類와 u段音節表記에 이용된 音假名의 대부분은 그 본래의 영역을 잘 지켜, 어느 한쪽에만 사용되었다고 할 수 있다. 종래에는 이러한 사실을 중시한 일이 별로 없는 듯하나, 여기에는 음성학적으로나 음운론적으로 버릴 수 없는 의미가 내포되어 있으므로 아래에 그 내용을 정리해 본다.

o 段 專 用	o~u 段 通 用	u 段 專 用
('-)意於隱飫淤憶應(邑磤乙)		('-)汗有宇于羽紆禹(雲鬱)
(ko甲)古故高庫祜姑孤枯固顧		(ku)久玖口句群苦丘九鳩俱區句
		矩絢衢襄屨(君訓菊)
(ko乙)許巨去虛忌莒據渠(金今近乞興)		
(go甲)胡吳侯後吾誤悟娛	(go甲~gu)虞	(gu)具遇求隅(群)

볼 때 甲乙類의 구별이 없는 o段音假名의 일부가 i, e, a段에 넘나드는 현상도 근본적으로는 통시적 절차를 거친 것이라고 할 수 있다.

14) o段乙類의 母音이 순음이나 순음성 轉移音 뒤에 배분되지 않는다는 사실로도 o段甲乙類의 구별이 원순성과 관계된다는 것을 이론적으로 추리할 수 있다(松本克己1975:145). 乙類의 母音은 원순성을 가지지 않지만 선행자음이 순음일 경우, 거기에 동화되면 원순성을 가질 수밖에 없기 때문이다. 『古事記』에는 mo에 甲乙類의 구별이 잔존하고 있으나, 이것은 mo乙類의 비원순모음이 선행하는 순음 m에 동화되어 mo甲類의 원순모음에 합류되기 이전 상태를 보이는 것이다.

(go乙)其期碁凝語御馭		
(so甲)嗽蘇宗祖泝	(so甲~su)素	(su)須周酒洲州珠主數秀輸殊蒭(駿足宿)
(so乙)曾所增則贈諸層賊		
(zo甲)俗		(zu)受授聚殊孺儒
(zo乙)敍存序賊鐏茹鋤		
(to甲)刀斗土度妬杜塗渡	(to甲~tu)都覩屠徒	(tu)豆通追頭菟途突川(筑竹竺)
	(to甲~tu~du)圖	
(to乙)止等登騰苔台藤縢鄧(德得)		
(do甲)度渡土	(do甲~no甲~nu)奴怒	(du)豆頭逗弩
(do乙)杼騰縢藤特耐迺		
(no甲) ———	(no甲~du)弩	(nu)蕤濃農
(no乙)乃能迺	(no甲~nu)努	
(po)菩保寶本番蕃朋抱褒哀報袍譜(凡品)	(po~pu)富	(pu)布不敷甫賦府否負符輔赴浮(紛福)
(bo)煩		(bu)夫父部扶步矛鷲(服)
(mo)毛母文聞忘蒙畝問門勿木暮	(mo~mu)茂謀模	(mu)牟武无務無儛鵡霧夢(目)
慕謨悶墓(物)		
(yo甲)用欲容庸		(yu)由喩遊油庾踰愈瑜臾
(yo乙)余與予餘預譽		
(ro甲)魯路露	(ro甲~ru)樓漏盧婁	(ru)留流琉類瑠屢蘆
(ro乙)呂侶慮廬稜		
(wo)乎袁曰遠怨呼嗚塢弘愃(越)	(wo~u)烏	

※ 괄호 안은 연속되어 있는 두 音節表記用 音假名

　여기서 알 수 있는 것처럼 o, u段音節表記에 통용되는 音假名은 o段 혹은 u段 어느 한쪽에만 고정되어 있는 音假名에 비하여 그 수가 절대적으로 적다. 이 사실은 o段甲類의 모음이 음성자질상 u段의 모음에 가까웠다고 하더라도, 청각적으로 전적인 혼동을 일으킬 만큼 가깝지는 않았음을 말해 준다. 다시 말하면 o段甲類의 모음과 u段의 모음이 원순성을 공유하고는 있었겠지만 또 다른 자질에 의하여 두 모음은 어렵지 않게 구별될 수 있었을 것이다. 그것이 혀의 높이와 관계되는 자질이었으리라는 사실을 이론적으로 추측하기는 아주 쉬운 일이다.

　결국 o段音假名 자체의 유동성 속에 막연하나마 甲乙類의 음성적 특질이 이미 내포되어 있다고 할 수 있다. 그것은 o段甲類와 乙類의 모음이 원순성에 의하여 구별될 수 있었다는 사실이 아닐 수 없다. 이러한 사실은 또한 中古漢語의 再構音을 통하여 정밀하게 검토되어 왔으나, 한국한자음은 이를 더욱 손쉽게 뒷받침해 줄 것이다.

3. 韓國漢字音과 'o'段 母音 甲乙類

엄밀한 의미로 볼 때, 萬葉音假名의 음성자질을 中古漢字音만으로 해결하려는 태도는 어느 정도 위험부담을 안고 있다. 萬葉假名은 첫째, 일본어에 이미 동화된 독자적 書寫體系여서 中古漢語音 그대로의 직접적인 전사체계가 아니다. 둘째, 中古漢語音이란 존재는 어디까지나 再構音에 지나지 않으므로 거기에 오류가 개입되지 않는다는 절대적 보장이 없다. 셋째, 萬葉假名이 漢語音만을 기반으로 하여 형성되었다는 확증이 없다. 이러한 몇 가지 이유는 中古漢語音만으로 萬葉假名의 음성자질을 云謂하는 것이 논리적으로 무리임을 알려준다. 이러한 사정 속에서 萬葉音假名과 中古漢語音 사이의 거리를 어느 정도 조정해 줄 수 있는 존재가 있다면 그것은 바로 韓國漢字音이 아닐 수 없다.

韓國漢字音은 史的으로 보더라도 萬葉假名과 직접적인 관계를 가지고 있을 가능성이 크다. 그러나 불행하게도 그와 같은 史的 관계에 대해서는 지금까지 분명하게 밝혀진 바가 매우 적다. 그럼에도 불구하고 한가지 확실한 것은 韓國漢字音이 萬葉音假名의 경우, o段甲乙類의 성격을 中古漢語音 못지 않게 잘 드러내 주고 있다는 사실이다. 여기에 中古漢語의 再構音을 기준으로 하여 o段甲乙類의 音假名과 韓國漢字音의 反射形을 비교해 보려는 것이다.[15]

1) ko 甲類

聲 ＼ 韻	遇攝1等開口 模 (-o)	效攝1等開口 豪 (-ɑu)
見(k-)	孤고(訓蒙下14)	高고(六祖中33)
	姑고(訓蒙上16)	
	古고(訓蒙下 1)	
	顧고(新類上25)	
	故고(新類下17)	
	固고(新類下59)	
溪(k'-)	枯고(新類下50)	
	庫고(訓蒙中 5)	
匣(ɦ-)	祜후(華東上20)	

---

15) 中古漢語의 再構音에는 여러 가지가 있으나, 여기서는 단순한 기준을 위한 것이므로 牛島德次(1967: 145-149)에 제시되어 있는 平山久雄 교수의 聲母 및 韻母音價表를 그대로 따를 것이며, 韻母는 平聲字를 대표로 삼는다. 萬葉音假名의 범위는 이미 앞에서 검토한 바 있는 내용 그대로인데, 두 가지 음절에 통용되는 音假名은 양쪽에 모두 넣어둔다.

韓國漢字音은 문헌에 따라 다른 경우도 없지 않으나, 그중 대표적인 發音 하나만을 표시하기로 한다. 이용된 문헌은 다음과 같다. 『救急簡易方』(1489), 『六祖大師法寶壇經諺解』(1496), 『訓蒙字會』(叡山本 1527), 『千字文』(光州版 1575), 『新增類合』(羅孫本 1576), 『小學諺解』(宣祖版 1587), 『華東正音通釋韻考』 (1747).

2) ko 乙類

韻 \ 聲	遇攝3等開口 魚(-Iə)	止攝3等開口 之(-Iəɪ)	深攝3等開口 侵(-Iĕm)	臻攝3等開口 欣(-Iən)	曾攝3等開口 蒸(-Iəŋ)
見(k-)	居거(六祖字 4) 擧거(新類下20) 笓거(華東上15) 據거(新類下18)	己긔(新類下 4)	金금(訓蒙中15) 今금(訓蒙下 1)		
溪(k'-) 群(g-)	去거(新類下19) 渠거(訓蒙中 3) 巨거(新類下48)	믄긔(新類下15)		乞걸(訓蒙下10) 近근(訓蒙下15)	
曉(h-)	虛허(六祖中30) 許허(新類下36)				
匣(ɦ-)					興흥(新類下45)

甲類音價名 '祜'의 실제적인 韓國漢字音은 '호'였음이 분명하다(河野六郎1968:資料音韻表 p.227).[16] 乙類의 '己'는 앞에서 지적한 바와 같이 推古期의 특수용법을 보이는 音假名으로서 『日本書紀』에서만은 ki乙類로 쓰인바 있다. 志韻(之韻의 去聲)에 속하는 '믄'는 止韻(之韻의 上聲)에 속하는 '己'와 함께 止攝3等開口에 포괄되는 한자로서 『萬葉集』에만 쓰였으나 '己'와 '믄'가 諧聲系列이란 점을 감안할 때, '믄' 역시 특수한 音假名의 하나라고 생각된다(有坂秀世1955:330). '金, 今, 近, 乞, 興'은 연속되어 있는 두 音節을 한꺼번에 표기하기 위한 音假名이므로 보통 한 音節을 표기하기 위한 音假名과는 그 성격이 크게 다르다.

이상과 같은 검토를 통할 때, 乙類의 '己, 믄, 金, 今, 乞, 近, 興'은 다같이 특수한 성격을 지난 音假名들이므로, 韓國漢字音과의 비교에서 제외하는 것이 좋을 것이다.[17] 그렇게 되면 ko甲類 音假名의 모음은 빠짐없이 韓國漢字音의 'ㅗ'에 대응되는 반면, ko乙類 音假名의 모음은 모두가 韓國漢字音의 'ㅓ'에 잘 대응된다.

---

16) 『華東正音通解韻考』에는 '模, 姥, 暮韻'이 中世漢語의 특징에 따라 각기 '虞, 麌, 遇韻'에 결합되어 있기 때문에 姥韻(模韻의 上聲)에 속하는 '祜'가 '후'로 나타나지만, 그 韻目 頭註에 "此韻中聲皆从ㅜㅠ 俗多从ㅗ非註 煩不著俗音 觀者辦之"라는 단서가 보이므로 '祜'의 실제발음은 '호'였음이 거의 분명하다.

17) 乙類의 '居, 擧' 역시 推古期의 특수용법을 지닌 音假名이지만, 이들은 처음에 ke乙類로 쓰이다가 나중에 ko乙類로 쓰이게 된 것이다. 따라서 推古期에 ko乙類로 먼저 쓰이다가 나중에 ki乙類로 쓰이게 된 '己'와는 그 통시적 과정이 완전히 다르므로 '己'가 ko乙類에서 제외되어야 할 이유는 있지만, '居, 擧'가 ko乙類에서 제외되어야 할 이유는 없을 것이다.

3) go 甲類

韻 聲	遇攝1等開口 模 (-o)	遇攝3等開口 虞 (-ɤu)	流攝1等開口 侯 (-əu)
疑(ŋ-)	吾오(訓蒙下10) 吳오(救急一15) 娛오(新類下27) 悟오(六祖中 7)	虞우(千字文 5) 娛오(新類下13)	
匣(ɦ-)	胡호(救急一100)		侯후(訓蒙中 1) 後후(救急三12)

4) go 乙類

韻 聲	遇攝3等開口 魚 (-ɪə)	止攝3等開口 之 (-ɪəi)	曾攝3等開口 蒸 (-ɪəŋ)
見(k-) 群(g-)		其기(新類上19) 期긔(新類下13) 碁긔(新類上24)	
凝(ŋ-)	語어(救急一 1) 御어(訓蒙下13) 馭어(訓蒙下 4)		凝응(新類下60)

　甲類의 '虞'는 『萬葉集』에서 go甲類, 『日本書紀』에 gu로 쓰인 音假名이다. 韓國漢字音으로 보아 乙類의 '其, 期, 碁'는 약간 특이한 音假名이 아닐 수 없다. 이들은 推古期遺文에 쓰인 일이 없을 뿐 아니라, 다른 音節표기에 통용된 일도 없으나, 이들과 함께 止攝3等開口의 之韻에 속하는 '思, 止'가 推古期에는 각각 so乙類, to乙類에 쓰인 바 있으므로, '其, 期, 碁'는 본래 推古期의 特殊假名인 o段乙類의 '思, 止, 己, 里'와 같은 성격을 가진 音假名으로 생각되기 때문이다(有坂秀世1955:330). 이들을 대상에서 제외한다면 go甲類音假名의 모음은 한국한자음의 'ㅗ'에 대체로 대응되며, 그 일부가 'ㅜ'에 대응되는 경우도 있다. 그리고 go乙類音假名은 蒸韻에 속하는 '凝'을 내놓고는 모두가 한국한자음의 'ㅓ'에 잘 대응된다.

5) so 甲類

聲＼韻	遇攝1等開口 模(-o)	流攝1等開口 候 (-əu)	通攝1等開口 冬(-oŋ)
精(ts-) 心(s-)	祖조(六祖中47) 蘇소(救急一 2) 素소(訓蒙中14) 泝소(新類下34)	嗽수(訓蒙中16)	宗종(訓蒙上17)

6) so 乙類

聲＼韻	遇攝3等開口 魚(-ɪə)	止攝3等開口 之 (-ɪə̆ɪ)	曾攝1等開口 登(-əŋ)
精(ts-)			曾(新類下52) 增(新類下45)
從(dz-)			則즉/측(新類下23) 層층(新類下52) 贈증(訓蒙下 9) 賊적(訓蒙中 2)
心(s-)		思스(新類下11)	僧승(訓蒙中 2)
草(tɕ-) 書(ɕ-)	諸겨(新類上16) 所소(訓蒙中 4)		

甲類의 '嗽'와 乙類의 '思'는 推古期遺文에만 나타나므로 대상에서 당연히 제외되어야 한다. 그렇게 되면 so甲類音假名의 모음은 한국한자음의 'ㅗ'에 잘 대응되는 반면, so乙類音假名은 한국한자음의 'ㅡ'에 대체로 대응된다. 다만 乙類에 속하는 音假名은 대부분 曾攝1登開口의 登韻이나 嶒韻(登韻의 去聲), 심지어 '賊'의 경우처럼 德韻(登韻의 入聲)에서 유래하고 있어, 한국한자음은 모두가 韻尾를 보존하고 있으나, 萬葉音假名에는 이러한 요소가 반영되어 있지 않아 특징적이다. 비슷한 경향은 to乙類, do乙類, no乙類 그리고 yo甲類에서도 발견된다. o段乙類에 가장 일반적인 遇攝3登開口의 魚韻이 이들 음절에 거의 쓰이지 않은 것은 여기에 적합한 한자가 없었기 때문이었을 것이다. 이렇게 볼 때 so乙類, to乙類, do乙類, no乙類 등에 登韻(드물게는 登韻의 入聲인 德韻)이 魚韻보다 많이 쓰였다고 해서 이들 음절의 모음이 魚韻보다 登韻에 더 가까웠다고 보기는 어렵다. o段乙類의 모음은 역시 魚韻에 가장 가까웠겠지만, 몇몇 음절에는 거기에 꼭 맞는 한자가 魚韻에 결여되어 있기 때문에, 魚韻에 가까운 登韻

이 할 수 없이 선택되었다고 이해되는 것이다. 이렇게 해석할 때에만 o段乙類의 몇몇 음절에 魚韻보다 登韻이 많이 쓰인 이유가 선명해질 것이다. 한편 so乙類의 '所'는 한국한자음에 'ㅗ'로 나타나고 있어, zo乙類의 '存, 鐏'과 함께 설명하기 어려운 문제점을 던져주고 있다.

7) zo 甲類

聲＼韻	通攝3等開口 鍾(-ɪoŋ)
邪(z-)	俗쇽(六祖上 5)

8) zo乙類

聲＼韻	遇攝3等開口 魚(-ɪə)	臻攝1等開口 魂 (-uen)	曾攝1等開口 登(-əŋ)
從(dz-)		存존(新類下57) 鐏존(訓蒙下 7)	賊적(訓蒙中 2)
邪(z-)	序셔(新類上18) 敍셔(新類下27)		
船(dʑ-)	鋤서(訓蒙中 8)		
日(ɲ-)	茹여(新類下40)		

甲類의 '俗'은 『萬葉集』에서만 확인되는 音假名인데 燭韻(鍾韻의 入聲)에 속하는 한자여서 특징적이다. 乙類의 '存, 鐏'은 so乙類의 '所'처럼 한국한자음의 원순모음 'ㅗ'에 대응되는 예외적 존재가 된다. 그러나 zo乙類音假名의 모음은 대체로 한국한자음에 'ㅕ' 또는 'ㅓ'로 나타나, 다른 음절과 비슷한 성격을 보여준다.

9) to 甲類

聲＼韻	遇攝1等開口 模 (-o)	流攝1等開口 候 (-əu)	効攝1等開口 豪 (-ɑu)
端(t-)	都도(訓蒙中 4) 覩도(訓蒙下12) 妒투(六祖中25)	斗두(訓蒙中 6)	刀도(六祖上11)
透(t‘-)	土토(新類上6)		

定(d-)	徒도(訓蒙上17) 屠도(訓蒙下 5) 塗도(訓蒙下58) 圖도(新類下41) 杜두(新類下15) 度도(六祖中19) 渡도(新類下26)		

10) to乙類

韻 聲	止攝3等開口 之 (-ɪěɪ)	曾攝1等開口 登 (-əŋ)	蟹1等開口 咍 (-ʌi)
端(t-)		登등(新類下 5) 等등(新類下17) 得득(六祖序 3) 德덕(六祖中50)	
定(d-)		騰등(訓蒙下 5) 藤등(訓蒙下 2) 騰등(華東下28) 鄧등(小學六65)	台ᄃᆡ(訓蒙中 3) 苔ᄐᆡ(訓蒙上 4)
章(tɕ-)	止지(新類下47)		

乙類의 '止'는 正倉院文書나 『萬葉集』에도 쓰이고 있지만, 그 유래는 推古期로 거슬러 올라간다. 止攝3等開口의 '之, 止, 志韻'에 속하는 다른 音假名과 함께 대상에서 제외하기로 한다. 또한 乙類의 '德, 得' 역시 연속되어 있는 두 음절을 표기하기 위한 것이므로 제외된다. 그렇게 되면 절대 다수의 to甲類音假名의 모음이 한국한자음의 'ㅗ', 극히 일부가 'ㅜ'에 대응되고 있으며, to乙類音假名의 모음은 so乙類나 do乙類의 검토 시에 언급해 둔 바 있다. 乙類의 '台, 苔'는 咍韻이어서 한국한자음으로 볼 때 약간 특이하나, do乙類와 no乙類에도 태운에 속하는 한자가 쓰이고 있어 그 궤를 같이 하고 있다.

11) do 甲類

聲＼韻	遇攝1等開口 模 (-o)
透(t'-)	土토(新類上 6)
定(d-)	度도(六祖中19)
	渡도(新類下26)
泥(n-)	奴노(訓蒙上17)
	怒로(新類下 3)

12) do 乙類

聲＼韻	遇攝3等開口 魚 (-ɪə)	曾攝1等開口 登 (-əŋ)	蟹攝1等開口 哈 (-ʌi)
定(d-)		騰등(訓蒙下 5)	
		藤등(訓蒙下 2)	
		縢등(華東下28)	
		特특(六祖序19)	
泥(n-)			迺내(華東上27)
			耐내(新類下11)
澄(ḍ-)	杼뎌(訓蒙中 9)		

乙類의 '特'은 喉內入聲에서 유래한 音假名으로 so乙類의 '則', so乙類 및 zo乙類에 적용되는 '賊'과 더불어 드물게밖에 쓰이지 않은 것이다. 乙類의 '迺, 耐'도 어느 정도 특이한 것이다. 그러나 do乙類音假名의 모음은 대체로 한국한자음의 '_'에 대응된다. 乙類에 登韻이 가장 많이 쓰인 경위에 대해서는 앞서 언급한 바 있다.

13) no 甲類

聲＼韻	遇攝1等開口 模 (-o)
泥(n-)	奴노(訓蒙上17)
	怒로(新類下 3)
	努노(訓蒙中14)
	努누(華東上19)

14) no 甲類

聲＼韻	曾攝1等開口 登 (-əŋ)	蟹攝1等開口 咍 (-ʌi)
泥(n-)	能능(六祖上 6)	乃내(新類上16) 迺내(華東上27)

甲類音假名 '努'의 실제적인 한국한자음은 ko甲類音假名 '祜'가 '호'로 인정되는 것처럼 '노'였음이 분명하다(河野六郎1968:資料音韻表 p.228).[18] 그러고 보면 no乙類音假名의 모음은 so乙類, to乙類 그리고 do乙類와 완전히 같은 성격을 보여주고 있으므로 원칙적으로는 한국한자음의 '느'에 대응되는 것으로 볼 수 있다. 그리고 no乙類에 魚韻이 전혀 나타나지 않은 것은 거기에 들어맞는 한자가 없었기 때문일 것이다.

15) yo 甲類

聲＼韻	通攝3等開口 鍾 (-ɪoŋ)
羊(j-)	容용(訓蒙上13) 庸용(新類下 2) 用용(新類上 9) 欲욕(新類下 4)

16) yo 乙類

聲＼韻	遇攝3等開口 魚 (-ɪə)	止攝3等開口 之 (-ɪə̆ɪ)
羊(j-)	與여(新類下63) 予여(訓蒙下10) 余여(新類下 6) 餘여(新類下58) 舉예(新類下45) 預여(新類下38)	已이(小學二 4)

乙類의 '已'는 推古期에만 나타나는 것이므로 이미 앞에서 여러 번 밝힌 바와 같이 대상에

---

18) 그 이유에 대해서는 註16 참조.

서 제외된다. 그렇게 되면 yo甲類音假名의 모음은 韓國漢字音의 'ㅛ'에 잘 대응되며, yo乙類音假名의 母音은 韓國漢字音의 'ㅕ'에 크게 대응된다. yo甲類音節表記에 鍾韻이 쓰일 수밖에 없었던 이유 역시 거기에 합당한 漢字가 模韻에 거의 없었기 때문일 것이다. 이 점에 있어서 yo甲類는 so乙類, to乙類, do乙類, no乙類와 비슷한 성격을 보이고 있다.

17) ro 甲類

聲 \ 韻	遇攝1等開口 模 (-o)	流攝1等開口 侯 (-əu)
來(l-)	盧로(六祖序 9) 魯로(小學四23) 路로(新類上18) 露로(新類上 4)	婁루(小學六27) 樓루(新類上22) 漏루(救急三11)

18) ro 乙類

聲 \ 韻	遇攝3等開口 魚 (-ɪə)	止攝3等開口 之 (-ɪɜ̆ɪ)	曾攝1等開口 登 (-əŋ)
來(l-)	廬려(訓蒙中 3) 呂려(千字文 2) 侶려(訓蒙中 2) 慮려(新類下26)	里리(訓蒙中 5)	稜릉(新類下51)

乙類의 '里' 또한 推古期에 유래를 둔 音假名이므로 대상에서 제외되어야 마땅하다. 그러고 나면 ro甲類音假名의 母音은 韓國漢字音의 'ㅗ' 또는 'ㅜ'에 대응을 보이며, ro乙類音假名의 母音은 대체로 韓國漢字音의 'ㅕ'에 대응을 보인다.

이상으로 各音節에 이용된 音假名의 성격과 그들이 韓國漢字音에 어떻게 反射되어 있는지를 대충 검토해 보았다. 그 결과 전체 音假名 중에는 약간 이질적인 존재가 포함되어 있어, 이들을 검토대상에서 제외하기로 하였다. 그러한 音假名으로는 먼저 推古期의 特殊用法이라고 생각되는 ko乙類의 '己, 忌', go乙類의 '其, 期, 碁', so甲類의 '嫩', so乙類의 '思', to乙類의 '止', yo乙類의 '已', ro乙類의 '里'가 있으며, 연속되는 두 音節表記에 이용된 ko乙類의 '金, 今, 乞, 近, 興'과 to乙類의 '德, 得'이 있다. 이들을 제외하고 나면 韓國漢字音의 反射形과 비교될 수 있는 o段甲乙類의 音假名은 결국 다음과 같아진다.

ko甲 : 古故高庫祜姑孤枯固顧 　　　　　　　　　　10字

ko乙 : 許巨居去虛擧莒據渠 　　　　　　　　　　　9字

go甲 : 胡吳侯後虞吾誤悟娛 　　　　　　　　　　　9字

go乙 : 凝語御馭 　　　　　　　　　　　　　　　　4字

so甲 : 蘇宗祖素泝 　　　　　　　　　　　　　　　5字

so乙 : 曾所僧增則贈諸層賊 　　　　　　　　　　　9字

zo甲 : 俗 　　　　　　　　　　　　　　　　　　　1字

zo乙 : 叙存序賊鐇茹鋤 　　　　　　　　　　　　　7字

to甲 : 刀斗都土度覩妬杜圖屠塗徒渡 　　　　　　　13字

to乙 : 等登騰苔台藤縢鄧 　　　　　　　　　　　　8字

do甲 : 度渡土奴怒 　　　　　　　　　　　　　　　5字

do乙 : 杼騰縢藤特耐迺 　　　　　　　　　　　　　7字

no甲 : 努怒奴弩 　　　　　　　　　　　　　　　　4字

no乙 : 乃能迺 　　　　　　　　　　　　　　　　　3字

yo甲 : 用欲容庸 　　　　　　　　　　　　　　　　4字

yo乙 : 余與予餘預蕷 　　　　　　　　　　　　　　6字

ro甲 : 漏露婁路盧樓魯 　　　　　　　　　　　　　7字

ro乙 : 呂侶慮廬稜 　　　　　　　　　　　　　　　5字

　　실상 '賊'은 so乙類와 zo乙類, '度, 渡, 土'는 to甲類와 do甲類, '騰, 藤, 縢'은 to乙類와 do乙類, '奴, 怒'는 do甲類와 no甲類, '迺'는 do乙類와 no乙類에 각기 통용되는 音假名이므로 위의 총괄표에 二重으로 들어 있다. 이들의 累計는 甲類가 58字, 乙類가 58字에 이른다. 이들에 대한 韓國漢字音을 다시 한번 정리함으로써 o段甲乙類母音의 音聲資質에 대한 암시를 좀 더 찾아보기로 한다.

4. o段母音 甲乙類의 音聲資質

　　앞에서 간략하게 검토한 바 있는 o段音假名의 성격을 좀 더 명확히 알아보기 위하여, 우선 中古漢語의 어떠한 韻目에 속하는 漢字가 어느 音節에 어느 정도로 사용되었는지를 압축해서 정리해 볼 필요가 있다.

o段甲類音假名의 韻目別 頻度

攝 等 開合	韻	推定音	ko	go	so	zo	to	do	no	yo	ro	계
遇1開口	模	-o	9	5	4		11	5	4		4	42
効1開口	豪	-ɑu	1				1					2
遇3開口	虞	-yu		2								2
流1開口	侯	-əu		2			1				3	6
通1開口	冬	-oŋ				1						1
通3開口	鍾	-ioŋ					1			4		5
계			10	9	5	1	13	5	4	4	7	58

o段乙類音假名의 韻目別 頻度

攝等開合	韻	推定音	ko	go	so	zo	to	do	no	yo	ro	계
遇3開口	魚	-ɪə	9	3	2	4		1		6	4	29
曾1開口	登	-əŋ			7	1	6	4	1		1	20
曾3開口	蒸	-ɪ̆əŋ		1								1
臻1合口	魂	-uən				2						2
蟹1開口	咍	-ʌi					2	2	2			6
계			9	4	9	7	8	7	3	6	5	58

먼저 甲類에는 模韻에 속하는 漢字가 절대적인 비중으로 이용되었음을 알 수 있다. 다만 yo甲類에는 鍾韻에 속하는 '用, 容, 庸'과 더불어 燭韻(鍾韻의 入聲)에 속하는 '欲'까지 이용되고 있는데, 이것은 앞에서 언급한 바와 같이, 鼻音韻尾나 入聲韻尾가 없는 漢字 중에서 yo乙類에 합당한 문자를 찾아내기가 어려웠기 때문일 것이다. zo甲類에 燭韻소속인 '俗'이 유일하게 이용된 것도 같은 이유로 설명될 수 있다. 한편 乙類에는 魚韻에 속하는 漢字가 주로 이용되었으나, so乙類, to乙類, do乙類에만은 登韻에 속하는 漢字가 크게 이용되었다. 鼻音韻尾를 가진 登韻이나 入聲韻尾를 가진 德韻(登韻의 入聲) 소속의 漢字가 이처럼 特定音節表記에 이용될 수밖에 없었던 이유는 yo甲類의 경우와 같다. 결국 o段音節의 母音만을 기준으로 할 때, 甲類와 乙類는 각기 模韻과 魚韻으로 대변된다고 볼 수 있다. 中古漢語의 再構音에 의하면 模韻은 -uo 또는 -o, 魚韻은 -jiwo 또는 -jo 또는 -ɪə 등 여러 가지로 추정되고 있다. 이를 토대로 할 때, o段母音甲類는 圓脣性과 後舌性을 지닌 母音임에 반하여, 乙類는 非圓脣性과 中舌性을 지닌 母音으로 이해될 수 있었던 것이다.

그러나 中古漢字音이란 어디까지나 推定音이다. 이것만으로 안심할 수 없는 이유가 바로 여기에 있다. 그에 비하면 韓國漢字音은 表音文字에 의한 現實音이라는 점에 어느 정도 신빙성이 있다. 시대적으로는 훨씬 후대의 것이어서 그대로 신용하기는 어려우나, o段母音에 대해서는 많은 암시를 던져준다. 이에 o段甲乙類音假名의 母音이 韓國漢字音에 어떻게 나타나는가를 韻目別로 다시 한번 압축해 보면 다음과 같은 결과가 된다.

o段母音甲類의 韻目別 韓國漢字音

音節	攝等開合	韻	推定音	萬葉音假名	韓國漢字音	頻度	계
ko	遇1開口	模	-o	古故庫祜姑孤枯固顧	-o	9	
	効1開口	豪	-ɑu	高	-o	1	10
go	遇1開口	模	-o	胡吳吾誤悟	-o	5	
	〃	虞	-ʏu	娛	-o	1	
	〃	〃	〃	虞	-u	1	
	〃	侯	-əu	侯後	-u	2	9
so	遇1開口	模	-o	蘇祖素泝	-o	4	
	通1開口	冬	-oŋ	宗	-oŋ	1	5
zo	通3開口	鍾	-ıoŋ	俗	-yok	1	1
to	遇1開口	模	-o	都土度覩圖屠塗徒渡	-o	9	
	〃	〃	〃	妬杜	-u	2	
	効1開口	豪	-ɑu	刀	-o	1	
	流1開口	侯	-əu	斗	-u	1	13
do	遇1開口	模	-o	度渡土奴怒	-o	5	5
no	遇1開口	〃	〃	努怒奴弩	-o	4	4
yo	通3開口	鍾	-ıoŋ	用容庸	yoŋ	3	
	〃	〃	〃	欲	yok	1	4
ro	遇1開口	模	-o	魯路盧露	-o	4	
	流1開口	侯	-əu	漏婁樓	-u	3	7

o段母音乙類의 韻目別 韓國漢字音

音節	攝等開合	韻	推定音	萬葉音假名	韓國漢字音	頻度	계
ko	遇3開口	魚	-ɪə	許巨居去虛擧莒據渠	-ə	9	9
go	遇3開口	〃	〃	語御馭	-ə	3	
	曾3開口	蒸	-ɪə̌ŋ	凝	-iŋ	1	4
so	遇3開口	魚	-ɪə	諸	-yə	1	
	〃	〃	〃	所	-o	1	
	曾1開口	登	-əŋ	曾僧增贈層	-iŋ	5	
	〃	〃	〃	則	-ik	1	
	〃	〃	〃	賊	-ək	1	9
zo	遇3開口	魚	-ɪə	叙序茹	-yə	3	
	〃	〃	〃	鉏	-ə	1	

		韻		漢字			
	臻1開口	魂	-uən	存鐏	-on	2	
	曾1開口	登	-əŋ	賊	-ək	1	7
to	曾1開口	〃	〃	等登騰藤縢䂁	-iŋ	6	
	蟹1開口	哈	-ʌi	苔台	-ʌy	2	8
do	遇3開口	魚	-ɪə	杼	-yə	1	
	曾1開口	登	-əŋ	騰縢藤	-iŋ	3	
	〃	〃	〃	特	-ik	1	
	蟹1開口	哈	-ʌi	耐迺	-ay	2	7
no	曾1開口	登	-əŋ	能	-iŋ	1	
	蟹1開口	哈	-ʌi	乃迺	-ay	2	3
yo	遇3開口	魚	-ɪə	余與予餘預	yə	5	
	〃	〃	〃	轝	yəy	1	6
ro	遇3開口	〃	〃	呂侶慮廬	-yə	4	
	曾1開口	登	-əŋ	稜	-iŋ	1	5

韓國漢字音 反射形은 표면상 복잡하지만 그 내용은 中古漢語 再構音에 대체로 일치한다. 甲類의 音假名 중 模韻에 속하는 漢字는 '妬, 杜'를 제외하고는 모두 韓國漢字音에 'ㅗ'로 나타난다. 豪韻, 冬韻, 鍾韻에 속하는 漢字도 韓國漢字音에는 'ㅗ'로 반사되었다. 虞韻에 속하는 두 개의 音假名 漢字 중 '娛'는 韓國漢字音에 'ㅗ'로 나타난다. 따라서 韓國漢字音에 'ㅜ'를 보이는 것은 虞韻의 '虞'와 侯韻에 속하는 漢字뿐이다. 乙類에 속하는 漢字는 甲類보다 복잡한 反射形을 보여주지만 면밀히 검토해 보면 의외로 단순한 성격을 지니고 있다. '所'를 제외하고 나면 魚韻에 속하는 漢字는 모두 韓國漢字音의 音節主音에 'ㅓ'를 보이고 있으며 登韻에 속하는 漢字는 so乙類와 zo乙類에 통용되는 '賊'을 제외하면 모두가 'ㅡ'를 보이고 있다. 이상과 같은 내용을 좀더 압축하여 各韻母에 대응하는 韓國漢字音의 音節主音別 頻度를 정리해 보면 다음과 같다.

	甲類			乙類						
韻	o	u	계	韻	ə	i	a	ʌ	o	계
模	40	2	42	魚	28				1	29
豪	2		2	登	2	18				20
虞	1	1	2	蒸		1				1
侯		6	6	魂					2	2
冬	1		1	哈			4	2		6
鍾	5		5							
계	49	9	58	계	30	19	4	2	3	58

이 결과야말로 o段母音 甲類와 乙類의 성격을 잘 말해주고 있는 것이다. 中古漢語의 模韻에 속하는 대부분의 o段甲類 音假名이 韓國漢字音의 音節主音 'ㅗ'에 대응될 뿐 아니라. 산발적으로 豪, 虞, 侯, 冬, 鍾韻에 속하는 甲類의 나머지 音假名 역시 'ㅗ' 내지 'ㅜ'에 대응된다는 사실은 우선 o段母音甲類를 지배한 音聲資質이 적어도 後舌性과 圓脣性이었음을 시사하는 것이며, 이와는 대조적으로 魚韻이나 登韻에 속하는 대부분의 o段乙類 音假名이 韓國漢字音의 音節主音 'ㅓ' 또는 'ㅡ'에 대응될 뿐 아니라. 산발적으로 蒸 또는 咍韻에 속하는 乙類의 나머지 音假名이 거의 'ㅡ' 내지 'ㅏ'나 'ㆍ'에 대응된다는 사실은 o段母音乙類를 지배한 音聲資質이 적어도 中舌性과 非圓脣性이었음을 시사하는 것이다. 이렇게 하여 o段母音 甲類와 乙類의 系列性(class:혀의 前後關係)과 圓脣性 유무는 거의 밝혀지지만, 段階性(degree:혀의 높이 또는 開口度)에 대해서는 약간의 추론이 더 필요하다.

먼저 o段母音甲類 音假名 중에는 數的으로 미미하나마 韓國漢字音의 音節主音 'ㅜ'에 대응되는 경우가 없지 않다. 中古漢語 再構音으로 보더라도 虞韻이나 侯韻처럼 高位母音을 포함하는 약간의 漢字가 o段甲類表記에 이용된 바 있다. 뿐만 아니라 o段甲類의 音假名이 u段에 통용되는 경우도 얼마쯤 있었다. 이러한 몇 가지 사실은 o段母音甲類가 高位母音 u에 어느 정도 가까운 母音이었음을 말해주는 근거가 될 수 있다. 다시 말하자면 o段母音甲類의 調音位置는 段階上으로 정상적인 中位母音 o보다 약간 위로 올라가 있었기 때문에 聽覺的으로는 때때로 高位母音 u와 혼동을 일으키는 수도 있었던 것이다. 그렇다면 o段母音甲類의 段階性은 IPA의 半閉口(half-close) 정도였던 것으로 이해된다. 이에 대하여 o段母音乙類는 원칙적으로 다른 母音과의 共時的 통용을 보이지 않는 대신, 音節에 따라 魚韻 또는 登韻에 속하는 漢字를 이용하고 있다. 그러나 여기에 어떤 조건이 있는 것 같지는 않다. 따라서 o段母音乙類에 뚜렷한 異音이 존재했다는 확증은 없다. 魚韻과 登韻이 音節에 따라 다르게 나타나는 이유는 o段乙類音節의 직접적인 音聲現實에 있었다기보다, o段乙類의 每音節表記에 알맞은 漢字가 어느 韻目에 들어 있느냐에 달려 있었을 것이다. 魚韻을 원칙으로 하고 있는 音節에도 드물게나마 登韻 혹은 蒸韻이 이용되었다거나, 登韻을 원칙으로 하는 音節에도 가끔 魚韻이 이용된 것은 魚韻과 登韻의 가까운 관계를 암시하지만, 후대에 o段母音乙類가 甲類에 합류된 점으로 미루어 볼 때, 乙類는 中古漢語의 魚韻내지 韓國漢字音에 나타나는 音節主音 'ㅓ'에 가장 가까웠던 것으로 생각된다. 그 때문에 ko, go, zo, yo, ro乙類와 같은 音節은 魚韻으로 표기될 수 있었다. 그러나 so, to, do, no乙類와 같은 音節을 표기하기에는 알맞은 漢字를 魚韻에서 찾기는 힘들었다. 이 때문에 할 수 없이 鼻音 또는 入聲韻尾를 제외하고는 魚韻에 가장 가까운 登韻이 대신 이용될 수밖에 없었을 것이다. 이러한 사정을 감안한다면 o段母音乙類의 段階性을 단순히 高位와 中位의 중간쯤이라고 보기보다는 정상적인 中位母音 ə位置에서 段階上으로는 약간 위쪽, 系列上으로는 약간 앞쪽이었다고 볼 수 있다. 中古漢語의 魚韻 推定音 -ɪə나 일부의 o段乙類 音假名에 대한 韓國漢字音의 音節主音 'ㅡ'가 이와 같은 추정을 요구하는 것이다. 이렇게 본다면 o段母音乙類의 段階性 역시 o段母音甲類의 그것과 비슷한 半閉口 정도였을 것으로 생각된다.

이상과 같은 검토를 종합해 보면 萬葉音假名 o段母音 甲乙類의 音聲資質은 대체로 다음과 같이 이해된다.

	系列性	段階性	圓脣性
o段母音甲類	後舌	半閉口	圓脣
o段母音乙類	中舌	半閉口	非圓脣

이것은 물론 調音的 資質에 기준을 둔 것이지만, 일반적으로는 轉寫資料가 聽覺的 資質과 관계가 깊으므로, 萬葉音假名에도 聽覺的 요소가 다분히 반영되어 있었을 것이다. 그러므로 o段音假名에 나타나는 예외적 존재나 특이한 用法 중에는 당시의 漢字音에 나타나는 聽覺的 요소에 그 원인을 두고 있는 것들이 있었겠지만, 이를 하나하나 입증하기는 어렵다고 할 수 있다.

5. 결 어

上代日本語의 音韻論的 研究는 지금까지 中古漢語 再構音에 의한 萬葉音假名의 再構라는 절차를 통하여 많은 성과를 거두어 왔다. 그러나 母音體系에 대해서는 아직도 주장이 갈려 있으며, 특히 o段母音 甲乙類의 音韻論的 解釋에 근본적인 차이를 보이고 있다. 그런데 o段母音甲乙類의 차이는 韓國漢字音에 잘 드러나 있다. 비록 후대의 것이긴 하지만 韓國漢字音은 오랜 전통을 이어받은 現實音이므로, 이를 中古漢語 再構音에 연결시켜보면 o段母音의 성격이 좀더 분명해진다. 그리하여 甲類는 後舌性, 圓脣性 그리고 半閉口性을 音聲資質로 하고 있음에 반하여, 乙類는 中舌性, 非圓脣性 그리고 半閉口性을 音聲資質로 하고 있었음이 밝혀진다. 이러한 결론은 o段音假名 자체에도 암시되어 있다. o段音假名 甲類가 u段에 통용되었다는 사실은 o段母音 甲類가 u段母音처럼 後舌性과 圓脣性으로 이루어진 母音임을 암시하는 동시에, 그 통용이 부분적이었다는 사실은 o段母音 甲類가 u段母音과는 달리 半閉口性으로 이루어진 母音이었음을 암시한다. 이에 대하여 o段母音 乙類는 甲類와 통용되는 일이 없었으며, 脣音과 脣音性 轉移音 뒤에 배분되는 일이 없었던 점으로 미루어, 甲類와는 段階性을 같이

하지만, 系列性과 圓脣性은 달리한다고 보는 것이 자연스럽기 때문에, 乙類는 中舌性과 非圓脣性 그리고 半閉口性으로 이루어진 母音이었음을 알 수 있다. 이와 같은 音聲資質上의 차이는 甲乙類母音의 音韻論的 해석에 절대적인 가치를 지닌 것이지만, 이것만으로 母音體系를 논의할 수는 없으므로, 이에 대한 音韻論的 해석을 여기에 되풀이 할 필요는 없을 것이다.

그러나 여기서 생각해 두어야 할 문제가 하나 남아 있다. 그것은 韓國漢字音이 萬葉音假名의 音聲資質 규명에 과연 유효한 존재일까 하는 점이다.

韓國漢字音은 기본적으로 切韻系 中古漢語를 모태로 하고 있으나(有坂秀世1957:307-309, 河野六郎1968:202-205, 朴炳采1971:294-298), 부분적으로는 中古漢語 이전 단계의 특징을 보이는 수도 있다. 中世韓國語 이후의 單音節形態素 중에 발견되는 中古이전의 漢語音은 차용으로 간주되겠지만(金完鎭1971:94-114), 切韻系 中古漢語 이전의 古層을 반영하고 있는 특징으로 다음과 같은 점들이 지적된 바 있다(朴炳采1971:298-299). 첫째, 止攝諸韻(開口)은 일반적으로 'ㅣ, ㅢ'인데, 齒頭音과 齒上音에서는19) 'ㆍ'로 나타나며, 魚韻은 일반적으로 'ㅓ, ㅕ'인데, 齒上音에서만은20) 'ㅗ'로 나타난다는 점이다. 둘째, 蟹攝의 祭韻3, 4等과 廢韻3等 및 齊韻專屬4等은 일반적으로 'ㅖ'를 示顯하는데, 祭韻4等의 '蠣려, 筮·噬셔', 廢韻3等의 '刈·艾에', 齊韻專屬4等의 '犂·儷려, 妻쳐, 西·犀셔' 등에는 'ㅕ, ㅐ'로 나타난다는 점이다. 셋째, 探攝의 侵韻2等21) 중 齒上音은 '움'으로 대치되었으며, 臻攝의 痕韻(1等開口)은 보통 '은'으로 나타나지만, 한편으로는 '온'이 散在하고 있다는 점이다. 이렇게 볼 때 韓國漢字音은 15세기 이후에 이르러서야 문헌에 정착되었지만, 전체적으로는 中古漢語 또는 그 이전의 단계를 반영하고 있는 부분을 가질 수도 있다. 물론 이 경우에는 단서가 필요하다. 그것은 中世韓國語의 音韻體系 특히 母音體系가 그대로 古代韓國語에 소급된다는 조건을 필요로 하기 때문이다. 그러나 古代韓國語와 中世韓國語의 母音體系가 같았다는 사실을 기대하기는 어렵다. 실제로 前期中世韓國語와 後期中世韓國語의 母音體系는 크게 달랐다는 견해가 지배적이다(李基文1971:137-138). 따라서 15世紀 이후의 韓國漢字音이 中古漢語 또는 그 이전의 단계에 그대로 소급된다는 추론에는 아직 문제가 남아 있다고 볼 수밖에 없다.

한편 『古事記』나 『日本書記』는 百濟의 阿直岐와 王仁이 日本에 漢字를 전한 시기가 3세기 말이라고 기록하고 있으나,22) 이 시기를 액면 그대로 믿기는 어렵다는 것이 오늘날의 통설이

---

19) 『韻鏡』에 따르면 內轉第四開合 支, 紙, 寘韻의 齒音4等, 內轉第六開 脂, 旨, 至韻의 齒音4等, 內轉第八開 之, 止, 志韻의 齒音4等이 여기에 해당된다.

20) 『韻鏡』에 따르면 內轉第十一開 魚, 語, 御韻의 齒音2等이 여기에 해당된다.

21) 원문에는 '3等'으로 되어 있으나 '2等'의 오식일 것이다. 『韻鏡』의 內轉第三十八 참조. 다만 『七音略』을 근거로 할 때 內轉第三十八의 '合'은 '開'로 고쳐져야 한다고 한다. 龍宇純(1959). 『韻鏡校注』(臺北) p.274.

22) 亦百濟國主照古王 以牡馬壹疋 牝馬壹疋 付阿知吉師以貢上 亦貢上橫刀及大鏡又科賜百濟國 若有賢人者貢上 故 受命以貢上人 名和邇吉師 即論語十卷千字文一卷并十一卷 付是人即貢進(『古事記』中).

다. 『日本書紀』는 또한 諸國에 처음으로 國史를 두고 言事를 記錄한 것이 5세기 초라고 전하고 있으나,[23] 당시의 日本人만으로 그러한 업무가 가능했을지는 의심스럽다. 日本에서 漢字가 사용되기 시작한 시기는 5세기 경으로 알려져 있지만[24], 6세기 초까지도 百濟의 五經博士가 日本에 파견될 필요가 있었을 정도였다거나,[25] 推古期(592-628)에 와서야 金石文이 부쩍 늘어나기 시작한다는 점 등으로 미루어 볼 때, 5세기 초의 日本人들에게는 아직 漢字使用能力이 없었던 것으로 이해되기 때문이다. 그렇다면 이 무렵까지는 日本人의 文字生活이 百濟人을 위시한 外來人의 조력없이는 불가능했다고 볼 수 있다. 萬葉假名의 맹아기에 해당하는 이 시기가 百濟人과 같은 外來人의 영향 하에 놓여 있었다는 사실은 韓國漢字音과 萬葉假名의 史的關係를 단적으로 암시한다. 실제로 韓國漢字音은 萬葉假名의 형성과정에 계속적으로 관여했을 가능성이 크다. 日本漢字音에는 '古韓音'이라고도 불리는 특수한 發音이 있는데, 이것은 百濟의 건국 이전에 韓族의 言語에 들어와 있던 上古漢語音이 전해진 것으로 추정되며, 6~7세기 경에 日本에 전해진 中國 南朝의 漢字音, 소위 吳音도 百濟를 거쳐 전해진 中古漢語音 계통이었을 것으로 생각되기 때문이다(龜井孝1963 卷2:138-139).

이러한 과정을 文化史的으로 음미해 보는 것도 무의미한 일은 아닐 것이다. 百濟의 阿直岐나 王仁과 같은 지식인들이 日本에 초빙되어 간 것은 실상 4세기 후반 내지 5세기 초엽이었을 것으로 짐작되는데, 이 때부터 大和朝廷은 계속적으로 '新來의 才伎' 또는 '今來의 才伎'라고 불리는 文化人·技術者들을 초빙해 갔다. 이들은 三韓時代의 北方的 漢·魏의 文化와 관계가 깊었을 것이므로, 그들이 알고 있는 文化的 지식과 漢語도 상고 말기의 상태였으리라고 생각된다. 推古期遺文에 나타나는 漢字音의 특수한 용법도 이 때에 받아들인 것으로 이해된다. 5세기부터는 韓半島 특히 百濟에서 江南의 南方的 문화와 교양을 익힌 지식인들이 日本에 건너가는 한편, 6세기 중엽(538)에는 日本이 佛敎와 같은 精神文化를 수용하기에 이르렀다. 7세기 중엽에는 다시 百濟의 멸망(660)으로 많은 망명객이 日本에 흘러 들어갔을 것이다. 이러한 과정을 거치는 동안 百濟를 통한 漢文化와 漢語가 따라 들어갔을 것이며, 그것이 소위 6~7세기의 吳音體系를 형성했을 것으로 짐작된다. 한편으로 大和朝廷은, 6세기 말에 천하를

百濟王遣阿直岐 貢良馬二疋…(중략)…阿直岐亦能讀經典 即太子菟道稚郎子師焉 於是天皇問阿直岐曰 如勝汝博士亦有耶 對曰 有王仁者 是秀也 時遣上毛野君祖荒田別巫別於百濟 仍徵王仁也 其阿直岐者阿直岐史之始祖也(『日本書紀』應神紀十五年=284).

王仁來之 即太子菟道稚郎子師之 習諸典籍於王仁 莫不通達 故所謂王仁者 是書首等之始祖也(『日本書紀』應神紀十六年=285).

23) 始之於諸國置國史 記言事達四方志(『日本書紀』履中紀四年=403).

24) 가장 오래된 것으로 알려진 金石文 隅田八幡宮(和歌山縣) 人物畫像鏡의 銘文(5세기 중엽)과 船山古墳出土太刀의 銘文(5세기 중엽)이 그 근거로 제시된다.

25) 百濟遣姐彌文貴將軍…(중략)…貢五經博士段楊爾(『日本書紀』繼體紀七年=513).

百濟遣州利即次將軍…(중략)…別貢五經博士漢高安茂 請代博士段楊爾 依請代之(『日本書紀』繼體紀十年=515).

통일하고(589) 中原의 長安에 도읍한 北方의 隋와도 직접교섭을 시작하여 新文化 수용에 힘을 기울였다. 이 때에 隋·唐으로부터 받아들인 長安音이 소위 7~8세기의 漢音體系를 형성한 것으로 보인다(牛島德次1967:95-96).

『日本書紀』에는 百濟, 新羅 등과의 문화적 관계를 암시하는 기사가 꼬리를 잇고 있는데,[26] 이와 같은 문화사적 과정과 아울러 생각할 때, 萬葉假名의 형성과정에 韓國漢字音이 영향을 끼쳤다고 보더라도 별로 무리가 생기지는 않을 것이다. 推古期遺文이나 초기적 萬葉假名과 三國時代의 漢字利用法과 비슷할 뿐 아니라, 三國의 固有名詞表記에 이용된 漢字가 萬葉假名에 일치되는 수가 많다는 사실(李崇寧1955)도 兩者의 史的관계를 암시하는 것이 아닐까 한다.[27]

필자가 萬葉音假名의 音聲資質 규명에 韓國漢字音이 유효하다고 본 것은 실상, 위와 같은 문화사적 배경을 감안할 때 다음과 같은 가정이 가능하기 때문이었다. 첫째는 韓國漢字音에 中古漢語 또는 그 이전 단계의 古層이 반영되어 있으리라는 가정이고, 둘째는 韓國漢字音과 萬葉音假名이 직접 또는 간접으로 史的關係를 가졌으리라는 가정이다. 이중 어느 한쪽만이라도 옳기만 하다면 韓國漢字音은 분명히 萬葉音假名의 音聲資質 규명에 유효한 존재가 아닐 수 없을 것이다.

---

26) 爰新羅王波沙寐錦 即以微叱己知波珍干岐爲質 仍齎金銀彩色及綾羅絹 載于八十艘船 今從軍官(『日本書紀』仲哀紀九年=200).

高麗人百濟人任那人新羅人 並來朝 時命武內宿禰 領諸韓人等作池 因以名池號韓人池(『日本書紀』應神紀七年=276).

百濟王貢縫衣工女 曰眞毛津 是今來目衣縫之始祖也(『日本書紀』應神紀十四年=283).

高麗國貢鐵盾鐵的(『日本書紀』仁德紀十一年=323).

天皇召酒君 示鳥曰 是何鳥矣 酒君對言 此鳥之類 多生百濟 得馴而能從人 亦捷飛之掠諸鳥 百濟俗號此鳥曰俱知〈是今時鷹也〉乃授酒君令養馴(『日本書紀』仁德紀四十三=355).

遣使求良醫於新羅 秋八月 醫到自新羅 則令治天皇病 未經幾時 病已差也 天皇歡之 厚賞醫以歸于國(『日本書紀』允恭紀三年=414).

天皇崩 時年若干 於時新羅王聞天皇既崩 而驚愁之 貢上調船八十艘 及種種樂人八十…(중략)…悉奉御調 且張種種樂器 自難波到于京 或哭泣 或歌儛(『日本書紀』允恭紀 四十二年=453).

遣日鷹吉士 使高麗 召巧手者(『日本書紀』仁賢紀六年=493).

27) 三國時代의 固有名詞表記에 이용된 漢字와 공통되는 萬葉音假名의 일단을 예시해 보면 다음과 같다.

('-)=°阿於于伊, (k-)=°加可居°古高句°支°岐, (g-)=奇河岐, (n-)=°那°尼奴乃爾, (t-)=°多°刀都°豆°知°智, (d-)=°陁度豆, (r-)=°羅°禮魯婁里°留流琉°利理, (m-)=馬摩°毛牟°武°彌未味, (p-)=°波°婆°富保甫°比卑°毗, (b-)=°婆夫, (s-)=娑西°蘇°須斯, (y-)=°耶也°由, (w-)=鳥.

漢字 바로 앞에 °表를 한 것은 萬葉假名 전체를 통하여 가장 頻度가 큰 文字들인데, 이들이 三國의 固有名詞表記에 모두 나타나는 것이다.

참고문헌

金完鎭(1971), 『國語音韻體系 研究』, 一潮閣.

南廣祐(1969), 『朝鮮(李朝)漢字音 研究』, 一潮閣.

朴炳采(1971), 『古代國語 研究』, 高麗大學校 出版部.

宋 敏(1975), 上代日本語의 母音體系, 『日本學報』 3. _____(1977), 『日本語의 構造』(서울) 재록.

李基文(1971), 『訓蒙字會硏究』, 韓國文化研究所.

_____(1972), 『改訂國語史概說』, 塔出版社.

李崇寧(1955), 新羅時代의 表記法體系에 關한 試論, 『서울大學校 論文集(人文社會科學)』 2.

有坂秀世(1955), 『上代音韻攷』, 三省堂.

_____(1957)l, 『國語音韻史의 研究』, 三省堂.

牛島德次(編)(1967), 『中國文化叢書 1. 言語』, 大修館書店

大野晋(1953), 『上代假名遣の研究』, 岩波書店.

龜井孝(編)(1963-1966), 『日本語の歷史』 1-8, 平凡社.

河野六郎(1968), 『朝鮮漢字音の研究』, 天理時報社.

藤堂明保(1969), 『漢語と日本語』, 秀英出版.

橋本進吉(1942), 『古代國語の音韻に就いて』, 明世堂.

_____(1949), 『文字及び假名遣の研究』, 岩波書店.

_____(1950), 『國語音韻の 研究』, 岩波書店.

_____(1966), 『國語音韻史』, 岩波書店.

服部四郎(1976), 上代日本語のいわゆる"八母音"について, 『日本學士院紀要』 34-1.

松本克己(1975), 古代日本語母音組織考—內的再構の試み—, 『金澤大學文學部論集(文學篇)』 22.

馬淵和夫(1970), 『上代のことば』, 至文堂.

_____(1971), 『國語音韻論』, 至文堂.

森山隆(1971), 『上代國語音韻の研究』, 櫻楓社.

董同龢(1954), 『中國語音史』, 臺北. 中華文化事業委員會出版部.

_____(1968), 『漢語音韻學』, 臺北. 廣文書局.

周法高(1963), 『中國語文論叢』, 臺北. 正中書局.

_____(1975), 『中國語言學論文集』, 臺北. 聯經出版事業公司.

Lange, R. A.(1973), *The Phonology of Eighth-Century Japanese*, Tokyo.

出處 〈한국언어학회(1978. 4.), 『언어학』 3: 145-175.〉

『龍飛御天歌』에 인용된 '以路波'

　　일본에서 이른바 '手習詞歌'의 1종으로 알려진 '伊路波' 47음절의 구체적인 내용과 文字體는 일찍이 국내에서 간행된 成宗23년판 『伊路波』(1492)에서도 찾아볼 수 있다. 이 책에는 '伊路波四體字母各四十七字'라 하여 문자체가 서로 다른 '이로하' 4종이 예시되어 있는데, 맨처음에는 平假名體로 쓰여진 '이로하'가 한 차례. 그 뒤에는 'まな[mana]四十七字'라 하여 초서체 한자로 쓰여진 '이로하'가 두 차례 연달아 나타난다. 이 때의 '이로하'는 두 종류 모두가 이른바 眞假名體로 되어있으나, 그 한 음절 한 음절에 해당하는 한자의 종류는 양자가 완전히 서로 다르다. 마지막 자리에는 'かたかな[katakana]四十七字'라 하여 片假名體로 쓰여진 '이로하'가 잇달아 나타난다. 이를 통하여 적어도 조선조 성종대에는 여러 가지 문자체의 '이로하'가 국내에도 알려져 있었음을 확인할 수 있다.

　　그러나 '伊路波'라는 명칭만은 그보다 훨씬 이전부터 국내문헌에 나타나기 시작한다. 小倉進平(1920:136-7)의 지적대로, 세종12년(1430) 詳定所의 啓에 제시된 譯學倭訓 '消息, 書格, 伊路波, 本草, 童子教, 老乞大, 論議, 通信, 庭訓往來, 鳩養物語, 雜語' 가운데 '伊路波'라는 명칭이 포함되어 있을 뿐 아니라, 성종2년(1471)에 편찬이 완료되어 16년(1485)에 간행을 보게 된 『經國大典』의 초시와 복시 과목에도 '伊呂波'라는 명칭이 보이기 때문이다. 이로써 '이로하'는 조선초부터 다른 여러 교재와 함께 오랫동안 이용되어 오다가, 숙종4년(1678)에 이르러 "말은 많으나 소략하고 시대의 용도에 맞지 않는다(語多疏略 不適時用)"는 이유 때문에 『捷解新語』(1676)로 대치된 왜학서의 하나임을 알 수 있다.

　　그런데 '이로하'의 본문 내용은 성종판 『伊路波』를 훨씬 앞선 세종대의 문헌에도 벌써 나타난다. 『龍飛御天歌』(세종27, 1445)에 '以路波仁保邊士…'식으로 인용된 '이로하'가 그것이다. 이 사실 또한 小倉進平(1920:147-8)에서 이미 지적된 바 있다. 그는 『龍飛御天歌』에 나타나는 '이로하'의 해당부분을 인용한 후, 그것이 조선측의 가장 오래된 기사일 것이라고 추측한 바 있다. 결국 '이로하' 본문의 구체적 내용은 이미 세종27년 이전부터 국내에 알려져 있었음이 드러난다. 조선조 태조2년(1393)에 설치된 司譯院에 왜학이 포함된 것은 태종15년(1415)이었으므로 세종대에 '이로하'가 국내에 알려져 있었다는 사실은 어쩌면 당연한 일일지도 모른다.

'이로하'가 언제, 어떤 모습으로 국내에 전해졌는지는 아직까지 밝혀진 바가 없는 듯하다. 그러나 『龍飛御天歌』卷第1(34a-b)에는 '倭'에 대한 소개가 細註 형식으로 꽤 상세하게 정리되어 있는데, 그 마지막 부분에 한자식 표기로 이루어진 '이로하'가 포함되어 있는 것이다.

분량이 약간 많기는 하나 여기에 그 細註 부분 전문을 옮기기로 한다. 텍스트로서는 경성제국대학 법문학부에서 복제한 奎章閣叢書 第4『龍飛御天歌』(1937)를 이용하겠다. 이 책은 萬曆本(광해군4, 1612)인 五臺山 史庫本을 저본으로 삼고 있으나, 이를 그대로 복제한 것이 아니라 古版本(萬曆前 刊本), 順治本(孝宗20, 1659), 乾隆本(英祖41, 1735)과의 對校를 통하여 차이를 보이는 글자의 오른쪽 중앙에 적은 권점[。]을 달아 교정해 놓은 것이기 때문에, 사실상 또 하나의 이본이 된 셈이나, 일본관계 기사만은 이본간에 차이를 보이지 않아 그대로 이용할 수 있다.

> 倭 鳥禾切 國名 在東海中. 以其在日邊 故亦名日本. 其國地方數千里 凡六十六州 六百二郡. 有天皇 存之不與國事 於大臣中 推一人以主國事. 大明 太宗皇帝封爲國王. 今其國中 只稱御所. 有官位者皆世襲 自天皇而下 各有分地. 國王見于天皇 如君臣禮. 大臣於國王亦然. 天皇嫡長當嗣位者 則娶于其族 不得娶諸大臣. 其餘諸子 皆不娶妻 以男子年少者爲御 或出家爲僧 欲其無嗣也. 皇女則悉爲尼不嫁 以爲貴無其上 不可從人也. 國王嫡長當嗣位者 娶諸大臣. 其餘諸子及女亦不嫁娶 如皇子皇女. 居無城郭 以板爲屋. 飮食皆用漆器 尊者用土器一用輒棄. 有筋無匙. 專尚佛教 寺塔半於閭閻. 有子愛且聰慧者 必爲僧. 俗善用槍劍 男子佩刀不離身 怒輒相殺 弱者避入于寺 則不敢害. 國有攻戰之事 則國王命大臣一人 率其管下赴之 戰勝則以所獲土地與之. 大臣京極 世主刑罰 輕者籍沒流貶 重者斬之 無笞杖之刑. 男子束髮 年過四十則剃之 女子被髮. 男女皆衣斑衣 染黑其齒 唯僧尼不染. 僧及尊者出行 皆自奉小傘以蔽日. 相遇則蹲踞爲禮 遇尊者脫其笠鞋. 婦人出則以表衣蒙其首不見面 尊者則或以車 或以轎子. 死則燒葬. 收稅 取三分之一 無他徭役. <u>用以路波仁保邊土知利奴留越和加與太禮所津根南羅武宇爲乃於久也末計不古江天安左幾油女微之惠飛毛世寸四十七字 以爲書契 婦女亦皆習知 唯僧徒讀經史</u>. 獸無虎豹熊羆麞(밑줄은 필자)

고려 말엽, 禑王이 문하시중 최영과 더불어 遼陽을 공격하기로 決策한 후 李成桂를 불러 진력해줄 것을 당부한다. 그러나 이성계는 불가하다며 맞서는데, 그 세 번째 이유는 "거국하여 원정에 나선다면 왜가 그 빈틈을 탈 것이다(擧國遠征 倭乘其虛)"였다. 위에 인용된 세주는 여기서 시작된다. 이처럼 많은 내용을 끝까지 인용해 보인 데에는 그나름의 이유가 있다.

우선, 세종대에 알려진 일본관계 정보가 상당히 구체적이고 상세하며 여러 면에 걸쳐있는 데도, 전체적으로는 그 내용이 지극히 간결하게 요약되어 있다는 점이다. 그 때문에 여기에 포함되어 있는 '이로하' 또한 어떤 원문자료에서 옮겨진 것임을 의심할 수 없게 한다.

한편, 후대의 조선통신사들이 남긴 일본견문기 가운데에는 이와 대동소이한 내용을 보여주는 경우가 많다. 이에 필자는 오래전부터 통신사들의 견문기 가운데 나타나는 일본관계 정보 중에는 『龍飛御天歌』의 해당부분에서 나온 것들이 없지 않았으리라고 생각하고 있다. 이러한 이유 때문에 참고삼아 전문을 옮겨본 것이다.

여기서 『龍飛御天歌』에 반영된 '이로하' 부분만을 풀어보면 "以[i] 路[ro] 波[∅a] 仁[ni] 保[∅o] 邊[∅e] 土[to] 知[ti] 利[ri] 奴[nu] 留[ru] 越[wo] 和[wa] 加[ka] 與[yo] 太[ta] 禮[re] 所[so] 津[tu] 根[ne] 南[na] 羅[ra] 武[mu] 宇[u] 爲[wi] 乃[no] 於[o] 久[ku] 也[ya] 末[ma] 計[ke] 不[∅u] 古[ko] 江[e] 天[te] 安[a] 左[sa] 幾[ki] 油[yu] 女[me] 微[mi] 之[si] 惠[we] 飛[∅i] 毛[mo] 世[se] 寸[su] 四十七字를 써서 글자를 삼는다. 부녀 또한 모두 이를 익혀 알고 있다. 오직 승려만 經史를 읽는다"는 내용이 된다. 여기에 나타나는 한자는 단순한 한자가 아니라, 음이나 훈을 이용하여 일본어의 각 음절을 나타낸 것으로, 이러한 방식의 기원은 萬葉假名으로 거슬러 올라간다. 따라서 이들을 '萬葉假名式 한자'라고 부를 수 있다.[1]

문제는 이때의 '이로하' 한 음절 한 음절에 해당하는 한자표기가 어디서 유래했는지 궁금하다. 이에 그 한자표기의 연원을 잠시 생각해 볼 필요를 느낀다. 『龍飛御天歌』의 '이로하' 각 음절을 나타내는 한자표기는 일본에서 전해진 어떤 자료의 원문 그대로를 옮겨놓은 결과일 것이다. 그러나 그 기반이 된 원문 텍스트를 이 자리에서 밝힌다는 일은 쉽지 않기 때문에, 본고에서는 '이로하' 한 음절 한 음절의 표기에 이용된 개별한자들이 국내에서 독자적으로 붙여진 것이 아니라, 일본에서 전통적으로 쓰여온 '이로하'용 한자와 밀접한 관련이 있다는 사실을 밝히는 데 초점이 놓일 것이다.

가장 먼저 문제가 되는 점은 『龍飛御天歌』에 반영된 '이로하'의 한자표기가 어떤 경로를 통하여 국내에 전해진 자료에 기반을 두었을까 하는 점이다. 상식적으로는 '이로하'용 한자 표기가 일본에서 직접 국내에 전해졌으리라고 보는 것이 자연스럽지만, 당시의 문화적 여건상 중국을 통하여 간접적으로 전해졌을 가능성도 있기 때문이다. 실제로, 『龍飛御天歌』를 앞서는 시기에 '이로하'가 채록되어 있는 중국문헌도 있다. 陶宗儀의 『書史會要』(洪武9, 1376)가 그것이다. 다만, 이 책의 권8 '日本國'에는 '이로하'가 平假名과 한자로 예시되어 있으나,[2]

---

[1] '萬葉假名'은 나라시대(8세기)의 일본어에 쓰였던 한자식 표기체계를 뜻한다. 따라서 그 이후의 표기체계, 가령 '이로하, 다위니의 가(大爲爾の歌), 아메두디의 사(阿女都千の詞), 五十音圖' 등의 각 음절에 대한 표기수단으로 가끔 이용되거나, 각종의 '이로하 字類抄'와 '節用集' 등의 표목용으로 활용되기도 한 한자까지를 萬葉假名이라고 부를 수는 없다. 다만, 거기에 이용된 한자 하나하나는 기본적으로 전통적인 萬葉假名에서 유래한 것이다. 그 때문에 본고에서는 이들 한자를 '萬葉假名'과 구별하기 위하여 편의상 '萬葉假名式 한자'라고 불러본 것이다.

[2] 해당부분을 쉽게 찾아볼 수 있는 자료로서는 大矢透(1918:71-72)에 활자화 형식으로 제시된 것과 京都大學 文學部 國語學國文學研究室(1965:71-74)에 원문사진(홍무9년 원간본의 民國18년 陶氏景刻本)으로 실려있

'이로하'의 각 음절에 해당하는 한자표기만은『龍飛御天歌』의 '이로하'와 전혀 다르다.

『書史會要』의 '이로하' 한 음절 한 음절에는 먼저 平假名이 大字로 제시된 후, 그 바로 아래쪽에 각 음절의 발음을 나타내는 한자가 나란히 적혀있으며, 음절에 따라서는 발음에 관련된 설명도 첨기되어 있다. 이들 한자표기 하나하나는 당시의 중국발음을 나타내는 것들로서 陶宗儀 자신이 직접 골라 적어넣은 것으로 보인다. 따라서 이들 한자표기는 일본 고래의 '이로하'용 한자와는 직접적인 관련이 없다. 그 중에는 'い[i]以 ぬ[nu]奴 う[u]烏 ゆ[yu]由'처럼 '이로하'용 한자와 때때로 일치하는 경우도 없지 않으나, 그것은 해당한자의 중국발음이 '이로하'용 한자와 같았기 때문에 그대로 쓰였거나, 어쩌면 우연의 일치일 것이다. 이러한 점으로 미루어 볼 때『龍飛御天歌』의 '이로하'가『書史會要』의 '이로하'와 같은 중국자료에서 나왔을 가능성은 없다고 할 수 있다. 결국,『龍飛御天歌』에 나타나는 '이로하' 한 음절 한 음절의 한자표기는 일본의 '이로하'용 한자에서 유래한 것으로 보인다.

일본문헌에 '이로하'의 구체적인 모습이 처음 나타나는 시기는 11세기 말엽이다. 따라서『龍飛御天歌』에 인용된 '이로하'의 한자표기는 11세기 말엽 이후, 15세기 초엽 이전의 어느 시기에 일본에서 이루어진 '이로하'에 기반을 두고 있다고 볼 수 있다. 그러한 자료가 국내에 전해진 시기는 대략 15세기 초엽 이전이 아니었을까 생각된다. 태종15년(1415)에는 司譯院에 倭學이 설치되었으며 세종12년(1430)에는 詳定所의 啓에 '伊路波'를 위시한 여러 왜학서의 명칭이 나타나므로, 늦어도 이 무렵까지는 '이로하'를 포함한 각종 왜학서가 국내에도 전해져 있었을 것으로 보이기 때문이다.『龍飛御天歌』는 바로 그러한 '이로하'를 참고로 삼았을 것이다.

지금으로서는『龍飛御天歌』의 토대가 된 '이로하'의 원자료를 찾기가 쉽지 않기 때문에, 여기서는『龍飛御天歌』를 앞서는 일본문헌에서 '이로하'의 각 음절표기에 이용된 한자의 용례를 찾아보기로 한다.『龍飛御天歌』에 나타나는 '이로하'의 각 음절표기에 이용된 한자 하나하나가 과연 일본식 한자와 관련이 있는지를 알아보기 위함이다. 바람직하기는 15세기 초엽을 전후한 시기에 일본에서 이루어진 '이로하' 자료를 찾아야 하겠지만, 국내에서 그러한 일본자료에 접근하기는 어렵기 때문에, 아쉬운 대로 大矢透(1918)와 그밖의 조사자료에 정리된 바 있는 내용 가운데 한자표기를 보여주는 '이로하' 자료를 이용할 수밖에 없다. 이들은 11세기 말엽부터 13세기 말엽에 이루어진 자료여서 시대적으로는『龍飛御天歌』보다 2세기

는 것을 들 수 있다. 다만, 전자 쪽에는 오자와 탈자가 많이 나타난다. 그것이 실수에 기인한 것인지, 후자와는 다른 원문자료를 이용했기 때문인지는 모르겠으나, 후자 쪽이 원문 그대로를 보여주는 데 반하여, 전자 쪽은 활자화된 것이므로 이용할 때에는 주의가 필요하다. 한편,『書史會要』에 '이로하'가 채록되어 있다는 사실은 일찍부터 지적되어 왔다. 가령, 釋全長의『以呂波字考錄』(1736, 卷之下 27b-28a)에는 '書史會要載以呂波和漢三才圖會十五卷三十五葉引'이라 하여 寺島良安의『和漢三才圖會』(1712)에서 인용한『書史會要』의 平假名體 '이로하'가 제시되어 있으며, 伴直方의『以路波考』(1821, 異邦書所載伊路波字 16b-18a)에도『書史會要』의 '이로하'가 인용으로 나타난다.

가까이 앞서지만, 지금의 필자로서는 달리 이용할만한 '이로하' 자료가 없어 아쉬울 뿐이다. 우선 본고에서 이용한 '이로하'용 한자표기를 보여주는 문헌은 다음과 같다.

1. 『金光明最勝王經音義』(承曆3년 사본, 1079)[3]

'이로하'의 모습을 보여주는 최초의 문헌인데, 각 음절표시는 한자로 이루어져 있다. 각 음절은 大字 한 글자씩으로 표시되어 있으며, 그 바로 아래쪽에 이체자가 한 글자나 두 글자씩 小字로 표시되어 있다. 다만 'お[o]'라는 음절을 나타내는 자리에는 '於'라는 대자 한 글자만 표시되어 있을 뿐 소자가 보이지 않는다. 대자나 소자를 가릴 것 없이 모든 한자에는 원칙적으로 左下 귀 또는 左上 귀에 聲點을 나타내는 작은 圈點 [。또는 。]이 찍혀있는데, 원본에는 그것들이 朱點으로 나타난다고 한다.[4] 그러나 이들 聲點은 본고의 논의대상이 아니기 때문에 여기서는 일일이 옮기지 않기로 한다. 또한, 각 행은 7자씩으로 구분되어 있으며 마지막 행만은 5자로 되어있다. 그 내용을 여기에 옮겨보면 다음과 같다.

以伊	呂路	波八	耳尓	本保	へ反	止都
千知	利理	奴沼	流留	乎遠	和王	加可
餘与	多太	連禮	曾祖	津ツ	祢年	那奈
良羅	牟无	有宇	爲謂	能乃	於	久九
耶也	萬末麻	計介氣	不布符	己古	衣延	天旦
阿安	佐作	伎幾	喩由	女馬面	美彌	之志士
惠會廻	比皮非	毛文裳	勢世	須寸		

2. 『色葉字類抄』(橘忠兼 撰, 사본)[5]

이 문헌에서 '이로하' 각 음절표기에 이용된 한자는 大矢透(1918:68)에 정리되어 있으므로 이를 순서대로 여기에 옮겨보면 다음과 같다. 편의상 『金光明最勝王經音義』의 형식에 따라

---

3) 자료로서는 大矢透(1918:62)에 실려있는 원문사진을 이용하였다. 大矢透(1918)에는 그밖에도 다양한 假名 자료가 사진 또는 활자화 형식으로 소개되어 있어 참고로 삼을 만하다.

4) 이들 聲點은 중국의 운학에서 이용되던 방식으로, 左下 귀에 찍힌 권점은 평성, 左上 귀에 찍힌 권점은 상성을 나타내는데, 이들 '평' 또는 '상'의 구별에 따라 일본어 訓讀이 이루어져야 한다는 뜻이다. 小松英雄 (1979:44) 참조.

7자씩 끊어서 예시한다.

　　　伊呂波仁保邊度 地利奴留遠和加 與他禮所津禰那 良無宇爲能於久 也末計不古江天
　安左幾由女見志 惠比毛世須

3. 『色葉和難集』(慈鎭和尙 作)[6]

　‘이로하’ 각 음절의 표기에 이용된 한자는 다음과 같다. 이 역시 大矢透(1918:68)에 정리된 대로 여기에 옮기되 『金光明最勝王經音義』의 형식에 맞추어 7자씩 묶어 표시한다.

　　　伊呂波仁保陪止 知利奴留遠和加 與太禮曾津稱奈 良武宇爲乃於久 也萬計不己江天
　阿左幾由女美之 惠比毛世寸

4. 『多羅葉記』[7] 建保(1213-19)-文曆(1234-35) 年間 書寫

　‘이로하’ 표기에 이용된 한자를 大矢透(1918:69)에 따라 여기에 옮겨보면 다음과 같다. 『金光明最勝王經音義』의 형식에 따라 7자씩 띄어 적는다.

　　　伊呂波儞保邊登 千利奴流遠和加 與太禮所津禰奈 良無宇井乃於久 也萬計不古江天 阿
　左幾由女躬志 衛比毛世須

---

5) ‘이로하’ 47음절자를 배열의 기준으로 삼아 편찬된 院政期(1086-1185년경까지)의 일본어 辭書로서 2권본과 3권본과 10권본이 있다. 2권본은 天養년간(1144-45)에서부터 長寬년간(1163-65) 사이에 이루어졌고, 3권본은 治承년간(1177-81)에 걸쳐 30여 년 동안 보정에 보정이 거듭되어 이루어졌다고 한다. 赤堀又次郎(1902:25-35), 小松英雄(1979:149) 참조. 10권본도 鎌倉시대 초기까지는 성립되지 않았을까 추정되는데, 주요 고사본으로는 2권본에 尊經閣文庫藏 永祿8년(1565) 사본, 3권본에 尊經閣文庫藏 鎌倉時代 사본(중권 및 하권의 일부 缺), 10권본에 學習院大學 圖書館藏 鎌倉初期 사본(零本), 大東急記念文庫藏 室町初期 사본(완본) 등이 있다. 국어학회(1980:43-45) 참조.
6) 大矢透(1918:68)에는 이 자료가 ‘慈鎭和尙の作という色葉和難集’이라고만 되어있을 뿐, 그 성립연대에 대해서는 아무런 언급이 없으나, 배열 순서로 볼 때 鎌倉시대(1193-1333)에 성립된 것으로 인정한 듯하다. 그런데 赤堀又次郎(1902:43-45)에는 『色葉字類抄』(10권)라는 서명이 보인다. 釋慈圓(1155-1225)의 찬이라고 알려진 이 책은 『萬葉集』, 『金葉集』, 『千載集』, 『詞花集』 무렵까지의 노래 가운데 나타나는 단어, 고사성어 등을 抄出하여 ‘이로하’ 순으로 배열하고, 거기에 해석을 베푼 것이라고 한다. 이로 미루어 볼 때 앞의 『色葉和難集』은 바로 이 『色葉字類抄』를 가리키는 듯하다. 실제로 大矢透(1918:77)에는 『和難抄』라고 표기된 서명도 보인다.
7) 心覺(?-1182)이 편찬한 梵語字書로서 梵語(산스크리트어)가 ‘이로하’ 순으로 배열되어 있다. 국어학회(1980:43) 참조.

5. 『本草色葉鈔』(惟宗具俊 撰, 1284)[8]

伊路波仁保止土 地利奴留遠和加 與太禮曾津称奈 羅武宇井乃於具 也末計不古江天
阿佐幾遊免見志 惠比毛勢寸

'이로하'표기에 이용된 문자체의 경우, 鎌倉幕府 시대(1193-1333) 이전까지는 眞假名, 片假名, 平假名이 별다른 구별없이 그때그때 이용되었으나, 근대로 접어들면서부터는 平假名이 주축을 이루게 되었다고 한다(大矢透1918:82). 이에 따라 위와 같은 한자표기식 '이로하' 자료를 참고삼아 『龍飛御天歌』의 '이로하' 표기에 나타나는 한자의 성격을 살펴보면 다음과 같은 결과를 얻는다. 참고로 일본어의 해당음절과 추정발음을 괄호 속에 표시해둔다. 출전 표시는 다음과 같은 번호로 대신한다.

〈①金光明最勝王經音義 ②色葉字類抄 ③色葉和難集 ④多羅葉記 ⑤本草色葉鈔〉

(1)以(い[il]).　　　①(大字)
(2)路(ろ[ro]).　　　①(小字)　　　⑤
(3)波(は[Φa]).　　　①(大字)②③④⑤
(4)仁(に[ni]).　　　　　②③　⑤
(5)保(ほ[Φo]).　　　①(小字)②③④⑤
(6)邊(へ[Φe]).　　　　　②　④
(7)土(と[to]).　　　　　　　⑤(細字)
(8)知(ち[ti]).　　　①(小字)　③
(9)利(り[ri]).　　　①(大字)②③④⑤
(10)奴(ぬ[nu]).　　　①(大字)②③④⑤
(11)留(る[ru]).　　　①(小字)②③　⑤
(12)越(を[wo]).　　　해당문헌 없음
(13)和(わ[wa]).　　　①(大字)②③④⑤
(14)加(か[ka]).　　　①(大字)②③④⑤
(15)與(よ[yo]).　　　①(小字)②③④⑤
(16)太(た[ta]).　　　①(小字)　③④⑤
(17)禮(れ[re]).　　　①(小字)②③④⑤

---

8) 이 자료는 高橋愛次(1974:311)에 활자화 형식으로 실려있는 것을 이용한다. 小松英雄(1979:244)의 표현을 빌리자면, 高橋愛次(1974)는 고금의 문헌에 보이는 '이로하' 및 '이로하'에 관한 여러 사실을 매우 정성스럽게 정리한 것으로, 이치를 따지기에 앞서 재미있다고 하였다.

(18)所(そ[so]).   ②   ④

(19)津(つ[tu]).   ①(大字)②③④⑤

(20)根(ね[ne]).   해당문헌 없음

(21)南(な[na]).   해당문헌 없음

(22)羅(ら[ra]).   ①(小字)   ⑤

(23)武(む[mu]).   ③   ⑤

(24)宇(う[u]).   ①(小字)②③④⑤

(25)爲(ゐ[wi]).   ①(大字)②③

(26)乃(の[no]).   ①(小字)   ③④⑤

(27)於(お[o]).   ①(大字)②③④⑤

(28)久(く[ku]).   ①(大字)②③④

(29)也(や[ya]).   ①(小字)②③④⑤

(30)末(ま[ma]).   ①(小字)②   ⑤

(31)計(け[ke]).   ①(大字)②③④⑤

(32)不(ふ[ɸu]).   ①(大字)②③④⑤

(33)古(こ[ko]).   ①(小字)②   ④⑤

(34)江(え[e]).   ②③④⑤

(35)天(て[te]).   ①(大字)②③④⑤

(36)安(あ[a]).   ①(小字)②

(37)左(さ[sa]).   ②③④

(38)幾(き[ki]).   ①(小字)②③④⑤

(39)油(ゆ[yu]).   해당문헌 없음

(40)女(め[me]).   ①(大字)②③④

(41)微(み[mi]).   해당문헌 없음

(42)之(し[si]).   ①(大字)   ③

(43)惠(ゑ[we]).   ①(大字)②③   ⑤

(44)飛(ひ[ɸi]).   해당문헌 없음

(45)毛(も[mo]).   ①(大字)②③④⑤

(46)世(せ[se]).   ①(小字)②③④

(47)寸(す[su]).   ①(小字)   ③   ⑤

　이 결과를 놓고 볼 때 『金光明最勝王經音義』의 경우, 우선 大字에서는 '以, 波, 利, 奴, 和, 加, 津, 爲, 於, 久, 計, 不, 天, 女, 之, 惠, 毛'에 이르는 17자, 小字에서는 '路, 保, 知, 留, 與, 太, 禮, 羅, 宇, 乃, 也, 末, 古, 安, 幾, 世, 寸'에 걸치는 17자, 도합 34자가 각기 『龍飛御天

歌』의 '이로하'에 쓰인 한자와 일치되지만, 나머지 13자는 일치되지 않는다.

『色葉字類抄』에서는 『龍飛御天歌』의 '이로하'에 쓰인 한자와 일치되는 사례로서 '波, 仁, 保, 邊, 利, 奴, 留, 和, 加, 與, 禮, 所, 津, 字, 爲, 於, 久, 也, 末, 計, 不, 古, 江, 天, 安, 左, 幾, 女, 惠, 毛, 世'에 이르는 31자를 헤아릴 수 있다. 일치되는 글자 수는 『金光明最勝王經音義』보다 적으나, 여기서 추가로 밝혀지는 글자는 '仁, 邊, 所, 江, 左'의 5자에 이른다.

『色葉和難集』에서는 '波, 仁, 保, 知, 利, 奴, 留, 和, 加, 與, 太, 禮, 津, 武, 字, 爲, 乃, 於, 久, 也, 計, 不, 江, 天, 左, 幾, 女, 之, 惠, 毛, 世, 寸'에 이르는 32자가 『龍飛御天歌』의 '이로하'에 쓰인 한자와 일치한다. 여기서만 새로 일치를 보이는 글자로 '武'가 있다.

『多羅葉記』에서는 '波, 保, 邊, 利, 奴, 和, 加, 與, 太, 禮, 所, 津, 字, 乃, 於, 久, 也, 計, 不, 古, 江, 天, 左, 幾, 女, 毛, 世'에 이르는 27자가 『龍飛御天歌』의 '이로하'에 쓰인 한자와 일치하며, 여기서는 새로 일치를 보이는 글자가 없다.

끝으로, 『本草色葉鈔』에서는 '路, 波, 仁, 保, 土(細字), 利, 奴, 留, 和, 加, 與, 太, 禮, 津, 羅, 武, 字, 乃, 於, 也, 末, 計, 不, 古, 江, 天, 幾, 惠, 毛, 寸'과 같은 30자가 『龍飛御天歌』의 '이로하'에 나타나는 한자와 일치한다. 비록 細字로 추가되어 있기는 하나 여기서는 '土'가 『龍飛御天歌』의 '이로하'와 새로 일치한다.

결과적으로 『龍飛御天歌』의 '이로하' 표기에 쓰인 한자는 『金光明最勝王經音義』에서 34자, 『色葉字類抄』에서 새로 5자, 『色葉和難集』에서 다시 1자, 『本草色葉鈔』에서 또다시 1자가 추가되어, 도합 41자에 이르는 '이로하'용 한자가 일본측의 '이로하' 자료에서 발견된다. 이를 종합하면 '波, 保, 利, 奴, 和, 加, 與, 禮, 津, 字, 於, 也, 計, 不, 天, 幾, 毛' 17자는 다섯 문헌에 모두 '留, 太, 乃, 久, 古, 江, 女, 惠, 世' 9자는 네 문헌에, '仁, 爲, 末, 左, 寸' 5자는 세 문헌에, '路, 邊, 知, 所, 羅, 武, 安, 之' 8자는 두 문헌에, 그리고 '以, 土' 2자는 한 문헌에만 공통적으로 나타난다. 다만 이들 자료로는 '越, 根, 南, 油, 微, 飛'의 6자가 아직 확인되지 않지만 『龍飛御天歌』의 '이로하'용 한자는 그 대부분이 일본의 萬葉假名式 한자에서 나왔다고 볼 수 있다.

문제는 위에서 확인되지 않은 '越, 根, 南, 油, 微, 飛'의 6자인데, 이들이 아무런 근거도 없이 『龍飛御天歌』의 '이로하' 표기에 이용된 한자는 아니었을 것이다. 이들도 하나같이 본래는 일본의 '이로하'용 한자에서 유래한 것으로 추정된다. 이러한 추리는 비록 『龍飛御天歌』보다 시대적으로는 훨씬 나중이지만, 국내에서 간행된 왜학서를 통하여 그 가능성이 단편적으로나마 또다시 확인된다. 먼저, 『龍飛御天歌』보다 후대에 국내에서 편찬된 바 있는 왜학서의 권말에는 한자체 '이로하'가 예시되어 있는 경우도 있는데, 위에서 확인되었다 하더라도 그 근거가 미약한 土를 비롯하여, 아직 확인되지 않은 6자 가운데 '越, 根, 南, 飛'의 4자가 이들 왜학서를 통하여 '이로하'용 한자로 밝혀지는 것이다.

본고의 첫머리에서 지적한 바 있지만 성종23년판 『伊路波』(1492)에는 4종의 '이로하'가 서로 다른 문자체로 나타난다. 처음 자리에는 平假名體 '이로하'가 정음문자에 의한 發音添記9)와 함께 예시되어 있는데, 여기에는 '이로하' 표기가 平假名 위주로 바뀐 鎌倉막부시대(1192-1333)이후의 특징이 반영되어 있는 것으로 보인다. 平假名 말미에 '京音굥, 上音샹'와 같은 두 글자가 더 달려있다는 점이 그 증거라고 할 수 있다.10) 拗音을 나타내기 위한 것으로 보이는 '京'字가 '이로하'의 말미에 최초로 나타나는 문헌은 了存의 『悉曇輪略圖抄』(弘安10, 1287)일 것이라고 한다(大矢透1918:70). 이 책의 권7 '片假字事'에는 "色葉勾散…"와 같이 표기된 '이로하'가 제시되어 있는데, 그 끝에 '京'字가 붙어있기 때문이다. 이렇게 볼 때 성종23년판에 남겨진 '이로하'는 일본에서 13세기 말엽 이후에 이루어진 어떤 자료에 그 기반을 두고 있다고 말할 수 있다.

성종23년판 『伊路波』에는 平假名體에 이어 또다시 두 종류의 '이로하'가 더 예시되어 있다. 'まな四十七字'라는 명칭으로 제시된 두 가지 '이로하'는 초서체 한자로 이루어져 있는데, 이를 『龍飛御天歌』의 '이로하'와 대조해보면 다음과 같다. 성종23년판에 초서체로 예시되어 있는 두 종류의 '이로하'를 편의상 'まな'1, 'まな'2로 부르기로 하며, 초서체는 정자체로 바꾸어 예시한다.

『龍飛御天歌』	성종판 'まな'1	성종판 'まな'2
以路波仁保邊土	以呂波仁保反土	伊路葉丹本邊登
知利奴留越和加	知利奴留遠和加	千里怒類越王可
與太禮所津根南	與太禮曾ツ11)祢奈	代多連楚津年奈
羅武字爲乃於久	良武字爲乃於く	羅無有井濃尾具
也末計不古江天	也末計不㠯丶天	屋滿氣婦古兄帝12)
安左幾油女微之	安左幾由女美之	阿佐喜遊免見志
惠飛毛世寸	惠比毛世寸	衛飛裳勢須

이처럼 『龍飛御天歌』의 '이로하'는 성종23년판 'まな'의 어느 것과도 차이를 보이지만, 굳

---

9) 이 발음표기가 국어와 일본어의 음운사 해석에 효과적으로 이용될 수 있다는 사실은 그 동안의 여러 논의를 통하여 충분히 알려졌다.
10) 거기에 잇달아 '一피도, 二후다, 三 미, 四요, 五이두, 六무, 七나나, 八야, 九고고노, 十도우, 百퍅구, 千션, 万만, 億오구'와 같은 숫자가 나타난다.
11) 원문에는 이 글자가 '川'자의 흘림체 비슷한 모양으로 나타난다. 그런데 중간개수 『捷解新語』권말의 '伊呂波 眞字草者竝錄'에는 이와 흡사한 글자에 '門'자를 병기해 놓고 있다.
12) 이 글자는 '亭'일 가능성도 있다.

이 따지자면 'まな'2보다는 'まな'1에 더 가까운 모습을 보인다.13) 그런데 『龍飛御天歌』의 '이로하'용 한자로서, 앞에서는 그 근거가 미약했던 '土(と)'를 비롯하여, 아예 그 근거가 밝혀지지 않았던 '越(を), 飛(ひ)' 2자는 성종23년판 '이로하'에서 새로 확인된다. 'まな'1의 제1행 마지막 자리에 나타나는 '土', 'まな'2의 제2행 다섯 번째 자리에 나타나는 '越', 마지막 행의 두 번째 자리에 나타나는 '飛'가 그러한 사실을 뒷받침하고 있다. 결국 '土, 越, 飛'와 같은 한자가 '이로하'에 쓰였던 것들임을 말해주는 사실이 아닐 수 없다.

시대적으로는 훨씬 후대에 속하나 중간개수 『捷解新語』(1781) 권말에서도 '이로하'에 붙여진 여러 가지 한자체를 찾아볼 수 있다. 정자체만을 옮겨보면 다음과 같다.

伊呂波眞字半字竝錄

以伊	呂呂	波八	仁二	保保	邊邊	止止	知千	利利	奴奴		留流	遠乎
和日	加加	與与	太多	礼礼	曾曾	鬭鬭	祢子	奈南	良良		武牟	
宇宇	爲井	乃乃	於於	久久	也也	末末	計个	不不	巳14)工		江江	天亭
安阿	草草	幾幾	由勇	女女	美三	之之	惠惠	比比	毛毛		世世	寸須

伊呂波眞字草字竝錄(*같은 글자가 중복되는 경우에는 한번만 표시하였음)

以井伊 呂路 波者八半羽端 仁耳于丹尓 保本穂 邊遍 止登 知 利梨里 奴努 留類累流 遠越緒 和王輪盤 加可賀香 與 太代堂 礼連禮 曾楚 鬭津門 祢根年 奈那南 羅良 武無 務 宇宙 爲 乃能濃農野墅 於 久九具 也屋 末滿萬 計氣遣希化个 不布婦 巳古 江兄衛 天亭盈 安阿 左佐 幾 由遊 女免 美三 之志 惠 比飛悲 毛母裳 世勢 寸壽須

여기서는 다시 '越[o], 根[ne], 南[na], 飛[ɸi]'와 같은 한자가 '이로하' 표기에 이용될 수 있었음을 확인할 수 있다. 이중에서 '越, 飛'는 이미 성종판 'まな'에서 확인되었으므로, 여기서는 '根[ne], 南[na]'가 새로 '이로하'용 한자로 밝혀지는 것이다. 결국, 『龍飛御天歌』의 '이로하'에 쓰인 한자 중 일본문헌이나 국내문헌 어디에서도 아직 밝혀지지 않은 한자는 '油'와 '微' 2자뿐이다. 그러나 『龍飛御天歌』의 편찬과정에서 이용된 '이로하'의 원자료에는 이들 한자가 분명히 나타났을 것이다.

그러한 가능성의 근거는 萬葉假名에서 찾을 수 있다. 上代語辭典編修委員會(1967)의 권말에

---

13) 성종판에 나타나는 'まな'1은 福井久藏(1939)에 활자화로 재현된 諦忍上人의 『以呂波問辨』(1763 탈고, 1764 간행)에 예시된 '以呂波正字'와 거의 같은 모습을 보인다. 차이가 있다면 성종판 'まな'1의 ツ[tu], く[ku], 巨[ko], ＼[e] 4자가 『以呂波問辨』에는 각기 '鬥[tu], 久[ku], 己[ko], 江[e]'로 다르게 나타날 뿐이다.

14) 'こ'라는 음절에 해당하는 萬葉假名式 한자로서, 원문에는 '巳'자로 표기되어 있으나, 올바른 글자는 '己'여야 한다. 그 뒤에 제시된 '伊以呂波眞字草字竝錄'의 'こ'에도 원문에는 '巳'자가 병기되어 있으나, 이 또한 '己'여야 한다. '이로하'의 'こ' 음절표기에 쓰인 '己'자는 『金光明最勝王經音義』를 비롯한 여러 문헌에서 확인된다.

붙어있는 '主要萬葉假名一覽表'를 검색해보면, 그 근거가 미약했던 '土'를 비롯하여, 위에서 확인되지 않은 『龍飛御天歌』의 '이로하'용 한자 6자가 모두 萬葉假名에서 유래했음을 확인할 수 있다.

土(と甲). 正倉院文書, 古事記, 日本書紀, 萬葉集 등에서

　(ど甲). 正倉院文書, 萬葉集 등에서

越(を 또는 をち). 正倉院文書, 古事記, 日本書紀, 萬葉集 등에서

根(ね). 正倉院文書, 古事記, 日本書紀, 萬葉集 등 많은 문헌에서

南(な 또는 なみ). 正倉院文書, 萬葉集 등에서

油(ゆ). 萬葉集에서

微(み乙). 古事記, 日本書紀, 萬葉集 등에서

飛(ひ乙). 正倉院文書, 日本書紀, 萬葉集 등에서

이들에 대한 좀더 상세한 조사검토는 大野透(1977a, b)를 참고할 만하다. 결국 일본에서 이루어진 각종의 '이로하'나 '이로하 字類抄, 節用集' 등에서 '이로하'의 각 음절표기에 때때로 이용되기도 한 한자는 기본적으로 萬葉假名에서 유래한 것이다. 따라서 후대에 이루어진 일본측 '이로하'의 어느 자료엔가는 위와 같은 한자가 각기 'と[to], を[wo], ね[ne], な[na], ゆ[yu], み[mi], ひ[ɸi]'에 해당하는 음절표기에 이용되었을 가능성이 충분히 있을 수 있다. 국내에 전해진 일본측 '이로하'는 해당음절 표기에 그러한 한자가 이용된 자료였을 것이며, 『龍飛御天歌』는 거기에 나타나는 한자표기를 그대로 옮겨놓은 결과일 것이다.

지금까지 살펴본 바와 같이 『龍飛御天歌』에 인용된 '이로하'의 근원이 된 일본측 문헌을 직접 확인할 수는 없었으나, 각 음절에 쓰인 한자의 거의 대부분은 일본에서 전통적으로 쓰여온 '이로하'용 한자에서 나온 것임을 확인할 수 있었다. 결국 『龍飛御天歌』의 '이로하' 표기에 쓰인 한자 한 글자 한 글자는 국내에서 독자적으로 붙여진 것이 아니라, 11세기 말엽부터 15세기 초엽 사이의 어느 시기에 일본에서 이루어진 후, 15세기 초엽 전후의 어느 시기에 국내에 전해진 어떤 자료를 원형 그대로 베껴 적은 결과일 것이다. 그러한 근거의 가능성을 일본에서 이루어진 '이로하' 관련자료와 국내 문헌으로 확인해 본 셈이다.

다만, 『龍飛御天歌』의 '이로하'에만 나타나는 '油, 微'가 일본에서 이루어진 '이로하'용 한자라는 근거는 아직 밝혀지지 않았다. 그것은 '油, 微'가 일본에서 '이로하'용 한자로 쓰였다 할지라도 어쩌다 쓰였을 뿐인 독특한 존재였음을 뜻하는 것으로 생각된다. 이들 음절표기에는 각기 '由[yu]', '美' 또는 '見[mi]'가 가장 일반적으로 이용되었기 때문이다. 거기다가 『龍飛御天歌』의 '이로하'가 성종판 『伊路波』와 다르다는 사실은 『龍飛御天歌』 편찬 당시 성종판

『伊路波』와는 다른 계통의 자료가 한 발 앞서 국내에 이미 전해져 있었으며, 『龍飛御天歌』는 바로 그러한 자료를 기반으로 하고 있었음을 뜻한다. 따라서 11세기 말엽부터 15세기 초엽 사이에 일본에서 이루어진 '이로하' 자료 가운데 '油, 微'와 같은 독특한 한자를 보여주는 문헌을 찾는다면, 『龍飛御天歌』의 토대가 된 원자료를 확인할 수도 있을 것이다. 이러한 기대는 특히 15세기 초엽을 중심으로 한 시기에 일본에서 이루어진 각종 '이로하 字類抄'나 '節用集' 등에 표목용으로 나타나는 '이로하'의 한자표기, 나아가서는 오십음도의 해당음절 표기에 이용된 한자 조사를 통하여 달성될 수 있으리라 여겨지지만, 여기에 대해서는 후일을 기다릴 수밖에 없다.

〈부기〉 色葉字類抄, 世俗字類抄, 節用集類의 각종 전본에 표목용으로 나타나는 '이로하'용 한자와 萬葉假名의 관계에 대해서는 山田忠雄의 '國語學的に見た本草色葉抄'라는 논문에 상세한 논의가 있다고 하나(高橋愛次 1974:311), 해당논문을 본고에서 참고하지 못한 점이 아쉬움으로 남는다.

참고문헌

赤堀又次郎(編)(1902), 『國語學書目解題』(勉誠社 複製版 1976).

大矢透(1918), 『音韻及手習詞歌考』, 大日本圖書株式會社.

大野透(1962a), 『萬葉假名の研究』, 明治書院.

_____(1977), 『萬葉假名の研究續』, 高山本店.

小倉進平(1920), 『朝鮮語學史』, 大阪屋號書店.

京都大學文學部國語學國文學研究室(編)(1965), 『弘治五年朝鮮板伊路波』.

國語學會(編)(1980), 『國語學大辭典』, 東京堂出版.

小松英雄(1979), 『いろはうた―日本語史へのいざない』, 中公新書 558. 中央公論社.

上代語辭典編修委員會(編)(1967), 『時代別 國語大辭典 上代編』, 三省堂.

高橋愛次(1968), 『以路波考』, 中央公論事業出版.

高橋愛次(1974), 『以路波歌考』, 三省堂.

福井久藏(撰輯)(1939), 『國語學大系 文字 一』, 厚生閣.

_____(1940), 『國語學大系 文字 二』, 厚生閣.

馬淵和夫(1993), 『五十音圖の話』, 大修館書店.

出處 〈論叢刊行委員會(2001. 4.), 『梅田博之教授古稀記念 『韓日語文學論叢』(太學社): 447-464.〉

『方言集釋』의 일본어 'ha'行音 전사법과 『倭語類解』의 간행시기

1. 『倭語類解』의 간행시기

『通文館志』권7 인물에는 洪舜明에 대하여 다음과 같은 기록이 나타난다.

> 字는 水鏡, 喜男의 증손이다.…(중략)…倭語는 여러 나라 언어에 비하여 깨우치기가 아주 어려운데, 公은 일본인 雨森東에게 질의하여 '長語' 및 '類解' 따위의 책을 지었는데 課試에서 사용된다(30a).

이 기록은 일찍부터 『倭語類解』의 저자가 洪舜明[1]이란 사실을 알려주는 내용으로 생각되어 왔다. 꾸랑(M. Courant)이 그의 명저 『朝鮮書誌』(Bibliographie Coréenne, 1894-1896)에서 이를 지적한 이후 金澤庄三郎도 『朝鮮書籍目錄』(1911)과 『濯足庵藏書六十一種』(1933)의 『왜어유해』조에서 꾸랑의 견해를 인정하는 한편, 『왜어유해』하권의 '信行所經地名' 중 '日光山, 權現堂'이란 지명으로 보아 조선의 通信使가 처음으로 '日光廟'를 찾은 寬永13년(1636) 이후의 저작으로, 대략 관영·明曆 경에 이루어졌다고 보았다(金澤庄三郎1958). 그 후 小倉進平는 그 성립연대를 康熙 년간, 즉 일본의 관영·正德 경으로 잡았고(小倉進平1940:405), 浜田敦 역시 홍순명을 저자로 인정하고, 그의 활동시기인 17세기 말에서 18세기 초에 걸친 일본의 元祿 년간 전후쯤으로 잡고 있어(浜田敦1958:2), 모두가 18세기 초 이전에 이루어진 것으로 본 바 있다.

그런데, 현존하는 목판본 『왜어유해』가 홍순명의 '類解'와 어떤 관계에 있는지, 또 그것이 언제 간행되었는지에 대해서는 난점이 없지 않았다. 그러한 의문은 먼저 趙曮의 『海槎日記』(1763-64)의 다음과 같은 기록에서 비롯된다.

> 양국의 언어소통은 모두 譯官에게 의지하는데, 수행이 열 사람인데도 저들의 말

---

1) 洪舜明 字水鏡 丁巳生 本南陽. 倭學教誨通政. 萬載子(『譯科榜目』1:47a. 康熙乙酉 式年).

에 통달한 자가 매우 드무니 참으로 놀랍다. 이는 다름이 아니라 倭學의 생활이
요즈음 쓸쓸하고, 조정의 권선징악도 근래에 잘못되었기 때문이다. 首譯들이 말하
기를 倭語物名 책자는 司譯院에도 있으나, 그것을 베끼고 또 베끼기 때문에 잘못이
이미 많고, 또한 저들의 말이 혹 달라진 것도 있어 그전 책은 일일이 믿기가 어려
우니, 요즈음에 이르러 倭人을 대할 때 그 잘못을 바로 잡아 완전한 책을 만들어
내어 이를 익힌다면 곧 말과 物名을 잘 알 수 있고, 이렇게 하면 곧 저들과 수작할
때 반드시 장애가 없을 것이라고 한다. 그러므로 세 사신이 상의하여 바로잡기를
허락하면서 玄啓根, 劉道弘을 교정관으로 정하고 首譯으로 하여금 감독하게 하였
는데, 책을 만들어낼 수 있을지는 알 수 없다(1763년 12월 16일).

이를 보면 18세기 중엽까지도 『왜어유해』란 서명을 가진 책은 없었던 듯하다. 앞에 보인
『通文館志』의 기록에 홍순명의 '長語' 및 '類解'가 課試에 쓰였다고 되어있으나, 다른 기록에
그러한 사실을 입증할만한 근거는 물론 서명조차 보이지 않는다. 따라서 위에 든 『海槎日記』
중의 '倭語物名冊子'가 홍순명의 '유해'와 어떤 전승관계를 맺고 있었다손 치더라도 『해사일
기』가 이루어진 1764년까지 『왜어유해』란 책은 간행되지 않았음이 분명하다. 이 사실을 뒷
받침하는 증거로는 현존 간본 『왜어유해』 하권 말미에 다음과 같은 기록이 보인다.

讐整官 前判官 韓廷脩[2]
書寫官 前奉事 閔鼎運[3] 正書入梓
　　　 前參奉 丁樂升[4]
　　　 前直長 皮文會[5]
監印官 副司勇 李養儀

『譯科榜目』에 의하면 한정수는 1763년, 민정운은 1777년, 정락승과 피문회는 1783년에
각기 역과에 등제하였으므로 『왜어유해』는 적어도 1783년 이후에 간행되었음이 확실하다(安
田章1966:217). 다만, '讐整官'이란 직책으로 보아 舊本을 개수했을 가능성이 크나(中村榮孝
1961:18-20), 구본의 성격이 어떤 것인지는 알 길이 없다. 그런데, 『古今釋林』(1789)의 '引用書
目'에 보이는 『왜어유해』, 『고금석림』의 일부를 이루고 있는 『三學譯語』의 書名 밑에도 한정
수 '讐釐'라는 말이 명기되어 있으므로, 『왜어유해』의 간행은 『고금석림』이 이루어진 1789
년 이전인 점도 분명하다(安田章1966:주19). 이렇게 하여 『왜어유해』의 간행시기는 사실상

---

2) 韓廷脩 字士敏 申酉生 本淸州. 倭學教誨通政. 命虎子生父折衝命麟(『譯科榜目』1:81b 乾隆癸未 增廣).
3) 閔廷運 字仲受 戊辰生 本驪興. 倭學教誨奉事. 父雲科判官致淵(『譯科榜目』2:4b 乾隆丁酉 式年).
4) 丁樂升 字明瑞 丁卯生 本禮山. 倭學教誨主簿. 父國泰(『譯科榜目』2:6b 乾隆癸卯 式年).
5) 皮文會 字伯友 甲戌生 本洪川. 倭學. 父司勇載福(『譯科榜目』2:5b 乾隆癸卯 增廣).

1783년에서 1789년 사이로 좁힐 수 있게 된 것이다.

2. 『왜어유해』의 'ha'(ハ)행음 전사법

『왜어유해』에 관한 기록이 빈약한 탓으로 저간의 사정을 확언할 길은 없으나, 위와 같은 성립간행의 과정만을 검토해 보더라도 『왜어유해』의 저자를 홍순명이라고 보기는 힘들 수밖에 없다. 물론 그가 지었다는 '유해'가 『왜어유해』의 전신이라고 하더라도 시대차이로 인하여 이미 양자 간에는 격심한 변화가 일어났기 때문에 그 원형이 후자에 남아있을 가능성은 거의 없다. 예를 들어 홍순명의 '유해'가 『해사일기』의 '왜어물명책자'라고 하더라도 반세기 동안에 벌써 '그전 책은 일일이 믿기가 어렵다'(舊冊難以盡憑)고 했으니, 하물며 '유해'보다 80여 년 후인 간본 『왜어유해』를 같은 것으로 보기는 힘들어진다. 『捷解新語』가 중간개수를 거치는 동안에 입은 변화를 상기하면 충분할 것이나, 실제로 『왜어유해』의 일본어 'ha'(ハ)행음 전사법을 검토해 보더라도 홍순명의 시대와는 차이가 있음을 발견한다.

ハ	ヒ	フ	ヘ	ホ
하	히	후	혜	호

이는 일본어음운사 상 양순마찰음 f[φ]가 후두마찰음 [h]로 완전히 변화한 단계를 보여주는 것으로서 조선시대의 왜학관계 문헌 중 가장 후대에 이루어진 『重刊改修捷解新語』(1781)의 그것과 완전히 일치된다. 따라서 현존 간본 『왜어유해』는 고유일본어나 한자어의 'ha'행음 전사에서 『중간개수첩해신어』, 즉 1780년대 이전으로 거슬러 올라갈 만한 기미를 하나도 보여주지 않는다. 이 사실은 조선시대에 국내에서 이루어진 왜학관계 문헌의 'ha'행음 전사법을 시대순으로 검토해 볼 때 자명해진다. 현존하는 왜학관계 문헌 중 일본어가 국어로 전사되어 있는 것으로 琉球語 관계인 『海東諸國記』의 '語音飜譯'을 제외한다면 『伊路波』(1492), 『捷解新語』(1676), 『方言集釋』(1778), 『重刊改修捷解新語』(1781), 『倭語類解』, 『古今釋林』 중의 『三學譯語』(1789) 등을 들 수 있고, 그밖에도 17・18세기 조선통신사들의 '東槎錄' 류에 단편적으로 나오는 기록들이 그 전부라고 할 수 있다. 이들의 일본어 전사법은 시대와 문헌에 따라 다르나 그 원리만은 일관된 전통에 따라 이어졌음을 알 수 있다. 가령, 일본어의 유성음 'g, d, b'의 轉寫를 위해서는 비강음 'ㄴ, ㅁ, ㅇ'과 같은 부가기호가 이용되었고, 'z'를 위해서는 반치음 'ㅿ'이 사용된 점 등등이 그 두드러진 증거라고 할 수 있다. 그런데도 불구하고 'ha'행음 전사표기만은 시대에 따라 판이할 뿐 아니라, 일본어 음운사의 'ha'행음 변천과

의연히 보조를 함께 해왔던 것이다. 곧, 일본어 'ha'행음의 변천과정은 국어전사에 민감하게 반영되어 있으나 일본어 음운사, 특히 'ha'행음의 추이를 탐색하는 과정에서 이러한 자료가 이용되지 못했음은 큰 맹점이 아닐 수 없다.

3. 역대 왜학관계 문헌의 'ハ'행음 전사법

'ha'행음에 대한 전사법으로 볼 때 위에 든 여러 자료 중에서도 특히 『方言集釋』은 'ha'행음 자체의 변화추이를 알려줄 뿐 아니라, 『왜어유해』의 상대적 연대추정을 가능하게 해주기 때문에 일본어 음운사에 관한 한 『방언집석』의 비중은 어떤 문헌보다도 크다. 이에 따라 여기서는 『방언집석』의 'ha'행음 전사법에 초점을 맞추어 살피면서 『왜어유해』의 간행시기를 다시 한번 검토해 보려고 한다.

우선, 『伊路波』(1492)와 『捷解新語』(1676)의 'ha'행음 전사는 다음과 같다.

『이로파』　밯　빙　붕　폐　　붕
『첩해신어』　화　피　후　페/펴　호

일본어 음운사의 관점에서 판단할 때 『이로파』의 성립은 'ha'행의 어두자음이 아직 양순마찰음 'f [ɸ]에 머물러 있었던 室町時代(1336-1573)에 해당하므로, 그 兩脣性과 摩擦性을 표기하기 위하여 국어의 脣輕音 'ㅸ'이 이용된 것은 매우 타당한 일이었다. 다만, 『이로파』의 성립은 순경음 'ㅸ'이 국어에서 이미 소멸된 시기에 해당하므로 실제적인 발음이었다고 보기는 어렵다. 그 후 『첩해신어』에 오면 'ha'행음 전사에는 시대적 추이가 반영되어 있다. 특히, 'ha' 음절이 '화'로 전사되어 있는데, 여기에는 일본어 양순마찰음 'f (ɸ)를 표기하기 위하여 『이로파』의 'ㅸ' 대신 국어의 원순모음이 이용되고 있는 것이다. 그밖에도 姜沆의 『看羊錄』 (1598) '倭國八道六十六州圖' '播摩 화리마', 南龍翼의 『扶桑錄』(1655-6) '見聞別錄·道里'에 '八幡山 華志馬老野馬[fatima-no-yama], 濱松 化馬馬住[fama-matu]'처럼 17세기 중엽까지는 'ha' 음절을 분명히 '화'나 '華, 化'로 적은 사례가 보인다.6)

이러한 시대적 추이가 『방언집석』에 이르면 또다시 달라진다. 『방언집석』은 『保晚齋剩簡』 '集簡' 중에 들어있는 4권 2책의 필사본으로, 韓·漢·蒙·淸·倭의 5개 국어 對譯辭典인데, 한자 이외의 언어는 모두 국어문자로 전사되어 있으며, 조선시대에 편찬된 유일한 多言語集 문헌

---

6) 그밖에도 小倉進平(1923:52)에는 '初山 火知也麻, 箱根 花久女, 御話 오화나시'와 같은 예가 더 보인다. '火知也麻, 花久女'는 각기 [fati-yama], [fakone]라는 발음을 한자로 나타낸 것이다.

으로 가장 방대하고 중요한 것이다. 이 책이 학계에 소개된 지는 이미 오래되었으나(小倉進平 1940:408-409), 언어사 자료로 이용되거나 그 내용자체에 대한 연구는 거의 없었던 것으로 보인다.7)

『방언집석』의 편찬경위는 보만재 徐命膺(1716-1786)의 서문에 다음과 같이 나타난다.

> (전략) 우리나라는 서쪽으로 중국에 통하고, 북쪽으로는 淸·蒙과 이웃하며, 남쪽으로는 倭蠻과 이어져 사신의 내왕이 몇 차례인지 서로 접하지 않는 해가 없다. 그러므로 朝廷은 司譯院을 설치하여 韓·淸·蒙·倭의 방언을 익히도록 한다.…(중략)…上 2년 戊戌 이미 奎章韻瑞를 편찬, 복명하였는데, 臣은 舌官 洪命福 등을 이끌고 한·청·몽·왜의 방언으로서 지금 쓰이는 것을 널리 수집, 분류하여, 우리나라 언문으로 풀고, 또한 중국어를 덧붙여 이름을 方言集釋이라고 하였다.…(중략)…이 책은 韻瑞와 함께 進獻되었으나 戊戌 이래 지금까지 4년 동안 조정에 일이 많아서 아직 刊布의 명이 없다. 그러나 만약 간포의 명이 있다면 곧 이 책은 한자와 언문이 섞여있어 그 校對가 다른 책에 비하여 무척 어려우므로 綱目三編의 예에 따라 副本을 만들어 剩簡에 편입, 후일의 참고로 삼는다(하략).

이로써 『방언집석』은 서명응이 역관 홍명복8) 등을 이끌고 정조2년(1788)에 편찬을 끝냈으나 4년이 지나도록 간행되지 못했음을 알 수 있다. 홍명복은 『漢淸文鑑』의 편찬에도 참여한 漢學譯官인데, 『방언집석』이 그의 단독편찬이 아니었음은 서문의 '설관 홍명복 등'이라는 문구에 분명히 나타나 있다. 따라서 이 책의 편찬에는 淸學과 蒙學은 물론 倭學譯官도 틀림없이 동원되었을 것이다. 또한 이 책에 수집되어 있는 4개국어는 '지금 널리 쓰이는 것'이라 하였으니 타 문헌에서 채록한 것이 아니라 당시에 통용되는 말을 모은 것임을 알 수 있다. 다만 이 책에 국어로 轉寫된 倭語 표현의 질적 수준은 그다지 높아 보이지 않으나 당시의 일본어 음성현실만은 어느 정도 반영되어 있는 것으로 보인다.

4. 『방언집석』의 'ha'행음 전사법

『방언집석』의 'ha'행음은 전사법은 원칙적으로 다음과 같다.

---

7) 최근 金方漢 교수는 이 책의 몽고어 자료에 관한 연구를 발표한 바 있다. 『三學譯語·方言集釋』考—主로 蒙古語資料에 關하여—, 『白山學報』1, 1966:93-132.

8) 洪命福 字敬受 癸丑生 本南陽. 漢學敎誨嘉義同樞. 大成子(『譯科榜目』1:75a 乾隆癸酉式年).

하 히 후 헤 호

이는 『重刊改修捷解新語』나 『倭語類解』의 전사법과 기본적으로 동일한 것이다. 그러나 이러한 원칙에도 불구하고 『방언집석』에서만은 'ha' 음절을 '화'로 전사한 약간의 예외가 나타난다. 그러한 실례를 『왜어유해』와 비교하면서 들어보면 다음과 같다.

1) 齒(ハ). 『倭』=齒 하(상:16b)

화(牙齒 니), 마에 화(門牙 압니), 지노 화(姱牙 젓니), 기리노 화(月牙 송곳니), 가뎨뎨 화(重牙 덧니), 화 모토(牙根 니스므음), 화 스기(牙縫 니ㅅ삿), 황가 로겐 마시다(露齒 니드러나다)(이상 1:16b). 황기시 가무 마시짜(退齒 니ㄱ다)(1:17a)

2) 刃(ハ).

공가다 화(刀刃 칼날)(2:12b), 가라스기노 화(犁鏵 보십날)(3:24b)

3) 羽(ハ). 『왜』=羽 하네(하:21b)

야노 화(箭翎 살ㅅ짓)(2:13b), 화단 모노(羽緞 짓비단)(2:26a), 화 호웅기(撢箒 몬지 쩌눈 짓)(3:11b), 화 가셰 나이 우마(騍馬 기르마 없슨 몰)(4:14b)
하(翅翎 짓), 하녀(翅膀 날개ㅅ쥭지), 스예노 하(翅大翎 칼짓), 히로이 하(翅次翎 너븐짓), 하 모도(翎管 짓통), 와다 하(毛翎), 하오 도비라 마시짜(搧翅 놀개붓다), 하 즈구루 마시짜(理毛 짓다듬다)(이상 4:12b)

4) 葉(ハ). 『왜』=葉 하(하:28b)

화 마루이 야낭기(楊樹 닙둥근 버들)(4:21a), 화(葉兒 닙), 소구 화(嫩葉兒 속닙)(이상4:21b), 마즈노 화(松針 솔입)(4:22a)

5) 蠅(ハイ). 『왜』=蠅 하이(하26b)

화이 무지(蠅拂子 푸리치)(3:12b)
하이(蠅 푸리), 이누 하이(狗蠅 개푸리)(이상4:17a), 민도리 하이(豆蠅 쇠푸리)(4:17b)

6) 計(ハカル).『왜』=圖謀 하가라우(하:45b)

소구 화가로우 아루마시짜(有內囊 안종잇다)(1:24b)

하기링 고도 단도 마시짜(詭多 쇠많다)(1:24a), 하가로우 마시짜(計較계교ㅎ다)(4:26a)

7) 量(ハカロウ).『왜』=量 하가로우(하:38a)

고구시기 화가로우 마시짜(量糧 곡식되다), 마스 화가로우 마시짜(斗量 말로되다), 단쏘 화가로우 마시짜(尖量 수득이되다), 다이라 화가로우 마시짜(平量 쓰서되다), 나강구부 화가로우 마시짜(凹量 골케되다)(이상 2:16b)

고구짜라 하가로우 마시짜(斛起 휘로되다), 고구시기 하가로우 구사리(探筒 곡식혜논 사슬)(이상 2:16b)

8) 秤(ハカリ).『왜』=秤 하가리(하:13b)

지사이 화가리(戥子 져근저울), 화가리 다계(秤竿 저울ㅅ대), 화가리 요공기(秤鉤 저울 갈고리)(이상 3:12a), 모모 화가리 마스(斛子 휘)(3:12b)

다이라 하가리(天秤 텬평저울)(3:12a)

9) 杻(ハギ).『왜』=杻 하끼(하:28b)

황기노 기(荊條 뽈이)(4:21b)

10) 吐(ハク).『왜』=噴 하구(상:49a)

가스바기 화구 마시짜(喀痰 담밧다), 즈바기 화구 마시짜(喀吐 춤밧다)(이상 1:21b), 즈바기 화구 모도(唾沫盒 타구)(3:11a)

11) 禿(ハゲ).『왜』=禿頭 하께 아다마(상:51b), 禿山 하께 야마(상:7b)

후뎅가 황계 마시짜(筆禿 붓무되다)(2:7a)

12) 剪(ハサミ).『왜』=剪子 하사미(상:16b)

화사미(剪子 가이)(3:12a)

13) 橋(ハシ). 『왜』=橋 하시(상:34a)

구모 화시(雲梯 구룸두리)(2:17a), 가계 화시(梯子 사두리)(3:13a)

하시(橋 두리), 이시 하시(石橋 돌두리), 이다 하시(板橋 널두리), 다루루노 하시(吊橋 쓰ᄂ 두리), 가다
하시(跳過橋 딩검두리), 히도쓰 기노 하시(獨木橋 외나모 두리), 하시노 하시라(橋柱 두리 기동), 하시
즈구로 마시짜(打橋 두리 놋타)(이상 2:18a), 하시 아라다메 마시짜(修橋 두리 곳티다)(2:18a)

14) 箸(ハシ). 『왜』=箸 하시(하:14a)

화시(快子 져)(3:10b), 히 화시(火筯 화져)(3:11a)

15) 彈(ハジク).

환지구 유미(弩弓 소늬 활)(2:13a)

16) 初(ハジメ). 『왜』=初 하ᅀᅵ메(하:34b)

화시메 오운지(祖宗 죠샹)(1:12b)
하지메 도시(頭年 첫히)(1:7a), 하시메 구로우(初昏 초혼)(1:8b)

17) 柱(ハシラ). 『왜』=柱 하시라(상:32a)

화시라(柱 기동), 도우시 화시라(掛柱 동즈기동)(이상 2:19a), 호 화시라 다뎨노 오계(鹿耳 돗대박이
나모)(4:4a)
하시노 하시라(橋柱 두리기동)(2:18a)

18) 走(ハシル). 『왜』=走 하시루(상:29a)

화례 화시리 우마(跣馬 돗ᄂ 물), 호소이 화시리 우마(小走 새가탈)(이상 4:14a)
우마 하시리 마시짜(跣馬 물돌리다)(2:11a)

19) 筈(ハズ). 『왜』=筈 야 하스(상:40b)

야 환즈(箭扣 살오늬)(2:13b)

유미 하즈(弓弭 활조재)(2:13a)

20) 羞(ハヅカシ).『왜』=恥 하즈까시(상:21b), 辱 하쇠(하:33b)

화즈까시 스기 마시싸(肯羞 붓그림투다)(1:24b)

하즉가시이 마시싸(害羞 붓그리다)(1:23a)

21) 鼻(ハナ).『왜』=鼻 하나(상:16b)

화나(鼻 코), 화나 무낭기(鼻樑 코ㅅ므르), 화나 사기(鼻準 코ㅅ긋), 화나 아나(鼻孔 코ㅅ구무), 화나 슷스(鼻翅 코ㅅ방올)(이상 1:16a), 화나 소구노 계(鼻毛 코ㅅ구무엣털), 화나 시루(鼻涕 코ㅅ믈)(이상 1:16b), 화나 히기 녀루 마시싸(打鼾睡 코고오고 자다)(1:20b), 화나 가무 마시싸(擤鼻涕 코푸다)(1:21b), 화나 시로이 우마(線臉馬 간쟈몰)(4:14a)

하나 히루(嚏噴 ᄌ칙옴)(1:22b)

22) 放(ハナス).『왜』=放 하나스(상:54a)

쇼우벤 화나스 마시싸(撒尿 쇼변보다), 굿소 화나스 마시싸(出恭 대변보다)(이상 1:18b), 우시로 화나스 마시싸(失手放 뒤쌔지다)(2:14b), 구사니 화나스 마시싸(放草 풀에놓다)(4:15a)

고고로 하나스이 마시싸(心鬆 ᄆ옴노히다)(1:23a), 히뎀뽀 하나스 마시싸(放砲 블놋다)(2:11a), 도비 도링가 굿소 하나스 마시싸(撒糞 놀즘싱 똥누다)(4:12b)

23) 食(ハミ).『왜』=蒭 하미(하:31a), 槽 하미 이례(하:16a)

황미 소녀무 마시싸(護草 여물 새움ᄒ다)(4:15a), 황미(馬草 여물)(4:16b)

24) 腹(ハラ).『왜』=腹 하라(상:17b)

화라니 노고리노 고(遺腹子 유복ᄌ)(1:14a), 가다 화라(肋 가리)(1:17b), 화라 후구루(穀道 항문)(1:18a), 화라 이다미 마시싸(肚子疼 비알프다)(3:3b), 우마 화라 이다미 마시싸(害骨眼 누에치 알타)(4:15a)

하라(肚子 비)(1:17b), 하라 다뎨 마시싸(惱了 노ᄒ다)(1:23a)

25) 樂(ハヤシ).『왜』=樂 하야시(상:43a)

화야시(樂 풍뉴), 화야시 마시싸(풍뉴ᄒ다)(2:9a)

26) 早(ハヤシ).『왜』=早 하야시(상:5a)

화야시 아사(清早 이른 아침)(1:8b)
모하야(早已 볼셔)(4:30a)

27) 宴(ユハチ).『왜』=宴 유하지(42a)

옌볜 이화지(婚宴 혼인잔치)(2:4a)

이밖에도 다음과 같은 한자음에 '화'가 사용되고 있다.

　薄.『왜』=薄 하구(하:31b).『방』가구화구(刻薄)(1:24a)
　灰.『왜』=灰 하이(상:8b).『방』=화이구사(灰條菜)(4:23b)
　拜.『왜』=拜 하이(상:29b).『방』=화이 마시싸(拜)(1:27b), 나가라 화이 마시싸(作揖)
　(2:5a), 구룸부 나가라 화이 마시싸(打恭)(2:5b)
　法 → 法度.『방』=홧도오 욧례(緣法)(4:26b)
　八 → 八分.『왜』=八月 하지꽈쯔(상:3b).『방』=화찌분(隸字)(2:6b)
　房 → 房外.『왜』=房 호우(상:31b).『방』=조우 황가이(朝房)(1:26b), 황가이 몬(房門)(2:20a)
　方 → 方外.『왜』=方 호우(상:11b, 27b).『방』=우리 가이노 황가이(舖子), 조우 못즈 우
　리 황가이(雜貨舖)(이상 3:20a)

이상의 예들은 일본어 'ha'(ハ) 음절이 '화'로 전사되기도 하고 '하'로 전사되기도 하였음을
보여준다. 여기에는 결국 일본어 f(ɸ)〉h의 변화추이가 반영되어 있다고 여겨진다. 실제로『첩
해신어』에는 'ha'='화'라는 전사방식으로 나타남에 반하여,『중간개수첩해신어』는 완전히
'ha'='하'라는 전사방식을 보여주고 있으므로『방언집석』은 분명히 그 중간단계를 나타내고
있는 셈이다.

5. 결 어

지금껏 보아온 일본어 'ha'행음의 역대 전사방식을 정리해 보면 다음과 같다.

문헌	ハ	ヒ	フ	ヘ	ホ
『이로파』(1492)	봐(하)	비(피)	부(후)	페	부(호)
『첩해신어』(1676)	화	피	후	페/퍼	호
『동사록』류(16~17세기)	화(化華火花)	히(皮)	(後訓薰)		호
『방언집석』(1778)	화/하	히	후	혜	호
『중간개수첩해신어』(1781)	하	히	후	혜	호
『왜어유해』	하	히	후	혜	호

이 표는 특히 일본어 'ha' 음절의 전사가 시대의 변화에 따라 '봐〉화〉하'와 같은 방식으로 달라졌음을 명확히 보여준다. 이러한 전사방식의 변천은 일본어 f(ϕ)〉h의 변화추이를 그대로 나타내 주는 것이다. 결국, 『방언집석』에 'ha' 음절이 '화'/'하' 두 가지로 전사되었다 함은 일본어의 양순마찰음 f(ϕ)가 후두마찰음 h로 이행하는 마지막 단계를 나타내고 있다는 뜻이다. 이러한 점에서 『방언집석』은 일본어 'ha'행음의 변화를 증언해 주는 귀중한 자료가 아닐 수 없다.

일본어 'ha'행음의 음운사적 변화추이와 그에 대한 국어문헌의 전사방식을 연표식으로 정리해 보면 다음과 같다.

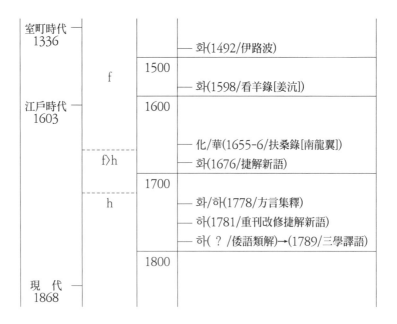

요컨대, 이와같은 'ha'행음 전사법의 추이는 일본어 음운사 상의 'ha'행음 변화를 거의 비슷하게 뒤따르고 있다고 볼 수 있다. 그 중에서도 특히 『방언집석』은 일본어 f(ɸ)>h의 변화 과정을 비교적 충실하게 반영하고 있는 문헌으로서 종래 일본어 음운사 연구에 불가결했던 '크리스천'[吉利支丹] 문헌 못지 않게 중요한 것이다. 물론, 『방언집석』에는 일본의 西端인 九州의 방언적 요소가 다분히 반영되어 있으리라고 생각된다. 왜냐하면 江戶 지방에서는 이미 18세기 초엽에 f>h의 변화가 완성되었으므로 f가 남아있었다면 일본의 畿內나 강호와 같은 문화적 중심지에서 멀리 떨어진 방언에나 그 일부가 유지되었을 것으로 추정되기 때문이다. 실제로 오늘날까지 九州의 서단에는 f가 잔존하고 있음을 참고할 만하다(吉町義雄1933:61, 橋本進吉1966:114-115).

이러한 점들을 근거로 삼으면서 『왜어유해』의 간행은 'ha'행음의 전사로 볼 때 『방언집석』보다 나중일 수밖에 없으며, 정락승이나 피문회의 역과등제 연대인 1783년을 상한으로 잡을 수밖에 없다. 이는 1781년에 간행된 『중간개수첩해신어』의 'ha'행음 전사가 『왜어유해』의 그것과 완전히 일치한다는 점으로도 뒷받침되는 일이다.

여기에 사족 삼아 『방언집석』과 『왜어유해』에 관여한 역관들의 생년과 등제연도를 종합해 보는 일도 의미가 있으리라고 생각된다.

	생년	등제연도
홍명복(洪命福)	1733	1753
한정수(韓廷脩)[9]	1741	1763
민정운(閔鼎運)	1748	1777
정락승(丁樂升)	1747	1783
피문회(皮文會)	1754	1783

『방언집석』은 1778년에 이루어졌고 『왜어유해』의 讐整官인 한정수 이하 민정운, 정락승, 피문회는 나이로나 역과등제로도 홍명복의 후배이기 때문에 『왜어유해』의 간행 또한 『방언집석』을 앞설 수 없으며, 1783년 이전으로 올라갈 수는 더욱 없는 또 하나의 방증이 된다. 이에 따라 『왜어유해』의 편자도 문제가 되는데 국어문헌의 일본어 'ha'행음 전사로 볼 때 『왜어유해』는 예외 하나 없이 가장 후대의 모습을 반영하고 있어 이를 洪舜明과 연관시키기에는 연대상으로 너무 차이가 나기 때문이다.

---

9) 한정수는 정조 6년(1782) 江戶幕府 제10대 장군 도쿠가와 이에하루(德川家治, 1737-86, 재위 1760-86)의 襲職을 축하하기 위하여 堂上 朴道洵과 함께 堂下의 직함으로 쓰시마[對馬島]에 다녀온 적도 있다. 『增正交隣志』(6:17b), '問慰各年例' 참조.

나아가 『왜어유해』의 간행시기 하한을 1789년으로 잡을 수 있음은 『고금석림』에 포함되어 있는 『삼학역어』에 『왜어유해』가 채록되어 있다는 점으로 보아 그보다 뒤질 수 없기 때문이다.10)

요컨대, 『왜어유해』는 讐整과 書寫에 관여한 인물들이 모두 전직 역관이었다는 점을 감안할 때 그 간행시기는 1786년을 앞뒤로 한 1, 2년 간이었다고 결론할 수 있다.

참고문헌

橋本進吉(1966), 『國語音韻史』, 岩波書店.

金澤庄三郞(1958), 『倭語類解』 序, 京都大學 影印本 『倭語類解』.

吉町義雄(1933), 九州方言, 『國語科學講座Ⅶ』, 明治書院.

浜田敦(1958), 『倭語類解』 解說, 京都大學 影印本 『倭語類解』 소수.

小倉進平(1923), 『國語及朝鮮語發音槪說』, 京城 近澤印刷所出版部.

_____(1940), 『增訂朝鮮語學史』. 增訂補注版(1964), 刀江書院.

安田章(1966), 苗代川の朝鮮語寫本類について, 『朝鮮學報』 39·40(朝鮮學會).

中村榮孝(1961), 『捷解新語』の成立·改修および『倭語類解』成立の時期について, 『朝鮮學報』 19.

出處 〈논총간행위원회(1968. 6.), 『李崇寧博士頌壽紀念論叢』(乙酉文化社): 297-310〉

---

10) 『삼학역어』도 『방언집석』에 필적할 만한 문헌이지만 다른 문헌에서 채록되었다는 점에서 가치가 약간 덜하다. 그러나 『삼학역어』에는 『왜어유해』 외에도 明나라 薛俊의 『日本考略』(1522) 가운데 나타나는 『寄語略』(日本寄語)을 비롯하여 『海槎錄』, 『看羊錄』과 같은 일본관련 문헌이 채록되어 있어 주목할 만하다.

朝鮮通信使의 일본어 주변인식

1. 서 언

朝鮮通信使의 일원으로 일본에 파견된 바 있는 당대의 유수한 몇몇 지식인들은 그 往還 길을 통하여 현지의 일본어와 직접 접촉함으로써 여러 가지 새로운 언어적 체험을 쌓게 된다. 그러한 외적 체험이 그들에게 어떠한 내적 인식을 불러일으켰는지, 그러한 언어적 인식을 불러일으킬 수밖에 없었던 당시의 현실적 여건은 무엇이었는지 등을 살펴보는 것이 본고의 목표라고 할 수 있다.

통신사 일행의 언어접촉 체험을 총괄해 보면 그 내용은 다음 세 가지로 구분된다. 그 첫째는 일본어와의 직접적인 접촉이다. 이로 인한 체험은 주로 고유어, 문화어, 한자어, 동식물명과 같은 단어에 걸쳐 있다. 이러한 語彙層位의 다양한 관심에 대해서는 宋敏(1985b)을 통하여 그 윤곽을 정리해 본 바 있다.

그 둘째는 타국인 일본에서 겪게 되는 모국어 체험이다. 여기에는 壬辰, 丁酉 양왜란으로 인한 조선인 被拉者들의 모국어 능력이 세월의 흐름과 더불어 일본에서 어떻게 바뀌어 갔는지, 통신사행에 諺文이 어떻게 활용된 적이 있는지, 어떠한 외국인이 그때그때 조선어를 구사할 수 있었는지에 대한 체험이 포함되어 있다. 이러한 모국어 체험에 대해서는 송민(1986b)에 의해 그 실상이 검토된 바 있다.

그 셋째는 일본어와의 접촉을 통하여 비로소 얻을 수 있게 된 일본어 주변 문제에 대한 새로운 인식이다. 통신사행에 참여한 지식인들은 일본의 문자·문자생활, 한자·한문의 색다른 용법 등에 나름대로의 관심을 표명한 바 있다. 공식 외교문서, 예컨대 國書나 答書 가운데 나타나는 措語의 부당성을 서로 지적하며, 그 수정을 요구하기도 하고, 관용적 한자용법의 독자성을 서로 이해하지 못하고 의견이 대립되기도 하였다.

일본어와의 접촉과정에서 야기된 여러 가지 언어적 충돌 속에 잠재하고 있었던 조선시대 지식인들의 언어의식은 두말할 필요도 없는 한자·한문 중심의 폐쇄적 사고방식이었다고 할 수 있다. 이러한 사고방식은 스스로를 우월감으로 얽어매어 놓게 됨으로써, 일본을 야만시하는 인식으로 발전하였던 것이다. 여기에 좀 더 구체적으로 그 내용을 검토해 보기로 하겠다.

2. 措語 數三 사례

1) '四'字에 대한 시비

현대국어에서는 넉 '四'자를 죽을 '死'자와 발음이 같다는 이유로 기피하는 수가 많으나, 조선시대에는 그러한 의식이 없었다. 그 근거로서 1636(인조14)-37년 사행시의 副使 金世濂(1593-1646)은 다음과 같은 기록을 남기고 있다. 釜山에 도착한 통신사 일행은 일본왕환 길 수행 차 미리 와서 대기하고 있던 對馬島 奉行 平成春을 만나 그에게 국서의 謄本과 別幅을 건네주었다. 譯官 洪喜男의 讀釋으로 그 내용을 검토한 평성춘은 조선측 接慰官이었던 蔚山府使 吳遲에게 여러 가지 의견을 개진하는 가운데 다음과 같은 점을 지적하고 있다.

> 이번에 내려보낸 別幅 초본을 보건대…(중략)…붓과 먹은 단지 40이라 약소할 뿐
> 만 아니라, 보기에도 매몰차며, 40의 '넉 四'자는 '죽을 死'자와 음이 같아서 우리
> 나라에서 꺼리는 바가 크므로 大君의 좌우에 있는 사람들이 만약 "조선이 우리나
> 라를 업신여겨 예물을 이처럼 적게 보내며 또한 꺼리는 '四'자를 쓴 것 역시 뜻이
> 있을 것이다"라고 한다면 어찌하겠습니까.
> 今見下送別幅草本…(中略)…筆墨則只送四十 非但略小 所見埋沒 四十之四字 與死字音
> 同 大爲我國之所忌 大君左右之人 若曰朝鮮凌蔑我國 贈禮非薄如是 且用所忌之四字
> 亦有其意云云 則將若之何[1]

조선측이 마련한 방물 가운데 "筆墨 四十"은 약소할 뿐 아니라, 죽을 '死'字와 음이 같아서 일본인이 꺼리는데, 이 '四'字 단위를 택한 데에는 일본을 능멸하려는 뜻이 있다고 중앙에서 시비가 일어나면 어떻게 하겠느냐는 것이었다. 이에 吳遲은 그 사유를 갖추어 啓聞하였다. 이에 대한 禮曹의 啓辭가 후일 도착하게 되는데 그 移文 속에 "筆墨四十之數 彼中所忌 則各加一十爲五十 所加至微"(筆墨 四十이란 數는 저들 나라에서 꺼리는 바이니 각각 十을 더하여 五十으로 하더라도 더 주는 것이 지극히 적습니다.)[2] 라는 언급이 있었던 점으로 보아 일본측 요구대로 '四十'을 '五十' 으로 늘려 주게 된 듯하다.

---

1) 金世濂, 『海槎錄』 1936년 9월 8일.
2) 金世濂, 『海槎錄』 1936년 9월 25일.

일본인들의 '四'자 기피벽은 1655(효종6)-56년 사행시의 從事官 南龍翼(1628-1692)의 기록에도 나타난다.

> 義成이 온 것은 오로지 술을 마시기 위함이었는데 전날 그가 여기서 술로 욕을 본 적이 있기 때문에 간략히 술상을 차려 답례하면서 秋露[조선 소주]에 물을 타서 평순하게 하여 세 잔만 권하고 그만두려 하니 의성이 紹栢을 돌아보며 "四라는 숫자는 기피하는 것이니 다섯 잔을 마시고 싶다"고 하므로 다시 두 잔을 더 권하고 끝내니 다시 더 청하지 못했다.
> 義成之來 專爲飮酒 而前日此地 苦其病酒 故略設盃床而答 平和水於秋露 三杯欲止 則義成顧栢僧曰 四數則有懇3) 欲飮五盃云 更酌二杯而罷 不敢更請4)

이것은 使行이 赤間關에 머물고 있는 동안 대마도주 平義成이 자기 아들과 함께 紹栢(僧)을 데리고 찾아 왔을 때의 기록이다. 이 기록은 義成에게 간략한 술상을 차려 답례하면서, 석 잔만 권하고 그만 두려 하니 "四라는 숫자는 忌하는 것이니 다섯 잔을 마시고 싶다"고 하므로 두 잔을 더 권하고 파하였음을 알리고 있다.

이렇게 하여 조선의 지식인들은 일본인의 '四'자 기피벽을 비로소 알게 된 듯하다. 이 기록은 17세기 당시의 조선에 '四'자 기피벽이 없었음을 동시에 알려준다. 만약 당시에 '四'자 기피벽이 국내에 있었더라면 別幅의 物目에 '四'자 단위를 썼을 리가 없기 때문이다. 결국 조선의 지식인들이 일본인의 '四'자 기피벽을 알게 된 것은 1636-37년 사행시의 별폭 때문이었으며, 그 후부터는 별폭의 물목에 '四'자 단위를 쓰지 않게 된 것으로 생각된다.5)

2) 國書의 措語에 대한 시비

金世濂의 기록에 의하면 위에서 보인 '四'자 시비에 앞서 조선측 국서의 조어에 대해서도 平成春의 수정요구가 있었음을 알 수 있다.

곧 역관 洪喜男의 讀釋으로 국서의 내용을 다 듣고 난 평성춘은 藤智繩과 한동안 말을 나눈 후 접위관 吳䢖에게 다음과 같은 의견을 제기한 것이다.

> 書契에 쓰인 語句를 우리들이 비록 잘 알지는 못하나 '賢君' 두 글자는 크게 불

---

3) 『海行摠載』本文의 '懇'은 '忌'의 誤植일 것이다. 민족문화추진회, 『국역해행총재』 V(1975)의 原文正誤表 참조.
4) 南龍翼, 『扶桑錄』 1656년 1월 3일.
5) 실제로 1655-6년 使行時의 別幅에는 '四'자 단위가 일체 나타나지 않는다(南龍翼, 『扶桑錄』 卷頭의 '賫去物件' 참조).

편합니다. 우리나라에서는 어리석은 자를 '聖'이라 하고 속이는 자를 '賢'이라 이르므로 이제 우리 大君을 '賢君'이라 함은 모욕하는 것이 됩니다. 반드시 큰일이 날 것이니 '賢君' 두 글자를 빼고 다만 '성대히 선대를 이어받아'[丕承先緖]와 같은 말을 써넣음이 어떻겠습니까.

書契措語 俺等雖未得通解 賢君二字 大爲未安 我國則愚者謂之聖 詐者謂之賢 今以吾大君爲賢君 辱之甚矣 必生大事 賢君二字刪去 只以丕承先緖等語 書塡何如[6]

일본에서는 어리석은 자를 '聖'이라 하고, 속이는 자를 '賢'이라 이르는데 關白을 '賢君'이라 하면 심한 모욕이 되므로 큰 일 날 일이니 '賢君' 두 글자를 빼는 것이 어떻겠느냐는 것이었다. 이에 대한 예조의 계사가 후일 전해지게 되는데 그 移文에 '書契中賢君二者 雖刪去 文理自通 刪去爲當'(서계 중 賢君 두 글자를 빼더라도 문리가 절로 통하니 빼는 것이 마땅합니다.)[7]라는 언급이 보이는 점으로 보아 이 역시 일본측 요구를 받아들인 듯하다.

평성춘은 조선측이 자기 나라를 낮추어 부르는 '弊邦'을 쓴 점에 대해서도 주의를 환기시킨 바 있다. 관백의 좌우에서 用事하는 사람들이 回答書契에 조선에 대하여 '弊邦'이라고 일컫는다면 불화가 생겨날 것이니 온편하지 못한 문자를 빼는 것이 어떻겠느냐는 것이었다. 이에 대한 예조의 계사는 그 제의를 받아들이자는 것이었으나, 그 명분은 일본인이 문자를 모른다는 점에 두고 있었다.

> 왜인이 본디 문자를 모르고 그 나라의 풍속이 이와 같으니 어찌하여 꼭 그 꺼리
> 는 말을 써서 그 뜻을 어길 것입니까.
> 倭人本不知文字 其國俗習見如是 何必用其所忌之語 以拂其意乎[8]

이러한 태도는 조선시대 지식인들의 인식을 단적으로 나타내고 있다. 곧 일본인이 본디 문자를 모르므로 그 꺼리는 말을 써서 구태여 그 뜻을 어길 필요가 있겠느냐는 것이었다. 바로 여기에 일본에 대한 당시 지식인들의 우월감이 반영되어 있다고 할 수 있다. 그 구체적 사례의 하나를 1936-37년 사행시의 正使 任絖(1579-1644)이 남긴 기록에서 찾아보기로 한다.

> 홍희남이 의성을 찾아가 만났을 때 마침 伊豆守가 자리에 앉아있었는데 홍희남
> 이 묻기를 "刷還에 관한 일은 이미 허락이 났는데 禮曹로 보내는 서계 중에 '모름
> 지기 他年을 기다려야 한다'는 등의 말을 두어 다시 막고 있는 것은 어째서입니까"

---

6) 金世濂, 『海槎錄』 1936년 9월 8일.
7) 金世濂, 『海槎錄』 1936년 9월 25일.
8) 金世濂, 『海槎錄』 1936년 9월 25일.

하니 이두수가 "절대로 그럴 리가 없습니다" 하고 즉시 良長老를 불러 물으매 장로
가 웃으며 말하기를 "어찌 그리도 이해를 못하시오. '他年을 기다려야 한다'는 것
이 어찌 반드시 他年을 기다린다는 뜻이겠습니까"라고 하니 그 글자의 뜻을 알지
못함이 이와 같았다.

洪喜男往見義成時 適伊豆守在座 喜男問曰 刷還一事 旣以許之 而禮曹書 契中 有須待
他年等語 更爲防塞何也 伊豆萬無是理 卽招良長老問之 長老笑曰 何其不解見也 須待
他年云者 諸[9]何必待他年 其不識字意有如此[10]

인용부분은 임진·정유 양왜란으로 인한 조선인 피랍자의 刷還交涉에 관한 것이다. 곧 피랍
자를 돌려보내라는 허락이 났음에도 불구하고 예조에 보내는 서계에는 "모름지기 他年을
기다려야 한다"는 말이 있어 피랍자 쇄환을 막고 있으니 그 이유가 무엇이냐고 역관 홍희남
이 평의성과 함께 있던 伊豆守에게 묻자 良長老의 대답은 "어찌 그것이 꼭 타년을 기다린다는
뜻이겠소"라는 것이었다. 여기에 대하여 사신들은 '그 글자의 뜻을 알지 못함이 이와 같았다'
고 소감을 밝힌 것이다. 字義를 알지 못하는 일본인들과 더 이상 다툴 필요가 없다는 태도가
여기에 나타나고 있다. 이야말로 사신들의 우월감을 드러내 준 태도가 아닌가 한다.

3) 御字에 대한 疑念

일본인이 문자의 용법을 모른다는 구체적 사례로 통신사가 가장 많이 지적한 글자는 '御'자
였다. 1636-37년 사행의 정사 임광(1579-1644), 1655-6년 사행의 종사관 남용익(1628-1692),
1719(숙종45)-20년 사행의 제술관 申維翰(1681-?), 1748년(영조24) 사행의 종사관 曹命采(1700
-1763) 등은 일본인이 '御'자를 함부로 쓴다하며 놀라기도 하고 화를 내기도 하면서 고하경중
을 가리지 못하는 일본인들을 꾸짖기도 하였다.

우리 일행을 '勅使'라 칭하고 머무는 곳을 '御宿'이라 칭하며, 바치는 물건을 '進
獻'이라 칭하며, 홍희남에게 보내는 편지에는 '洪喜男御前'이라 하고 강우성에게는
'康遇聖御前'이라 하여 이미 그 이름을 쓰고 또 '御前'이라 칭해서 문서 사이의 輕
重을 거꾸로 하고 있으매 족히 책할 바도 못된다.

吾等之行 稱以勅使所館之處 稱以御宿 所呈之物 稱以進獻 抵書洪喜男曰 洪喜男御前

---

9) 민족문화추진회, 『국역해행총재』 III(1975)의 原文正誤表에는 이 때의 '諸'가 없어야 할 글자로 되어 있으나,
  이는 잘못이다. 위와 거의 똑같은 記錄은 부사 金世濂의 『海槎錄』과 종사관 黃㦿의 『東槎錄』에도 모두 같은
  날짜에 나오는데 이 두 곳에는 '謂何必待他年'으로 되어 있기 때문이다. 곧 『海行總載』 所收인 正使 任絖의
  記錄에 나타나는 '諸'는 없어도 될 글자가 아니라 '謂'의 誤植이었음이 분명한 것이다.
10) 任 絖, 『丙子日本日記』 1636년 12월 29일.

康遇聖曰康遇聖御前 旣書其名 又稱御前 文書間輕重倒置 有不足責矣[11]

    그리고 그 나라에서는 글을 지으며 글자를 쓸 때 가볍고 무거운 것을 몰라 사신의 숙소를 '御宿所'라 하고 饌物의 物目에 '進上'이라 쓰고 있으니 이것으로 미루어 보자면 곧 어쩌면 무심한 것 같기도 하다.

而其國作文下字 不知輕重 使臣宿所處 則題以御宿所 饌物物目 則書以進上 以此推知則或以無情矣[12]

    무릇 문자를 쓰는 例는 높고 낮은 사람의 구분이 없어 아랫것들에게 주는 물건을 혹은 '進上'이라 하며, 아랫것들이 있는 처소를 혹은 '御所'라 일컫기도 하고, 이번 禮曹로 회답하는 문서 가운데 執政 등의 글자를 臣이라 일컬은 데가 있기까지 하였으니 그들의 경하고 중한 것을 알지 못함이 이러하였다.

凡用文字之例 無分高下 贈遺下輩之物 或稱進上 接宿下輩之所 或稱御所 至如今番禮曹答書中 執政等字多有稱臣者 其不知輕重如此[13]

    내가 客館에 있을 때 내게 선물을 보내는 사람이 있을 때에는 대개 '御筆, 御扇, 御用紙, 御菓子'라고 쓴 것이 많았는데 처음에는 매우 놀라 퇴하려 하였더니, 역관이 말하되 "왜인의 습속이 이와 같아 본래 참람된 것이 아니니 그것을 다 고쳐 쓰라 하면 이루 다 고쳐 쓸 수가 없습니다" 하기에 웃고 그대로 두었다.

余在客館 見有所饋者 多書以御筆御扇御用紙御菓子之類 初甚驚駭 欲却之譯官曰 倭俗如此 本非僭濫 却令改書 則不可勝改 因笑而置之[14]

    館所의 문에는 작은 종이에 '아무 사신이 머무시는 곳'[某使御宿]이라는 넉 자를 써붙였는데 그 나라 풍속이 존경하는 모든 곳에는 반드시 '御'자를 붙인다고 한다. 곧 아랫것들을 불러 護行倭에게 "앞으로는 '御'자를 쓰지 말라"고 말하게 하였다.

所館之門 貼以小紙 書以某使御宿四字 盖其國俗凡於尊敬之處 則必下御字云 卽使下輩去其貼紙 招舌官使之言于護行倭 此後則勿書御字[15]

조선통신사에게는 군왕을 지칭하는 '御'자가 아무렇게나 쓰이는 것이 도저히 납득이 되지 않았던 것이다. 그 때문에 '御宿, 御前, 御所, 御筆, 御扇, 御用紙, 御菓子'와 같은 일본식 표현이 아무래도 마음에 걸렸을 것이다. 그뿐 아니라 '勅使, 進獻, 進上'과 같은 표현에도 의념을

---

11) 任 絖, 『丙子日本日記』 1636년 12월 29일.
12) 南龍翼, 『扶桑錄』 1655년 10월 29일.
13) 南龍翼, 『扶桑錄』(1655-6) 聞見雜錄 風俗 文字.
14) 申維翰, 『海游錄』(1719-20) 聞見雜錄.
15) 曹命采, 『奉使日本時聞見錄』 1748년 2월 17일.

지닐 수밖에 없었다. 1420년(세종2) 사행의 回禮使 宋希璟(1376-1446), 1443년(세종25) 사행의 書狀官 申叔舟(1417-1475), 1876년(고종13) 사행의 修信使 金綺秀(1832-?) 등의 다음과 같은 기록에도 '御'자에 대한 의념이 담겨 있다고 할 수 있다.

> 宗金이 말하기를 官人의 말씀이 비록 옳으나 御所[일본사람은 그들의 왕을 御所라고 한대께서….
> 宗金曰官人之言 雖是而御所[日本之人謂其王曰御所]…16)

> 그 나라에서는 감히 王이라 칭하지 못하고 단지 御所라 칭한다.
> 於其國中 不敢稱王 只稱御所17)

> 서로 敬禮하는 처지에는 대수롭지 않게 '御'자를 사용하니 '御馬, 御禮, 御行'과 같은 말을 예사로 사용한다.
> 苟相敬禮之地 輒用御字 如御馬御禮御行等語 尋常用之18)

통신사로서가 아니라 정유왜란 때 일본에 피랍되었다가 생환한 姜沆(1561-1618)이나 鄭希得(1575-1640)은 일본인의 用字法을 더욱 격렬하게 비판하고 있다.

> 그들 상호간의 호칭은 '樣'이라고도 하고 '殿'이라고도 하여 關白으로부터 서민에 이르기까지 통용되고 있으니 夷狄의 等威 없음이 이와 같습니다.
> 其相稱號 或曰樣 或曰殿 自關白至庶人通用之 夷狄之無等威如此19)

> 그들의 서로 부르는 칭호는 혹은 '樣' 혹은 '殿'이라고 하는데 '樣'이라는 칭호가 '殿'이라는 칭호보다 높다 하며, 王公으로부터 서민에 이르기까지 통용되니 夷狄에게 尊卑가 없음이 이와 같다.
> 其相稱號 或曰樣 或曰殿 樣之稱尊前於殿之稱云 而自王公至庶人通用之 夷狄之無等威如此矣 20)

> 그들이 서로 일컫기는 반드시 '樣'이라고도 '殿'이라고도 하며 書辭에는 반드시 '御'라고 이르는데 天皇으로부터 서민에 이르기까지 통용된다. 위에서 아랫사람에게 주는 것도 혹은 '貢'이라고 하며, 위에서 아랫사람에게 임하는 것도 혹은 '朝'라고 이르니 그 등급 없음이 이와 같다.

---

16) 宋希璟, 『日本行錄』1420년 4월 23일.
17) 申叔舟, 『海東諸國記』(1471) 日本國記 國王代序.
18) 金綺秀, 『日東記游』(1876) 권三 俗尙.
19) 姜 沆, 『看羊錄』(1597-1600) 倭國八道六十六州國.
20) 鄭希得, 『海上錄』(1597-1599) 권一 風土記.

其相稱必曰樣　次曰殿　書辭必曰御　自天皇至庶人通用之　上賜下或曰貢　上臨下或曰朝 其無等級如此[21]

여기서는 일본을 아예 夷狄으로 간주하고 있으며, 그 때문에 그들에게는 등급이 없어 天皇으로부터 庶人에게 이르기까지 稱號가 통용되는 것이라고 하였다. 일본에 대한 조선시대 지식인들의 이와 같은 侮蔑態度에 불만을 표시한 일본인도 있었다. 대마도 藩士였던 雨森芳洲(1668-1755)는 1719-20년 사행 때 제술관이었던 신유한에게 江戸의 객관에서 이렇게 말하고 있다.

> 그런데 귀국 사람이 저술한 문집을 보면 그중의 말에 우리나라에 관한 것은 반드시 倭賊이니 蠻酋니 하여 추하게 여기고 멸시함을 함부로 한 것이 차마 말도 할 수 없는 것이 있으므로 우리 文昭王 말년에 우연히 조선의 문집을 보고 매양 여러 신하들에게 이르기를 "어찌 조선이 우리를 모욕함이 이 지경에 이를 줄 알았으리오" 하면서 평생토록 한을 품었는데 "오늘날 여러분이 과연 이 뜻을 아시오." …(중략)… "그러나 다만 지금 여러 從者들이 우리나라 사람을 부를 때에는 반드시 倭人이라 칭하니 또한 바라는 바가 아닙니다. …(중략)… 이 뒤에는 원컨대 하인들에게 申飭하여 우리를 일본이라 하였으면 좋겠습니다."
> 而竊觀貴國人所撰文集中語及敝邦者　必稱倭賊蠻 酋醜蔑狼藉　有不忍言者　我文昭王末年　偶見朝鮮文集　每謂君臣曰豈料朝鮮侮我至此　憾恨終身　今日諸公可知此意否…(중략)…但今諸從者　有呼敝邦人　必曰倭人亦非所望…(중략)…今後則願飭下輩　呼我以日本人可矣[22]

雨森芳洲는 조선인의 문집 가운데 나타나는 '倭賊'이나 '蠻酋'라는 칭호를 못마땅해 하면서, 종자들에게 '倭人' 대신 '일본(인)'이라 부르게 하는 것이 옳다고 요청한 것이다. 이 말을 할 때 芳洲는 '辭色甚不平怒腸漸露'(말과 표정이 심히 평화스럽지 않았고, 성난 마음이 점점 드러났다)였다고 한다.

3. 일본인의 문자능력

1) 문자와 諺字

통신사행에 참여한 조선시대 지식인들의 관심은 일본인의 문자 생활 능력 관찰에 주로

---

21) 姜　沆, 『看羊錄』(1597-1600) 詣承政院啓辭.
22) 申維翰, 『海游錄』(1719-20) 聞見雜錄.

나타났다. 그들의 첫 번째 인식은 일본인이 문자를 모른다는 것이었다. 이때의 문자는 물론 한자·한문을 뜻한다. 그 대신 일본인들은 諺字를 쓸 줄 안다고 하였다. 申叔舟를 비롯하여 1596년 사행시의 黃愼(1560-1617), 姜沆, 1624(인조2)-25년 사행시의 부사 姜弘重(1577-1642), 김세렴, 남용익, 신유한의 관점을 차례로 예시해 보면 다음과 같다.

남녀가 모두 그 國字를 배우며[國字는 '加多干那'라 불리며 무릇 47자에 이른다] 오직 승려만이 經書를 읽으며 漢字를 안다.
無男女皆習其國字[國字號加多干那凡四十七字] 唯僧徒讀經書知漢字23)

그 백성은 兵, 農, 工, 商, 僧이 있는데 오직 僧과 公族에만 문자를 해득하는 자가 있고 그 나머지는 비록 將官의 무리라도 역시 글자 하나 알지 못한다.
其民有兵農工商僧 而唯僧及公族有解文字者 其餘則雖將官輩亦不識一字24)

왜인들이 문자를 해득하지 못하므로 방언에 기대어 48자로 나누어 倭諺을 만들었는데 그 언문에 문자를 섞어 쓰면 우리나라의 吏讀와 같고 문자를 섞지 않은 것은 우리나라의 언문과 똑같습니다. 왜인의 글에 능하다는 사람도 언문을 사용할 뿐 문자에 대해서는 전혀 알지 못하고 오직 倭僧만이 문자를 해득하는 사람이 많은데 性情이 보통 왜인과는 사뭇 다릅니다.
以倭人不解文字 依方言以四十八字 分作倭諺 其諺之雜用文字者 酷似我國吏讀 不雜文字者 酷似我國諺文 倭人之號爲能文字 只用諺釋 文字則了不能知 惟倭僧多解文字者 性情與凡倭頗異25)

그 나라의 풍속이 원래 글을 배우지 않아 위로는 천황으로부터 아래로는 서민에 이르기까지 한 사람도 글을 아는 사람이 없다. 모든 문서는 오직 중만이 주관하며 나라 가운데 통용되는 문자는 이른바 諺書가 있을 뿐이다.
其國俗 本不爲文 上自天皇 下至衆庶 無一人識字者 唯僧主之 國中通用之文 則只有所謂諺書而已26)

그 풍속이 천황으로부터 백성에 이르기까지 문자를 알지 못하여 모든 문서는 오직 중이 맡는다. 이른바 언문이라는 것이 있는데 그 나라의 弘法大師라는 자가 만든 것이다.…(중략)…왜인이 문자를 알지 못하므로 방언에 따라 48자로 나누어 倭의 언문을 만들었는데, 우리나라의 언문과 매우 비슷하다. 또 한 가지의 언문이

---

23) 申叔舟, 『海東諸國記』(1471) 日本國記 國俗.
24) 黃 愼, 『日本往還日記』 1596년 12월 9일.
25) 姜 沆, 『看羊綠』(1597-1600) 倭國八道六十六州國.
26) 姜弘重, 『東槎錄』(1624-5) 聞見摠錄.

있어서 十七帖[王羲之의 草書를 뜻함] 중 초서 글자로 만들어졌고 문자에 섞어 쓰이는
데 이는 우리나라의 吏讀와 매우 닮았다.

其俗自天皇至衆庶 不識字 凡百文書 惟僧主之 有所謂諺文者 其國弘法大師者所造也…
(중략)…以倭人不解文字 依方言四十八字 分作倭言 酷似我國諺文 又有一種諺文 以十
七貼27) 中草書字爲之 雜用文字 此則酷似我國吏讀28)

남자나 여자나 귀한 자나 천한 자나 할 것 없이 모두 그 나라 글자를 읽히는데
소위 國字라 하는 것은 단지 50자 뿐이고, 떼고 붙이기를 이리저리 돌리면 적지
못할 말이 없으니 우리나라의 언문과 같은 것으로 문자를 약간 아는 자는 漢字를
섞어서 편지로 통용되고 있다.

無男女貴賤皆習其國字 所謂國字 只五十字 而離合轉環 無言不記 猶我國之諺文也 稍
解文字 雜以漢字 以通書辭29)

國中에 쓰이는 諺文으로는 48자가 있는데 字形은 모두 眞書 首尾의 점과 획을
잘라 만들어졌는데 音만 있고 釋은 없어 서로 붙여 소리를 이루어 거의 우리나라
의 언문과 같다. 이에 그 方音으로 方言에 맞추어 일반 사람이 익히기에 편리하고
通情하기에 적당한데 그 언문의 초서가 기괴하여 떨어지는 꽃, 나는 새와 같아서
잘 알아 볼 수가 없는데 이는 옛날에 弘法大師가 만든 것이다.

國中所用諺文有四十八字 字形皆截眞書 首尾點畵 有音而無釋 互着而成音 略如我國諺
文 以其方音叶 於方言而用之 便於習俗而利於通情 倭男女無少長 皆解之而諺草奇怪
如落花飛鳥 不可分曉 是古弘法大師所造30)

지금 그 풍속을 보니 글로 사람을 쓰지 아니하고 또한 글로써 公事를 하지 아니
하며 關白 이하 각 주의 태수와 관직에 있는 모든 사람들이 하나도 글을 아는 이가
없고 다만 언문 48자에다 약간의 眞書를 섞어서 狀啓와 教令을 하고 文簿와 편지
를 만들어서 상하의 정을 통하니 國君의 이끌어감이 이러하였다.

今觀其俗 不以文用人 亦不爲文爲公事 關白以下各州太守百職之官 無一解文字 但以諺
文四十八字 略用眞書數十字雜文 爲狀聞教令 爲簿牒書簡 以通上下之情 國君之導率如
此31)

여기에 나타나는 내용을 요약해 보면 일본에서 한문을 아는 사람은 僧徒뿐이라는 점, 일본

---

27) '貼'은 '帖'의 誤植. 『국역해행총재』 IV(1975) 原文正誤表 참조.
28) 金世濂, 『海槎錄』(1936-7) 見聞雜錄.
29) 南龍翼, 『扶桑錄』(1655-6) 聞見雜錄 風俗 文字.
30) 申維翰, 『海游錄』(1719-20) 聞見雜錄.
31) 申維翰, 『海游錄』(1719-20) 聞見雜錄.

에는 48자로 된 국자가 있는데 이를 한자와 섞어 쓰면 우리나라의 吏讀와 같고, 국자로만 쓰면 우리나라의 언문과 같다는 점, 國字의 자형은 眞書의 首尾點劃을 잘라낸 것으로 音은 있으나 釋이 없다는 점, 일본국자는 弘法大師가 만들었다는 점 등이 된다. 한자의 '首尾點劃'을 잘라낸 것이라 함은 '가타카나'[片假名]'를 지칭한 것으로 보이는데 첫 번째 인용문에 나타나는 바와 같이 신숙주는 이를 '加多干那'라고 적고 있다. 그러나 김세렴과 신유한은 '히라가나'[平假名]에 대해서도 관찰이 있었음을 알려주고 있다. 다섯 번째 인용문에 의하면 김세렴은 '히라가나'가 王羲之의 十七帖 草書字에서 나왔다고 하였고, 신유한은 마지막 인용문에 나타나는 바와 같이 '諺草'의 기괴함이 落花飛鳥 곧 '떨어지는 꽃, 날아가는 새'와 같아서 알아볼 수가 없다고 하였다.

이상과 같은 인식 자체에 근본적인 잘못은 없다. 국한혼용체를 이두와 같다고 한 점, 국자를 弘法大師가 만들었다는 점에 문제가 없지는 않으나 당시로서는 어쩔 수 없는 일이었을 것이다. 문제는 이 모든 인식이 한자·한문중심 사고방식을 벗어나지 못했다는 점에 있다. 통신사들은 일본의 남녀노소귀천이 모두 국자를 배워 습속과 通情에 편리하게 이용하고 있을 뿐 아니라, 국자와 한자를 섞어 狀啓, 敎令, 文簿, 書簡에 이용함으로써 상하가 의사를 통하고 있다는 점까지를 지적하면서도 국군의 導率이 이와 같다고 했을 뿐 그들의 문자생활능력이 언어정책상 무엇을 뜻하는지 더 이상 생각하지 못했던 것이다. 한자·한문생활로 불편함을 느끼지 못했던 당시의 지식인들로서는 일반서민의 문자생활에 관심이 없었던 것이다. 그 때문에 일본인이 국자를 널리 이용함으로써 편리하고 유익한 생활을 영위하고 있음을 보고 나서도 조선의 문자정책에 아무런 반성이나 자각을 가져오지 못하고 말았다.

이와 같은 폐쇄적 퇴영적 자만과 긍지 때문에 조선의 지식인들은 아무도 일본국자의 자체에 구체적 관심을 표명한 적이 없었다. 그들은 방대한 양에 달하는 기록을 남겼음에도 불구하고 일본국자의 실례 한 가지라도 기록에 남길 생각은 하지 않았던 것이다. 그러나 여기에 단 하나의 예외가 있다. 1881년(고종18) 신사유람단의 일원으로 일본에 다녀온 바 있는 李鑢永(1837-1910)이 '가타카나'[片假名]로 구성된 '五十音圖'와 泰西人數字 곧 아라비아 숫자 1에서 9까지를 기록에 남긴 것이다.[32] 여기에 대해서는 이 자리에서 논의할 성격의 것으로 판단되지 않기 때문에 다른 기회를 기다릴 생각이다.

한편 조선통신사 일행은 오히려 일본인들의 한자이용법이 특이함만을 자주 지적하고 있다.

또한 괴상한 글자를 만들어 쓰기도 하는데 '垰'자는 결단을 말하고 '辻'자는 이

---

32) 李鑢永, 『日槎集略』(1881) 卷人 散錄 伊呂波.

렇게 저렇게를 뜻함이 그것이다.

又有造作恮字 以垳字爲決斷之謂 迲字爲這樣那樣之謂者是也[33]

　그 풍속에 별도 뜻으로 쓰이는 문자가 있으니 예를 들자면 '誘'자는 여러 사물을 結束한다는 말이 되고 '態'는 委問이라는 말이 되며, '誂'자는 匠人에게 맞춘다는 말이 된다.

其俗有別用文字　如以誘字　爲凡物結束之謂　態字爲委問之謂　誂字爲工匠處約造之謂…[34]

　풍속에 문자로 쓰이는 것 중 우리나라에 없는 것이 매우 많다. 예를 들면 '밭'은 '畠'이라 하고 '十字街'는 '辻'이라 하는 식인데 모두가 뜻만 있고 음은 없다. 또 글자를 달리 쓰는 것이 있으니 예를 들어 남에게 편지를 보낼 때 아무개 '前'이라 할 것을 '樣'이라 하고 물건을 서로 나눌 때 아무 물건 얼마 씩이라 할 것을 그렇게 하지 않고 '宛'이라 하며, '殿'이나 '御'자는 사람의 존대말이 된다.

俗用文字　我國所無者甚多　如山田曰畠　十字街曰辻之類　皆有譯而無音　又有用字之異者 如以書抵人　而書曰某官前者　稱以某樣　以物分人　而書曰某物幾許式者　不日式而曰宛 殿字御字　爲平人尊待之辭[35]

　그 音譯을 들은 즉 산천, 지명, 육갑, 오행, 성명, 職號를 모두 방언으로 풀어 부른다.

聽其音譯　則山川地名六甲五行人之姓名職號　皆以方言釋而呼之[36]

　왜인의 말에 뜻이 없는 것으로 山은 '夜麻(야마)'라 하고 海는 '由未(유미)'라 하고 水는 '閔注(민주)'라 하고 紙는 '加末(가미)'라 하고 筆은 '候代(후대)'라 하고 墨은 '愁未(수미)'라 하고 硯은 '愁愁里(수수리)'라고 한다.

倭言之無意者　山曰夜麻　海曰由未　水曰閔注　紙曰加末　筆曰候代　墨曰愁未　硯曰愁愁 里…[37]

　일본인들이 '別用文字, 造作怪字, 俗用文字'를 쓰는 것은 한자를 제대로 모르는 데에서 연유한다는 인식이 통신사의 머리 속을 스쳤을지도 모른다. 그 때문에 방언으로 새기는 산천, 지명, 六甲, 오행, 인명, 職號에는 음만 있을 뿐 뜻이 없다고 하였다. 다시 말하자면 조선의 지식인들은 고유일본어를 한자음으로 전사할 때 한자의 의미는 이용될 필요가 없다는 점을

---

33) 南龍翼, 『扶桑錄』(1655-6) 聞見雜錄 風俗 文字.
34) 南龍翼, 『扶桑錄』(1655-6) 聞見雜錄 風俗 文字.
35) 申維翰, 『海游錄』(1719-20) 聞見雜錄.
36) 申維翰, 『海游錄』(1719-20) 聞見雜錄.
37) 申維翰, 『海游錄』(1719-20) 聞見雜錄.

전혀 인식하지 못한 것이다. 요컨대 이러한 인식은 한자중심의 사고방식에서 연유한다고 할 수 있다. 그 때문에 조선시대의 지식인들은 일본인들이 한자를 모르면서도 글씨를 귀하게 여겨, 使行으로부터 隻字片言을 서로 얻으려고 길을 메웠다고 기록하고 있다.

그러나 그 풍속이 오히려 문자의 귀중함을 알아 병풍과 벽 위에 草書 붙이기를 좋아하였다. 그 때문에 종이를 가지고 글씨를 구하는 자가 길에 가득하였는데 그 중에서도 眞草를 가장 좋아하였다. 마을 거리의 아이들까지도 또한 그 귀중함을 알아 만약 글씨를 쓴 종이 조각이 땅에 떨어져 있으면 서로 다투어 주워 허리춤에 챙기면서 혹 잃을까 걱정하였다.
然其俗猶知文字可貴 屛壁之上 喜付草書 以此持紙求書者 盈滿道路 而最喜者眞草也 至於閭巷間小兒輩 亦知其可貴 如見片紙隻字之墜地者 爭相拾取 佩紐 恐或失之[38]

왜인들이 글씨와 그림을 몹시 중하게 여겨 全榮의 글씨를 구하는 자가 더욱 많아 梅隱이라는 이름으로 온 나라에 떨쳤다. 이 섬에 오자 구하는 자가 梅隱 보기를 바라므로 일행 가운데 紫色옷을 입은 자가 바로 그 사람이라고 알려주었다. 역관 尹廷羽가 자색옷을 입고 배에서 내리매 구하는 자가 사방에서 모여들어 손을 모으며 글씨를 청하였다. 왜통사가 보고 그가 梅隱이 아니라고 애써 말하여 비로소 헤어나게 되매 일행이 크게 웃었다.
倭人絶重書畫 求全榮筆者尤多 謂之梅隱 名振一國 至是島 求者願得見梅隱 行中告以 衣紫者是也 譯官尹廷羽 着紫衣下舟 求者四集 攢手乞書 倭通事見之 力言其不爲梅隱 始得出 行中爲之胡盧[39]

중국서적이 거의 다 유포되고 있지만 해득하는 자가 아주 적어 向慕하는 情이 곧 위아래 사람이 모두 같으며 혹시라도 우리나라 사람의 글씨 한 자, 말 한마디라도 얻기만 한다면 보물처럼 간직하고 대대로 전하여 玩賞하며, 더구나 글씨의 法體를 좋아해서 비록 아랫것들이 아무렇게나 쓴 것이라도 서로 다투어 구해다가 병풍이나 족자를 만드는 자가 많았다.
中國書籍幾盡流布 解之者絶少 而向慕之情 則上下同然 如得我國人隻字片言 則寶藏而 傳玩之 尤喜書法 雖下輩亂草 爭相求得 以爲屛簇者亦多矣[40]

당시의 일본인들이 사행으로부터 글씨를 얻으려고 얼마나 열심이었는지는 두 번째 인용문에 잘 나타나 있다. 1636-37년의 사행에는 글씨 잘 쓰는 全榮이 있었다. 사행이 藍島에 이르

38) 姜弘重, 『東槎錄』(1624-5) 聞見摠錄.
39) 金世濂, 『海槎錄』1937년 2월 11일.
40) 南龍翼, 『扶桑錄』(1655-6) 聞見雜錄 風俗 文字.

매 많은 사람들이 전영을 만나보고 싶어 했다. 누군가가 자색 옷 입은 사람이 전영이라고 일러 주었던 모양이다. 마침 역관 尹廷羽가 자색 옷을 입고 배에서 내리매 구하는 자들이 사방에서 몰려와 손을 모으며 글씨를 청했다. 왜통사가 전영이 아니라고 애써 말해서 비로소 헤어나게 되매 일행이 크게 웃었다는 것이다.

신유한도 일본의 문사들이 천리 길을 멀다 하지 않고 驛이나 館으로 찾아와 시문을 구하기 때문에, 이름난 도회지나 큰 고을을 지날 때에는 그들을 응접하느라 바빴음을 기록에 남기고 있다.

> 일본사람들이 우리나라의 詩와 文을 구하여 얻은 자는 貴賤賢愚를 묻지 아니하고 우러러 보기를 神明처럼 하고, 보배로 여기기를 주옥처럼 하지 않음이 없어, 비록 가마를 메고 말을 모는 천한 사람들이라도 조선 사람의 楷書나 草書를 두어 글자만 얻으면 모두 손으로 이마를 받치고 감사의 성의를 표시하며, 소위 文士라 하는 자는 천리길을 멀다 하지 아니하고 와서 驛이나 館에서 기다리다가 하룻밤 자는 동안에 혹은 종이 수백 폭을 소비하고 詩를 구하다가 얻지 못하는 자는 비록 반 줄의 筆談이라도 보배로 여겨 감사하기를 마지 아니한다. 대개 그들은 精華로운 땅에서 생장하였으므로 본래 문자를 귀중히 여길 줄을 알기는 하나, 중국과는 너무 멀어서 평생에 衣冠의 盛大한 儀式을 모르고, 평시에 조선을 높이 사모하기 때문에 그 大官이나 貴人은 우리나라의 글을 얻어서 자랑거리로 삼고, 書生은 명예를 얻는 길로 삼고, 낮고 천한 자는 구경거리로 삼아서, 우리가 글을 써준 뒤에는 반드시 圖章을 찍어 달라고 청하며 이름난 도회지나 큰 고을을 지날 때에는 그들을 응접하기에 겨를이 없었다.
>
> 日本人求得我國詩文者 勿論貴賤賢愚 莫不仰之如神仙 貨之如珠玉 卽舁厮 卒目不知書者 得朝解楷草數字 皆以手攢頂而謝 所謂文士 或不遠千里 而來得於站館 一宿之間 或費紙數百幅 求詩而不得 則雖半行筆談 珍感無已 盖其人生長於精華之地 素知文字之可貴 而與中華絡遠 生不見衣冠盛儀 居常仰慕朝解 故其大官貴遊 則得我人筆語 爲夸耀之資 書生則爲聲名之路 下賤則爲觀瞻之地 書贈之後 必押圖章以爲眞蹟 每過名州巨府 應接不暇[41]

이러한 일본인들의 관심을 흥미롭게 여기면서도 통신사들은 한편으로 조선 전적이나 학술 정보의 일본유출을 개탄해 마지 않았다. 그러한 태도는 1711(숙종37)-12년 사행시의 부사 任守幹(1665-1721)을 비롯한 여러 사람의 기록에서 확인된다.

---

41) 申維翰, 『海游錄』(1719-20) 聞見雜錄.

왜인으로 부산관에 머무는 자가 대략 천여 명인데 우리나라 서적 중에 野史, 輿圖, 문집 등을 모두 구입해 가면서도 정작 자기 나라 사적은 전연 모르고 있으니 개탄할 만한 일이라 하겠다. 일찍이 나는 사신을 받들고 그 나라에 갔을 때 비싼 값으로 그들의 역사 서적을 가만히 사보고 그 흥망의 사적을 대개 알 수 있었다. 倭人常住釜山館者大略千餘人 我國書籍則野史輿圖文集無不購去 其國事蹟漠然無聞 誠可慨也 曾奉使其國也 高價而潛購其史 其興廢之述慨可見也[42]

대판 문사 한 사람이 우리나라 문묘에 從祀된 여러 선현을 쓰는데 崔文昌, 薛弘儒부터 沙溪 文元公에 이르기까지 하나도 틀림이 없었고 그밖에도 禹祭酒의 忠貞과 李牧隱의 문장에 佔畢齋 선생의 사적을 자세히 말하고 있으니 그가 우리나라의 일을 들은 것이 어찌 그리도 자세한가. 大坂文士一人 列書我國從祀諸賢 自崔文昌薛弘儒 以至沙溪文元公 其序次一不參差 其外禹祭酒之忠貞 李牧隱之文章 及佔畢齋席生事 歷歷稱道 彼其所聞於我國之事 何其詳也[43]

우리나라와 關市를 연 이후로 역관들과 긴밀하게 맺어서 모든 책을 널리 구하고 또 통신사의 왕래로 인하여 문학의 길이 점점 넓어졌으니 시를 주고받고 문답하는 사이에 얻은 것이 점차로 넓어졌기 때문이다. 가장 통탄스러운 것은 金鶴峰의 海槎錄과 柳西厓의 懲毖錄, 姜睡隱의 看羊錄 같은 책은 두 나라에서 비밀을 기록한 것이 많은 글인데 지금은 모두 대판에서 출판되었으니 이것은 적을 정탐한 것을 적에게 고하는 것과 무엇이 다르겠는가. 국가의 기강이 엄하지 못하여 역관들의 밀무역이 이와 같았으니 한심한 일이다. 而自邦關市以來 厚結館譯 博求諸書 又因信使往來 文學之途漸廣 而得之於酬唱答問之間者漸廣故也 最可痛者 金鶴峰海槎錄 柳西厓懲毖錄 姜睡隱看羊錄等書 多載兩國隱情 而今梓行于大坂 是何異於覘賊而告賊者乎 國綱不嚴 館譯之私貨如此 使人寒心[44]

일찍이 들으니 우리나라 서적 중에서 懲毖錄, 故事撮要, 輿地勝覽과 같은 책자는 전에 이미 들어왔다 하는데 이제 들으니 兵學指南, 通文館志가 새로 이땅에 들어왔다고 한다. 이는 다 訓別들이 뇌물을 받고서 구해준 것들인데 국법을 두려워하지 않고 이들이 저지르는 폐단이 이와 같으니 몹시 통분할 뿐이다. 曾聞我國書籍中 懲毖錄故事撮要輿地勝覽等冊子前已入來 而今聞兵學指南通文館志新入此地云 皆訓別輩受賂貢給者 而不畏邦郭憲 此輩之好弊如此 萬萬絶痛[45]

---

42) 任守幹, 『東槎日記』(1711-2) 卷坤 海外記聞.
43) 申維翰, 『海游錄』 1719년 11월 4일.
44) 申維翰, 『海游錄』 1719년 11월 4일.
45) 曹命采, 『奉使日本時聞見錄』 1748년 4월 13일.

森山茂와 井上馨은 모두 성 안에 집이 있는데…(중략)…또한 책상에 가득한 책 중에는 우리나라에서 새로 板刻한 大典會通과 六典條例와 같은 책도 있었으며, 또 申文忠公의 通信日記 한 권은 글자를 보태고 깎은 필적이 분명했으니 이것은 그 당시의 藁本인 듯 하였다. 이것은 우리나라에 없는 것인데 저들은 가지고 있으니 또한 개탄할 만한 일이다.

森山茂井上馨皆家圍圍中…(중략)…又有滿床書卷 我國新刻大典會通六典條例等書 亦在其中 而又有申文忠通信日記一卷 塗乙宛然 是似當時藁本 此我之所無 而彼有之 亦一可憾也[46]

이러한 기록들은 18세기에 이미 大板에서 조선 전적이 번각된 사실을 동시에 알려 주는데, 통신사들이 이를 보고 개탄한 것도 어쩔 수 없는 일이었을지 모른다.

2) 한자음과 한문독법 및 詩文評

한학역관 金指南(1654-?)은 1682년 사행시 押物通事의 임무를 띠고 일본에 건너갔다. 그는 江戶의 客館주위를 산책하다가 水戶藩主 德川光圀(1628-1700)의 門人 한 사람을 우연히 만났다. 그 문인은 唐僧 土木子라는 사람한테 중국어를 배운 사람이었다. 토목자가 중국의 어디 사람이냐고 물었으나 잘 모른다는 대답이었다. 그러나 김지남은 한학역관답게 토목자가 중국의 남부지역 출신임을 알아낸다.

그 왜인은 날마다 와서 문안하고 일을 가려서 질문하는데 輕脣音을 내지 못하고 또 入聲이 있으면 우리나라의 呼音과 같이 한다. 그러나 '穀'과 '骨', '質'과 '職' 등의 음은 자못 구별할 줄 안다. 내가 일찍이 崔世珍의 四聲通解를 보니 漢韻과 蒙古韻에는 모두 入聲과 終聲을 쓰지 않고 오직 南方音의 呼音을 많이 썼다. 이것으로 볼 때 土木子라는 자는 남방사람이라는 점에 의심이 없을 것이다.

其倭連日來候 條事質問 而不能爲輕脣音 且有入聲 如我國之呼者 如穀與骨質與職等音 頗有所辨 余嘗見崔世珍所撰四聲通解 漢韻蒙韻 皆不用入聲終聲 而唯南音之呼 多有用者 可知土木子者爲南方之人無疑也[47]

그 왜인이 '穀'과 '骨', '質'과 '職'의 구별 곧 喉內入聲[k]과 舌內入聲[t]을 구별하고 있는 사실을 통하여 김지남은 토목자라는 인물이 중국의 남방인임에 틀림없다고 본 것이다. 일본에 중국의 남방음이 통용되었다는 사실은 신유한의 기록에도 나타난다.

---

46) 金綺秀, 『日東記游』 권二 燕飮.
47) 金指南, 『東槎日錄』 1682년 8월 21일.

長崎島는 肥前州에 속하지만 사신행차가 지나는 곳이 아니므로 비록 눈으로 보지는 못하였으나 실로 해외 여러나라가 모이는 구역으로서 南京의 장사꾼들이 항해하여 온 자가 혹 倭女와 관계하여 자식을 낳고 왕래하기 때문에 왜인이 그로 인하여 중국의 사정을 알 수 있고 혹은 중국말도 통한다. 그러나 배운 바 語音이 蘇州, 抗州, 浙江, 福建 이하의 것이므로 우리나라에서 배운 북경말과는 차이가 있다.

長崎島屬肥前州 非使行歷路 雖不得目見 實海外諸國都會之區 商[48]京商賣航海而來者 或狎倭女生子往來 故倭人以此得中國事情 亦通漢語 然所學語音 乃蘇抗閩浙福建以下 故與我人北京譯差異[49]

신유한은 長崎를 지나지 않았는데도 그곳 이야기를 들은 대로 적었다. 그에 따르면 장기에 는 중국어로 통하는 사람이 많으나, 그들이 배운 발음은 남부지역 것이어서 북경어와는 차이 가 있다는 것이었다. 신유한은 또한 일본한자음에도 관심을 보이고 있다.

일본사람이 글자를 읽는 音은 '東, 冬, 陽, 庚, 靑, 蒸' 등으로 예를 들자면 '東'은 '都于', '陽'은 '要于', '靑'은 '世伊', 江은 'ㄨ伊'라고 읽으며 '眞, 文, 元, 先, 寒, 删' 등은 우리나라와 대략 같으며, '天, 千, 泉'과 같은 글자는 모두 '仙'이라고 읽고 그밖의 '蕭, 豪'나 入聲 글자는 역시 두 자의 음으로 읽는데 때로는 혹시 우리나라 와 비슷하다. 그러나 왜인의 혀놀림이 원래 가볍고 들뜬 것이 많으며 지저귀는 말 이 새소리 같으므로 全淸이요, 濁音이 없으며 얕은 소리만 있고 무거운 소리가 없 어서 우리나라의 발음이 중국의 全濁을 내지 못함과 같다.

日本讀字之音 東冬陽庚靑蒸之韻 則呼二音 東字曰都于 陽字曰要于 靑字曰世伊 江字 曰ㄨ伊 眞文元先寒删等韻 與我國略同 而天千泉等字 皆曰仙 其他蕭豪韻及入聲 亦用 二音 而時或與我國彷彿 然大低倭人弄舌 本多輕浮 而啁噪語似鳥音 故全淸而無濁 有 淺聲而無重聲 如我國之於中華 不得其全濁也[50]

일본한자음과 조선한자음을 대조해 가며 언급한 것까지는 좋았으나 문제는 "大低倭人弄舌 本多輕重 而啁噪語似鳥音"(대체로 왜인의 혀놀림이 본래 가볍고 들뜸이 많아 지저귀는 말이 새소리 같음) 이 라는 관점이다. 한자음의 차이를 이런 식으로 파악했다 함은 지나친 중화중심 사고방식에 그 토대를 두고 있기 때문이다.

신유한은 일본인의 한문·한시 독법의 특이함에 대해서도 언급하고 있다.

---

48) 이 때의 '商'은 '南'의 誤植이다. 『국역해행총재』 Ⅱ(1974) 原文正誤表 참조.
49) 申維翰, 『海游錄』(1719-20) 聞見雜錄.
50) 申維翰, 『海游錄』(1719-20) 聞見雜錄.

글을 읽을 때는 先後를 뒤집어 맺는 법을 알지 못하고 글자마다 고생을 해가며 그 손가락을 내렸다 올렸다 한 뒤에야 겨우 그 뜻을 통하기 唐詩의 馬上逢寒食이라는 싯구를 읽을 때에는 '逢'을 '寒食' 뒤에 읽고 '忽見陌頭楊柳色'을 읽을 때에는 '見'을 '楊柳色'의 뒤에 읽는데 문자를 학습하기 어려움이 또 이와 같으니 비록 높은 재주와 통달한 식견이 있는 사람이라도 부지런하고 애씀이 우리나라에 비하면 마땅히 백 배나 될 것이니 文人, 韻士들이 대를 이어도 이름을 들을 수 없고 그중 한 두 사람이 붓을 잡는 무리 또한 그 명성을 국중에 날릴 수가 없는 것이다.
其爲讀書 不解倒結先後之法 逐字辛苦 上下其指 然後僅通義 如馬上逢寒食 則讀逢字於寒食之下 忽見陌頭楊柳色 則見字於楊柳色之後 文字之難語學 習又如此 雖有高才達識之人 用力之動苦 視我國當爲百倍 所以文人韻士 閱世無聞 而其間一二操觚之輩 亦無由場其聲於國中矣51)

그 글자의 음에 또한 淸濁과 高低가 없으니 시를 배우고자 하는 자는 먼저 韻書를 가지고 여러 해를 공부하여 능이 어떤 글자는 높고 어떤 글자는 낮음을 구별한 뒤에야 억지로 맞추어 시를 만든다.
其爲字音 又無淸濁高低 欲學詩者 先以三韻 積年用工 能辨某字高某字低 然後苟合成章52)

일본인들은 '馬上逢寒食'의 '逢'자를 '寒食' 다음에 읽으며, '忽見陌頭楊柳色'의 '見'자 역시 '楊柳色' 다음에 읽는다고 하면서 그 때문에 문자의 학습이 어려울 수밖에 없다고 본 것이다. 뿐만 아니라 字音에 청탁고저가 없어서 시를 배우기가 지극히 어렵다고도 하였다. 이에 따라 일본의 시문에 대한 신유한의 평가도 다분히 부정적이었다.

그로 하여금 古詩나 律詩를 짓게 하면 平仄이 많이 어긋나고 韻致가 전혀 상실되어 우리나라의 삼척동자가 들어도 웃음거리가 될만하고 序文, 記文, 雜文을 짓게 하면 눈먼 뱀이 갈대밭을 달리듯 하여 법도와 기운이 하나도 볼 것이 없으니 이것은 어찌 인재가 정한 한도가 있어 그러한 것이랴. 그 토풍과 정치 교화가 그를 얽어맨 것이다.
而使之爲歌行律語 則平仄多乖 趣味全喪 爲我國三尺童子所聞而笑者 使之爲序記雜文 則又盲蛇走薋田 法渡與詞氣 無一可觀 是豈人才有定限而然哉 其土風與政敎 有以拘之也53)

---

51) 申維翰, 『海游錄』(1719-20) 聞見雜錄.
52) 申維翰, 『海游錄』(1719-20) 聞見雜錄.
53) 申維翰, 『海游錄』(1719-20) 聞見雜錄.

그들이 짓는 고시나 율시는 平仄이 많이 어긋나고 운치가 없어 우리나라의 삼척동자에게도 웃음거리가 될 만하고, 序文, 記文, 雜文도 눈 먼 뱀이 갈대밭을 달리듯 법도와 詞氣에 볼 것이 없다는 평가이다. 그런데 이때에는 일본 시문의 졸렬함이 토풍과 정치 교화에 기인하는 것으로 해석하고 있음이 흥미롭다.

> 시에 있어서는 사람마다 唐詩를 배우려 하면서도 한 句도 옛 사람의 것에 비슷한 것이 없었다. 그것은 대저 해외에서 오랑캐의 말을 지껄이는 것이 되어 聲律이 전혀 어긋나기 때문에 韻文을 짓기가 서술문보다 백 배나 어렵기 때문이다. 간혹 편지로 묻기를 "명나라 王弇州나 李于麟 등의 문장이 당나라 歐陽脩나 蘇軾에 비하여 어느 것이 낫습니까. 하지만 그들 중 명나라 사람의 문장을 배우는 사람을 나는 보지 못했다.
> 詩則人人自謂欲學唐音 而無一句畵虎於古人 夫以海外䲧離之鄕 聲律全乖 韻語之難 百倍於敍述之文故也 間有人以書來問曰 皇明王季[54] 諸家 與歐蘇孰賢云云 而渠輩之學習明人者 亦未之見也[55]

일본사람들이 唐音을 배우고 싶어 하지만 해외에 멀리 떨어져 있어 聲律이 완전히 어긋나는데, 그것은 운문이 서술문보다 백배나 어렵기 때문이라고 하면서, 간혹 편지로 '明의 王弇州, 李于麟 등이 歐陽脩, 蘇軾에 비하여 어느 쪽이 낫습니까' 하고 묻기도 하였으나, 그들 중 명나라 사람의 문필을 배우는 자를 보지 못했다는 것이다.

> 일본사람으로서 나와 마주 앉아 시를 지어주고 받는 자는 대개 추졸하고 막혀서 말이 되지 않는 자가 많은데 혹시 그가 내보이는 평일의 詩稿를 보면 간간이 한 句 한 聯에 매우 아름다운 것이 있어서 즉석에서 지은 그의 시에 비하면 전혀 비교가 되지 않을 만큼 특수하였다. 내 생각으로는 南京의 海商들이 매양 서적을 싣고 와서 長崎島에 팔기 때문에 順治 이후에 江南의 才子의 詩集이 많이 일본으로 건너왔는데 조선 사람으로서는 보지 못한 것이므로 저들이 가만히 狐白裘를 도적질하여 秦姬에게 아첨한 것일까.
> 日本與余對座酬唱者 率多粗疎遁塞 語無倫序 或見其橐中私藁 時有一句一 聯之最佳者 視席上所賦 全是天壤 余意南京海賈 每以書籍來販於長崎島 故順治以後 江南才子之詩集 多在日本 而爲我人所未見者 則彼或暗偸狐白 而取媚於秦姬者歟[56]

---

54) 이때의 '季'는 '李'의 誤植이다. 『국역해행총재』 Ⅱ(1974) 原文正誤表 참조.
55) 申維翰, 『海游錄』(1719-20) 聞見雜錄.
56) 申維翰, 『海游錄』(1719-20) 聞見雜錄.

가끔 일본 사람이 내보이는 시고에는 뛰어난 一句, 一聯이 있어, 그자가 즉석에서 짓는 시와는 천양의 차가 있는 수도 있었다. 신유한은 그러한 경우를 표절일 것으로 보고 있다. 順治년간(1644-1661) 이후 강남 재자의 시집이 남경 상인을 통하여 일본에 많이 들어갔으므로, 조선인이 보지 못한 것을 저들이 狐白裘(여우 겨드랑이의 흰털 가죽으로 만든 옷)를 훔쳐다 秦王의 寵姬에게 아첨하듯 한 것이리라고 본 것이다.

신유한은 일본시문에서 또 하나의 재미있는 사실을 지적하고 있다. 실제로 자국에 없는 사물을 시문에 쓰고 있다는 점이다.

> 일본의 詩文 가운데 그 땅의 山水를 두고 짓기를 秦山이니 楚水니 洛陽이니 長安이니 吳越이니 燕이니 蜀이니 하였으므로 그 글을 읽으며 일본사람인 줄 모르게 된다. 그것은 지명, 인명이 모두 이상하고 기괴하여 문장을 만들 수 없으므로 중국의 지명을 빌려서 문장을 만든 것이다. 그 땅에서 꾀꼬리와 까치가 나지 않는데 문장에는 꾀꼬리가 울며 까치가 지저귄다는 말이 있고 음악에는 거문고와 비파를 쓰지 아니하면서도 문장에는 거문고를 타며 비파를 두드린다고 쓰고 冠이 없는데 또 巾을 비스듬히 쓰고 있다는 문구가 있고 띠가 없으면서도 錦帶니 玉佩니 하는 문자를 써서 모두 헛된 이름을 쓰고 실지에 맞는 말을 짓지 못한다. 이는 우리나라 사람 또한 간간히 범하는 일이다.
> 日本詩文中 直賦其地山水者曰秦山楚水 洛陽長安吳越燕蜀等語 讀之而不知爲日本也 彼其地名人號皆殊怪 難以爲文 故假用中華 以文其陋 又如國不産鶯鵲 而寫景曰鶯啼鵲 噪 樂不用琴瑟 而叙事曰彈琴皷瑟 無冠而曰岸幘欹巾 無帶而曰錦帶玉佩 皆用虛名 而 不能作稱情之詞 此則我國人 亦往往犯戒57)

일본인은 자신들의 인명, 지명이 모두 이상하여 중국의 지명을 빌려오고, 그 땅에 없는 鶯鵲, 琴瑟, 冠帶와 같은 헛된 이름을 써서 실제와 말이 맞지 않음을 지적한 것이다. 신유한은 우리나라 사람들도 간간히 이러한 잘못을 저지르고 있다고 하였다.

4. 언어의 주변 관찰

남용익은 사람의 웃음소리와 어린애 울음소리가 조선과 같음을 느꼈으며, 1763(영조 39)-64년 사행시의 정사 趙曮(1719-1777)은 僧尼가 합장하며 입으로 염송하는 '阿彌陀佛' 넉자의 성음이 우리나라와 같음을 이상하게 생각하기도 하였다(송민1985b:45). 또한 조엄은 남용익

---

57) 申維翰, 『海游錄』(1719-20) 聞見雜錄.

과 같이 어린애의 울음소리나 남녀의 웃음소리가 우리나라와 다름이 없음을 보고 오랑캐의 선도책을 피력하기도 하였다.

> 저들의 지껄이는 언어는 그 한 가지도 알아들을 수가 없고 어린아이의 우는 소리와 남자나 여자가 급하게 웃는 소리는 우리나라 사람과 다름이 없으니 그 다같이 타고난 천성에서 나오는 것으로서 語音이 다른 方言에는 상관이 없는 것이기 때문에 그런 것일까. 이로 미루어 보면 倫常을 지키는 천성이야 어찌 다름이 있겠는가. 다만 교양이 타당함을 잃어 華夷의 구별이 있게 된 것이니 만일 능히 윤리와 綱常으로써 가르치고 禮와 義로써 인도한다면 또한 풍기를 변동시키고 세속을 바꾸며 夷를 변화하고 華로 선도하여 그 천성의 타고난 것을 회복시킬 수 있음이 그 울음소리와 웃는 소리가 한 하늘 아래 태어나 동일함과 무엇이 다르겠는가.
> 彼人之啁啾言語 末由曉其一端 而至於小兒啼哭之聲 男女急笑之音 與我國無異 以其發於同 得之天性 無關於異音之方言而然耶 以此推之 秉彝倫常之天 夫豈有異哉 只緣敎養之失宜 以致華夷之有別 苟能敎之以倫綱 導之以禮義 則亦可移風易俗 變夷導華 以復天性固有者 其何間於笑啼之笑之同然於一天之下者耶58)

울음소리나 웃음소리가 같은 것은 華夷의 천성에 다름이 없기 때문이다. 따라서 윤리와 綱常으로 가르친다면 오랑캐의 천성을 회복시켜 夷를 華로 인도할 수 있을 것이라는 생각이다. 소박하고도 낙관적인 조엄의 언어인식을 엿볼 수 있게 해 주는 발언이다. 신유한은 일본어에 서울과 지방의 차이가 있음을 지적한 유일한 인물이다.

> 일본의 방언 역시 江戶와 지방의 구별이 있으니 지방은 약간 느리면서 實하고 江戶에서는 더욱 가볍고 간단하므로 대마도 사람이 강호에 와서는 많이 말로써 말[缺字]조롱을 당하는 것이 곧 우리나라의 서울과 영남 사이와 같다.
> 日本方言 亦有京外之別 外方則差緩而實 京外則愈輕而簡 馬島之人至江戶 多以言□[缺字]見笑 卽如我京之於嶺邑也59)

일본의 지방어는 약간 느리면서 확실하고 서울 곧 江戶語는 더욱 가볍고 간명하므로, 대마도 사람이 서울에 가면 말 때문에 자주 웃음거리가 되는 것이 마치 우리나라의 서울과 영남 사이에 일어나는 일과 같다는 것이다. 이는 영남 말씨가 당시 서울에서 웃음거리가 되는 일이 있었음을 알려주는 증언이 아닐 수 없다.

끝으로 특이한 한자에 대한 관찰 두 가지를 부기하기로 한다.

---

58) 趙 曮, 『海槎日記』 1763년 10월 10일.
59) 申維翰, 『海游錄』(1719-20) 聞見雜錄.

韜浦는 일명 鞆浦라고도 하는데 일본이 고려와 서로 싸울 적에 군사가 이 포구에 와서 鞆을 잘라내어 旗를 만들었으므로 이름이 붙여진 것이라 하는데 '鞆'이 무슨 물건인지는 모르겠다.

韜浦一名鞆浦 日本與高麗相戰 軍到此浦割鞆爲旗 故名之云 未知鞆之爲何物也[60]

協同社長 高須謙三이 사람 편에 감귤 몇 포와 도미 두 마리, 海老魚 열 마리를 보내왔다. 이 해로어는 수염이 긴 赤甲類로 크기는 大蝦만 한데 그들은 '海老'의 '海'자와 '偕'자가 발음이 서로 비슷하기 때문에 이를 '偕老'에 가져다 붙여 혼인잔치에 많이 쓴다고 한다.

協同社長高須謙三 遣人遺柑橙數苞道味魚二尾悔老魚十足 此魚長鬚赤甲數 如大鰕 彼人以海老海字 與偕字音相近 故取比偕老 而多用於婚宴云[61]

曹命采가 '鞆'이 어떤 물건인지 모르겠다고 한 것은 당연하다. 이 글자는 일본에서 만들어진 이른바 國字로 그후에 '鞆'자로 정착되었기 때문이다. 그 뜻은 '靹'[侯旰切(한), 或作捍(팔찌)]으로서, 왼쪽 팔목에 감는 가죽 도구이며 활을 쏠 때 줄에 맞는 것을 막는 동시에, 줄에 맞으면 높은 소리가 나도록 하는 장신구라고 한다.[62]

婚宴에 '海老'(새우)를 쓰는 것은 '海老'의 한자식 발음이 '偕老'와 같기 때문이다. 일본인들은 抽象名詞와 발음이 같은 실물을 이용하는 습속을 가지고 있다. 가령 오늘날에도 선물을 줄 때에는 '五圓'짜리 동전 한 닢을 얹어 주는 관습이 있는데, 이는 '五圓'의 발음이 '御緣'[go'en]과 같아 '좋은 인연'[御緣]이 오래 계속되기를 빌겠다는 뜻을 담고 있는 것이다.

5. 결 어

지금까지 조선시대의 유수한 지식인이었다고 할 수 있는 통신사 몇몇이 일본어 주변 문제에 대하여 어떻게 인식하고 있었는지를 살펴보았다. 그 결과 통신사에 참여했던 지식인들은 일본어 주변, 특히 漢字용법에 대하여 거의 부정적인 인식을 지니고 있었음이 드러난다.

통신사들은 한결같이 일본인의 한자·한문 능력을 보잘 것 없는 것으로 인식하였다. 그들은 僧徒를 제외한 모든 사람이 한자·한문을 모른다는 점에만 관심을 표명하였다. 그들은 또한

---

60) 曹命采, 『奉使日本時聞見錄』 1748년 7월 10일.
61) 李鑢永, 『日槎集略』 地 1881년 4월 14일.
62) 新井白石, 『同文通考』(1760 刊本) 권四 國字(5a)에 '鞆靹也 靹在臂避弦具也'라고 보인다. 이때의 풀이만은 日本의 古辭書 『和名抄』와 일치한다.

일본인들이 남녀귀천을 막론하고 일본 국자를 알고, 狀啓와 敎令, 文簿와 書簡에 이르기까지 자신들의 문자를 이용하고 있다는 점도 알게 되었다. 그럼에도 불구하고 통신사들은 자국의 문자 생활을 되돌아 볼 수 있는 계기를 끝내 마련하지 못하고 말았다. 오히려 그들은 일본인의 한자용법에 疑念을 나타냈으며, 詩文이 보잘 것 없다는 점에 큰 관심을 나타내었다. 여기에는 조선시대 지식인들의 우월감이 반영되어 있기도 하다. 일본어 주변에 대한 통신사들의 이러한 인식은 폐쇄적, 퇴영적 한자·한문 중심의 사고방식에서 연유한 것이다. 그 때문에 일본어 주변과의 접촉을 통하여 자국의 언어문화 정책에 반성과 자각을 일으킬 수 있는 모처럼의 기회들을 아깝게 다 놓치고 말았던 것이다.

참고문헌

민족문화추진회(1974~7), 『국역해행총재』 I ~ XII.
宋　敏(1985a), 雨森芳洲의 韓語觀, 『美烏堂金炯基先生八耋紀念 國語學論叢』, 語文硏究會.
_____(1985b), 朝鮮通信使의 日本語 接觸, 『語文學論叢』 5, 國民大 語文學硏究所.
_____(1986a), 『前期近代國語 音韻論 硏究』—특히 口蓋音化와 ·音을 중심으로—, 塔出版社.
_____(1986b), 朝鮮通信使의 母國語 體驗, 『語文學論叢』 6, 國民大 語文學硏究所.

出處〈논총간행위원회(1987. 9.), 『한실이상보박사회갑기념논총』(형설출판사): 701-722.〉

明治초기 朝鮮修信使의 일본견문

1. 서 언

　豊臣秀吉의 朝鮮침략, 곧 壬辰·丁酉왜란으로 최악의 상황에까지 이른 朝日관계는 德川家康의 노력으로 관계회복을 지향하게 되었다. 1600년, 關原戰에서 승리를 거둔 家康은 곧바로 "日本朝鮮 和平은 古來의 길이다. 그런데도 太閤 一亂 후 그 길이 끊겨졌다. 통행은 서로 양국을 위함이다. 먼저 對馬島부터 內書[密書]를 들고 찾아가, 合点해야 할 뜻이 있다면 公儀의 命으로 傳해야 한다"며 對馬藩主 宗義智에게 朝鮮과의 和平交涉에 전력을 쏟도록 명했다. 그 결과, 1607년(慶長12)에는 국교회복의 朝鮮使節이 처음으로 江戶를 방문하기에 이르렀다. 이래, 朝鮮朝廷은 200여년 동안 전후 12회에 걸쳐 日本에 사절을 보냈다. 이것이 이른바 朝鮮通信使이다. 규모가 4, 5백인에 이르는 일행은 漢陽을 출발, 대체로 6개월에서 1년 가까운 일정으로 江戶까지 왕래한 바 있다. 19세기에 들어서면서부터는 1811년(文化8), 최후의 通信使가 對馬島에 다녀온 것을 끝으로 日本과의 외교적 교류는 단절되고 말았다. 이로써 朝鮮通信使의 日本 왕래는 없어진 것이다.

　그후 똑같은 상황이 지속되는 가운데, 1865년 12월에는 英國商船 로나호가 忠淸道 調琴津에 닻을 내리고 통상을 요구하다가 쫓겨났다. 1863년 12월, 자신의 아들이 왕위에 오르면서, 大院君이 되어 정권을 거머쥔 李昰應은 대대적인 국정개혁을 펼치는 한편, 1866년 1월부터는 西敎[天主敎]에 대한 탄압을 시작하였다. 이전부터 은밀하게 국내로 들어와 포교활동을 계속해 오던 프랑스인 신부들은 물론, 대폭으로 늘어난 신도들을 속속 체포, 처형한 것이다. 그런 가운데 같은해 7월에는 아메리카상선 제너럴·셔먼호의 선장 프레스톤이 기독교 선교사 토머스를 비롯, 네 명의 서양인과 19인의 淸國人 및 말레이인을 태우고 平壤의 新場浦江에 나타났다. 그러나 平壤觀察使 朴珪壽의 퇴거요구에 응하지 않았기 때문에, 셔먼호는 관민의 火攻을 받아 불타버리고 말았다. 이 사건을 계기로 조정은 같은 해 8월, 斥邪綸音을 頒布하고 西敎탄압을 한층 강화함과 동시에 洋貨무역을 금지하게 되었다.

　그런데 같은 해 8월에는 프랑스의 東洋艦隊 사령관 로즈가 이끄는 군함 3척이 京畿道 南陽

府의 앞바다에 나타나, 1척은 富平府 勿淄島 앞까지 다가왔다. 그후 9월, 프랑스군은 通津府에 침입, 방화와 약탈을 자행했기 때문에 大院君은 議政府에 回章을 보내어 攘夷保國의 결의를 굳히게 되었다. 다름 아닌 鎖國政策의 강화였다. 그러나 프랑스군은 文殊山城과 鼎足山城을 연달아 공격, 朝鮮側의 守兵과 충돌했기 때문에 쌍방 모두 다수의 사상자를 낸 후 프랑스군은 격퇴되었다. 이것이 丙寅洋擾다.

다음해인 1867년 1월, 아메리카 군함 워트셋호 함장 슈펠트는 大洞江 입구에 나타나 제너럴·셔먼호 사건의 해명을 요구한 바 있고, 이듬해 3월에는 아메리카 군함 세난도어호 함장 페비거가 제너럴·셔먼호의 생존자 수색명목으로 大洞江口에 정박한 일도 있다. 1870년 5월에는 東京駐在 독일公使 브란트가 日本外務小丞 馬渡俊邁, 對馬島 通事 中野許太郎과 함께 헬타호로 釜山에 나타나 통상을 요구했으나 거절당했다. 다시 1871년 4월에는, 駐淸아메리카公使 로가 통상을 요구하기 위하여 아메리카의 아시아함대 사령관 로저스와 함께 5척의 군함을 이끌고 南陽府 楓島연안에 나타났다. 아메리카군 陸戰隊는 廣城津을 점령했으나 朝鮮守兵의 야습을 받고 母艦으로 물러났다. 이것이 이른바 辛未洋擾다. 이렇게 프랑스군과 아메리카군과의 싸움에서 朝鮮側은 그런대로 승리를 거둔 것처럼 보였으나 문제는 日本이었다.

2. 朝鮮修信使의 시작

德川幕府가 쓰러지고 나서는 朝日간의 외교문제도 새로운 국면을 맞기에 이르렀다. 明治維新(1968)에 성공한 신정부는 王制복고를 각국공사에게 통고한 후 朝鮮朝廷에 대해서도 종래의 관계회복을 요구하였다. 그해 12월, 對馬島의 家老 樋口鐵四郎은 日本의 新政府 성립 통고서를 朝鮮側에 전달하고자 했으나 실패로 끝났다. 1872년(明治5)에도 釜山의 倭館에 체류하던 外務省 관리가 舊例와는 다른 書契를 전하고자 했으나 거부되었다. 드디어 1875년(明治8) 1월, 日本國 理事官 森山茂는 外務省의 글을 다시 東萊府에 맡기면서 접수를 요구하였으나 이 역시 거부되고 말았다. 이렇게 되자 4월에 들어서서 日本側은 森山의 교섭을 원조함과 동시에 朝鮮朝廷을 위협하기 위하여 軍艦 雲揚號 등 3척을 釜山에 입항시켰다. 그후 8월, 雲揚號는 江華島의 草芝津 연안으로 이동해 왔다. 일종의 위협작전이었으나 江華島 守兵이 포격을 가했기 때문에 雲揚號는 후퇴하면서 永宗津에 포격을 퍼부었다. 이것이 江華島 사건이다. 다음해 1월, 日本에서는 특명전권변리대신 黑田淸隆, 부사 井上馨이 京畿道 南陽灣에 이르러, 江華島 사건의 담판을 요구하므로 朝鮮朝廷은 접견대신 申櫶, 부관 尹滋承을 보내 江華營에서 협의를 진행한 결과, 日本과의 조약이 성립되었다. 이것이 1876년(明治9) 2월 2일(양력 2월 26일)에 체결된 朝日修交條規(12款)이다. 이것은 朝鮮朝廷이 외국과 맺은 최초의 통상조약이었다.

　이로써 朝鮮朝廷은 鎖國政策을 버리지 않을 수 없게 되었다. 通商條約의 성립에 따라 日本과의 국교가 새로 열리면서 日本側의 요구도 있어 朝鮮朝廷은 修交의사의 표시로 日本에 사절을 보내게 되었다. 이것이 다름아닌 朝鮮修信使의 시작이다. 그리하여 최초의 수신사가 바다를 건넌 것은 1876년 4월이었다. 그 후 몇 년 동안 修信使 파견은 없었으나 1880년, 81년, 82년, 84년에는 여러 가지 사정으로 修信使가 다시 일본에 파견되었다. 다만 그 명칭은 시대의 흐름과 더불어 特命全權大臣兼修信使, 또는 欽差全權大臣으로 변해갔으나 그 성격에 변화는 없었다. 한편 修信使는 아니었으나 1881년에는 이른바 紳士遊覽團員 12인과 隨員 일행이 각기 일정한 임무를 띠고 日本을 시찰하면서 상당히 오랜 기간에 걸쳐 政府 各省과 稅關 등을 방문, 그 제도나 법규를 조사함과 동시에 해당분야의 실무를 상세히 경험하고 귀국하였다. 어찌되었건 전후 5회에 걸친 修信使 파견은 1884년을 마지막으로 끝났다. 어느새 서울에는 日本公使館이 설치되어 있었기 때문에 그 필요성이 없어졌던 것이다.

　여기서는 편의상, 明治初期의 朝鮮使節과 實務研修團이었던 紳士遊覽團을 일괄하여 朝鮮修信使라고 불러 두기로 한다. 그런데 그들은 예전의 通信使와는 여러 가지 의미에서 달랐다. 무엇보다도 그들은 날로 새롭게 변하고 있는 日本의 현실을 보았던 것이다. 그것은 이른바 文明開化였고 西洋化였고 機械化였고 軍事化였는데 당시의 修信使들은 그 사회와 제도의 변화 하나하나에 대하여 눈을 크게 뜨고 다시 보았음에 틀림없다. 그러한 뜻에서 明治初期의 朝鮮修信使는 보통 예전의 朝鮮通信使와 따로 떼어서 생각해야 할 경우가 많다. 실제로 지금까지 공표된 朝鮮通信使 관련저작에는 거의 明治初期의 朝鮮修信使가 포함되어 있지 않다.[1] 그것은 양쪽의 성격이 그만큼 달랐기 때문이다.

3. 朝鮮修信使가 남긴 기록

　修信使 일행이 日本에서 본 것은 여러 가지 측면에 걸쳐 있고 그 내용도 다양하고 복잡하다. 그중에는 왕복과정에서 자연스럽게 눈에 들어온 것도 있고 日本政府側의 권고에 따라 일부러 시찰한 것도 있다. 당시로서는 최고의 지식인이었고 고급관리이기도 했던 修信使들은 현대식으로 말하자면 외교관 자격으로 日本을 방문하였다. 따라서 그들은 언제나 使臣으로서의 품위를 유지하면서 만사에 임하지 않을 수 없었을 것이다. 사적 판단이나 감정적인 언동은

---

1) 예컨대, 辛基秀(1993), 『朝鮮通信使往來』(東京, 勞働経濟社) pp.132-133의 "朝鮮通信使 一覽表"에는 1811년 12회가 마지막으로 되어 있을 뿐, 그 후의 修信使는 보이지 않는다.

허락되지 않았다. 그러한 당시의 朝鮮人 눈에 비친 日本의 文明開化는 기록에 일단 냉정하게 그려져 있다. 그러나 때로는 주관적 판단을 남긴 경우도 적지 않다. 다만 모두를 비판적으로 본 것만은 아니다. 어떤 때는 감동하여 칭찬하기도 하고 어떤 때는 놀라서 한탄하기도 하였다. 어찌 되었건 복잡한 기분으로 日本의 현실을 경험했을 것이지만 전체적으로는 역시 비판적인 태도를 보인 경우가 많다고 할 수 있다.

그들이 남긴 日本見聞記는 여러 가지가 있으나 여기서는 당시 日本의 현실을 아는 데 빼놓을 수 없는 가치를 지녔다고 알려진 사료 가운데 다음과 같은 문헌을 대상으로 삼아 그 내용을 살펴보기로 한다. 모두가 漢文으로 기록되어 있다.

(1) 金綺秀(正使), 『日東記游』 4권, 1876년의 견문
  卷1 事會, 差遣, 隨率, 行具, 商略, 別離, 陰晴, 歇宿, 乘船, 停泊, 留館, 行禮
  卷2 玩賞, 結識, 燕飮, 問答
  卷3 宮室, 城郭, 人物, 俗尙, 政法, 規條, 學術, 技藝, 物産
  卷4 文事, 歸期, 還朝
(2) 李鑛永(紳士遊覽團 일원), 『日槎集略』 3권, 1881년의 견문
  卷天 封書, 別單, 聞見錄, 海關總論, 8월30일 四更復命入侍時
  卷地 日記
  卷人 問答錄, 詩句錄, 同行錄, 散錄
(3) 朴泳孝(正使), 『使和記略』 1권, 1882년의 견문
  日記
(4) 朴戴陽(從事官), 『東槎漫錄』 1권, 1884-5년의 견문
  日記, 東槎記俗, 東槎漫詠

대체로 말하자면 日本에서 경험한 일에 대하여 金綺秀는 모든 것을 냉정하게 보고 온 반면, 李鑛永과 朴戴陽은 때때로 솔직한 비판을 주저하지 않았다. 그중에서도 朴戴陽은 한층 날카로운 비판을 더하고 있다. 正使가 아니었던 그에게는 그러한 재량이 있었기 때문이었는지 아니면 그가 본래 보수적이었기 때문인지 그 주변의 이유는 확실하지 않으나 아마도 후자였다고 생각된다. 한편 朴泳孝는 거의 비판적 태도를 보이지 않는다. 실제로 그는 후일 親日的인 開化派에 가담하여 정변을 꾀하다가 日本으로 망명한 인물이라 처음부터 진보적 성향을 지닌 인물이었기 때문일 것이다.

요컨대 이번에는 이상과 같은 기록 가운데 필자 나름의 기준에 따라 역사적으로 의미가 있다고 생각되는 몇 가지의 見聞內容을 일정한 기준으로 정리하여 읽어 나가면서 그들이 明治初期의 日本에 대하여 도대체 무엇을 어떠한 태도로 보았으며, 그들의 見聞은 현대의

우리들에게 어떤 의미가 있는지 등에 대하여 잠시 살펴보고 싶다.

4. 修信使의 일정과 방문처

修信使들의 견문내용을 이해하기 위해서는 그들이 日本에 건너가기까지의 역사적 배경과 그들의 주요한 일정 및 방문처를 미리 알아둘 필요가 있다. 그것을 일람한다면 대략 그들의 견문내용을 예견할 수 있기 때문이다. 여기에 그들이 日本行 蒸氣船에 오른 날부터 고국의 항구에 돌아온 날까지의 족적을 간단하게 정리해 본다. 漢字表記는 원문에 따르지만 특히 人名, 地名 등의 固有名詞에 관계되는 漢字의 잘못은 괄호 안에 올바른 표기를 덧붙여 둔다. 당시의 朝鮮은 여전히 음력을 쓰고 있었기 때문에 날짜는 어느 것이나 음력이지만2) 일본은 이미 1873년(明治6)부터 양력을 받아들였기 때문에 참고상 그쪽도 병기한다.

1) 金綺秀의 경우(1876년 4월 29일부터 윤7월 7일. 明治9년 5월 22일부터 6월 27일까지)

朝日修交條規(1876년 2월 2일. 양력 2월 26일)의 체결을 계기로 오랫동안 막혀있었던 日本과의 수교, 그것도 당시의 朝鮮朝廷으로서는 결코 반갑다고는 할 수 없는 외교를 재개하는 마당에 최초로 뽑힌 것은 학자적 기질의 소유자였던 것으로 알려진 金綺秀였다. 應敎[正4品]였던 그는 禮曹參議[正3品]으로 승진함과 동시에 修信使로 임명되어 日本땅을 밟게 되었다. 최초의 修信使였던 그는 東京에서 20일간 체류하면서도 될 수 있는 한 시찰을 피했다. 그 때문에 안내인과 입씨름을 한 적도 있다.

4월　29일(5월 22일),　釜山浦에서 日本火輪船 黃龍丸 승선
5월　　1일(23일),　　赤間關 도착, 永福寺에서 점심
　　　　4일(26일),　　神戶 도착, 會社樓에서 점심
　　　　7일(29일),　　橫濱 도착, 火輪車로 新橋에 이르러, 人力車로 延遼館 도착
　　　　8일(30일),　　外務省 방문, 도착인사
　　　10일(6월 1일),　赤坂宮에서 天皇에게 인사
　　　12일(3일),　　　遠遼館(遠은 延의 잘못)에서 下船宴, 그후 博物院 시찰
　　　15일(6일),　　　陸軍省 방문, 敎練場에서 軍隊操練 참관

---

2) 朝鮮에서는 1895년 11월 17일을 1896년 1월 1일로 고치고 양력을 채택했다. 그러나 修信使들이 日本訪問 中, 日本側으로부터 받아본 각종 公文書나 連絡用 편지의 날짜는 陽曆으로 적혀 있었다. 따라서 修信使의 기록을 읽기 위해서는 양력으로 날짜를 알아둘 필요가 있다.

17일(8일),	海軍省 방문, 水戰操練 참관	
21일(12일),	陸軍省 兵學寮 방문, 그후 工部省 工學寮에 가서 電線 시찰	
23일(14일),	太學, 開成學校, 東京女子師範學校 방문	
24일(15일),	元老院 방문, 그후 延遼館에서 上船宴	
26일(17일),	外務省 방문, 귀국인사	
27일(18일),	橫濱 도착, 黃龍丸 승선	
閏5월 1일(21일),	神戶 도착	
4일(24일),	赤馬關 도착	
7일(27일),	釜山浦 도착	

2) 李鑢永의 경우(1881년 4월 8일부터 閏7월 2일. 明治14년 5월 5일부터 8월 26일까지)

金綺秀가 日本을 보고 온 후, 朝廷의 내부에는 외국과의 통상문제가 커다란 현안으로 떠올랐다. 그런데 中國은 西洋諸國과 통상하는 것은 상관없으나 日本에 대해서는 견제하라고 권유하였다. 거기다가 1880년 通信使로 日本에 다녀온 金弘集은 日本과의 통상과 개화정책을 서두르도록 朝廷에 진언하였다. 이에 일단 日本의 실정을 상세하게 파악해 볼 필요가 있다는 의견이 나왔으므로 朝廷은 그 一策으로 實務視察團을 보내기로 하였다. 그것이 이른바 紳士遊覽團이었다. 全團員 12인 가운데 李鑢永은 稅關담당이었는데 때때로 시찰에도 나서고 있다. 公式使節이 아니었던 그는 비교적 자유로운 처지에서 日本을 본 듯하며 때로는 분명한 비판도 사양하지 않았다.

4월	8일(5월 5일),	草梁港에서 日本商船 安寧丸 승선
	11일(8일),	對馬島의 嚴原, 壹岐島 경유 長崎 도착. 人力車로 築町1丁目 49番地 吉見屋로 가서 하루동안 체류하면서 海館, 師範學校 방문
	15일(12일),	博多, 小倉, 赤馬關, 多度津, 明石 경유 神戶 도착. 海岸通4丁目에서 하루 머물면서 海館, 鐵道局 방문
	17일(14일),	火輪車를 타고 大阪로 가서 造紙局, 紡績所, 監獄署, 博物會, 療病院, 造幣局, 陸軍鎭臺, 博覽會 등 방문 또는 시찰
	20일(17일),	砲兵工廠과 師範學校 방문[본인은 불참] 후, 火輪車로 西京 도착, 三條石橋堂島町의 旅所에 들다. 다음날부터 博物會, 西陣織錦所, 女學校, 盲啞院, 西本願寺 등 시찰
	24일(21일),	火輪車로 大津에 가서 琵琶湖, 三井寺[정식명칭은 園城寺] 시찰

후 神戶로 귀환

26일(23일),　　稅關에 대하여 稅務問答 後 三菱商社의 二帆廣島丸를 타고 神戶 출발

28일(25일),　　橫須賀 경유 橫濱 도착, 火輪車로 東京芝公園 도착

5월　1일(28일),　　元老院 大書記官 森山茂의 방문을 받다

3일(30일),　　外務省 大書記官 宮本少一[少는 小의 잘못. 以下는 올바른 表記로 고쳐 씀]의 방문을 받다. 博物會, 博物觀(觀은 館의 잘못) 시찰

4일(6월 1일),　外務省, 大蔵省 방문. 淸國公使館 방문. 저녁무렵 旅所를 淡路町으로 옮기다

5일(2일),　　外務省 訪問, 宮本小一과 稅務問答. 大蔵省을 방문, 關稅局長과 필담으로 稅則略論

6일(3일),　　宿所를 駿河臺 南甲賀町로 옮기다

7일(4일),　　이날부터는 關稅局에 출입하면서 本格的인 海關事務問答을 시작하는 한편, 外務卿 井上馨 私第, 博覽會의 頒賞(褒賞式), 農務局 育種場, 工部省 電信中央局, 太學校, 敎育博物館, 博覽會, 重野安繹 私第, 淸國公使 何如璋, 陸軍省 觀兵式, 隅田川의 海軍競漕 演習 등을 방문 또는 시찰

23일(19일),　　火輪車로 新橋를 출발, 橫濱 도착. 辯天通2丁目의 西村新七宅을 숙소로 정하다

24일(20일),　　이날부터 橫濱稅關과 港灣에 직접출입하면서 稅關實務 하나하나에 대한 구체적 시찰을 시작하는 한편, 瓦斯局, 橫須賀火輪船造所(본인불참) 방문

6월　19일(7월 14일),東京으로 돌아가 전날의 숙소에 들다

20일(15일),　　이날부터 다시 大蔵省 關稅局을 출입하면서 『條約類纂』의 교정을 시작하는 한편, 國立銀行局長 私第, 造紙局, 築地3丁目의 花房義質 私第, 芝離宮에서 열린 宴會, 同人社(本屋) 등 방문 또한 참석

7월　8일(8월 2일),　關稅局 방문, 귀국인사

9일(3일),　　外務省 방문, 귀국인사

14일(8일),　　新橋에서 火輪車를 타고 橫濱 도착, 전날의 旅所에 들다

15일(9일),　　稅關 방문, 各國人의 居留地界 시찰. 淸國理事署, 稅關局長에 작별인사

16일(10일),　　三菱社의 名古屋丸 승선, 船長은 洋人

18일(12일),　　神戶 도착, 海岸通町4丁目의 旅所에 들다

	19일(13일),	旅舍를 전날의 장소로 옮기다. 稅關訪問 문답, 이후에도 계속
	22일(16일),	兵庫 縣廳 방문
	26일(20일),	縣廳, 稅關에 가서 작별인사
	28일(22일),	三菱社 千歲丸 승선
	30일(24일),	赤馬關 도착
閏 7월	1일(25일),	長崎 도착. 稅關長에게 작별인사
	2일(26일),	壹岐島 경유 草梁港 도착. 日本領事館에 가서 귀국인사

3) 朴泳孝의 경우(1882년 8월 9일부터 11월 27일, 明治15년 9월 20일부터 明治16년 1월 6일까지)

이 해 6월, 給料未拂과 給與食糧의 변질 등에 불만을 품은 군인들이 폭동을 일으켜, 日本軍事教官 堀本禮造 少尉[3]를 살해한 후 日本公使館을 습격하는 사건이 일어났다. 이것이 壬午軍亂이다. 日本公使 花房義質은 일단 漢陽을 탈출, 長崎로 달아났으나 7월에는 군대를 이끌고 漢陽으로 돌아와 高宗에게 요구조건을 제시하였다. 결국 朝鮮朝廷은 日本側의 요구를 받아들여 濟物浦條約과 修交條規續約을 맺으면서 사건의 결착을 꾀했다. 그리하여 朴泳孝가 特命全權大臣兼修信使에 임명되어 日本에 파견된 것이다.

8월	9일(9월 20일),	仁川에서 日本船 明治丸에 승선출발
	12일(23일),	赤馬關 도착
	14일(25일),	神戶 도착, 兵庫縣令 森岡昌純 來見. 新制國旗를 숙사에 내걸다. 잠시 머물면서 各國領事의 방문을 받다.
	21일(10월 2일),	副使 金晩植과 함께 寫眞館에서 사진촬영
	23일(4일),	汽車를 타고 大津에 들렀다가 西京 도착, 各所 周覽
	25일(6일),	大阪에 들러 砲兵工廠, 陣臺의 練兵 등 시찰
	26일(7일),	神戶로 돌아감
	29일(10일),	東京丸 승선
9월	2일(13일),	橫濱 도착, 汽車를 바꿔 타고 東京 靑松寺 도착. 外務省에 도착통보
	5일(16일),	馬車로 外務省에 가서 外務卿 井上馨, 大輔 吉田清成, 少輔 鹽田三郎, 朝鮮公使 花房義質에게 도착인사
	8일(19일),	副使, 從事官과 함께 赤坂離宮에서 天皇에게 인사

---

3) 朝鮮公使 花房義質의 제의에 따라 1881년 4월에 창설된 別技軍의 教官이 되었던 인물.

	9일(20일),	親王, 各省卿, 元老院 議長, 警視總監, 東京知事 歷訪
	10일(21일),	이날부터 各國公使를 방문하는 한편, 來訪人事 접대와 各國 公使 주최의 晚餐會 참석
	16일(27일),	橫濱로 나가 當地駐在의 公使訪問, 귀로에 神奈川縣令 방문
	17일(28일),	文部省 방문, 大學校 생도 卒業宴會 참석
	20일(31일),	橫濱에 가서 競馬 시찰
	22일(11월 2일),	圖書館, 女子師範學校, 博物館, 昌平館, 動物園 방문 또는 시찰
	23일(3일),	日比谷練兵場에 열린 天長節 행사참석. 저녁무렵 外務卿 官 邸 舞踏宴會 참석
	26일(6일),	淺草寺 시찰
	27일(7일),	工部大學校 방문, 電信局, 電機器械廠 周覽
	30일(10일),	印刷局 방문
10월	3일(13일),	延遼館에서 王妃의 誕生日 기념연회
	4일(14일),	이날부터 연달아 各國公使 및 各省卿의 晚餐會 참석
	6일(16일),	王子의 造紙所, 水輪織布所 방문
	9일(19일),	戶山競馬場 시찰, 午餐 晚餐會 계속되다
	19일(29일),	陸軍士官學校, 砲兵機械廠 방문
	22일(12월 2일),	이날부터는 要路를 방문하면서 작별인사
	25일(5일),	橫濱으로 가서 小輪船으로 橫須賀에 건너가다
	26일(6일),	造船所 시찰 후 江島에 도착
	27일(7일),	小田原 경유 熱海 도착, 富士屋에 들다. 이후 이틀간 溫泉浴
	30일(10일),	熱海 출발, 小田原 1박 후, 다음날 藤澤 경유 神橋(神은 新의 잘 못) 到着
11월	5일(14일),	外務卿 방문, 귀국일정 협의
	9일(19일),	宮內省에서 天皇에게 귀국인사. 이후 要路를 방문하면서 작별인사
	18일(28일),	橫濱에서 名古屋丸 승선
	20일(30일),	神戶 도착
	22일(1883년 1월 1일),	神戶 출발
	24일(3일),	赤馬關 도착
	27일(6일),	濟物浦 도착

4) 朴戴陽의 경우(1884년 12월 24일부터 1885년 4월 18일, 明治18년 2월 8일부터 4월 3일까지)

開化派의 金玉均, 朴泳孝, 洪英植, 徐光範, 徐載弼 등은 이해 10월, 郵政局의 落成祝賀宴에서 정변을 일으켜 守舊派의 閔泳穆, 閔臺鎬, 趙寧夏, 李祖淵, 尹泰駿, 韓圭稷 등을 현장에서 살해했다. 이른바 甲申政變이다. 그와 동시에 日本公使 竹添進一郎은 군대를 동원, 昌德宮을 점령하였다. 그러나 淸國軍 吳兆有, 袁世凱, 張光前 등도 군대를 동원하여 昌德宮으로 들어가 兩國軍隊는 마침내 충돌하였다. 이렇게 되자 軍民들은 日本公使館을 습격하니 竹添公使는 仁川으로 달아났는데 金玉均, 朴泳孝, 徐光範, 徐載弼 등은 竹添公使의 배에 동승, 日本으로 망명하였다. 이 사건에 대해서도 日本과의 협의가 필요하게 되자 朝廷은 參議交涉事務 徐相雨를 禮曹參判으로 승진시켜 全權大臣에, 協辦 穆麟德을 兵曹參判으로 승진시켜 副大臣에 임명, 日本으로 건너가 문제의 해결을 꾀하도록 명하였다. 이때 全權大臣 從事官으로 뽑힌 사람이 幼學 朴戴陽이었다. 使節一行은 11월 눈보라를 뒤집어쓰면서 곧바로 漢陽을 출발했는데 日本에서 特派全權大臣 井上馨이 入京했기 때문에 그 교섭결과를 기다리라는 명을 받았다. 그리하여 12월이 끝나갈 무렵 교섭을 끝마친 井上이 귀국하게 되자 도중에서 기다리고 있던 使節一行도 다시 그 뒤를 쫓듯 출발하였다.

1884년 12월 24일(明治18년, 1885년 2월 8일), 仁川에서 日本商船 小菅丸 승선출발
26일(10일), 赤間關 도착
27일(11일), 三光丸로 바꿔타다
28일(12일), 神戸 도착
29일(13일), 다음 배를 기다리면서 大阪 유람. 造幣局, 器機廠 등 시찰
30일(14일), 山城丸 승선출발
1885년 1월 1일(15일), 橫瀨[瀨는 濱의 잘못] 도착. 汽車를 타고 東京에 도착하면서 精養館에서 저녁을 먹고 新橋南鍋町 伊勢勘樓에 들다
2일(16일), 外務省으로 가서 國書 및 奏辭副本 전달
3일(17일), 福澤諭吉의 學校에서 사람이 찾아와 [金玉]均의 借金辨濟를 요구하면서 証書를 내보였으나 正使는 단호하게 거절, 이를 물리치다
6일(20일), 天皇 禮訪, 國書전달
7일(21일), 正使, 各國公使 방문시작
10일(24일), 從事官이 숙소의 딸 菊의 요청에 응하여 詩 한 구를 써주었던 바 各新聞은 그것을 화제로 삼아 欽差大臣이 菊 아

　　　　　　　　　가씨를 사랑하여 詩를 선물했다고 보도

　12일(26일), 博物館, 動物館 등을 시찰

　13일(27일), 教場으로 가서 步騎砲 三軍操練 참관

　14일(28일), 電信局, 煤氣局 시찰

　15일(3월 1일), 故宮後苑, 增上寺 시찰

　16일(2일), 正副使, 橫濱으로 가서 各國公使 방문. 그후 橫須賀의 造
　　　　　　　船 歷覽.

　　　　　　　이튿날 東京으로 돌아가다

　18일(4일), 海軍操練 시찰. 正副使, 工部大學校 방문[본인은 불참]

　19일(5일), 夫子廟 참배. 師範學校, 陸軍士官敎場, 砲兵工廠 시찰

　21일(7일), 大學校 방문. 礦學, 化學, 醫學 등 시찰

　23일(9일), 陸軍卿 大山巖 주최의 鹿鳴館夜會 참석

　27일(13일), 印刷局 방문

2월　1일(17일), 外務省 방문, 國事犯[日本으로 망명한 金玉均,
　　　　　　　그밖의 범인] 송환요구

　3일(19일), 橫濱燈臺局 시찰

　5일(21일), 天皇에게 귀국인사

　7일(23일), 橫濱로 가서 商船名古屋丸 승선출발

　8일(24일), 神戶 도착

　9일(25일), 大阪, 西京 경유 琵琶湖에 도착.
　　　　　　　시찰 후 저녁무렵 神戶로 돌아가다

　10일(26일), 靑龍丸 승선

　12일(28일), 赤間關 도착

　13일(29일), 長崎 도착

　15일(31일), 德國商船 승선

　18일(4월 3일), 釜山浦, 濟州島 경유 인천도착

5. 修信使의 견문 이모저모

　朝鮮修信使들의 日本見聞記錄은 일종의 정보수집을 겸한 보고서였으므로 그 가운데 개인적 판단이나 비판적 견해는 그다지 많이 나타나지 않는다. 그러나 그들이 남긴 기록내용을 잘 읽어보면 그들의 관심이 무엇이었으며 그것을 어떻게 느꼈는지 알아낼 수 있다. 일반적으로 우리는 처음보는 새로운 사물에 관심을 나타낸다. 그리고 대개는 正否, 善惡, 美醜와 같은

二項対立的 기준으로 사물을 판단한다. 당연히 자신에게 익숙하거나 아주 평범한 대상에는 여간해서 눈길이 가지 않는다. 朝鮮修信使들의 견문내용도 그러한 기준에 들어맞는다.

그들의 기록은 공식일정과 사무에 관한 보고서적인 내용을 제외한다면 자신들이 직접 시찰한 사물에 대하여 정보수집적인 성격을 보이고 있다. 그것은 당연히 새롭게 보이는 대상에 집중될 수밖에 없다. 明治初期의 日本에서 그들의 눈에 새롭게 보인 사물이 있었다고 한다면 그것은 다름아닌 西洋化에 의한 文明開化의 흐름이었다고 생각된다. 그것은 機械化였고 軍事化였으며 온갖 측면으로 확산되고 있었던 사회와 제도의 변화였던 것이다. 앞에 든 그들의 일정을 보면 시찰내용도 어느 정도 짐작이 간다. 그것은 다분히 日本側의 의도적 권유에 따른 결과였다고 생각되지만 이제부터는 그들의 눈에 비친 견문내용을 어느 정도 구체적으로 살펴보겠다.

修信使들의 관찰기록은 매우 상세하기 때문에 다른 설명은 필요하지 않은 경우가 많다. 따라서 원문을 직접 읽으면서 필요한 곳에는 적당한 설명으로 보완하면 충분하다. 인용은 일단 읽기 쉽도록 현대문 의역으로 제시한다. 원문에 나타나는 독특한 漢字表記는 현대어형과 다른 경우가 많으나 그것이 오히려 新文明에 대한 修信使들의 이해도를 알아내는 데 중요하기 때문에 될 수 있는 한 그 의미를 살리도록 할 것이다. 그러한 곳에는 그때마다 이해를 돕기 위하여 현대적 표현이나 해설을 괄호 안에 부기하고 경우에 따라서는 문맥을 약간 보완하기도 할 것이다. 날짜는 원문 그대로 음력이다.

1) 機械化와 설비

예전의 通信使들은 帆船으로 바다를 건너고 大阪에서 江戶까지는 육로를 이용했으나 신시대의 修信使들은 火輪船(蒸氣船, 汽船)을 타고 대개는 赤間關, 長崎, 神戶, 大阪, 京都 등을 잠시 들렀다가 橫濱에 도착, 거기서 이번에는 火輪車[汽車]로 바꿔 타고 東京으로 향했다. 요컨대 그들의 機械化 경험은 火輪船과 火輪車에서 시작되었던 것이다.

① 火輪船, 燈明臺, 船着場

修信使들은 草梁[釜山] 또는 濟物浦[仁川]에서 日本의 火輪船을 타고 처음 보는 蒸氣船의 규모와 구조를 주의 깊게 관찰하고 있다.

> ㉠ (釜山에서 배를 타고) 배의 짜임새는 자세히 보아도 설명이 되지 않는다. 하물며 나는 몸가짐을 신중하게 해야 하므로 마음껏 살펴볼 수도 없다. 한 척의 배는 모두가 機關이며 그 가운데 하나라도 고장을 일으키면 배는 움직이지 못한다. 그

렇기 때문에 배 안에는 배를 움직이고 배를 조종하는 임무에 각기 담당자가 있고 그밖에도 몇 사람은 기름과 단지와 헝겊을 가지고 때때로 기름을 칠하거나 닦아내거나 하기 때문에 구리기둥과 쇠사슬은 하나같이 거울처럼 반짝반짝 빛이 난다.……(중략)……배의 허리 부근에는 구멍이 뚫려있는데 사다리로 출입이 가능하도록 되어 있다.……(중략)……여기는 배의 機輪이 모여 있는 곳이다. 허리를 굽혀 내려다 보니 船底가 보이고 그 가운데에는 동그란 것, 네모난 것, 위는 둥글고 아래는 네모난 것, 半月形, 비스듬하게 날카로운 것, 약간 어긋나 있는 것, 상당히 어긋나 있는 것, 물레가 돌고 있는 것, 체가 왔다 갔다 하는 것, 서로 마찰하면서 찍찍 소리를 내는 것 등등이 있다. 船底는 어디나 기름칠이 되어 있고 가마솥 안에서는 물이 끓고 있는데 석탄을 때는 곳은 끝내 보이지 않았다.〈『日東記游』 권1 乘船〉

ⓛ (배를 타고 나서) 諸公과 함께 從船에 올라 깜깜한 먼 바다에 이르러 日人의 火輪船을 탔다. 배 이름은 安寧丸, 길이는 33-4把[尋, 약1.8m], 폭은 5-6把 정도로 보인다. 돛은 둘이 있는데 밖에는 煙筒이 높게 솟아있고 안에는 돌고 있는 汽輪 둘이 있고[船內의 機輪은 闇輪, 船外의 機輪은 明輪이라고 한다]. 船體의 주변에는 鐵의 欄干이 걸쳐져 있는데, 뱃머리에는 時表와 羅針機가 갖춰져 있고 船窓은 전부 유리로 되어 있는데 그 정교함과 호화스러움은 진짜로 처음 본다. 선내의 房은 3등으로 나뉘어 있는데 우리는 上等에, 隨員은 中等에, 跟從[하인]은 下等에 들어가고 卜物(짐)은 下層에 두었다. 上等房은 5-6개소가 있는데 하나의 房은 좌우상하가 층으로 되어 있어 4인이 들어간다. 나는 洪公(英植), 魚公(允中)과 같은 房에 들었다. 房 가운데에는 靑과 紅色의 毯(요)이 놓여있는데 한 겹의 이불과 西洋木으로 덮힌 褥(덮개)와 베개, 그림으로 장식된 磁器洗面器, 그밖에도 船中燈燭, 茶器, 卓床, 花瓶 등이 갖춰져 있어 없는 것이 없었다.〈『日槎集略』 권地 4月 8日〉

ⓒ 배를 대는 해안에는 반드시 돌을 깔아 올리고 다리를 걸쳤으며 때로는 水門과 虹橋(무지개 다리)를 만들었다. 또한 기다란 둑을 만들어 물을 막고 있어 마치 호수처럼 되어 있다. 그 가운데다 배를 세우기 때문에 波浪의 걱정은 할 필요가 없다. 그렇기 때문에 兵船과 大船이 밀집하여 그 帆柱가 마치 수풀처럼 보였다.〈『日東記游』 권1 停泊〉

ⓔ 국내에 군함은 35척 있는데 그 중 堅完한 것은 16척에 지나지 않고 나머지는 전부 朽敗하여 쓸 수 없고, 商船은 3백척이 있다. 거기에 橫須賀에서는 지금 군함을 만들고 있다고 한다.〈『東槎漫録』 卷末 東槎記俗〉

日本人이 蒸氣船을 처음 갖게 된 것은 1855년(安政2) 8월로[4], 네델란드國王이 幕府의 長崎

---

4) 日本의 경우, 1872년(明治5)까지의 날짜는 음력, 1873년(明治6)부터의 날짜는 양력을 나타낸다. 이하도

海軍傳習所에 演習艦 슨빈호[그후 觀光丸으로 명명]을 기증한 때부터였다. 그후 상당히 오랜 기간은 蒸氣船을 수입해 왔으나 1871년(明治4) 2월, 橫須賀製鐵所[4월에 橫須賀造船所로 개칭]의 제1기 공사 준공에 따라5), 차츰 蒸氣船의 자국생산 체제를 갖추게 되었다. 그리하여 1875년(明治8) 2월부터는 三菱商會의 蒸氣船이 上海—橫濱간 운행을 개시했는데 이것이 日本의 첫 외국항로 운행이었다. 반면, 朝鮮人의 손에 蒸氣船이 들어온 것은 1883년의 일이다. 이듬해에는 저스틴·메디슨商會가 上海—仁川[長崎, 釜山 경유]간의 항로를 개설, 南京號로 운행을 개시하였다.

그리하여 修信使들은 처음으로 蒸氣船을 타고 그 구조와 설비에 깊은 관심을 보이고 있다. ㉠은 1876년 黃龍丸의 機關室, ㉡은 1881년 安寧丸의 선실내부를 면밀하게 관찰한 기록이다. 매우 알기 쉽게, 거기다가 세세하게 그리고 있다. 그만큼 그들의 눈을 끌었던 것이다. 당시의 朝鮮에는 그러한 신문명 설비가 없었기 때문이다. 여기에 ㉢은 船着場 곧 부두의 구조에 관한 기록인데 이러한 설비도 修信使들에게는 관심의 표적이었음에 틀림이 없다. 최후의 ㉣은 일종의 정보로서 기록한 것일 것이다. 실제, 橫須賀造船所에서는 1877년 6월 日本 최초의 군함 淸輝를 준공하였으므로 1885년에 朴戴陽이 군함제조의 이야기를 들었다고 하더라도 이상한 일은 아니다.

② 火輪車, 鐵路

蒸氣船 다음으로 修信使들의 눈을 끌었던 것은 汽車였다. 최초의 修信使 金綺秀는 橫濱에서 新橋(지금의 東海臨海新交通의 汐留역)까지를 汽車로 왕복했지만 그후의 修信使들은 대개 神戶에서 大阪까지, 거기서는 다시 京都 혹은 大津까지도 汽車를 이용하여 시찰길에 나서고 있다. 거기서 그들은 汽車를 여러 가지 각도에서 관찰하여 기록에 남긴 것이다.

㉠ 橫濱에서 新橋까지는 火輪車를 탔다.……(중략)……火輪車가 벌써 驛樓에서 기다리고 있다고 하기에 驛樓 밖으로 나가 閣道[복도]의 끝까지 걸어가도 車는 보이지 않고 4-50間[넓이의 單位, 一間은2.333㎡ 또는 2.99㎡] 정도의 長廊이 길가에 있을 뿐이었다. 車는 어디 있는가 라고 물었더니 그것이 車라고 한다. 長廊과 같이 보인 것이 車였던 것이다. 火輪車의 짜임새는 앞쪽 4間 정도의 車輛에 火輪이 있어 그 앞에 機關이 갖추어져 있고 그 뒤에 사람을 태운다고 한다. 나머지 車는 모두 3間半으로 3間은 屋[방], 半間은 軒[乘降口]다. 車 하나하나는 鐵鉤[쇠갈고

같다. 한편 朝鮮의 날짜는 모두가 음력이다.

5) 여기서부터 文化史에 관계되는 年代는 다음과 같은 참고자료를 이용하면서 필자나름으로 조사한 결과이다. 出典은 일일이 표시하지 않으나 경우에 따라서는 근거를 제시하는 수도 있을 것이다. 新人物往來社(1984), 『日本史總覽 Ⅵ』. 東京書籍株式會社(1986), 『日本史資料總覽』. 岩波書店(1991), 『近代日本総合年表』(第3版). 紀田順一郎(1992), 『近代事物起源事典』(東京堂出版).

리]로 이어져 있고 그것이 4-5車 내지 10車에 이르기 때문에 곧 3-40間, 4-50間에도 이른다. 사람들은 軒으로 타고 내리며 屋(객실)에 앉는다. 밖은 文木[紋樣이 들어간 板], 안은 가죽과 毛布[비로드] 등으로 꾸며져 있다. 兩側은 의자와 같이 높고 중간은 낮고 평평해서 마주보고 앉으며 一屋에는 6인 또는 8인이 들어간다. 옆은 兩方이 모두 유리로 막혀있고 장식이 영롱해서 눈을 빼앗길 지경이다. 車마다 車輪이 있어 前車의 火輪이 一轉하는 데 따라 衆車의 車輪이 모두 굴러 雷電처럼 달리고 풍우처럼 돌진하기 때문에 一時刻에 3-4백리를 달린다고 한다. 그러나 車體는 안온하여 흔들림이 거의 없다. 좌우에서는 山川, 草木, 屋宅, 人物이 보이더라도 섬광처럼 지나가기 때문에 붙잡기가 어렵다. 喫煙 한 대, 茶 한 잔을 하는 사이에 어느새 新橋에 도착하였으므로 곧 96리를 달린 셈이다.

火輪車는 반드시 鐵路 위를 간다. 길은 극심한 고저가 없고, 낮은 곳은 보완하고 높은 곳은 평평하게 했기 때문이다. 車輪이 닿는 兩側에는 片鐵을 깔았지만, 그 바깥쪽은 올려다 보는 형체, 안쪽은 내려다 보는 형체로 되어있기 때문에 그 궤도에서 車輪이 벗어나지 않는다. 철로는 한결같은 직선이 아니고 때때로 선회하지만 그곳도 교묘하게 지나가기 때문에 어려운 일은 아니다. 노면의 舖鐵도 또한 반드시 二面(複線)이므로 이쪽 편의 車가 앞쪽으로 나아가고 저쪽 편의 車가 마주보며 다가와도 서로 방해가 되지는 않는다. 가는 車와 오는 車는 반드시 방위가 있어 오는 것은 좌측, 가는 것은 우측이다. 만약 차가 서로 만나거나 일시 정차할 때에는 인사를 나눈다. 이쪽 車가 4-50間이면 저쪽 車도 4-50間이다. 이쪽의 一屋一屋은 전후가 막혀있어 서로 간섭을 하지 않으나 저쪽의 一屋一屋은 이쪽에 앉아서 볼 수가 있다. 一屋에는 丈夫[男性], 一屋에는 婦人, 一屋에는 본국인, 一屋에는 외국인이 타기 때문에 一屋마다 다르다. 兩側의 사람들이 얼굴을 마주하고 서로 인사를 나누는가 하는 사이에 (車는) 불을 뿜으며 회오리바람처럼 사라진다. 순간적으로 보이지 않게 되므로 단지 머리를 긁적거리며 할말을 잊고 멋쩍게 놀랄 뿐이다.〈『日東記游』 권2 玩賞〉

ⓛ (神戶-大阪間) 諸公과 함께 鐵道局으로 가서 火輪車의 造作工程을 보았다. 火輪車를 타기 위하여 待合所에 모였다가 午正[正午]에 火輪車를 탔다. 떠날 때에는 盪第一聲[汽笛]이 울리고 인하여 鐵路 위를 달린다. 철로는 평평하고 반듯한 鐵이 4條(線) 또는 6條 깔려 있고 分路[갈림길]에는 (그것이) 비스듬하게 옆을 향하여 깔려 있다. 舖鐵의 모양은 둥글고 위쪽에 넓어진 부분이 한뼘 정도로 되어 있어 車輪의 半分은 그 위에 놓이고 火氣에 따라 雷電처럼 달린다. 車 위에는 板屋이 있고 그 안에 의자와 卓[테이블]을 놓고 그 사이사이에는 窓鏡[유리창]으로 되어 있다. 一屋 가운데에는 15-6人이 앉는데 上中下의 三等別로 이와같은 屋이 있다. 도중에 鑿山通路[터널]이 셋 있었는데 그곳을 지날 때에는 어둠이 칠흑처럼

짚었다. 또한 鐵의 난간이 붙어있는 長橋가 7-9개소 있었다. 三宮, 住吉, 西宮, 神崎[지금의 尼崎] 4개소에서 잠시 멈추기 때문에 차에 탈 사람은 거기서 기다리면 승하차가 가능하다고 한다.〈『日槎集略』卷地 4월 17일〉

ⓒ 飯後 午初[11시], 西京鐵路所에서 火輪을 타고 琵琶湖를 향했다. 稲荷와 山科를 지나 大谷에 도착하니 길이가 數馬場[길이의 単位, 1馬場은 0.4km] 정도의 鑿山通路 [터널]가 있었다. 이곳을 지날 때에는 차내에 燈火를 켰다.〈『日槎集略』卷地 4월 24일〉

ⓔ 橫濱행 배를 기다리면서 神戶에 머물고 있는 동안 欝陶한 기분을 참기 어려워 일행은 大阪으로 가서 유람하기로 하였다. 腕車[一名 人力車]를 타고 驛遞所에 닿으니 바로 停車亭이다. 輪車가 여기에 이르러 정차하면 행인들은 타거나 내린다. 10리나 20리마다 반드시 停車處가 있는데 거기에는 男女別, 上中下等別 待合所가 있다. 아마 車에 3등급의 자리가 있기 때문일 것이다. 車가 아직 도착해 있지 않았을 때는 행인들은 여기서 기다리며 차표를 산다. 표는 종이로 만들어 졌는데 등급 외에 어디서부터 어디까지와 같은 문자가 찍혀있다. 그리고 문[改 札口]을 나오려고 할 때 그 난간에는 藜鐵[일종의 防備具]이 설치되어 있어 간신히 한 사람이 빠져 나갈 수 있도록 되어 있다. 守門者가 剪刀를 가지고 옆에 서 있 다가 행인이 문으로 다가와 표를 보이면 守門者는 剪刀로 표의 한쪽을 자르고 돌려준다. 드디어 행인은 문을 빠져나와 車를 타고 목적지에 이르러 내린다. 문 에서 나가려고 할 때 또다시 표는 증거가 된다. 만약 표를 잃어버리면 다시 車 賃을 물어야 한다.

10點鐘[10시], 火輪車를 탄다. 車의 짜임새는 앞에는 火筒, 가운데에는 車屋, 뒤에는 粧物[貨物車]이 있다. 클 때에는 車의 屋數가 10輪, 載物車가 10여량도 있 다. 서로 견제하기 때문에 그 기관을 움직이면 汽가 생겨 연기를 뿜으며 前이 끌면 뒤는 따라간다. 천천히 갈 수도 빨리 갈 수도 있지만 그것은 機關을 어떻 게 조종하는가에 달려있다. 그러므로 緩[普通]이거나 急[急行]이라고 한다.

鐵路로 大阪에 닿았다. 백리의 거리를 1時間에 달린 것이다. 도중, 산천풍물 은 모두 너무도 빨리 지나갔지만 여기에 도착하여 처음으로 原野가 넓게 열리 고 田疇[田地]가 평평하게 펴져 있음을 보았다.〈『東槎漫録』1884년 12월 29일〉

橫濱—新橋간 26km에 鐵道가 개통된 것은 1872년(明治5) 9월이었는데 이것이 日本 최초의 철도였다. 다시 神戶—大阪간은 1874년(明治7) 5월, 그리고 大阪—京都간은 1877년(明治10) 3 월, 京都—大津간은 1880년(明治13) 7월에 각기 철도가 개통되었다. 반면 朝鮮에 철도가 처음 개통된 것은 1899년 9월, 濟物浦—露梁津간 33km였다. 그러므로 修信使들은 日本에서 처음 으로 汽車를 타보고 실물을 대했던 것이다. 그들이 汽車를 세세히 그리고 있는 것은 그 때문이었다.

㉠에는 汽車의 구조, 달리는 모습, 鐵路의 짜임새, 객실의 내부구조가 마치 그림처럼 그려져 있고, ㉡과 ㉢에는 터널의 이야기가 보인다. 그런데 ㉡에 보이는 阪神間 3개의 터널 가운데 하나는 아마도 石屋川터널로 1871년(明治4) 7월에 관통된 日本 최초의 鐵道터널이고, ㉢에 나오는 터널은 아마도 逢坂山 隧道로 日本人만의 손으로 만들어진 최초의 터널이기도 하다. 鑿岩機 試用으로 1880년 6월말에 관통되었으므로 7월의 京都—大津간 철도개통 직전의 일이다. 그러므로 이 두 개의 터널은 각기 日本鐵道史上 기념비적인 존재인데 李鑢永은 兩方을 지나면서도 터널 그 자체에는 큰 관심이 없었던 모양이다. 터널에 관한 지식을 거의 가지고 있지 않았기 때문일 것이다. 한편 ㉣에는 차표의 역할과 다루는 방법이 드러나 있다. 이와 같은 기록은 그들이 일종의 정보수집으로서 汽車에 상당한 관심을 두었다는 증거일 것이다.

그런데 京濱간 철도에서 일본인 기관사가 운전을 시작한 것은 1879년(明治12) 4월부터였다. 그때까지는 英國人이 기차를 움직였으므로[6], 당연히 金綺秀가 탔을 때에도 외국인 기관사가 운전했을 것이지만 金은 그것을 알아차리지 못했던 것으로 보인다. 만약 金이 그것을 알고 있었더라면 기관사를 기차에서 내리도록 요구했을지도 모른다. 왜냐하면 그는 훗날 귀국도중의 배에 서양인 航海전문가가 타고 있는 것을 발견하고 결국은 그를 배에서 내리도록 한 사실이 있기 때문이다. 그 경위에 대해서는 나중에 다시 거론하겠지만 하여튼 金은 그 정도로 서양인을 배척하였던 것이다.

③ 電信, 電線, 電信柱

修信使들은 日本에서 電信의 불가사의함을 경험한다. 당연히 그들은 그 짜임새에 주의를 집중하면서 세세한 곳까지 관찰하고 있다. 다음과 같은 기록이 그것을 말하고 있다.

㉠ 工部省에서는 兵器와 農器와 각종기계를 제조하는데 잠시 보았을 뿐이어서 생각이 나지 않는다. 이른바 電線이라는 것은 아무리 잘 보아도 좀처럼 표현이 되지 않는다.……(중략)……工部省에서 이를 보니 電信線의 끝이 건물 가운데로 들어가 있는데 마치 우리나라의 舌鈴(처마에 달아둔 방울)의 줄이 집안으로 들어가 있는 것과 똑같다. (電線을) 床 위에 늘어뜨려 거기에 機를 설치하고 그 옆에는 櫃와 같은 器가 있어 그 안에 電이 있다고 한다. 손으로 그 機를 두드리면 櫃 가운데 電이 생겨 번쩍하고 빛나면서 線을 따라 곧장 올라간다. 옆에는 또한 하나의 器가 있는데 우리나라 목수의 墨繩筒과 비슷하다. 그 가운데에는 木棒이 감싸여 있고 옆에는 또한 紙卷이 있어 그 일단을 木棒이 감아올리면 종이

6) 朝倉治彦・稲村徹元(1995), 『明治世相編年辞典』(新装版, 東京堂出版) p.79.

위에 글자가 나타난다. 옆에 놓여있는 紙卷을 펼치면 거기에도 글자가 있다. 이 것은 이쪽에서 저쪽에 알리는 글이다.……(중략)……電線連絡의 기둥[電信柱]는 도로의 여기저기에 있다. 길이3-4丈[一丈은 333cm 정도]의 곧은 나무 위에 磁器의 杯를 올리고 그 위에 線을 걸쳐놓는다. 기둥마다 線도 하나만은 아니다. 그것이 서있는 장소도 여기저기에 있다. 어떤 곳에는 많고 어떤 곳에는 적다. 遠近도 일정하지는 않다. 그것은 그러지 않을 수 없다. 山野를 만나면 그것을 높이거나 낮춘다. 大海를 만나면 물속으로 가라앉혀 통하게 하는 것이다.〈『日東記游』卷 2 玩賞〉

ⓛ 神戸부터 大阪에 이르는 歷路에는 電氣線 鐵線이 많다. (線은) 하나에서 둘, 또는 셋에서 넷 아니면 17에 이르고 11, 12가 되는 경우도 많다. 그 곳곳에 木柱를 세우고 電線을 걸친 것이다.〈『日槎集略』卷地 4월 17일〉

ⓒ (工部省電信中央局에서) 電信 및 鐵道, 鑛山에 관한 수많은 工作機械를 순차로 구경 하였다. 電信이란 대체로 鐵線이 몇 천리 밖까지 늘어나 만약 서로 전하고 싶은 것이 있으면 洋書26字를 가지고 機를 두드리면서 이쪽에서 쓰면 저쪽이 응하므로 몇 천리 떨어진 곳이라도 서로 통한다. 통한다는 것은 氣의 引力이요, 끈다는 것은 藥水의 작용이라고 한다. 단지 鐵線과 藥水는 電信의 第一機이지만 그 機의 기묘한 작용은 형용하기 어렵다. 관련이 있어 서로 통하는 곳에는 빠짐없 이 機를 설치하지만 (그 數) 30여 곳에 이르고 機마다 한 사람의 담당자가 있다 고 한다.〈『日槎集略』卷地 5월 13일〉

ⓔ 電信局을 보았다. 국장 工部大書記官 石井忠亮이 맞아주었다. 漢文으로 "欽差正 月一日抵東京"이라는 9字를 局中의 사람에게 맡겨 釜山에 보내도록 하였다. 그 김에 그것을 말로 본국의 京城에 전달하도록 부탁하였다. 電信을 다루는 사람이 눈으로는 글자를 보면서 손으로 器械를 움직이니 기계는 손에 따라 높아졌다가 낮아졌다가 하면서 그 때마다 소리를 낸다. 아마도 손의 움직임이 높아졌다가 낮아졌다가 할 때 저절로 機關은 文字와 言語를 만리밖으로 통지하는 것이리라. 잠시 있다가 다시 釜山의 陰晴을 물었더니 그것은 오전 11點鐘이었다. 이쪽의 천기는 청명이었지만 釜山은 지금 흐리고 바람이 불기 때문에 비가 올 것이란 다. 여기서 釜山까지는 6천여 리다. 만리의 陰晴이 같을 가능성은 없다고 하더라 도 1時間에 못 미쳐 서로의 聲息이 통하므로 어리둥절할 일이며 마법사의 거짓 말과 같다. 그러나 종전의 경험에서 보면 한 점의 착오도 없었기에 西洋의 法이 란 사람을 현혹시킴이 대개 이와 같았다.〈『東槎漫錄』1885년 1월 14일〉

日本에서는 1869년(明治2) 8월, 橫濱燈明臺─橫濱裁判所간에 電信線이 가설되어 브레게式 指字電信機에 의한 通信實驗에 성공하였다. 그리하여 同年 12월에는 東京─橫濱간에 電信이 실용화되었다.7) 그후 1878년(明治11)에는 工部省中央電信局이 東京木挽町에서 업무를 시작하였다. 그 무렵까지는 전국중요도시에 걸치는 전신망도 정비되었던 것이다. 한편 朝鮮에 電信이 통하게 된 것은 釜山—長崎간의 海底電線 개통에 의한 것으로 1884년 2월의 일이었다. 따라서 修信使들이 日本에서 電信을 보고 불가사의하게 생각하고 관심을 보인 것도 당연한 일이었다. 위에 인용해 둔 그들의 기록에 당시의 모습이 분명히 나타나 있다. 그중에서도 長崎—釜山간에 電信이 개통된 후 日本에 건너간 朴戴陽은 工部省中央電信局을 방문한 길에 釜山과의 교신을 직접경험한다. 6천여리나 떨어져 있는 곳에 거짓말처럼 聲息이 통하는 것을 본 그는 "西洋의 법, 사람을 현혹시킴이 이와 같았다."고 써놓고 있다. 이것이 부정적인 견해인지 놀라움인지는 단정할 수 없으나 다른 곳에 때때로 나오는 그의 보수적 태도와 맞춰볼 때 多分히 부정적 견해에 가까운 것으로 풀이된다.

④ 寫眞, 寫眞機

그때까지의 초상화라고 한다면 繪師가 그리는 것뿐이었지만 최초의 修信使 金綺秀는 기계로 그리는 眞像을 日本에서 직접경험한다. 그 모습을 다음과 같이 관찰하고 있다.

⊙ 어느날 館伴官이 와서 내 眞像을 그린다고 하기에 재삼 거부했음에도 내 이야기를 듣지 않았다. 다시 보니 멀리 나무 위에 걸쳐진 四角의 거울이 마치 우리나라의 鷄塒[홰]와 비슷하다. 木柱 넷을 높이 세우고 그 위에 거울을 설치한 것이지만 거울은 四角의 櫃이고 그 겉쪽은 밝은 거울이다. 위쪽은 베조각으로 덮여있고 뒤쪽에는 구멍이 있는 듯하나 무슨 물건으로 막혀있다. 막혀있는 물건을 약간 벗기고 손으로 그 안을 더듬으니 또 하나의 거울이 지나간다. 조금 있다가 거울을 가져와 나에게 보인다. 내 얼굴이 그 안에 있다. 거울에서는 물이 흘러 떨어지는 것처럼 보이는데 櫃의 바깥쪽 거울은 以前과 같은 대로이다. 〈『日東記游』 卷1 留館〉

ⓛ 午間(11시-午後 1시), 寫眞局에 가서 사진을 찍었다. 嚴令[世永], 沈令[相學], 五衛將[金鏞元]도 동행해서 같이 찍었다. 本局主人은 鈴木攬雲이었다.〈『日槎集略』 卷地 7월 3일〉

ⓒ (神戶에서) 副使와 같이 寫眞局에 가서 影을 照하였다.〈『使和記略』 8월 21일〉. (大阪에서) 부사 金校理[晩植], 徐從事官[光範]과 함께 写眞局에 가서 影을 照하였다.〈『使和記略』 8월 27일〉. (東京에서) 寫眞局에 가서 影을 照하였다.〈『使和記略』 9월 15일〉

---

7) 湯本豪一(1996), 『図説明治事物起源事典』(柏書房) p.803.

日本에서는 일찍이 1861년(文久2) 橫濱과 東京에 寫眞館이 생겨 幕末·開化期의 격동하는 사회를 찍었는데 지금 남아있는 많은 幕末志士들의 모습은 上野에서 촬영되었다고 한다.8) 朝鮮에 사진기술이 언제 들어왔는지 상세히 조사하지 않았으나 1886년 4월, 統理交涉通商事務衙門은 日本에서 수입되는 寫眞器械, 紙屬, 藥種 등의 물품에 대하여 면세조치를 취하고 있으므로 적어도 80년대 초기에는 이미 寫眞機가 들어와 있었다고 추정된다. 왜냐하면 1881년의 紳士遊覽團은 ⓛ으로 알 수 있는 바와 같이 寫眞局으로 가서 사진을 찍고 주인의 이름까지 記錄하면서도 사진기나 사진기술에는 아무런 관심을 보이지 않았기 때문이다. 그후 1883년의 修信使 朴泳孝 또한 ⓒ으로 알 수 있는 바와 같이 神戶와 大阪와 東京에서 그때마다 사진관에 가서 전후 3회에 걸쳐 사진을 찍으면서도 아무런 설명없이 그 사실만을 간단히 써놓았다. 그들이 日本에서 사진관에 갔다는 것은 아마도 기념사진을 찍어놓도록 누군가에게 권고를 받았을 것이지만 사진을 찍으면서도 아무렇지도 않았다는 사실은 이전부터 사진에 관한 지식을 가지고 있었다는 증거나 다름이 없다고 생각된다. 반면 1876년의 修信使 金綺秀는 사진촬영을 처음으로 경험했을 것이다. 그러므로 그는 ⓣ처럼 寫眞機의 불가사의함에 관심을 집중하고 있다.

⑤ 造幣局, 印刷局

경제활동에 빠질 수 없는 貨幣製造도 근대화의 대표적 상징의 하나이므로 日本側은 관례처럼 修信使를 造幣局으로 안내했을 것이다. 그러나 修信使들은 造幣의 중요성을 그다지 실감하지 못했던 것으로 보인다. 그들이 남긴 기록이 의외로 간단한 것이 그 증거가 아닐까 여겨진다. 단지 朴戴陽만은 어느 정도 상세한 기록을 남기고 있으나 실제로는 造幣過程을 관찰한 내용이 아니고 그것을 비판적 관점에서 논한 내용이다. 아무래도 朴다운 태도라고 말할 수 있다.

ⓣ 造幣之局은 곳곳에 있는데 金錢과 銀錢은 當百錢과 當千錢의 역할을 맡고 紙幣 1매는 그 가치가 一萬錢이나 된다. 이것은 또한 매일과 같이 만들기를 그치지 않는다고 한다.〈『日東記游』 卷3 政法〉

ⓛ (大阪에서) 식사 後 造幣局으로 갔다. 3개의 문을 순차로 지나 그 안의 두 문에는 鐵箭이 꽂혀 있었다. 局舍는 매우 넓고 몇 百間인지 알 길이 없었다. 火輪으로 金銀銅 3品의 錢을 鑄造, 錢은 大小가 있어 半錢에서 1-2錢까지 있으나 金銀[錢]은 없고 圓이 있을 뿐이었다. 한 쪽에서 錢의 모양을 만들면 한 쪽에서는 갈아

---

8) 湯本豪一, 前揭書 p.162. 日本 최초의 寫眞館은 1862년, 長崎에 생겼다는 견해도 있다. 槌田滿文(1983), 『明治大正の新語·流行語』(角川書店) p.33.

서 광을 내고 한 쪽에서는 글자를 인쇄한다. 서서 보고 있는 동안 數斗가 된다. 하루에 만들어 내는 大小의 數는 각기 三萬이라고 한다.〈『日槎集略』卷地 4월 19일〉

ⓒ (大阪에서) 造幣局, 機器廠 工作鍛練 등을 가서 보았다. 造幣와 製器는 어느 것이나 西法을 배워 그 제도가 빠르고 이익도 많아서 부강을 달하기는 당연하겠지만 국내가 공허하고 민생이 憔悴한 것은 어째서일까. 利를 추구하기는 충분하지만 그 利는 외국으로 흘러가고 兵을 다스리기는 충실하고 부지런하지만 그 兵은 大本(農業을 뜻함)을 害하기 때문에 그렇게 國富를 달성하거나 兵을 強하게 할 수 있다니 나에게는 믿어지지 않는다.〈『東槎漫錄』1884년 12월 29일〉

ⓔ (東京에서) 오후, 印刷局에 가서 보았다. 곧 紙幣를 만들고 있는 곳이다. 대체로 紙幣를 사용하는 法은 銀金과의 가치가 서로 일치하지 않으면 안 된다. 가령 金銀錢 1萬円을 저축하면 紙幣 1萬円을 만든다. 紙幣는 결국 반드시 金銀錢으로 환급하므로 그 이상의 가감이 있어서는 안 된다. 우리나라의 錢標去來로 말하자면 於音과 같다. 그러나 우리나라의 錢標는 사적 수단이므로 錢標를 돈으로 바꾸고 나서가 아니면 돈으로서 유통이 되지 않는다. 반면 紙幣는 공적 수단이므로 종이가 그대로 돈으로서 유통되어도 지장이 없다. 그러나 현재 일본의 紙幣는 넘치는 데 비하여 金銀은 줄어들고 있기 때문에 만약 紙幣를 金銀으로 바꾸고자 해도 兌換이라는 문자는 종이 위의 空文에 지나지 않는다. 鑄造된 金銀錢은 깡그리 외국의 상리로서 국외로 흘러가지만 人民은 그 술책에 속으면서도 어리석어 그것을 알지 못한다.〈『東槎漫錄』1885년 1월 27일〉

　日本은 歐米諸國에 필적하는 新貨幣를 만드는 기관으로서 1871년(明治4) 2월 大阪에 造幣寮를 설치하였다. 그로부터 같은 해 7월에는 大蔵省内에 紙幣司를 두고 1개월 후에는 그 명칭을 紙幣寮로 고쳐 紙幣와 公債証書의 발행을 시작한다. 1877년(明治10) 1월 紙幣寮의 명칭은 紙幣局으로 바뀌고 다시 다음해 12월에는 印刷局으로 바뀐다(湯本豪一, 前掲書 pp.28-29.). 요컨대 紙幣寮의 개업에 따라 紙幣의 國內製造가 가능해진 것이다.

　그러나 朝鮮修信使들은 앞에서 지적한 대로 日本의 造幣業務에 대하여 적극적인 흥미를 나타내지 않았다. 실제 ㄱ의 문맥으로 판단하는 한 金綺秀는 造幣局을 시찰하지 않은 듯하다. 그는 귀국도중 당시의 外務卿 寺島宗則으로부터 한 통의 편지를 받는다. 배가 神戸에서 二晝夜 滯泊하므로 汽車를 이용하여 大阪의 造幣寮를 꼭 시찰하도록 하시라는 간절한 권고였으나 공교롭게도 몸의 상태가 나빠졌기 때문에 시찰을 단념한다. 결국 大阪의 造幣寮와 東京의 印刷局을 직접 방문한 것은 金綺秀 이후의 修信使들로 ㄴ과 ㄷ과 ㄹ은 그때의 견문기록들이다. 특히 朴戴陽은 부강의 수단인 造幣의 중요성을 인정하면서도 그 문제점을 날카롭게 지적하고 있다. 당시 日本의 현실을 솔직하게 경고한 발언이라고 할 수도 있다.

⑥ 造船所

一國의 경제면만이 아니라 군사면에 있어서도 커다란 역할을 하는 것이 造船技術이다. 그러므로 日本側으로서는 수신사에게 반드시 시찰해 주기를 바란 곳이 造船所였음에 틀림이 없다. 그러나 1876년의 金綺秀는 귀국도중 橫濱을 출발한 배가 橫須賀에서 1泊하므로 造船所를 시찰하시라는 권고를 받았으나 병을 핑계로 배에서 내리지 않았고〈『日東記游』卷1 停泊〉, 1881년의 紳士遊覽團 가운데 趙令[秉稷], 洪令[英植], 魚公[允中]은 橫須賀의 火輪船 製造所를 시찰했으나 李鑴永은 다른 일이 있어 함께 가지 못했다고 한다.〈『日槎集略』卷地 6月18일〉. 결국 이번의 자료에서는 造船所 시찰기록으로서 다음의 하나밖에 찾을 수가 없었다.

(橫濱을 출발하여 귀국도중, 橫須賀의 造船所에 들르다) 배를 만드는 규모가 기묘하면서도 대단히 크다. 火輪艦 1척마다 각기 石閘(도크)을 쌓고 (배를 그 가운데) 세워두고 있으나 하나의 閘을 쌓는 비용은 50만円이나 된다고 한다.〈『使和記略』10월 26일〉

일찍이 1853년(嘉永6), 아메리카의 東인도艦隊司令官 페리가 이끄는 군함, 이른바 黑船을 浦賀 바깥 바다에서 본 日本은 造船所 건설에 힘을 쏟아, 1865년(慶應1) 9월에는 橫須賀製鐵所의 착공을 보게 되었고 다음해 5월에는 최초의 修船臺[曳上 도크]를 준공한다. 1871년(明治4) 2월, 第1期 공사를 끝내고 製鋼, 鍊鐵, 鑄鐵, 製罐의 각공장 및 수리용 도크를 설치한 橫須賀製鐵所는 같은 해 4월 그 명칭을 橫須賀造船所로 바꾸고 본격적인 造船體制를 마련하였다. 그러나 朴泳孝는 앞의 인용문으로 알 수 있는 바와 같이 日本의 造船施設과 기술에 대해서는 별다른 관심을 보이지 않았다. 실제로 그는 開化志向性의 주인공이면서도 日本의 문명시설에 관심을 보인 적이 거의 없다. 그 대신 競馬나 夜會나 晚餐會는 그의 기록에 빠짐없이 나타나는 듯하다.

⑦ 造紙所

修信使들은 이제부터 거론할 문명설비에도 관심을 보이고 있다. 특히 瓦斯設備와 燈臺에 대한 그들의 깊은 關心이 注目을 끈다.

(大阪에서) 諸公과 같이 造紙局으로 갔더니 本局의 [官]吏 眞島衰一郎이 茶果를 권한다. 드디어 造紙所에 가보니 火輪을 가지고 機械에 灌水하고 있는데 紙本에는 綿, 布木, 苧, 絹織, 毛革, 根皮 등 갖가지의 破片雜物이 있었다.〈『日槎集略』卷地 4월17일〉

⑧ 紡績所

(大阪에서) 紡績所에 가봤다. 남녀가 함께 모여 있는데 여기 역시 火輪으로 綿을
타 실을 만들고 있었다. 무릇 造紙도 紡績도 대단히 빠르게 이루어지므로 형용하
기 어렵다〈『日槎集略』 卷地 4월 17일〉

⑨ 瓦斯局, 煤氣局

㉠ (橫濱で) 申後[午後 4시경], 趙令[秉稷], 高主簿[永喜]와 함께 瓦斯局으로 갔다. 이 局은
煤氣의 機器를 설비하는 곳인데 煤氣는 석탄을 태운 매연이다. 橫濱內 각지의
燃燈은 이 煤氣에 의한 것이다. 기름도 蠟燭도 아닌데 매일 밤 불이 켜지고 새
벽에 이르러 꺼진다. 다만 불을 붙일 때에는 사람이 다른 불을 燈內의 심지에
갖다 대고 끌 때에는 심지를 낮출 뿐이다. 橫濱내의 가로변에는 鐵柱를 세워
瑠璃燈을 걸어두고 있으며 집안에는 鐵機를 마련해 두고 거기에 瑠璃燈을 건다.
가로변의 燈 5百, 집안의 燈 5百이 있는데 한 燈마다의 火價는 매월 4圓이라고
한다. 다시 매연을 저장하는 통과 주머니도 있는데 주머니는 가죽으로 만들어
졌다. 사방을 전부 꿰매어 상단의 중간에 작은 구멍을 뚫고 그곳을 鐵로 꾸며
둔다. 그밖에도 또한 革紐가 있어 그 둘레는 두툼한 밧줄 정도인데 길이는 2尺
정도로 가운데는 텅 비어 있다. 이 革紐의 두 끝을 각기 매연통과 주머니의 입
구에 꽂으면 매연이 紐를 통하여 주머니 안으로 들어가며 주머니는 부풀어 오
른다. 적당한 양을 주머니에 넣어 팔면 가격은 30錢이며 하룻밤 중의 燈火를
충분히 켤 수 있다고 한다. 瓦斯局의 石川善三이 정교하게 해설해 주었다.〈『日
槎集略』 卷地 6월13일〉

㉡ 煤氣局은 해변에 있는데 煤氣를 열심히 만들고 있다. 東京内의 곳곳에 있는 煤
燈은 모두 이것으로 불을 붙이는 것이다.〈『東槎漫録』 1885년 1월 14일〉

日本의 경우, 文明開化의 상징적인 존재로서 가스燈이 처음 켜진 것은 橫濱으로 1872년(明
治5) 9월의 일이었다. 그후 1874년(明治7)에는 東京에도 가스燈이 켜지고 좀 있다가 전국에
보급되어 갔다고 한다(湯本豪一, 前掲書 p.150.). 그렇기 때문에 ㉠에 나오는 소매용 가스 주머니
의 이야기에는 당시의 모습이 재미있게 그려져 있다.

⑩ 燈臺局

항해의 안전을 꾀하기 위한 西洋式 燈臺도 신문명의 산물 중 하나임에 틀림이 없다. 그것이
修信使들의 눈에 신기하게 보였음은 당연하다. 다만 金綺秀는 선상에서 燈臺를 바라보았으나

朴戴陽은 橫濱까지 나가 그것을 상세히 관찰하였다. 아마도 거기서 旗를 쓰는 手信號의 존재도 처음 들었을 것이다.

　㉠ 산기슭에는 때때로 하얀 건물이 보인다. 이것을 燈明臺라고 한다. 밤에는 거기에 燈을 켜서 船路를 밝게 비추기 때문에 어둠 속에서도 길을 헤맬 걱정은 없어진다.〈『日東記游』 卷1 停泊〉

　㉡ 橫濱에 燈臺局이 있어서 국장이 燈臺를 시찰하도록 欽差 일행을 초대했다. 上午 9點鐘에 橫濱으로 가봤다. 燈室은 유리로 만들어졌고 크기는 鐘 정도로 그 안에는 10여명이나 들어갈 정도이며 높이는 2丈쯤이었으나 몇 층으로 겹쳐져 물고기의 비늘처럼 이어져 있다. 석유를 태워 불을 붙이는데 燈이 돌면 火炎이 山처럼 되고 角이 돌면 불빛이 변한다. 대체로 燈은 층을 이루고 있어 火勢는 가장 길어지며, 각도가 있기 때문에 火色이 변하는 것이다. 燈은 3층의 臺 위에 있는데 臺는 우리나라의 十字閣(望樓) 제도와 같지만 약간 크다. 곧바로 해상에 臨하고 있으므로 밤에 불을 켜면 수백리 밖을 왕래하는 輪船에 풍랑과 암초를 비춰줄 수 있다고 한다. 또한 각종 旗에 의한 신호가 있어서 백리 밖에서도 서로 문답이 가능하다. 만약 어떤 件에 대하여 들으려고 한다면 일정한 旗를 들고 응답도 똑같이 순차로 旗를 들면 한판의 담화가 된다고 한다.〈『東槎漫錄』 1885년 2월 3일〉

　일본최초의 洋式燈臺는 1869년(明治2) 1월에 나타났다. 橫須賀 근처의 觀音崎 등대가 그것이다. 같은 해에는 또한 野島崎[千葉縣]에, 그 이듬해에는 樫島崎[和歌山縣]에 그 다음다음 해에는 佐多崎[鹿兒島縣]와 劍崎[神奈川縣]에도 각기 燈臺가 設置되었다. 이렇게 하여 明治初期에는 이미 全國 30개소 이상에 燈臺가 설치되었다고 한다(湯本豪一, 前揭書 p.406.). 金綺秀가 日本에서 어떤 燈臺를 보았는지는 확실하지 않으나 橫濱에 도착하기까지는 곳곳에서 그것을 보았을 것이다. 船上에서 보았으므로 그 機能만을 간단히 記錄하고 있다. 반면 朴戴陽은 燈臺를 직접 보았기 때문에 그 구조와 기능을 얼마간 상세히 그리고 있다.

⑪ 人力車

　修信使들이 日本에서 처음 경험한 乘物[수레] 중에는 人力車와 馬車가 있다. 人力車는 일본독자의 발명품이지만 馬車는 開港 이래 西洋에서 배운 乘物이다. 그것을 신기하게 본 金綺秀는 그 짜임새와 달리는 모습을 상당히 상세하게 관찰한 것이다.

　　延遼館 앞에는 수없을 정도로 많은 人力車가 있다. 人力車는 兩輪으로 車輪 사이

에 자리를 만들어 사람을 앉히지만 만약 두 사람이 앉으면 어깨가 서로 부딪친다. 가리개가 있어 뒤쪽은 높으며 兩側은 낮으나 그것이 없다. 가리개의 뒤쪽에는 襞畳[蛇腹 모양의 접주름 장치]이 있어 비가 내리거나 햇빛이 비칠 때에는 (그것을) 펼쳐 덮으면 지붕이 달린 乘物이 된다. 車輪은 두 개의 木棒으로 지탱, 앞쪽으로 뻗어 있고 (그것이) 格子처럼 秤竿을 이루고 있다. 格子 가운데에 한 사람이 들어가 秤竿을 가슴에 대고 달리는데 나는 듯한 속도가 된다. 隨員은 모두 그 위에 타고 있다. 〈『日東記游』 卷1 留館〉

東京에서 人力車의 영업이 시작된 것은 1870년(明治3) 3월의 일이다. 그것이 1년 후에는 1만대 이상이 되고(湯本豪一, 前揭書 p.322.), 1874-5년경에는 上海나 동남아시아 지역에도 수출되었다고 한다.9) 그러나 金綺秀는 東京에서 그것을 처음 보았을 것이다.

⑫ 馬車

　馬車는 하나의 기다란 乘物로 雙馬가 끈다. 四輪으로 앞쪽은 낮고 뒤쪽은 높다. 그 위에 방이 만들어져 있는데 지붕은 높고 四面은 유리창으로 되어 있고 좌우 쪽은 자유로 열 수 있게 되어 있다. 사람이 타고 내릴 때에는 車에 달려있는 階鐵이 마치 말안장의 鐙子와 같은 역할을 한다. 車안에는 앞쪽과 뒤쪽에 床이 있는데 기름의 광채가 찬연하다. 두 사람씩 마주보고 네 사람이 앉을 수 있지만 十數人이 앉을 수 있는 것도 있다고 한다. 車의 바깥쪽 앞뒤에는 御者[馬夫] 앉는 자리가 있는데 (馬夫는) 거기에 앉아 手綱[고삐]을 붙잡을 수 있게 되어 있다. 그렇게 手綱을 조절하면서 말을 빠르게 또는 천천히 달리게 하거나 방향을 좌나 우로 향하게 하는 것도 생각한 대로 가능하다.〈『日東記游』 卷1 留館〉

日本에서 두 마리의 말이 끄는 馬車가 영업을 시작한 것은 1869년(明治2) 3월의 일이다. 橫濱-東京간을 달린 馬車는 6인승이었기 때문에 당시는 乘合馬車로 불렸다. 그러나 1872년(明治5) 9월 橫濱—東京간에 철도가 통하고부터는 乘合馬車도 그 사명을 끝냈는데(湯本豪一, 前揭書 p.332.), 그 대신 1874년(明治7) 8월에는 淺草—新橋간을 달리는 2층짜리 대형마차가 한 때 나타났지만 얼마 되지 않아 輕便한 乘合馬車로 바뀌고 그 명칭도 '가타'(ガタ) 馬車 또는 '圓太郎' 馬車로 불렸다고 한다.10) 그러한 시기에 東京에서 20일간 머물렀던 金綺秀가 실제로 탄 것은 4인승이었던 모양이라 일반의 圓太郎 馬車가 아니고 특별히 준비된 공용마차가 아니었을까 생각된다. 찬연한 내부구조까지 알고 있는 점이 그 증거라고 할 수 있다. 어찌되었건

---

9) 槌田滿文(1979), 『明治大正風俗語典』(角川書店) p.130.
10) 樺島忠夫·飛田良文·米川明彦(1984), 『明治大正新語俗語辞典』(東京堂出版) p237.

그는 馬車를 세세한 부분까지 그리고 있다. 그만큼 관심을 보인 것이다.

2) 軍事化와 操練

明治初期의 日本에 있어 또 하나의 국가적 목표는 强兵이었다. 그러한 의미에서 朝鮮修信使들이 新式軍事訓練에 안내를 받은 것은 당연한 일이었다.

① 陸軍操練

陸軍省 操練場에서 修信使들이 본 것은 制式訓練과 步砲騎兵의 공동실전훈련이었다.

㉠ 陸軍省內에는 광장이 있어 木柵으로 둘러싸여 있다. 陸軍卿 이하 諸官이 나를 맞아 의자에 앉았다. 최초에는 步軍을 시험하였다. 步軍은 一組에 5명, 10명씩 서있는데 一隊에는 반드시 隊長이 있고 손에는 標旗를 가지고 있었다. 다시 한 騎將이 있는데 왕래하면서 角[나팔]을 가지고 지휘한다. 角聲이 한번 울림에 따라 旗가 거기에 應하고 旗가 움직이기 시작하자 衆軍도 또한 움직인다. 앞으로 나아갈 때도 뒤로 물러설 때도 일제히 움직인다. 拔劍插劍, 擧銃植銃, 어느 누구 한 사람 먼저 하거나 나중에 하는 자가 없다. 좌에서 나와 우로 들어가고 우에서 나와 좌로 들어가거나 앞에서 나와 뒤로 물러서고 뒤에서 나와 앞으로 나아가기도 한다. 어떤 때는 달리면서 그냥 통과하기도 하고 둘러 싸기도 하는 것이 마치 常山之蛇[『孫子兵法』 九地篇에 보이는 陣勢의 비유]처럼 허리와 배가 공격을 받으면 머리와 꼬리가 와서 救援한다.

　　다음은 馬軍을 시험하였다.……(중략)……軍士는 모두 壯健하고 재빨라 허리에는 劍을 차고 손에는 槍을 들고 있다. 몸을 날려 말에 올라타고 발로 鐙子를 激勵하자 말은 나는 듯이 달린다. 綠茸芳草의 지상에는 움직이고 있는 네 개의 馬蹄가 언뜻언뜻 보일 뿐이다. 한 번은 앞쪽으로 한 번은 뒤쪽으로 명령에 조금도 틀림이 없음은 步軍과 똑같았다.

　　다음은 車軍을 시험하였다. 戰車는 兩輪으로 馴馬가 끈다. 위에는 一將이 앉아 있고 전후를 軍兵이 호위한다. 뒤쪽에는 갈고리로 연결된 小車가 있으나 그것은 자유로 떼어놓거나 이어 붙일 수도 있다. 앞에는 대포를 차려놓고 뒤에는 藥筒이 있는데 어느 것이나 銅製다. 한 번 馳逐하면서 일제히 砲를 쏘는데 砲가 所指하는 데 따라 움직이면 포성은 넓은 들판을 뒤흔든다. 또한 砲를 등에 진 말이 그 뒤를 쫓고 있기 때문에 放砲에 이르러서는 砲를 지상에 내려놓고 일제히 쏘는데 조금도 어긋남이 없다. 명령대로 나아가거나 물러서는 것은 馬軍과 똑같지만 단지 그 陣法은 어디까지나 長蛇가 땅을 말아 올리고 있는 기세다.〈『日

東記游』권2 玩賞〉

ⓛ 드디어 陸軍操練場으로 가서 操練을 보았다. 4인의 隊長이 步兵 2-3백 명을 이
끄는데 각기 총검을 가지고 대열을 만들며 행진하면서 나팔을 분다. 대장은 입
으로 지휘하면서 앉혔다가 일으켰다가 나아가게 했다가 물러가게 해도 衆軍은
조금도 틀림이 없이 거기에 응한다. 언덕 위에 적진을 차려놓고 砲를 쏘면서
서로 응전하는 동안에 馬兵은 馬車에 대포를 싣고 陣을 이루어 4-5회 砲를 쏜
후 車輪을 벗겨 대포와 함께 말에 싣고 급히 뒤로 물러난다. 이로써 쫓다가 쫓
기다가 하면서 싸워 승리로 이끄는 모습을 만드는 것이다. 行陣도 破陣도 다만
나팔 하나로 해결하고 銅鑼나 太鼓나 旗幟에 의한 지휘는 물론 없다.〈『日槎集
略』卷地 4월 19일〉

② 海軍操練, 競漕

海軍省에서는 大砲發射訓練 이외에 隅田川에서 이루어진 競漕를 보고 있다.

ⓖ 海軍省에서는 大砲術을 보았다. 해안에 집 한 채가 있는데 兩側의 頭部는 가늘
고 腰部는 넓다. 어느 쪽이나 배처럼 보인다. 안으로 들어가면 10여개소의 문이
열려있는데 마치 船窓과 비슷하다. 窓 앞에는 반드시 機輪을 붙인 대포가 놓여
있고 창구를 향하고 있다. 窓의 左와 右는 곧바로 경사져 있는데 각기 바퀴를
댄 鐵路 2條가 마련되어 있다. 砲가 左로 움직이면 左에서 지탱하고 右로 움직
이면 右에서 지탱하는 鐵道가 있는 셈이다. 이 때 한 사람은 손에 小旗를 들고
窓에 다가가 敵의 동태를 규찰하고 또 한 사람은 角(나팔)을 불면서 信號를 보내
면 7-8인은 [火]藥을 싣고 불을 붙이려고 한다. 敵을 규찰하는 사람이 갑자기
手旗로 右를 가리키니 吹角도 그곳으로 응한다. 放砲人들이 砲輪을 밀어 右로
돌리면 砲口는 窓을 향한다. 방금 砲를 쏘려고 하는데 규찰자가 다시 左를 가리
키니 角聲이 울리고 곧바로 砲輪을 밀어 돌린다. 砲體가 左로 옮겨져도 砲口는
그대로 窓을 향하고 있다. 단지 좌우전후로 움직이는 砲輪에 맞춰 鐵路를 깐 것
은 그 때문이었던 것이다. 敵을 좌우에서 살피고 움직임에 맞춰 쏘는데 지금
이 習放(發砲練習)은 敵을 맞았을 때와 다름이 없다. 7-8인이 동시에 힘을 합쳐
미는 사람, 정리하는 사람 [彈]丸을 옮기는 사람 火[藥]을 싣는 사람이 각기 자기
의 역할을 다하기 때문에 손과 발이 바쁘게 움직이며 돌고 한번 호흡하는 사이
에 諸砲가 일제히 발포되어 그 소리는 山海를 뒤흔들고 두 귀는 먹먹해진다.
발포에 임하여 傳語官 두 사람이 내가 앉은 床의 양쪽으로 가까이 오더니 나를
꽉 붙든다. 내가 놀라 흔들리는 것을 걱정했기 때문이다. 이에 내가 웃으며 말
했다. "나, 지금 약간 피로해 있지만 이미 不動心의 나이[40歲. 出典은 『孟子』公孫丑

上를 지났다. 약간의 砲聲 따위가 어찌 나를 흔들겠는가".〈『日東記游』卷2 玩賞〉

ⓛ 隅田川吾妻橋 水戶邸 앞에서 海軍競漕가 있다고 外務省이 五辻長仲을 보내어 시찰하도록 요청하기에 諸公과 더불어 가봤다. 해군대위 曾根俊虎와 해군비서 堤從正이 맞아주었다. 한척의 큰 火輪船이 기치를 올리고, 닻을 내리고 있는 가운데 一船마다 해군 6명 또는 12명이 타고 있는 小船이 보였다. 一船의 軍은 紅巾, 一船의 軍은 黃巾, 一船의 軍은 靑巾, 一船의 軍은 白巾을 쓰고 있는데 각기 배의 좌우에 나눠 앉고 櫓를 쥐고 있다. 大船에서 砲를 쏘니 네 軍船은 동시에 放流하여 20丁間을 왕래하면서 서로 앞을 다툰다. 왕래하는 동안 심사관이 배를 타고 뒤를 쫓으면서 그 遲速을 살핀다. 빠른 자에게는 상이 있고 느린 자에게는 벌이 있다. 먼저 도착했을 때에는 배에서 砲를 쏜다. 이렇게 하기 14회가 끝나니 이번에는 水雷砲를 3회 쏜다. 電線을 수중에 넣어 藥丸으로 그 火氣를 찔렀다고 한다. (水雷가) 발포될 때 그 소리는 霹靂과 같고 파고는 산과 같이 솟아올랐다. 처음 보는 경관이었다.〈『日槎集略』卷地 5월 20일〉

日本에서는 1873년(明治6) 1월 10일, 國民皆兵制를 받아들여 징병령이 제정되었는데 朝鮮修信使들이 日本을 방문한 것은 그후의 일이다. 결국 그들은 日本의 신식군대훈련을 처음으로 본 것이어서 그 훈련동작 하나하나를 유심히 관찰한 것은 당연한 일이었을 것이다. 그 중에서도 ⓛ은 해군의 競漕見學記인데 日本에서는 1877-8년(明治10-11) 경부터 東京大學의 학생으로 보트를 젓는 자가 나오기 시작하여 1882년(明治15) 東京師範學校도 2척의 보트를 만들어 저었는데 1883년에는 兩校 사이에 레이스가 생겼다고 한다(湯本豪一, 前揭書 p.252.). 이를 계기로 하여 東京大學에 漕艇倶樂部가 창설되었고 같은 해 6월 3일에는 海軍省도 明治天皇을 맞아 隅田川에서 오후 3시까지 보트경주와 水雷 쏘기를 벌였다고 한다(朝倉治彦·稻村徹元 前揭書 pp.220-221.). 그러나 李鑛永 일행이 海軍競漕를 시찰한 것은 1881년(明治14) 5월 20일(양력 6월 16일)의 일이었다. 아마도 海軍競漕는 일찍부터 행해졌던 모양이다. 이에 일본측은 생겨난지 얼마 안 되는 海軍競漕를 그들에게 꼭 보이고 싶었을 것이다.

그런데도 軍事施設이나 訓練을 본 朝鮮使節의 태도는 의외로 차가웠다. 오히려 신랄한 비판을 퍼부은 경우도 있는 것이다. 여기에 그 適例가 있으므로 잠시 인용해 보기로 한다.

③ 軍律과 兵制에 대한 所見

㉠ 陸軍士官學校의 敎場과 砲兵工廠을 보러갔다. 馳馬, 放砲, 跳躍, 材蹶[넘어지기도 하고 엎어지기도 하는 동작]하면서 높은 곳을 기어오르거나 험한 곳을 공격하면서 앞

을 다투는 용맹스러움을 보이므로 技藝는 점점 精熟해 진다. 또한 算數, 測候, 圖畫, 工匠의 術을 배우고 그것을 지배하면서부터 비로소 上將이 될 수 있다.

日本의 師律[軍律]과 兵制가 精强하지 않은 것은 아니나 西國人의 눈으로 본다면 아직 어린아이의 장난에 지나지 않았을 것이다. 하물며 幅員[地域]의 넓음과 좁음이 갖춰져 있지 않을 뿐 아니라 士馬의 健氣함과 弱함이 똑같지도 않고 軍에 地水[易經의 地水師卦]의 丈人[훌륭한 統率者]이 없는데다가 兵은 모두 市井의 游民이다. 그런데도 타인의 術을 배워 사람의 要衝을 넘어뜨리려고 하는 것은 어려운 일이 아닐까. 사람들이 逢蒙[『孟子』 離婁下에 보이는 인물. 夏 時代, 弓術이 좋은 有窮國의 왕이었던 羿에게 弓道를 배웠지만 天下一이 되고 싶은 욕망으로 은사인 羿를 죽인 잔혹한 인물]이 되어준다면 좋겠지만 그렇지 않은 한, 저쪽의 技는 무궁하고 이쪽의 才는 단지 黔驢의 솜씨[보기에는 훌륭하나 실이 없는 모양. 옛날 中國의 黔州에서 지나가던 驢馬의 울음소리를 들은 호랑이가 그 큰 울림에 놀라 무섭게 느꼈으나 그 발길질이 약함을 꿰뚫어 보았기 때문에 결국 驢馬를 잡아먹었다는 고사. 出典은 柳宗元 『三戒』]에 지나지 않는다. 兵志에 이른바 泰山과 累卵처럼 승패의 형성은 敵을 기다리지 않고도 정해져 있는 것이다. 그러므로 스스로 强해지고자 한다면 德을 닦는 길밖에 없다.〈『東槎漫録』 1885년 1월 19일〉

ⓛ 孟津의 軍士는 紂의 相對가 되지 못했고[『書経』武成의 고사. 周의 武王이 商의 紂를 칠 때의 일이다. 출정 1개월이 못되어 孟津을 건넜지만 武王의 군세는 적었기 때문에 紂의 相對로서는 약한 처지였다. 그러나 자애심 깊은 武王의 德에 감심한 민중이 기쁘게 따라왔기 때문에 종국에는 싸움에 이겼다]. 縞素를 입은 軍士는 項羽의 상대가 되지 못했지만[『史記』古祖紀의 고사. 漢의 劉邦이 巴蜀에서 出師하여 項羽를 칠 때의 일이다. 劉邦은 楚의 義帝를 죽인 項羽의 罪를 묻는다는 명분을 내걸고 軍士에게 縞素, 곧 하얀 상복을 입혔다], 결국은 승리를 거두었다. 季梁이 隨에 있었으므로 楚의 軍士가 공격할 수 없었고, 司馬光이 宋의 재상이 되었기 때문에 敵人이 서로 경계한 것은 德이 있었기 때문이지 세력 때문은 아니었다. 豺狼은 싫지 않은데도 개나 돼지가 함부로 달려드는 사태가 되면 설사 저쪽의 제도를 배웠다고 하더라도 그 칼끝을 막기는 어려울 것이다. 배워도 배우지 않아도 깨지기는 똑같은 것이다. 만약 德을 닦는다면 군사적으로는 깨지더라도 닦아둔 德은 오히려 실추하지 않는다.……(중략)……또한 임기응변의 奇計로 승리를 손에 쥐는 것은 自得에 의한 權謀가 있기 때문이며 배웠기 때문에 가능한 것은 아니다.〈『東槎漫録』 1885년 1월 19일〉

한눈에 보아도 당당한 兵略이다. 朴戴陽은 中國의 역사에서 적절한 고사를 끌어다가 日本 군사정책의 오류나 잘못을 정면으로 공격하고 있다. 결론은 당연하지만 역사와 유교의 가르침에 따라 仁德으로 돌아가야 한다는 것이다. 실로 朝鮮왕조의 文官다운 소견이다. 어찌되었건 일본측이 의도적으로 보여준 훌륭한 군사적 시설이나 훈련모습은 바라던 대로의 효과는 커녕 오히려 역효과로 되돌아갔다고 할 수 있다.

3) 文化와 各種制度, 기타

修信使 일행이 돌아본 문화시설이나 각종 사회제도 가운데에는 博物館, 博覽會, 新式學校, 新聞, 敎育院, 監獄署, 病院, 盲啞院, 競馬, 議事堂, 銀行, 洋式宴會, 舞踏會, 洋式服飾 등이 포함되어 있다. 어느 것도 修信使들의 눈에는 진귀하게 보인 모양이지만 가끔은 비판적 의견을 남긴 경우도 있다.

① 博物院, 博覽會

㉠ 延遼館에서의 연회가 끝나고 돌아가던 도중 博物院에 들렀다. 여기는 도대체 몇 백, 몇 천 년간인지 알 길이 없으나 그들 后妃의 의복, 朝廷의 儀仗 모두가 모아져 있는데 나에게 보이기 위함이다. 殷彝[殷時代의 儀式用器], 周敦[周時代의 黍과 稷를 담는 그릇], ……(중략)……한 곳에 이르니 色이 바랜 너덜너덜한 旗纛, 곁에 藁繩을 감은 瓶, 말갈기로 만든 巾[일종의 冠], 獸皮로 만든 履物, 빨간 비단으로 만든 女性의 裳[치마], 靑色비단으로 만든 上衣[저고리] 등이 난잡하게 전시되어 있다. 어느 것이나 우리나라의 물건이다. 이런 것들을 본다는 것은 딱한 일이었다.〈『日東記游』 卷2 玩賞〉

㉡ (大阪에서) 博物會에 갔다. 각국의 珍寶와 불가사의한 품물이 수집되어 있는데 없는 물건이 없는 듯하나 모두가 유리로 둘러싸여 보호되고 있었다. 우리 안에 살고 있는 禽獸로서는 孔雀, 錦鷄, 鴛鴦, 곰 등이 가장 奇觀이었다. 한 곳에는 朝鮮의 물건이 있었는데 黑笠, 草鞋, 甕器瓶과 缸[독], 毛揮[防寒用 모자] 등이었다.〈『日槎集略』 卷地 4월 18일〉

㉢ (西京에서) 식사 후 博覽會에 가서 순차로 돌아보았다. 各品의 珍異함과 數는 大阪보다 나았다. 한 곳에는 크기가 밥그릇만한 水晶玉이 있는데 거울처럼 번쩍인다. 값은 3천 5백圓이라고 한다. 우리나라 돈으로 해서 1만량이다. 이어서 한 곳에 이르니 朝鮮의 물품이 있었는데 明紬, 春布, 北布[모두가 織物], 尾扇, 白笠, 白鞋, 氅衣[官吏의 평상웃], 小氅衣, 木靑裳, 行纏[脚絆], 吐手[防寒用 팔목가리개], 靑玉草盒 등이었다. 그러나 質이 낮은 열등품만을 모아 진열하고 있으니 그 의도가 수상하다. 한구석에 한 女人像이 걸려있다. 들으니 이 여인은 삼한에서 日本으로 들어간 織工을 가르쳤으므로 그 功을 잊지 않기 위하여 남긴 像이 아직도 전래하고 있다고 한다.〈『日槎集略』 卷地 4월 21일〉

㉣ (東京에서) 諸公과 더불어 敎育博物館에 가니 관장 箕作秋坪이 맞아주었다. 雛形

[小型의 模型]으로 만든 품물을 모아 小兒들이 보고 배우게 하므로 教育博物館이라고 한다는 것이다.……(중략)……그 후 博覽會로 가서 적당히 돌아보았으나 그 중에는 日月地球機라고 하여 하늘의 운행을 본뜬 것이 가장 그럴 듯했다. 그러나 이것과 璇璣玉衡[渾天儀]과는 그대로 비교되지 않으므로 내 좁은 소견으로는 엉터리 같았다.〈『日槎集略』 卷地 5월 14일〉

ⓓ (東京에서) 正使를 따라 博物館으로 가봤다.……(중략)……관내의 상하 2층을 周游遍覽했다. 人形, 佛像, 書籍, 刀劍, 書畫, 琴簧, 衣服, 器物, 農桑耕織이나 金銀銅錫이나 醫藥卜筮에 관계되는 品物, 물에서 낚고 산에서 잡은 불가사의한 禽獸나 美花, 異草 등이 있었다.……(중략)……門을 지나 動物館으로 들어갔다.……(중략)……내가 迎接人에게 이 動物館을 세우고 禽獸를 모은 지 몇 년이 되는가 물었더니 10년이 되었다고 한다. 나는 생각했다. 개국 이래 수3천년에 이르는 사이, 日本에도 반드시 현명한 國君과 훌륭한 補佐가 있고 그 이름이 세상에 알려져 있을 것이다. 그러나 일찍이 이와 같은 일[博物館과 動物館의 일]이 없었음에도 불구하고 개화 이래 營造에 급급하여 遠近의 工作物種을 모았지만 그 비용은 꽤 많았음에 틀림없다. 사물쪽에 박식한 사람에게 이것을 보인다면 과연 취할 물건도 있을 것이다. 그러나 결국 지금의 천하에 있어 (그것이) 국가의 급무는 아니다. 君心은 자꾸만 호탕해지기 쉽고 민생은 점차 곤궁에 빠지는 것이 너무도 당연하다. 그럼에도 불구하고 오히려 스스로 큰 체하면서 隣國을 경시하는 것은 하나의 웃음거리에도 차지 못하는 태도다.〈『東槎漫録』 1885년 1월 12일〉

日本은 일찍이 1867년(慶應3) 파리萬國博覽會에 참가하였고 1871년(明治4)의 샌프란시스코 市工業博覽會에는 東京府가 출품한 일도 있다. 그러나 內國博覽會로서는 같은 해 10월 10일에서 11월 11일까지 열렸던 京都博覽會와 11월부터 열렸던 名古屋博覽會가 최초이다. 나아가 그 다음해 3월 10일부터 5월 30일까지에는 第1回 京都博覽會가 열렸고 그것은 매년 정기적으로 열리게 된다. 한편 東京에서는 1877년(明治10) 8월 21일부터 11월 30일까지 上野公園에서 第1回 內國勸業博覽會가 열린 바 있다. 그때 上野公園과 博物館이나 動物園의 건설계획이 떠올랐다고 한다(湯本豪一, 前揭書 p.389.). 그리하여 1880년(明治13) 1월에 來日, 工部大學校造家科 교사 겸 工部省 營繕局 고문으로 취임한 英國人 건축가 조사이아·콘다[Josiah Conder, 日本에서는 보통 콘도루로 불리고 있다]의 설계와 감독에 연관된 上野博物館이 개관된 것은 1882년(明治15) 3월 20일이었다. 그런데 金綺秀는 1876년(明治9)에 東京에서 博物院을 본 바 있다. 요컨대 그가 본 것이 上野博物館일 수는 없다. 日本의 博物館의 효시는 1870년(明治3) 大學南校에 설치된 物産局假役所로 여기에 파견되었던 田中芳男은 각지의 물산을 수집하여 이듬해에는 九段坂上에 物産園을 열었다고 하므로(湯本豪一, 前揭書 p.388.), 金綺秀가 본 것은 아마도 그와 비슷한 物産展示會가 아니었을까 생각된다. 그러나 ⑰에 나타나는 博物館과 動物館은 上野에 있었던 것임에 틀림없다. 朴戴陽은 그 博物館과 動物館에 대하여 국가의 급무도 아닌 곳에 돈을 썼다고 하며 날카롭게 비판한 것이다.

② 學校, 學習

ⓖ 이른바 學校는 그 명칭도 하나만이 아니라 開成學校, 女子學校, 英語學校, 諸國語學校가 있다. 師範[先生으로서의 模範]도 정중하고 教授(가르치는 일)도 진지한데 功利의 學에 지나지 않는다. 근면에 노력을 계속하여 주야에도 쉬지 않기 때문에 그 늠름함은 말할 필요도 없고 그 근면함은 더욱 말할 나위가 없다. 계산의 정밀함과 規度의 纖細함은 秦의 商鞅[宰相 公孫鞅]이 풍문을 듣기만 해도 달아날 정도이며 宋의 王荊公[宰相 王安石]도 옷깃을 바르게 하고 경의를 표할 정도이다. 〈『日東記游』卷3 俗尙〉

ⓛ (長崎의 師範學校에서) 학교를 돌아보니 한 곳에 八大家[唐宋八大家]를 읽는 학도가 있고 그밖에는 畫學, 醫學, 數學, 化學, 理學이 있어서 각기 先生과 生徒는 있으나 우리가 말하는 學校는 아니었다. 〈『日槎集略』卷地 4월 12일〉

ⓒ (大倉組의 사장 喜八郞의 초대에 응하여 隅田川의 別業[別莊]에 갔을 때) 書畫에 뛰어난 여성 4인이 있어, 한 사람은 12세, 한 사람은 11세, 한 사람은 8세, 그리고 또 한 사람은 30세라고 한다. 30세인 사람은 선생이고 나머지 3인은 모두 士族의 딸로 여학교에 다니고 있으며 12세의 여자는 右大臣 三條實美의 딸이라고 한다. 士族의 딸이 書畫를 배우는 것은 우리 풍속에는 없는 일이지만 이와 같은 宴會席에 있으면서도 아주 태연하게 있으니 괴이하다. 〈『日槎集略』卷地 5월 9일〉

ⓔ 이번에는 工部所屬의 太學校[大學校]에 갔다. 수백의 학도가 化學, 理學을 배우고 있으며 長崎縣의 師範學校와 다르지 않으나 단지 그 규모가 클 뿐이다. 〈『日槎集略』卷地 5월 13일〉

ⓜ 다시 師範學校를 보러 갔다. 다만 남학교와 여학교가 있어서 남녀4-5세 이상을 뽑아 그 위에 長을 세우고 가르친다. 각각 처소가 있어서 의자에 列坐하는데 間架는 없다. 그중에도 가장 어린 자는 먼저 手戲를 배운다. 바늘과 실을 가지고 각종의 색지에 구멍을 뚫거나 또는 둥글게 또는 길게 하는 것이지만 각기 間隙이 있어서 竹纓[朝鮮갓에 붙이는 竹製의 끈처럼 보인다. 조금 큰 아이들은 木片으로 집짓기를 배운다. 7-8세 이상이 되면 小學校에 들어가 文字, 算數, 圖畫法을 배우고 10세 이상은 中學校에 들어가 小學에서 배운 내용을 심화시키면서 사물에 대한 지식을 추구한다. 女子도 또한 나이에 따라 점차 내용을 높이면서 書籍, 筆畫, 刀筒[새기거나 도려내기]를 가르친다. 식후에는 모두 운동을 시킨다. 〈『東槎漫錄』1885년 1월 19일〉

ⓑ 大學校의 鑛學, 化學, 醫學 등을 가봤다.……(중략)……化學은 오로지 水火 二氣가
서로 불가사의한 작용을 일으키고 그 변화에는 한도가 없다.……(중략)……醫學
校에 이르니 실내에는 髑髏[骸骨]가 가득 차있고 그 냄새는 吐氣를 재촉한다. 또
한 선반 위에 놓인 유리 항아리에는 사람의 腸腑를 藥水에 담가 썩지 않도록
하고 있다. 다른 곳에 이르니 조금 전에 죽었을 뿐인 인체에서 칼로 가죽을 벗
기고 살을 잘라 내면서 사지를 분해하고 있다. 귀로 듣기도 참기가 어려운 일인
데 하물며 눈으로 보자니까 좀처럼 참을 수 없다. 일행전원이 눈을 돌리고 코를
가리면서 방향을 바꾼다. 대체로 서양의 풍속으로서 난치병에 걸린 사람은 사
경에 이르러 자신의 시체를 醫院에 맡겨 가죽을 벗기고 뼈를 갈라 병의 원인을
찾아내어 타인의 치료에 그 효과가 돌아가도록 子弟에게 부탁한다고 한다. 사
람의 자식으로서 부모를 두 번이나 죽이는 일은 할 수 없다고 하여 그 의사를
무시하면 (사람들은) 오히려 그 子弟를 불효자로 취급하고 상대해 주지 않는다고
한다. 지금 사람들이 그러한 법을 사모하여 죽은 뼈마저 팔게 되었다는 것은
不仁의 극치라고 하지 않을 수 없다. 어떻게 하면 人理를 가지고 (그것을)誅殺할
수 있게 될 것인가.〈『東槎漫録』1885년 1월 21일〉

日本에서는 1870년(明治 3)에 大學規則, 中小學規則이 제정되고 근대신식교육이 시작되었
다. 다음해에는 종래의 대학 대신 文部省이 설치되고 다시 그 다음해 9월에는 학제가 반포되
었다. 당연하지만 朝鮮修信使들이 日本에서 본 학제와 그 학습내용은 완전히 새로운 것이었
다. 특히 그들이 놀란 것은 여자교육과 化學, 醫學敎育 등이었던 모양이다. 그중에서도 특히
주목을 끄는 사실이 있다면 시체해부와 같은 학습행위에 대해서는 더할 수 없이 신랄한 비판
을 가하고 있다는 점일 것이다.

③ 新聞紙

㉠ 이른바 新聞紙[지금의 新聞]는 매일과 같이 (글)자를 쌓아올려 인쇄되는 것이지만
이것이 없는 곳은 없다. 그리하여 公私의 견문, 길거리의 이야기거리는 口中의
침이 마르기도 전에 재빠르게도 사방으로 전해진다. 이것을 만드는 사람은 사
업으로 간주하고 거기에 걸려든 사람은 영예나 모욕을 맛본다. 또한 그 (글)자는
반드시 荏胡麻처럼 작고 그 정교함은 비할 곳이 없다. 대체로 그들은 활동을
좋아하여 잠자코 있기를 싫어하므로 일이 없으면 불안을 느끼고 그것이 있으면
즐거워 뛰어오른다. 그러한 까닭에 작은 일을 보아도 눈썹을 치켜 올리고 몸을
떨며 가려운 곳을 모르는 주제에 열 손가락으로 긁는다. 이것이 그들의 타고난
성격이다.〈『日東記游』권3 俗尚〉

ⓛ 여기에 온 이래 新聞紙에서 우리나라에 관계되는 기사를 보면 사실과 다른 경우가 많다. 어떤 때는 謝罪使, 어떤 때는 事大党이라고 하여 (우리) 朝廷을 비방할 때가 많다. 진실로 미워서 참기 어렵다.〈『東槎漫録』1885년 1월 10일〉

日本에 日刊新聞이 처음 나타난 것은 1870년(明治3)의 橫濱毎日新聞이다. 그후 1872년에는 東京日日新聞[現在의 毎日新聞], 1874년에는 讀賣新聞, 1875년에는 東京曙新聞, 1876년에는 大阪日報, 다시 1879년에는 朝日新聞 등이 나왔고 그밖에도 隔日이나 週刊 등 다수의 신문이 발행되고 있었다 金綺秀는 그것을 흥미 깊게 보고 있으나 朴戴陽은 일찍이 그 피해를 호소하고 있다. 그 내용에 대해서는 이 뒤에 구체적으로 밝힐 것이다.

④ 救育院

救育院을 만들어 孤兒나 가난해서 집이 없는 아이들을 모아 키우는데 그들이 한 사람 한 사람의 성인이 되어 産業이 있으면 돌려보냄으로써 가정의 안정을 꾀한다고 한다.〈『日東記游』 巻3 政法〉

여기에 나오는 救育院은 문맥으로 판단하는 한 孤兒院의 의미인 듯지만 金綺秀가 日本을 방문했을 당시 孤兒院이라는 명칭의 시설은 없었다. 만약 있었다고 한다면 그것은 러시아皇太子의 訪日에 즈음하여 시내에 모여드는 乞食을 수용할 목적으로 1872년(明治5) 東京에 설립된 養育院(湯本豪一, 前揭書 p.414.)이었을지, 1875년(明治8) 三井組가 허가를 신청한 育兒院(湯本豪一, 前揭書 p.160.)과 같은 施設이었을지도 모른다. 당초의 계획에 의하면 이 育兒院은 다음해 1월에 시행할 예정이었으므로 그것이 예정대로 실행되었다고 한다면 5월에 東京으로 들어간 金綺秀가 그것을 견문하였을 가능성은 있을 수 있다. 그러나 이 기록은 단지 전문이었을 가능성도 있다.

⑤ 監獄署

(大阪에서) 식사 후 諸公과 더불어 監獄署로 갔다. 죄인인 士族과 부녀는 각기 다른 곳에 있는데 士族은 책을 읽고 부녀는 바느질이나 베짜기를 하면서 가정에서처럼 지내고 있다. 어떤 죄라도 처결은 裁判所를 통하므로 監獄署의 일은 아니고 未決囚와 既決囚는 1천 5백여명이 있다고 한다. 既決者는 빨간 의복을 입고 公役[懲役]에 들어가지만 죄의 경중에 따라 1일 또는 1년에서 종신까지 있고 重罪는 살인자라고 한다.〈『日槎集略』 巻地 4월 18일〉

日本에 裁判所라는 명칭이 일반화한 것은 1871년(明治4) 7월 司法省 설치에 따라 같은 해 12월 26일[양력 明治 5년 2월 4일] 東京裁判所가 생기면서부터의 일이다. 그후 1872년(明治5) 8월 에는 各裁判所, 檢事局, 明法寮章程 등 司法省 職制章程이 정해지는 한편 11월에는 監獄規則도 정해졌다. 이로써 司法制度나 行刑制度가 일단 정비되었는데 요컨대 위의 기록에 나오는 監獄 署는 옛날처럼 엄격한 곳은 아니고 새로운 느낌을 암시하는 곳이다. 그것을 기록에 남긴 것은 그 때문일 것이다.

⑥ 療病院

　　(大阪에서) 療病院에 갔다. 10인의 醫長(醫師)이 학도 3-4백인을 가르치고 있는데 病者도 또한 몇 백인이 있으며 어떤 자는 이불을 뒤집어 쓰고 누워있으며 어떤 자 는 침상에 기대고 앉아 있다. 또한 목각으로 만든 반신인형이 있는데 腸腑와 筋絡 이 모두 갖춰져 있어 마치 옛날의 銅人[漢醫學에서 経穴을 알기 위하여 만든 銅製人形과 비슷하다. 또 보자니 뼈를 긁고 살을 베고 목을 통하여 膀胱을 만지는 鐵製器具가 있다. 다시 들으니 시체를 해부하고 그 腸腑를 직접보고 病因을 찾아낸다고 하니 놀라움과 괴이함은 말로 다 이르기가 어렵다.〈『日槎集略』卷地 4월 18일〉

幕末부터 明治初期에 걸쳐서는 病院이라는 말이 없고 보통은 '醫院, 施藥醫院, 濟院, 普濟院, 養病院, 大病院, 避病院, 療病院' 등이라고 불렸으므로11), 위의 인용문에 보이는 療病院이란 다름아닌 현대어의 病院을 의미한다. 日本에 이렇게 새로운 病院이 최초로 생긴 것은 1877년 (明治10)이다. 海軍省이 전염병 환자를 수용하기 위하여 品川에 세운 避病院이 그것이었다.12) 朝鮮使節은 大阪에서 그렇게 새로운 병원내부를 시찰했으나 여기서도 시체해부에 대하여 부 정적인 태도를 버리지 않고 있다.

⑦ 盲唖院

　　(西京에서) 盲唖院에 가보니 各自의 教坊[教室]이 마련되어 있어 陽刻의 板을 사용 하여 書字와 지도를 손으로 만져 알 수 있게 되어있다. 또한 讀書, 手算, 방향찾기 直行能力, 재빠른 손 흉내는 盲者를 위한 학습인 반면, 여자는 刺繡와 실다루기 남 자는 쯥字와 造器, 이것이 唖者를 위한 학습이었다. 학도는 수백인이라고 한다. 盲 唖者에 이르기까지 버린 물건으로 보지 않고 공업에 전념시키는 것은 일견 일반인 의 생활로 충실하게 이끄는 것처럼 보이지만 이것 또한 이익을 추구하기 위한 것

---

11) 佐藤亨(1883), 『近世語彙の研究』(桜楓社) pp.49-55.
12) 槌田満文, 前掲書 p.257. 樺島忠夫·飛田良文·米川明彦, 前掲書 p.277.

이 아닐까.⟨『日槎集略』卷地 4월22일⟩

中村正直, 古川正雄, 岸田吟香, 宣教師 보르샤트르 등이 東京에서 盲人 保護敎導를 위하여 樂善會를 조직한 것은 1875년(明治8) 5월의 일이었는데 죠사이아·콘다의 설계에 의한 訓盲院은 1879년(明治12) 12월에 준공되었고 실제수업은 다음해의 2월부터 시작되었다. 이 訓盲院은 1884년에 이르러 訓盲啞院이 되는데 이것도 盲啞院이라는 명칭은 아니다. 그런데 紳士遊覽團 일행이 京都에 들른 1881년에는 벌써 京都에 盲啞院이 있었던 모양이다. 위에 인용한 기록이 그 뒷받침이다. 하여튼 그들은 盲啞院과 같은 신문명의 사회복지시설을 처음으로 보았겠지만 여기서도 조금은 의심의 눈으로 보고 있다. 盲啞者敎育에 대하여 이익추구가 아닐까 하고 의심하고 있는 점이 그렇다.

⑧ 競馬

> 巳時[오전 10시 전후], 汽車를 타고 橫濱의 競馬場에 도착했다. 日本朝廷의 君臣과 각국의 公使가 모두 가족과 더불어 모였기 때문에 天皇이 가까이 불러 치하했다. 관광 나온 남녀가 병풍을 이룰 만큼 많이 모여 있다. 주변 일대를 울타리로 둘렀는데 그것이 5리나 되었다. 말 잘 타는 자를 골라 柵內를 달리게 하는데 말은 전부 大宛國産種이다. 구름을 향하여 크게 울고 공중으로 뛰어 오르는 기세가 있어서 그야말로 달리는 것이 유성처럼 빠르다. 限標[결승점]까지 먼저 도착하는 자에게는 상을 걸고 성원하기 때문에 상당히 재미가 있다.⟨『使和記略』9월20일⟩

日本에 스포츠로서의 近代競馬가 처음 나타난 것은 文久年間(1861-1863)의 일로 개최주체는 橫濱居留地의 외국인들, 개최장소는 幕府에서 빌린 橫濱根岸村의 一角이었다(湯本豪一, 前揭書 p.226.). 이 競馬는 해를 거듭할수록 번창해지자 드디어 日本人에게도 유료로 보이고 馬券을 팔게 되었다고 한다. 한편 日本人에 의한 첫 競馬는 1879년(明治3) 9월 兵部省이 九段의 招魂社[나중에 靖國神社]에서 열린 것이었다. 이 招魂社 競馬는 兵部省 폐지후에도 陸軍省이 이어받아 年3回의 例祭에는 반드시 개최되었다. 明治政府는 軍馬의 개량과 증산에 힘을 쏟기도 했고 競馬用 馬軍 양성에도 열을 올렸기 때문에 明治天皇이나 외국의 요인도 競馬를 자주 관전하였다. 위의 인용문으로도 그 점을 확실히 엿볼 수 있다.

나아가 橫濱競馬場을 이미 구경한 朴泳孝는 그후인 10월 9일[양력 11월 19일] 다시 東京의 戶山競馬場에 갔는데 거기서도 各國公使가 보였다고 한다. 이 戶山競馬場은 東京 芝의 三田育種場內에서 戶山學校內로 이사한 것인데 후일 上野의 不忍池畔에 대규모 競馬場이 만들어질 때까지 존속했다.

⑨ 議事堂

　　元老院은 門墻이 상당히 높게 갖춰져 있다. 한번 거기에 가보니 이른바 御門이라
는 것이 다른 官衙와는 비교가 되지 않는다. 2品[朝鮮의 지위] 관직의 親王이 우리를
맞아 함께 議事堂으로 들어갔다. 議事堂은 높고 平直하며 긴 탁자를 갖추고 그 兩
側에 의자 100여개를 설치했다. 여기는 대회의가 있을 때 그들의 황제가 親臨하고
의관들이 列席하는 곳이라고 한다.〈『日東記游』卷2 玩賞〉

　　元老院이란 1875년(明治8) 4월 14일에 나온 立憲體制 수립의 詔에 따라 창설된 입법자문
기관으로 같은해 4월 25일에는 元老院章程과 직제, 官等이 정해졌다(湯本豪一, 前揭書 p.46.).
그리하여 최초의 議官에는 後藤象二郎, 睦奧宗光, 河野敏鎌 등 14명이 임명되고 4월 28일
에는 議官의 투표로 선출된 後藤가 副議長에 취임했다. 그리고 7월 5일에는 元老院의 개원
식이 이루어졌는데 勅撰의 의장으로 有栖川宮熾仁親王이 취임한 것은 다음해 5월 18일의
일이었다.

　　그런데 金綺秀가 元老院을 방문한 것은 같은 해의 6월 15일(음력 5월 20일)이었다. 따라서
여기에 나오는 親王은 의장에 취임한 지 미처 1개월도 되지 않은 熾仁親王이며 金綺秀는 熾仁
親王의 안내로 議事堂을 시찰한 것이다. 그러나 金綺秀는 議事堂의 내부구조를 간단히 설명하
고 있을 뿐 그 본무나 역할에 대해서는 그다지 관심을 나타내지 않고 있다. 실은 거기에
한 가지 언쟁이 있었기 때문이었는데 金은 마지못해 議事堂을 방문했던 것이다. 그 경위에
대해서는 조금 뒤에 다시 밝히기로 한다.

⑩ 銀行

　　銀行이 설립되면서부터는 公卿宰相과 같은 豪貴한 사람이나 富商大賈라고 할지
라도 집에 가재를 쌓아두는 것이 아니고 銀行에 맡겨 소용에 따르고 계산에 맞춰
인출해서 사용한다. 따라서 집에 가지고 있는 것은 什物이나 복식이나 器用에 지
나지 않으며 그 뒤는 아무 것도 없다. 그때문에 화재가 있어도 가옥을 불태울 뿐이
지 가산에는 미치지 않는다.〈『東槎漫錄』卷末 東槎記俗〉

日本에서는 1872년(明治5) 11월 國立銀行條例의 포고에 따라 다음해의 6월 11일에는 第一
國立銀行이 東京에 설립되어 7월 20일부터는 영업을 개시하였다. 그후 전국각지에도 차츰
國立銀行이 설립되어 1880년(明治13)에는 그 수가 153에 이르고 있다. 한편 1876년 7월 1일
에는 私立三井銀行도 개업하게 되었다. 그러나 朝鮮修信使들이 근대경제의 상징인 銀行에

안내된 일은 거의 없었을 것이다. 그 역할은 설명을 듣는 것만으로 이해될 수 있었기 때문이다. 인용문에 보이는 간단한 설명이 그것을 말해주고 있다. 그 대신 그들은 전술한 바와 같이 造幣局에 안내되어 貨幣의 제조과정을 보았다. 그러나 그들은 銀行과 造幣局과의 관계나 銀行의 중요성에 대해서는 그다지 관심을 보이지 않은 듯하다.

⑪ 宴會, 夜會, 舞蹈會

修信使들은 공식연회나 夜會나 舞踏會에서도 새로운 문화를 경험한다. 그들에게는 그 하나하나가 첫 경험이기 때문에 관련기록도 의외로 구체적이다.

㉠ 延遼館에서의 下船宴—洋式食事(1876년 5월 12일, 양력 明治 9년 6월 3일)
太政大臣 三條實美 이하 13인의 官人이 벌써 와있었다. 커다란 탁자를 둘러싸고 앉았다. ……(중략)……한 사람 한 사람 앞에는 磁器皿 둘씩이 놓여있고 하나에는 白布와 餠이 놓여있다. 白布는 먹을 때 물방울이 떨어짐[옷을 더럽히지 않도록]을 받쳐주는 것이고 餠은 음식을 돕는 것이다. 접시 하나에는 아무 것도 놓여있지 않다. 그 옆에는 大中小 3개의 匙[실은 포크]가 놓여있고 齒(이)가 있어서 음식을 들어 올리거나 자르거나 하면서 먹을 수 있게 된다. 우측에는 刀[실은 나이프] 두 개가 있고 그 뒤에는 匙가 두 개 있는데 어느 쪽도 하나는 크고 하나는 작다. 드디어 음식을 가져왔는데 단단한 것과 부드러운 것이 있었고 汁과 切肉은 양이 적었다. 단단한 것은 齒가 붙어있는 匙로 누르면서 刀로 잘라내고 부드러운 것과 汁은 匙로 떠올려 가면서 먹는다. 어떤 때는 匙로 떠올리고 어떤 때는 刀로 자르거나 하면서 먹는데 일단 먹고 나면 이것을 접시 위에 올려놓는다. 이때 侍者가 그 접시를 가져가 깨끗하게 씻은 후 다시 돌려준다. 刀도 匙도 이전의 장소에 놓인다. 다시 음식이 나오고 그전과 똑같이 먹는다. 접시를 다시 돌려주고 刀와 匙를 이전의 곳에 놓는 것도 전과 다르지 않다.……(중략)……술을 조금씩 마시는데 잔에 아직 술이 남아있는데도 그 위에 술을 따르고 식사가 끝날 때까지 마신다. 잔을 권할 때에는 그 때마다 음악을 연주하는데 대단히 빠르게 흐르다가 점차 낮아진다. 그 制作은 교묘했으나 西洋音樂이라고 한다.〈『日東記游』 卷2 燕飮〉
　餠과 같은 먹거리는 날짜가 지나 벌써 잊어버리고 말았지만 먹으면서 붓을 들고 그리더라도 형용하기가 어렵다. 그것을 만드는 법이 이상하고 대개는 처음 보기 때문에 보아도 그 이름을 모르고 먹어도 그 맛을 알 수 없었다. 이른바 氷汁이라는 것은 얼음을 갈아 가루를 만들고 卵黃과 砂糖을 섞은 것이라고 하나 汁뿐이고 얼음은 없었다. 한입만 먹더라도 입안에 들어가면 치아 끝까지 차가워지기 때문에 어떻게 만들어졌는지 모르겠다. 또한 氷製라고 하는 것은 五色으

로 빛나고 있는데 모양은 假山과 비슷하나 맛은 달아서 먹을만 한데 한번 입안
에 넣으니 肺臟까지 얼어붙을 듯이 차가워지는 바람에 이것 또한 불가사의한
것이었다.〈『日東記游』卷2 燕飮〉

延遼館은 현재의 東京中央區 舊濱離宮 정문 내의 잔디밭 一角에 있었던 건물로 옛날에는
이 일대가 將軍家의 鷹場이었다고 한다. 1652년(承應원년) 三代將軍 德川家光의 차남 甲府宰相
松平綱重에게 양도되어 別邸가 되었는데 綱重 사후 그 아들 綱豊가 六代將軍 家宣가 되었기
때문에 이곳도 濱御殿이라고 불리게 되었다. 그후부터는 將軍家의 別邸로서 대규모의 修築이
이루어져 江戶를 대표하는 名園이 된 곳이다. 幕府末인 1866년(慶應2) 海軍奉行의 所轄이 되고
부터 이곳에는 洋風木骨石張建物[石室]이 세워졌다. 이 石室은 1870년(明治3) 延遼館으로 명명
되어 외국에서 뒤를 이어 찾아오는 賓客의 숙소 곧 迎賓館이 되었다. 실제로 1879(明治12)년에
來訪했던 독일 황제의 손자 알베르트 빌헬름 하인리히 親王, 아메리카의 전대통령 그란트
장군 등이 여기서 묵었다. 그보다 3년 전에는 金綺秀도 여기서 20일간 머물렀던 것이다.

그런데 위의 인용문은 金綺秀의 入京을 축하하기 위하여 延遼館에서 열린 연회의 식사장면
인데 여기에는 서양식 식사의 과정이 아주 세세하게 그려져 있다. 여기에 보이는 음식이나
음료의 이름도 그렇지만 그에 대한 해설이 재미있다. 예를 들자면 나프킨을 '白布', 빵을 '餠',
포크를 '齒가 달린 匙', 나이프를 '刀'라고 表現하고 있다. 단단한 것을 '齒가 달린 匙'로 누르
면서 잘라내어 먹었다고 하니 그것은 아마도 비프·스테이크였을 것이다. 그것을 '切肉'으로
부르고 있는 점도 재미있다. 마지막에 나오는 '氷汁'은 氷水, '氷製'는 아이스크림이다.

日本에 서양요리가 소개된 것은 네델란드나 포르투갈로부터여서 의외로 빠른데 1866년(慶
應2) 경에는 서양요리점이 여기저기 생겼다는 기록이 남아있으며 그 다음 해에는 福澤諭吉이
서양요리 먹는 방법 등을 소개했다고 한다(湯本豪一, 前揭書 p.294.). 한편 1869년(明治2) 6월에는
橫濱 馬車道에 町田房造가 氷水店을 개업하여 氷水나 아이스크림을 판매했다고도 한다(湯本豪
一, 前揭書 p.292.). 金綺秀는 서양요리나 빵과 氷水나 아이스크림을 처음으로 먹었기 때문에
그 모양이나 먹는 방법을 주의깊게 관찰하였으나 당시의 日本에서는 그런 것들이 벌써 눈에
익숙한 서양문화의 일부였다고 말할 수 있다.

ⓒ 天長節 夜會(1883년 9월 23일, 양력 明治 16년 11월 3일)
오후 6시, 外務卿 官邸로 갔다. 火戱(불꽃놀이)가 크게 벌어졌는데 그 진기함이나
불가사의함은 형용하기 어렵다. 各國公使와 日本朝廷의 縉紳이 가족과 더불어
모였고 주인인 井上馨은 부인과 令愛[令孃]와 함께 문앞에서 客을 맞이하였다. 차
림새는 모두 양장이었다. 잠시 있다가 악대가 큰북을 치고 피리를 불면서 연주

를 시작하니 各國의 旗章이 正堂에 게양되었다. 다수의 公使가 부인과 딸의 손을 서로 바꿔가면서 빙글빙글 돌며 발을 굴러 소리를 내면서 춤을 추었다. 그 모습이 천진난만하였는데 이는 日皇의 天長節을 축하하기 위함이었다. 춤추기가 끝나자 음악도 멈췄다 선 채로 음식을 먹는 모임이 열리고 賓客 5-6백인이 탁자 둘레에 모여 술이 취할만큼 마시고 음식을 배불리 먹었는데 이는 서양의 연회법을 본뜬 것이었다.〈『使和記略』 9월 23일〉

이것은 天長節 밤 井上馨 外務卿 관저에서 이루어진 서양식 파티 풍경이었다. 양장 모습으로 모여든 외교관과 日本朝廷의 고관은 부부동반이었고 주인 井上 부부는 令孃과 더불어 입구에서 客을 맞이하였다. 곧이어 악대의 연주가 흐르니 댄스가 시작된다. 춤추기가 끝나자 칵텔·파티에 들어간다. 修信使 朴泳孝는 처음 보는 이 서양식 연회과정을 흥미깊게 바라보았던 모양이다.

그런데 日本人에 의한 최초의 舞踏會는 1880년(明治13) 11월 3일 天長節에 延遼館에서 열린 夜會 때의 일이었다고 한다.[13] 外務卿 井上이 주최하고 工部大學校에서 열렸던 전년의 天長節 夜會에서도 舞踏會는 있었지만 그때는 외국인만이 댄스에 참여했을 뿐이다. 그후 1883년(明治16) 1월 16일에는 京橋區木挽町의 明治食堂에서도 舞踏會가 열렸다는 기록이 있다(槻田滿文, 前揭書 p.92.).

幕末에 체결되었던 서양제국과의 不平等條約을 개정하기 위하여 外務卿 井上馨은 필사의 노력을 기울였다. 서양인과 똑같은 舞踏會를 여는 것도 그 一策으로 받아들였다. 그 때문에 그는 다음 항목에 나올 鹿鳴館의 건설에 힘을 쏟았는데 그 개관파티를 목전에 두고 열린 것이 위의 天長節 夜會였다. 결국 이 夜會에 댄스를 끼워 넣은 것은 井上이 아니었다면 생각할 수 없는 의도로서 머지않아 개최될 예정이었던 鹿鳴館 낙성식 및 개관파티의 예행연습쯤으로 여겼으리라는 느낌이 없지도 않다.

ⓒ 鹿鳴館 舞踏會(1885년 1월 23일, 양력 明治 18년 3월 9일)
밤에 大山巖[당시의 陸軍卿兼參議] 초대의 鹿鳴館 夜會에 참석했다. 樓上, 樓下의 煤燈[가스燈]과 蠟燭은 모아놓은 꽃송이처럼 보이고 예쁜 꽃과 향기로운 풀은 비단 병풍을 펼쳐놓은 것처럼 보였다. 樓의 3층[실은 2층. 鹿鳴館은 2층 建物이었음]으로 올라가니 검고 으슬으슬하게 느껴지는 남자가 하얗고 눈이 어지러울 정도의 女裝으로 장난감과 香袋를 부드럽고 요염하게 흔들면서 피리소리에 장단을 맞추니 수많은 문무백관은 자신의 부녀를 데리고 각국인 남녀와 어울려 두 사람씩 서로

13) 富田仁(1884), 『鹿鳴館』―擬西洋化の世界―(白水社) p.138.

껴안고 밤늦게까지 계속 춤을 추었다. 그 광경은 비단과 같은 꽃잎 가운데 새와 짐승이 떼지어 장난치면서 서로를 가지고 노는 것처럼 보였다.

　일본여자는 모두 서양의 옷을 입고 있다. 이것은 維新이후의 풍속이라고 한다. 여자의 開化가 남자의 開化에 앞설망정 뒤지지 않음을 보니 開化이전에는 여자에게 좋은 풍속이 없었던 것으로 추측된다. 특히 하나의 웃음거리 이야기가 되겠지만 20여세쯤으로 보이는 한 아름다운 여인이 많은 인파 가운데 내 손을 잡고 무슨 이야기를 걸었던 것이다. 舌人[通譯]에게 들으니 그것이 다름 아닌 陸軍卿의 夫人으로 宴會에 왕림해 주신 것에 대하여 감사의 뜻을 표했다는 것이다.

　床頭[책상머리]의 一介書生에 지나지 않는 나는 일찍이 娼婦나 酒母의 손을 잡아본 일조차 한 번도 없는데 갑자기 생긴 일에 어리둥절해질 수밖에 도리가 없었다. 舌人은 "이것은 우리나라에서 貴賓을 접대하는 제1의 作法입니다. 괴이하게 생각하지 말아주세요" 한다. 거기서 나는 급히 흔연한 얼굴을 보이면서 宴會에 초대해 주신 일, 덕분에 훌륭한 宴會에 참석하게 된 일에 대하여 감사했다. 이것은 俗語에 "미친 사람의 옆에 서있으면 정상인 사람도 기가 흔들린다"는 표현에 딱 맞는다. 男女에 倫理가 없고 尊卑에 法이 없어진 세상이, 여기에 이르렀다니 망측해서 참을 수가 없다.〈『東槎漫録』 1885년 1월 23일〉

　井上馨이 寺島宗則의 뒤를 이어 外務卿이 된 것은 1879년(明治12) 9월 10일의 일이었다. 그는 外務卿에 취임하자마자 歐米諸國과의 사이에 체결되어 있던 1858년(安政5)의 不平等條約을 개정하지 않으면 안된다고 생각했다. 그 때문에 먼저 日本人이 歐米諸國과 같은 수준의 생활을 하고 있으며 벌써 近代國家로서 충분한 조건을 갖추고 있음을 내외에 알리면서 不平等條約의 개정에 뛰어들어야 하리라고 생각했다. 거기서 나온 것이 歐化主義의 실행이었다. 日本人의 생활을 서양화하고 外國人과의 교제를 심화하는 것이 그 구체책으로 떠오른 것이다.

　마침 여러 외국에서 國賓級 인물이 찾아오는 일도 많아졌다. 적당한 숙박시설이 없었기 때문에 濱御殿內에 있었던 延遼館을 수리하여 위에서 말한 것처럼 하인리히 親王이나 그란트 장군을 거기에 맞아들였다. 그러나 井上馨은 그와 같은 가설 숙박시설에 외국의 賓客을 묵게 하면서 不平等條約의 개정이라는 난제에 맞서서는 승산이 없으므로 하루 빨리 본격적인 시설을 만들지 않으면 안된다고 생각했다.

　그리하여 1880년(明治13) 外國人接待所의 건설계획이 세워지고 井上는 그 설계를 工部大學校 교사 죠사이아·콘다에게 부탁했다. 처음에는 國賓의 숙박에 적합한 시설을 세울 작정이었으나 당시의 日本에는 아직 在留外國人과의 교제에 적당한 장소가 없었기 때문에 社交場도 겸할 수 있는 건물을 목표로 계획을 수정하기로 하였다. 그리하여 東京麴町區 舊山下門内의 元薩摩藩 裝束屋 敷地跡[現在의 千代田區内幸町1丁目의 大和生命敷地, 帝國호텔 隣地]에 준공된 것이 대략

440여평인 洋風煉瓦造 2층의 鹿鳴館이었다.14) 鹿鳴館의 '鹿鳴'은 井上의 夫人 武子의 前夫인 櫻州山人 中井弘이 『詩經』의 '鹿鳴章'에서 가져온 名稱으로 迎賓接待의 의미를 상징하고 있다고 한다.

> 鹿鳴館의 낙성식은 1883년(明治16) 11월 28일에 열렸다. 당초는 明治天皇의 行幸이 예정되어 있었던 듯하나 갑자기 취소되고 그 대신 有栖川宮 熾仁親王과 薫子妃가 출석하였다. 그밖에도 伏見宮와 同妃를 비롯하여 參議, 知事, 縣令, 各國公使 등 대략 1,200名이 초대되었다. 그리하여 당일의 舞踏會는 夜半에 이르렀고 다음날 오전 2시경이 되어서야 겨우 정적을 되찾았다고 한다.〈湯本豪一, 前掲書 p.422.〉

鹿鳴館이 외국에서 오는 賓客의 숙박이나 접대를 위하여 건설되었다는 점은 확실하다. 그러나 거기에는 또 하나의 노림수가 있었다. 日本은 결코 미개야만의 나라가 아니고 구미제국에도 뒤지지 않을 정도의 문명개화국이라는 인상을 외국인에게 심어주려는 노림수가 그것이었다. 그렇기 때문에 鹿鳴館에서는 外務卿 井上馨 부처는 말할 것도 없고 陸軍卿兼參議 大山巖 부처, 文部卿 森有禮 부처의 진력으로 밤마다 舞踏會가 열렸다. 위의 인용문에 보이는 夜會도 그중 하나였던 것이다.

그날 밤의 主催役은 大山巖이었으므로 大山 夫人은 당연히 호스테스로서 朴戴陽에게 다가가 손을 잡고 치하의 인사를 전했던 것이다. 실은 그 夫人이야말로 山川捨松로 그녀는 1871년(明治4) 11월, 岩倉具視 일행의 米歐視察團을 수행하여 아메리카를 향했던 5명의 女子留學生 중 한 사람이었다. 그녀는 귀국 후 상대는 재혼이었음에도 불구하고 요청에 따라 大山巖의 夫人이 되었고 鹿鳴館에 깊이 관여하게 된 여성이었다. 捨松는 일본최초의 女子留學生 중 한 사람이기도 했고 그날 밤과 같은 夜會나 舞踏會에는 익숙해져 있었음에 틀림이 없다. 그러나 그녀의 서양식 의례작법이 유교사상의 소유자였으며 전형적인 朝鮮왕조의 문관이었던 朴戴陽에게는 이해될 리가 없었다. 결국 朴은 "男女의 倫理나 尊卑의 不在"에 대한 망측함을 솔직하게 토로하고 말았다. 그녀와 朴과의 사이에는 서로에게 그만큼의 시대적 격차가 놓여 있었다고 볼 수밖에 없다.

그런데 당시의 日本에서도 鹿鳴館을 날카롭게 비판하는 여론이 때때로 나타났다. 華族이나 정부고관이라는 특권계급이 舞踏會다 夜會다 라고 하면서 넋을 잃고 있는 한쪽에서는 하루하루 먹을 것이 없어 어려움을 느끼는 사람이 고통스러운 생활을 강요당하고 있다거나 鹿鳴館으로 상징되는 日本의 서양화는 단지 원숭이의 흉내에 지나지 않는다는 혹심한 눈길이 향하

---

14) 鹿鳴館에 관한 前後의 歷史는 富田仁의 前掲書, 『鹿鳴館』에 상세히 보이므로 本稿에서는 전적으로 이를 參考로 삼았다.

고 있었던 것이다(湯本豪一, 前揭書 p.423.). 이를 본다면 朴戴陽의 분노나 한탄은 결코 시대에 뒤떨어진 완고함이라고만 하기는 어렵다고 해도 좋을 듯하다.

당시의 일본과 朝鮮 사이에는 여전히 예전부터의 깊은 感情的 골이 가로놓여 있었다. 朝鮮 修信使들이 日本의 문명개화를 될 수 있는 한 인정하려고 하지 않았듯이 日本人 가운데에도 朝鮮人의 시대적으로 뒤졌음을 비웃는 자가 적지 않았다. 예를 들면 1876년(明治) 5월 7일(양력 5월 29일) 修信使 金綺秀 일행이 東京에 도착했을 때의 일이다. 朝鮮使節의 東京 도래는 1764년의 通信使 이래 112년만이었으므로 사람들의 모습은 축제 때의 山車[祭禮用 장식수레]를 기다리는 듯한 분위기였다. 그러나 修信使의 행렬이나 복장은 구시대와 조금도 변함이 없었다. 그 때문에 100년전까지는 찬탄의 대상이었던 朝鮮使節의 관복이 괴상하고 시대에 뒤떨어진 것처럼 보이는 것을 비웃거나 또는 행렬의 人數가 많은 것을 두고도 조롱하는 자가 많았다고 한다.15)

그러한 시대였으므로 朴戴陽과 같은 보수적 朝鮮知識人의 눈에 비친 大山巖 夫人 捨松의 행동은 상대방의 처지를 조금도 돌아보지 않는 무례이며 유교적 윤리의 쇠퇴라는 측면에서도 비판의 대상이 되지 않을 수 없었을 것이다. 여기서 한 걸음 더 나아가 朝鮮修信使들은 日本의 문명개화 그 자체를 정신문화의 파괴라는 측면에서 대단한 것이 아니라고 인식했는지도 모른다.

⑫ 西洋式 服飾

㉠ (洋服, 靴) 衣冠은 모두가 洋製라고 한다. 그 公服으로 말하자면 袴는 몸에 밀착하고 조금의 신축성도 없어 일어서면 臀이나 外臀의 憤起處가 그대로 드러나므로 만져보지 않아도 알 수 있다. 襦[上衣] 또한 팔꿈치에서 어깨까지는 袴의 脚部分과 같으나 몸에 가까운 곳은 넓게 여유가 있어 僧襦 비슷하다. 대개는 毛氈을 썼으나 드물게는 白色도 있고 白色은 그 사이에 黑緯[縱縞]를 넣은 것도 있다. 縫裁도 橫과 縱이 짝짝으로 되어있으며 헝겊을 繫合해 놓은 듯하고 느슨해진 隙間[주머니]에는 물건을 넣어둔다. 그 때문에 煙具, 吹燈, 筆研, 刀鐥, 時針, 子午盤 등을 손쉽게 꺼낼 수 있다.

靴는 黑漆皮를 썼으나 앞쪽은 豚口와 비슷하고 뒤쪽에는 木履와 같은 齒가 있다. 신을 때에는 襪[버선]과 같이 하지만 복사뼈 위까지 올리고 벗을 때에는 신발과 같이 하여 그대로 지면에 놓아둔다. 그러나 복사뼈가 몹시 억눌리기 때문에 靴를 벗거나 신을 때는 힘이 들어 中國女의 纏足과 같이 상당히 힘든 일이다.〈『日東記游』권1 行禮〉

15) 上垣外憲一(1996),『ある明治人の朝鮮觀』―牛井桃水と日朝關係―(筑摩書房) p.29.

ⓒ 國王의 服色은 머리에 冠이 없고 着衣는 짧은 襦에 좁은 袴로 諸臣의 것과 다르
지 않으나 단지 襦의 金飾만이 다르다. 朝官의 服色은 일반인과 같으나 역시 襦
의 金飾이 文武官의 表章으로 되어있다. 머리에 쓴 帽子의 本體는 크고 遮陽은
작지만 평상시의 것과 조금 다르며 氈[毛織物]으로 만들어져 있다. 어쩌면 額掩[婦
女들의 防寒帽]처럼 보인다.……(중략)……諸公과 더불어 博覽會의 局門 밖으로 나
와 언덕위로 올라가 國王의 還宮儀式을 보았다. 國王이 馬車에 오르자 두 마리
의 말이 그것을 끌고 다시 두 마리의 말이 좌우를 따른다. 마차 안에는 參乘者
가 있고 海陸軍樂隊[樂隊의 海軍은 붉은 襦에 푸른 袴. 陸軍은 푸른 襦에 붉은 袴를 입었다]와
旗를 든 騎兵 數10명과 銃劍軍 수백명이 호위하였다. 그러나 朝官의 陪從은 약
소하였다. 그 위의와 절차는 간편해지도록 노력한 듯하나 章服의 제도와 禮度
는 잘 맞지 않았다.〈『日槎集略』권地 5월 14일〉

ⓓ (天皇의 大禮服) 日主의 신장은 6-7尺, 얼굴이 길고 살짝 검은 눈에는 精彩가 있었
다. 몸에는 양복을 입고 있는데 前後[옳게는 左右일 것이다]의 兩襟에는 黃金色 菊花
의 刺繡가 있다. 이것은 陸軍이라는 標識다. 두 어깨 위에는 金條[金糸]織의 紐를
옆으로 붙이고 있고 다시 金色의 刺繡로 둥글게 만든 楪子[皿]와 같은 것을 兩脇
의 위에 붙이고 있다. 이것은 海軍이라는 標識다. 다시 幅3-4寸 정도의 길다란
한 줄짜리 띠를 左肩에서 右脇으로 걸쳐 맺고 있는데 이것은 우리나라의 金銀牌
비슷하며 兵隊라는 標識다. 몸의 가장자리에는 4-5개의 勳表[勳章]를 붙이고 있
는데 이것은 각국이 서로 授與한 관례다. 禮帽를 벗어 손에 들었는데 의자 옆의
좌우에 서있는 侍臣 10여인의 복색도 큰 차이는 없다. 다만 海陸軍이라는 標識
를 겸한 자는 없고 勳功이 있는 자에게는 勳表가 있을 뿐이다. 勳表는 金 또는
寶石으로 만들어지고 五色이 갖춰져 있다. 모양은 時表[時計]와 비슷하며 혹은
각이 지거나 혹은 둥글다.〈『東槎漫録』1885년 1월 6일〉

ⓔ (帽子) 모자는 정수리가 둥글고 곧바로 頭腦를 누르고 있다. 주변에는 軒이 있어
겨우 햇볕을 막을 정도다. 색은 검거나 하얗고 모두가 毛氈으로 만들어져 있다.
籐糸나 龍鬚[蘭]로 精製한 것, 혹은 黑緞으로 만들어진 것도 있다. 모자를 벗을
때는 반드시 손으로 누르면서 접어놓고 무릎 아래나 床 위에 놓는다. 모자를
쓸 때는 접힌 곳을 손으로 세우면 땅하는 큰소리가 울리고 접혔던 흔적은 보이
지 않는다.〈『日東記游』권1 行禮〉

ⓕ (官服) 그들이 이른바 品服으로서 襦에는 金綉[刺繡가 들어간 비단]를 사용하지만 綉
의 多少가 品[位]의 고하를 표시한다. 모자는 펼쳐져 있지 않은 荷葉[蓮葉]과 같으
나 일반적으로는 貂皮를 사용하며 털은 상당히 길다. 客이라거나 윗사람 앞에
서는 쓰지 않는 것이 경의를 표시하는 것인데 品服을 입고 있을 때에는 경의를
표시하기 위하여 모자를 손으로 붙들고 있을 뿐 머리에 쓴 것을 본 적이 없다.

〈『日東記游』권1 行禮〉

어느 경우나 서양식 복장에 관한 관찰내용이다. 처음 보는 이상한 서양식 복식이므로 修信
使들은 누구나가 상당한 관심을 보이고 있다. ㉠은 公式服裝으로서의 양복과 靴에 대하여
관찰한 결과이며, ㉡은 1881년(明治14) 6월 10일(음력 5월14일) 第2回 內國勸業博覽會16)의 褒賞
式에 참석한 明治天皇과 文武官의 복식, 거기에 군악대의 제복을 아주 간략히 그려놓은 것이
다. ㉢은 國書의 傳達式典에서 본 天皇의 大禮服과 侍臣의 복장을 생각보다 훨씬 세세하게
그린 내용이며 ㉣은 서양식 모자 곧 中折帽子와 그 작법에 대한 관찰이다. 修信使들은 이상과
같은 서양식 복장의 진기함에 더할 수 없는 관심을 보이면서도 적극적인 논평은 하지 않았다.
다만 ㉡부터는 복장이 예에 맞지 않는다는 지적이 보이지만 그 대상이 군악대의 제복에 그치
고 있는지 혹은 다른 복장전반에 걸친 것인지 지금으로서는 분명하지 않다.

6. 意見衝突과 한탄 揷話 셋

修信使들은 現地에서 때때로 豫想치도 못한 言爭이나 意見차이를 經驗하거나 마음에 들지
않는 新聞報道에 대하여 不滿을 품은 일도 있었다. 그러한 경우 修信使들은 어떻게 姿勢를
무너뜨리지 않고 그 자리를 벗어나거나 혹은 억울함을 참았는지 지금도 재미있는 揷話가
될 수 있다. 여기서는 그러한 揷話 셋을 찾아 읽으면서 修信使들이 他國에서 겪은 고뇌를
잠시 엿보고 싶다.

1) 元老院訪問을 協議中 誤解가 일다

外務省의 통역관 古澤經範이 찾아와 일정을 협의하는 도중, 元老院 방문 이야기가 나왔다.
古澤은 元老院의 초대에 응할지 어떨지를 물었다.

　　"아직 승낙하지 않았습니다만 元老院은 어떤 사무를 맡고 있는 관청입니까. 나
　는 요즈음 몸 상태가 좋지 않아 명령대로는 따를 수는 없습니다".
　　古澤이 말했다. "元老院에는 가셔야 합니다. 元老院의 의장은 곧 우리 皇上의 至
　親으로 二品 親王이십니다. 親王께서는 貴公을 만나고 싶으셔서 초대하신 것인데

---

16) 이 博覽會는 同年 3월 1일부터 6월 30일까지 東京의 上野公園에서 열렸다. 마침 東京에 머물고 있었던
　　紳士遊覽團 일행도 褒賞式에 초대되어 먼발치로나마 明治天皇과 朝官들의 服裝을 볼 수 있었던 것이다.

무슨 연유로 가시지 못한다는 것입니까. 부디 다시 한번 생각해 주신다면 좋겠습니다".

　나는 급히 화가 나서 안색을 바꿔가며 말했다. "親王은 무슨 親王입니까. 修信使가 대단한 者는 아니라고 하겠지만 타국의 奉命使臣입니다. 그렇다면 보고 싶다고 해서 손쉽게 불러내는 것은 體統과 禮節에 비추더라도 있을 수 없습니다. 나는 지쳐있기도 하지만 이번 일에 대해서는 단연코 명령에 따를 수 없습니다".

　古澤이 말했다. "그렇지 않습니다. 제 말에 잘못이 있었습니다. 親王께서는 尊體로서 閣下를 불러들이는 것이 아니라 곧 招請한다는 이야기입니다. 元老院은 우리 朝廷의 대소사를 회의하는 곳으로 그 의장은 다름아닌 親王입니다. 바로 지금 兩國이 다시 舊好를 되찾게 되었으므로 우리나라의 규모와 시설을 귀국에 알리지 않으면 안됩니다. 따라서 私邸에서가 아니라 元老院에 招請한 것입니다. 先生께서는 어찌하여 過慮하시는 것입니까".〈『日東記游』卷2 問答〉

　이 해명으로 오해는 일단 풀려 결국은 招請에 응했는데 감정적으로는 멋대로 불러내는 데에 불만을 품고 있었던 모양이다. 실제로 金綺秀는 몇 번인가의 見聞권고에 적당한 핑계로 물리쳤다. 外務省을 처음 방문했을 때 大丞 宮本小一은 金에게 모처럼의 기회이니 몇 달이고 천천히 쉬면서 틈을 보아 유람하도록 권했는데 金은 王이 자기를 기다리고 있으므로 속히 돌아가지 않으면 안된다고 말한 바 있다. 또한 權大丞 森山茂도 八省의 卿을 순차로 방문하도록 권했으나 金은 일찍이 例가 없었다고 말하면서 난색을 표한다.〈『日東記游』卷2 問答〉. 그밖에도 上述한 것처럼 귀국도중, 橫濱을 떠난 배가 무엇 때문인지 橫須賀에서 一泊한다. 여기에는 造船所가 있어서 지금 火輪船을 만들고 있으니까 시찰하도록 再三 권고를 받았으나 병을 핑계로 배에서 내리지 않았다. 다시 外務卿 寺島宗則은 大阪의 造幣局을 꼭 시찰하도록 부탁했다. 神戶에서 大阪는 火輪車를 타면 당일로 돌아올 수도 있다고 말하는 것이었다. 그러나 神戶에 도착했을 때는 실제로 병에 걸려 大阪行은 결국 취소되었다.〈『日東記游』卷1 停泊〉. 東京 滯在중에도 金은 될수록 구경을 회피했다. 그 증거로서 재미있는 실화가 있다. 東京에 도착해서 旅舍에 들어갈 때 傳語官은 겉에 坊曲番號를 적은 紐付[끈이 달린] 木牌 2-30매를 건네면서 "이것을 隨員들에게 나눠주고 자유로이 출입하도록 해 주십시오. 길을 잃을 걱정이 없어집니다"라고 했다. 그것을 警官에게 보이면 안내해 준다는 것이었다. 그러나 金은 그것을 寢牀 옆에 버려둔 채 旅舍를 떠날 때 돌려주었다. 거기에는 먼지가 앉아 牌面의 글자가 잘 보이지 않을 정도였다고 한다. 또 하나의 실례를 들자면 어느 날 外務省에서 旅舍로 돌아오는 도중이었다. 正午에 출발했는데 아무리 달려도 旅舍는 보이지 않고 노상에서 해질녘을 맞았다는 것이다. 일본측이 金에게 구경을 권해도 좀처럼 움직이지 않으니까 시내의 이곳저곳을 멀리 돌면서 자연스럽게 구경이 되도록 배려했던 것이다. 그것을 알아차린 金은 旅舍에 돌아와 車[人力車인지 馬車인지는 확실하지 않으내에서 내리자마자 小通事에게 매질을 하였다. 저쪽의 무례에 대하여 잠자코 있은 罪였다. 그때부터는 저쪽도 구태여 그러한 행위를 보이지 않았다고 한다.〈『日東記游』卷1 留館〉

2) 西洋人의 下船을 요구하다

이것도 귀국도중의 일이었다. 배가 橫濱을 출발할 때 얼핏 船上에 洋人 한 사람이 보이기에 金綺秀는 곧바로 護送官에게 전했다.

> 이 배는 확실히 日本船이라고 하나 이번의 運行目的은 우리의 행차를 專送하는 일이다. 그러므로 우리가 배에서 내릴 때까지는 우리 배라고 할 수 있다. 어떻게 하여 이 배에 洋人을 태울 수 있을 것인가. 곧바로 그 사람을 배에서 내리도록 하고 더 이상 배에 머물게 해서는 안 된다.〈『日東記游』卷1 乘船〉

실은 그때까지 日本人의 기술만으로는 蒸氣船을 안전하게 운행할 수 없었던 모양이다. 그래서 外務省은 특별히 그 西洋人을 태워 배의 안전운행을 꾀했던 것이다. 護送官은 그 이유를 밝힌 후 자기로서는 修信使의 의향을 外務省에 보고하고 그 回示를 기다릴 수밖에 없다고 하였다. 그후 外務省의 回示가 있었는지 西洋人은 神戶에서 내렸다.

3) 旅舍의 아가씨에게 건네준 朴戴陽의 絶句와 新聞報道

朴戴陽 일행은 東京도착 이래 新橋南鍋町의 伊勢勘樓에 머물고 있었는데 주인에게는 菊이라는 딸 한 사람이 있었다. 그녀가 朴에게 부지런히 一筆을 부탁하기에 朴은 다음과 같은 絶句를 써서 건넸다.

> 金閨種菊度年華　金閨에 菊花를 심어 年月이 지났는데
> 聞是東京第一花　들어보니 이는 東京 第一의 꽃이네
> 不有淵明誰得採　陶淵明이 없는 지금 이 꽃은 누가 꺾을까
> 色香惟属酒人家　色과 香은 오로지 酒家에 속할 뿐이네.
>
> 〈『東槎漫録』1885년 1월 10일〉

詩의 내용은 "東京에 菊이라는 사람이 있다지만 陶淵明처럼 靖節[아름다운 節操]를 가진 사람

이 없는 지금 菊의 아름다운 色과 좁은 醉客이 출입하는 이 집에서 때를 헛되이 보내고 있다" 정도의 의미가 된다. 약간 깔보고 장난을 친 셈인데 이것이 新聞에 보도된 것이다.

> 日邦人은 그 뜻을 모르고 朝鮮의 欽差大臣이 菊아가씨를 좋아하여 詩를 보냈다고 많은 新聞紙가 알렸다. 어이없는 일이다. 秋堂丈[正使 徐相雨]은 이 이야기를 듣고 絶句 3수를 읊었다. 나도 和答의 詩로 辨解하였다. 〈『東槎漫録』 1885년 1월 10일〉

辨解의 詩는 卷末에 정리되어 있는 漫詠에 다음과 같은 注記와 함께 나온다.

> 每日 時事新聞을 보니 虛構와 捏造로 紙上을 장식한다. 秋堂大人이 이것을 보고 絶句 3수[실제는 무슨 연유인지 2수밖에 보이지 않는데]를 읊어 뜻을 표했다. 나도 和答의 句로 辨解했다.
> 東来使節寸暇無　東으로 온 使節, 잠시의 틈도 없는데
> 時事傳聞語太殊　時事를 傳聞하니 그 말 너무도 달라
> 只信中心如白玉　다만 中心은 白玉과 같음을 믿으니
> 不關蠅鳥自喧呼　스스로 시끄러운 蠅鳥와는 不關하네.〈『東槎漫録』 卷末 東槎漫詠〉

여기에 보이는 時事新聞이 1882년(明治15) 3월 福澤諭吉과 中上川彦次郎이 창간한 日刊 時事新報인지 어떤지는 아무래도 분명하지 않으나 朴戴陽의 詩는 "使節로서 日本에 와있는 자신에게는 조금의 틈도 없다. 新聞이 무어라고 해도 자신의 마음은 깨끗하기에 파리나 새의 시끄러운 흉내에는 關心도 없다"라는 뜻이다. 자신의 본심과는 너무 먼 新聞報道에 대하여 억울함을 그렇게 읊으면서 참은 것으로 여겨진다.

7. 결 어

지금까지 朝鮮修信使들의 견문을 대략 정리해 보았는데 전체적으로는 그 내용이 어쩐지 당시 日本의 新文明에 관계되는 文化 시설이나 제도에 기울어져 있다. 여기에는 그 나름의 이유가 있다.

明治초기 日本의 정책은 富國强兵이었다. 그 때문에 서둘러 개방에 들어간 日本政府는 西洋文明을 적극적으로 받아들였기 때문에 당시의 日本은 모든 부문에서 한창 다시 태어나는 중이었다. 당연하지만 日本政府側의 사람들, 그중에서도 朝鮮의 開化와 通商을 재촉하기 위해 그것이 좋은 의미에서든 나쁜의미에서든 상당한 노력을 기울여온 外務政策 관계자들은 당시

로서도 朝鮮보다 한 발 앞서 있었던 여러 가지 시설이나 제도를 朝鮮修信使에게 보여주고 싶었을 것이다. 실제로 당시의 外務政策 담당자였던 井上馨, 宮本小一, 森山茂, 花房義質 등은 修信使와 만날 때마다 日本의 開化와 新文明을 잘 보고 좋은 것이 있다면 朝鮮도 그것을 마음껏 받아들이도록 되풀이해서 권고하고 있었다. 그때 日本側은 협력을 아끼지 않을 작정이었다고도 말하고 있다. 실제로 修信使들의 기록에도 그러한 문답내용이 곳곳에 나타난다.

그러나 朝鮮修信使들의 귀에는 그것이 틀림없이 달콤하게만 들리는 이야기는 아니었다. 시대가 너무 일렀던 것이다. 확실히 그들이 본 日本의 機械化나 軍事化, 나아가서는 모든 부문에 걸친 文化와 各種制度의 변화는 대단했다. 거기에 그들은 대단하게 보이는 新文明의 현실을 일종의 새로운 정보로서 기록에 남겼다. 다만 그뿐이었다. 그러므로 그들은 日本에 보았던 機械化와 軍事化, 그밖의 기구에 대한 구조와 양식을 세세한 부분까지 기록하면서도 그 하나하나에 대해서는 오히려 긍정적인 태도보다 부정적인 태도를 보이는 경우가 많았다. 대체로는 수구적이었던 당시의 高級官吏가 택해야 할 태도는 그것밖에 없었던 것이다.

그후의 朝日關係는 뜻밖에도 꼬이고 말아 최후에는 兩國合邦으로 끝난 원인이 거기에 있었다고 생각된다. 왜냐하면 朝鮮時代의 관리라고 한다면 대체로는 保守的인 文官이었으며 學者的 기질의 소유자였다. 그들은 대개 전통적으로 실리를 부끄럽게 생각하고 명분을 위해서는 죽음도 마다하지 않았다. 그중에서도 修信使에 뽑힐 정도의 인물이었다면 더욱더 그랬다. 그들에게 機械化나 軍事化와 같은 新文明의 實利를 보여주었다는 것은 日本外務當局者들의 잘못된 발상이었던 것이다. 물론 그중에는 金弘集, 金玉均, 朴泳孝처럼 비교적 開放的, 進步的인 태도를 보인 인물이 없지는 않았다. 그러나 朝鮮朝廷의 대다수의 官吏는 그것을 쉽게 인정하려고 하지 않았다. 거기서부터 日本에 대한 의심스러운 반발이 한층 깊어진 사실을 놓쳐서는 안된다.

修信使들이 언제나 비판적인 태도를 보인 것만은 아니다. 그들은 日本의 自然美나 사람들의 勤勉性과 誠實性에 대해서는 찬탄하는 말을 아끼지 않았던 것이다. 스스로 나서서 重野安繹와 같은 학자를 찾아가 그 의견에 귀를 기울인 일도 몇 번인가 있었다. 만약 당시의 日本外務當局者가 진심으로 朝鮮朝廷과의 修交를 원했다고 한다면 修信使들에게 機械化나 軍事化를 보여주기보다 朝鮮官吏의 傳統的인 성향을 조금이라도 상세하게 파악하고 文化的 접근을 적절히 꾀했어야 했다고 생각된다. 편협하겠지만 이것이 朝鮮修信使 이후의 역사를 돌아보면서 현대를 살고 있는 내 나름의 결론적 판단이다.

마지막으로 한 마디 덧붙여 둔다면 修信使들의 見聞記錄은 韓國語學에도 적지 않은 의미를 더해주는 사료가 된다. 거기에는 당시 日本에서 태어난 新生文明語, 다시 말하자면 西洋文明을 수용하는 과정에서 새로 생긴 漢字語가 다수 보이기 때문이다. 修信使들의 기록에 나타나는 新生文明語 모두가 日本에서 생긴 말이라고는 볼 수 없다. 그러나 現代韓國語에 살아있는 新生漢字語 가운데에는 日本語에서 직접 받아들인 것이 많다. 그것을 선구적으로 받아들이기 시작한 史料가 修信使들의 기록인 것이다.

〈발표를 끝내고〉

　明治초기의 朝鮮修信使 중에는 東京으로 향하는 도중 京都에도 들른 사례가 있었다. 예를 들면 1881년 紳士遊覽團 일행은 5월 17일(음력 4월 20일) 京都에 도착, 三條石橋堂島町의 內田誠次의 집에 묵으면서 곳곳을 돌아본 것이다. 그들은 西陣織錦小林綾造의 집, 萬年山 相國寺, 陶器所, 牧畜場, 女學校, 盲啞院, 下京區 西本願寺, 水車製作所 등을 돌아보고, 21일(음력 24일)에는 大津의 琵琶湖, 三井寺까지 발길을 옮겼다.

　京都驛에서 汽車를 탄 그들은 稻荷, 山科를 지나 鑿山通路를 지났다고 기록하고 있다. 여기에 나오는 鑿山通路는 아마도 京都大津 간의 鐵道開通 직전인 1880년 6월 23일, 일본인의 손에 의하여 최초로 개통된 逢坂山隧道일 것이다.

　생각 같아서는 日文研[國際日本文化研究센터]의 덕으로 京都에 장기간 체류하고 있는 동안 필자는 그 옛날 朝鮮知識人들이 京都주변에 남긴 족적을 쫓아 일일이 돌아보고 싶었다. 그러나 일부를 제외하고는 그 장소가 특정되지 않아 염원을 속시원히 달성하지 못한 것이 아쉬움으로 남고 말았다.

　그 대신 이번 日文研의 포럼을 계기로 朝鮮修信使의 足跡전반을 필자 나름으로 정리하게 된 것은 무엇보다도 기쁜 일이 아닐 수 없다. 포럼이 열렸던 당일, 콤멘테이터로서 마음에 남는 조언을 들려주신 千田稔 선생, 사회를 담당해 주신 研究協力課의 篠原初江 專門官, 그밖의 관계자 여러분에게도 고마운 인사말 한마디를 전해 두고 싶다.

出處〈國際日本文化研究センター, 第121回 日文研 フォーラム 발표원고, 發表場所=國際交流基金 京都支部〉.
　　講演原題, '明治初期における朝鮮修信使の日本見聞'(1999. 9. 7. 火 午後 2:00-4:00) 冊子出刊(2000. 3. 31.): pp.108.〉

文法論의 흐름

1. 서 언

그 시기나 정도에 차이가 있기는 하지만, 일본어나 한국어에 대한 문법적 연구는 일찍부터 서양문법의 영향을 직접 간접적으로 끊임없이 받아왔다. 일본어 문법의 경우, 그 대표적 연구자의 한 사람인 山田孝雄의 문법이 독일의 하이제(J.C.A. Heyse) 문법과 깊은 관련이 있다거나 (古田東朔1976), 문법, 명사, 동사, 형용사, 부사와 같은 문법관계 술어가 江戶時代를 통하여 이루어진 서양 문법 술어의 번역에 그 연원을 두고 있다는 사실(杉本つとむ1967) 등이 그 단적인 사례라고 할 수 있다. 한국어 문법의 경우에도 그 시기는 일본에 비하여 뒤지지만, 그 사정은 매우 흡사하여, 兪吉濬의 『朝鮮文典』(1906 油印本)이 라틴어 문법의 체계에 따라 8품사로 분류된 점(金敏洙1980), 金奎植의 『大韓文法』(1908)이 언더우드(H.G. Underwood)의 『韓英文法』 (*An Introduction to the Korean Spoken Language*, 1890 Yokohama)을 본받았다는 사실(김민수1980) 등이 지적된 바 있는 것이다.

한국어 문법의 경우에는 다른 한편으로 일본어 문법의 영향을 적지 않게 받은 것도 부정할 수 없는 사실이다. 이 점에 대해서는 후술할 예정이거니와, 한국어나 일본어에 대한 문법적 연구가 서양 문법이론과 무관하지 않다는 사실은 이들 양국의 문법론이 서양 문법론의 흐름과 보조를 함께 하며 발전해 왔음을 뜻한다고 할 수 있다. 여기에 그 내용을 일본어와 한국어 문법론의 측면에서 대조적으로 개괄해 본다면 전통적 문법론, 구조주의적 문법론, 변형생성이론적 문법론의 세가지 흐름으로 정리될 수 있을 것이다.[1]

---

1) 이와 같은 분류는 곧 일반 언어이론의 발전 단계와 평행을 이루는 것이므로, 문법론에만 국한되는 것이 아니지만, 본고에서는 고영근외(1979)의 구분 방식을 그대로 이용하기로 한 것이다.

2. 전통적 문법론

일본의 경우, 전통적 문법론은 다시 자생적 문법 연구와 외래적 문법 연구로 나눌 수 있다. 江戸時代 후기부터 활발하게 전개된 바 있는 국학자들의 문법연구가 자생적인 것이었다면, 蘭文典이나 英文典과 같은 서양 문법을 기반으로 삼은 문법 연구는 외래적인 것이었다고 할 수 있다.

국학적 문법연구에는 本居宣長의 『てにをは紐鏡』(1771), 『詞の玉緒』(1779), 『言語活用抄』(1782경), 富士谷成章의 『かざし抄』(1767), 『あゆひ抄』(1773), 鈴木朖의 『活語斷續譜』(1803경), 『言語四種論』(1824), 本居春庭의 『詞八衢』(1808), 『詞通路』(1828), 東條義門의 『山口栞』(初稿 1818, 改稿1833), 『友鏡』(1823), 『和語說略圖』(1833), 『活語指南』(1840), 富樫廣蔭의 『辭玉襷』(1829), 『詞玉橋』(草稿1826, 完稿1846) 등으로 대표되는 활용 중심의 분류적 연구가 있다. 이러한 국학자들의 문법연구를 최종적으로 정리해 놓은 것이 明治時代에 들어서서 이루어진 權田直助의 『語學自存』(1894)였다고 할 수 있을 것이다. 이들은 모두가 일본 독자의 전통적 문법 연구에 속하지만, 그 과정에서 이루어진 기술체계나 술어 중에는 현대에까지 계승된 것도 적지 않다. 현대의 일본 문법론에서 널리 쓰이고 있는 詞와 辭 및 체언과 용언 등의 개념적 분류 방식은 물론, 四段, 上一段, 下一段, 上二段, 下二段, 變格과 같은 동사 활용의 형태적 분류에 관한 술어 체계 등이 전통적 문법 연구에 그 연원을 두고 있으며, 동사 활용 어미의 기능적 분류에 관한 술어 체계인 未然形, 連用形, 終止形, 連體形, 假定形, 命令形도 거슬러 올라가면 東條義門의 將然言(未然言), 聯用言(후에 連用言으로 고쳐졌음), 截斷言, 聯體言(후에 連體言으로 고쳐졌음), 已然言, 希求言에 가 닿는 것이다.

이러한 자생적 문법 연구에 대립되는 외래적 문법 연구 또한 일찍부터 그 모습을 드러낸 바 있다. 和蘭文典의 격 체계를 기반으로 하여 일본어의 조사를 분석한 飯田蘭台의 『登尔波考』(1828), 藤村晋山의 『和蘭語法解』(1816)에 따라 日本語의 品詞 分類를 제시한 鶴峯戊申의 『語學究理九品九格總括圖式』(1830), 『語學新書』(1833) 등은 그 이른 시기의 사례로 꼽힐 수 있다(古田東朗1976).

서양문전의 출현에 따라 보급되기 시작한 것이 번역어로 이루어진 문법 술어임은 두 말할 필요도 없다. 19세기 전기 중에 이루어진 8품사의 명칭을 杉本つとむ(1967:75-77)에서 추출하여 간략히 정리해 보면 다음과 같다. 제시된 명칭은 현대적 술어로 명사, 대명사, 동사, 형용사, 부사, 접속사, 전치사, 감탄사에 해당하는 순서로 배열되어 있다.

1808 『蘭語冠履辭考』

實辭, _____, 動辭 , 屬名辭 , 形動辭, _____, 助語, _____

1810 『和蘭辭類譯名抄』

名數辭, _____, 動辭 , 從名辭, 屬用辭, 屬言辭, 初用辭, 嗟嘆辭

1814 『諳厄利亞語林大成』

靜詞, 代名詞, 動詞, 虛靜詞, 形動詞, 連續詞, 所在詞, 歎息詞

1816 『和蘭語法解』

名言, 代名言, 活言, 附屬名言, 添言, 接言, 上言, 感言

1816 『道譯法爾馬』

靜詞(實靜詞), 代名詞, 動詞, 虛靜詞, 形動詞, _____, 所在詞, 歎息詞

1818 『蘭學凡』

物名詞, 指名詞, 作用詞, 接名詞, 加添詞, 連接詞, 虛前詞, 插間詞

1840 『英文鑑』

名目辭, 指名辭, 動辭, 添名辭, 添旁辭, 連句辭, 虛前辭, 歎聲辭

초기적 품사명은 이처럼 연구자에 따라 유동성을 보였으며, 오늘날 ○○詞로 정착되기까지는 ○○辭, ○○詞, ○○語, ○○言과 같은 명칭이 시도되었음을 알 수 있다. 그러나 19세기 후기로 접어들면서 이들은 점차 안정을 찾기에 이른다. 杉本つとむ(1967:75-77)를 다시 이용하여 그 내용을 정리해 보면 다음과 같다.

1855 『和蘭字彙』

靜詞, 代名詞, 動詞, 虛靜詞, 形動詞, _____, 前置詞, 歎息詞

1856 『和蘭文典字類』

(實名詞), 代名詞, 動詞, 形容詞, 副詞, 接續詞, 前置詞, 歎息詞

1857 『譯和蘭文法』

實辭, 代辭, 活辭, 陪辭, 副辭, 接辭, 冒辭, 間辭

1866 『英吉利文典字類』

實名詞, 代名詞, 動詞, 形容詞, 副詞, 接續詞, 前置詞, 嘆息詞

1867 『插譯英吉利文典』

名詞, 代名詞, 動詞, 形容詞, 副詞, 接續詞, 前置詞, 間役詞

1870 『插譯佛蘭西文典』

名詞(實名詞), 代名詞, 動詞, 形容詞, 副詞, 接續詞, 前置詞, 歎息詞

1873 『魯語箋』

名詞, 代名詞, 動詞, 形容詞, 副詞, 接續詞, 前置詞, 歎息詞

이렇게 해서 정착된 품사명은 드디어 19세기 말엽부터 나타나기 시작한 일본어 문법서에 계승되기에 이른다. 역시 杉本つとむ(1967:75-77)를 이용하여 그 추이를 간략히 살펴보면 다음과 같다.

> 1871 『大倭語學手引草』
> 實名詞(體言), 代名詞, 動詞, 形容詞, 副詞, 接續詞, 後置詞, 感歎詞
> 1878 『初學日本文典』
> 體言, 代名言, 作用言, 形狀言, _____, _____, 接詞, 嘆詞
> 1879 『小學文法書』
> 名詞, 代名詞, 動詞, 形容詞, 副詞, 接續詞, 後置詞, 感詞(歎息詞)
> 1889 『語法指南』(大槻文彦 『言海』附錄)
> 名詞(體言), 代名詞, 動詞(用言), 形容詞(形狀言), 副詞, 接續詞, 天尓遠波, 感動詞
> 1890 『中等敎育日本文典』
> 名詞, 代名詞, 作用言, 形狀言, 副詞, 接續詞, 助辭, 歎詞

이상으로 알 수 있는 바와 같이, 19세기 말엽까지는 거의 모든 품사명이 오늘날과 같은 명칭으로 정착되었는데, 그 기반이 된 것은 두말할 것도 없이 西洋語 文典에서 비롯된 문법 술어였다고 할 수 있다. 다만 서양어 문법에 나타나지 않는 품사명, 예컨대 조사에 해당하는 명칭은 後置詞, 接辭, 天尓遠波, 助辭처럼 유동성을 보인 바 있지만, 그밖의 품사명은 서양어 문전을 통하여 일찍부터 보편화한 명칭이 자연스럽게 이용될 수 있었던 것이다. 이러한 사실은 외래적 문법 연구가 일본어에 대한 초기적 문법 연구에 끼친 영향을 단적으로 대변해 주는 근거가 될 것이다.

한편, 山田孝雄, 松下大三郎, 橋本進吉, 時枝誠記 등으로 대표되는 20세기 전기의 일본어 문법 연구는 규범성을 벗어나 학문성을 강하게 띠고 있다는 점에서 초기의 전통적 문법론보다 크게 진보한 것이지만, 서양식 구조주의 문법 이론과는 구별된다는 점에서 넓은 의미의 전통적 문법론에 속한다고 볼 수 있다. 구태여 이를 구분하자면 前構造主義的 문법론이라고 부를 수도 있을 것이다.[2]

---

2) 최근에 이르러 松下大三郎의 문법론이 재검토 되는 과정에서 그의 先見性이 새삼 주목을 끌고 있다. 가령 北原保雄(1984:138~140)에 의하면 松下의 문법 이론에 나타나는 '內面的 法則'과 '言語外形'은 각기 변형 생성이론의 深層構造(deep structure)와 表層構造(surface structure)에, '언어의 構成法'은 변형규칙 (transformational rule)에 해당하는 개념이며, "有限個의 辭를 이용하여 무한의 說話나 文章을 만든다"는 생각은 생성(generative)이라는 개념과 통하는 것으로 해석된다는 것이다. 이러한 기준을 중시한다면 松下는 물론 山田, 橋本, 時枝 등의 문법 이론에도 전통적 문법론과는 구별되는 독자성이 많이 내포되어 있기 때문에 이들을 前構造主義的 문법론이라고 부를만 하다는 뜻이다.

결국 일본의 전통적 문법론은 독자적 자생적 체계와 외래적 체계의 상호보완적 결합으로 성립되었다고 할 수 있다. 품사 분류는 서양문법식 체계, 활용의 형태적, 기능적 분류는 국학적 체계로 그 골격을 삼은 것이 전통적 문법론이기 때문이다.

이에 대하여 한국의 전통적 문법론은 서양문법론의 체계에 일본문법론의 번역식 술어를 결합시킨 모습으로 20세기 초에 비로소 세상에 나타났다고 볼 수 있다. 최초의 문법서라고 할 수 있는 유길준의 『朝鮮文典』(1906 油印本)이 그러한 성격을 지닌 것으로 해석되기 때문이다. 이 책은 라틴어 문법의 체계에 따라 名詞, 代名詞, 動詞, 形容詞, 副詞, 後詞(助詞), 接續詞(助詞, 語尾), 感歎詞와 같은 8품사와 주어, 설명어, 객어, 수식어와 같은 4가지 구성요소로 이루어져 있는 것이다. 이 책이 서양어 문법의 체계를 골격으로 삼았으리라는 근거는 초기적 한국어 문법이 1900년을 전후로 개화기의 학교문법이었다는 점에 있다(김민수1980). 다만 그 시대적 상황을 감안할 때, 유길준의 문법체계가 순수한 서양식 문법론에만 그 기반이 놓여져 있었다고 보기는 어려울 것이다. 무엇보다도 먼저 그 술어가 일본어 문법에서 이미 다듬어진 번역어 그대로라는 점은 유길준이 당시의 일본어 문법을 나름대로 참조했음을 분명히 말해 준다. 실제로 품사론에 해당하는 '第一篇 言語論'은 中根淑의 『日本文典』(1876)을, 그리고 '第二篇 文章論'은 大槻文彦의 『廣日本文典』(1897)을 각각 참조한 것으로 보인다는 報告(姜馥樹1972)가 이미 제출된 바 있다. 이에 비하면 金奎植의 『大韓文法』(1908)은 이미 서언에서 언급된 바와 같이 언더우드의 『韓英文法』(1890)을 주로 반영하고 있으며, 유길준의 『大韓文典』(1908)도 어느 정도 참조된 것으로 보이기 때문에, 김규식의 문법연구만은 비교적 일본어 문법의 직접적인 영향권 밖에서 이루어진 것임을 알 수 있다.

한국의 전통적 문법론 가운데에도 독자성이 강한 연구가 있었다. 주시경의 문법론이 그러한 범주에 속한다고 할 수 있다. 그의 품사 체계가 여러 번 변화를 보였다는 점이나, 문법 술어가 처음에는 한자어였다가 나중에는 한국 고유어로 바뀌게 되었다는 점 등이 그 연구의 독자적 성격을 잘 나타내고 있다. 예컨대 그의 품사 체계는 명칭과 종류에서 다음과 같은 변화를 거쳐 6품사로 정착되었다(김민수1980).

『國語文法』(1905)
　言分 : 名號, 警覺, 形容, 動作, 引接, 間接, 助成(7品詞)
『高等國語文典』(1909)
　語體 : 名號, 感動, 形名, 形動, 形容, 動作, 關聯, 接續, 完句(9品詞)
『國語文法』(1910)
　기난 : 임, 놀, 언, 억, 엇, 움, 겻, 잇, 끗(9品詞)

『말의 소리』(1914)

　　씨난 : 임, 엇, 움, 겻, 잇, 굿(6品詞)

주시경의 독자적 문법론 속에는 先見性도 포괄되어 있다. 그의 '늣씨'는 구조주의 언어학의 형태소(morpheme)에 해당하는 단위로 인정되기 때문이다. 독자성과 선견성이란 측면에서 논할 때 주시경은 일본의 松下大三郎와 비견될 것이다. 두 사람의 문법 술어 역시 독자적인 것이었다. 주시경의 이러한 문법연구 태도는 그후 金枓奉과 李奎榮으로 이어졌으나, 그들의 문법 술어는 지나친 人爲的 造作性 때문에 일반화되기에 이르지는 못했다.

한국의 전통적 문법론 중에는 이상과 같은 서양적인 것 혹은 독자적인 것 이외에도 日本語 文法의 영향을 직접 받은 것들이 있다. 20세기 10년대에 일본어로 쓰여진 한국어 학습서 가운데 그러한 사례가 두드러지게 나타났다.3) 물론 한국어로 쓰여진 문법서 가운데에도 일본어 문법과 일치하는 것이 있다. 예컨대 安廓의 『朝鮮文法』(1917)에 나타나는 10품사는 高橋亨의 『韓語文典』(1909)이나 樂師寺知曨의 『韓語硏究法』(1909)과 완전히 일치하는데, 高橋나 樂師寺의 책은 大槻文法과 공통된다(김민수1980)는 것이다. 이밖에도 최현배의 언어관, 문법관은 山田孝雄의 영향을, 이희승의 문법에 나타나는 '어절'은 橋本進吉의 '文節'로부터 영향을 받았다는 견해도 있으며(김민수1980), 특히 최현배의 품사분류는 山田孝雄의 『日本文法講義』(1922)에 그 바탕이 있었다는 해석도 있다(姜馥樹1972). 한편, 鄭烈模의 문법에는 松下大三郎의 문법 체계가 거의 그대로 반영되어 있다는 사실도 잘 알려져 있다.4)

한국의 전통적 문법론 중에서도 가장 두드러진 업적을 남긴 사람은 崔鉉培였다. 『우리말본 첫째매』(1929), 『朝鮮語의 品詞分類論』(1930), 『우리말본』(1937)으로 발전을 거듭한 그의 문법론은 구조주의적 기술방법을 선험적으로 취하고 있어(김석득1983), 일본의 山田孝雄나 松下大三郎의 문법론에 비견될 수 있는 존재라고 할 수 있다. 이러한 의미에서 최현배의 문법은 前構造主義的 문법 연구라고 부르기에 충분한 것이다.

일본이나 한국의 경우를 구태여 구별할 필요도 없이, 전통적 문법론 내지 전구조주의적 문법론까지의 특징을 한 마디로 정리한다면, 그 대체적인 관심은 품사 분류에 기울어져 있었

---

3) 이들 학습서는 일본인을 위한 것이었기 때문에 그 속에 반영되어 있는 문법 체계가 일본어 문법을 따랐다는 사실이 쉽게 이해된다. 예컨대 趙義淵·井田勸衛의 『日韓韓日 言語集』(1910)은 中根淑의 『日本文典』(1876)을 원용하고 있으며, 崔在翊의 『朝鮮語의 先生』(1918)은 大槻文彦의 『口語法』(1916)에 의한 10품사를 원용하고 있는 것이다(김민수1980).

4) 예컨대 『한글』에 연재되다가 완성을 보지 못하고 만 鄭烈模의 『朝鮮語文法論』(1927~28)은 松下大三郎의 『標準日本文法』(1924) 體系와 述語를 그대로 살린 것이었다. 原辭의 하위 분류인 完辭와 不完辭, 不完辭의 하위 분류인 助辭와 不熟辭, 助辭의 하위 분류인 助辭(일반성)와 接辭(특수성), 그리고 不熟辭의 하위 분류인 實質不熟辭와 型式不熟辭가 모두 松下의 분류를 그대로 따른 것이었다.

다고 할 수 있다. 이 사실은 구조주의적 문법론이 본격적으로 도입되기 이전까지의 문법론이 형태론 중심의 문법기술이었음을 뜻하는 것이다. 그러나 이러한 전통적 문법론을 통하여 이루어진 형태론적, 형태음운론적, 통사론적 분석과 기술은 구조주의적 문법론과 변형생성 이론적 문법론의 수용을 위한 훌륭한 토대가 될 수 있었던 것이다.

3. 구조주의적 문법론

　서양에서 이루어진 구조주의적 언어이론이 일본이나 한국에 구체적으로 소개된 것은 쏘쉬르(F. de Saussure)의 『一般言語學講義』(Cours de Linguistique Générale, 1916)가 小林英夫에 의하여 일본어로 번역되면서(1928)부터였다고 할 수 있다. 그러나 서양의 구조주의 언어이론이 일본어나 한국어문법론에 구체적으로 응용되기 시작한 것은 전후에 들어서면서부터이다. 구조주의적 언어이론은 쏘쉬르 이외에도 프라그학파, 미국학파 등 다양한 모습을 보이지만, 이러한 이론들이 종합적으로 이해될 수 있는 여건성숙은 전후를 기다려야 했기 때문이다.

　일본의 경우, 블룸필드(L. Bloomfield)를 대표격으로 하고 있는 미국식 구조주의 언어이론이 수용되기 시작한 것은 1950년대였다(佐伯梅友1978:809). 服部四郎에 의하여 소개되기 시작한 이 이론은 방언과 액센트의 분류 기술 등 음운론 분야에 활발하게 응용되기에 이르렀으나, 문법론을 전면적으로 바꾸어 놓을 만큼 큰 영향력을 발휘하지는 못했다고 할 수 있다. 그것은 山田孝雄, 松下大三郎, 橋本進吉, 時枝誠記의 문법과 같은 前構造主義的 문법 연구 기반이 너무 튼튼했기 때문이었던 것으로 이해된다. 이에 따라 순수한 구조주의적 언어이론이 일본어 문법 연구에 표면적으로 확산되어 있는 것으로 보이지는 않지만, 戰後의 일본어 문법론은 戰前의 전구조주의적 문법론에 대한 비판을 통하여 그 기반이 다져진 것이므로, 그 내면에 잠재하고 있는 이론은 역시 구조주의적인 것이었다고 해석될 수 있을 것이다.

　한국어 문법 연구에 구조주의적 언어이론이 도입되기 시작한 것은 1950년대 말부터였다.5) 안병희의 『十五世紀 國語의 活用語幹에 대한 形態論的 硏究』(1959), 김민수의 『國語文法論 硏究』(1960), 『新國語學』(1964), 박창해의 『한국어 구조론 연구(Ⅲ)』(1964), 안병희의 "文法論" (1965, 남광우 외 『國語學槪論』 所收) 등이 그 초기적 성과들이라고 할 수 있다. 그런데 일본의 경우와 달리 한국어 문법론은 구조주의적 언어이론의 도입과 더불어 그 모습을 일신하게 되었다.

---

5) 구조주의적 분석기술이 한국어에 처음 적용된 것은 마틴(S.E. Martin)에 의해서였다. 그의 Korean Phonemics(1951, *Language* 27), *Korean Morphophonemics*(1954), 특히 후자는 한국어 문법론을 크게 자극한 바 있다(고영근1985:24).

구조주의적 언어 이론의 수용은 전통적 문법론에 대한 반성과 더불어 문법적 기술의 정밀화를 가져올 수 있었다. 특히 품사론에 지나치게 기울어져 있던 전통적 문법론에 재검토가 가해지면서, 문법 단위체에 대한 새로운 분석방법이 확립되기에 이르렀다. 형태론적 구성(morphological construction)과 통사론적 구성(syntactic construction)의 층위 구분, 직접구성요소(immediate constituent, IC) 분석을 통한 형태(morph), 이형태(allomorph), 형태소(morpheme), 자립형식(free form)과 의존형태소(bound form)에 의한 단위와 같은 형태론적 단위와 구, 문과 같은 통사론적 단위의 기본적 개념이 어느 정도 분명해졌다. 형태음운론적 층위(morphophonemical level)의 설정도 구조주의적 언어 이론의 소산이었다. 다만 구조주의적 언어 이론은 통사론적 기술에 대해서보다 형태론적 기술에 대하여 그 효용성이 크게 발휘되었다. 이러한 한계성 때문에 구조주의적 언어 이론은 형태론적 기술에 머물고 만 느낌을 주는 것이다.

그럼에도 불구하고 구조주의적 언어 이론은 몇가지 주요한 쟁점에 대하여 반성의 계기를 마련해 주었다. 그중의 한 가지가 일본어나 한국어 문법론에 다같이 오랫동안 문제시되어 온 바 있는 助詞라고 할 수 있다. 체언류에 부속되어 문법 기능만을 책임지고 있는 조사는 자립형태소가 아닌 의존형태소일 수밖에 없는데, 이를 독립된 품사로 설정할 수 있느냐 하는 논의가 그것이라고 할 수 있다. 이에 따라 한국어 문법론에서 屈折과 관계되는 조사를 격어미로, 그밖의 특수조사를 後置詞로 처리해야 한다는 주장이 대두되기도 한 것이다.6) 일본어 문법론의 경우에도 조사나 조동사를 자립형식이 아니라는 이유에서 품사로 설정하지 않으려는 견해가 강력히 대두된 바 있다. 鈴木重幸의 『日本語文法·形態論』(1972)은 그 대표적 저술이라고 할 수 있다.

결국 구조주의적 언어이론은 전통적 문법론의 품사론에 대한 偏重性을 屈折法(inflection), 派生法(derivation), 形態素 결합과 같은 記述的 방향으로 바꾸어 놓았다는 점에서 그 공로가 인정될 수 있을 것이다. 뿐만 아니라 體系(system)와 構造(structure)라는 개념이 좀더 명확해질 수 있었던 것도 구조주의적 언어이론의 공적이라고 할 수 있다.

---

6) 助詞 전체를 後置詞로 처리한 태도는 일찍부터 있어 왔다. 일본의 경우 이미 19세기 말엽에 그러한 명칭이 보이며(『大倭語學手引草』 1871, 『小學文法書』 1879 등), 한국의 경우에도, 19세기 말엽의 서양인들에 의한 문법서의 거의 대부분에 postposition이란 술어가 나타날 뿐 아니라, 20세기 초의 兪吉濬(『大韓文典』 1908), 金奎植(『大韓文法』 1908)에는 후사, 南宮檍의 문법서(『조선어법』 1913 이전 필사)에는 후치사라는 명칭이 쓰인 바 있다. 그러나 이때의 後置詞 또는 後詞는 서양어에 나타나는 前置詞에서 직접 유추된 개념에 지나지 않는다. 한편 전후 한국어 문법론에 등장한 후치사는 알타이 어학에 그 기반을 두고 있는 새로운 개념이다.

4. 변형생성이론적 문법론

촘스키(N. Chomsky)의 『統辭的 構造』(Syntactic Structure, 1957)를 출발점으로 하는 혁신적 變形生成理論은 종래의 문법론을 전면적으로 바꾸어 놓았다고 해도 과언이 아닐 것이다. 형태론보다 통사론, 인간의 언어 행위(lingustic performance)보다는 언어 능력(linguistic competence), 표면적 언어 형식보다는 내면적 의미 기능에 역점을 두고 있는 이 새로운 언어 이론은 자연어(natural language)의 문법에 내재하고 있는 보편성(universality)과 土語話者(native speaker)의 頭腦 속에 내면화(internalized)한 문법 지식의 해명에 관심을 집중적으로 기울여 왔다. 이러한 이론적 배경을 안고 있는 변형생성이론적 문법론에서는 文構造의 계층성에 대한 해석, 표면 구조(surface structure)와 심층 구조(deep structure) 사이에 내재하는 각종 변형규칙(transformational rule), 통사론과 의미론에 음운론을 추가시킨 문법개념의 정립을 위한 활발한 논의가 이루어져 왔다.

이 이론이 일본어 문법론에 나타나기 시작한 것은 1960년대였다(佐伯梅友1978:848). 1970년대에 이르러서는 그 구체적 결과가 공표되기에 이르렀다. 久野暲의 『日本文法研究』(1973), 奥津敬一郎의 『生成日本語文法論』(1974), 井上和子의 『變形文法と日本語』(1976)는 그 대표적 성과였다고 할 수 있다. 다만 이 이론은 일본어 문법론에서보다는 한국어문법론에서 더욱 활발하게 援用되고 있다. 일본에서는 아직도 변형생성문법론이 구조주의적 문법론이나 전통적 문법론과 분명한 대립을 보이고 있기 때문이다.[7] 이에 따라 변형생성이론에 의한 일본어 문법론을 언어학 계통으로 돌려 버리는 수도 없지 않으나, 이 이론이 일본어 문법 연구에 기여한 점만은 부정하지 않는다. 예컨대 종래까지는 표면적 구조로밖에 파악되지 않았던 것이 내면적 구조로 파악될 수 있게 된 점을 인정하고 있는 것이다. 뿐만 아니라 변형생성이론은 또다른 공헌도 남긴 바 있다. 오늘날의 일본어문법연구가 형태론에서 통사론으로 文語(古語)에서 현대어로 그 대상을 점차 바꾸게 된 것도 엄밀한 의미로 보면 변형생성이론 때문이었다고 할 수 있을 것이다.

이에 비하여 한국의 경우에는 변형생성이론을 폭넓게 수용하는 데 주저하지 않았다고 할 수 있다. 이 이론이 한국어학계에 등장한 것은 1965년으로 알려져 있다(고영근1979:345). 이때

---

7) 日本語學界에서는 '國語學'과 '言語學'이 상당한 대립을 보이고 있다. 따라서 다같이 일본어를 분석대상으로 삼았을지라도 해외 언어학이론을 기반으로 한 성과에 대하여 '국어학' 연구에 포괄시키는 일을 주저하는 수가 많다. 그 실례 하나를 들면 다음과 같다. 構造主義的な研究の定着として, 森岡健二의 『日本文法體系論』(『月刊文法』昭和四五年, 一九七〇年一月~昭和四六年, 一九七一年三月), 鈴木重幸의 『日本語文法・形態論(昭和四七年, 一九七二年)』 등이 있지만, 이들은 海外의 影響을 強하게 받고 있다는 點에서, 國語學系統에 싣는 것을 망설이지 않을 수 없다(佐伯梅友1978:848).

를 기점으로 한 이 이론은 60년대와 70년대에 걸친 서양 특히 미국유학파들에 의하여 한국어 문법론에 속속 도입되기에 이르렀다. 그리하여 60년대 후반과 70년대에 걸쳐 한국어에는 初期變形理論, 해리스(Z.S. Harris)의 變形理論, 標準理論, 生成意味論, 로쓰(J. Ross)의 履行素理論, 解釋意味論, 휠모어(C.J. Fillmore)의 格文法理論, 話用論(pragmatics), 몬테규(Montague)文法, 社會言語學과 같은 거의 모든 새로운 이론이 빠짐없이 응용되기에 이르렀다.

변형생성이론에 의한 한국어 문법연구의 주요과제는 主語, 主題化(topicalization), 使動化, 被動化, 否定法, 關係化(relativization), 補文化(complemetation), 敬語法, 時와 相, 紋法 등이었다.

한국어 '토끼는 귀가 길다'에 나타나는 二重主語는 兪吉濬 이래 總主語(文主, 大主語)와 小主語로 해석되거나 崔鉉培에 의해서처럼 주어와 서술어로 쓰인 용언절로 해석되는 일이 보통이었다. 변형생성이론은 이 과제를 재검토하게 만들어 많은 논의가 새로 나타나게 되었다. 그중에서도 두드러진 해석이 主題化라고 할 수 있다. 특수조사 '-는'을 주격조사 '-가'와 구별하여 주제로 볼 수 있다는 해석으로서, 이는 일본어 '-は'에 대한 久野暲의 해석과도 관계가 깊다. 그러나 이러한 해석은 결과적으로 전통적 문법론에 보이는 총주어의 개념과 크게 다를 바 없다고 할 수 있다(고영근1979:349). 한편, 주격 이외의 격조사에 대해서는 생성의미론적 이론에 따라 많은 논의가 전개된 바 있다.

使動化 현상에 대해서는 標準理論과 生成意味論的 관점에서 使動形成接辭가 상위문의 서술어로 간주되는 등 많은 논의가 이루어졌으나, 被動化 현상에 대해서는 使動化 현상만큼 많은 논의가 제기되지는 않았다.

한국어에는 두 가지 유형의 否定法 '안 잔다'와 '자지 않는다'가 나타나는데, 이 두 가지 부정법의 상관관계에 주목함으로써 통사 및 의미상의 여러 문제에 접근할 수 있었던 것은 변형생성이론의 공적으로 꼽힐 수 있다.

關係化, 補文化, 敬語法, 時·相, 紋法 그밖의 여러 가지 과제, 예컨대 代名詞化, 再歸化, 複數 및 數量化, 文體法, 履行素(performative), 接續化, 樣態, 助動詞, 副詞, 談話(discourse) 등에 대해서도 전통적 구조주의적 문법론은 물론 변형생성이론에 의하여 다양한 논의가 이루어진 바 있다.

5. 결 어

지금까지 일본과 한국의 문법론에 도입된 새로운 이론적 배경을 중심으로 하여 그 추이를 3단계의 흐름으로 간략히 정리해 보았다. 여기서 주의해야 할 점은 전통적 문법론, 구조주의적 문법론, 변형생성이론적 문법론이라는 구분이 시대적 구분과 관계가 없다는 점이다. 각 이론의 출발점은 분명히 나열 순서에 따라 시대적 繼起性을 나타내고 있다. 그러나 일본어와 한국어 문법론에서 새로운 이론이 등장했다고 해서 舊理論이 완전히 소멸된 일은 없다. 아무리 새로운 이론이라고 해도 구이론을 완전히 도외시할 수 없는 것이다. 실제로 일본어나 한국어에 대한 문법적 연구는 언제나 구이론을 중요한 기반으로 삼아 전개되어 왔다. 어느 경우에는 구이론에서 참신한 先見的 견해가 발견될 때도 있다. 문법론의 흐름을 정리해 본 이유가 거기에 있다.

일본어와 한국어의 文構造에는 많은 유사성이 내포되어 있다. 이에 兩國語에 대한 문법연구가 서로 상대방을 직접적으로 주시하면서 협력한다면 자국어의 문법론에 적지 않은 보탬이 될 것이다. 그러나 現今의 사정은 그렇지 못한 것으로 이해된다. 극히 일부의 연구자를 제외한 대부분의 연구자들은 서양어로 쓰여진 논저를 통해서만 상대방언어의 문법론에 간접적으로 접근할 수 있기 때문이다. 이러한 사정 하에서는 두 언어의 문법에 나타나는 보편성의 발견에도 어려움이 따를 수밖에 없다. 문법연구의 최종 목표가 사람의 심리적 사고 해명에 있다면 우선 일본어와 한국어 문법론이 직접 상대방을 이해함으로써, 언어구조의 보편성 발견에 보다 많은 관심을 기울여야 할 것이다.

끝으로 일본어 문법론에 대한 하나의 기대가 있다면, 그것은 일반 문법 이론에 좀더 관심을 기울여 일본어학과 언어학의 조화를 꾀해 주었으면 하는 점이다. 이 점에 대해서는 일본학자의 적절한 제의가 있으므로 여기에 인용하면서 본고를 끝맺고자 한다.

> 현대 문법 연구는, 국어학계통, 언어학계통의 二大系統 위에서 이루어지고 있다. 그러나, 이들 두 계통이 각기 서로를 받아들이지 않는 상태에 놓인다면 일본어 연구 상 큰 마이너스가 된다. 구문론·생성문법에 보이는 양자의 長所를 모으고 短所를 반성하여, 세계에 이어지는 독자의 일본어학을 완성하는 일이 急務이다(佐伯梅友1978:848-849).

참고문헌

姜馥樹(1972), 『國語文法史 研究』, 螢雪出版社(增補版, 1892).
姜信沆(1979), 『國語學史』, 普成文化社.

高永根・金完鎭・安秉禧・李秉根・李翊燮(1979), 國語學研究의 方向定立을 위한 基礎的 研究,『冠岳語文研究』4.

高永根(1983),『國語文法의 研究』—그 어제와 오늘—, 塔出版社.

_____(편)(1985),『國語學研究史』—흐름과 동향—, 學研社.

金敏洙(1980),『新國語學史』(全訂版), 一潮閣.

김석득(1983),『우리말연구사』, 정음문화사.

閔丙秀・李秉根(외)(1985),『國語國文學研究史』, 도서출판 宇石.

徐炳國(1973),『新講國語學史』, 螢雪出版社.

兪昌均(1969),『新稿國語學史』, 螢雪出版社.

尾崎知光(1976), 文法研究の歷史,『岩波講座 日本語 6 文法 I』所收, 岩波書店.

北原保雄(1984),『文法的に考える』, 大修館書店.

時枝誠記(1956),『現代の國語學』, 有精堂.

佐伯梅友・中田祝夫・林大(編)(1978),『增補國語國文學研究史大成 15 國語學』, 三省堂.

鈴木一彦・林巨樹(編)(1984~5),『研究資料日本文法』①-⑩, 明治書院

杉本つとむ(1967),『近代日本語の新研究』, 櫻楓社.

古田東朔(1976), 文法研究の歷史(2),『岩波講座 日本語 6 文法 I』所收, 岩波書店.

_____・築島裕(1972),『國語學史』, 東大出版會.

出處〈韓國日本學會(1986. 11.),『日本學報』17: 3-17.〉

일본어 동사의 활용규칙

1. 서 언

현대일본어의 動詞활용은 오랜 전통적 방식에 따라 5段활용, 上1段활용, 下1段활용, 力行變格활용, サ行變格활용과 같은 다섯 가지 유형으로 분류되어 왔다. 이 중 力行變格과 サ行變格 두 유형에 속하는 動詞는 각기 하나씩일 뿐 아니라 그 活用에 불규칙성을 보인다고 하여 變格으로 이해되고 있으나, 나머지 세 유형에 속하는 動詞활용은 규칙성을 보인다고 하여 正格으로 간주되고 있다. 日本語의 動詞 活用類型에 대한 이러한 전통적 분류는 그 기반을 文語에 두고 있다. 그러므로 현대일본어의 동사활용에 생산적으로 나타나는 音便과 같은 音韻현상이나 語尾의 交替 등을 고려한다면, 위와 같은 분류는 이미 설득력을 잃었다고 할 수 있다. 그 단적인 실례의 하나가 正格으로 이해되고 있는 5段활용일 것이다. 5段활용에 속하는 動詞의 語幹이나 語尾는 환경에 따라 여러 가지 交替를 일으키는데, 관점에 따라서는 그러한 교체를 正格이라기보다는 變格이라고 볼 수도 있기 때문이다.

이에 본고는 動詞활용에 대한 기존의 유형적 분류와는 달리, 活用에 나타나는 音韻현상의 내면적 성격을 좀 더 정연하게 체계화해 보려는 것이다. 여기서는 현대일본어의 동사활용을 지배하는 音韻규칙으로서 비교적 최근에 제출된 바 있는 小泉保(1978)를 전면적으로 재검토하면서 規則 하나하나의 音韻論的 動機(motivation)나 規則 상호간의 관계 등에 대해서 記述하게 될 것이다. 다만, 力行變格활용과 サ行變格활용은 각기 하나씩의 동사에 국한되어 있으므로, 본고에서는 다루지 않기로 하며, 派生法이나 合性法 또한 논의 대상에서 제외하기로 한다. 결과적으로 본고는 기본적인 단순활용만을 대상으로 삼게 되는데, 活用語尾[1]에 대해서는 편의상 전통적 분류방식과 그 명칭을 거의 그대로 답습하기로 한다.

---

1) 본고에서는 語尾라는 술어를 語幹에 연결되는 의존형식 곧 形態的 구성에 나타나는 活用接尾辭 정도의 가벼운 뜻으로 사용한다. 따라서 日本語 문법에서 助詞나 助動詞로 분류되는 것일지라도, 그것이 활용-접미사적 기능을 가진 형태소라면 이를 모두 語尾라고 부르기로 한다. 派生法이나 合性法에 이용되는 형태소는 당연히 본고의 語尾에 포함되지 않는다.

2. 現代日本語 動詞의 기본활용

일찍이 Bloch(1946)는 일본어의 동사를 語幹말음에 따라 母音動詞(vowel verb)와 子音動詞(consonant verb)로 분류한 바 있다. 이를 전통적 분류와 대조해 보면, 上1段 활용동사와 下1段 활용동사는 전자에, 5段 활용동사는 후자에 속한다.[2] 母音動詞와 子音動詞는 활용 시에 音韻현상을 달리한다. 우선 母音動詞는 활용 시에 語幹과 語尾가 모두 일정한 형태를 유지한다.

母音動詞의 기본활용

		起きる	捨てる
否定		oki-nai	sute-nai
推量		oki-yoo	sute-yoo
丁寧		oki-masu	sute-masu
過去		oki-ta	sute-ta
終止		oki-ru	sute-ru
假定		oki-reba	sute-reba
命令		oki-ro	sute-ro
		oki-yo	sute-yo

이에 대하여 子音動詞는 활용시에 語幹 또는 語尾의 다양한 교체를 보여준다. 몇 가지 실례를 보이면 다음과 같다.

子音動詞의 기본활용

	書く	貸す	立つ	買う	飛ぶ
否定	kak-anai	kas-anai	tat-anai	kaw-anai	tob-anai
推量	kak-oo	kas-oo	tat-oo	ka-oo	tob-oo
丁寧	kak-imasu	kas-imasu	tatʃ-imasu	ka-imasu	tob-imasu
過去	ka-ita	kas-ita	taQ-ta	kaQ-ta	ton-da

---

2) 5段 活用動詞 가운데 '買う, 思う, 言う'처럼 표면적으로는 語幹 말에 子音을 가지지 않는 것처럼 보이는 것도 있는데, 이들을 子音動詞에 포함시키는 것은 일견 모순처럼 보인다. 그러나 나중에 밝혀지겠지만, '買う, 思う, 言う' 등도 語幹 말에 분명히 子音을 가지고 있다. 不定形에서 이들은 각기 kawanai, omowanai, iwanai로 活用하고 있어 그 語幹은 kaw-, omow-, iw-로 분석될 수 있기 때문이다. 결국 5段活用에 속하는 動詞는 어느 것이나 예외없이 子音動詞에 속한다고 할 수 있다.

終止	kak-u	kas-u	tats-u	ka-u	tob-u
假定	kak-eba	kas-eba	tat-eba	ka-eba	tob-eba
命令	kak-e	kas-e	tat-e	ka-e	tob-e

語幹으로 볼 때, '書く, 貸す, 立つ, 買う, 飛ぶ'는 환경에 따라 각기 kak-~ka-, tat-~tatʃ-~taQ-~tats-, kaw-~ka-, tab-~ton-과 같은 交替를 보이며, 語尾의 경우에도 過去形은 -ita~ta~-da와 같은 交替를 보인다. 母音動詞에 나타나는 語尾와 子音動詞에 나타나는 語尾도 다음과 같은 차이를 가진다.

	母音動詞語尾	子音動詞語尾
否定	-nai	-anai
推量	-yoo	-oo
丁寧	-masu	-imasu
過去	-ta	-ita, -ta, -da
終止	-ru	-u
假定	-reba	-eba
命令	-ro, yo	-e

母音動詞에 연결되는 語尾는 어느 것이나 子音 또는 半母音으로 시작되는 것들임에 반하여, 子音動詞에 연결되는 語尾는 원칙적으로 母音으로 시작되는 것들이다. 語幹이건 語尾건 간에 같은 기능을 가진 形態素가 몇 가지 異形態(allomorph)로 실현될 때, 그러한 異形態들의 상호관계를 音韻論的 조건으로 설명할 수 있는 경우가 있다. 日本語 動詞活用에 나타나는 異形態들도 이 경우에 해당된다. 子音動詞의 경우 語幹에 不定形, 丁寧形 어미가 연결될 때에는 a 또는 i와 같은 母音의 삽입이 일어난다고 볼 수 있으며, 語幹에 推量形, 終止形, 假定形, 命令形 어미가 결합될 때에는 語尾의 頭子音인 r이나 y의 탈락이 일어난다고 볼 수 있다. 過去形은 환경에 따라, 語幹과 語尾 사이에 母音의 삽입을 일으키는 수도 있고, 語幹末子音이나 語尾의 頭音에 交替 또는 脫落을 일으키는 수도 있다. 語幹이나 語尾가 보여주는 이상과 같은 交替形, 곧 異形態들은 音韻論的 조건에 의한 것이므로, 각기 하나의 基底形(underling form)에서 도출되는 表面形(surface form)들이라고 볼 수 있다. 이 때의 異形態들에 대해서는 그 深層에 基底形을 설정해 주어야 하며, 거기에 적용되어 여러 가지 表面形을 도출시켜 주는 音韻規則을 찾아낼 필요가 생긴다. 小泉保(1978)는 최근에 日本語의 動詞活用에 나타나는 表面

形들을 다음과 같은 10가지의 音韻規則으로 記述한 바 있다.

① ta → da/{[-舌頭・+こえ]・[+鼻音]} 뒤에서
② {k・g} → i/___ta
③ s → si/___ta
④ 子音 → Q/___ta
⑤ 子音 → N/___ta
⑥ {r・y} → φ/子音 뒤에서
⑦ e → o/{r・y}___#
⑧ C → Ca/___nai#
⑨ C → Ci/___(CV)$_n$#
⑩ w → φ/非低母音 앞에서

이들 중에는 수정을 요하는 規則도 있으며, 다른 규칙에 내포되는 규칙도 있을 뿐 아니라, 순서가 애매한 규칙과 누락된 규칙도 있다. 예를 들자면 ①, ②, ④, ⑤, ⑧ 등은 環境部에 수정을 요하는 것들이며, ③은 ⑨에 통합되어야 할 규칙이다. 이에 대한 구체적인 검토는 본고가 진행되는 동안에 적절한 자리에서 그때그때 행해질 것이다.

3. 基底形과 音韻規則

母音動詞의 語幹은 언제나 일정하므로, 표면형 그 자체를 기저형으로 잡을 수 있다. 그러나 子音動詞의 경우, s나 n으로 끝나는 語幹을 제외하고는 모든 어간이 두 가지 이상의 異形態를 갖는다. 現代日本語의 子音動詞는 s, n 이외에도 b, m/t, r, w/k, g 중 어느 하나를 語幹末子音으로 가질 수 있는데 s, n 이외의 어간말자음은 모두가 환경에 따라 交替를 일으킨다는 뜻이다. 그러므로 이들 하나하나에 대해서는 따로 基底形을 설정해 줄 필요가 있다.

語尾의 경우에는 子音動詞의 어간에 연결되는 異形態보다 母音動詞의 어간에 연결되는 異形態를 基底形으로 잡는 것이 문법적 타당성을 갖는 것으로 보인다.[3] 小泉保(1978:134)의 지적대로, 일본인의 의식 속에서 하나의 문법단위로 인식되는 것은 子音動詞의 語幹에 연결되는 異形態가 아니라, 母音動詞의 語幹에 연결되는 異形態이기 때문이다. 실제로 일본인들이 자연스럽게 인식할 수 있는 否定形語尾는 母音動詞의 어간에 연결되는 −nai이지, 子音動詞의 어간

---

3) 다만 命令形語尾는 예외가 된다. 母音動詞의 語幹에 연결되는 −ro 나 −yo, 子音動詞의 語幹에 연결되는 −e가 모두 基底形으로 부적합하기 때문이다. 그 이유는 나중에 밝혀질 것이다.

에 연결되는 -anai가 아니다. 그러므로 -anai보다는 -nai가 基底形으로 적합하다고 볼 수밖에 없다. 母音動詞의 활용에 나타나는 異形態를 基底形으로 잡아야 하는 또 하나의 이유는 文法記述上의 이점 때문이다. 子音動詞의 활용에 나타나는 異形態를 基底形으로 잡을 때, 적절한 문법기술이 불가능한 경우가 생긴다. 예를 들자면 子音動詞의 어간에 연결되는 終止形語尾 -u나 推量形語尾 -oo는 각기 母音動詞의 어간에 연결되는 -ru나 -yoo 가 頭子音 r이나 y의 탈락을 입은 결과라고 해석될 수 있으므로, -ru나 -yoo를 基底形으로 잡는 것이 文法記述上 자연스럽다. 왜냐 하면 -u나 -oo를 基底形으로 잡을 때, -ru나 -yoo는 각기 r이나 y가 삽입된 결과라고 해석될 수 있어야 하는데, 어느 경우에 r이 삽입되고, 어느 경우에 y가 삽입되는지, 그 조건을 밝히기가 불가능하기 때문이다. 이처럼 日本語의 動詞活用語尾는 母音動詞의 어간에 연결되는 異形態가 거의 그대로 基底形이 될 수 있다.

母音動詞의 어간에 연결되는 語尾는, 日本語의 구조로 볼 때 당연한 일이지만, 모두가 子音으로 시작된다. 이들이 子音動詞의 어간에 연결될 때에는, 語幹과 語尾 사이에 母音이 삽입되거나, 語幹末子音 또는 語尾의 頭子音에 교체나 탈락이 일어난다.

動詞語幹에 過去形語尾 -ta, 接續語尾 -te 등이 연결될 때, 語幹이 母音動詞라면 -ta, -te가 그대로 유지되지만, 語幹이 子音動詞로서 그 末音이 b, g, m, n이라면 語尾의 頭子音 t가 앞 子音에 동화되어 -ta, -te는 -da, -de가 된다. 그러나 동일한 語幹에 助動詞 tai, tagaru가 연결될 때에는 그것들이 단순활용일 때처럼 dai, dagaru가 되는 대신, i 母音挿入을 일으켜 itai, itagaru로 나타난다. 이러한 현상을 정리해 보면 다음과 같다.

(1) 飛ぶ 嗅ぐ 読む 死ぬ

飛ぶ	嗅ぐ	読む	死ぬ
tob-ta	kag-ta	yom-ta	sin-ta
→ tob-da	→ kag-da	→ yom-da	→ sinda
tob-tari	kag-tari	yom-tari	sin-tari
→ tob-dari	→ kag-gari	→ yom-dari	→ sindari
tob-te	kag-te	yom-te	sin-te
→ tob-de	→ kag-de	→ yom-de	→ sinde
tob-temo	kag-temo	yom-temo	sin-temo
→ tob-demo	→ kag-demo	→ yom-demo	→ sindemo
tob-tai	kag-tai	yom-tai	sin-tai
→ tobitai	→ kagitai	→ yomitai	→ sinitai
tob-tagaru	kag-tagaru	yom-tagaru	sin-tagaru
→ tobitagaru	→ kagitagaru	→ yomitagaru	→ sinitaga

이 때의 tob-da, kag-da, yom-da 등은 어디까지나 추상적 중간단계로서 실질적 表面形과는 아직 거리가 있으나, sinda 등은 이미 表面形에 도달해 있다.[4] 이러한 중간구조는 그 뒤를 따르는 규칙에 입력(input)되면서 表面形에 이르게 되는데, 자료(1)이 보여주는 音韻現像은 다음과 같은 同化規則으로부터 생성된다고 할 수 있다.

規則(1) t 有聲化[약호 ant=anterior, cor=coronal, voi=voiced, nas=nasal]

[+ant/+cor] → [+voi]/{[-cor · +voi] · [+nas]}___V(CV)#

小泉保(1978) ①은 變形部가 ta → da로 되어 있으나, 資料(1)에 나타나는 -tari → -dari, -te → -de, -temo → -demo까지를 이 규칙에 포괄시키기 위해서는 變形部를 規則(1)과 같이 수정해 줄 필요가 있다. 그리고 환경부의 끝에 V(CV)#라는 구조를 추가함으로써, 合成動詞를 구성하는 조동사 tai, tagaru를 이 규칙의 적용에서 면제시킬 수도 있다.[5] 그러므로 規則(1)은 좀더 일반적인 규칙으로 확대된 것인데, 語幹末子音이 b, g, m, n인 動詞가 過去形語尾와 결합될 때 적용되는 규칙이다.

規則(1)에 의하여 생성된 抽象的 出力(output) 중 語幹末에 脣音 b, m을 가진 것은 後行하는 語尾의 頭子音 d에 동화되어 同器官音(homorganic) n으로 바뀐다.

(2) 飛ぶ   読む

     tob-da → tonda   yom-da → yonda

     tob-dari → tondari   yom-dari → yondari

     tob-de → tonde   yom-de → yonde

     tob-demo → tondemo   yom-demo → yondemo

이러한 音韻現像은 다음과 같은 同化規則으로부터 생성된다고 할 수 있다.

規則(2) 脣音聲 喪失

[+ant · -cor · +voi] → [+cor]/___dV(CV)#

---

4) 그러한 뜻에서 중간구조의 語幹과 語尾 사이에는 形態素 境界表示를 해두었으나, 이미 表面形에 도달한 sinda에는 境界表示를 하지 않았다. 앞으로는 원칙적으로 이 방식에 따라 추상적 중간단계와 表面形을 구별하기로 한다.

5) 이 때의 助動詞 tai, tagaru는 그 音節構造로 보아도 그렇지만, 그들이 合成動詞 곧 통사적 구성에 나타나는 形態素여서 規則(1)을 회피하는지, 또 다른 이유가 있는지에 대해서는 당장 확실한 결론을 내리기가 어렵다. 나중에 밝혀지겠지만 助動詞 tai, tagaru는 丁寧形語尾 -masu, 接續語尾 -nagara와 같은 形態的 構成要素와 함께 規則(3)의 적용을 받는다. 註7) 참조.

小泉保(1978) ⑤는 變形部가 子音 → N으로 되어 있어, 撥音便현상에 대한 전통적 기술을 거의 그대로 따르고 있으나, 撥音 N이란 실제의 표면적 음성이 아니라 分類式 音素(taxonomic phoneme)에 속한다.[6] 뿐만 아니라 小泉保(1978)의 ④와 ⑤를 놓고 볼 때, 동일한 환경에 놓이는 子音이 ④에서는 促音 Q로, ⑤에서는 撥音 N으로 바뀐다고 되어있는데, 그 조건은 아무데에도 밝혀져 있지 않다. 이러한 모순을 극복하려면 小泉保(1978) ⑤를 規則(2)처럼 수정해 줄 필요가 있다. 다시 말하자면 {b·m·n} → N이라는 추상적이고도 부자연스러운 규칙을 {b·m} → n이라는 간결하고도 자연스러운 규칙으로 바꿈으로써, 文法記述이 그만큼 간단해지는 것이다. 그런데 規則(1)의 出力중 語幹末音이 脣音 b, m인 것은 規則(2)에 입력이 되므로 規則(2)는 規則(1)의 뒤에 놓이게 된다.

規則(1)과 規則(2)의 적용을 순서대로 받고 나면, '飛ぶ'의 過去形은 tob-ta → tob-da → tonda, '読む'의 過去形은 yom-ta → yom-da → yonda와 같은 올바른 表面形에 이르게 되는데, '死ぬ'의 過去形은 規則(1) 만으로도 sin-ta → sinda와 같은 올바른 表面形에 이르게 된다. 이제 남아 있는 것은 語幹末子音이 g인 경우뿐이다. 자료(1)과 (2)에서 본 것처럼 語幹末子音 b, g, m, n에 연결되는 語尾의 頭子音 t가 規則(1)에 의하여 d로 바뀌고 나면, 그 앞에 놓여 있는 語幹末子音 b, m이 이번에는 規則(2)에 의하여 n으로 바뀐다. 그런데 語幹末子音이 s일 때에는 tV(CV)# 구조로 이루어진 語尾 앞에 母音 i의 삽입이 일어난다.

(3) 貸 す   話す
    kas-ta → kasita   hanas-ta → hanasita
    kas-tari → kasitari   hanas-tari → hanasitari
    kas-te → kasite   hanas-te → hanasite
    kas-temo → kasitemo   hanas-temo → hanasitemo

뿐만 아니라, 어떠한 語幹末子音으로 되어 있는 動詞라도 그것이 丁寧形語尾 -masu, 接續語尾 -nagara, 助動詞 tai, tagaru 등과 결합될 때에는 語幹과 語尾 사이에 母音 i의 삽입이 일어난다.

(4) 書 く   飛ぶ
    kak-masu → kakimasu   tob-masu → tobimasu
    kak-nagara → kakinagara   tob-nagara → tobinagara
    kak-tai → kakitai   tob-tai → tobitai

---

6) 撥音 N은 원칙적으로 한자어와 같은 외래어에서만 基底音韻으로 존재한다. 따라서 固有日本語의 動詞活用에 撥音 N을 基底音韻으로 설정해 줄 필요는 없으리라고 생각된다.

kak-tagaru → kakitagaru   tob-tagaru → tobitagaru

자료(3)과 (4)에 나타나는 音韻現像으로 미루어 볼 때, 語幹末子音이 k, g인 子音動詞 語幹과 頭子音이 t, d인 語尾가 결합될 경우에도 그 사이에 母音 i의 삽입이 일어난다고 생각할 수 있다. 실제로 그러한 현상은 다음과 같이 존재한다.

(5) 書く   嗅ぐ
    kak-ta → kak-ita   kag-ta → kag-da → kag-ida
    kak-tari → kak-itari   kag-tari → kag-dari → kag-idari
    kak-te → kak-ite   kag-te → kag-de → kag-ide
    kak-temo → kak-itemo   kag-temo → kag-demo → kag-idemo

資料(3), (4), (5)와 같은 i 母音 揷入現像은 다음과 같은 규칙으로부터 생성된다고 볼 수 있다.

規則(3) i 揷入
$\phi \rightarrow i/C\underline{\qquad}(CV)n\#$

이 규칙은 小泉保(1978) ⑨와 같으나 變形部 C → Ci를 $\phi \rightarrow i$ 로 바꾸다보니 環境部도 따라서 수정을 입게 되었다.[7] 母音의 삽입을 알기 쉽게 나타내고 싶었을 뿐이지 다른 의미는 없다. 規則(3)은 小泉保(1978) ③까지를 포괄할 수 있게 되어 있는데, 語幹末子音이 g인 動詞가 過去形語尾와 결합될 때에는 規則(1)을 따른다.

規則(3)에 의하여 i母音揷入이 일어나면 이번에는 i앞에 놓이게 되는 語幹末子音 k, g가 脫落을 입게 된다.

(6) 書く   嗅ぐ
    kak-ita → kaita   kag-ida → kaida
    kak-itari → kaitari   kag-idari → kaidari
    kak-ite → kaite   kag-ide → kaide
    kak-itemo → kaitemo   kag-idemo → kaidemo

---

7) 規則(3)은 助動詞 tai, tagaru에까지 적용되므로, 이 경우 tai, tagaru는 丁寧形語尾 -masu, 接續語尾 -nagara와 같은 形態的 구성요소라고도 할 수 있다. 다만 tai, tagaru가 왜 規則(1)을 피하여 規則(3)의 적용을 받는지에 대한 의문은 그대로 남는다.

그러나 過去形 이외의 語尾 앞에서는 規則(3)에 따라 母音 i가 삽입되고 나면 kakimasu, kakinagara, kakitai, kakitaguru와 같은 表面形이 보여주는 것처럼 k, g의 탈락이 일어나지 않는다. 終止法이나 名詞法語尾인 -i앞에서도 kaki(書き), kagi(嗅ぎ)처럼 k, g의 脱落을 겪지 않는 것이다. 결국 k, g의 탈락은 다음과 같은 규칙으로부터 생성된다고 볼 수 있다.

規則(4) 軟口蓋音 脱落

　　[-ant·-cor] → ∮ /＿＿+i{t·d}V(CV)#

小泉保(1978) ②는 變形部가 {k·g} → i로 되어 있으나, 子音이 일거에 母音으로 바뀐다고 보는 것은 音韻論的으로 자연스럽지 못하다. 짐작컨대 이는 전통적인 イ音便現像에 이끌려 만들어진 부적절한 규칙인 듯하다. 물론 規則(4)도 音韻論的인 동기를 충분히 가진 것은 아니다. 제한된 i 앞에서 k, g만이 탈락을 일으키는 이유가 확실하지 않기 때문이다. 이 때의 k, g는 口蓋音化와 관계가 깊으리라고 짐작될 뿐이다. 規則(4)는 語幹末子音이 k, g인 動詞가 過去形語尾와 결합될 때 規則(3)을 뒤따르는데, 環境部의 形態素 境界表示인 +는 매우 중대한 기능을 맡고 있다. okita(起きた), sugita(過ぎた)에 나타나는 k, g를 탈락으로부터 구해주는 것이 바로 이 境界表示이기 때문이다. 形態素境界가 母音動詞에서처럼 i뒤에 올 때에는 그 앞에 놓이는 語幹의 k, g가 탈락을 면제받게 되는 것이다.

　語幹末子音이 b, g, m, n 그리고 k, s로 이루어진 動詞가 過去形語尾와 결합될 때에는 規則 (1)~(4)로 그 表面形을 모두 도출해 낼 수 있다.

(7)		飛んだ	嗅いだ	読んだ	死んだ	書いた	貸した
基底形		tob-ta	kag-ta	yom-ta	sin-ta	kak-ta	kas-ta
規則	(1)	tab-da	kag-da	yom-da	sin-da	—	—
	(2)	ton-da	—	yon-da	—	—	—
	(3)	—	kag-ida	—	—	kak-ita	kas-ita
	(4)	—	ka-ida	—	—	ka-ita	—
表面形		tonda	kaida	yonda	sinda	kaita	kasita

여기서 중요한 것은 規則(1)과 (2), 規則(1)과 (3), 規則(3)과 (4)가 각기 순서대로 적용된다는 사실인데, 전통적인 文法記述에서는 規則(3)이 規則(1)을 앞서는 것처럼 생각되어 왔다. 즉 tob-ta → tob-ita, kag-ta → kag-ita, yom-ta → yom-ita, sin-ta → sin-ita, kak-ta → kak-ita, kas-ta → kasita와 같은 과정을 먼저 설정한 후, tob-ita, yom-ita, sin-ita 내부의

bi, mi, ni는 撥音化하여 N이 되고, kak-ita, kag-ita 내부의 ki, gi는 イ音便化하여 i만 남게 되고, kasita만은 그대로 表面形이 된다고 해석되는 것이다. 그러나 이러한 해석은 납득하기 어려운 몇 가지 난점을 안고 있다. 첫째, bi, mi, ni와 같은 音節이 단번에 撥音 N으로 바뀐다고 보기는 아무래도 어려우므로, i가 먼저 탈락된 후에 b, m, n이 N으로 바뀐다고 해석해야 하는데, 이 때의 b, m, n 뒤에는 無聲子音이 七밖에 없으므로 그 앞에서 b, m, n이 N으로 바뀌는 이유를 音韻論的으로 자연스럽게 설명할 수가 없다. 둘째, 自然類(natural class)를 이루기 어려운 b, m, n 세 音聲이 다같이 N으로 바뀌는 이유 또한 音韻論的으로 부자연스럽다. 셋째, tobi-ta → tonda, yom-ita → yonda, sin-ita → sinda, kag-ita → kaida와 같은 과정으로 볼 때, 語尾의 t는 有聲化하여 d가 되는데, 그것이 언제 어떻게 일어나는가를 밝히기가 어렵다. i의 탈락이 먼저 일어난다고 본다면, t는 b, g, m, n 뒤에 놓이게 되므로, 이때의 t가 有聲化하여 d가 된다고 할 수는 있으나 kak-ita → kaita, kag-ita → kaida와 같은 과정에서는 母音 i가 왜 탈락되지 않는지, 形態素境界의 위치가 다르기는 하지만 母音動詞 okita(起きた)의 t는 母音 i뒤에서 d가 되지 않는데, kag-ita의 t만은 똑같은 모음 뒤에서 왜 d가 되는지를 설명할 수가 없기 때문이다. 전통적 文法記述에서는 母音 i의 삽입을 맨 처음에 내세우고 있는 셈이므로 bi, mi, ni의 撥音便化를 音韻論的 動機로 자연스럽게 설명하려면 그에 앞서 i 母音의 탈락을 내세워야 한다. 동일한 母音의 삽입과 탈락을 이렇게 연속적으로 내세운다는 것은 文法記述 上 있을 수 없는 불합리하고도 비경제적인 복잡한 절차라고 할 수밖에 없다. 이와 같은 모순을 극복하려면 規則(1)에 의하여 語尾의 t가 먼저 語幹末의 有聲音 b, g, m, n에 同化되어 d가 된 후, 規則(3)에 의하여 b, m, n 이외의 語幹末子音 뒤에 母音 i의 개입이 이루어진다고 보는 것이 자연스럽다. 간단히 표현하자면 規則(3)은 規則(1)에 후행하는 것이다.

史的으로는 規則(3)이 분명히 規則(1) 보다 앞서 있었다. 그러나 規則(1)과 (2)가 새로 첨가되면서 規則(3)과 規則(1), (2)는 경쟁관계에 놓이게 되었다고 해석된다. '飛びて'와 '飛んで', '読みて'와 '読んで', '死にて'와 '死んで', '取りて'와 '取って'처럼 두 가지 語形이 史的으로 오랫동안 공존할 수 있었던 것도 그 때문이다. 規則(3)은 결국 規則(1)의 뒤로 밀려나, 오늘날의 文法에서는 제한된 환경에서만 명맥을 유지하게 되었다고 해석된다. 이렇게 規則(1)과 (3)의 순서가 再配列(reordering)을 일으킨 것은 본래 奪取順序(bleeding order)로 되어있던 두 規則이 給與順序(feeding order)로 안정을 찾게 되었음을 뜻한다. 하여튼 規則(1)~(4)는 종래의 撥音便이나 イ音便現像에 대한 記述이 안고 있는 난점까지를 모두 해소시켜 준다는 점에서 주목해야 할 것이다.

이제 子音動詞로서 남아있는 것은 語幹末이 t, r, w인 것들뿐이다. 이들은 過去形語尾와 결합될 때 다음과 같이 促音化한다.

(8) 立つ   取る   買う

　　tat-ta → taQta   tor-ta → toQta   kaw-ta → kaQta

　　tat-tari → taQtari   tor-tari → toQtari   kaw-tari → kaQtari

　　tat-te → taQte   tor-te → toQte   kaw-te → kaQte

　　tat-temo → taQtemo   tor-temo → toQtemo   kaw-temo → kaQtemo

　　tat-tai → tat-itai   tor-tai → toritai   kaw-tai → kaw-itai

　　tat-tagaru → tat-itagaru tor-tagaru → toritagaru   kaw-tagaru → kaw-itagaru

'立つ, 取る, 買う'는 否定形語尾 앞에서 각기 tatanai, toranani, kawanai가 되므로 그 語幹形態素의 基底形은 각기 tat-, tor-, kaw-라고 할 수 있다. 이들 動詞의 語幹末子音 t, r, w는 tV(CV)# 構造 앞에 놓일 때 促音化하여 Q로 바뀐다. 이러한 音韻現像은 다음과 같은 규칙으로부터 生成된다고 할 수 있다.

　　規則(5) 促音化
　　　C→Q/___tV(CV)#

이 규칙은 小泉保(1978) ④에 해당되는데 環境部에 수정이 가해진 것이다. 變形部에 C라고 되어 있는 것은 語幹末子音 t, r, w가 自然類를 이루지 못하므로 그렇게 밖에 표시할 수 없게 된 것이다. 그만큼 이 규칙은 音韻論的 動機가 약하긴 하지만 일종의 同化作用을 나타내는 규칙이 된다. 規則(5)는 規則(1)~(4)의 적용을 받지 않는 子音動詞에 적용되므로 變形部의 C가 t, r, w임을 알아내기는 어렵지 않다. 史的으로는 規則(5)에 의한 音韻現像도 tat-te → tatite, tor-te → torite, kaf-te → kafite처럼 規則(3)의 적용을 받던 것들인데, 規則(5)가 새로 첨가되면서, 두 규칙이 경쟁을 벌이다가 결국은 規則(3)이 規則(5)에 밀려 소멸되었다고 해석할 수 있다.

日本語 動詞語幹에 통합되는 모든 語尾의 基底形은 母音動詞에 나타날 때처럼 子音으로 시작되기 때문에 그들이 子音動詞에 연결될 때에는 語幹이나 語尾에 변형을 입는다. 이에 따라 推量形語尾 -yoo, 終止形語尾 -ru, 基底形語尾 -reba 등에 나타나는 頭子音 r 또는 y는 子音動詞에 연결될 때 탈락을 입는다고 볼 수 있다.

(9) 飛ぶ   取る   買う

　　tob-yoo → toboo   tor-yoo → toroo   kaw-yoo → kaw-oo

　　tob-ru → tobu   tor-ru → toru   kaw-ru → kaw-u

　　tob-reba → tobeba   tor-reba → toreba   kaw-reba → kaw-eba

이 音韻現象은 子音群을 기피하는 현상이므로 다음과 같은 音節構造 조절규칙으로부터 생성된다고 할 수 있다.

規則(6) 子音群 忌避
{r·y} → ∅ / C___

이 규칙은 小泉保(1978) ⑥과 완전히 같은 것이다. 이러한 音韻現象은 動詞活用 시에 CVC-CV와 같은 音節構造가 나타나게 되면 그것을 CV-CV와 같은 音節構造로 바꾸려는 강력한 경향이 日本語에 존재하기 때문에 일어난다고 볼 수 있다.8)

'買う'와 같이 語幹末子音이 w인 動詞는 規則(3)에 의하여 kaw-imasu, 規則(6)에 의하여 kaw-u, kaw-eba, kaw-oo와 같은 中間段階의 형태를 생성해 낸다. 그런데 日本語에서는 w가 a와만 결합이 가능할 뿐 i, u, e, o와는 결합되는 일이 없다. 이러한 구조적 빈칸 (structural gap) 때문에 wi, wu, we, wo와 같은 音節이 생겨날 때에는 w가 자동적으로 탈락되고 만다.

(10) 買う　　　　　　　　　　　言う
　　　kaw-imasu → kaimasu　　　iw-imasu → iimasu
　　　kaw-u → kau　　　　　　　iw-u → iu9)
　　　kaw-eba → kaeba　　　　　iw-eba → ieba
　　　kaw-oo → kaoo　　　　　　iw-oo → ioo

일종의 音節構造 조절인 이 音韻現像은 다음과 같은 규칙으로부터 생성된다고 볼 수 있다.

規則(7) w 脫落
w → ∅ / ___[V/-low]

規則(3)과 (6)을 뒤따르는 이 규칙은 小泉保(1978) ⑩과 완전히 같은 것인데, 語幹末子音이 w인 動詞語幹이 丁寧形語尾와 결합될 때에는 規則(3)을 뒤따르며, 終止形, 假定形, 命令形語尾와 결합될 때에는 規則(6)을 뒤따른다.

---

8) 그 때문에 子音群을 가진 외래어가 日本語에 수용될 때에는, 그 音節構造 내부에 어떠한 子音群도 용납하지 않는다. strike → sutoraiki, truck → toraku처럼 子音과 子音 사이에는 반드시 비어원적 모음(non-etymological vowel)이 삽입되는 것이다.
9) 이 때의 iu는 다시 한번 축약을 일으켜 yu라는 表面形에 이르게 된다. 語幹末子音 이외의 語幹부분이 變形을 입는 子音動詞는 이밖에도 몇 개가 더 있다. 이들을 위해서는 몇가지 規則이 더 필요하지만, 活用에 제1차적으로 나타나는 音韻現像과는 직접적 관계가 없으므로 本稿에서는 이를 다루지 않는다.

立つ와 같이 語幹末子音이 t인 動詞가 活用할 때 規則(6) 또는 (3)의 적용을 받고 나면 tat-ru → tat-u, tat-masu → tat-imasu처럼 그 內部에 tu나 ti와 같은 音節이 생기게 된다. 이러한 音節 역시 現代日本語에는 용납되지 않는 構造的 빈칸에 속하므로 tu와 ti는 각기 다음과 같이 변하게 된다.

(11) 立つ   持つ
  tat-u → tatsu   mot-u → motsu
  tat-imasu → tatʃimasu   mot-imasu → motʃimasu

이 音韻現像은 다음과 같은 두 가지 同化規則으로부터 생성된다고 할 수 있다.

規則(8) 破擦音化
  t → ts/___[V · +high]

規則(9) 口蓋音化
  ts → tʃ/___[V · +high · -back]

小泉保(1978)는 이 두 규칙을 動詞活用時의 규칙으로 내세우지 않고, 그보다 앞쪽인 音聲의 규칙에서 이를 다루고 있다. 사실 이 두 규칙은 오늘날 動詞活用에만 적용되는 규칙처럼 되어 버렸지만, 史的으로는 規則(7)과 함께 日本語의 音節構造 전체를 지배할 만큼 일관성이 큰 규칙이었다. 小泉保(1978:125-6)는 이 두 규칙을 각기 t → ts/___u, t → tʃ/___i 와 같이 잡고 있다. 후자의 경우, i 앞에 오는 t가 직접 tʃ로 口蓋音化된다고 본 것이다. 그러나 본고에서는 高位母音 앞에 오는 t가 먼저 破擦音化를 거친 후에, 그 파찰음이 다시 i 앞에서 口蓋音化를 일으킨다고 해석한다. 그것이 口蓋音化 과정을 자연스럽게 설명할 수 있는 절차라고 생각되기 때문이다. 곧 t → tʃ가 한번에 직접 이루어지는 것이 아니라 t → ts → tʃ와 같은 과정을 거치는 것이라고 해석하고 싶은 것이다. 사실 이러한 해석은 文法을 복잡하게 만들지만, 音韻論的으로는 그렇게 해석하는 쪽이 자연스럽기 때문에 t口蓋音化를 規則(9)처럼 잡아본 것이다.

語幹末子音이 t인 動詞가 終止形語尾와 결합할 때 規則(8)은 規則(6)을 뒤따르고, 丁寧形語尾와 결합할 때에는 規則(8)이 規則(3)을 뒤따르며, 그 뒤를 規則(9)가 잇는다. 語幹末子音이 w인 動詞가 終止形, 假定形, 命令形語尾와 결합할 때, 規則(7)은 規則(6)을 뒤따르며 丁寧形語尾와 결합할 때에는 規則(7)이 規則(3)을 뒤따른다. 이상과 같은 규칙의 순서를 다시 한번 정리해 보면 다음과 같다.

(12)		立つ	立ちます	買う	買います
基底形		tat-ru	tat-masu	kaw-ru	kaw-masu
規則	(3)	—	tat-imasu	—	kaw-imasu
	(6)	tat-u	—	kaw-u	—
	(7)	—	—	ka-u	ka-imasu
	(8)	tats-u	tats-imasu	—	—
	(9)	—	tatʃ-imasu	—	—
表面形		tatsu	tatʃimasu	kau	kaimasu

子音同化의 語幹과 否定形語尾가 결합될 때에는 語幹과 語尾 사이에 母音 a가 삽입되어 子音群이 생기는 것을 막는다.

(13) 書く　　　　　　　　讀む　　　　　　　　買う

kak-nai→kakanai　　yom-nai→yomanai　　kaw-nai→kawanai

kak-nu→kakanu　　　yom-nu→yomanu　　　kaw-nu→kawanu

kak-zu→kakazu　　　yom-zu→yomazu　　　kaw-zu→kawazu

일종의 音節構造 調節이라고 할 수 있는 이 音韻現像은 다음과 같은 규칙으로부터 생성된다고 볼 수 있다.

規則(10) a 挿入
　φ→a/C___CVX#]negation

이 규칙은 子音動詞의 語幹과 否定形語尾 -nai, -nu(-n), -zu가 결합될 때에만 적용된다. 따라서 이 규칙에는 非音韻論的 제약이 가해져야 하므로 negation이라는 統辭資質(syntactic feature)을 달아 줄 필요가 있다. 그만큼 이 규칙은 音韻論的 動機를 가지지 않는다. 小泉保 (1978)는 이에 대하여 ⑧C→Ca/___nai#와 같은 規則을 제시하고 있는데 nai#라는 환경만으로는 資料(13)에 나타나는 현상을 남김없이 記述할 수 없다.

마지막으로 命令形語尾가 남아있다. 여기에는 母音動詞의 語幹에 연결되는 -ro, -yo와 子音動詞의 語幹에 연결되는 -e가 있는데, 이중 어느 것을 基底形으로 잡더라도 文法記述은 복잡해진다. 가령 -ro를 基底形으로 잡으면, 거기서 -e를 도출해 내기 위해서는 r→φ, o→e와 같은 두 가지 規則이 필요하며, -yo를 基底形으로 잡아도 y→φ, o→e와 같은 두 가지 規則이 필요하다.

반대로 -e를 基底形으로 잡는다면, $\phi \rightarrow r$ 또는 $\phi \rightarrow y$와 같은 규칙에 $e \rightarrow o$와 같은 규칙이 더 필요하다. 이렇게 文法이 복잡해질 때 생각할 수 있는 방법이 제3의 抽象的 基底形이다. 그러한 基底形으로서는 小泉保(1978)가 제시해 준 -re, -ye를 생각할 수 있다. 命令形語尾는 이 抽象的 基底形에서 다음과 같은 변형을 입어 表面形에 이른다고 가정할 수 있다.

(14) 起きる(母音動詞)   立つ(子音動詞)

    oki-re → okiro   tat-re → tate

    oki-ye → okiyo   tat-ye → tate

이러한 가정 밑에서 命令形語尾의 表面形을 도출해 내기 위해서는 다음과 같은 규칙이 필요하게 된다.

規則(11) 母音變換

    $e \rightarrow o/\{r \cdot y\}\_\_\_\#$

이 규칙은 小泉保(1978) ⑦을 그대로 따른 것인데, 母音動詞의 命令形에만 적용되는 규칙이다. 子音動詞에 命令形語尾의 基底形인 -re, -ye가 연결되면 規則(6)에 의하여 먼저 r이나 y의 탈락이 일어나 그것이 그대로 表面形이 되므로 子音動詞에는 따로 규칙이 필요없게 된다. 命令形語尾에는 基底形이 두 가지 있지만, 子音動詞에는 어느 것이 연결되더라도 그 表面形은 規則(6)에 의하여 하나로 나타난다. 다만 規則(8)에서 $e \rightarrow o$가 되는 이유를 音韻論的 動機로 설명할 길은 없는 듯하다.

現代日本語 動詞의 基本的 活用에 나타나는 여러 가지 音韻現像은 이상과 같은 11가지 규칙에 의하여 그 中樞部의 거의 대부분을 기술할 수 있다.

4. 결 어

現代日本語 動詞의 기본적 활용은 カ行變格과 サ行變格을 제외할 때 다음과 같은 11가지 音韻規則으로 記述될 수 있다. 오른쪽의 數字는 小泉保(1978)의 규칙번호로서, 본고에서 얻어진 규칙과의 관련성을 나타내고 있으나, 규칙의 명칭만은 본고에서 새로 붙인 것이다. ○표가 붙은 것은 본고에서 수정없이 받아들인 것임을 뜻한다.

(1)　t 有聲化　　　　　①
(2)　脣音性 喪失　　　⑤
(3)　i 挿入　　　　　　⑨　○
(4)　軟口蓋音 脫落　　②
(5)　促音化　　　　　　④
(6)　子音群 忌避　　　⑥　○
(7)　w 脫落　　　　　⑩　○
(8)　破擦音化
(9)　口蓋音化
(10)　a 挿入　　　　　⑧
(11)　母音變換　　　　⑦　○

이들 규칙체계의 윤곽은 대체로 小泉保(1978)와 같으나, 규칙 하나하나의 내용이나 순서는 많이 수정되었다. 그중에서도 특히 規則(1)과 (2), 規則(1)과 (3), 規則(3)과 (4), 規則(3)과 (7), 規則(6)과 (7), 規則(6)과 (8), 規則(3)과 (8)과 (9) 등은 순서를 가지는 규칙들이다. 한편 規則(11)은 母音動詞에 적용되는 규칙이지만, 나머지는 모두가 子音動詞에 적용되는 규칙들이다. 그리고 規則(2), (4), (5), (7), (8), (9)는 語幹에 적용되는 규칙이며, 規則(1), (3), (5), (6), (10), (11)은 語尾에 적용되는 규칙들이다. 規則(6)은 子音動詞가 推量形, 終止形, 假定形, 命令形 語尾와 결합될 때 예외없이 적용되는 규칙이며, 規則(10)은 子音動詞가 否定形語尾와 결합될 때 예외없이 적용되는 규칙이다.

語幹에 적용되는 규칙들에 의하여 대부분의 子音動詞 語幹形態素는 두 가지 이상의 異形態를 갖게 된다. 子音動詞의 語幹이 異形態를 갖도록 해 주는 규칙을 語幹末子音별로 정리해 보면 다음과 같다.

語幹末	b	m	k	g	r	w	t
実 例	飛ぶ	読む	書く	嗅ぐ	取る	買う	立つ
語 幹	tob-	yom-	kak-	kag-	tor-	kaw-	tat-
規則 (2)	ton-	yon-					
(4)			ka-	ka-			
(5)					toQ-	kaQ-	taQ-
(7)						ka-	
(8)							tats-
(9)							tatʃ-

母音動詞, 곧 上1段活用 動詞와 下1段活用 動詞의 語幹은 언제나 單一形으로 실현되기 때문에 表面形 그 자체가 基底形이 될 수 있으나, 子音動詞, 곧 5段活用 動詞의 語幹은 대부분 위와 같은 규칙에 따라 異形態를 가지게 된다. 따라서 子音動詞의 語幹에 나타나는 異形態는 語幹末子音과 거기에 연결되는 語尾여하에 따라 결정된다. 다만 語幹末子音이 s나 n으로 이루어진 動詞語幹은 어떠한 語尾 앞에서도 異形態를 가지지 않는다. 語尾의 경우, 母音動詞에 연결되는 것은 언제나 單一形으로서 대부분은 表面形 그 자체가 基底形으로 될 수 있으나, 命令形語尾만은 抽象的 基底形을 내세우는 것이 文法記述上 경제적이다.

撥音便이라는 音韻現像은 規則(1)과 (2)만으로 어떠한 傳統的 文法記述보다도 더욱 정밀하게 記述될 수 있으며, イ音便이라는 音韻現像 역시 規則(1), (3), (4)로 모순없고 남김없이 記述될 수 있다. 따라서 이 두 가지 音韻現像에 관한 한 撥音便이나 イ音便과 같이 애매한 傳統的 記述方式을 구태여 고집할 필요는 없을 것이다.

끝으로 본고에서 제시된 규칙들을 音韻論的 動機에 따라 유형별로 분류해 보면 規則(1), (2), (5), (8), (9)는 同化作用의 성격을 보이는 것들이고, 規則(3), (6), (7), (10)은 音節構造를 조절해 주는 것들이다. 이상의 규칙들은 音韻論的 動機를 그 나름대로 가진 것들이지만, 規則(4)와 (11)만은 音韻論的으로 자연스럽게 설명되기 어려운 것들이다.10)

참고문헌

李鳳姬(1982), 日本語活用에 관한 研究(1), 『日本學報』 10, pp.105-130.
金公七(1978), 『日本語學槪論』, 平和出版社.

小泉保(1978), 『日本語の正書法』, 大修館書店.
小松英雄(1975), 音便機能考, 『國語學』 101, pp.1-16.
築島裕(1964), 『國語學』, 東京大學出版會.
時枝誠記(1950), 『日本文法 口語篇』, 岩波書店.
橋本進吉(1967), 『國語法研究』(改版), 岩波書店.

Bloch, B.(1946). Studies in Colloquial Japanese I. Inflection. *Journal of the American Oriental Society* 66, pp.97-109.

出處〈韓國日本學會(1983. 2.), 『日本學報』 11: 39-60.〉

---

10) 본고는 檀國大學校의 第1回 日文科 세미나(1982.11.1.)에서 「現代日本語動詞의 基底形에 대하여」라는 제목으로 발표한 바 있는 내용을 수정, 보완하여 정리한 것이다. 본고가 작성될 수 있는 계기를 마련해 준 檀國大 朴洋根 교수에게 감사드린다.